第五辑

中国知识产权
指导案例评注

《中国知识产权指导案例评注》编委会

主　　编　奚晓明（最高人民法院副院长）

副 主 编　孔祥俊（最高人民法院知识产权审判庭庭长）

编　　委　金克胜　王　闯　张绳祖

　　　　　于晓白　王永昌　夏君丽

　　　　　周　翔　郎贵梅

编　　务　张　博

中国法制出版社

CHINA LEGAL PUBLISHING HOUSE

图书在版编目（CIP）数据

中国知识产权指导案例评注.第5辑,中国法院知识
产权司法保护10大案件、10大创新性案件和50件
典型案例全文及评述/奚晓明主编.—北京：

中国法制出版社，2014.7

ISBN 978 - 7 - 5093 - 5203 - 8

Ⅰ.①中… Ⅱ.①奚… Ⅲ.①知识产权 - 案例 - 中国

Ⅳ.①D923.405

中国版本图书馆 CIP 数据核字（2014）第 029620 号

策划编辑　李小草（Lixiaocao2008@ sina. cn）

责任编辑　马　莉　　　　　　　　　　　　封面设计　蒋　怡

中国知识产权指导案例评注（第5辑）

ZHONG GUO ZHI SHI CHAN QUAN ZHI DAO AN LI PING ZHU（DI WU JI）

主编/奚晓明

副主编/孔祥俊

经销/新华书店

印刷/三河市紫恒印装有限公司

开本/730 × 1030 毫米 16　　　　　　　　　　印张/39.5　字数/510 千字

版次/2014 年 7 月第 1 版　　　　　　　　　　2014 年 7 月第 1 次印刷

中国法制出版社出版

书号 ISBN 978 - 7 - 5093 - 5203 - 8　　　　　　　　　定价：118.00 元

北京西单横二条 2 号　　　　　　　　　　　　值班电话：66026508

邮政编码 100031　　　　　　　　　　　　　　传真：66031119

网址：http：//www. zgfzs. com　　　　　　　编辑部电话：66038902

市场营销部电话：66033393　　　　　　　　　邮购部电话：66033288

（如有印装质量问题，请与本社编务印务管理部联系调换。电话：010 - 66032926）

出版说明

为深入贯彻国家知识产权战略，进一步加大知识产权司法保护宣传的力度，充分展示人民法院知识产权司法保护工作的成就，努力营造有利于人民法院知识产权司法保护事业健康发展的良好氛围，从2008年起，在各高级人民法院推荐的基础上，最高人民法院每年在4.26知识产权宣传周期间向社会公布中国法院知识产权司法保护10大案件和50件典型案例，从2012年起还增加公布了10大创新性案件。为了便于知识产权各界人士了解和研究，本书编委会组织承办法官对2012年中国法院知识产权司法保护10大案件、10大创新性案件和50件典型案例进行了分析和解读，并组织最高人民法院知识产权审判庭王永昌、于晓白、夏君丽、周翔、殷少平、钱小红、王艳芳、罗霞、郎贵梅、朱理、董晓敏、周云川、佟姝等法官对相关案例进行了审稿，形成本书。

本书以案例评析方式进行编写，每个案例一般包括如下部分：（1）阅读提示和裁判要旨。阅读提示同时体现在目录和正文中，有助于读者根据目录迅速判断出案例所涉法律或者其他裁判问题。裁判要旨在于展现法官在裁判具体案件过程中对法律适用、裁判方法、司法理念等案件焦点问题的精要评述。（2）案情和裁判。该部分全面完整地反映了当事人的诉辩主张、争议焦点，法院审理查明的事实、裁判理由和裁判结果等内容。（3）法官评述。包括对本案争议焦点和不同意见、裁判思路和方法的深入分析，以及对本案纠纷发生的社会背景、裁判结果的社会影响和效果的介绍等内容。

本书力求能够展现法官的司法智慧和法律贡献，希望能为法律职业者和有关社会公众提供参考、指导和启迪。当然，法律适用是一个与时俱进的过程，对于本书案例中的有些观点，需要历史地、实事求是地理解和看待。除最高人民法院裁判的案件外，本书案例及评析中的观点也并不必然代表本书编委会的观点。由于时间仓促，水平有限，本书编辑过程中也存在疏漏和不妥之处，敬请读者批评指正。

编　者

总 目 录
Contents

目 录
Contents

2012 年中国法院知识产权司法保护 10 大案件

一、知识产权民事案件

二、知识产权行政案件

三、知识产权刑事案件

2012年中国法院知识产权司法保护10大创新性案件

一、侵犯专利权纠纷案件

四、侵害商业秘密纠纷案件

五、垄断纠纷案件

2012年中国法院知识产权司法保护50件典型案例

一、知识产权民事案件

(三)侵犯商标权纠纷案件

二、知识产权行政案件

（一）专利授权确权案件

三、知识产权刑事案件

IP

一、知识产权民事案件

1

苹果公司、IP申请发展有限公司诉唯冠科技（深圳）有限公司商标权权属纠纷案

——阅读提示：在处理重大敏感、社会关注度高的知识产权案件时，应当如何衡量法律效果和社会效果最佳统一，如何选择处理案件的最佳方式？

【裁判要旨】

本案是我国迄今为止所审结的金额最大、社会影响最大、国内外关注度最高的知识产权案件之一。该案既涉及商标法等知识产权法律，又涉及合同法等商事法律关系；既涉及实体问题的判断，又涉及管辖等争议；既涉及国内外两大主体，又与执行、破产等交叉关联，背后利益错综复杂，处理极为困难。该案获得成功调解，展示了我国法院依法平等保护国内外民事主体的良好形象和法官依法、公正、稳妥办理重大疑难案件的能力。

【案号】

一审：广东省深圳市中级人民法院（2010）深中法民三初字第208、233号

二审：广东省高级人民法院（2012）粤高法民三终字第8、9号

【案情与裁判】

原告（二审上诉人）：苹果公司（Apple Inc）

原告（二审上诉人）：IP申请发展有限公司（简称IP公司）

被告（二审被上诉人）：唯冠科技（深圳）有限公司（简称深圳唯冠公司）

起诉与答辩

2010 年 5 月 24 日，原告苹果公司、IP 公司向深圳市中级人民法院起诉，请求法院判令：深圳唯冠公司名下注册号第 1590557 号 "IPAD" 商标、注册号第 1682310 号 "iPAD" 商标专用权归原告所有。原告认为：深圳唯冠公司系香港上市公司唯冠国际控股有限公司在中国大陆设立的研发、生产基地，深圳唯冠公司的法定代表人杨荣山亦是唯冠控股的董事主席和首席执行官。唯冠控股在全球 7 个国家或地区设有子公司，包括中国大陆、中国台湾、英国等。台湾唯冠公司的负责人和董事长也是杨荣山。2009 年 12 月 23 日，唯冠集团的 CEO 和主席杨荣山授权麦世宏与原告 IP 公司签署了书面协议转让包括涉案商标在内的唯冠集团旗下十个 "IPad" 商标。原告 IP 公司的代表随即通过支票的形式，向唯冠集团指定的唯冠电子股份有限公司全额支付了购买所有商标的价款 35000 英镑。基于上述事实，唯冠控股、台湾唯冠公司和深圳唯冠公司显然已同意转让所有商标（包括涉案商标）给原告 IP 公司。深圳唯冠公司也同意将涉案商标列入书面协议。原告 IP 公司已经完全支付了转让所有商标的对价。因此，深圳唯冠公司应当履行将涉案商标转让给原告 IP 公司的义务。

被告深圳唯冠公司答辩认为：2009 年 12 月 23 日，唯冠电子股份有限公司与被答辩人 IP 公司签署协议，该份协议的签署人为麦世宏和 IP 公司代表，其与答辩人无任何关联。原告要想取得答辩人商标，应当符合商标权转让的法定要件，与答辩人签订转让协议。原告所主张的商标转让合同等证据与答辩人无关，原告主张的表见代理不能成立。涉案商标转让未经审核公告。为此，原告的诉讼请求缺乏事实和法律依据，请求法院依法驳回。

法院审理查明

2009 年 8 月，IP 公司向英国唯冠公司发出要约 "希望能够购买所有唯冠拥有的 IPAD 商标"。2009 年 9 月 21 日，英国唯冠公司通知 IP 公司 "我们在欧盟成员国和下列国家针对 IPAD 有商标：越南、墨西哥、泰国、韩国、印度尼西亚、新加坡和中国"。2009 年 9 月 22 日，IP 公司向英国唯冠公司回复邮件 "我们提议购买这些注册商标的价格是 20000 英镑"。2009 年 10 月 21 日，英国唯冠公司向 IP 公司回复邮件 "这件事已经达到一个需要你和我们中国同事直接沟通的阶段，我同事的名字是麦世宏"。

2009年10月22日，名为"袁辉"的员工用深圳唯冠公司的网址给IP公司发邮件"我是hui yuan，是唯冠法务部的成员。唯冠仍然有兴趣与你继续商谈这个交易"。2009年11月6日，袁辉给IP公司回复邮件"我的老板同意接受你35000英镑的报价，而且你公司应当承担转让注册商标的所有费用。请把合同发给我，我会审阅"。2009年11月20日，袁辉给IP公司回复邮件"合同第二条应当修改为：IPADL（IP公司）将在收到经唯冠适当授权的代表唯冠签署的本协议原件之日起七天内向唯冠指定的银行账户对唯冠支付对价。如你所知，我公司是一个跨国公司，且一直信守其诺言。我可以向你保证我公司会在收到钱后即签署国家转让合同"。IP公司在2009年12月1日的邮件中，将所要购买的IPAD商标相关信息制作两份列表，请求深圳唯冠公司确认，包括了本案所涉商标。2009年12月7日，袁辉给IP公司回复邮件"支票应开立给台湾唯冠公司。我的上司麦世宏会与你在台湾会面"。袁辉的邮箱签名栏注明了深圳唯冠公司名称、地址、电话、负责部门及联系人。

2009年12月，台湾唯冠公司出具《授权书》授权其公司法务部处长麦世宏代为签署与IPAD商标转让相关文书。该授权书由台湾唯冠公司及其法定代表人杨荣山加盖印章。2009年12月23日，台湾唯冠公司与IP公司在台湾签署了商标转让协议，约定：唯冠以35000英镑为对价向IP公司转让商标。协议由香港法律排他性管辖，香港法院对由本协议产生或与本协议相关的纠纷具有排他性管辖权。协议及本协议提及的一切文件构成双方之间关于本协议标的的全部协议并取代先前关于该标的的草案、协议、承诺、陈述、保证及任何性质的书面或口头安排（取代条款）。协议转让的商标包括涉案商标在内的八个地区十个商标。协议在台湾签订，协议签订人为麦世宏。协议签订后，原告IP公司向台湾唯冠公司支付了35000英镑。

2010年2月，苹果公司与IP公司签订一份《权利转让协议》，IP公司以10英镑为对价向苹果公司转让有关商标（即台湾唯冠公司转让给IP公司的所有相关IPAD商标）的所有权利。苹果公司于2010年4月3日开始在美国向公众销售IPAD产品。

二审庭审期间，IP公司、苹果公司提交了新的证据材料：深圳唯冠公司关于"IPAD商标出售事宜"的签呈文件。该证据来源于香港法院诉讼案件中唯冠国际控股有限公司所提供。内容为：深圳唯冠公司董事长杨荣山签字批准了由法务部的麦世宏和袁辉提交的报告，同意以 3 万 5 千英镑的价格向 IP 公司出售包括中国注册商标在内的十个 IPAD 商标。以此证明深圳唯冠公司法务部员工麦世宏和袁辉得到杨荣山的授权处分涉案商标。深圳唯冠公司对上述证据的真实性不予认可，亦认为该内容不构成对外的真实意思表示。

关于涉案商标的查封情况。在本案苹果公司申请对涉案商标进行轮候查封之前，涉案商标因民生银行深圳分行申请，被深圳市中级人民法院先予查封。其后，还有中国银行深圳分行、上海浦东发展银行深圳分行、国家开发银行申请轮候查封。四家银行申请查封涉及的债权达到 5.7 亿元人民币。

一审判理和结果

深圳市中级人民法院认为：本案为商标权权属纠纷。焦点是台湾唯冠公司与 IP 公司之间的商标转让协议对深圳唯冠公司有无约束力，表见代理能否成立。

IP 公司要想获取他人的商标，应当负有更高的注意义务，并按照我国的法律规定，与商标权利人订立商标转让合同，以及办理必要的商标转让手续。但是，本案所涉商标转让协议是台湾唯冠公司与 IP 公司之间签订的协议，并非 IP 公司与深圳唯冠公司之间订立。没有证据证明袁辉的身份，深圳唯冠公司也否认其公司有一个叫袁辉的工作人员。即使袁辉系深圳唯冠公司的职员，其与 IP 公司谈判或者从事其他处分商标的行为，也应得到深圳唯冠公司的授权，但是 IP 公司没有提交任何深圳唯冠公司授权他人处分商标的证据。而杨荣山以台湾唯冠公司的法定代表人身份行为，签约授权书的内容及签名盖章均是台湾唯冠公司，与深圳唯冠公司没有关联性。因此，没有证据证明深圳唯冠公司参与商标转让。

关于苹果公司、IP 公司主张台湾唯冠公司对深圳唯冠公司构成表见代理问题。本案涉及的商标转让合同不是深圳唯冠公司与 IP 公司订立，而是台湾唯冠公司与 IP 公司订立，该合同有明确的相对人。深圳唯冠公司没有任何书面的委托或者授权唯冠电子股份有限公司以及麦世宏与 IP 公司订立合同。IP 公司没有理由相信麦世宏对深圳唯冠公司有代理权。所以，无证据证明表见代理成立。原告认为涉案转让商标协议属于集体转让交易，理由不成立。因为谈判过程不是所有单位参与，而深圳唯冠公司与台湾的唯冠公司又是不同的独立法人单位，授权订立商标转让合同的单位只有台湾唯冠公司，订立合同的主体只有台湾唯冠公司，故不能认为是唯冠集团的集体交易行为。

综上，深圳市中级人民法院遂作出判决，驳回原告 IP 公司、苹果公司的诉讼请求。

上诉与答辩

苹果公司、IP 公司不服一审判决，于 2012 年 1 月 5 日向广东省高级人民法院提起上诉，请求撤销深圳市中级人民法院（2010）深中法民三初字第208、233 号民事判决；判令注册号第 1590557 号"IPAD"商标和第 1682310号"iPAD"商标归苹果公司、IP 公司所有。上诉理由为：本案转让商标协议是集体转让交易行为，应当由唯冠集团包括深圳唯冠公司和台湾唯冠公司来承担。双方电子邮件达成要约、承诺，IP 公司实际履行支付，双方形成事实合同关系。深圳唯冠公司作为委托人通过电子邮件安排受托人台湾唯冠公司以自己名义签署书面转让协议，委托关系成立。IP 公司亦知道深圳唯冠公司与台湾唯冠公司之间的委托代理关系。台湾唯冠公司代表深圳唯冠公司事实上构成间接代理法律关系。麦世宏具有唯冠集团多个子公司职务身份，并参与了合同谈判整个过程，他在书面转让协议上签字即是代表了深圳唯冠公司。杨荣山是多家子公司的法定代表人。IP 公司与英国唯冠、深圳唯冠的谈判内容与书面转让协议内容完全相同，深圳唯冠公司在谈判中承诺参与商标集体转让，这些事实足以证明台湾唯冠公司代表深圳唯冠公司表见代理成立。

深圳唯冠公司答辩称：涉案书面转让协议发生在 IP 公司和案外人台湾唯冠公司之间，与被上诉人无关，该协议对被上诉人无任何约束力；上诉人和被上诉人之间不存在事实合同关系；被上诉人未授权任何人参与上诉人与台湾唯冠公司签订合同；上诉人所谓唯冠集团集体交易的观点，偷换了交易主体的概念，既无法律依据，亦与事实不符；台湾唯冠公司和深圳唯冠公司之间不存在委托关系，本案中袁辉、麦世宏、杨荣山的代表身份和行为均与深圳唯冠公司无关，事实上不构成对深圳唯冠公司的间接代理或表见代理。一审判决认定事实清楚，适用法律正确，上诉人上诉无理，应予驳回。

二审结果

在二审诉讼期间，经法院主持调解，苹果公司、IP 公司与深圳公司达成调解，并请求二审法院出具民事调解书。双方达成如下协议：苹果公司、IP

公司向法院账户汇入若干美元，由法院依法处置，以解决有关争议商标登记到苹果公司名下所面临的各种实际问题，深圳唯冠公司完全配合争议商标登记到苹果公司名下的所有手续，此后双方撤销境内外所有司法诉讼和行政投诉，并不再围绕争议商标发起司法诉讼和行政投诉。

【法官评述】

该案是我国迄今为止所审结的金额最大，社会影响最大，国内外关注度最高的知识产权案件。该案获得成功调解，展示了我国法院依法平等保护国内外民事主体的良好形象和法官依法、公正、稳妥办理重大疑难案件的能力。

一、案件背景

本案双方当事人围绕 Ipad 商标之争所引起的纠纷不仅限于这一个案件。深圳唯冠公司以苹果公司侵权为由已经向上海浦东、广东惠州、深圳等多地法院起诉，双方在香港和美国法院也围绕 IPAD 商标转让发生诉讼；全国各地海关、60 多家工商部门对苹果公司的 Ipad 产品采取行政执法措施，其中北京市工商局西城分局作出 4.8 亿拟处罚决定；深圳唯冠公司众多债权人的利益实现、苹果公司在华代工厂大量员工就业问题都与该案处理息息相关。在国际社会上，该案也受到广泛关注和热议。

二、解决纠纷路径选择

二审法院意识到该案的敏感度和重要性，必须摒弃就案办案的狭小思路，要以最佳审理方式一揽子解决双方当事人涉及的国内、国外，行政执法和司法保护所涉及的纠纷，做到真正案结事了，维护社会稳定。对于本案是非曲直的判断，双方当事人及法律专家、社会公众均有从严格形式主义和实质公正主义两种不同原则出发而产生的不同观点，形成各执一端的对立。二审法院从追求法律效果和社会效果最佳统一的定位上选择该案的审理方式：该案无论遵循前述哪一种原则下判，都会产生不良的社会效果。在对当事人及利害关系人利弊得失等综合因素进行反复、充分研究后，二审法院选择了以调解方式处理本案纠纷的思路。

三、调解中的难题及破解

调解过程是一个斗智斗勇、充满艰辛的过程。从调解初始，双方当事人就在调解金额等问题上产生较大分歧。因中西方文化背景和法律制度方面的差异，苹果公司坚持认为其已付款购买涉案 Ipad 商标权，该商标应当判归他们所有，并认为深圳唯冠公司的行为属于欺诈，对一审法院的判决表示不能理解和接受，因此，对调解金额只能接受一个较小的数额。而深圳唯冠公司因濒临破产，负债累累，该司的行为受制于债权人，调解过程中，该司背后的利益集团从自身私利出发，对调解工作产生不少干扰。针对上述情况，二审法院一方面向苹果公司、深圳唯冠公司辨法析理，分析利弊，促使双方坚定调解的决心，经过艰苦努力，最终促成双方当事人对调解金额达成调解协议；另一方面，在案件调解过程中，排除影响调解的干扰，以替代查封的创新思路，解决在后续调解协议实际履行中的法律障碍等问题。

四、该案取得的效果

本案的成功调解，实现了各方当事人、利害关系人共赢局面，获得社会各界认可和好评。苹果公司、深圳唯冠公司对案件调解结果表示满意，债权银行及深圳唯冠公司其他债权人均表示能够接受。苹果公司还专门寄来感谢信写道"本案的复杂程度超过了一般的商标争议案件，能在相对较短的时间内获得解决，感谢贵院的有力支持，我司尤其感谢贵院及时协调相关法院、机构和政府部门，使得本案能达成调解。"

国外媒体及业内人士对该案的调解给予了较高的评价。业内人士称，该案的成功调解实现了 Ipad 商标的价值最大化，积极地保护了债权人的权益，开创了纠纷解决的新路径，在知识产权审判史上具有里程碑意义。

编写人：广东省高级人民法院知识产权审判庭　肖少杨

2

三一重工股份有限公司诉马鞍山市永合重工科技有限公司（原名马鞍山市三一重工机械制造有限公司）侵犯商标权及不正当竞争纠纷案

——阅读提示：在审理涉及驰名商标保护的民事纠纷案件中，如何把握驰名商标的认定条件和审查标准？

【裁判要旨】

根据《最高人民法院关于审理涉及驰名商标保护的民事纠纷案件应用法律若干问题的解释》的规定，驰名商标是指在中国境内为相关公众广为知晓的商标。人民法院认定驰名商标，应当以证明其驰名的事实为依据，综合考虑《商标法》第十四条①规定的各项因素，即相关公众对该商标的知晓程度、该商标使用的持续时间、该商标的任何宣传工作的持续时间、程度和地理范围、该商标作为驰名商标受保护的记录等。复制、摹仿、翻译他人注册的驰名商标或其主要部分在不相同或者不相类似商品上作为商标使用，误导公众，致使该驰名商标注册人的利益可能受到损害的，属于侵犯他人注册商标权的行为。

【案号】

一审：湖南省长沙市中级人民法院（2011）长中民五初字第 0351 号
二审：湖南省高级人民法院（2012）湘高法民三终字第 61 号

---

① 对应 2013 年 8 月新修订的《商标法》第十四条。

【案情与裁判】

原告（二审被上诉人）：三一重工股份有限公司（简称三一重工公司）

被告（二审上诉人）：马鞍山市永合重工科技有限公司（原名马鞍山市三一重工机械制造有限公司，简称永合公司）

起诉与答辩

原告三一重工公司因与被告永合公司侵犯商标专用权及不正当竞争纠纷一案，于2011年4月6日向湖南省长沙市中级人民法院提起诉讼。

三一重工公司诉称：被告实施了侵犯原告注册商标专用权及不正当竞争行为。请求判令：1. 被告停止使用原告"三一"注册商标的侵权行为；2. 被告停止使用"三一重工"字号的不正当竞争行为；3. 被告赔偿原告50万元；4. 被告承担原告维权费用30000元，并承担本案全部诉讼费用。

被告永合公司辩称：被告从未使用原告的"三一"注册商标。请求依法驳回原告的全部诉讼请求。

一审审理查明

原告三一重工公司成立于1994年11月22日，其前身三一重工业集团有限公司系第1550869号"三一"的商标注册人，该商标注册有效期限为2001年4月7日至2011年4月6日，核定使用商品为第7类，包括压路机、挖掘机等。2009年8月7日原告受让取得第1550869号"三一"注册商标。原告同时系第6131503号"三一"商标注册人，该商标注册有效期限为2010年6月21日至2020年6月20日，核定使用商品为第7类，包括地质勘探、采矿选矿用机器设备、采煤机、机床等商品。原告在其产品、厂房、办公楼、服务车辆、企业标语中广泛使用"三一"商标。

2005年至2010年，原告生产的产品销售范围覆盖全国多个省份和地区，其资产及利润总额持续增长。2005年至2010年，国内多家报纸媒体对原告进行了专门报道，中央电视台、中央电视台经济频道、凤凰卫视、湖南卫视等多家电视媒体对原告进行了电视报道。2000年至2011年，原告在多家杂志上投放广告对其产品及"三一"品牌进行宣传，共计投入广告费用5432704元。自2003年至2011年，原告连续9年在凤凰卫视以全年栏目赞助形式投放企业的品牌形象广告片，播出的15秒广告片内容均为"科技是品质的源泉，责任是品质的保证，品质改变世界，三一重工"。经过多年发展，原告获得多项荣誉。包括 2005 年获得"二等国家科学技术进步奖"；2005 年、2007 年获得中国科学技术部、商务部、国家质量监督检验检疫总局、国家环境保护总局颁发的"国家重点新产品"证书等；国家工商行政管理总局商标局于 2005 年 12 月 30 日认定原告使用在商标注册用商品和服务国际分类第 7 类挖掘机、液压泵商品上的第 1550868 号△注册商标为驰名商标。

被告成立于 2007 年 3 月 14 日，其系第 6041218 号"永合"文字及图△商标注册人，商标注册有效期限自 2009 年 11 月 28 日至 2019 年 11 月 27 日，核定使用商品为第 7 类，包括机床；刀具（机器零件）等。被告提供的商标铭牌上分别标有"三一机床"、△、产品名称、型号、厂家名称等信息。被告在其厂房外墙上使用"三一重工"文字及△，并在其户外广告牌、网站宣传、门店招牌中使用"三一机床"文字及△。

一审判理和结果

一审法院认为，原告的第 1550869 号"三一"注册商标核定使用的商品与第 1550869 号"三一"商标核定使用的商品在功能、用途、消费对象等方面均不相同，属于不相同且不类似商品。原告主张被告在第 6131503 号商标被核准注册前亦实施了侵犯第 1550869 号注册商标专用权的行为，该诉讼请求涉及驰名商标的跨类保护。同时，原告以第 1550869 号"三一"商标系驰名商标为由，指控被告在其企业名称中使用"三一"的行为构成不正当竞争。因此，本案有必要对涉案第 1550869 号"三一"商标是否驰名作出认定。结合本案证据来看，原告前身三一重工业集团有限公司于 2001 年取得第 1550869 号"三一"注册商标专用权，原告与三一重工业集团有限公司属于变更承继关系，在此变更承继的过程中，第 1550869 号"三一"商标尚处于有效期内且连续使用，依法应受到法律保护。长久以来，原告以"三一"标识为核心，使用并注册相同的企业名称及商标，并在其产品、对外宣传、企业设施中形成了"三一"商标与"重工"文字结合使用的习惯，由于第 1550869 号"三一"商标为文字商标，"三一"与"重工"同时使用，不仅实现了商标的来源识别功能，同时向相关公众传递了产品所属行业信息，亦不影响"三一"文字商标的显著性，属于商标法意义上的商标使用行为；原告自成立以来经营状况良好，产品销售范围广，原告及其品牌获得了广泛的认可，经过原告长时间的持续使用和大力宣传，标注"三一重工"的产品获得较好的市场认可，"三一"商标已为相关公众所广为知晓。故应认定，原告第 1550869 号"三一"商标系中国驰名商标。

本案中，原告所诉之商标侵权行为主要体现为被告在产品和对外宣传中包括网站中突出使用"三一机床"文字，同时在厂房及对外宣传包括网站上突出使用"三一重工"文字。从被告使用"三一机床"、"三一重工"文字的实际情况来看，被告采用截取第 6041218 号商标的部分与"三一机床"、"三一重工"文字组合使用的方式在商品和对外宣传中的醒目位置进行独立标注，对一般公众的注意力来说，被告的此种使用方式，使"三一机床"、"三一重工"实际上起到了识别商品来源的作用，属于商标化使用行为。"三一机床"、"三一重工"中，"机床"、"重工"系产品名称、行业描述，不具有识别商品来源的商标功能，"三一机床"、"三一重工"其显著性主要体现在"三一"文字上，故无论上述两被控侵权标识、还是第 1550869 号及第 6131503 号文字商标"三一"，对相关公众的一般注意力来说，其显著性部分均为"三一"，被控侵权标识"三一"与原告第 1550869 号"三一"、第 6131503 号"三一"商标构成商标法意义上的相同。

在原告持有第 1550869 号"三一"驰名商标、第 6131503 号"三一"注册商标的情况下，被告突出使用"三一"文字的行为，可能会在商品来源上对相关公众产生误导，使相关公众认为被告的商品与原告存在某种程度的关联，攀附原告商标的知名度和美誉，损害了原告与"三一"商标来源上的对应关系，损害了原告作为第 1550869 号"三一"驰名商标权利人的合法权益，其行为构成对第 1550869 号"三一"驰名商标权的侵犯。被告使用"三一"文字的行为，亦构成对原告第 6131503 号"三一"商标专用权的侵犯。

一审法院还认为，本案中，"三一"一直是被告企业名称中最为核心的部分，同时也与原告的注册商标相同或含义相同。参考《企业名称登记管理实施办法》第九条对企业名称构成的规定，认定原告字号为"三一"足以保护其企业名称权。原告自 1994 年成立以来，企业名称虽数次变更，但始终以"三一"作为企业字号持续使用；经过原告的使用和宣传，原告"三一"商标及以"三一"为字号的企业名称具有了较高的知名度，被告在企业名称中冠以"三一"文字，属于故意攀附原告的知名度及市场影响力，有可能使相关公众对原告与被告的关系产生误认或一定程度的联想，最终产生混淆，而这种混淆的可能对原告的商标和字号的功能产生实际损害，被告在企业名称中使用与原告第 1550869 号驰名商标相同的"三一"文字，属于将他人驰名商标作为企业字号使用的不正当竞争行为，并同时属于以使用他人具有知名度且为相关公众所知悉的企业名称中的字号的方式实施对原告企业名称权的不正当竞争行为，违反诚实信用原则，对原告构成不正当竞争。

综上，一审法院依据《中华人民共和国商标法》第五十二条第（一）项①、第（五）项②、第五十六条③，《中华人民共和国反不正当竞争法》第二条、第五条第（三）项、第二十条等法律和司法解释的规定，判决如下：一、被告马鞍山市三一重工机械制造有限公司立即停止侵犯原告三一重工股份有限公司第 1550869 号"三一"与第 6131503 号"三一"注册商标专用权的行为；二、被告马鞍山市三一重工机械制造有限公司立即停止在企业名称中使用"三一"文字的不正当竞争行为；三、被告马鞍山市三一重工机械制造有限公司赔偿原告三一重工股份有限公司经济损失人民币 400000 元（包含原告的合理开支）；四、驳回原告三一重工股份有限公司的其他诉讼请求。如果未按本判决指定的期间履行给付金钱义务，应当依照《中华人民共和国民事诉讼法》第二百二十九条之规定，加倍支付迟延履行期间的债务利息。

上诉与答辩

永合公司不服一审判决，向湖南省高级人民法院提起上诉称：原审法院认定被上诉人从未使用的第 1550869 号商标为驰名商标，属于认定事实错误；上诉人的行为不构成商标侵权及不正当竞争等。请求依法撤销原判决，改判驳回被上诉人的诉讼请求，由被上诉人承担上诉费用。

被上诉人三一重工公司未提交书面答辩状。

二审审理查明

湖南省高级人民法院经二审，确认了一审查明的事实。

另查明，2012 年 8 月 6 日，马鞍山市工商行政管理局核准上诉人名称由马鞍山市三一重工机械制造有限公司变更为马鞍山市永合重工科技有限公司。

---

① 对应 2013 年 8 月新修订的《商标法》第五十七条第（一）项。

② 对应 2013 年 8 月新修订的《商标法》第五十七条第（七）项。

③ 对应 2013 年 8 月新修订的《商标法》第六十三条。

二审判理和结果

湖南省高级人民法院二审认为：被上诉人三一重工公司依法享有涉案第1550869号、第6131503号"三一"注册商标专用权，其合法权利应受法律保护。根据查明的事实，涉案第1550869号"三一"注册商标专用权由被上诉人前身三一重工业集团有限公司于2001年取得，被上诉人三一重工公司与三一重工业集团有限公司属于变更承继关系，在此变更承继的过程中，第1550869号"三一"注册商标由被上诉人三一重工公司在企业名称、产品、对外宣传、企业设施及股票名称中持续使用，被上诉人提供的证据足以证明该商标已为相关公众广为知晓，符合《中华人民共和国商标法》第十四条关于驰名商标的认定条件。且本案由于被诉侵权商品与涉案第1550869号"三一"注册商标核准使用的商品不相同亦不相似，被上诉人三一重工公司主张对涉案第1550869号"三一"注册商标给予驰名商标的跨类保护，亦主张上诉人在其企业名称中使用涉案第1550869号"三一"驰名商标的行为构成不正当竞争，因此，本案有必要对涉案第1550869号"三一"注册商标是否驰名作出司法认定。

本案中，被诉侵权商品为上诉人生产的机床类商品，与涉案第1550869号"三一"注册商标核准使用的起重机、挖掘机等商品不相同亦不相似，上诉人在其机床产品和对外宣传的醒目位置突出标注"三一机床"、"三一重工"标识，对一般公众而言，该标识实际上起到了识别商品来源的作用，属于商标化使用行为。以上诉人在被诉侵权商品上使用的"三一机床"、"三一重工"标识与涉案第1550869号"三一"驰名商标比对，"三一机床"、"三一重工"标识完整包含了涉案第1550869号"三一"驰名商标，二者构成商标法意义上的相同，易对相关公众产生误导，使相关公众误认为上诉人的商品来源于被上诉人处，损害了被上诉人作为第1550869号"三一"驰名商标注册人的合法权益，侵犯了被上诉人三一重工公司的注册商标专用权。同时，上诉人未经被上诉人的许可，在其机床产品和对外宣传的醒目位置突出标注完整包含涉案第6131503号"三一"注册商标的"三一机床"、"三一重工"标识，属于在同一种商品上使用与他人注册商标相同的商标的行为，侵害了被上诉人第6131503号"三一"注册商标专用权。

被上诉人于1994年11月22日成立，虽然其企业名称数次变更，但"三一"一直是其企业名称中最为显著和核心的部分，构成被上诉人的企业字号，该字号经被上诉人的持续使用及广泛宣传，具有较高的知名度，可以认定为《中华人民共和国反不正当竞争法》第五条第一款（三）项规定的"企业名称"，依法受法律保护。上诉人未经被上诉人许可，在企业名称中冠以"三一"文字，该文字与被上诉人的企业名称相同，与被上诉人所持有的1550869 号"三一"驰名商标亦相同，虽然二者分属经营不同商品的企业，但上诉人的行为明显故意攀附被上诉人的知名度及市场影响力，有可能使相关公众产生误认和混淆，对被上诉人的企业名称和商标功能产生实际损害，属于擅自使用他人的企业名称损害竞争对手的不正当竞争行为，并同时属于违反诚实信用原则，将他人驰名商标作为企业字号使用的不正当竞争行为。

综上，湖南省高级人民法院认为一审判决认定事实清楚，适用法律准确，程序合法，依法应予维持。根据《中华人民共和国民事诉讼法》第一百五十三条第一款第（一）项①之规定，判决：驳回上诉，维持原判。

【法官评述】

本案主要涉及驰名商标的司法保护问题。在审理涉及驰名商标保护的民事纠纷案件中，已经明确的是，驰名商标属于法律事实，而不是民事权利。因此，司法认定驰名商标属于事实认定，从事实认定的角度，则必然产生依据哪些证据足以认定驰名商标的问题，这一问题不仅涉及对《商标法》第十四条的理解和适用，也涉及司法实践中对于认定驰名商标具体审查标准的把握。本案主要根据《商标法》第十四条及《最高人民法院关于审理涉及驰名商标保护的民事纠纷案件应用法律若干问题的解释》第五条、第十条的规定，结合司法实践经验，从以下几个方面把握了驰名商标的认定条件和审查标准：

一、对"相关公众对该商标的知晓程度"的把握

《商标法》第十四条规定了认定驰名商标应当考虑的五项因素，其中第一项"相关公众对该商标的知晓程度"属于核心要素，由于具体的知晓程度需要通过其他四项因素来证明。因此，对该项的把握着重在于对"相关公众"范围的界定，司法实践中，可从以下两个方面把握：首先，相关公众是指我国的相关公众，驰名商标的司法认定是基于我国的法律规定，

---

① 对应 2012 年 8 月新修订的《民事诉讼法》第一百七十条第一款第（一）项。

在我国法院进行认定，根据"域内驰名"的原则，其作为驰名商标的效力也及于我国范围。因此，商标法中所规定的"相关公众"自然主要是指我国的相关公众。其次，相关公众应该是指相关领域里的公众，不是一般公众。《最高人民法院关于审理商标民事纠纷案件适用法律若干问题的解释》第八条规定：商标法所称相关公众，是指与商标所标识的某类商品或者服务有关的消费者和与前述商品或者服务的营销有密切关系的其他经营者。在具体的案件审理中，由于驰名商标实行的是跨类保护，在涉案商标所核准使用的商品类别与被控侵权产品所属的商品类别存在较大差异，显属不同行业和领域的情况下，在界定相关公众范围时，既应当考虑与商标有关的同类商品或服务的生产者、经营者和消费者等对该商标的知晓程度，也应当考虑被控侵权商品或服务的生产者、经营者和消费者等对该商标的知晓程度，以防止驰名商标的跨类保护扩张为全类保护。

二、对"该商标使用的持续时间"的掌握

1. 该商标必须是正在使用的商标。根据《商标法实施条例》第三条的规定，商标法上商标的"使用"指的是"在商业中使用"，包括将商标用于商品、商品包装或者容器以及商品交易文书上，或者将商标用于广告宣传、展览以及其他商业活动中。商标只能因使用而驰名，权利人在商业活动中使用的商标必须与其请求进行司法保护的商标一致。

2. 商标的使用应当具有一定的持续时间。虽然有极个别商标可能在短时间内通过大量的宣传等做到广为人知，但在大多数情况下，相关公众对商标代表的商品或服务的认知都有一个过程，商标只有在较长时间被持续使用后才有可能被"广为知晓"。因此，在认定驰名商标时，对商标持续使用时间的确定不宜过短。笔者认为原则上这一时间不得少于5年，因为我国《商标法》第四十一条①规定申请撤销有瑕疵的注册商标及商标争议期限均为该商标注册5年以内，由此可以看出，商标经过5年的使用已趋于稳定，而稳定的权利状态也是认定商标驰名的一个重要考量因素。当然，5年的时间并不是一个绝对的时间，在具体司法实践中，如果当事人举证，其在取得注册商标专用权之前，已经实际使用了涉案商标的，则5年期限应当从其实际使用之日起算。对于确实使用时间较短，但依据其他

---

① 对应2013年8月新修订的《商标法》第四十五条。

证据可以认定该商标知名度的，也应予认可。

三、对"该商标的任何宣传工作的持续时间、程度和地理范围"的掌握

广告宣传和推广是现代市场经济中产品经营和品牌策略一个必不可少的手段，一个商标的驰名也离不开宣传和推广，商标的宣传和推广是商标驰名的有力证据。基于这一认识，商标法将商标的宣传工作的广度和力度纳入了商标驰名的考量范围。司法实践中，原告提供的关于广告宣传的两方面证据可以认定商标宣传的事实：一是原告自己主动进行的广告宣传，要求对涉案商标的宣传不仅限于某一地域，而要覆盖全国，至少在全国的大多数省份知名。对宣传工作的投入应当有较大的力度，包括人力、物力、财力的投入，宣传工作的持续时间、频率，相关公众的一般评价等因素均应予考虑。对于原告主动进行的广告宣传，笔者认为，原则上要求涉案商标的广告宣传一般应在中央电视台第一、第二等主要频道或在全国具有一定影响力的各省市卫星电视台的主要时段播出，或在业内具有权威性的杂志或影响范围较大的报纸等刊物上刊登，或在国内各主要门户网站等主流媒体登载，持续时间应较长。广告宣传的形式可以多样，如在电视媒体、报刊杂志平面媒体进行广告，印发宣传册、散发宣传单，开展各种赞助活动、公益资助活动等都应予认可。二是由新闻媒体对涉案商标所进行的积极的、正面的报道。这些报道影响面广，能较真实地反映企业及其使用商标的商品之现状，一般也可将其作为认定商标知名度的依据之一。

四、对"该商标作为驰名商标受保护的记录"的掌握

受保护的记录可以是司法保护记录也可以是行政保护记录，司法实践中，原告提供的证据主要是涉案商标曾经被人民法院或者行政主管机关认定为驰名商标的文件。虽然根据司法解释的规定，驰名商标的认定仅具个案效力，对方当事人对涉及的商标驰名提出异议的，人民法院仍然应当依照《商标法》第十四条的规定对涉案商标是否驰名进行审查，但司法实践中，涉案商标曾经被认定为驰名商标，仍是证明其具有知名度的有力证据。在对方当事人不持异议的情况下，更能直接证明涉案商标驰名的事实。

五、对"该商标驰名的其他因素"的掌握

其他因素主要包括：（1）商标美誉度。认定驰名商标，不仅要考虑商

标本身的知名度，还要考虑其市场声誉，即该商标应当具有一定的美誉度。对美誉度的审查，当事人提供的行业排名、获奖情况，如被评为省级著名商标，中国名牌产品等，以及新闻媒体、各大网站的正面宣传报道等证据都可予以认可。(2) 请求保护的商标存在被人假冒或侵权而受到司法和行政保护的记录。如果商标在市场中曾经被人假冒、侵权，则可从侧面印证该商标已具有一定的知名度，其因此而受到的司法和行政保护的记录可作为证明其知名度的证据。(3) 涉案商标的商品或服务的实际销售和经营情况，原则上要求涉案商标的商品或服务近三年的销售和经营范围应覆盖全国大部分省、自治区、直辖市，且涉案商标商品或服务应在侵权行为地所在省份范围内进行销售和经营。(4) 申请认定驰名商标的企业的资信状况，主要包括其注册资金、企业规模、利税情况等。

编写人：湖南省高级人民法院知识产权审判庭　曾志红

北京北大方正电子有限公司诉暴雪娱乐股份有限公司等侵害著作权纠纷案

——阅读提示：计算机中文字库是否属于著作法意义上的作品？其应当作为美术作品还是计算机软件受到著作权法的保护？计算机中文字库运行后产生的单个汉字是否属于作品？

【裁判要旨】

作为字型轮廓构建指令及相关数据与字型轮廓动态调整数据指令代码的结合的计算机中文字库，应作为计算机程序而不是美术作品受到著作权法的保护。计算机中文字库运行后产生的单个汉字只有具有著作权法意义上的独创性时，才能认定为美术作品；对其独创性的判定应当进行个案分析。

【案号】

一审：北京市高级人民法院（2007）高民初字第 1108 号

二审：最高人民法院（2010）民三终字第 6 号

【案情与裁判】

原告（二审上诉人）：北京北大方正电子有限公司（简称北大方正公司）

被告（二审上诉人）：暴雪娱乐股份有限公司（简称暴雪公司）

被告（二审上诉人）：上海第九城市信息技术有限公司（简称第九城市公司）

被告（二审被上诉人）：九城互动信息技术（上海）有限公司（简称九城互动公司）

被告（二审被上诉人）：北京情文图书有限公司（简称情文图书公司）

起诉与答辩

北大方正公司于 2007 年 6 月 18 日起诉称：暴雪公司是中文版计算机网络游戏《魔兽世界》（简称网络游戏《魔兽世界》）的著作权人，该公司授权九城互动公司独家在中国大陆地区（不包括香港、澳门特别行政区和台湾地区）商业运营网络游戏《魔兽世界》。九城互动公司通过第九城市公司实际运营网络游戏《魔兽世界》。第九城市公司以授权情文图书公司等经销商公开销售网络游戏《魔兽世界》安装光盘的方式向用户提供网络游戏《魔兽世界》的客户端。用户在计算机上安装网络游戏《魔兽世界》客户端并购买点卡后，即可使用该客户端并通过互联网激活帐户登录成为玩家，付费参加网络游戏《魔兽世界》。在网络游戏《魔兽世界》客户端中，未经北大方正公司许可，擅自复制、安装了北大方正公司享有著作权的方正兰亭字库中的方正北魏楷书、方正剪纸等 5 款方正字体。在网络游戏《魔兽世界》运行的过程中，各种游戏界面的中文文字分别使用了上述 5 款方正字体。四被告的行为侵犯了北大方正公司对上述 5 款方正字体的复制权、发行权、信息网络传播权、获得报酬权等权利。根据公开的信息可知，被告的侵权行为影响十分广泛，获得了巨大的非法利益，极大地损害了北大方正公司的权益。请求判令暴雪公司、九城互动公司、第九城市公司、情文图书公司立即停止侵权行为；暴雪公司、九城互动公司、第九城市公司、情文图书公司采取技术措施，删除游戏玩家已安装网络游戏《魔兽世界》客户端中的方正字体；暴雪公司、九城互动公司、第九城市公司、情文图书公司在《法制日报》上赔礼道歉；暴雪公司、九城互动公司、第九城市公司、情文图书公司连带赔偿北大方正公司经济损失人民币 4.08 亿元；暴雪公司、九城互动公司、第九城市公司、情文图书公司共同承担北大方正公司为制止侵权而支出的公证费、查询费、律师费等费用共计人民币 980110 元。

暴雪公司、九城互动公司、第九城市公司口头答辩称：涉案字库和字体不是著作权法保护的作品。北大方正公司现有的证据不足以证明其对网络游戏《魔兽世界》中使用的字体享有著作权。九城互动公司与网络游戏《魔兽世界》的运营无任何关系。网络游戏《魔兽世界》中使用的字体有合法来源。北大方正公司请求赔偿的金额无事实和法律依据。

情文图书公司的口头答辩意见称：情文图书公司作为电子出版物销售商，没有能力核查每一个产品是否存在著作权的问题，属于不知情的第三人。

一审审理查明

法院经审理查明：北大方正公司是方正兰亭字库 V5.0 版中的方正北魏楷体 GBK、方正细黑一 GBK、方正剪纸 GBK、方正兰亭字库 V3.0 版中的方正隶变 GBK、方正兰亭字库 V1.0 版中的方正隶变 GB 等 5 款方正字体的权利人。暴雪公司是网络游戏《魔兽世界》的著作权人，其授权第九城市公司对网络游戏进行汉化，并由第九城市公司在中国大陆运营该网络游戏。九城互动公司从第九城市公司经营该游戏的收入中进行分成，并作为 2005 年、2006 年该游戏的会计核算主体。情文图书公司是第九城市公司授权的网络游戏《魔兽世界》客户端软件光盘经销商之一。2007 年 5 月，北大方正公司在北京图书批发交易市场购买了两套"魔兽世界"软件光盘，发票上盖有"北京情文图书有限公司财务专用章"。北大方正公司提交的公证书记载，安装网络游戏《魔兽世界》客户端软件或者登录网址为 www.wowchina.com 的网站，下载网络游戏《魔兽世界》客户端软件或者相关补丁程序后，通过点击相应的操作，可以在计算机屏幕上显示出涉案 5 款方正字体的信息。暴雪公司、九城互动公司、第九城市公司对网络游戏《魔兽世界》中使用了涉案 5 款字体以及标有 GBK 的各款字体包含 21000 个汉字、标有 GB 的字体包含 7000 个汉字的事实无异议。

一审判理和结果

一审法院认为，字库是为了使计算机等具有信息处理能力的装置显示、打印字符而收集并按照一定规则组织存放在存储设备中的坐标数据和函数算法等信息的集合。字库中的坐标数据和函数算法是对字型笔画所进行的客观描述；在运行时，通过特定软件的调用、解释，这些坐标数据和函数算法被还原为可以识别的字型。字库中对数据坐标和函数算法的描述并非计算机程序所指的指令，并且字库只能通过特定软件对其进行调用，本身并不能运行并产生某种结果，因此，字库不属于计算机软件保护条例所规定的程序，也不是程序的文档。北大方正公司关于涉案的方正兰亭字库属于计算机软件，应受《中华人民共和国著作权法》保护的主张不能成立。即便字库属于计算机程序，但是，其运行结果即产生字型，其与相应的字型是一一对应的，是同一客体的两种表达，在著作权法上应作为一个作品给予保护。故对北大方正公司关于暴雪公司、九城互动公司、第九城市公司、情文图书公司侵犯涉案 5 款方正兰亭字库计算机软件著作权的主张不予支持。

涉案字库的制作通常经过字体设计、扫描、数字化拟合、人工修字、质检、整合成库等步骤，其中，字型设计是指由专业字体设计师依字体创意的风格、笔形特点和结构特点，在相应的正方格内书写或描绘得清晰、光滑、视觉效果良好的字体设计稿。每款字库的字体必须采用统一的风格及笔形规范进行处理。因此，字库中每个字体的制作体现出作者的独创性。涉案方正兰亭字库中的每款字体的字型是由线条构成的具有一定审美意义的书法艺术，符合著作权法规定的美术作品的条件，属于受著作权法及其实施条例保护的美术作品。

暴雪公司、九城互动公司、第九城市公司并未提交证据证明北大方正公司同意其将涉案方正兰亭字库的字体用于网络游戏《魔兽世界》客户端软件及相关补丁程序，且其未向北大方正公司支付相应的对价。因此，第九城市公司在网络游戏《魔兽世界》客户端软件和相关补丁程序中使用涉案方正兰亭字库的 5 款字体并向消费者进行销售的行为，侵犯了北大方正公司对涉案方正兰亭字库中的字体的美术作品著作权中的复制权、发行权和获得报酬权和信息网络传播权。依据《中华人民共和国著作权法》第四十七条第（一）项、第四十八条，《计算机软件保护条例》第二条、第三条第（一）项，《信息网络传播权保护条例》第十八条第（一）项的规定，判决：一、自判决生效之日起，暴雪娱乐股份有限公司、九城互动信息技术（上海）有限公司、上海第九城市信息技术有限公司立即停止销售、通过计算机网络提供包含有方正兰亭字库 V5.0 版中的方正北魏楷体 GBK、方正细黑－GBK、方正剪纸 GBK，方正兰亭字库 V3.0 版中的方正隶变 GBK，方正兰亭字库 V1.0 版中的方正隶变 GB 字体的计算机网络游戏《魔兽世界》客户端软件和相关补丁程序；二、自判决生效之日起，北京情文图书有限公司立即停止销售包含有方正兰亭字库 V5.0 版中的方正北魏楷体 GBK、方正细黑－GBK、方正剪纸 GBK，方正兰亭字库 V3.0 版中的方正隶变 GBK，方正兰亭字库 V1.0 版中的方正隶变 GB 字体的计算机网络游戏《魔兽世界》客户端软件光盘；三、自判决生效之日起十日内，暴雪娱乐股份有限公司、九城互动信息技术（上海）有限公司、上海第九城市信息技术有限公司赔偿北京北大方正电子有限公司经济损失 140 万元及诉讼合理支出 5 万元；四、驳回北京北大方正电子有限公司的其他诉讼请求。案件受理费 2086705.5 元，由北京北大方正电子有限公司负担人民币 2066705.5 元，由暴雪娱乐股份有限公司、九城互动信息技术（上海）有限公司、上海第九城市信息技术有限公司负担人民币 2 万元；审计费人民币 50 万元，由北京北大方正电子有限公司负担人民币 40 万元，由暴雪娱乐股份有限公司、九城互动信息技术（上海）有限公司、上海第九城市信息技术有限公司负担人民币 10 万元。

上诉与答辩

北大方正公司上诉称：1. 涉案方正字库属于计算机软件，北大方正公司依法享有计算机软件著作权，一审判决对方正字库未按照计算机软件给予保护，属认定事实不清，适用法律错误。2. 涉案方正字库的程序和字体均构成著作权法意义上的作品，均应依法得到保护。一审判决认为字库程序与字体"是同一客体的两种表达，在著作权法上应作为一个作品给予保护"是错误的。3. 暴雪公司、九城互动公司、第九城市公司、情文图书公司侵犯了北大方正公司对方正字库的署名权，应依法承担赔礼道歉的法律责任。4. 一审判决认定九城互动公司、第九城市公司购买了方正兰亭字库并对游戏进行汉化没有事实根据。5. 北大方正公司已经提供证据证明涉案每款方正字库的价格，亦提供证据证明暴雪公司等销售网络游戏《魔兽世界》客户端软件的数量，一审判决"酌情确定赔偿额"属于认定事实和适用法律严重错误。请求：1. 依法判决撤销一审判决第三项、第四项；2. 依法改判暴雪公司、九城互动公司、第九城市公司、情文图书公司在《法制日报》上公开赔礼道歉；3. 依法改判暴雪公司、九城互动公司、第九城市公司、情文图书公司连带赔偿北大方正公司经济损失人民币 4.08 亿元；4. 依法改判暴雪公司、九城互动公司、第九城市公司、情文图书公司共同承担北大方正公司为制止侵权而支出的合理费用人民币 980110 元；5. 依法判令本案一审、二审全部诉讼费用由四被上诉人共同负担。

暴雪公司上诉称：1. 涉案方正兰亭字库中的字型并非著作权法及其实施条例保护的美术作品（一审法院认定涉案字库亦不属于计算机软件）。因此，涉案字库和字型均不是著作权法和其他相关法律保护的作品。北大方正公司现有证据不足以证明其对涉案游戏中使用的字型享有著作权。2. 涉案游戏中使用的字型有合法来源。3. 一审法院酌情确定的赔偿数额将近法定最高赔偿额的 3 倍，没有任何事实和法律依据。请求撤销一审判决，依法改判。

第九城市公司上诉称：一审判决没有事实和法律依据。首先，涉案方正兰亭字库中的字型绝大多数是通过无生命、无思维的"函数"生成，而并非

"人"的创作，因此，涉案字型不能成为著作权法及其实施条例保护的美术作品。此外，涉案字库并非计算机软件作品。因此，涉案字库和字型均非"作品"。其次，其使用的是合法购买的"方正兰亭46款GBK字库"。第三，一审法院酌情确定的赔偿数额将近法定最高赔偿额的3倍，没有任何事实和法律依据。请求撤销一审判决，依法改判。

二审审理查明

二审法院另查明，诉争北大方正兰亭字库的制作通常经过字型设计（字稿创作）、扫描、数值拟合、人工修字、拼字、质检、符号库搭配、使用Truetype指令，编码成Truetype字库、测试等步骤。其中字型设计是选定字体创意稿后，依字型创意的汉字风格、笔形特点和结构特点，由专业人员在计算机上直接设计成字稿或在纸介质上设计成字稿。扫描是指将纸介质上的设计字稿通过扫描仪扫成高精度点阵图形，输入电脑做成底纹，并按底纹在相关软件上画成三次曲线字，规范制作后，按照编码字符国家标准GB1300.1-1993给出字符编码。拟合是将扫描后的数字化图像初步转换为该字的输出显示程序，即按照一定的数学算法，将扫描后的数字化图像抽取轮廓，并通过参数控制来调整轮廓的点、线、角度和位置（随着计算机做字技术的发展，字型设计师也可以直接使用计算机软件进行字体设计，不需要扫描、拟合过程）。拟合过程之后是修字，该步骤是由人工借助专业造字工具辅助对拟合好的字进行修改，使之达到印刷字库的要求。拼字是根据字体由部件组成的特点，先行设计和制作部件，再以部件为基础，拼合出其他字的方法。具体而言，北大方正公司在制作字库时，通常只让设计师设计常用的几百字，之后由其制作人员，在把握原创风格的基础上，按照印刷字的组字规律，将原创的部件衍生成一套完整的印刷字库。质检环节是对成品字进行检查，把控整套字库的同一性。符号库搭配是指将西文符号按照中文字的风格、大小和粗细来设计，使其在字库中搭配使用效果能够和谐统一。整款印刷字库字形设计完成后，软件开发人员使用Truetype指令，将设计好的字型用特定的数学函数描述其字体轮廓外形并用相应的控制指令对字型进行相应的精细调整后编码成Truetype字库。该字库中一般包含构成字形轮廓动态构建指令集、字形轮廓动态调整指令集等。其中构成字形轮廓动态构建指令集的主要功能是选取字型中的点并以特定方式连线构成汉字的字形轮廓；字形轮廓动态调整指令集的功能主要是为了实现汉字在不同环境（如不同分辨率下）的完整及美观，在程序设定的条件下对汉字的字型轮廓进行动态调整，以便在各种分辨率的情况下均能够清晰的显示每一个汉字。诉争的 5 款字型均采用以上基本相同的方法制作完成。

二审判理和结果

二审法院认为：1. 关于诉争的方正兰亭字库是计算机软件，还是美术作品的问题。根据《计算机软件保护条例》第二条的规定，计算机软件是指计算机程序及有关文档。该条例第三条第（一）项规定，计算机程序是指为了得到某种结果而可以由计算机等具有信息处理能力的装置执行的代码化指令序列，或者可以被自动转换成代码化指令序列的符号化指令序列或者符号化语句序列。本案中诉争字库的相关字体是在字型原稿的基础上，由其制作人员把握原创风格，按照印刷字的组字规律，将原创的部件衍生成一套完整的印刷字库后，再进行人工调整后使用 Truetype 指令，将设计好的字型用特定的数字函数描述其字体轮廓外形并用相应的控制指令对字型进行相应的精细调整后，编码成 Truetype 字库。由于印刷字库中的字体字型是由字型原稿经数字化处理后和由人工或计算机根据字型原稿的风格结合汉字组合规律拼合而成，其字库中的每个汉字的字型与其字型原稿并不具有一一对应关系，亦不是字型原稿的数字化，且在数量上也远远多于其字型原稿。印刷字库经编码形成计算机字库后，其组成部分的每个汉字不再以汉字字型图像的形式存在，而是以相应的坐标数据和相应的函数算法存在。在输出时经特定的指令及软件调用、解释后，还原为相应的字型图像。涉案方正兰亭字库中的字体文件的功能是支持相关字体字型的显示和输出，其内容是字型轮廓构建指令及相关数据与字型轮廓动态调整数据指令代码的结合，其经特定软件调用后产生运行结果，属于计算机系统软件的一种，应当认定其是为了得到可在计算机及相关电子设备的输出装置中显示相关字体字型而制作的由计算机执行的代码化指令序列。因此，涉案方正兰亭字库属于《计算机软件保护条例》第三条第（一）项规定的计算机程序。

2. 关于计算机中文字库经相关计算机软件调用运行后产生的单字是否属于著作权法意义上的美术作品的问题。根据诉争相关字库的制作过程，字库制作过程中的印刷字库与经编码完成的计算机字库及该字库经相关计算机软件调用运行后产生的字体属于不同的客体，且由于汉字本身构造及其表现形式受到一定限制等特点，经相关计算机软件调用运行后产生的汉字是否具有独创性应当进行个案分析后判定。该单个汉字只有在具有著作权法意义上的独创性时，才能认定为美术作品。判决：一、维持北京市高级人民法院（2007）高民初字第 1108 号判决第二项、第四项；二、撤销北京市高级人民法院（2007）高民初字第 1108 号判决第一项；三、变更北京市高级人民法院（2007）高民初字第 1108 号判决第三项为：自本判决生效之日起十日内，暴雪娱乐股份有限公司、九城互动信息技术（上海）有限公司、上海第九城市信息技术有限公司赔偿北京北大方正电子有限公司经济损失人民币 200 万元及诉讼合理支出人民币 5 万元。

【法官评述】

在人民法院陆续受理北大电子有限公司诉广州宝洁公司侵犯著作权纠纷案、北大方正公司诉暴雪娱乐股份有限公司侵犯著作权纠纷案、叶根友诉无锡肯德基公司著作权纠纷等案之后，计算机字库的法律保护成了司法界、学术界、产业界非常关注的话题，本案焦点问题也是业界关注的核心。笔者以为，由于实践中字库的制作方式并不完全相同，不同的制作方式在某种程度上会影响其属性的认定，因此在认定其法律属性时，应首先对涉案字库的形成及本质进行界定。

一、司法实践中遇到的计算机字库

笔者在审理案件的过程中，遇到了两种计算机字库。其一是本案中的北大方正兰亭字库。该字库编码过程是将设计好的字型用特定的数学函数描述其字体轮廓外形并用相应的控制指令对字型进行相应的精细调整后编码成 Truetype 字库。该字库中一般包含构成字形轮廓动态构建指令集、字形轮廓动态调整指令集等，其在计算机中存储表现为 ttf 格式字体文件。其二是"叶根友行书字库"①。该字库将分割好并保留书法作品原创风格的字形（图片）嵌入字库编辑工具 Font Creator5.0 中，由该工具将图片转换成 ttf 格式字体文件。具体而言，两者均使用相关字体编辑软件对设计好的字型进行描述，不同之处是北大方正兰亭字库除了使用相关字体编辑软件对设计好的字型进行描述外，还增加了字型轮廓动态调整指令集以及点丢失

---

① 详见叶根友诉无锡肯德基公司著作权纠纷案，江苏省高级人民法院（2011）苏知终字号 18 号。

控制指令集等。字型轮廓动态调整指令、点丢失控制指令等的功能是在相关程序设定的条件下对汉字的字型轮廓进行动态调整，以便在各种分辨率的情况下能够清晰地显示每一个汉字。具体而言，北大方正兰亭字库是由字型轮廓动态调整指令集、点丢失控制指令集等指令组成的集合；而"叶根友行书字体"为由相关书法作品的图片转换而成的 ttf 格式文件的集合，该字库中并没有相关字型构建指令或字型轮廓动态调整指令。

二、实践中关于计算机中文字库法律属性的观点

对于计算机中文字库的法律属性，学术界有不同的认识，有观点认为其属于美术作品；有观点认为其属于计算机软件；还有观点认为其可以作为数据库受到保护；亦有一种观点认为其属于工业产品，不受著作权法调整的对象；更有观点认为计算机字库的实用功能排除了计算机字体著作权保护的可能性，但其可以受到侵权法或者反不正当竞争法的保护。笔者以为，由于计算机中文字库涉及的技术问题及法律问题的复杂性，且字库整体和字库经计算机相关程序调用之后在计算机等电子终端上显示的汉字本质上属于两种不同的客体，前述观点对计算机中文字库法律属性的不同认识的原因在某种程度上除了字体、字库概念混用之外，还有对字库整体和其运行后的单个汉字未作区分。为此，为准确确定其法律属性，需将两者区别开来。

三、关于字库整体属于计算机软件还是美术作品的问题

《著作权法实施条例》第四条第（八）项规定，美术作品是指绘画、书法、雕塑等以线条、色彩或者其他方式构成的有审美意义的平面或者立体的造型艺术作品。涉案方正兰亭字库中的每款字体均使用相关特定的数字函数，描述常用的 5000 余汉字字体轮廓外形，并用相应的控制指令对相关字体字型进行相应的精细调整，因此每款字体均由上述指令及相关数据构成，并非由线条、色彩或其他方式构成的有审美意义的平面或者立体的造型艺术作品，故涉案方正兰亭字库不属于著作权法意义上的美术作品。同样，叶根友行书字库是由 ttf 格式字体文件构成，该字体文件亦非由线条、色彩或其他方式构成的有审美意义的平面或者立体的造型艺术作品，因此笔者亦不认为其属于美术作品。

关于字库是否属于计算机软件的问题。《计算机软件保护条例》第二条规定，计算机软件是指计算机程序及其有关文档。该条例第三条第

（一）项规定，计算机程序是指为了得到某种结果而可以由计算机等具有信息处理能力的装置执行的代码化指令序列，或者可以被自动转换成代码化指令序列的符号指令序列或者符号化语句序列。由此可见，字库整体是否属于计算机软件取决于其是否含有由计算机等具有信息处理能力的装置执行的代码化指令序列，或者可以被自动转换成代码化指令序列的符号指令序列或者符号化语句序列。本案北大方正字库是字型动态轮廓构建指令及相关数据与字型轮廓动态调整数据指令代码的结合，经特定软件调用后产生运行结果，属于计算机系统软件的一种，应当认定其是为了得到可在计算机及相关电子设备的输出装置中显示相关字体字型而制作的由计算机执行的代码化指令序列，因此其属于《计算机软件保护条例》第三条第（一）项规定的计算机程序。而司法实践中遇到的"叶根友行书字体"，则是由相关书法作品的图片转换而成的 ttf 格式文件的集合，由于该字库中并没有相关字型动态构建指令或字型轮廓动态调整指令，因此不能认定为计算机软件。

四、关于计算机中文字库运行后产生的单个汉字是否属于作品的问题

有观点认为，计算机中文字库运行后产生的单个汉字是计算机软件运行的结果，不属于智力创造成果，因此经计算机中文字库运行后产生的单个汉字不属于著作权法意义上的作品。对此观点，笔者以为，随着科技的发展，作品并非一定是人手工创作出来的，借用工具创作出来的作品仍然是人类的智力劳动创造成果。相关计算机游戏软件经过运行，产生某一动画形象，在其符合著作权法要求的独创性时，可以作为作品受到著作权保护已经基本上成为业界共识。由此可见，相关字库文件①运行后产生的文字如其具有独创性时，可以作为书法作品或美术作品受到保护并不存在障碍。但需要注意的是，由于汉字本身构造及其表现形式受到一定限制等特点，经相关计算机软件调用运行后产生的字体是否具有著作权法意义上的独创性，仍然需要进行具体分析后才能确定。

编写人：最高人民法院知识产权审判庭　王艳芳

---

① 无论其是否属于计算机软件。

4

胡进庆、吴云初诉上海美术电影制片厂著作权权属纠纷案

——阅读提示：特殊时代背景下动画角色造型著作权归属的认定问题。

【裁判要旨】

对于计划经济时代职务作品的著作权归属纠纷案件，考虑当时特定的历史条件，根据当事人的具体行为及其真实意思表示，可以认定单位职工创作的动画角色造型属于"特殊职务作品"，由单位享有除署名权之外的著作权。

【案号】

一审：上海市黄浦区人民法院（2010）黄民三（知）初字第 28 号

二审：上海市第二中级人民法院（2011）沪二中民五（知）终字第 62 号

【案情与裁判】

原告（二审上诉人）：胡进庆

原告（二审上诉人）：吴云初

被告（二审被上诉人）：上海美术电影制片厂（简称美影厂）

起诉与答辩

2010 年 1 月 5 日，胡进庆、吴云初诉称，两原告系被告职工，两原告为"葫芦娃"角色造型形象的原创作者。角色造型美术作品先于电影而存在，可以独立于影片而由作者享有著作权，而且映射在影片中的"葫芦娃"形象

的著作权也应归两原告所有。两原告从未利用被告的物质技术条件创作涉案影片的分镜头台本，该作品属于一般职务作品，在双方未就著作权进行约定的情况下，"葫芦娃"角色造型形象的著作权应归两原告所有。遂诉至本院，请求法院判令：1. 确认《葫芦兄弟》及其续集《葫芦小金刚》系列剪纸动画电影中"葫芦娃"（即葫芦兄弟和金刚葫芦娃）角色形象造型原创美术作品的著作权归原告胡进庆、吴云初所有；2. 本案诉讼费由被告承担。

被告美影厂辩称：涉案影片的摄制是在计划经济体制的背景下完成的，当时《中华人民共和国著作权法》尚未颁布，双方不可能签订合同约定著作权的归属。系争角色造型是由两原告等人绘制草稿张贴于摄制组内，经组内人员集体讨论修改，最终由厂艺术委员会审定，作品的创作系在被告领导下，体现法人的意志，并由法人承担责任，系法人作品，原告已从被告处获得报酬和奖励。此外，影片中的"葫芦娃"形象是连续的、动态的，角色造型不可以脱离影片单独使用，即使可以单独使用，也应由被告享有著作权，这样更有利于动漫产业的发展。故请求驳回原告的诉讼请求。

法院审理查明

1953 年，胡进庆进入美影厂工作，历任动画设计、动作设计、造型设计、导演、艺术委员会副主任等职。1964 年 8 月，吴云初进入美影厂工作，历任动作设计、造型设计、作监、导演等职。二人分别于 1988 年 3 月和 1996 年 10 月被评为一级导演和一级美术设计师。

1985 年 11 月 9 日，美影厂向文化部电影局上报 1986 年题材计划，在暂定节目项下共有各类影片四十本，其中包含剪纸片《七兄弟》（民间故事）八本。1987 年 1 月 12 日，上海电影总公司向上海市人民政府报告《上海电影总公司一九八六年工作概况》中称，"今年美术片生产的主要突破是，根据广大观众特别是少年儿童的要求，在系列片创作方面作了尝试，包括剪纸片《葫芦兄弟》在内的五个系列影片，试映后获得不同程度的好评，也满足了社会对于国产系列美术片的要求。"

证人沈如东（时任涉案影片的动作设计）、龚金福（时任涉案影片的动作设计和绘景）、沈寿林（时任涉案影片的动作设计）证实：1986 年前后，导演等创作人员均需完成美影厂创作办公室每年下达的任务指标，导演每年需完成一部长片（约 20 分钟）或二部短片（约 10 分钟），主要由美影厂指派任务，其他创作人员跟随导演完成相应工作量，创作成果均归属于单位。

1984 年，美影厂的文学组编剧杨玉良根据民间故事《七兄弟》创作了《七兄弟》文学剧本大纲。1985 年底，美影厂成立《七兄弟》影片摄制组，指派胡进庆、周克勤、葛桂云担任导演，胡进庆、吴云初担任造型设计，二人绘制了"葫芦娃"角色造型稿。葫芦七兄弟的造型一致，其共同特征是：四方的脸型、粗短的眉毛、明亮的大眼、敦实的身体、头顶葫芦冠、颈戴葫芦叶项圈、身穿坎肩短裤、腰围葫芦叶围裙，葫芦七兄弟的服饰颜色分别为赤、橙、黄、绿、青、蓝、紫。胡进庆先后绘制《葫芦兄弟》十三集分镜头台本。为加快影片拍摄进度，1986 年 1 月至 12 月，美影厂成立单、双集摄制组。经比对，分镜头台本中的"葫芦娃"角色造型与影片中的"葫芦娃"外形基本一致，前者为黑白、笔法简略、前后呈现细节上的诸多不一致，后者为彩色、画工精致、前后一致。1988 年，胡进庆先后绘制《葫芦小金刚》六集分镜头台本，"金刚葫芦娃"的造型与"葫芦娃"基本一致，仅改为身穿白衣、颈项佩戴金光闪闪的葫芦挂件，以示"金刚葫芦娃"由葫芦七兄弟合体而成。

中华人民共和国广播电影电视部电影事业管理局（以下简称广电部电影局）编印的影片目录显示，《葫芦兄弟》、《葫芦小金刚》每集的美术设计基本上均署名为吴云初、进庆、常保生。《葫芦兄弟》每集完成台本和 1996 年美影厂出品的葫芦兄弟系列 VCD 光盘的每集片尾工作人员名单显示，单集创作人员包括编剧：姚忠礼、杨玉良、墨犊，导演：胡进庆、葛桂云，造型设计：吴云初、进庆，等等；双集创作人员包括导演：胡进庆、周克勤，造型设计：吴云初、进庆，等等。《葫芦小金刚》每集完成台本的片尾工作人员名单显示，编剧：姚忠礼、墨犊，造型设计：吴云初、进庆，总导演：胡进庆，等等。

1987 年 3 月和 1988 年 3 月，广电部电影局分别编印的 1986 年、1987 年影片目录显示：1986 年完成《葫芦兄弟》第一集至第九集，1987 年完成《葫芦兄弟》第十集至第十三集。1990 年 3 月、1991 年 3 月和 1992 年 3 月，广电部电影局分别编印的 1989 年、1990 年、1991 年影片目录显示：1989 年完成《葫芦小金刚》第一集至第三集，1990 年完成《葫芦小金刚》第四集至第五集，1991 年完成《葫芦小金刚》第六集。涉案影片上映时先是以剪纸动画片的形式在电视台播出，后在电影院公映。1996 年，美影厂将涉案两部影片制作成六盒 VCD 进行出版发行，该出版物的封套显示：上海美术电影制片厂出品，上海电影音像出版社出版发行。2008 年，美影厂将《葫芦兄弟》十三集合成制作成一部电影进行公开放映。涉案影片的投资拍摄、拷贝洗印、出版发行，在电视台和电影院播映、音像市场发行等费用均由美影厂出资。

1988 年 1 月 15 日，美影厂创作办公室向广电部电影局推荐包括剪纸片《葫芦兄弟》（第三、四集）在内的共四部影片评选 1986 年优秀影片。1988 年 5 月 20 日，美影厂向广电部电影局上报参加 1986 年、1987 年优秀影片颁奖大会名单，其中包括《葫芦兄弟》影片的代表：导演胡进庆和动作设计沈如东。1988 年 8 月 19 日，美影厂向《葫芦兄弟》影片的创作人员发放 1986 年优秀影片奖的奖金 7000 元。此外，《葫芦兄弟》还获得 1987 年儿童电影"童牛奖"。

一审判理和结果

一审法院审理认为：当系争造型美术作品进入影片以后，形成了"葫芦娃"具有个性特征的完整形象，当人们看到静态的"葫芦娃"形象时，它已不是单纯的一幅美术作品，而是包含个性特征、情节、反应等要素的生动形象。"葫芦娃"形象之所以能够成为家喻户晓、深受观众朋友喜爱的动画形象，其知名度有赖于被告投资拍摄影片并对之进行了持续传播，从民法的公平原则角度出发，对于"葫芦娃"形象的整体性和知名度所作的贡献均应归功于被告，故两原告关于影片中"葫芦娃"形象的著作权归其所有的主张，本院不予支持。法院遂根据《中华人民共和国著作权法》第三条第（四）项、第十一条第一、二、四款、第十五条、第十六条第二款第（二）项、第六十条、第六十一条、《中华人民共和国著作权法实施条例》第四条第（八）项、第（十一）项、第十一条第一款、《中华人民共和国民法通则》第四条的规定，判决驳回两原告的诉讼请求。

上诉与答辩

一审宣判后，两原告不服一审判决，提起上诉，要求撤销原判，改判支持原告的诉讼请求。其主要上诉理由为：1. 上诉人提供的前三集分镜头台本中的"葫芦娃"形象是葫芦兄弟和金刚葫芦娃角色形象的原创美术作品，是由上诉人于 1984 年创作完成的，原审法院对此事实认定有误；2. 上诉人对"葫芦娃"职务作品应享有完整的著作权，而非仅有署名权，原审法院适用《中华人民共和国著作权法》第十六条第二款，属适用法律错误。

被上诉人美影厂辩称，不同意上诉人的上诉请求，分镜头台本不能证明上诉人享有"葫芦娃"造型著作权，该分镜头台本形成于造型确定之后。被上诉人坚持其在原审中所持观点，即《葫芦兄弟》影片和"葫芦娃"形象是在美影厂的集体领导下创作完成的，属于法人作品。

二审判理和结果

二审法院认为，本案中，双方当事人的确没有就系争作品的著作权归属签订书面合同，但这是特定历史条件下的行为。故应深入探究当事人行为时所采取的具体形式，及其真实意思表示，在此基础上才能正确判断系争职务作品著作权的归属。针对动画电影的整个创作而言，完成工作任务所创作的成果归属于单位，是符合当时人们的普遍认知的。双方均认可被上诉人有权对动画电影的角色形象造型进行支配，因此，从诚信的角度出发，上诉人不得在事后作出相反的意思表示，主张系争角色造型美术作品的著作权。本案中，系争"葫芦娃"角色造型美术作品确由胡进庆、吴云初创作，体现的是二人的个人意志，故对上诉人作为作者的人格应予尊重。综上，系争作品属于《中华人民共和国著作权法》第十六条第二款规定的"特殊职务作品"，由上诉人享有署名权，著作权的其他权利由被上诉人享有。遂判决驳回上诉，维持原判。

【法官评述】

根据《著作权法》的一般规则，创作作品的自然人为作者，作者享有作品的著作权。但是，在某些特殊情况下，著作权也可能依约定或者法定而归属于作者以外的其他自然人、法人或其他组织。

本案中，当事人双方对于葫芦娃动画角色造型的著作权应当归谁享有存在争议。原告主张涉案动画角色造型美术作品系职务作品，由于原被告之间无特殊约定，因此，著作权应当由作者享有；被告则主张涉案动画角色造型美术作品系法人作品，其著作权当由单位享有。由于涉案作品及涉案动画片创作时尚处于计划经济时期，《著作权法》未颁布实施，无相应法律可供参照，双方对涉案作品的权利归属亦未有过明示约定，故法院综合考量涉案作品的性质、时代背景、双方实际履行情况等因素，作出了判断。

一、涉案动画角色造型不属于法人作品

我国《著作权法》第十一条第三款规定，由法人或者其他组织主持，代表法人或者其他组织意志创作，并由法人或者其他组织承担责任的作品，法人或者其他组织视为作者。同时，《著作权法》第十六条第一款规定，公民为完成法人或者其他组织工作任务所创作的作品是职务作品。鉴于法人意志的执行者只能且必然是自然人，其即便在执行法人意志的过程中也不免会带有强烈的主观能动性；而职务作品的作者为完成工作任务而创作作品，其创作本身亦不可避免需要符合单位所设定的工作要求，某种程度上也体现了一定的单位意志，因此，法人作品和职务作品常常成为诉讼双方争议的焦点，也是司法判定的难点。司法实践中，法人作品和职务作品的区分，需要从创作者与单位之间的关系、创作过程、物质技术条件的提供、作品体现的意志、作品责任的承担等方面综合予以判断。

以本案为例，首先，两原告系被告的员工，其创作葫芦娃动画角色造型是基于被告的工作安排，也是其工作职责所在。对此，双方均无异议，从这个角度而言，涉案作品符合职务作品的基本构成要件。其次，从涉案作品的创作过程来看，被告陈述涉案作品系由两原告绘制草稿，经组内人员集体讨论修改，最终由厂艺术委员会审定，并据此认为其系集体创作，应属法人作品。我们认为，涉案作品系美术作品，其创作带有强烈的创作者个性化色彩，而且被告关于两原告绘制涉案作品草稿的陈述恰巧印证了系两原告完成了涉案作品"从无到有"的过程，作品体现了两原告的思想、意志和情感。被告没有提供证据证明摄制组的集体讨论结果或厂艺术委员会的审定对两原告的涉案作品草稿进行了实质性改变，故最多只能认为是为两原告的创作提供了帮助，不能认为作品是被告单位集体意志的体现。最后，根据法律规定，法人作品的作者是法人或者其他组织，即单位。换言之，单位对于法人作品享有包括署名权在内的完全的著作权，如果认定涉案作品系法人作品，则其署名应为单位而非个人，而被告在涉案动画片中多次将造型设计署名为两原告，其主张显然与事实不符。综合以上因素，涉案葫芦娃动画角色造型美术作品系由两原告创作完成，属于职务作品而非法人作品。

二、涉案动画角色造型属于特殊职务作品

《著作权法》第十六条规定的职务作品有两类：一类是一般职务作品，即著作权由作者享有，但单位有权在业务范围内优先使用；另一类是特殊职务作品，即作者只享有署名权，著作权的其他权利由单位享有。我们认为，双方当事人的确没有就系争作品的著作权归属签订书面合同，但这是特定历史条件下的行为，难以要求本案当事人在作品创作当时，就预先按照《著作权法》的规定，对职务作品著作权的归属作出明确约定。同时，因为当时的法律法规对此问题也无规范，故应深入探究当事人行为时所采取的具体形式及其真实意思表示，在此基础上才能正确判断系争职务作品著作权的归属。

首先，就当时的法律环境来看，我国尚未建立著作权法律制度，社会公众也缺乏著作权保护的法律意识。针对动画电影的整个创作而言，完成工作任务所创作的成果归属于单位，是符合当时人们的普遍认知的。其次，在《葫芦兄弟》拍摄完成以后，被告已经就两原告创作系争造型的作品予以奖励，符合当时的政策规定及行为人的行为预期。再次，在《葫芦兄弟》动画片拍摄过程中，时任美影厂创作办公室主任的蒋友毅曾明确要求创作人员不得对外投稿，而作为创作人员的两原告并未对此提出异议。也就是说，两原告以实际行为遵守了被告的规定。最后，在系争造型创作完成后至两原告本案起诉前的 24 年间，两原告从未就涉案"葫芦娃"角色造型的著作权向被告提出异议。这一系列事实表明，双方当事人均认可被告有权对动画电影的角色形象造型进行支配。

《最高人民法院关于适用〈中华人民共和国合同法〉若干问题的解释(二)》第二条规定："当事人未以书面形式或者口头形式订立合同，但从双方从事的民事行为能够推定双方有订立合同意愿的，人民法院可以认定是以合同法第十条第一款中的"其他形式"订立的合同。但法律另有规定的除外。"结合上述分析，我们认为，基于涉案作品产生于计划经济时代，在当时特殊的时代背景下，虽然原被告双方之前未有关于涉案作品权利归属的任何书面或口头约定，但原被告双方多年来以实际行为达成了"涉案作品由单位支配"的默契，从而形成了事实契约关系，属于前述法条所规定的"以其他形式订立的合同"。因此，涉案作品属于著作权法第十六条第二款第（二）项规定的特殊职务作品，即"合同约定著作权由法人或者其他组织享有的职务作品"，作者享有署名权，著作权的其他权利由法人享有，可给予作者一定的奖励。从诚信的角度出发，两原告不得在事后作出相反的意思表示，主张系争角色造型美术作品的著作权。这一结论恰当划分了权属，平衡了当事人的利益，符合正确的知识产权政策导向。

编写人：上海市黄浦区人民法院知识产权审判庭　袁秀挺　孙巾淋

5

韩寒诉北京百度网讯科技有限
公司侵害著作权纠纷案

——阅读提示：文档存储空间网络服务商的主观过错如何认定？反盗版技术措施的采用是否足以证明百度公司没有过错？

【裁判要旨】

本案对信息存储空间网络服务商的过错认定以"注意义务"为切入点，结合百度文库的客观现状、作者及作品的知名度、作者与百度公司就百度文库引发纠纷的接洽情况等情节，审查百度公司是否采取了符合其身份、满足其预见水平和控制能力范围内的措施，并对百度公司所采取技术措施的妥当性进行判断。

【案号】

一审：北京市海淀区人民法院（2012）海民初字第 5558 号

【案情与裁判】

原告：韩寒

被告：北京百度网讯科技有限公司（简称百度公司）

起诉与答辩

韩寒诉称，其为当代知名青年作家，曾入选《时代周刊》"全球最具影响力 100 人"，代表小说《像少年啦飞驰》（简称《像》书）于 2008 年出版，畅销 100 多万册。百度文库是百度公司经营的供用户免费在线分享文档的信息存储空间。2011 年，韩寒发现多个网友将《像》书上传至百度文库，用户可免费浏览并下载，认为百度公司侵犯其著作权，故将百度公司诉至法院，请求停止侵权、关闭百度文库、向韩寒赔礼道歉、赔偿经济损失 25.4 万元及合理开支 4038 元。

百度公司辩称，百度文库属于信息存储空间，其中的文档由网友贡献。百度文库通过多种方式向网民公示了法律法规要求的保护权利人的措施和步骤。百度公司收到韩寒投诉后，及时删除了投诉链接和相关作品，完全履行了法定义务，并将投诉作品纳入文库的文档 DNA 识别反盗版系统（简称反盗版系统）正版资源库，在现有技术条件下尽了最大努力防止侵权，不存在过错，不应承担侵权责任。

一审审理查明

2011 年 3 月，韩寒等作家维权联盟成员就百度文库未经许可传播作品声讨百度公司。百度公司积极回应并承诺自 3 月 26 日起至 4 月 11 日人工审核清理非授权作品，4 月中旬后启用反盗版系统清理。反盗版系统是百度公司研发用于百度文库预防用户上传侵权文档及对已上传文档反查侵权的技术措施，须配套有正版资源库。该系统于 2011 年 5 月正式上线，可实现标题加正文的比对，2012 年 1 月升级后可实现句子级别的比对。百度公司目前主要通过与文著协、中国作协等合作取得正版作品以及将百度文库中被投诉的侵权文档作为正版作品的方式充实正版资源库，同时希望权利人能主动提供正版作品。

2011 年 7 月 1 日，韩寒通过公证方式保全到百度文库中存在完整的《像》书文档，该文档由"沐阳雪葭"于 2011 年 4 月 20 日上传，已被浏览下载数千次。韩寒委托律师向百度公司发出侵权通知。2011 年 8 月 25 日，韩寒再次通过公证方式保全到百度文库中标题为"韩寒最新作品——第六部"的完整《像》书文档，该文档由"yangka918"于 2011 年 3 月 10 日上传，亦被浏览下载数千次。百度公司收到上述两文档侵权通知后及时作了删除处理。

百度公司解释出现第一次公证保全的文档，是因韩寒未提供正版作品，出现第二次公证保全的文档，是因该文档标题与《像》书标题不同，反盗版系统对该文档无法起作用。

一审判理和结果

百度公司作为经营百度文库这个信息存储空间的网络服务提供者，一般不负有对网络用户上传的作品进行事先审查、监控的义务，但不意味着百度公司对百度文库中的侵权行为可以不加任何干预和限制。

鉴于韩寒的知名度和《像》书的畅销情况，以及韩寒曾于 2011 年 3 月作为作家代表之一就百度文库侵权一事与百度公司协商谈判，百度公司理应知道韩寒不同意百度文库传播其作品，也应知道百度文库中存在侵犯韩寒著作权的文档，因此，百度公司对百度文库中侵犯韩寒著作权的文档应有比其他侵权文档更高的注意义务。

第一次公证保全的《像》书文档使用了原作标题，基本使用原作全文，按照反盗版系统当时可实现的功能，若正版资源库中有该文正版作品，就能发现并删除该侵权文档。对于负有较高注意义务的《像》书侵权文档，百度公司消极等待权利人提供正版作品或通知，未确保其反盗版系统正常运行之功能，也未采取其他必要措施制止该侵权文档在百度文库传播，使其有合理理由应当知道的百度文库中的《像》书文档未被及时删除或屏蔽。

第二次公证保全的文档基本全文使用原作，字数达到 99 千字，上传于 2011 年 3 月 10 日，早于作家与百度公司就百度文库发生纠纷以及百度公司采用人工审核清理侵权文档的时间。既然百度公司承诺自 2011 年 3 月 26 日起至 4 月中旬采用人工审核方式清理文库中一千字以上的侵权作品，考虑到上文提及的关于韩寒的特殊因素，百度公司应对该文档负有比一般文档更高的注意义务，应有合理的理由知道该文档侵权，该文档未被删除。因此，百度公司对涉案文档传播存在过错，应承担侵权责任。

法院依照依据《中华人民共和国侵权责任法》第六条第一款、第三十六条、《中华人民共和国著作权法》第四十八条第（一）项、第四十九条、《信息网络传播权保护条例》第二十二条之规定，判决百度公司赔偿韩寒经济损失 3.98 万元及合理开支 4000 元。此案宣判后，双方服判，一审判决生效。

【法官评述】

百度文库自 2009 年开设以来，围绕著作权问题一直纠纷不断。本案系 2011 年 3 月韩寒等多位国内知名作家就百度文库传播文学作品而与百度公司发生纠纷，在协商未果的情况下，作家寻求司法途径解决矛盾冲突的案件，也是百度公司采取反盗版技术措施后，百度文库作为信息存储空间在侵权认定上的典型案件。

本案典型意义主要有四项：

一、司法裁判对文化产品创作者与传播者利益的平衡

韩寒为当今国内知名作家代表，善于在网络上发表言辞犀利的社会时评，有"青年意见领袖"之称，同时也是作家维权联盟成员。作家维权联盟齐聚了当前国内知名作家，主要宗旨和任务是维护网络环境下作家们的版权利益。该联盟曾于 2011 年 3 月就百度文库事宜与百度公司发生过社会影响广泛的正面冲突，韩寒曾积极参与到此次纠纷中，本案则是该联盟与百度公司争议激化寻求司法途径解决的试水案件，受到了包括该联盟成员在内的著作权人群体的广泛关注。本案的审理情况不仅向作家们完整呈现当今著作权保护的司法审判形象，对其他著作权人维权也具有参考借鉴意义。

百度公司为现今国内互联网企业的代表，虽然百度文库自上线以来广受争议，但得到了网络用户的热烈追捧，文档数量和用户浏览量与日俱增，是百度公司力推的经营产品。因作家维权联盟与百度公司的激烈争议影响到文库模式的存废，百度公司包括经营与文库模式类似的互联网企业都十分重视本案的裁判结果。

可见，本案争议实际体现了互联网迅速发展对作品的传统传播方式和途径的颠覆所带来的作品创作者和传播者之间利益不平衡的矛盾，一方是艰辛的创作者，既希望作品得到广泛传播，又希望传播获益可控；另一方是网络企业，具有先进的传播工具，但需要文学作品等文化产品充实传播平台，吸引用户。二者实际是相辅相倚的。当文化市场无法自行解决二者矛盾时，司法裁判需要给出二者行为的合法性边界。当然，司法裁判除了考虑如何才能使网络传播既不脱离创作者的可控范围，也不影响网络行业自身的发展外，还需要考量社会公众对文化产品的需求，是一个在现行法律框架下多方位权衡利益的过程。

二、对百度公司过错及注意义务的认定

根据《侵权责任法》第三十六条和《信息网络传播权保护条例》第二十二条以及最高院的相关司法解释规定，百度公司作为信息存储空间——百度文库的经营者，应承担侵权责任的关键是认定其存在主观过错。现行法律对过错的具体化描述就是"明知"或"应知"（即"有合理的理由知道"）。本案争议焦点问题就是百度公司是否存在主观过错，是否需承担侵权责任。

相较其他涉及百度文库的案件，本案中百度公司并非只是消极等待权利人通知后删除侵权文档，在诉讼中仅以《信息网络传播权保护条例》第二十二条规定的"避风港规则"进行抗辩，而是在坚持适用"避风港规则"外，专门强调其积极采取了多项措施预防侵权。为此，本案分析百度公司的过错问题，不可避免论及对百度公司所采取的一系列措施的法律评价。这些措施的实施，能否证明百度公司不存在过错而可予免责，抑或证明其仍存在过错不可免责？对此问题，现行法律并没有给出明确具体的衡量标准。合议庭综合全案查明的事实，认为可将"注意义务"作为切入点，审查百度公司是否尽到了"合理的注意义务"，"合理的注意义务"应体现为百度公司采取了符合其身份、满足其预见水平和控制能力范围内的措施来预防侵权行为发生。

注意义务的判断标准是变动多元的。相比影视作品而言，文字作品存在难以通过上传完整作品的行为而认定过错、难以通过作品的名称对侵权作品准确定位、难以通过网络服务商提供网络服务判断其具有侵权的主观意图三个难题，因此法官对提供文字作品存储空间的网络服务提供商"应知"的认定更为谨慎。本案中，法院通过分析个案因素，结合百度文库的客观现状、作者及《像》书的知名度、作者与百度公司就百度文库引发纠纷的接洽情况及百度公司对侵权行为的预见水平和实际控制能力等因素综合考虑，认为百度公司未尽到"合理的注意义务"，具有主观过错，应承担侵权责任。

需要说明的是，对百度公司一再强调其所采取的预防侵权措施，合议庭在反复合议后认为需分析措施的应然效果和实然效果之差异，并将此种差异深化归结为百度公司是否尽到"合理注意义务"层面。

对于韩寒第一次公证保全的侵权文档，法院一方面对百度公司采取的反盗版系统予以肯定，认为这一定程度上体现了百度公司为制止百度文库侵犯著作权问题付出的努力。另一方面认为，如果措施的不完善恰恰是在百度公司预见水平和控制能力范围内，则无法认定百度公司尽到合理注意义务。

既然百度公司采用反盗版系统来预防侵权，就应对该系统正常运行的需求进行必要准备，如正版比对来源。百度公司早有意识要准备正版资源。尽管其在诉讼中认为向百度公司提供正版作品用于反盗版系统是著作权人的义务，但事实上，这种单方的意愿是没有法律依据的。著作权仍是绝对权的一种，著作权人当然有权决定行使方式，他人无法超出法律要求向著作权人施加诸如提供正版作品用于商业经营的义务。

本案的情况是，韩寒曾因故使百度公司对其本人及其作品负有更高注意义务，且《像》书为近年来的畅销小说，不难从市场上获得正版作品。尽管这对于百度公司来说会付出购买正版作品等成本，但就个案因素衡量，敦促百度公司采取积极措施解决正版来源问题，比要求韩寒就本案纠纷进行诉讼维权更为经济合理。事实上，百度公司未解决《像》书正版资源并非百度公司在现阶段所用技术措施本身的技术缺陷问题，而是一个经营成本问题。考虑到本案一系列特殊因素，无论从纠纷解决的经济效益，还是侵权影响的社会效果上，百度公司都应在 2011 年 3 月的激烈纠纷后，对韩寒作品给予更高的注意义务。既然百度公司已经将这种义务外化的希望全部寄予反盗版系统来实施，就需让该系统能正常运行。及时将韩寒作品纳入正版资源库，使反盗版系统发挥作用，就属于百度公司预见水平和控制能力范围内的措施。百度公司的不作为正是其未尽注意义务的表现。

对于韩寒第二次公证保全的侵权文档，上传时间早于百度公司人工审核开展时间，基本全文使用原作，字数、页数很多。百度公司未能通过人工审核查出并及时删除该文档，也未能尽到注意义务。这种判断似乎会造成网络服务提供者越是有能力控制网络内容，越是采取法律规定以外的行动加以控制来预防侵权，越容易被排斥在避风港规则之外的情形。实际上，法官的思路源于英美法系学者提出的"责任自愿承担"理论。按照该理论，如果被告出于自愿而对原告承诺承担某种职责、责任或义务，则被告就应承担相应注意义务。同时，这也不脱离百度公司需尽到与其身份相符、预见水平和控制能力范围内的注意义务这一基本依据。在互联网行业中，百度公司的规模、影响力和技术水平都是首屈一指的，这样一个占有大量公共资源为自身经营服务的企业需要承载更多的公共责任。而且，涉案侵权文档相对完整，名称中包含"韩寒作品"，既然百度公司承诺进行人工审核清理侵权文档，按照一般网络管理员工通常的搜索工作习惯，也是完全能够发现该文档并对如此多字数的文档进行侵权识别的。百度公司未能发现该侵权文档，实属未尽到合理注意义务。

在判决中涉及对企业采取的技术措施的妥当性判断，实属敏感，也并非法院法官的长项。一方面，技术措施的采取有利于实现著作权人利益的保护，另一方面，任何技术措施的采取都可能具有潜在的危险和意想不到的后果，可能会被滥用，产生误报、误删问题，进而伤及言论自由或用户的利益。美国司法实践认为，通过采取主动审核措施，也许网络服务提供商不可能完全阻止侵权，但其应当展现防止侵权行为的善良意图。本案合议庭认为，判决中需要表达法院对企业技术措施发展的一贯态度没有变化，也就是当制止侵权的技术措施在应对层出不穷的侵权行为时，因技术措施本身的缺陷而造成一些侵权行为无法及时被发现并被制止的情形是客观的，难以避免；但若有证据显示百度公司充分尊重权利人的合法权益而采取相应措施，即使该措施在某阶段存在不完善之处，也可认定百度公司尽到了注意义务。

三、通过判决对权利人不尊重法律的行为进行批评

虽然本案原告是韩寒个人，但从诉讼委托手续、证据等材料看，主要的诉讼维权事宜是作家维权联盟组织进行，由此发生权利人一方内部不同主体意见不统一，权利人本人却不愿向法院明确真实意思的情况。特别是韩寒委托代理人当庭陈述要求关闭百度文库和不愿意调解的意见与庭后韩寒本人发表意见直接冲突。另法院释明韩寒提交出版合同、纳税证明等索赔证据，但作家维权联盟坚持不提交。后法院主动与韩寒本人联系，但对方不接电话，采取消极回避态度。在法院多次耐心释明要求韩寒本人明确法律意见、提交相关证据的情况下，权利人仍不予配合。本案判决因此严肃批评了韩寒不尊重法律、不尊重法律赋予其的民事权利的行为。

类似于本案中持有证据不提交等情况在目前的司法实践中较普遍，因韩寒系知名作家，其本人的言行具有广泛的社会影响力，通过司法裁判指出其行为不当之处，有利于树立司法公信力，也能更好地警世民众。

四、通过司法建议方式推动权利人与互联网企业建立合作共赢模式

本案凸现了一个现实问题，即正版比对文章的来源和成本负担问题。法院虽然裁判认为，在韩寒曾因故引发令百度公司对其作品具有更高注意义务的情形下，百度公司应采取积极措施解决正版来源问题，而非让作者承担主动提供正版作品的负担，但也认识到，除去个案因素，一味将提供正版作品的成本施加给网络服务商，将会使网络服务商增加预防侵权技术措施的实质性成本。只有一方面给予网络服务商积极采取技术措施预防侵

权的动力和压力，一方面促成著作权人配合、版权局等部门协作，才能有效而低成本地解决目前文档分享网站泛滥的著作权侵权问题。

因此，本案生效后，法院给文化部、国家版权局、文字作品著作权协会等发送了司法建议，认为文字作品侵权问题的解决对应着文字作品正版取得和录入的很大成本，不是仅凭网络平台服务商之力就能根本解决的问题，希望相关单位能够会同职能部门、网站、著作权集体管理组织以及广大作家，共商侵权预防措施中正版比对资料的解决之道，促成互联网企业与作家间的合作共赢。这体现了法官在促进商业模式创新和国家文化产业发展方面的思考和努力。

编写人：北京市海淀区人民法院知识产权审判庭　曹丽萍

6

浙江华立通信集团有限公司诉深圳三星科健移动通信技术有限公司、戴钢侵害发明专利权纠纷案

——阅读提示：非新产品方法专利侵权诉讼中，是否准许对被诉侵权产品的技术方法进行鉴定？行业标准能否作为确定具体技术方法的依据？

【裁判要旨】

方法专利侵权诉讼中，在确定一些被诉侵权产品所采用的技术方法时，通过产品的界面演示往往揭示的仅是产品的操作步骤，而相同的操作步骤可以通过不同的技术方案实现。因此，要准确确定被诉侵权产品采用的技术方法，必要时可以借助于专业技术部门的技术检测。

被诉侵权的技术方法应当根据产品自身的工作模式和工作原理图等客观证据予以确定，而不能简单以行业标准作为确定具体技术方法的依据。

【案号】

一审：浙江省杭州市中级人民法院（2007）杭民三初字第108号

二审：浙江省高级人民法院（2009）浙知终字第83号

【案情与裁判】

原告（二审被上诉人）：浙江华立通信集团有限公司（简称华立公司）

被告（二审上诉人）：深圳三星科健移动通信技术有限公司（简称三星公司）

被告：戴钢

起诉与答辩

华立公司于 2007 年 4 月向浙江省杭州市中级人民法院起诉称：其为一项"CDMA/GSM 双模式移动通信的方法及通信设备"发明专利的独占许可人，三星公司制造、戴钢销售的 SCH－W579 手机的技术方案与其专利权所记载的技术方案相同，请求判令：1. 三星公司停止侵权、赔偿华立公司经济损失人民币 5000 万元；2. 戴钢停止销售侵权手机；3. 三星公司和戴钢承担本案诉讼费用。

三星公司辩称：三星公司生产的 SCH－W579 手机不落入涉案专利的保护范围，其提出的损害赔偿额的计算方法不正确，请求法院驳回华立公司的诉讼请求。

一审审理查明

2005 年 5 月 25 日，国家知识产权局授予华立集团有限公司一项名称为"CDMA/GSM 双模式移动通信的方法及通信设备"发明专利权，后专利权人变更为华立产业集团有限公司，上述两公司均向华立公司出具专利权独占许可授权书。2007 年 4 月 13 日华立公司从戴钢经营的杭州市余杭区南苑长江天音通讯器材商行购买了三星公司生产的 SCH－W579 手机。一审法院调取的信息产业部电信设备认证中心出具的认鉴字（2008）第 0072 号证明中记载："截止至 2008 年 1 月 17 日，信息产业部电信设备认证中心为三星公司的 SCH－W579 手机核发进网许可标志共计 560000 枚，三星公司对该 560000 枚进网许可标志上报对应关系 524369。"

一审判理和结果

一审法院认为，1. 关于鉴定的问题。本案中，专利的权利要求以及被控侵权的 SCH－W579 手机的通信方式，在华立公司和三星公司提交的证据中，即专利权利要求书、手机实物开机演示、使用说明书、SCH－W579 手机射频框图和基带框图中均有完全的显示。因此，在事实问题上，不存在需要通过鉴定才能确定的事实。而对 SCH－W579 手机是否落入专利权保护范围的判断是一个法律问题，不能通过鉴定解决。因此，一审法院没有准许三星公司提出的鉴定申请。2. 一审法院按照专利的权利要求 1 与 SCH－W579 手机的通信方式逐一比对后认为三星公司生产的 SCH－W579 手机所采用的通信方法，在技术特征上与 ZL02101734.4 号"CDMA/GSM 双模式移动通信的方法及通信设备"专利权相比，除了天线的设置和稳压器的设置与专利不同外，主要技术上的每一个技术特征均能与专利技术一一对应，即，是以与专利技术基本相同的手段、实现了与专利技术基本相同的功能、达到了与专利技术基本相同的效果。因此，三星公司制造的 SCH - W579 手机落入了 ZL02101734.4 号"CDMA/GSM 双模式移动通信的方法及通信设备"专利权的保护范围。3. 关于损失赔偿额，一审法院认为，三星公司制造的、并贴上进网许可标志进行销售的 SCH - W579 手机应在 52 万台以上，获得的利益也应在 1.6 亿元人民币以上。因此，华立公司提出的 5000 万元人民币的赔偿额在合理范围内，予以支持。戴钢销售侵权的 SCH - W579 型手机，也构成侵权。但因其手机来源于三星公司，来源合法，故依法不承担赔偿责任。一审法院据此判决：一、三星公司立即停止制造、销售侵犯 ZL02101734.4 号"CDMA/GSM 双模式移动通信的方法及通信设备"专利权的 SCH - W579 型手机。二、戴钢立即停止销售三星公司制造的 SCH - W579 型手机。三、三星公司赔偿华立公司经济损失人民币 5000 万元。于判决生效之日起 10 日内履行完毕。如果未按判决指定的期间履行给付金钱义务，应当依照《中华人民共和国民事诉讼法》（2007 年修订）第二百二十九条①之规定，加倍支付迟延履行期间的债务利息。案件受理费 291800 元，由三星公司负担。

上诉与答辩

宣判后，三星公司不服，向浙江省高级人民法院提起上诉称：1. 原判曲解华立公司涉案专利的保护范围和三星公司 SCH - W579 手机的工作原理。2. 原判确定的侵权损害赔偿数额是错误的。3. 华立公司认为 SCH - W579 手机具有涉案专利权利要求 1 的全部必要技术特征，适用全面覆盖原则认为构成侵权，可原判却超出华立公司的主张，主动适用等同原则认定侵权存在错误。请求二审法院撤销原判，依法改判。

华立公司答辩称：1. 三星公司的技术比对是建立在对涉案专利权利要求 1 错误解释的基础上。2. 原判对被诉侵权产品与专利技术的比对基本正确。请求二审法院驳回上诉，维持原判。

---

① 对应 2012 年 8 月新修订的《民事诉讼法》第二百五十三条。

二审审理查明

2009 年 6 月 25 日,华立产业集团有限公司经工商核准更名为华方医药科技有限公司。2010 年 4 月 22 日,华方医药科技有限公司向国家知识产权局提出变更专利权人申请,同年 5 月 26 日,国家知识产权局准予变更。华立公司一直以来均系涉案专利权独占许可的被许可人,涉案专利权人虽几经更名,但均出函确认 2005 年 3 月 25 日华立集团有限公司出具的《专利权独占许可授权书》,根据该授权书,华立公司独占享有涉案发明专利权所涉及的一切权利,授权时间自 2005 年 3 月 25 日至专利有效期内。经二审法院委托,2010 年 12 月 10 日和 2011 年 10 月 31 日,上海市科技咨询中心(简称科技咨询中心)出具了《鉴定报告书》和《补充技术鉴定报告书》,认为 SCH – W579 手机具有的技术特征与专利权利要求 1 所记载部分必要技术特征不相同,所采用的支持 GSM/CDMA 双模双待机模式的移动通信方法不包含专利的全部必要技术特征,两者采用的技术手段和实现的功能不相同,达到的 GSM/CDMA 双模式移动通信的效果不相同,两者是不相同的技术方案。

二审判理和结果

三星公司在一审中提出的鉴定申请书要求对被控侵权产品的技术特征和专利的技术特征的比对进行鉴定,一审法院未予准许。二审法院认为,本案的主要争议焦点在于 SCH – W579 的技术特征是否落入涉案专利权利要求 1 的保护范围,涉案专利技术特征并非简单的操作步骤,通过手机界面演示能够确定的仅是手机的操作步骤,但同样的操作步骤可以由不同的技术方法来完成。因此,就比对方法而言,仅从手机界面的演示上推导出 SCH – W579 的技术方案和工作原理是不完善和不科学的,揭示 SCH – W579 手机的技术方案,并进一步判定其是否实施了专利方法需要借助于专业技术部门的技术鉴定。故二审法院准许了三星公司提出的要求对被控侵权产品与专利技术特征进行比对的鉴定申请。

对于华立公司对鉴定结论提出的异议,二审法院认为,首先,此次鉴定事项和目的是确定 SCH – W579 手机的技术方法,从而判断其是否落入了涉案专利方法的保护范围,而非 SCH – W579 手机是否符合通信行业标准的比对;其次,SCH – W579 手机的工作原理和技术方法应当根据其手机自身的工作模式和工作原理图等予以确定,而不能以行业标准作为确定该手机具体通信方法的依据；再者，《补充鉴定报告书》在归纳 SCH－W579 手机技术特征①时表述为：GSM 通信模块和 CDMA 通信模块同时内置在手机中承担不同模式的工作，两通信模块独立供电，具有开机后两个通信模块都加电→两个通信模块自动启动完成→用户选择模式/卡→进入通信模式依次推进的步骤。这是对 SCH－W579 手机工作状态的客观描述。同时，科技咨询中心在给三星公司《答复意见》中对该问题作了进一步的解释："SCH－W579 手机会根据 SIM/UIM 卡的存在与否决定对应通信模式是否可以真正进入工作状态，这有别于单纯的网络搜索方式（即只进入未启用状态）……对于通信模块来说，当其加电后，开始启动过程，通信模块包含的软硬件完成初始化，并进入就绪状态。能够开始执行程序设定动作，如进行网络搜索，即认为已完成了启动过程……从技术角度分析，SCH－W579 手机处于'未启用'、'不可用'、'有信号'三种工作模式的任何一种状态，都意味着手机已处于启动完成状态……《鉴定报告》中如此定义是为了避免与鉴定意见中'启动'一词产生矛盾与冲突。"因此，在该问题上华立公司对鉴定报告中"模块启动"的理解存在偏差，其认为鉴定报告与行业标准相悖的理由并不能成立。至于华立公司提出的其他相关技术问题的质证意见，科技咨询中心在给其《答复意见》中均予以了说明和回答。因此，二审法院认为，科技咨询中心作出的《鉴定报告书》和《补充技术鉴定报告书》程序合法，鉴定依据充足，可以作为本案认定事实的证据。

综上，二审法院认为，华立公司享有的涉案发明专利权应受法律保护，但根据技术鉴定结论，三星公司生产的 SCH－W579 手机并未采用涉案专利权利要求 1 所记载的专利方法，未落入涉案专利权的保护范围，不构成专利侵权。三星公司提出的上诉理由成立，应予支持。原判认定事实不清，适用法律不当，应予纠正，经二审法院审判委员会讨论决定，判决：一、撤销浙江省杭州市中级人民法院（2007）杭民三初字第 108 号民事判决；二、驳回华立公司的诉讼请求。本案一审案件受理费 291800 元，二审案件受理费 291800 元，鉴定费 210000 元，均由华立公司负担。

【法官评述】

一、是否准许当事人提出的鉴定申请

专利案件中的司法鉴定是一种协助法院解决诉讼中某些专门性问题的

科学技术实证活动，目的是弥补法官和当事人知识经验的不足，从科学的角度帮助法官确定证据、认定案件事实。本案中，双方争议的中心焦点是被诉侵权产品是否落入专利保护范围。在围绕这一问题进行的事实查明机制中，一审法院没有同意三星公司的鉴定申请，其理由是专利的权利要求以及被诉侵权的 SCH – W579 手机的通信方式，在专利权利要求书、手机实物开机演示、使用说明书、SCH – W579 手机射频框图和基带框图中均有完全的显示。因此，在事实问题上，不存在需要通过鉴定才能确定的事实。而对 SCH – W579 手机是否落入专利权保护范围的判断是一个法律问题，不能通过鉴定解决。二审法院则认为涉案专利技术特征并非简单的操作步骤，通过手机界面演示能够确定的仅是手机的操作步骤，但同样的操作步骤可以由不同的技术方法来完成。因此，就比对方法而言，仅从手机界面的演示上推导出 SCH – W579 的技术方案和工作原理显然是不完善和不科学的，揭示 SCH – W579 手机的技术方案，需要借助于专业技术部门的技术鉴定。二审法院据此准许三星公司的鉴定申请。

专利案件中的待证事实所涉技术领域广泛，涉及多种学科且专业性较强，而对于拥有一般法律专业背景的法官来说，在技术领域方面只具有一般人的普通性学识和经验，对这些专门性的待证事实难以识别或认定，必须求助于各学科的专家，采用多种技术手段来作出科学的鉴定。新修订的《民事诉讼法》第七十六条规定："当事人可以就查明事实的专门性问题向人民法院申请鉴定。当事人申请鉴定的，由双方当事人协商确定具备资格的鉴定人；协商不成的，由人民法院指定。当事人未申请鉴定，人民法院对专门性问题认为需要鉴定的，应当委托具备资格的鉴定人进行鉴定。"第七十九条规定："当事人可以申请人民法院通知有专门知识的人出庭，就鉴定人作出的鉴定意见或者专业问题提出意见。"因此，在涉及具有复杂技术内容专利案件的事实查明机制中，应正确处理当事人主义和法院职权主义的关系，在当事人申请鉴定且确有必要的情况下，应同意当事人申请，在当事人未申请鉴定的情况下，为了查明事实需要，法院也可以依职权主动进行鉴定。同时，为了避免委托鉴定时混淆"事实问题"与"法律问题"，应先在比对中确定双方技术争议的焦点，可以采用与确定案件争议焦点类似的方式由双方当事人确定具体的技术争议焦点，且焦点宜细不宜粗。如本案二审法院在委托鉴定时，就双方在侵权技术比对中所争议的被控侵权产品涉及的 GSM/CDMA 双模式移动通信的方法、CPU 与 GSM/CDMA 通信模块的数据交换以及工作模式的选择等方面，列明了十三项具体技术鉴定事项，委托科技咨询中心进行技术鉴定，鉴定中心也根据委托要求，对十三项具体鉴定事项一一作出了结论，有利于技术问题的查明和纠纷的及时解决。

二、行业标准能否作为确定技术方法的依据

根据《标准化法》的规定：由我国各主管部、委（局）批准发布，在该部门范围内统一使用的标准，称为行业标准。在侵权案件中探讨行业标准一般在产品责任领域，在专利侵权案件中，被诉侵权产品是否符合行业标准一般不作为其是否落入专利保护范围的必然考虑因素，但在鉴定中可以作为参考依据。本案中，华立公司在对鉴定结论的质证意见中提出，被鉴定的 SCH－W579 手机是在中国制造和销售的，应当符合国家信息产业部的通信行业标准，但鉴定结论中确定的该手机的技术方法与上述强制行业标准相违背，因此鉴定结论错误。二审法院认为此次鉴定事项和目的是确定 SCH－W579 手机的技术方法，从而判断其是否落入了涉案专利方法的保护范围，而非 SCH－W579 手机是否符合通信行业标准的比对，SCH－W579 手机的工作原理和技术方法应当根据其手机自身的工作模式和工作原理图等予以确定，而不能以行业标准作为确定该手机具体通信方法的依据。

编写人：浙江省高级人民法院知识产权审判庭　王亦非

7

张锠、张宏岳、北京泥人张艺术开发有限责任公司诉张铁成、北京泥人张博古陶艺厂、北京泥人张艺术品有限公司不正当竞争纠纷案

——阅读提示：如何保护具有很高知名度的特定称谓？如何判断公开出版物记载内容的真实性？特定称谓与通用称谓的判断？

【裁判要旨】

具有很高知名度的指代特定人群以及该特定人群的技艺和作品的特定称谓，承载的商业价值极大，应当依法给予保护。

在判断公开出版物记载内容的真实性时，要考虑出版物本身对真实性的要求、记载内容来源相同的不同出版物的相关内容是否一致、有无其他证据支持或者推翻相关记载内容等。

在判断"行业（或商品）＋姓氏"的称谓是否属于通用称谓时，应当考虑该称谓是否属于仅有的称谓方法、该称谓所指的人物或者商品的来源是否特定、该称谓是否使用了文学上的比较手法等。

【案号】

一审：北京市第二中级人民法院（2006）二中民初字第 1017 号

二审：北京市高级人民法院（2007）高民终字第 540 号

再审：最高人民法院（2010）民提字第 113 号

【案情与裁判】

原告（二审被上诉人、申请再审人）：张锠

原告（二审被上诉人、申请再审人）：张宏岳，系张锠之子

原告（二审被上诉人、申请再审人）：北京泥人张艺术开发有限责任公司（简称泥人张艺术开发公司）

被告（二审上诉人、被申请人）：张铁成

被告（二审上诉人、被申请人）：北京泥人张博古陶艺厂

被告（二审上诉人、被申请人）：北京泥人张艺术品有限公司（简称泥人张艺术品公司）

起诉与答辩

北京市第二中级人民法院于 2005 年 12 月 26 日受理原告张锠、张宏岳、泥人张艺术开发公司诉被告张铁成、北京泥人张博古陶艺厂、泥人张艺术品公司侵犯名称权及不正当竞争纠纷一案。原告诉称："泥人张"最早是指清末道光年间著名的民间泥塑艺人张明山，张锠是"泥人张"第四代传人之一，张宏岳是"泥人张"第五代传人之一，泥人张艺术品公司在其网站简介中宣传所谓"北京泥人张"的历史以及张铁成以"北京泥人张"第四代传人自居，侵犯了原告"泥人张"名称的专有权。北京泥人张博古陶艺厂及泥人张艺术品公司擅自将"泥人张"作为自己企业名称来使用，构成侵权。泥人张艺术品公司用"泥人张"的汉语拼音"nirenzhang"作为其网站的域名，构成不正当竞争。综上，请求判令被告停止侵权、赔礼道歉并由北京泥人张博古陶艺厂、泥人张艺术品公司赔偿泥人张艺术开发公司经济损失 110 万元等。

被告辩称：张铁成没有编造虚假历史。双方产品不存在市场竞争，且被告在宣传中一直使用"北京泥人张"字样，用以区别于天津泥人张。张锠对被告使用"北京泥人张"名称的情况，早已知悉并已认可。被告的发展规模已远远胜过原告。

一审审理查明

北京市第二中级人民法院经审理查明：天津市高级人民法院生效判决认定："泥人张"最初系指张明山（清朝）。"泥人张"经过长期创作积累和宣传而形成为"知名彩塑艺术品的特有名称"。"泥人张"从张氏家族彩塑创作

人员的使用扩大到天津泥人张彩塑工作室的使用，双方均为"泥人张"这一无形资产的发展壮大做出了贡献。故张氏家族中从事彩塑创作的人员与天津泥人张彩塑工作室应共同享有"泥人张"这一知名彩塑艺术品特有名称的专有权。

张锠为张明山之曾孙，系"泥人张"第四代传人之一。张宏岳为张锠之子，系"泥人张"第五代传人之一。泥人张艺术开发公司成立于 1997 年 8 月 14 日，张宏岳为该公司的法定代表人。

张铁成并非张明山后代传人。在本案中张铁成称：其曾祖父名叫张延庆，出生于清道光年间。张延庆曾采用特殊的泥土制作手工艺品——高档蛐蛐罐，在当时京城买家中备受欢迎，被尊为"泥人张"，为"北京泥人张"创始人。张延庆之子张寿亭在清末及民国初期制作的仿古玩制品及烟具作品十分有名，为"北京泥人张"第二代传人。张寿亭之子张桂山在艺术风格上又有所创新，备受社会各界及外国友人的欢迎，为"北京泥人张"第三代传人。本案被告张铁成为张桂山之子，是"北京泥人张"第四代传人。对该段历史经历，三被告以 1988 年 12 月出版的《北京工商史话》、1989 年出版的《创业之歌》等书作为证据，并称关于"北京泥人张"的原始资料在"文革"中均被查抄，至今查无下落。

1982 年 11 月 26 日，北京泥人张博古陶艺厂注册成立。1994 年 7 月 4 日，中外合资的泥人张艺术品公司成立，两企业的法定代表人均是张铁成。

在泥人张艺术品公司的网站（该网站的域名为：www.nirenzhang.com）上登载的公司简介中有关于"北京泥人张"始于清末道光年间和张铁成系"北京泥人张"的第四代传人等宣传内容。

北京泥人张博古陶艺厂及其制作的产品在 1987 年、1988 年、1989 年、1990 年、2003 年多次获奖。自 1987 年至 2003 年，报刊、杂志等媒体对"北京泥人张"多有报道。

一审判理和结果

北京市第二中级人民法院认为："泥人张"最初系指张明山。经过长期使用，"泥人张"已成为知名彩塑艺术品的特有名称。三原告有权将"泥人张"作为艺术品名称及企业名称使用，是"泥人张"名称的专有权人之一。

三被告应对"北京泥人张"产生于清末年间并代代传承、至张铁成已是"北京泥人张"第四代传人的主张承担举证责任。三被告所举证据不能证明其主张，所谓"北京泥人张"创始于张延庆、至今已传承四代的事实，依据不足。

"泥人张"作为知名彩塑艺术品的特有名称，已有百余年的使用历史，享有较高的社会知名度。三被告将"北京泥人张"作为产品名称、企业名称、域名使用和宣传的行为足以造成公众对"泥人张"彩塑艺术品的来源和制作人的混淆。三被告关于"北京泥人张"历史延承的宣传，也足以造成公众对张明山后代传人的身份和天津泥人张彩塑工作室创立和发展多年的"泥人张"品牌的误认。三被告也曾有单独使用"泥人张"或突出使用"泥人张"的行为。三被告的行为是对张明山后代传人（包括本案三原告）及天津泥人张彩塑工作室对"泥人张"名称所享有的专有权的侵犯。三被告使用"北京泥人张"名称，或直接使用"泥人张"、"nirenzhang"名称，或突出使用"泥人张"名称，客观上借助了"泥人张"百余年来形成的声誉，为自己争取了更多的交易机会，在主观上也有过错，其行为已经构成不正当竞争，应承担相应的民事责任。

关于三被告具体应承担何种民事责任的问题，考虑到三被告所获得的经济利益和市场效益，是与其自身的积极经营分不开的，而非单纯地靠使用"泥人张"名称所产生；三原告对三被告使用"北京泥人张"名称的情况早就知晓，但一直未提出异议，其过于懈怠行使自己的权利。原告对其所提遭受经济损失的情况也未提交证据加以证实。在此情况下，对三原告提出的经济损失赔偿的请求不予支持，但对三原告提出的其为诉讼支出的合理费用，可予适当支持。

综上，依据《中华人民共和国反不正当竞争法》第二条第一款、第二款之规定，北京市第二中级人民法院于2006年12月20日作出（2006）二中民初字第1017号民事判决（以下简称一审判决），判决三被告停止关于"北京泥人张"及张铁成为"北京泥人张"第四代传人的宣传，停止使用带有"泥人张"文字的产品名称、企业名称和在企业宣传中使用"泥人张"专有名称等涉案侵权行为，停止使用并注销"www.nirenzhang.com"互联网域名，以及北京泥人张博古陶艺厂和泥人张艺术品公司赔偿泥人张艺术开发公司为本案诉讼支出的合理费用一万元，驳回三原告的其他诉讼请求。

二审审理查明

三被告均不服一审判决，提起上诉。三原告服从一审判决。

北京市高级人民法院经审理另查明的主要事实有：

张锠先后创作了彩塑《白毛女》组塑等众多作品。1988 年，张锠设计并指导制作的以《西游记》为题材的"泥人张"作品 1.4 万余件第一次出口日本。张宏岳先后创作了彩塑《扁鹊》等作品。

本案证据中有关"北京泥人张"的报道最早见于 1979 年 7 月 13 日的《北京日报》。1980 年 7 月 12 日，《中国青年报》以《名师传艺记》为题，报道了"78 岁的泥塑老艺人张桂山"在宣武区广内雕塑厂给青年人传授技艺的事迹。爱新觉罗·溥杰曾为张铁成、北京泥人张博古陶艺厂题写了"泥人张"牌匾。2005 年 6 月 15 日，张铁成被北京市工业促进局授予三级民间工艺大师称号。

1992 年 1 月 20 日出版的新加坡《联合早报》在报道"北京泥人张"时，所配插图是"泥人张"第三代传人张景祜的代表作品。

诉讼中，三上诉人称，"北京泥人张"仿古陶艺制品与"泥人张"彩塑艺术品的制作工艺不同，并提交证据证明其产品出口海外，与"泥人张"彩塑艺术品的销售渠道、客户群体不同。

在本案二审开庭审理时，三上诉人的六位证人出庭作证，主要证明张桂山早已被称为"北京泥人张"，其使用"北京泥人张"系善意使用。三被上诉人的四位证人出庭作证，主要证明"泥人张"传承有序的历史、各代"泥人张"的代表作、知名度等事实。

2007 年 6 月 29 日，以北京京城百工坊艺术品有限公司作为申报单位申报的"泥人张"彩塑（北京支）被列入"北京市第二批市级非物质文化遗产名录"予以公布。

泥人张艺术开发公司为本案诉讼支出了 1000 元公证费、3 万元律师费。

二审判理和结果

北京市高级人民法院认为："泥人张"经过张氏家族几代人及天津泥人张彩塑工作室的长期创作积累和宣传已经成为"知名彩塑艺术品的特有名称"。本案争议的"泥人张"名称并非我国《民法通则》中所规定的公民的姓名或者法人的名称，而是我国《反不正当竞争法》所称的知名商品的特有名称，属于反不正当竞争法调整的范围，故本案案由应确定为不正当竞争纠纷。

本案中，由于泥人张艺术开发公司成立于 1997 年，晚于北京泥人张博古陶艺厂和泥人张艺术品公司,故其不能以其在后的权利对抗成立在先的北京泥人张博古陶艺厂、泥人张艺术品公司的企业名称和商品名称,故泥人张艺术开发公司关于三上诉人使用"北京泥人张"第四代传人、"北京泥人张"企业名称、商品名称对其构成侵权和不正当竞争的主张不能成立。

北京泥人张博古陶艺厂成立之前,在一定范围内,已有公众将张桂山称为"北京泥人张",故作为"北京泥人张"张桂山之子的张铁成于1982年11月注册成立北京泥人张博古陶艺厂时,在其企业名称、产品名称中使用"北京泥人张"字样有其合理依据。泥人张艺术品公司在其企业名称中使用投资方北京泥人张博古陶艺厂的企业名称中的"北京泥人张"部分文字,亦无不妥。上述两企业已分别成立二十余年和十余年,其产品远销海外,已在相关公众中产生一定影响,"北京泥人张"仿古陶艺制品还多次获得各种奖励、荣誉,并连续多年参加广交会,张铁成还被评为工艺美术师、民间工艺大师,显然,"北京泥人张"仿古陶艺制品已经具有了较高的知名度和市场影响。"北京泥人张"仿古泥陶制品与"泥人张"知名彩塑艺术品在产品种类、产品特点、制造工艺、销售渠道、消费群体上存在一定差异。同时,张锠、张宏岳在使用"泥人张"知名彩塑艺术品的特有名称时,必须与其个人姓名同时使用,以表明其作品或者产品的来源。故相关公众可以将"北京泥人张"仿古陶艺制品与"泥人张"知名彩塑艺术品加以区分,不致产生市场混淆、误认。三上诉人使用"北京泥人张"作为其企业名称、产品名称的部分内容,不构成不正当竞争。

由于上述原因,泥人张艺术品公司网站上的宣传内容尚不会使相关公众对"北京泥人张"仿古陶艺制品的来源与"泥人张"知名彩塑艺术品产生混淆、误认,不构成对知名彩塑艺术品特有名称"泥人张"专用权的侵犯,不构成不正当竞争。但是,北京泥人张博古陶艺厂、泥人张艺术品公司应依据公平、诚实信用的原则,规范使用其企业名称及产品名称,以使其"北京泥人张"仿古陶艺制品与"泥人张"知名彩塑艺术品予以区分。

"nirenzhang"是泥人张艺术品公司的企业名称、产品名称中的一部分,而注册域名的通常习惯是将易于称呼、易于记忆的文字注册为域名,故依据"先申请先注册"原则,其将"nirenzhang"注册为域名,不构成不正当竞争。但是,由于"北京泥人张"是泥人张艺术品公司企业名称、产品名称中起区别、识别作用的部分,为使其网站域名与知名彩塑艺术品特有名称"泥人张"相区分,泥人张艺术品公司理应予以合理避让,应在"nirenzhang"

网站域名前附加区别标识后，再使用其域名。

由于泥人张艺术品公司所注册、使用的网站域名有不妥之处，并应附加区别标识方可继续使用，故三被上诉人的诉讼请求有一定理由，一审判决酌情确定由北京泥人张博古陶艺厂及泥人张艺术品公司赔偿泥人张艺术开发公司为本案诉讼支出的合理费用一万元并无不妥，予以维持。

本案中对"泥人张"作为知名商品特有名称的保护与"泥人张"作为非物质文化遗产的保护是不同的，故"泥人张"是否被列入非物质文化遗产名录与本案无关。

综上，一审判决认定事实不清、适用法律错误，依法予以改判。依照《中华人民共和国反不正当竞争法》第二条、第五条第（二）项、第二十条第一款等规定，北京市高级人民法院于 2007 年 9 月 20 日作出（2007）高民终字第 540 号民事判决（简称二审判决），判决维持一审判决关于赔偿合理费用一万元的判项，撤销一审判决其他具有执行内容的判项，加判泥人张艺术品公司在其"nirenzhang"域名前附加区别性标识，驳回三被上诉人的其他诉讼请求。

申请再审理由与答辩

申请再审人张锠、张宏岳、泥人张艺术开发公司向最高人民法院（简称最高法院）申请再审，请求撤销二审判决，维持一审判决对本案的原则性认定。其主要理由如下：1. 二审判决将一审判决认定的侵犯名称权及不正当竞争纠纷的案由改为不正当竞争纠纷案由错误，缩小了"泥人张"名称权的内涵，应当保护"泥人张"的专用名称权。2. 1979 年 7 月 13 日《北京日报》报道是错误报道。3. 被申请人不能证明"北京泥人张"的历史及四代清晰的传承史，有假冒"泥人张"的故意，不具有"北京泥人张"的合法使用权，而"泥人张"的传承历史代代清晰并且有据可查。4. 二审法院关于被申请人将"nirenzhang"注册为域名不构成不正当竞争、"泥人张"是否被列入北京市非物质文化遗产名录与本案无关、泥人张艺术开发公司不能以其在后的权利对抗成立在先的北京泥人张博古陶艺厂和泥人张艺术品公司的企业名称和商品名称、被申请人对"北京泥人张"的使用不会产生市场混淆、误认的认定错误。

被申请人张铁成、北京泥人张博古陶艺厂、泥人张艺术品公司共同答辩请求维持二审判决，其在申请再审审查程序中所持主要理由是：1. 申请再审人只占天津市高级人民法院生效判决确认的"泥人张"知名彩塑艺术品特有名称权主体的三十四分之一，无权主张整体权利。2. 被申请人并非自取其名，自立名号，张铁成和其父亲被同时代的人称为"北京泥人张"，还被很多媒体报道为"北京泥人张"，北京泥人张博古陶艺厂和泥人张艺术品公司也是由相关政府批准的。被申请人将"泥人张"作为名称使用，不能因在后成立的申请再审人公司而被回溯取消。

最高法院于 2010 年 6 月 3 日作出（2009）民申字第 962 号民事裁定，提审本案。三被申请人在再审审理程序中又共同答辩并陈述意见称，申请再审人的诉讼请求依法完全不能成立，申请再审人侵犯了被申请人北京泥人张博古陶艺厂、泥人张艺术品公司的专有名称、知名商品的特有名称，构成不正当竞争，申请再审人依法应赔偿被申请人各项损失共计 7349.42 万元人民币。其主要理由是：1. "商品＋姓氏"自古是北京人对民间手艺人、商品经营者的通用称谓，"泥人＋姓氏"是对民间泥塑艺人的习惯性称谓，"泥人张"是对民间张姓泥塑艺人的通用称谓，没有唯一性和专属性。2. 被申请人家族在先使用"泥人张"，使"泥人张"成为知名商品的特有名称的是被申请人家族和天津泥人张彩塑工作室，与张明山几代人无关。3. 北京泥人张博古陶艺厂于 1982 年成立，实质上是一个百年老字号企业的恢复，其过去历史没有记载，主要是因为解放前泥塑艺人没有社会地位，作品都不留名。4. 申请再审人称张明山是"泥人张"的创始人、"泥人张"是张明山的艺名、"泥人张"专指张明山、"泥人张"具有唯一性的说法没有史料记载，而是 20 世纪 90 年代后在"泥人张"已经成为知名商品的特有名称的情况下，张锠等人在理论界逐渐演绎而形成的。5. 双方产品艺术风格完全不同，且北京"泥人张"产品工艺发展水平远远早于、高于天津"泥人张"。6. 被申请人已拥有合法有效的"泥人张"商标权。7. 申请再审人属于天津地区的非物质文化遗产，不属于北京地区的非物质文化遗产，其申请为北京市非物质文化遗产应予以撤销。

再审审理查明

最高法院再审进一步查明以下事实：

（一）关于公开出版物对申请再审人及其家族的记载

1884 年（清光绪十年）出版的《津门杂记》有关于张明山以捏塑世其家等内容的记载。成文出版社有限公司 1931 年出版的《天津志略》，张映雪编著、天津人民出版社 1956 年出版的《泥人张的生平及其艺术》，张光福编著、知识出版社 1982 年出版的《中国美术史》，田自秉著、知识出版社 1985 年出版的《中国工艺美术史》等出版物有张明山被称为"泥人张"、"泥人张"泥塑世代相传等内容的记载。上海辞书出版社 2000 年第 1 版《辞海》载有："泥人张：泛指天津张姓一家祖孙相传的泥塑名手，张长林（字明山）是泥人张第一代，清张焘《津门杂记》曾记其事。第二、第三、第四代传人分别是张玉亭、张景祜、张铭。"

（二）关于申请再审人及其家族对"泥人张"的传承、使用

1995 年，张锠等 17 位张明山后代传人与天津泥人张彩塑工作室、天津市泥人张工艺品经营部、天津泥人张塑像艺术公司因"泥人张"名称专有权的归属等纠纷，向原天津市中级人民法院提起诉讼。天津市高级人民法院于 1998 年 10 月 29 日作出对该案作出（1996）高知终字第 2 号民事判决。该判决查明如下有关事实：张明山，被人们称为"泥人张"。张明山之子张玉亭、张华棠为泥人张第二代传人。张明山之孙张景禧、张景福、张景祜为泥人张第三代传人。张景禧、张景福、张景祜之子张铭、张钺、张镇、张锠等，成为泥人张第四代传人。张玉亭于 1914 年获东京大正博览会奖状，1915 年获巴拿马赛会奖状。在张景禧、张景祜及其后代从事艺术活动的一段时期内，正值中国连年战争，失去了从事艺术创作的客观条件。张景禧、张景祜、张铭等仅以制做民间传统作品或大学教具等维持基本生活，张景禧曾一度改行经商。1950 年至 1955 年张景禧开办泥人张社，制作泥人或给大学制作模型教具。为对"泥人张"彩塑进行挽救、研究和发展，1958 年天津市政府在市文化局领导的建议下，决定成立由张明山后代张景禧、张铭、张镇等共同参加的天津泥人张彩塑工作室，其间培养了张氏新一代及非张氏泥人张彩塑艺术传人。天津泥人张彩塑工作室自成立以来数十年间，国家进行了大量的投入，初期主要以制作彩塑作品参展为主，并将部分彩塑作品进行销售，在"文革"期间，该工作室也受到一定影响。张明山家族后代中从事彩塑艺术的人员使用"泥人张"的方式为在其创作的彩塑作品上标明"泥人张第×代张××"。彩塑工作室使用"泥人张"的方式为在其作品和宣传品上标明"泥人张彩塑"、"天津泥人张彩塑"。后经有关部门批准彩塑工作室分别于 1988 年 9 月和 1996 年 10 月将"泥人张"、"天津泥人张彩塑"作为商标、服务标记使用。该判决认定："泥人张"经过长期创作积累和宣传而形成为知名彩塑艺术品的特有名称，张氏家族中从事彩塑创作的人员与天津泥人张彩

塑工作室应共同享有"泥人张"这一知名彩塑艺术品特有名称的专有权。天津市高级人民法院最终判决如下：张明山后代中从事彩塑创作的人员和天津泥人张彩塑工作室有权在其创作的艺术品上使用"泥人张"名称，但必须与个人姓名或单位名称同时使用；张明山后代从事彩塑创作的人员和天津泥人张彩塑工作室经有关部门核准均有权将"泥人张"名称作为企业或机构名称的部分内容使用；天津泥人张彩塑工作室已注册的"泥人张"商标和"天津泥人张彩塑"服务标记于本判决送达之日起三十日内由其自行向有关部门申请撤销，在双方未就此达成协议之前，任何一方不得单独注册以"泥人张"为全部或者部分内容的商标；张明山后代从事彩塑创作的人员和天津泥人张彩塑工作室未经协商一致，不得将"泥人张"名称转让和许可他人使用等。

另查明：1956 年 11 月 1 日，中央工艺美术学院在北京马神庙白堆子正式举行建院典礼，该学院下设张景祜泥塑工作室。

天津泥人张彩塑工作室于 1988 年 10 月 27 日向商标局提出第 360924 号"泥人张及图"商标的注册申请，指定使用于第 20 类泥人彩塑商品上。经商标局审查于 1989 年 9 月 10 日获准注册，经续展，有效期至 2019 年 9 月 9 日。

（三）关于公开出版物对被申请人及其家族的记载

1979 年 7 月 13 日《北京日报》有一图文报道称"宣武区广内雕塑厂老艺人'泥人张'，认真给广内办事处安置工作的知识青年传授泥塑技术。"该报道同时配有一老艺人（为张铁成的父亲张桂山）正在给年轻人传授技术的照片及一首小诗："皓眉银须'泥人张'，绝技盛誉满四方。而今倾心育新秀，指头刀尖传奇香。"该报道为被申请人主张的有关"北京泥人张"的最早文字记载。1980 年 7 月 12 日《中国青年报》第一版刊登的《名师传艺记》、1988 年中国商业出版社出版的《北京工商史话》收录的吴国洋著《北京的"泥人张"》、中国城市经济社会出版社 1989 年出版的《创业之歌》收录的潇湘著《北京"泥人张"》、2003 年 4 月 10 日《中国贸易报》题为《成就传统艺术辉煌——访北京泥人张第四代传人张铁成》的文章、2003 年 10 月 28 日《广交会通讯》题为《"泥人张"在广交会》的文章等对被申请人及其家族进行了报道。

（四）关于被申请人对"泥人张"使用和申请注册商标的情况

北京泥人张博古陶艺和泥人张艺术品公司分别于 1982 年和 1994 年成立；溥杰为被申请人题字为"泥人张"；被申请人注册域名为 www.nirenzhang.com；

被申请人泥人张艺术品公司在其网站上宣传了其主张的"北京泥人张"的历史；被申请人在其有些买卖合同的生产厂家处填写为"泥人张"；前述关于被申请人的媒体报道也反映出其对"泥人张"的部分使用情况。

泥人张艺术品公司于 2001 年 12 月 7 日就第 3033647 号"泥人张 Clay Figure Zhang"商标向商标局提出注册申请，指定使用于第 21 类瓷器装饰品等商品上，经商标局初步审定并公告，张锠在公告期内提出异议。在本案再审期间，因上述诉争商标引发的商标异议行政案件正在二审程序中。

（五）关于被申请人对"北京泥人张"历史的主张和证明

2005 年 10 月 8 日，在泥人张艺术品公司的网站（域名为：www.nirenzhang.com）上登载的公司简介中称："'北京泥人张'始于清末道光年间，至今已有近 160 年的历史，泥人张艺术品公司下属北京泥人张博古陶艺厂，是制作'北京泥人张'传统仿古泥陶艺术品的专业厂家，厂长张铁成系'北京泥人张'的第四代传人，深得其艺术真传，现任该厂的法人代表。"

二审中，被申请人的六位证人出庭作证，在出庭作证前均向法院提供了书面证人证言。从出庭作证情况看，上述证人均不能证明"北京泥人张"始于清朝道光年间。

被申请人在一审中提交的第三组证据之 35《北京泥人张四代传人概况》载有："北京泥人张第一代传人——张延庆/清同治五年 1866 – 1917"。经查，1866 年确为清朝同治五年。这与被申请人曾对外宣传所谓的"北京泥人张"始于清朝道光年间的说法相矛盾。

在再审审理程序中，被申请人的五位证人出庭作证，用于证明"泥人张"是通用称谓，被申请人是北京地区的"泥人张"传人。

（六）关于申请再审人针对被申请人行为主张权利情况

根据申请再审人提供的证据和日常生活经验，可以认定申请再审人关于其自 1979 年以来持续向有关部门反映被申请人的行为以寻求解决双方纠纷的主张基本属实。

（七）关于泥陶与彩塑作品的比较（略）

（八）关于申请再审人获得的非物质文化遗产保护

2006 年 6 月，"泥塑（天津泥人张）"入选第一批国家级非物质文化遗产名录。2007 年 3 月，"泥人张彩塑（张锠）"入选北京市崇文区首批非物质文化遗产名录。2007 年 6 月，北京京城百工坊艺术品有限公司申报的"'泥人张'彩塑（北京支）"入选北京市第二批市级非物质文化遗产名录。

再审判理和结果

最高法院认为，本案涉及的主要问题有：申请再审人对"泥人张"享有何种权益；被申请人使用"泥人张"或者"北京泥人张"有无合法合理依据；被申请人使用"泥人张"或者"北京泥人张"是否构成不正当竞争等。

一、关于申请再审人对"泥人张"享有何种权益

本案中，双方当事人为证明自己的主张，包括各自家族对"泥人张"的使用及由此而形成的权利，均提交了报刊、图书等形式的公开出版物，并以相关公开出版物记载的内容证明自己的主张。因此，首先需要判断公开出版物记载内容的真实性。对此，一般可以从以下方面进行审查判断：首先，要考虑出版物本身对真实性的要求。一般来说，出版物本身及其刊登文章的目的、性质不同，其对内容真实性的要求也不同。新闻报道类文章本身要求真实客观，但现实中由于种种原因也会存在虚假失实的新闻报道。人物宣传类的文章容易受到被宣传人物的影响，一般不宜单独以该文章作为认定事实的依据。地方志类图书，作为全面系统地记述本地区自然、政治、经济、文化和社会的历史与现状的资料性文献，其编纂本身要求存真求实、全面客观、确保质量，其记载的内容可信度较高。专业学科历史类图书作为对过去事实的反映，其记载的内容可信度也较高。其次，要注意记载内容来源相同的不同出版物，相关内容是否前后一致。如，同一接受采访者对同一事物的描述前后不一，则相关描述内容就缺乏可信度。再次，要看有无其他证据支持或者推翻出版物记载的相关内容。

本案中，申请再审人和被申请人均提供了其家族被称为"泥人张"或者"北京泥人张"的出版物证据，但被申请人的出版物证据的形成时间普遍晚于申请再审人，主要包括报纸中的新闻报道类文章和一般图书中的宣传类文章，且有关记载内容多表明其受到了被宣传人物的影响；而申请再审人的出版物证据多为地方志或者专业学科历史类图书，其记载内容的可信度显然高于被申请人的出版物证据。根据上述审查判断方法，在被申请人未提供相反证据足以推翻的情况下，最高法院对申请再审人提供的旨在证明其家族对"泥人张"的使用及由此而形成的权利的相关公开出版物记载内容的真实性予以认可。此外，申请再审人还提供了天津市高级人民法院（1996）高知终字第 2 号民事判决以证明其家族对"泥人张"的传承、使用，在被申请人未提供相反证据足以推翻该判决有关认定的情况下，最高法院对该判决认定的

有关事实予以确认。

根据 1884 年出版的《津门杂记》的记载，张明山世家捏塑，远近驰名。根据 1931 年出版的《天津志略》的记载，张明山"有泥人张之称，誉驰南北，现其后人，仍世其业。"该两图书均出版于申请再审人张锠出生之前，其对有关历史事实的记载，相对客观可信，被申请人关于张锠杜撰了"泥人张"指张明山的说法的主张并不成立。根据天津市高级人民法院（1996）高知终字第 2 号民事判决查明的事实，张景禧在 1950 年至 1955 年取得营业执照开办泥人张社，因此，被申请人关于张明山及其后几代人在 20 世纪 90 年代之前没有以"泥人张"作为店铺字号使用的历史的主张也不能成立。"泥人张"作为名称，虽然最初专指张明山，但由于其后代继承了祖业，"泥人张"逐渐成为对张明山家族中祖孙相传的泥塑名手的称谓，知识出版社 1985 年 1 月出版的《中国工艺美术史》和上海辞书出版社 2000 年第 1 版《辞海》关于"泥人张"这一名词的解释明确证实了这一点。知识出版社 1982 年出版的《中国美术史》中记载的"北京'泥人张'"，根据其上下文来看，显然是指张明山及其后几代人，被申请人以此记载支持其是北京地区"泥人张"的主张亦不能成立。

1931 年出版的《天津志略》是本案中张明山被称为"泥人张"的最早文字记载。综合考虑 1931 年出版的《天津志略》、1884 年出版的《津门杂记》、1956 年出版的《泥人张的生平及其艺术》和其他相关公开出版物记载的相关内容以及天津市高级人民法院（1996）高知终字第 2 号民事判决查明的事实，可以认定，张明山在世时就因精于捏塑被群众称为"泥人张"，其后代继承和发展了家族的泥塑艺术，并在经营活动中包括在解放后的经营活动中长期使用"泥人张"作为商业标识。如，1950 年至 1955 年张景禧取得营业执照在天津开办泥人张社；1958 年决定成立由张明山后代张景禧、张铭、张镇等共同参加的天津泥人张彩塑工作室；1966 年"文革"开始后，该工作室被迫摘掉了"泥人张彩塑工作室"的牌子，1974 年更名为天津彩塑工作室，1983 年 12 月又恢复原来的天津泥人张彩塑工作室的名称；1985 年 12 月 12 日成立天津古文化街泥人张工艺品经营部，并悬挂"泥人张"牌匾；1988 年 10 月 27 日天津泥人张彩塑工作室将"泥人张"申请注册商标，1993 年 12 月 29 日天津古文化街泥人张工艺品经营部变更为天津市泥人张工艺品经营部。而本案中被申请人家族被称作"泥人张"的最早文字记载是 1979 年的《北京日报》，申请再审人家族对"泥人张"的使用显然远远早于被申请人，且属于持续性使用。

从对"泥人张"的使用历史和现状看，"泥人张"具有多种含义和用途，承载多种民事权益。就本案而言，首先，"泥人张"作为对张明山及其后代中泥塑艺人包括本案申请再审人张锠、张宏岳这一特定人群的称谓，具有很高的知名度，是张明山及其后几代人通过自己的劳动创造形成的。同时，该称谓还承载着极大的商业价值，用"泥人张"标识泥塑作品，明确了作品的来源或者作品与张明山及其后几代人的特定联系，不仅便于消费者准确识别相关商品来源，而且显然会增强使用者的市场竞争力和获利能力。因此，"泥人张"作为张明山及其后代中泥塑艺人的特定称谓，应当受到法律保护。其次，"泥人张"这一称谓在使用过程中，已经从对特定人群的称谓发展到对该特定人群所传承的特定泥塑技艺和创作、生产的作品的一种特定称谓，在将其用作商品名称时则属于反不正当竞争法意义上的知名商品（包括服务）的特有名称，同样也应当受到法律保护。因此，申请再审人张锠、张宏岳作为张明山后代中从事彩塑创作的人员，申请再审人泥人张艺术开发公司作为由张宏岳成立并任法定代表人且经张锠等"泥人张"权利人授权使用"泥人张"的公司，有权就他人未经许可以各种形式对"泥人张"进行商业使用的行为主张权利。此外，从本案查明的事实来看，张明山及其后代最早生活在天津，张明山的后代张景祜最晚在1956年即到北京发展；张明山及其后代被全国范围内的报纸、史料使用"泥人张"的称谓进行报道和记载，其作品广为多国博物馆收藏。因此，"泥人张"的知名度非常高，其所承载的商业价值极大，申请再审人张锠、张宏岳等对"泥人张"享有多项民事权益，应当依法给予保护。

二、关于被申请人使用"泥人张"或者"北京泥人张"有无合法合理依据

被申请人在本案申请再审审查程序中称"北京泥人张"是社会公众和媒体对其的称谓，其并非自立名号，其对"北京泥人张"的使用有历史渊源。被申请人在再审审理程序中又称，张铁成家族几代人在解放前最先使"泥人张"成为知名商品的特有名称，解放前北京"泥人张"的艺术成就和市场影响力远远高于天津"泥人张"。被申请人的上述主张不能成立。

首先，被申请人提供的有关报道和文章记载内容的真实性难以确认。1979年7月13日《北京日报》对张桂山的报道为被申请人主张的"北京泥人张"的最早文字记载，但该报道本身是对张桂山的采访报道；同时，结合

1987 年 10 月 4 日《中国文化报》刊登的《真假"泥人张"调查》一文和日常生活经验，不能仅依《北京日报》的上述一篇报道就认定具有商业标识意义并由被申请人家族创立和使用的"北京泥人张"这一称号的产生。1980 年 7 月 12 日《中国青年报》刊登的《名师传艺记》、1988 年出版的《北京工商史话》收录的《北京的"泥人张"》、1989 年出版的《创业之歌》收录的《北京"泥人张"》，属于较早的对被申请人的报道和记载。其中，《名师传艺记》一文是作者在访问张桂山的基础上完成的，从文中内容来看，从张桂山开始才有人称其为所谓的"北京泥人张"；而 1988 年出版的《北京工商史话》收录的《北京的"泥人张"》一文则称，笔者经常与张铁成交往，积累了一些"泥人张"四代的材料，张延庆后来被老北京人追认为第一代"泥人张"；1989 年出版的《创业之歌》收录的《北京"泥人张"》一文则称，张延庆后被老北京人称为第一代"泥人张"，该文有些内容显然是使用了 1988 年出版的《北京工商史话》收录的《北京的"泥人张"》一文中的表达，甚至共同使用了"烟头张"这一错误表述。此外，2003 年 4 月 10 日《中国贸易报》刊登的《成就传统艺术辉煌——访北京泥人张第四代传人张铁成》一文也是在访问张铁成的基础上完成的。因此，上述 1980 年到 2003 年的报道和记载，都反映出报道内容受到了被报道者的影响，不足以证实"泥人张"或者"北京泥人张"是社会公众对张桂山的称谓。

其次，从被申请人在二审和再审审理程序中提供的证人出庭作证情况来看，均不能证明被申请人在网络上和报纸上宣传的或者其主张的"北京泥人张"始于清朝道光年间或者同治年间这一内容，充其量只能证明曾有人将张桂山称为"泥人张"，但根本不能证明已经在具有法律意义的相关公众的范围内将张桂山称为"泥人张"。值得注意的是，被申请人在再审审理程序中提供的证人张某某反而称其于 1969 年认识张铁成时并不知道张铁成就是"北京泥人张"，这在一定程度上也可以说明被申请人所谓的"北京泥人张"并不具有普遍的知名度，而是受到与张铁成交往的影响才形成了张铁成是"北京泥人张"的认识。

再次，被申请人关于"北京泥人张"历史渊源和师承关系的宣传和主张有前后不一、自相矛盾之处。一是被申请人在一审中提交的"北京泥人张四代传人概况"中称张延庆出生于清朝同治五年，但在此之前却一直宣传"北京泥人张"始于清朝道光年间。二是被申请人的证据中，《名师传艺记》与《北京工商史话》对于张桂山徒弟的数字表述相同，但人名表述明显不同。

《名师传艺记》提及"张桂山收过五个弟子",提到张桂山"大徒弟吉惠哲"、"最小的徒弟李靖"和李靖的师姐"刘玉琦";《北京工商史话》提到的五个徒弟是李延军、卢保田、王玉宝、齐永江和张林。此外,李某某作为被申请人的证人在二审庭审时出庭作证,其自称是张桂山的大徒弟,但其姓名与上述记载也有出入。

又次,被申请人有关其家族几代人在解放前最先使"泥人张"成为知名商品的特有名称,且解放前北京"泥人张"的艺术成就和市场影响力远远高于天津"泥人张"的主张,缺乏证据支持。一方面,被申请人未能提供任何当时形成的文字记载等客观证据材料。被申请人在再审审理程序中主张,由于解放前泥塑艺人没有社会地位,故其家族没有史料记载,其自己保存的史料又因"文革"抄家而全部被毁。这种说法既违背常理,也有推诿责任之嫌。很难想象,一个具有社会知名度的商业称谓,有关的历史记载均保存于一人一家之手,会毁于一旦。事实上,申请再审人家族也经历过"文革",但张明山及其后代中的泥塑艺人被称为"泥人张"却有充分史料记载。当事人不能以曾经有过"文革"之类的所谓不可抗力而回避其相应的举证责任,被申请人的相关主张显然不足以采信。另一方面,被申请人提供的证人均非待证的久远历史的亲历者,其或与被申请人有利害关系,或受到被申请人自身言行的影响,而且有关证言或为只言片语、语焉不详,或为道听途说、传闻无据,既不完整,也不能相互印证,更无其他证据加以佐证,难以令人信服。

最后,要特别强调,一个对人或者事物的称谓,要想成为具有商业意义的标识从而受到法律保护,必须在相关市场上为公众所知悉,具有商业标识意义,而非在极有限的时空范围内为少数人所知所用。本案中如果退一步说,即使可以认定被申请人出版物证据所记载内容和有关证人证言的真实性,充其量也只能说在北京市广安门内一带或者与被申请人及其先人有交往的一些人中将被申请人称为"泥人张"或"北京泥人张",这尚不足以认定其具有构成民事权益的商业标识意义。况且,这些人的认知既不排除本身将被申请人与源自天津的"泥人张"相混淆,如1992年新加坡《联合早报》刊登的《四代泥人张,代代出状元》一文就将源自天津的"泥人张"作品与被申请人家族相混淆,2003年4月10日《中国贸易报》刊登的《成就传统艺术辉煌——访北京泥人张第四代传人张铁成》一文和2003年10月28日《广交会通讯》刊登的《"泥人张"在广交会》一文,也显然是将被申请人与源于清朝道光年间的天津的"泥人张"混为一谈；也不排除是对被申请人作为张姓泥塑艺人的艺术比拟或者文学夸张的称谓，如 1979 年 7 月 13 日《北京日报》对张桂山的报道、1980 年 7 月 12 日《中国青年报》刊登的《名师传艺记》一文、1988 年《北京工商史话》收录的《北京的"泥人张"》一文、1989 年《创业之歌》收录的《北京"泥人张"》一文，均或多或少有此意味。

综上，本案尚不足以认定被申请人及其家族已被相关公众称为"泥人张"或者"北京泥人张"。

被申请人还主张，"商品 + 姓氏"是对民间手艺人、商品经营者的通用称谓，"泥人 + 姓氏"是对民间泥塑艺人的习惯性称谓，"泥人张"是对民间张姓泥塑艺人的通用称谓，没有唯一性和专属性，在全国范围内可用地域加以区分。最高法院对被申请人的上述主张不予认可。

所谓通用称谓即通用名称，是指在一定范围内普遍使用的名称，其本身不具有识别特定商品来源即商品提供者的功能。通用名称包括法定的或者约定俗成的两种情况。法定的通用名称是指法律规定或者国家标准、行业标准等规范性文件确定的通用名称。约定俗成的通用名称是指相关公众普遍认可和使用的通用名称。这里的相关公众一般是指全国范围内的相关公众，但如果被指称的行业或者商品由于历史传统、风土人情或者自然条件、法律限制等原因而被局限在特定地域市场或者其他相关市场内，则以该相关市场的公众作为判断标准。

本案中的"泥人张"显然并非法定的通用名称。判断其是否为约定俗成的通用名称时，应当以全国范围内的相关公众的通常认识为标准，因为泥塑行业和商品在全国范围内均有分布。被申请人提供的第 1 组证据中的互联网下载打印件基本为网络转载报道，这些证据本身形式的真实性难以确认。当然，从日常生活经验出发，"行业 + 姓氏"或者"商品 + 姓氏"确实是社会大众特别是北京人对民间艺人的一种称谓方法。但是，这种方法并不是仅有的一种称谓方法，而且，这也不意味着根据这种方法产生的称谓就必然是相关商品的通用名称，是人人可以自由使用的称谓。被申请人主张的依上述方法产生的"面人郎"、"风筝哈"、"毛猴曹"等名称，以及被申请人所称全国各地的"泥人李"、"泥人常"、"泥人韩"、"泥人于"、"泥人王"、"泥人曹"、"泥人仇"等名称，如果确实存在，显然所指的人物或者商品的来源也应当是特定的，并不是对特定姓氏艺人的通用称谓。被申请人提供的第 2 组证据中有 13 篇材料是关于全国各地"泥人张"的报道，其本身形式的真实性亦难以确认。即使认可其真实性，其中 1 篇材料时间不详，其余 12 篇材料发表时间均在 2005 年以后，本身在时间因素上即不能证明在较长历史范围内社会公众已将"泥人张"用作通用称谓。此外，"泥人张"作为对张明山及其后几代人中泥塑艺人的称谓，历史悠久、声誉较高。媒体或者特定范围内的人称其他做泥人的艺人为"泥人张"，通常是一种文学上的比较手法，体现了对该艺人技艺的艺术性肯定或者夸张。被申请人提供的第 2 组证据中，材料 21 之《吉林"泥人张"博览会献艺》中报道的泥塑艺人是指王秀川，材料 25 之《"朝阳泥人张"捏出 30 多个"本山"》中报道的泥塑艺人是朝阳人孙玉恩，这两篇材料报道的泥塑艺人并不姓张，但媒体在报道时仍然使用"泥人张"的称谓，这充分说明媒体是使用"泥人张"的称谓以艺术性地肯定或者夸张被报道人物的技艺。对于其他有关全国各地"泥人张"的报道，虽然报道的泥塑艺人也姓张，但也不能仅以此说明"泥人张"是对张姓泥塑艺人的通用称谓，所有张姓泥塑艺人均可以在商业经营中使用"泥人张"这一名称。也就是说，媒体报道对于"泥人张"的使用并不能当然赋予被报道的张姓泥塑艺人亦可以在商业活动中使用"泥人张"这一称谓的权利。相反，根据上海辞书出版社 2000 年第 1 版《辞海》对"泥人张"这一名词的解释，真正的"泥人张"显然是特指张明山及其后几代人中的泥塑艺人。另外，根据被申请人提供的第 6 组证据，虽然有的媒体和公众以"天津泥人张"称呼申请再审人，但这只是在强调"泥人张"源自天津，并不能否定"泥人张"这一称谓是申请再审人家族首先使用并使之具有很高的社会知名度的事实及申请再审人等权利人对"泥人张"所享有的权利。

总之，很显然，"泥人 + 姓氏"并非是对泥塑艺人的通用称谓，被申请人提供的证据不能证明全国范围内的张姓泥塑艺人均被普遍称为"泥人张"。

被申请人又主张，北京泥人张博古陶艺厂于 1982 年 11 月就注册成立，且于 2010 年 7 月在第 21 类商品上取得"泥人张"注册商标，而申请再审人对"泥人张"始终没有合法有效的商标权，无权限制被申请人将"泥人张"用于企业名称、服务商标和第 21 类商品商标。最高法院对此主张亦不认同。

从法律规定和法理来说，企业名称（商号）权在性质上亦属于知识产权。北京泥人张博古陶艺厂登记时实施的《工商企业登记管理条例》（1982 年 8 月 9 日国务院发布）第三条规定："工商企业登记主管机关，在中央是国家工商行政管理局，在地方是省、自治区、直辖市和市、县工商行政管理局。工商企业除全国性公司外，一律在所在市、县工商行政管理局办理登记。"第六条规定："工商企业只准登记和使用一个名称。在同一市、县境内，不得使用已登记的同行业工商企业的名称。"上述规定以及后来我国企业名称登记管理方面的法律规定和实践操作，均实行企业名称由工商行政管理机关分级管理的做法，在同一行政辖区内，同行业企业不得重名。也就是说，一个企业名称只要在同一行政辖区内与同行业其他企业不重名一般就可以获得登记，工商行政管理机关办理登记并进行审查时，一般不会考虑该企业名称的登记和使用是否会侵犯他人的合法权益。因此，一个企业名称的登记取得并不意味着该企业名称的取得和使用就是当然合法的，权利人并不因此而享有对该企业名称的绝对权利。

本案中，北京泥人张博古陶艺厂于 1982 年 11 月 26 日成立。虽然申请再审人在此之前没有将"泥人张"申请为注册商标或者登记为企业名称，但根据本案中 1884 年出版的《津门杂记》、1931 年出版的《天津志略》、1956 年出版的《泥人张的生平及其艺术》、1981 年第 9 期《北京艺术》、1982 年 11 月出版的《中国美术史》等证据，同时结合天津市高级人民法院（1996）高知终字第 2 号民事判决的认定，"泥人张"这一名称早在清朝时期就存在并产生了较高的知名度，远早于且由申请再审人家族世代传承和持续使用至北京泥人张博古陶艺厂的成立前后；"泥人张"作为对申请再审人家族中泥塑艺人及其技艺、作品等的特定称谓，历史悠久且目前仍具有很高的知名度，其知名范围并不限于天津，甚至不限于中国境内，在国际上也享有知名度。北京泥人张博古陶艺厂和泥人张艺术品公司在没有合法合理依据的情况下将"泥人张"作为企业字号予以登记，具有明显的攀附故意。

此外，泥人张艺术品公司虽然申请注册第 3033647 号商标，商标评审委员会也裁定核准注册该商标，但张锠不服该裁定，针对该裁定提起的有关行政诉讼案件目前尚在二审审理程序中，该裁定尚未发生法律效力。况且，更为关键的是，该商标申请注册在后，不能以此来反推被申请人此前使用"泥人张"具有合法合理依据。

三、关于被申请人使用"泥人张"或者"北京泥人张"是否构成不正当竞争

我国于 1993 年 12 月 1 日起施行的《中华人民共和国反不正当竞争法》第二条规定："经营者在市场交易中，应当遵循自愿、平等、公平、诚实信用的原则，遵守公认的商业道德。本法所称的不正当竞争，是指经营者违反

本法规定，损害其他经营者的合法权益，扰乱社会经济秩序的行为。"该条规定的有关精神也符合该法施行前乃至 1987 年民法通则施行前的有关民事政策，可以作为处理本案的法律和法理依据。在本案中判断被申请人对"泥人张"或者"北京泥人张"的使用是否构成不正当竞争，关键在于两点。一是被申请人对"泥人张"或者"北京泥人张"的商业使用是否有合法合理依据，以及是否违反了诚实信用的原则和公认的商业道德；二是被申请人对"泥人张"或者"北京泥人张"的使用是否会导致消费者产生混淆、误认，即认为被申请人的商品或者服务出自"泥人张"权利人或者与权利人有特定联系，是否损害了"泥人张"经营者的合法权益，扰乱了社会经济秩序。

第一，如前所述，被申请人使用"泥人张"或者"北京泥人张"并无合法合理依据。

第二，被申请人张铁成、北京泥人张博古陶艺厂、泥人张艺术品公司对"泥人张"或者"北京泥人张"的使用显然违反了诚实信用的原则和公认的商业道德。主要表现在：1. 源自天津的"泥人张"具有很久、很高的社会知名度，作为同行业的经营者，被申请人在开始其涉案经营活动之时，不可能不知道源自天津的"泥人张"的存在及其知名度。因此，被申请人在开始有关"泥人张"或者"北京泥人张"的经营时应当已知源自天津的"泥人张"的存在及其知名度。事实上，被申请人在本案一审中还承认申请再审人"泥人张"的历史传承，但在再审审理程序中又主张是申请再审人张锠杜撰了"泥人张"是张明山的艺名、"泥人张"专指张明山这一说法。2. 被申请人关于"北京泥人张"历史渊源的宣传与申请再审人"泥人张"的历史传承极为相似，均是始于清朝道光年间，至今有近 160 年的历史，已经发展到第四代传人，但被申请人却无法提供证据证明其关于"北京泥人张"创始于清朝道光年间的张延庆、至今已经传承四代的主张。而且，被申请人在其关于"北京泥人张"历史渊源的宣传和主张中有如前所述起源年代的矛盾之处。这也进一步表明，被申请人有故意攀附或者主观臆造之意。3. 被申请人在一审中还辩称其在宣传中一直使用"北京泥人张"字样，用以区别于天津泥人张，且双方产品具有较大差别，但从最高法院查明的事实来看，被申请人在商业经营和宣传中显然直接使用了"泥人张"。被申请人直接使用"泥人张"的行为至少包括：（1）使用溥杰题字的"泥人张"，且该题字并非溥杰主动确定的内容，而实际是受被申请人的请托事先确定的题字内容。（2）注册和使用"www.nirenzhang.com"域名。（3）在买卖合同中直接使用"泥人张"

指代其产品来源。(4) 1988 年《北京工商史话》中的《北京的"泥人张"》一文正文内容中基本上使用了"泥人张",虽然该文为他人撰写,但据该文称,笔者因工作关系,经常与"泥人张"第四代传人张铁成交往,耳濡目染,积累了张家四代的一些材料。如前所述,该文对北京"泥人张"的宣传明显受到了被宣传者的影响,或者说宣传内容基本上来自于被宣传者,即被申请人本人。

第三,关于双方当事人的产品是否属于相类似及被申请人使用"泥人张"或者"北京泥人张"是否造成了相关公众的混淆、误认的问题。申请再审人的产品为彩塑艺术品,被申请人的产品为仿古陶艺制品。被申请人据此主张双方产品并不相类似。但是,根据涉案证据《中国工美报告——全国工艺美术行业普查报告书》和《陶瓷艺术与工艺》对彩塑与泥陶产品的原料、工艺的介绍,双方产品均属于雕塑工艺品,用材、工艺流程、功能用途均相似;同时,根据申请再审人在再审审理程序中提供的证据 7 和证据 18,两种产品均在被申请人开办的"北京泥人张古今艺术品服务部"出售。由于"泥人张"具有很高的知名度,对未经权利人许可作各种形式的商业使用,一般均足以导致相关公众的混淆、误认。如前所述,1992 年 1 月 20 日新加坡《联合早报》在报道被申请人家族时,所配插图是源自天津的"泥人张"第三代传人张景祜的代表作品,不论受访人是否是张铁成,这本身就已经说明相关公众对双方产生了混淆、误认。

第四,关于申请再审人是否存在经营及何时开始经营的问题。被申请人主张,申请再审人几代人解放前没有在北京地区生活和经营过,甚至在 1997 年之前在北京地区也没有经营历史,直至现在也没有"泥人张"品牌产品的使用情况。被申请人的上述主张显然是错误理解了反不正当竞争法上的经营者的概念。《中华人民共和国反不正当竞争法》第一条规定:"为保障社会主义市场经济健康发展,鼓励和保护公平竞争,制止不正当竞争行为,保护经营者和消费者的合法权益,制定本法。"《中华人民共和国反不正当竞争法》第二条第三款规定:"本法所称的经营者,是指从事商品经营或者营利性服务(以下所称商品包括服务)的法人、其他经济组织和个人。"对于《中华人民共和国反不正当竞争法》第二条第三款规定的经营者应结合该法第一条的立法目的进行理解。反不正当竞争法的立法目的,在于维护公平的市场竞争秩序,因此,凡是市场竞争主体,都属于反不正当竞争法所调整的经营者。《中华人民共和国反不正当竞争法》第二条第三款没有将经营者限定在传统市场中的商品经营者或者营利性服务提供者，更没有限定在具有营业执照的经营者。工艺美术家或者工艺美术从业者在文化市场中能以自己的行为影响文化市场的竞争结果，是文化市场中的商品经营者，属于反不正当竞争法调整的主体。本案中，申请再审人泥人张艺术开发公司虽然于1997年方才成立，但张锠、张宏岳此前即从事泥塑工艺，二人均有彩塑或者其他雕塑作品；1981年第9期《北京艺术》刊登的《沧桑代代"泥人张"》一文和1982年5月3日《北京晚报》刊登的《访第四代"泥人张"》一文均报道了张锠从事彩塑艺术，而且本案还有证据表明张锠于1988年就设计并指导制作作品1.4万余件出口日本。这些事实，不仅表明张锠、张宏岳作为工艺美术家或者工艺美术从业者属于反不正当竞争法意义上的经营者，而且也表明其实际上在北京地区也有直接的创作、生产等经营行为。退一步讲，假设申请再审人及其家族确无在北京的直接创作、生产等经营行为，但由于"泥人张"品牌在全国乃至世界上的知名度及相关产品实际上也必然会存在于北京地区的事实，也决定了包括申请再审人在内的"泥人张"权利人在相关市场上都是反不正当竞争法意义上的经营者，均有权就"泥人张"主张权利。此外，"泥人张"权利人对"泥人张"这一称谓的使用，并不必然只有在产品上明确标注"泥人张"字样这一种方式，任何足以使包括消费者在内的相关公众识别出有关产品源于"泥人张"传人或者权利人的方式，都可以构成权利人对"泥人张"这一称谓的使用。

综上，"泥人张"作为对张明山及其后几代人中泥塑艺人的特定称谓和他们所传承的特定技艺以及创作、生产作品的特定名称，已有百余年的使用历史，已经成为享有很高社会知名度的一种商业标识。被申请人在明知"泥人张"知名度的情况下，使用"泥人张"或者"北京泥人张"作为其企业名称中的字号和在经营活动中作为其商业标识，但又不能提供充分证据证明其使用"泥人张"或者"北京泥人张"的合法合理依据，显然具有借助他人商誉的主观故意，客观上也足以造成公众的混淆、误认，其行为违反诚实信用原则，违背公认的商业道德，构成不正当竞争。

四、关于其他问题

被申请人提出，申请再审人无权主张"泥人张"整体权利。对此，根据天津市高级人民法院（1996）民终字第2号民事判决和最高法院的前述认定，申请再审人有权独立使用"泥人张"。被申请人使用"泥人张"的行为如果构成不正当竞争，就会侵犯包括申请再审人在内的所有"泥人张"权利人的权利。考虑到申请再审人在本案中是维护而不是放弃对"泥人张"享有的权利，且其他权利人不参加诉讼也可以查清本案事实并据之确定本案双方当事人之间的权利义务关系，因此，本案不属于必须由"泥人张"的其他权利人共同参加诉讼的情形，申请再审人有权单独主张权利。

关于申请再审人能否针对二审判决确定的案由申请再审的问题。案由是民事诉讼中双方当事人争议的实体法律关系的性质。案由的确定在民事诉讼中主要有三方面的意义：一是便于确定案件的管辖；二是便于确定案件在法院内部的审理分工；三是为进一步查明事实、确定具体法律依据等法律适用活动奠定基础。案由的确定本身属于法律适用活动，法律适用属于行使审判权的范畴。因此，确定案由属于法院行使审判权的内容。本案一审法院确定的案由是"侵犯名称权及不正当竞争纠纷"，二审法院确定的案由是"不正当竞争纠纷"，分别反映了一、二审法院对双方当事人争议的实体法律关系的性质的认定。本案中，申请再审人对二审法院关于案由的确定这一法律适用问题不服，认为二审法院缩小了"泥人张"名称权的内涵，其有权就此申请再审，被申请人关于申请再审应忠实于二审判决确定的案由的相关抗辩不能成立。但是，本案中申请再审人对"泥人张"所享有的权益通过适用反不正当竞争法即可得到保护，二审法院确定本案案由为"不正当竞争纠纷"并无明显不当，申请再审人有关本案案由确定的申请再审理由，最高法院不予支持。

被申请人主张，申请再审人在本案中主张权利已经超过诉讼时效。对此，最高法院不予支持。首先，本案"泥人张"这一商业标识的形成和发展有其特殊而久远的历史背景，包括申请再审人在内的"泥人张"权利人对"泥人张"享有的权利是持续的，不存在抛弃或者终止的情形。其次，被申请人明知申请再审人"泥人张"的历史传承却于 1982 年注册成立北京泥人张博古陶艺厂，又于 1994 年注册成立泥人张艺术品公司，均使用"泥人张"作为字号并以此作为商业标识开展经营，显然属于恶意申请登记和使用，而且被申请人在此期间一直持续使用"泥人张"或者"北京泥人张"，在法律上属于持续侵权行为。再次，申请再审人在被申请人使用"泥人张"或"北京泥人张"从事经营期间曾通过各种途径向有关部门持续反映情况以解决问题，双方当事人之间有关被申请人使用"泥人张"的争议实际上由来已久；申请再审人对通过诉讼方式解决其与被申请人之间的纠纷虽然启动程序较晚，但这既有申请再审人对法律认识的原因，也与当时的政策规定和法律规范不完善、不明确有关，而且"泥人张"的权利人也是直到天津市高级人民法院于 1998 年 10 月 29 日作出（1996）高知终字第 2 号民事判决后才得以在法律上予以确认。综合考虑以上因素，对本案的诉讼时效问题应当客观公平、合理妥善地加以认定，不宜认定申请再审人提起本案诉讼已超过诉讼时效。

申请再审人还提到了非物质文化遗产保护与本案的关系问题。对此，毫无疑问，非物质文化遗产应当受到法律保护，我国为此还于 2011 年 2 月颁布了《中华人民共和国非物质文化遗产法》。由于非物质文化遗产与知识产权和反不正当竞争法律保护的客体有所重叠，因此，两种保护会有交叉之处，但二者各有侧重。对非物质文化遗产的保护，并非作为一种私权的保护，其强调政府主管部门、遗产项目保护单位、遗产项目代表性传承人等从非物质文化遗产的角度进行的保护。而知识产权法和反不正当竞争法则是从保护私权出发，强调的是私权的保护。本案中，"泥人张"被纳入国家和地方非物质文化遗产项目名录，并非其应受到知识产权法和反不正当竞争法保护的必要条件。"泥人张"作为非物质文化遗产受到保护，与其受知识产权法和反不正当竞争法保护并不矛盾，相反，在一定程度和意义上，"泥人张"被纳入非物质文化遗产项目名录，也反过来更加证明了其具有长久而广泛的知名度和私权保护的价值。

最后，关于本案的民事责任承担和案件受理费的确定。本案被申请人在构成不正当竞争的情形下，依法应当承担停止有关不正当竞争行为的责任。但对于本案的损失赔偿责任，综合考虑到北京泥人张博古陶艺厂自 1982 年就注册成立，被申请人使用"泥人张"时间较长，其制作的泥陶工艺品也多次获奖，其所获得的利益并非均因侵权行为所致；申请再审人虽然一直通过各种途径向有关部门反映有关"北京泥人张"的问题，但直到 2005 年才提起诉讼，在行使权利方面存在一定的懈怠情形，且对其遭受经济损失的情况也未提交证据加以证明，其再审请求也仅在于维持一审判决，因此，最高法院对本案一审法院确定的民事责任承担方式不予变动。另外，对于案件受理费的负担，虽然其数额确定应当考虑诉讼请求金额，但不宜仅以此标准计算，本案总体上申请再审人的主要诉讼请求应予支持，故最高法院决定对原审确定的案件受理费负担比例予以适当变更。

综上，二审判决在认定事实和适用法律方面均存在错误，应予纠正；一审判决并无不当，应予维持。依照《中华人民共和国反不正当竞争法》第二条和《中华人民共和国民事诉讼法》相关规定，判决如下：一、撤销二审判决；二、维持一审判决。

【法官评述】

本案原告请求保护的是入选第一批国家级非物质文化遗产名录的老字号"泥人张"。本案因双方当事人主张的家族传承历史的久远性、涉及法律关系的复杂性以及判决结果对于双方当事人影响的重大性，受到了社会的广泛关注，加上所涉证据繁多、事实庞杂、法律问题疑难，裁判难度较大。最高法院对本案进行了深入研究，再审判决书长达 5.4 万多字，在充分披露证据和事实的同时，围绕争议焦点全面深入地论述了裁判的理由，对被申请人的辩称主张一一进行了反驳。充分披露事实是为了让社会公众对裁判结果自有判断，正所谓"事实胜于雄辩"；而全面说理更反映了法官在形成裁判结果过程中的深入思考。本案社会影响较大，结案后很多媒体站在肯定立场的角度对判决进行了报道。本案再审判决书已经在互联网向社会公开，为便于读者理解，在此简要介绍一下再审判决书的特色：1. 对数量繁多、内容庞杂证据的处理。在本案再审开庭过程中，申请再审人向法院提交了 33 份补充证据，在再审开庭后又提交了 19 份补充证据。被申请人向法院提交了 11 组补充证据，共包括 230 多份不同材料。双方当事人提交的上述证据材料，很多并非新的证据，为稳妥处理本案，最高法院对除申请再审人在再审开庭之后提交的补充证据 34 – 52 和被申请人提交的用于支持其反诉主张的第 9 组证据以外的上述证据经开庭质证，予以全面审查，并结合双方当事人在一审、二审程序中提供的所有证据认定本案事实。鉴于本案证据数量繁多、内容庞杂且存在证明事项重复的情况，再审判决书未逐一对每份证据予以认证，而是根据双方当事人的主张与本案的关联程度，对据以支持相关主张的证据进行综合审查认定。对与本案无关的主张和证据、显然不能支持当事人主张的相关证据、当事人无争议的主张和证据，不作过多的分析，或者直接作出认定；对当事人争议较大的主张和证据、影响本案实体判决结果的证据，作重点分析、论证。为避免重复和阐述上的方便，根据需要在事实认定或者裁判理由中分别进行分析、论证。2. 对发生变化的被申请人前后辩称理由的处理。在保留被申请人一、二审理由的基础上，又分别列明了被申请人在申请再审审查程序和再审审理程序中的辩称理由，客观反映了被申请人在不同审级中的陈述内容，以反映被申请人诉讼策略的变化，同时也便于从"当事人陈述"这一证据种类的内容本身分析当事人主张的真实性。3. 对繁杂事实的处理和表述。再审判决书将案件事实分八个部分进行了详细阐述，保证事实叙述的全面完整客观和层次清楚。4. 对争议焦点和疑难法律问题的分析和论证。从当事人诉辩称来看，本案涉及很多事实认定和法律适用问题。再审判决书围绕三大问题进行了分析。三大问题以下又包括一些具体问题，在这三个问题之外还有一些其他问题，再审判决书也均作了回应。可以说，再审判决书在说理上采用层层剥茧的方式，一一反驳了被申请人的主张。

本案再审判决书代表了最高法院对于本案的意见。在再审判决书之外，笔者围绕若干法律问题介绍一下个人的思考和体会：

一、关于申请再审人对"泥人张"享有何种权益

对于申请再审人对"泥人张"这一称呼享有何种具体的权利，笔者认为，应当是理论研究中的真实人物形象的商品化权，即个人对其形象（包括名称）的商业使用进行控制的权利。① 我国立法没有明确规定这种权利，但适用《反不正当竞争法》第二条规定可以实现对真实人物形象的商品化权的法律保护。结合本案，对于真实人物形象的商品化权的保护需要明确以下几点：

1. 从权利主体来看，真实人物形象商品化权的权利主体往往是知名人物。② 保护真实人物形象的商品化权的基础在于真实人物形象承载着的商业价值，该权利本质上属于财产利益。从理论上讲，真实人物形象商品化权的主体不限于知名人物。但是，人物越知名，其形象承载的商业价值就越大，对消费者的吸引力越大，因形象的使用而转化为财产利益的可能性

---

① 商品化权所保护的形象分为"虚构角色"形象和"真实人物"形象两种，在法律上有不同的权利形态。本文仅分析真实人物形象商品化权。本案再审判决书没有使用"商品化权"这个概念，合议庭的考虑是立法没有对商品化权作出明确规定。这与事后孔祥俊庭长的考虑是一致的，其在专著《知识产权法律适用的基本问题》一书（中国法制出版社2013年版）中评价本案再审判决时（第434页）指出："囿于在裁判中创设新权利的顾虑，我们对于直接使用'商品化权之类的明确称谓一般很审慎，通常不轻易使用。'"笔者在此就本案引发自己关于商品化权的思考谈些体会，也是为了促进法学理论研究与司法实践的互动。

② 郭晓红："知名形象商品化法律问题研究"，载《法律适用》2007年第7期；张丹丹、马哲："商品化权的正当性论析——基于财产权劳动学说的思考"，载《当代法学》2009年第3期。

就越大，其形象就越有可能为他人擅自使用即"搭便车"，现实生活中因真实人物形象的使用产生的纠纷涉及的往往是知名人物，因此市场本身要求真实人物形象商品化权的主体为知名人物。真实人物形象商品化权对于大多数的普通人物来说也就成为应然假设。① 需要强调的是真实人物形象商品化权的权利主体并不限于单个的个人。本案中，"泥人张"作为申请再审人家族几代人的名称，目前仍然具有巨大的商业价值，应当受到法律保护。

2. 从权利主体对形象的使用来看，由于商品化权制度的直接目的是为了防止有关形象被他人擅自利用、以维护公平的竞争秩序和社会生活秩序，因此，真实人物形象的商品化权并非来自事前的显著性，而是来自人格符号的第二含义，是事后获得的显著性，它不同于注册商标的保护，不以注册或者履行法定登记手续为前提，并且人物形象的标识方式具有多样性，并不局限于某种事先确定的样态；同时，真实人物形象的商品化权也并非来自权利人对形象的自行经营性使用，即并不要求权利人在经营中使用了该形象。② 基于以上理由，申请再审人是否使用"泥人张"及怎样使用"泥人张"这一标识对其控制"泥人张"这一名称使用的权利并无影响，被申请人关于申请再审人未使用"泥人张"标识的抗辩理由不能成立。况且，申请再审人显然在长期经营中使用了"泥人张"。

3. 从真实人物形象商品化权的保护方式和救济措施来说，其设权宗旨在于避免有关形象被他人擅自利用，以维护公平的竞争秩序，其保护重点在于规范人们获得和使用形象的手段和方式，其救济应当在个案中给予事后的、被动的救济和相应的保护。真实人物形象承载的商业价值会随着真实人物的状况而发生变化，因此，商品化权不同于注册商标专用权、人身权等法定权利，并不是一成不变的。由此也决定了，对真实人物形象商品化权无法存在事先的认定机构，也不容易事先明确其具体内容、保护范围和行使方式，对其保护通常是在纠纷已经发生、权利人利益已经受损的情况下，对他人能否使用真实人物形象作出裁判。只有在具体纠纷中，才能

---

① 谢晓尧："商品化权：人格符号的利益扩张与衡平"，载《法商研究》2005 年第 3 期。

② 张丹丹、张帆："商品化权性质的理论之争及反思"，载《当代法学》2007 年第 5 期。

动态地评估真实人物形象的市场价值，才能处理好双方当事人之间的利益平衡。同样，在个案中对商品化权的保护，也并不意味着该权利具有了溯及未来的普适性效力。在未来是否能够为该真实人物形象提供商品化权保护，尚需要在个案中进行具体判断。①

4. 判断真实人物形象是否被他人擅自使用，即真实人物形象商品化权是否受到侵犯，关键在于两点，一是他人对该形象的商业使用是否有合法合理依据，是否违反了自愿、平等、公平、诚实信用的原则和公认的商业道德；二是他人的使用是否会导致消费者产生混淆和误认，即认为他人的商品或者服务出自该形象所指称的真实人物或者与其有特定联系，是否损害了其他经营者的合法权益，扰乱了社会经济秩序。

5. 对商品化权需要有合理的限制，如，将知名度较高的真实人物的姓名作为自己的姓名使用，而不是进行商业性使用，这种合理使用应当受到法律保护；再如，知名人物的姓名有其他含义的，他人将该姓名作为商业标志使用，不会造成消费者误认或者混淆的，也不亦认定为构成不正当竞争。如，将著名影星黎明的姓名作为商标使用，不构成不正当竞争。

从商品化权的角度考虑本案，有两个问题值得注意：一是本案与理论界所讨论的一般商品化权案件有所不同，一般商品化权案件中主张以商品化权加以保护的名称都是针对一个人的，而本案中的"泥人张"这一名称是针对张明山及后代中的泥塑艺人的，针对的是一个群体。二是有人认为如果权利人已经商业使用其名称，就不能再主张商品化权了。但笔者尚未见到有支持该主张的理论研究。

二、关于本案适用的实体法依据

本案一审判决适用的实体法是《反不正当竞争法》第二条第一款、第二款，二审判决适用的实体法是《反不正当竞争法》第二条、第五条第二项和其他条文，再审判决适用的是《反不正当竞争法》第二条，也就是反不正当竞争法的原则条款。对于本案究竟应当适用《反不正当竞争法》第二条，还是第五条第二项关于保护知名商品特有名称的规定，是存在争议的。再审判决之所以没有适用《反不正当竞争法》第五条第二项，主要考

① 谢晓尧："商品化权：人格符号的利益扩张与衡平"，载《法商研究》2005年第3期。

虑到以下理由：首先，将"泥人张"作为知名商品的特有名称来保护有一个前提，即申请再审人已经在商品或者商品的包装上将"泥人张"作为商品名称在使用。虽然天津高院的判决认定"泥人张"权利人有权在其创作的艺术品上使用"泥人张"名称，但本案中申请再审人没有证据证明其这么使用了，申请再审人提交的《中国民间泥彩塑集成·泥人张卷》中的作品均没有标作"泥人张"，被申请人提交的文章还证明张乃英的作品标识是"张氏泥人"。被申请人张铁成一方在其辩称意见也对此提出了具体的反对理由，即"张明山及其后几代人知名商品的特有名称是'张氏泥人'，其老字号是'塑古斋'，解放前的服务标识是'同升号'，张景祜、张锠、张宏岳的作品署名均是其本人姓名，均不是'泥人张'，其所称国内外获奖作品并没有以'泥人张'为商标……根本谈不到知名商品的特有名称。"其次，"泥人张"这一特定称谓承载了多种民事权益，其所指称的对象不限于知名商品，正如再审判决中所指出的，"泥人张"作为特定人群的称谓和知名商品（包括服务）的特有名称，均应当受到保护。加上"泥人张"在社会上的知名度非常高，远远超过了知名商品的特有名称保护的范围和强度。所以，再审判决最终还是选择适用《反不正当竞争法》第二条。

编写人：最高人民法院知识产权审判庭　郎贵梅

8

姚明诉武汉云鹤大鲨鱼体育用品有限公司
侵犯人格权与不正当竞争纠纷案

——阅读提示：擅自将他人姓名、肖像、签名及其相应标识进行商业性使用并存在虚假宣传的，是侵害人格权还是不正当竞争？在侵害人格权又存在不正当竞争行为时，确定赔偿数额如何选择适用法律？权利人的代言费能直接作为赔偿依据吗？

【裁判要旨】

擅自将他人姓名、肖像、签名及其相应标识进行商业性使用并由此进行虚假宣传的，既侵害人格权，也构成不正当竞争。

《反不正当竞争法》保护的自然人姓名，不同于一般意义上的人身权，是区别不同市场主体的商业标识，本质上属于财产权益。民事损害赔偿，要求损害结果与侵权行为之间存在因果关系，不能根据权利人因其他商业机会所获收益包括代言费来直接确定其实际损害赔偿金额。

【案号】

一审：湖北省武汉市中级人民法院（2011）武民商初字第 66 号
二审：湖北省高级人民法院（2012）鄂民三终字第 137 号

【案情与裁判】

原告（二审上诉人）：姚明

被告（二审被上诉人）：武汉云鹤大鲨鱼体育用品有限公司（简称武汉云鹤公司）

起诉与答辩

原告姚明于 2011 年 3 月 29 日诉称：武汉云鹤公司擅自使用姚明的姓名、

肖像、签名及"姚明一代"作为商业标识，利用虚构事实进行宣传，构成民事侵权和不正当竞争。请求判令武汉云鹤公司：1. 立即停止不正当竞争行为；2. 立即停止侵害姚明姓名权的行为，不得在其经营活动中使用"姚明"或者任何包含"姚明"字样的商业标识；3. 立即停止侵害姚明肖像权的行为，不得在经营活动中以任何方式使用姚明的肖像；4. 在《中国工商报》等报刊刊载声明向姚明赔礼道歉、消除影响；5. 赔偿经济损失人民币 1000 万元。

被告武汉云鹤公司辩称：姚明不具备不正当竞争的主体资格，其诉讼请求涉及几种不同的法律关系，不能同时主张。且无证据证明擅自使用姚明姓名或利用虚构事实进行宣传并从事不正当竞争。

一审审理查明

姚明为世界范围内知名职业男子篮球运动员，因其在职业篮球运动领域内的突出表现及对社会公益和慈善事业的贡献，曾获得政府及媒体评选的多项荣誉，树立了良好的社会形象且享有很高知名度，是多个国际知名品牌的形象代言人。1. 2010 年 11 月 3 日，经北京市国信公证处公证，武汉云鹤公司网页显示："香港姚明企业股份有限公司是在上海东方篮球俱乐部的宏观指导下，以姚明一代为主导形象而创立的专业体育用品企业，武汉云鹤公司、香港姚明企业股份有限公司强强联手，实现战略合作，将共谋姚明品牌的发展"。2. 2010 年 11 月 8 日，经湖北省武汉市公证处公证，购买"姚明一代"运动鞋两双，取得名片一张及宣传册，并对一楼大门口以姚明的肖像及签名作为背景的"姚明一代"产品的巨型广告牌进行拍照。经当庭拆封公证封存的实物，货号为 YM－A09007 男板鞋外侧印有姚明图像，货号为 90123024 的男滑板鞋脚跟外侧印有姚明的签名。一同封存的 2010"姚明一代"春夏新品的宣传册 36－37 页的图片左边使用了姚明的肖像，作为"姚明一代"专卖店的橱窗背景。3. 2010 年 11 月 16 日，经北京市国信公证处公证，在"南京兄弟商贸有限公司姚明一代江苏总代理"多份打印网页上均有姚明的肖像；其店铺展示栏，姚明一代终端新形象上标有"姚明一代"的图形商标和姚明的姓名；在"姚明一代"安徽分公司及山东分公司招商网页宣传资料中，都使用了在 NBA 打球的姚明的姓名进行宣传。4. 2010 年 11 月 29 日，经江苏省南京市钟山公证处公证，上海大鲨鱼体育用品有限公司江苏公司总经理赵宝东名片背面印有"姚明"的签名；另"一代之窗"的宣传资料两份，印有姚明肖像的"姚明一代"2010 春夏新品发布会的宣传光盘和姚明背影的"姚明一代"广告片。5. 2010 年 3 月 11 日，姚明通过新浪体育发布声明，称"……除本人的赞助商 Reebok 公司外，本人从未授权给国内外其他任何运动服装、鞋类企业或个人将本人的姓名、肖像、签名以及其他任何含有本人个性特征的标识使用在包括篮球、运动鞋在内的体育、休闲服装等用品以及其他商品上，也未授权任何企业或个人以'姚明'的名义成立公司、售卖商品或从事特许经营或其他商业经营活动……"

一审判理和结果

（一）武汉云鹤公司的行为构成不正当竞争

1. 姚明作为自然人可以成为《中华人民共和国反不正当竞争法》调整的主体。《中华人民共和国反不正当竞争法》第二条规定："本法所称的不正当竞争，是指经营者违反本法规定，损害其他经营者的合法权益，扰乱社会经济秩序的行为。本法所称的经营者是指从事商品经营或者营利性服务的法人、其他经济组织和个人。"因此，现行法律并未将经营者的范畴限定在传统意义上的商品经营者或营利性服务提供者上，《中华人民共和国反不正当竞争法》的立法目的在于维护竞争秩序，即存在竞争的商业化市场都是该法调整范畴。除传统的商品流通市场外，还形成了文化市场、广告市场等新兴市场。明星通过对商品进行品牌代言服务，将自己的肖像、姓名授权给特定生产商作为商品广告宣传使用，将自身的形象与产品形成一定的联系，引导消费。作为广告市场的商品经营者，明星符合《中华人民共和国反不正当竞争法》对竞争主体的要求。本案中，姚明是知名男子篮球运动员，为商品进行代言也是其获取经济收益方式之一，武汉云鹤公司是专门从事生产销售运动服装、鞋类及球类产品的企业。上述主体在广告市场中，能以自己的行为影响广告市场的竞争结果，属于《中华人民共和国反不正当竞争法》调整的主体。

2. 武汉云鹤公司的行为构成不正当竞争。作为广告市场的经营者，姚明通过将自身姓名、肖像与商品品牌相联系，以自身形象在消费者心理上的影响力指引其作出消费选择。姚明的姓名、肖像具有商品广告宣传作用，故其有权要求禁止他人实施上述不正当竞争行为。武汉云鹤公司在其产品上标明商标为"姚明一代"，同时在公司网页中对品牌释义、加盟店宣传等事项都以明确表述与姚明联系起来，或是在其产品上直接标明姚明的姓名使用其肖像，使消费者将该公司生产的产品与姚明联系起来，误认为是姚明授权生产的产品或进行代言的商品，并利用姚明已经存在于消费者中的影响力，引导消费者进行购买。依据《中华人民共和国反不正当竞争法》第五条第（三）项的规定，武汉云鹤公司的行为违反诚实信用原则，构成对姚明的不正当竞争。

（二）武汉云鹤公司的行为构成对姚明姓名权及肖像权的侵害

1. 武汉云鹤公司未经姚明的授权擅自使用姚明的姓名及肖像。武汉云鹤公司一直未能提供具有姚明有效授权的证据，证明其使用姚明的姓名和肖像获得许可；同时姚明声明除授权给 Reebok 公司外从未授权给其他人使用其姓名、肖像等带有个人特性的标志。

2. 武汉云鹤公司以营利为目的使用姚明的姓名及肖像已经对姚明造成了损害。武汉云鹤公司在其品牌及产品宣传中多次使用姚明的姓名及肖像，并在文字及图片中对消费者及加盟商进行宣传和有意引导，将姚明的形象与武汉云鹤公司生产的商品相联系，导致加盟商及消费者均产生误认，并希望因此而产生或增加营利。

根据《中华人民共和国民法通则》第九十九条第一款、第一百条、第一百二十条第一款，《中华人民共和国反不正当竞争法》第二条、第五条第（三）项，《中华人民共和国民事诉讼法》第一百二十八条，判决：一、武汉云鹤公司立即停止对姚明的不正当竞争行为；二、武汉云鹤公司立即停止侵害姚明姓名权和肖像权的行为；三、武汉云鹤公司于本判决生效后十五日内在《中国工商报》、《中国体育报》、《解放军报》、《楚天都市报》上刊载声明向姚明赔礼道歉、消除影响；四、武汉云鹤公司赔偿姚明经济损失人民币30 万元；五、驳回姚明的其他诉讼请求。

一审判决后，姚明以判决赔偿数额过低为由提起上诉，要求直接参照其代言费标准赔偿损失。

二审判理和结果

首先，从权利人提交的证据看，均是姚明与案外人签订的相关代言协议及缴税证明。同时，姚明提交的证据及其庭审、代理词都认可姚明代言了Reebok 公司即锐步国际有限公司生产的体育用品。正因为如此，姚明在国内代言的都是非竞争类的保险、通信等行业，而没有代言竞争类的体育品牌。在此情形下，其实际损失就更不能参照其代言费来认定。其次，原审查明的事实表明，武汉云鹤公司自2009年3月10日取得涉案争议商标"姚明一代"授权之后，不仅迅速在各地纷纷设立有关"姚明一代"的经销或代理商，以营利为目的擅自将姚明本人的姓名、肖像及签名用于其生产、经销的运动鞋、服装等体育用品，还在网站及商业广告中大肆使用姚明本人的姓名、肖像和签名进行虚假宣传，误导社会公众。在发现市场上存在未经许可擅自使用其姓名、肖像、签名及相关标识行为之后，姚明于2010年3月11日通过新浪体育发布了正式声明。武汉云鹤公司在对此明知的情况下，并未立即停止其侵权行为，而是继续侵权并放任侵权，侵权故意明显，其行为不仅侵害姚明的姓名权、肖像权，而且构成不正当竞争，这是其一。其二，武汉云鹤公司作为专营体育用品公司，自2009年6月成立后，在不到两年的时间内主营业务收入高达人民币500多万元，侵权后果严重。其三，姚明作为社会公众人物，一直具有良好的社会形象。作为篮球运动员，姚明本身的市场知名度不言而喻，其商业价值、品牌影响力不容否认。在此情形下，受《中华人民共和国反不正当竞争法》保护的自然人姓名，不同于一般意义上的人身权，是区别不同市场主体的商业标识。武汉云鹤公司作为市场经营者，违反公认的商业道德，违背诚实信用原则，其行为不仅严重损害权利人的合法权益，也严重损害消费者的合法权益，严重扰乱社会经济秩序。根据《最高人民法院关于贯彻执行〈中华人民共和国民法通则〉若干问题的意见（试行）》第一百五十条、《中华人民共和国侵权责任法》第二十条，以及《中华人民共和国反不正当竞争法》第二十条、《最高人民法院关于审理不正当竞争民事案件应用法律若干问题的解释》第十七条的规定，判决：一、维持原审判决主文第一、二、三项；二、撤销原审判决主文第五项；三、变更原审判决主文第四项为：武汉云鹤公司于本判决生效之日起十日内赔偿姚明包括维权合理费用在内的经济损失共计人民币100万元；四、驳回姚明的其他诉讼请求。

【法官评述】

姚明诉武汉云鹤公司侵害人格权及不正当竞争纠纷案，由于姚明本人的知名度及其影响力，备受媒体和社会关注。以姓名、肖像等主体的外在标志和表征为内容的人格权，特别是名人的姓名和肖像，在商品经济社会呈现出巨大的商业价值。本案审理的焦点，一是涉案侵权行为的定性及其法律适用问题，二是赔偿数额的确定及其法律适用问题。

一、关于涉案侵权行为的定性及其法律适用问题

姓名权、肖像权作为人格权，其本质上是一种精神权利，因而受到《民法通则》和《侵权责任法》的调整。但若擅自将他人姓名及其签名作为商业标识在经营活动中广泛使用，引人误认为是他人的商品，就应纳入《反不正当竞争法》调整。武汉云鹤公司未经同意在其经营活动中以多种方式擅自、大肆使用姚明本人的肖像，侵害了姚明本人的肖像权，涉案当事人双方对此并无实质性争议。争议主要集中在武汉云鹤公司使用姚明姓名及其签名的行为是否同时构成不正当竞争，或者说在姚明自身并不直接生产或经销任何具体商品的情形下（如"李宁"），能否直接适用《反不正当竞争法》第五条第（三）项、《最高人民法院关于审理不正当竞争民事案件应用法律若干问题的解释》第六条第二款，从而认定该类侵权行为属于不正当竞争。因为《反不正当竞争法》第五条第（三）项规定，"擅自使用他人的企业名称或者姓名，引人误认为是他人的商品"的行为才属于不正当竞争行为，而在本案中姚明自身是不直接生产或经销任何商品的，缺少"他人的商品"这一构成要件，他只是广告市场的形象代言人，代言其他公司的商品或服务。一审对产品代言之广告市场且姚明作为自然人应受《反不正当竞争法》调整进行了阐述。

一审查明的侵权事实表明，武汉云鹤公司在本案中不仅存在未经同意在其生产经销的商品上擅自使用姚明本人的姓名、肖像及其签名的行为，如直接在鞋外侧印有姚明的图像及其签名；而且存在未经许可利用了姚明的姓名、形象及签名等人格标识进行广告宣传的行为，如在网站、橱窗、广告牌以及各种宣传册上作引人误解的虚假宣传，这种从姓名、签名到肖像"一体化"的侵权行为方式，很容易使消费者误认为武汉云鹤公司的商品就是姚明代言的商品，或者与姚明本人存在某种关联。《反不正当竞争法》第九条第一款规定，"经营者不得利用广告或者其他方法，以商品的质量、制作成分、性能、用途、生产者、有效期限、产地等作引人误解的虚假宣传"。因此，就侵权行为人在经营活动中实际使用"姚明"二字、姚明本人肖像（"姚明一代"暂且不论）作为商业标识进行虚假宣传来说，其对姚明本人及其代言广告市场的影响是不言而喻的。虽然市场上并没有以"姚明"命名的体育用品类品牌，或者说在一定期限内姚明自身不能代

言或从事体育用品类的生产或经销，但由于姚明多年从事体育运动及其形成的影响力，其姓名在识别商品来源时已积聚起一定的标识意义，社会大众很容易将姚明与体育或者体育用品联系起来，从而很难将"姚明的商品"与"姚明代言的商品"割裂并区分开，极易引人误认为武汉云鹤公司经销的商品就是"他人的商品"即"姚明的商品"。因此，一审裁判引用《反不正当竞争法》第五条第（三）项而没有适用《反不正当竞争法》第九条，虽有不准确的问题，但也不是完全没有事实方面的依据。在此不得不说的是，笔者同时作为一名体育爱好者，就冲着姚明买过带有"姚明"标识的体育用品。本案中武汉云鹤公司的涉案行为之所以需要纳入《反不正当竞争法》的调整和规制，就在于武汉云鹤公司的涉案侵权行为不仅使相关竞争者的利益受到了损害，而且破坏了公平有序的市场竞争秩序，损害了广大消费者利益和社会公共利益。正因为如此，一、二审均认定武汉云鹤公司既存在侵害人格权的行为，又存在不正当竞争行为。人格权商品化问题一直是法学理论界与司法实务界探讨的热点，如何更好适用相应法律来充分保护以姓名、肖像等外在标志和表征为内容的人格权，值得思考与探讨。

二、关于赔偿数额的确定及其法律适用问题

本案二审审理范围受当事人上诉请求的限制，因而争议焦点集中在赔偿金额的确定方面。在本案中，权利人姚明选择按其被侵权期间因被侵权所受到的实际损失进行赔偿，要求参照其代言费标准从而主张1000万元的经济损失。从姚明提交的证据看，均是其与案外人签订的相关代言协议。广告代言费虽是名人一定时期的收入来源甚至主要收入来源，但并不是唯一来源，不能将其直接作为计算因他人侵权行为所受实际损失的参考标准。民事损害赔偿，要求损害结果与侵权行为之间存在因果关系，不能完全根据权利人因其他商业机会所获收益来直接确定本案发生的实际损害赔偿金额。据此，在并未提供因涉案侵权行为造成其直接损失依据及其计算方式的情况下，姚明上诉要求直接参照相关代言费赔偿其实际损失的事实和法律依据并不充分。正因为如此，无论是一审还是二审，均没有参照姚明代言费来确定本案赔偿数额。

同时，由于《最高人民法院关于审理不正当竞争民事案件应用法律若干问题的解释》第十七条第一款规定："确定反不正当竞争法第五条、第九条、第十四条规定的不正当竞争行为的损害赔偿额，可以参照确定侵犯注册商标专用权的损害赔偿额的方法进行"；《商标法》第五十六条第二款①进一步规定："前款所称侵权人因侵权所得利益，或者被侵权人因被侵权所受损失难以确定的，由人民法院根据侵权行为的情节判决给予五十万元以下的赔偿。"因此，在当时《商标法》关于赔偿标准还未修改的情况下，本案在最终确定赔偿金额时除前述事实根据方面的考虑外，更多考量的是在加大侵权损害赔偿力度适用《商标法》时，不会受到当时《商标法》最高赔偿限额 50 万的限制。因而，本案最终确定 100 万元的赔偿数额时，根据涉案侵权行为的性质及其认定，除直接适用《反不正当竞争法》第二十条、《最高人民法院关于审理不正当竞争民事案件应用法律若干问题的解释》第十七条有关赔偿数额方面的规定作为法律依据之外，还相应引用了《最高人民法院关于贯彻执行〈中华人民共和国民法通则〉若干问题的意见（试行）》第一百五十条、《侵权责任法》第二十条。

编写人：湖北省高级人民法院知识产权审判庭　刘建新

---

① 2013 年 8 月新修订的《商标法》第六十三条第三款已将此款修改为："权利人因被侵权所受到的实际损失、侵权人因侵权所获得的利益、注册商标许可使用费难以确定的，由人民法院根据侵权行为的情节判决给予三百万元以下的赔偿。"

IP

二、知识产权行政案件

9

苏州鼎盛食品有限公司诉江苏省苏州工商行政管理局工商行政处罚案

——阅读提示：如何判断商品上的标识属于商标性使用？市场混淆是否是判断商标近似的重要因素？工商行政机关对商标侵权行为实施行政处罚时，如何行使自由裁量权？

【裁判要旨】

判断商品上的标识是否属于商标性使用时，必须根据该标识的具体使用方式，看其是否具有识别商品或服务来源之功能。

侵犯注册商标专用权意义上的商标近似应当是混淆性近似，是否造成市场混淆是判断商标近似的重要因素。

工商行政机关依法对行政相对人的商标侵权行为实施行政处罚时，应遵循过罚相当原则。当责令停止侵权行为即足以达到保护注册商标专用权以及保障消费者和相关公众利益的行政执法目的时，是否选择并处罚款，应当综合考虑处罚相对人的主观过错程度、违法行为的情节、性质、后果及危害程度等因素行使自由裁量权。如果工商行政机关未考虑上述应当考虑的因素，违背过罚相当原则，导致行政处罚结果显失公正的，人民法院有权依法判决变更。

【案号】

一审：江苏省苏州市中级人民法院（2011）苏中知行初字第0001号
二审：江苏省高级人民法院（2011）苏知行终字第0004号

【案情与裁判】

原告（二审上诉人）：苏州鼎盛食品有限公司（简称鼎盛公司）

被告（二审被上诉人）：江苏省苏州工商行政管理局（简称苏州工商局）

第三人（二审被上诉人）：东华纺织集团有限公司（简称东华公司）

起诉与答辩

鼎盛公司诉称：1. 行政处罚决定书认定事实错误。鼎盛公司在产品包装上使用"乐活 LOHAS"并未作为商标使用，而是作为商品的名称以及对该词汇本意的使用。2. "乐活 LOHAS"是社会通用词汇，鼎盛公司合理使用他人注册商标的行为不会产生误导公众的后果，不应属于商标法规定的侵权行为。故请求法院依法撤销行政处罚决定书并由苏州工商局承担本案的诉讼费用。

苏州工商局辩称：其对鼎盛公司的行为认定事实清楚、正确；其认定鼎盛公司的行为属于商标侵权行为符合法律规定。故请求法院驳回鼎盛公司的诉讼请求。

第三人东华公司述称：涉案行政处罚决定书所述事实清楚，证据确凿，适用法律正确，处罚得当，请求法院驳回鼎盛公司的诉讼请求。

一审审理查明

鼎盛公司系一家专业从事生产、加工（焙）烘烤制品并销售公司自产产品等的外商独资企业。其注册取得"艾维尔 I Will"文字及图商标、"爱维尔"文字商标以及"爱维尔 I will"文字及图商标。2009 年 6 月 23 日，鼎盛公司与浙江健利包装有限公司签订订购合同，约定由浙江健利包装有限公司为鼎盛公司制作涉案标有 LOHAS 标识（以下简称涉案标识）的礼盒等包装产品。2009 年 9 月，鼎盛公司将其当年度所生产的月饼划分为"秋爽"、"美满"以及涉案的"乐活"等总计 23 个类别投放市场，主要通过鼎盛公司的爱维尔直营店、加盟店等方式进行销售。

东华公司经国家商标局核准于 2009 年 7 月 14 日取得第 5345911 号 乐活 LOHAS（以下简称"乐活 LOHAS"）注册商标，核定使用商品为第 30 类"糕点；方便米饭；麦片；冰淇淋"，目前尚未在产品上使用该商标。

2009 年 9 月 8 日，苏州工商局接举报，对鼎盛公司展开调查，查明其在当年生产销售的一款月饼使用"乐活 LOHAS"商标，遂认定鼎盛公司的行为属于侵犯注册商标专用权的行为，对其作出责令停止侵权行为并罚款人民币 50 万元的行政处罚决定。该具体行政行为作出后，鼎盛公司不服向苏州市人民政府申请行政复议，苏州市人民政府维持苏州工商局作出的工商处罚决定。鼎盛公司对此仍不服，向法院提起行政诉讼。

关于乐活一词的起源及释义，乐活系由美国社会学家保罗·雷在 1998 年提出，其英文释义为 "lifestyles of health and sustainability"。2008 年 8 月，教育部发布的《中国语言生活状况报告（2006）》中将"乐活族"作为汉语新词语收录其中。

一审判理和结果

一审法院认为，鼎盛公司对涉案标识的使用构成商标意义上的使用，与"乐活 LOHAS"注册商标相比，两者构成近似。本案是否构成商标侵权的争议主要在于应否考虑混淆，但若他人使用标志的行为使这种联系受到削弱或影响，从而对商标权人使用注册商标产生实质性妨碍的，则无需考虑是否混淆。本案中，爱维尔品牌在特定区域范围内具有相对较强的知名度，鼎盛公司在该区域大量使用涉案标志会使相关公众在"乐活 LOHAS"与"I Will 爱维尔"之间建立起某种关联，从而客观导致东华公司与其注册的"乐活 LO-HAS"商标的联系被割裂。故鼎盛公司使用"乐活 LOHAS"的行为依法构成对东华公司注册商标专用权的侵害。苏州工商局作出的行政处罚决定认定事实基本清楚，适用法律正确。一审法院于 2011 年 7 月 20 日作出判决，驳回鼎盛公司的诉讼请求。

上诉与答辩

鼎盛公司上诉称：1. 鼎盛公司早在东华公司取得商标专用权前即开始设计和印刷含有"乐活 LOHAS"的包装物，并且作为其中秋 23 个系列商品中一款商品的款式名称使用，同时还是根据该词的本意使用，并非商标意义上的使用。2. 对于相关公众是否误认的问题，商标权人至今没有在任何商品上使用"乐活 LOHAS"注册商标，没有任何社会公众表明其基于涉嫌侵权标记的使用混淆了商品的来源。3. "乐活 LOHAS"注册商标来源于社会流行词语，其显著性较弱，他人有合理使用的权利。请求二审法院依法改判，撤销苏工商案字（2010）第 00053 号行政处罚决定。

苏州工商局、东华公司的辩称意见与一审相同。

二审审理查明

原审法院查明的事实属实，予以确认。

二审判理和结果

江苏省高级人民法院认为：

一、鼎盛公司使用的涉案标识系商标性使用

在判断商品上的标识是否属于商标性使用时，必须根据该标识的具体使用方式，看其是否具有识别商品或服务来源之功能。本案中，虽然鼎盛公司认为"乐活 LOHAS"只是作为其月饼款式中一款的商品名称使用，但根据其在月饼包装上的标注情况，鼎盛公司并未在其月饼包装上规范且以显著方式突出使用自己的"爱维尔"系列注册商标，而是将"乐活 LOHAS"与"I will 爱维尔"连用，融为一体，并突出"乐活 LOHAS"。因此，该标识起到区别商品来源的功能，属于商标性使用。

二、鼎盛公司使用的涉案标识与东华公司"乐活 LOHAS"注册商标构成近似，其行为侵害了东华公司注册商标专用权

鼎盛公司使用的涉案标识与东华公司的"乐活 LOHAS"注册商标构成近似商标，理由是：首先，从整体对比来看，鼎盛公司使用的诉争标识中，"乐活 LOHAS"在整体结构中较为突出，占主要部分，且该部分的中英文字的字形、读音及含义与东华公司"乐活 LOHAS"注册商标完全相同，其构成要素非常接近，易使相关公众对商品的来源产生误认。其次，从"乐活 LOHAS"注册商标的显著性和知名度考虑，两商标易造成市场相关公众的混淆和误认：其一，"乐活族"一词虽然被《中国语言生活状况报告（2006）》所收录，但作为 2006 年度才出现的新词语，并不代表该词语已经达到通用词汇的程度，在 2009 年"乐活 LOHAS"商标被核准注册时，其具有一定显著性。其二，由于"乐活 LOHAS"商标刚被核准注册，鼎盛公司的使用行为即被工商行政机关查处，因此，本案对是否造成两者混淆的侵权判断应当以行政机关查处的时间为判断基准。在没有证据证明东华公司注册"乐活 LO-HAS"商标的行为存在恶意抢注的主观故意时，需要为尚未使用注册商标的商标权人预留一定的保护空间，此时关于混淆的判断，应当更多地考虑混淆的可能性，而非是否产生了实际混淆。

三、苏州工商局作出的行政处罚显失公正

《中华人民共和国行政处罚法》第四条第二款规定，实施行政处罚必须以事实为依据，与违法行为的事实、性质、情节以及社会危害程度相当。《中华人民共和国商标法》第五十三条①规定："工商行政管理部门处理时，认定侵权行为成立的，责令立即停止侵权行为，没收、销毁侵权商品和专门用于制造侵权商品、伪造注册商标标识的工具，并可处以罚款"，对该条款的正确理解应当是工商行政机关对商标侵权行为作出行政处罚时，在责令立即停止侵权行为的同时，可以对是否并处罚款作出选择。因此，工商行政机关在行使该自由裁量权时，应当根据《中华人民共和国行政处罚法》第四条第二款确立的"过罚相当原则"，综合考虑处罚相对人的主观过错程度、违法行为的情节、性质、后果及危害程度等因素，决定是否对相对人并处罚款。

本案中，苏州工商局在对鼎盛公司进行行政处罚时，责令其停止侵权行为即可达到保护注册商标专用权以及保障消费者和相关公众利益的行政执法目的，但其未考虑到鼎盛公司存在在先设计且主观上没有攀附任何东华公司注册商标声誉的恶意；鼎盛公司仅为当季一款月饼的包装促销并未长期广泛宣传，在权利人商标获得授权后一个月即被查处，侵权时间很短；权利人作为纺织企业，其注册在食品类别上的"乐活 LOHAS"商标授权后于鼎盛公司的设计包装时间，且其尚未实际投入使用，没有任何损失存在。因此，鼎盛公司的侵权性质、行为和情节显著轻微，尚未造成实际危害后果。在此情形下，苏州工商局在责令停止侵权行为的同时，对行政相对人并处 50 万元罚款，使行政处罚的结果与违法行为的社会危害程度之间明显不适当，其行政处罚缺乏妥当性和必要性，违反了《中华人民共和国行政处罚法》第四条规定的过罚相当原则，属于显失公正的行政处罚，依法应予变更。

综上，一审判决认定事实清楚，审判程序合法，但适用法律错误，应予改判。依照《中华人民共和国商标法》第五十二条第（一）项②、第五十三条，《中华人民共和国行政处罚法》第四条第二款，《中华人民共和国行政诉讼法》第五十四条第（四）项、第六十一条第（二）项的规定，江苏省高级人民法院于 2012 年 7 月 31 日作出二审判决：一、撤销江苏省苏州市中级人民法院（2011）苏中知行初字第 0001 号行政判决；二、变更 2010 年 6 月 11

---

① 对应 2013 年 8 月新修订的《商标法》第六十条。
② 对应 2013 年 8 月新修订的《商标法》第五十七条第（一）项。

日江苏省苏州工商行政管理局作出的苏工商案字（2010）第 00053 号行政处罚决定"1. 责令停止侵权行为，2. 罚款人民币 50 万元"为"责令停止侵权行为"。

【法官评述】

本案是江苏法院在知识产权"三合一"框架下，首例以司法判决方式对显失公正的行政处罚予以变更的知识产权行政案件。案件审理中，主要涉及三个焦点问题。

一、鼎盛公司使用涉案标识是否系商标性使用

现实生活中，确实有不少厂家将自己的商品划分为若干系列进行销售，有些系列商品的名称因具有显著性及特有性，也会被厂家申请为注册商标进行使用。如注册商标"洋河"的系列酒"梦之蓝"、"天之蓝"和"海之蓝"，除了"洋河"这一主商标外，"梦之蓝"、"天之蓝"和"海之蓝"不仅是该厂家生产的"洋河"系列酒的商品名，同时也分别是三种酒的注册商标。正因为商标和商品的特有名称存在一定的重合性，在判断商品上的标识是否属于商标性使用时，必须根据该标识的具体使用方式，看其是否具有作为商标所能实现的识别商品或服务来源之功能。本案中，根据鼎盛公司在月饼包装上的标注情况，法院认为鼎盛公司并未在其月饼包装上规范且以显著方式突出使用自己的"爱维尔"系列注册商标，而是将"乐活 LOHAS"与"I will 爱维尔"连用，融为一体，并突出"乐活 LO-HAS"。该标识起到的是商标区别商品来源的作用，因此，应当认定属于商标性使用。

二、鼎盛公司使用的涉案标识与东华公司的"乐活 LOHAS"注册商标是否构成近似

由于商标侵权行为的认定，工商行政机关在查处时与民事侵权诉讼中适用的是同一部实体法，即我国《商标法》，因此对于商标侵权判定所掌握的原则，在行政程序与民事诉讼程序中应当是统一的。《商标法》对于商标侵权行为的规定十分原则，特别是对商标近似的判定缺乏具有可操作性的标准，因此，工商行政机关在判断商标是否构成相同或近似时，应当将最高人民法院关于审理商标民事纠纷案件相关司法解释的规定作为重要的参考依据。本案中，判断鼎盛公司使用的诉争标识与东华公司"乐活

LOHAS"注册商标是否构成近似，必须引入民事纠纷案件审理中"混淆性近似"的概念。讨论中，形成两种意见：

第一种意见认为鼎盛公司使用的涉案标识与"乐活 LOHAS"注册商标不构成近似。主要理由：侵犯注册商标专用权意义上商标近似应当是混淆性近似，是否造成市场混淆是判断商标近似的重要因素之一。本案中，首先，就东华公司注册商标的显著性和市场知名度而言，由于"乐活"一词已被《中国语言生活状况报告（2006）》作为汉语新词语收录，说明该词在社会上有一定流行度。而"LOHAS"仅是"乐活"英文释义的首字母缩写，"乐活 LOHAS"作为注册商标所具有的显著性并不强。加之该注册商标并未实际使用，不存在任何市场知名度，不易使相关公众对两商标产生混淆与误认，亦不会在看到鼎盛公司使用的涉案标识时，认为与"乐活 LOHAS"注册商标的商品存在某种特定联系。其次，从鼎盛公司的主观意图来看，在"乐活 LOHAS"注册商标核准之前，鼎盛公司就进行了相应的包装设计并委托生产，主观上不存在借用或攀附东华公司注册商标声誉的故意。

第二种意见认为两商标构成近似。主要理由是：本案在认定是否构成商标侵权时，应当立足于行政机关进行查处时的市场情况。首先，"乐活 LOHAS"一词在查处当时并不是通用词汇。其次，行政机关在查处当时，该商标核准注册才一个多月。因此本案在判断是否造成混淆时，应当以行政机关作出行政处罚决定时的时间为准，为权利人预留一定的市场空间，而不是考虑进入诉讼后权利人尚未实际使用注册商标的情况。

最终，法院以第二种意见认定涉案两商标构成近似，主要认为：对于是否造成两者混淆的侵权判断，应当以行政机关查处的时间为判断基准。在没有证据证明东华公司注册"乐活 LOHAS"商标的行为存在恶意抢注的主观故意时，需要为尚未使用注册商标的商标权人预留一定的保护空间，此时关于混淆的判断，应当更多地考虑混淆的可能性，而非是否产生了实际混淆。

三、苏州工商局作出的行政处罚决定是否合法、合理

我国《商标法》对工商行政机关处理商标侵权行为，在何种情况下可以选择并处罚款并未作出明确规定。实践中，行政机关一旦认定相对人的行为构成商标侵权，且存在非法经营额，则根据《商标法实施条例》的规

定给予相对人相应数额的罚款。但实际上，行政机关在行使自由裁量权时，必须遵循《行政处罚法》第四条第二款确立的"过罚相当原则"，结合具体情况决定是否给予并处罚款。而"具体情况"并非仅指相对人存在非法经营额这一种因素，关键是看处罚相对人的主观过错程度、违法行为的情节、性质、后果及危害程度等因素。如果行政机关未考虑上述因素，导致行政处罚结果显失公正的，人民法院在之后的司法审查中有权判决变更。

本案中，苏州工商局在对鼎盛公司进行行政处罚时，责令其停止侵权行为即足以达到保护注册商标专用权以及保障消费者和相关公众利益的行政执法目的，但苏州工商局未考虑鼎盛公司主观上无过错，侵权性质、行为和情节显著轻微，尚未造成实际危害后果等因素，同时对鼎盛公司并处50 万元罚款，使行政处罚的结果与违法行为的社会危害程度之间明显不适当，应当认定属于显失公正的行政处罚。

法院在对商标行政处罚是否显失公平进行合理性审查时，应当注意区分相对人是否存在恶意、有无攀附的故意、是否重复侵权等情节。本案的行政审判可以给工商行政机关一定指引，促使其在进行商标行政处罚时，更加规范、合理地行使自由裁量权，抑制工商行政机关目前动辄出现的行政罚款的冲动。

编写人：江苏省高级人民法院知识产权审判庭　袁滔

IP

三、知识产权刑事案件

10

赵学元、赵学保侵犯著作权罪案

——阅读提示：如何界定通过"私服"手段侵犯著作权犯罪的性质？如何准确认定此类犯罪中的非法经营额？

【裁判要旨】

私自架设网络游戏服务器从事"私服"活动是目前利用互联网实施侵犯著作权犯罪的主要手段之一。本案通过司法裁判准确界定了此类犯罪的性质，同时结合能够证实汇款方汇款性质的系列证据，对被告人非法经营数额作出准确认定，有效维护了网络游戏作品权利人的著作权，规范了互联网游戏经营行为，有力打击了此类犯罪行为。

【案号】

一审：江苏省连云港市中级人民法院（2011）连知刑初字第0009号

二审：江苏省高级人民法院（2012）苏知刑终字第0003号

【案情与裁判】

公诉机关：江苏省连云港市人民检察院

被告人：赵学元

被告人：赵学保

一审审理查明

2009年2月，被告人赵学元以营利为目的，未经《热血传奇》游戏中国运营商上海盛大网络发展有限公司许可，租用他人网络服务器，私自架设"热血传奇"网络游戏服务器端，用银行卡绑定支付平台，供网络游戏玩家通过网银转帐、游戏点卡充值等方式付费。后赵学元帮其哥哥赵学保建立了私服游戏网站，2010 年 3 月赵学保在无著作权人许可的情形下，私自运营他人享有著作权的《热血传奇》网络游戏，并从中牟利。至案发，被告人赵学元运营私服游戏的非法经营数额为 592232.51 元，赵学保非法经营数额为 116544.89 元。

一审判理和结果

一审法院认为，被告人赵学元、赵学保以营利为目的，未经著作权人许可，通过网络下载《热血传奇》游戏服务端程序，利用租来的服务器，在互联网上运营他人享有著作权的《热血传奇》游戏并从中牟利，侵犯了他人著作权。被告人赵学元非法经营数额为人民币 592232.51 元，情节特别严重；被告人赵学保非法经营数额为人民币 116544.89 元，情节严重，其二人行为已构成侵犯著作权罪。被告人赵学保当庭认罪态度较好，具有悔罪表现，酌情予以从轻处罚。根据被告人赵学保的犯罪情节和悔罪表现，判处缓刑不致再危害社会，决定对被告人赵学保适用缓刑。依照《中华人民共和国刑法》第二百一十七条第（一）项、第五十二条、第五十三条、第七十二条第一、三款、第七十三条第二、三款，《最高人民法院、最高人民检察院关于办理侵犯知识产权刑事案件具体应用法律若干问题的解释》第五条、第十一条，《最高人民法院、最高人民检察院关于办理侵犯知识产权刑事案件具体应用法律若干问题的解释（二）》第三条、第四条的规定，判决：一、被告人赵学元犯侵犯著作权罪，判处有期徒刑三年六个月，并处罚金人民币四十万元。二、被告人赵学保犯侵犯著作权罪，判处有期徒刑一年六个月，缓刑二年，并处罚金人民币七万元。

上诉与答辩

上诉人赵学元的主要上诉理由：1. 原判决认定其开始做私服的时间错误，其实际是从 2010 年 9 月租用服务器后才开始做私服；2. 原判决认定其非法经营数额有误，其从 2009 年 2 月开始在网上做销售美容美发产品生意，也是通过第三方支付平台收取货款，故不能将其通过第三方支付平台收取的款项均认定为非法经营收入，其做私服的收入约有 3 万元左右；3. 其系初犯，主观恶性较轻，一审对其量刑过重；4. 其有检举他人犯罪事实的行为，请求二审法院予以查证。综上，请求二审法院在查清事实的基础上依法改判。

上诉人赵学元辩护人提出的主要辩护意见为：赵学元有检举他人犯罪的

立功表现，具有法定从轻、减轻的情节；本案没有查清赵学元做美容美发产品的金额，虽然赵学元自己认罪，但对其非法经营额未查清。

江苏省人民检察院出庭检察员发表的主要出庭意见为：1. 本案事实清楚，证据确实充分；2. 原审判决在赵学元、赵学保非法经营数额的认定上有误，赵学元的非法经营数额应为629113.7元，赵学保的非法经营数额应为79663.7元；3. 关于赵学元检举的情况，现侦查机关已经对被检举人立案侦查，并对其采取取保候审的强制措施，该案目前正在进一步审理之中。综上，一审判决认定事实清楚，证据确实充分，定性准确，审判程序合法，但对赵学元、赵学保的非法经营数额计算有误，建议二审法院予以纠正，并结合赵学元检举的查处进展情况，依法作出裁决。

二审审理查明

2009年2月，上诉人赵学元以营利为目的，未经《热血传奇》游戏中国运营商上海盛大网络发展有限公司许可，租用网络服务器，私自架设《热血传奇》网络游戏服务器端，用银行卡绑定支付平台，供网络游戏玩家通过网银转帐、游戏点卡充值等方式付费。户名为赵学保的工商银行卡（以下简称A工行卡）在2010年3月之前由上诉人赵学元使用。2009年2月至案发，上诉人赵学元运营私服游戏的非法经营额为629113.70元，分别为：

漯河一五一七三网络科技有限公司（原名称为漯河市极速网络服务有限公司，以下简称漯河一五一七三公司）游戏点卡交易结算后汇入赵学元工行卡（以下简称B工行卡）的款项为347690.03元，其中2010年2月以前（含2月）汇入赵学保A工行卡的款项为97257.53元；北京通融通信息技术有限公司（以下简称北京通融通公司）游戏交易结算后汇入赵学元B工行卡的款项为105457.59元，汇入赵学元之妻赵学凤工行卡（以下简称C工行卡）的款项为78708.55元。

2010年3月，原审被告人赵学保在其弟弟上诉人赵学元的帮助下建立了私服游戏网站，其在无著作权人许可的情况下，私自运营他人享有著作权的《热血传奇》网络游戏，并从中牟利。2010年3月至案发，原审被告人赵学保运营游戏的非法经营额为79663.70元，分别为：

2010年3月以后，漯河一五一七三公司游戏点卡交易结算后汇入赵学保A工行卡的款项为48271.58元；北京通融通公司游戏交易结算后汇入赵学保A工行卡的款项为21271.54元，汇入陈娟工行卡（以下简称D工行卡）的款项为 10120.58 元。

关于上诉人赵学元及其辩护人提出原判决认定其做私服的时间不实的上诉理由及辩护意见，经查：1. 证人漯河一五一七三公司员工郭瑞、胡珂、重庆炳卓公司副总经理左毅的证言及漯河一五一七三公司与重庆炳卓公司签订的《15173 全自动卡类交易协议》、漯河一五一七三公司出具的《说明》、工行无锡分行出具的赵学元的银行卡明细等书证证实，漯河一五一七三公司是做游戏点卡交易结算的，公司没有其他业务，漯河一五一七三公司于 2009 年 2 月向赵学元 B 工行卡汇入款项。2. 证人赵学凤、孙井浦证言证实赵学元从 2009 年春天后开始做私服游戏。3. 上诉人赵学元在取保候审强制措施之前的多次较为稳定的供述证实，其是在 2009 年 2 月开始租用他人的虚拟主机做私服。据此，原判决认定赵学元做私服的时间并无不当。

关于上诉人赵学元及其辩护人提出的原判决对其非法经营数额认定错误，原判决认定其非法经营数额中包含了其做美容美发产品获利的上诉理由和辩护意见，经查，1. 通过漯河一五一七三公司支付给上诉人赵学元的相关款项系其做游戏点卡交易结算的收入，应计入其非法经营数额。2. 上诉人赵学元和原审被告人赵学保均是青岛雷网公司的客户，天空支付平台系青岛雷网公司和盘锦久网公司合作的业务，盘锦久网公司又与北京通融通公司签有合作协议，游戏玩家把相关款项打到天空支付平台后，先后通过青岛雷网公司、盘锦久网公司转至北京通融通公司，该公司对相关款项做结算后直接汇入上诉人赵学元及其指定的银行卡账户和原审被告人赵学保及其指定的银行卡账户。上述汇入上诉人赵学元、原审被告人赵学保银行卡账户上的款项系做私服游戏的收入，无其他业务收入。因此，上诉人赵学元通过天空支付平台，从北京通融通公司所获取的相关款项系其做私服游戏所得，应计入其非法经营数额。3. 上诉人赵学元及原审被告人赵学保的供述，证实赵学保 A 工行卡在 2010 年 3 月之前由赵学元使用，因此，漯河一五一七三公司于 2010 年 2 月以前（含 2 月）汇入赵学保 A 工行卡的相关款项亦为上诉人赵学元的非法经营所得。综上，上述非法经营数额均系上诉人赵学元做私服游戏的非法所得。

关于上诉人赵学元及其辩护人提出的赵学元有检举他人犯罪事实，构成立功的上诉理由及辩护意见，经查，根据二审期间由检察员调取的灌云县公安局网络警察大队出具的《情况说明》，上诉人赵学元检举他人做私服代理的犯罪行为，经查情况属实，故其行为依法构成立功，上诉人赵学元及其辩护人的该辩解及辩护意见与事实和法律相符，予以采纳。

二审判理和结果

江苏省高级人民法院认为，上诉人赵学元、原审被告人赵学保以营利为目的，未经著作权人许可，复制发行其计算机软件作品，上诉人赵学元非法经营数额 629113.70 元，情节特别严重；原审被告人赵学保非法经营数额 79663.70 元，情节严重，其二人行为均已构成侵犯著作权罪。上诉人赵学元在二审阶段具有立功表现，依法可对其从轻处罚；原审被告人赵学保一审认罪态度较好，具有悔罪表现，可以对其适用缓刑。原审人民法院定罪准确，审判程序合法。出庭履行职务检察员关于本案事实的认定及定罪、量刑的意见与事实和法律相符，本院予以采纳。据此，依照《中华人民共和国刑事诉讼法》第一百八十九条第（一）、（三）项，《中华人民共和国刑法》第二百一十七条第（一）项、第五十二条、第五十三条、第六十八条、第七十二条、第七十三条第二、三款，《最高人民法院、最高人民检察院关于办理侵犯知识产权刑事案件具体应用法律若干问题的解释》第五条，《最高人民法院、最高人民检察院关于办理侵犯知识产权刑事案件具体应用法律若干问题的解释（二）》第三条、第四条，《最高人民法院关于处理自首和立功具体应用法律若干问题的解释》第五条之规定，判决：一、维持江苏省连云港市中级人民法院（2011）连知刑初字第 0009 号刑事判决第二项的判决部分，即：原审被告人赵学保犯侵犯著作权罪，判处有期徒刑一年六个月，缓刑二年，并处罚金人民币七万元（缓刑考验期限从判决确定之日起计算。罚金于本判决生效后十五日内缴纳）。二、撤销江苏省连云港市中级人民法院（2011）连知刑初字第 0009 号刑事判决第一项对上诉人赵学元的判决部分，即上诉人（原审被告人）赵学元犯侵犯著作权罪，判处有期徒刑三年六个月，并处罚金人民币四十万元；三、上诉人（原审被告人）赵学元犯侵犯著作权罪，判处有期徒刑三年，并处罚金人民币四十万元。（刑期从判决执行之日起计算。判决执行以前先行羁押的，羁押一日折抵刑期一日，即自 2010 年 12 月 16 日起至 2014 年 3 月 22 日止；罚金于本判决生效后十五日内缴纳）。

【法官评述】

随着互联网技术在中国的不断普及，网络游戏产业得以迅猛发展，巨大的收益吸引着各种不法牟利者，"私服"活动无疑是目前利用互联网实施侵犯他人网络游戏作品著作权犯罪的主要手段之一。该行为不仅严重侵害了网络游戏创作者及运营商的著作权，也极大地损害了游戏玩家的利益，更是对互联网游戏出版经营正常秩序的破坏。为了维护网络游戏产业的健康发展，在国务院开展的"双打"行动中，对"私服"违法犯罪活动进行了严厉打击。本案即是一起典型的"私服"犯罪案件，该案的突出价值在于：一是通过司法裁判准确界定了此类犯罪的性质，对维护网络游戏作品的著作权，规范互联网经营行为，打击犯罪具有重要促进作用；二是较为成功解决了此类案件非法经营额认定难的问题。

一、"私服"的定义及罪名认定

"私服"是私自架设服务器的一种简称，属于技术概念，而非法律概念。目前较为权威的定义来自于新闻出版总署等有关单位于 2003 年出台的《关于开展对"私服"、"外挂"专项治理的通知》中的规定："私服"、"外挂"违法行为是指未经许可或授权，破坏合法出版、他人享有著作权的互联网游戏作品的技术保护措施、修改作品数据、私自架设服务器、制作游戏充值卡（点卡），运营或挂接运营合法出版、他人享有著作权的互联网游戏作品，从而谋取利益、侵害他人利益。但该通知是对"私服"、"外挂"违法行为作出的统一定义，并未将"私服"和"外挂"进行区分。

目前在司法实践中，对于"外挂"犯罪行为的罪名认定，究竟是定非法经营罪还是侵犯著作权罪存在较大争议，但对"私服"行为的罪名认定，意见较为一致，认为"私服"行为从其本质来看，就是一种网络游戏盗版行为。"私服"的本义是指未经网络游戏作品著作权人的许可或授权，通过非法获取的网络游戏程序私自架设服务器，使用他人享有著作权的互联网游戏作品进行运营，以牟利为目的的侵犯著作权的行为。如果该行为同时符合《刑法》规定侵犯著作权罪的其他构成要件的，一般认定为侵犯著作权罪。

本案中，被告人赵学元和赵学保未经《热血传奇》游戏作品的著作权人中国运营商上海盛大网络发展有限公司的许可，通过网络下载《热血传奇》游戏服务端程序，利用租来的服务器，私自架设《热血传奇》网络游戏服务器端，在互联网上运营。采用银行卡绑定支付平台，供网络游戏玩家通过网银转帐、游戏点卡充值等方式付费，以牟取经济利益，数额较大，情节严重，故其二人行为均已构成侵犯著作权罪。

二、非法经营额的认定

"私服"犯罪案件中，私服提供者牟取利益的主要方式是通过银行卡绑定支付平台，供网络游戏玩家通过网银转帐、游戏点卡充值等方式付费。侦查机关在侦查阶段，一般是根据犯罪嫌疑人的供述，在确定其用于非法运营私服游戏所使用的银行卡后，根据银行卡中的款项明细情况，查清非法经营数额。在犯罪嫌疑人对这些非法收入供认不讳的情况下，一般可以依据银行卡中的相应收入认定非法经营额。但本案中，被告人赵学元对其银行卡中的收入情况有过翻供。其在公安机关取保候审之前的八次供述中，非常稳定地陈述其用于运营私服游戏的银行卡中的收入全部是从事私服游戏的收入，而在取保候审期间，赵学元主动到公安机关反映情况，翻供认为其银行卡中还存在网络销售美容美发产品的合法收入。赵学元的翻供，使其非法经营额的认定不能再简单地以银行卡中的所有收入来确定了。

公安机关曾试图通过"站长工具"等远程勘验手段，查清是否存在赵学元所供述的从事美容美发产品网络销售网站的情况。但由于存在域名因未缴费被停用，相关网站被关闭，导致网络中无法再搜索到该网站相关信息的情况，因此虽然勘验无法搜索到赵学元所供述网站或域名的关键词，也不能代表该网站从来不存在。正是因为网络内容的易逝性，使公安机关要查清赵学元翻供中提及的从事美容美发产品的网站情况存在较大难度，加之银行卡中钱款本身无法显示是从事何种经营获得的收入，对被告人从事私服的非法经营额的认定成为本案的难点之一。

公安机关根据相关银行卡中汇款方的信息，进一步对汇款人进行侦查，取得相应证据。最终，本案被告人非法经营额的认定是结合以下汇款方汇款性质等一系列证据，综合予以认定：一是被告人赵学元及赵学保从事私服游戏使用的银行卡明细记录，确认了汇款方的信息。二是汇款方单位与被告人从事私服使用的支付平台之间的交易协议，汇款方单位出具的证明及员工的证人证言，证实了汇入被告人及其相关人员银行卡中的款项是从事私服游戏的收入。三是被告人一直较为稳定的供述。

编写人：江苏省高级人民法院知识产权审判庭　袁滔

IP

一、侵犯专利权纠纷案件

1

柏万清诉成都难寻物品营销服务中心、上海添香实业有限公司侵害实用新型专利权纠纷案

——阅读提示：对于权利要求的撰写存在明显瑕疵，无法确定专利权的保护范围的，不应认定被诉侵权技术方案构成侵权。

【裁判要旨】

准确界定专利权的保护范围，是认定被诉侵权技术方案是否构成侵权的前提条件。如果权利要求的撰写存在明显瑕疵，结合涉案专利说明书、本领域的公知常识以及相关现有技术等，仍然不能确定权利要求中技术术语的具体含义，无法准确确定专利权的保护范围的，则无法将被诉侵权技术方案与之进行有意义的侵权对比。因此，对于保护范围明显不清楚的专利权，不应认定被诉侵权技术方案构成侵权。

【案号】

一审：四川省成都市中级人民法院（2010）成民初字第 597 号

二审：四川省高级人民法院（2011）川民终字第 391 号

申请再审：最高人民法院（2012）民申字第 1544 号

【案情与裁判】

原告（二审上诉人、再审申请人）：柏万清

被告（二审被上诉人、再审被申请人）：成都难寻物品营销服务中心（简称难寻中心）

被告（二审被上诉人）：上海添香实业有限公司（简称添香公司）

起诉与答辩

原告柏万清于 2010 年 7 月 19 日起诉至成都市中级人民法院称，其系

"防电磁污染服"实用新型专利权（以下简称涉案专利）的专利权人。柏万清在难寻中心购买了一件由添香生产、销售的添香牌防辐射服，该服装所采用技术的技术特征与涉案专利特征相同，落入其保护范围。难寻中心和添香公司的行为侵犯了柏万清的专利权。请求人民法院判令难寻中心立即停止销售被诉侵权产品；添香公司停止生产销售被诉侵权产品，并赔偿经济损失100 万元。

难寻中心辩称，添香公司生产销售防辐射服的时间早于涉案专利申请日，难寻中心系合法经销添香公司生产的防辐射服，有合法来源，其行为不构成侵权，请求驳回柏万清的诉讼请求。

添香公司辩称：1. 涉案专利中关于导磁率高而无剩磁的技术特征的表述存在矛盾，缺乏科学依据，不应当授予该项专利。2. 被诉侵权产品所用金属为不锈钢，不属于导磁率高的金属。防辐射技术是公知技术，添香公司生产销售的防辐射服系使用现有技术，不构成侵权；3. 添香公司在涉案专利申请日前已开始制造防辐射服，享有先用权；4. 柏万清的索赔金额无事实依据。请求驳回柏万清的诉讼请求。

一、二审审理查明

成都市第一中级人民法院一审查明，2006 年 12 月 20 日，国家知识产权局授予柏万清涉案专利权。涉案专利的权利要求 1 为："一种防电磁污染服，它包括上装和下装，其特征在于所述服装在面料里设有由导磁率高而无剩磁的金属细丝或者金属粉末构成的起屏蔽作用的金属网或膜。"其技术特征可以归纳为：A. 一种防电磁污染服，包括上装和下装；B. 服装的面料里设有起屏蔽作用的金属网或膜；C. 起屏蔽作用的金属网或膜由导磁率高而无剩磁的金属细丝或者金属粉末构成。该专利说明书载明，该专利的目的是提供一种成本低、保护范围宽和效果好的防电磁污染服。其特征在于所述服装在面料里设有由导磁率高而无剩磁的金属细丝或者金属粉末构成的起屏蔽保护作用的金属网或膜。所述金属细丝可用市售 5 到 8 丝的铜丝等，所述金属粉末可用如软铁粉末等。附图 1、2 表明，防护服是在不改变已有服装样式和面料功能的基础上，通过在面料里织进导电金属细丝或者以喷、涂、扩散、浸泡和印染等任一方式的加工方法将导电金属粉末与面料复合，构成带网眼的网状结构即可。

2010 年 5 月 28 日，难寻中心销售了由添香公司生产的添香牌防辐射服上装。其技术特征是：a. 一种防电磁污染服上装；b. 服装的面料里设有起屏蔽作用的金属防护网；c. 起屏蔽作用的金属防护网由不锈钢金属纤维构成。

一审判理和结果

一审法院认为，比较涉案专利与被诉侵权产品的技术特征，特征 A 与特征 a 是服装所具有的共同形态；特征 b 所采用的金属网形态，属于特征 B 表明的金属网或膜的形态的一种；特征 C 表明起屏蔽作用的金属网或膜由导磁率高而无剩磁的金属细丝或者金属粉末构成，但特征 c 表明起屏蔽作用的金属防护网所用特种金属纤维系不锈钢。根据柏万清陈述，不锈钢并不一定是导磁率高而无剩磁的金属，其中铁的含量影响导磁率的高低，故在柏万清既未明确涉案专利技术特征中导磁率高低的区分标准，亦未证明被诉侵权产品所采用的不锈钢丝的导磁率已达到上述"高"限的情况下，柏万清关于技术特征 C 与 c 相同的主张不能成立，故其所举证据材料不足以证明被诉侵权产品落入其专利保护范围。据此判决驳回柏万清的诉讼请求。

二审判理和结果

柏万清不服，向四川省高级人民法院提起上诉。

四川省高级人民法院二审认为，本案争议焦点为被诉侵权产品是否侵犯涉案专利权。根据《中华人民共和国专利法》第五十九条第一款"发明或者实用新型专利权的保护范围以其权利要求的内容为准，说明书及附图可以用于解释权利要求的内容"的规定，涉案专利的权利要求 1 对其所要保护的"防电磁污染服"所采用的金属材料进行限定时采用了含义不确定的技术术语"导磁率高"，并且在其权利要求书的其它部分以及说明书中均未对这种金属材料导磁率的具体数值范围进行限定，也未对影响导磁率的其它参数进行限定；本案审理过程中，柏万清也未提供证据证明防辐射服的"导磁率高"在本领域中有公认的确切含义。故本领域技术人员根据涉案专利权利要求书和说明书的记载无法确定权利要求 1 中的特征 C 中的高导磁率所表示的导磁率的具体数值范围。就被诉侵权产品的特征 c 而言，其仅仅是表明该防辐射服采用了不锈钢金属纤维材料，并未对不锈钢金属纤维的导磁率以及有无剩磁等情况进行说明，根据柏万清在一审庭审中的陈述，不锈钢并不一定是导磁率高而无剩磁的金属，故在柏万清既未举证证明涉案专利技术特征

"导磁率高"所表示的导磁率的具体数值范围，也未举证证明被诉侵权产品所采用的不锈钢纤维的导磁率的数值范围属于其权利要求保护范围且该不锈钢纤维具有无剩磁的特性的情况下，柏万清关于技术特征 C 与 c 相同的主张不能成立，故被诉侵权产品未落入涉案专利权利要求 1 的保护范围。添香公司生产、销售的添香牌防辐射服及难寻中心销售的上述产品均未侵犯柏万清的实用新型专利权。据此判决驳回上诉，维持原判。

申请再审理由与答辩

柏万清不服二审判决，向最高人民法院申请再审称，1. 关于涉案专利权利要求 1 中的"导磁率高"的理解问题。（1）解释权利要求时应当站在本领域普通技术人员立场上，结合工具书、教科书等公知文献以及本领域普通技术人员的通常理解进行解释。（2）导磁率又称为磁导率，是国际标准的电磁学技术术语，包括相对磁导率与绝对磁导率。相对磁导率是磁体在某种均匀介质中的磁感应强度与在真空中磁感应强度之比值。绝对磁导率是在磁介质所在的磁场中某点的磁感应强度与磁场强度的比值。绝对磁导率更为常用，所以绝对磁导率在多数教科书与技术资料中简称为磁导率。（3）导磁率是磁感应强度与磁场强度之比值，是一个与磁感应强度和磁场强度都相关联的物理量。在特定的物理条件下，导磁率是可以描述、测量出的数值，可以有大小高低之分。（4）相关证据可以证明高导磁率是本领域普通技术人员公知的技术常识。国际标准单位意义上的高导磁率是国际公认的表达。相关现有技术中，从 80 高斯/奥斯特、1850 高斯/奥斯特到 34×10^4 高斯/奥斯特或者 83.5×10^4 高斯/奥斯特，分别代表了高、很高、特高（极高）三个不同级别，但都属于高导磁率范围，都属于本领域普通技术人员理解的高导磁率范围内。（5）涉案专利权利要求 1 中限定了防电磁污染即防电磁辐射用途，"高导磁率"具有特定的具体环境，可以具体确定其含义。现实中，可以大致确定人们对各种辐射的防范需求。对于不同的防辐射环境需要，本领域普通技术人员可以先测定出辐射数值，然后选择能够实现防辐射目的的导磁率材料。涉案专利权利要求 1 中的"导磁率高"具有明确的含义。即首先确定出磁介质的导磁率数值的安全下限，然后高于这个下限数值的就是导磁率高。这个下限数值可以因使用环境不同而有所区别。2. 被诉侵权产品中的磁介质导磁率与剩磁可以通过司法鉴定查明。在当事人未申请司法鉴定的情况下，人民法院应当行使释明权。柏万清请求依法对被诉侵权产品进行司法鉴定。作为防范电磁辐射的产品应当无剩磁，或者有剩磁时进行退磁处理，直至无剩磁。因此，被诉侵权产品有明显的剩磁亦不合理。柏万清依据《中华人民共和国民事诉讼法》第一百七十九条第一款第（二）项、第（六）项[①]之规定申请再审。

申请再审时，柏万清提交了以下证据：1.《现代汉语词典》。2.《中国大百科全书（物理学）》。3.《静噪声滤波器用高导磁率铁粉 KIPMG207H 的磁性能》，发表于《上海钢研》2000 年第 1 期。4.《高磁通密度、高导磁率的新软磁材料》，发表于《电子技术》1991 年第 12 期。5.《特宽恒导磁材料的研制》，发表于《上海钢研》1979 年第 2 期。6.《用在静止气氛中冷却制造高导磁率含铜硅钢的工艺》，发表于《钢铁研究》1980 年 Z1 期。7.《特高初导磁率极低损耗非晶态合金的研制》，发表于《仪表材料》1985 年第 16 卷第 3 期。8.《人体防电磁辐射的安全限值》，发表于《环境技术》1999 年第 6 期。9.《批量生产的高磁导率铁氧体材料与磁芯》，发表于《磁性材料与器件》2002 年第 4 期。柏万清以上述证据 1、2 证明磁导率的含义，以证据 3 至 9 证明本领域中高磁导率系频繁使用的技术术语，本领域技术人员能够理解其含义。

添香公司提交意见认为，1. 被诉侵权产品没有落入涉案专利权的保护范围。2. 在涉案专利之前已有防辐射服技术，涉案专利不具有新颖性、创造性和实用性，添香公司实施现有技术，不属于侵权行为。3. 对柏万清提交的证据 1 至 7 的真实性没有异议，但认为不能支持柏万清的主张。

申请再审审查查明

最高人民法院审查查明，关于磁导率与导磁率的含义，证据 1 "磁导率"词条记载："磁体在某种均匀介质中的磁感应强度与真空中磁感应强度的比值。也叫磁导系数或导磁率。"证据 2 "磁导率"词条记载："表示物质磁性的一种磁学量，是物质中磁感应强度 B 与磁场强度 H 之比，$\mu = B/H$。但通常使用物质的相对磁导率 μ_r，其定义是物质的磁导率 μ 与真空的磁导率（或称磁常数）μ_0 之比，即 $\mu_r = \mu/\mu_0$。""B 与 H 之比的磁导率表示物质受磁（化）场 H 作用时，其中磁场相对于 H 的增加（$\mu_r > 1$）或减少（$\mu_r < 1$）的

[①] 对应 2012 年 8 月新修订的《民事诉讼法》第二百条第一款第（二）项、第（六）项。

程度"。在实际应用中,磁导率还因具体条件不同而分为多种,例如起始磁导率 μ_i、微分磁导率 μ_d、最大磁导率 μ_m、复磁导率、张量磁导率等。该词条所示的"几种磁导率定义的示意图"显示磁导率并非常数。

关于高导磁率的含义,证据 3 中使用了"高导磁率铁粉"的表述。证据 4 中记载了"高导磁率的新软磁材料"、"导磁率为硅钢片的 20 倍"等内容。证据 5 中记载了"在非常高的磁场下(如 $100O_e$)仍具有相当高的磁导率值($\geqslant 80G_s/O_e$)"等内容。证据 6 中记载了"制造高导磁率含铜硅钢的工艺"、"导磁率在 10 奥斯特时至少为 1850 高斯/奥斯特的生产工艺"等内容。证据 7 中有"极高的初始导磁率及较低的损耗,其最佳性能 $\mu_{0.01}$ 可达 $34 \times 10^4 G_s/O_e$,μ_m 达 $83.5 \times 10^4 G_s/O_e$"等内容。证据 8 中,记载了人体防电磁辐照的(较为客观的)安全限值,但其中并没有记载与导磁率有关的内容。证据 9 中记载了"高磁导率铁氧体材料与磁芯"、频率为 $1-200KHz$ 下 μ 分别为 14248 至 7549 等内容。

申请再审审查判理和结果

最高人民法院认为,准确界定专利权的保护范围,是认定被诉侵权技术方案是否构成侵权的前提条件。如果权利要求的撰写存在明显瑕疵,结合涉案专利说明书、本领域的公知常识以及相关现有技术等,仍然不能确定权利要求中技术术语的具体含义,无法准确确定专利权的保护范围的,则无法将被诉侵权技术方案与之进行有意义的侵权对比。因此,对于保护范围明显不清楚的专利权,不应认定被诉侵权技术方案构成侵权。

关于涉案专利权利要求 1 中的技术特征"导磁率高"。首先,根据柏万清提供的证据,虽然磁导率有时也被称为导磁率,但磁导率有绝对磁导率与相对磁导率之分,根据具体条件的不同还涉及起始磁导率 μ_i、最大磁导率 μ_m 等概念。不同概念的含义不同,计算方式也不尽相同。磁导率并非常数,磁场强度 H 发生变化时,即可观察到磁导率的变化。但是在涉案专利说明书中,既没有记载导磁率在涉案专利技术方案中是指相对磁导率还是绝对磁导率或者其他概念,也没有记载导磁率高的具体范围,亦没有记载包括磁场强度 H 等在内的计算导磁率的客观条件。本领域技术人员根据涉案专利说明书,难以确定涉案专利中所称的导磁率高的具体含义。其次,从柏万清提交的相关证据来看,虽能证明有些现有技术中确实采用了高磁导率、高磁导率等表述，但根据技术领域以及磁场强度的不同，所谓高导磁率的含义十分宽泛，从 $80\ G_s/O_e$ 至 $83.5\times10^4\ G_s/O_e$ 均被柏万清称为高导磁率。柏万清提供的证据并不能证明在涉案专利所属技术领域中，本领域技术人员对于高导磁率的含义或者范围有着相对统一的认识。最后，柏万清主张根据具体使用环境的不同，本领域技术人员可以确定具体的安全下限，从而确定所需的导磁率。该主张实际上是将能够实现防辐射目的的所有情形均纳入涉案专利权的保护范围，保护范围过于宽泛，亦缺乏事实和法律依据。

综上所述，根据涉案专利说明书以及柏万清提供的有关证据，本领域技术人员难以确定权利要求1中技术特征"导磁率高"的具体范围或者具体含义，不能准确确定权利要求1的保护范围，无法将被诉侵权产品与之进行有意义的侵权对比。因此，对被诉侵权产品的导磁率进行司法鉴定已无必要。二审判决认定柏万清未能举证证明被诉侵权产品落入涉案专利权的保护范围，并无不当。据此裁定驳回柏万清的再审申请。

【法官评述】

本案涉及在专利侵权诉讼中，权利要求保护范围不清楚的认定和处理，具体涉及以下三个方面。

一、权利要求保护范围清楚是侵权判断的基础

专利权保护的系抽象的技术方案，其权利范围（边界）系权利人通过撰写权利要求加以确定。对此，《专利法》（2000 年修正）第五十六条第一款规定："发明或者实用新型专利权的保护范围以其权利要求的内容为准，说明书及附图可以用于解释权利要求。"[①] 在专利侵权诉讼中，通常情况下按照以下思路进行审理：（1）解释权利要求，确定专利权保护范围；（2）根据权利要求，确定被诉侵权技术方案的相应技术特征；（3）将被诉侵权技术方案的相应技术特征与权利要求中的技术特征进行比对，确定是否构成相同侵权或者等同侵权，是否落入专利权的保护范围。因此，正确解释权利要求中各项措辞、术语乃至标点符号的含义，准确界定专利权的保护范围，是进行专利侵权判断的逻辑基础。如果权利要求的撰写存在明

---

① 《专利法》（2008 年修正）第五十九条第一款规定："发明或者实用新型专利权的保护范围以其权利要求的内容为准，说明书及附图可以用于解释权利要求的内容。"

显错误或者瑕疵，不能确定权利要求中技术术语的具体含义，无法准确确定专利权的保护范围的，则无法将被诉侵权技术方案与之进行有意义的侵权对比。

二、权利要求存在不清楚的缺陷时的处理

知识产权民事保护应当与权利的授权状况相协调，无法保护的知识产权不具有可诉性。对于因授权原因导致的权利缺陷，在民事司法中应当注意克服，尤其是不具有可保护性的权利，就不应当给予民事保护[①]。权利要求能否清楚地界定专利权人请求保护的技术方案、限定专利权的保护范围，直接关系到社会公众能否以合理的确定性了解专利权的边界，从而有意识地规避专利侵权行为。权利要求是公示专利权利范围的"路标"，也是整个专利制度的基石。

关于权利要求清楚，《专利法实施细则》（2000 年修订）第二十条第一款规定："权利要求书应当说明发明或者实用新型的技术特征，清楚、简要地表述请求保护的范围。"[②] 2008 年《专利法》第三次修改后，有关权利要求清楚的规定被纳入《专利法》第二十六条第四款，表述为："权利要求书应当以说明书为依据，清楚、简要地限定要求专利保护的范围。"权利要求是否清楚，是实用新型专利申请初步审查、发明专利申请实质审查的重要内容。权利要求不清楚，既是专利申请的驳回理由，也是专利权授权后的无效理由[③]。对于发明专利而言，由于在授权前经过了实质审查，授权后其仍然存在权利要求不清楚的缺陷的可能性相对较小。但不排除由于审查疏漏、法律适用错误等各种原因，仍然有部分发明专利在授权后存在权利要求不清楚的缺陷。对于实用新型专利申请而言，由于仅作初步审查而不进行实质审查，而且在初步审查中审查员对权利要求是否清楚仅作"明显实质性缺陷审查"，即仅在实用新型专利申请中存在明显不符合《专利法》第二十六条第四款的规定的情形的，审查员才会发出审查意见通知书[④]。因此，对于获得授权的实用新型专利，难以避免地仍然会存在权利

[①] 孔祥俊："以创新的思路保护创新"，载《人民司法》2013 年第 9 期。

[②] 对应 2010 年新修订的《专利法实施细则》第二十一条第二款。

[③] 相关规定参见《专利法实施细则》（2010 年修正）第四十四条第（二）项、第五十三条第（二）项、第六十五条第二款。

[④] 专利审查指南（2010 年）第一部分第二章 7.4 权利要求书。

要求不清楚的情形。

在侵权诉讼中，人民法院经审理认为权利要求存在不清楚的缺陷时，可以考虑采取两种处理方式。一种是通过行使释明权，引导被诉侵权人以权利要求不清楚为由，向专利复审委员会提起无效行政程序。这种方式的优点是，由于权利要求不清楚的认定具有较强的技术性，往往需要结合个案事实，基于本领域技术人员的知识水平和认知能力加以确定。而在对技术问题的认识和把握上，行政机关具有一定的优势；行政决定中的有关认定也能够帮助人民法院正确认定权利要求的保护范围。但这种方式的缺点也是明显的，一旦当事人启动无效程序，则需要中止案件审理，导致案件审理程序大大延长，严重影响审判效率。另一种可行的方式是，由人民法院在民事诉讼中对权利要求是否清楚进行认定，如果权利要求明显存在不清楚的缺陷，导致无法进行有意义的侵权对比的，则可以以侵权主张不能成立为由驳回权利人的诉讼请求。采取这种方式，优点在于能够提高审判效率，而且人民法院通过对权利要求是否清楚进行实质性判断，有助于整体上把握专利技术方案，对准确确定专利权利要求的保护范围和侵权判断均有所助益。但此种做法，有可能导致民事判决与无效行政决定的冲突；并且对于缺乏技术背景，对《专利法》第二十六条第四款的法律适用目前还不甚熟悉的法官而言，亦容易导致司法判决的不确定性。一旦滥用会对现有专利授权、无效制度带来较大冲击。因此，人民法院在民事诉讼中对于权利要求是否清楚的认定应当慎重，应在权利要求确实存在明显不清楚的缺陷，对侵权对比产生了难以克服的实质性影响的情形下，才考虑予以认定。如果权利要求仅仅是存在轻微瑕疵，对侵权判断没有实质性影响，或者通过权利要求解释能够确定权利要求的保护范围的，则不宜认定权利要求不清楚。

三、权利要求不清楚的认定

在认定权利要求是否清楚时，应当着重把握以下两个方面：

首先，正确解释权利要求是判断权利要求清楚与否的前提。权利要求是权利人以文字、符号等方式，对请求保护的新的技术方案所做的高度抽象概括。技术方案的抽象性、文字表述的不周延性和相对滞后性，以及权利要求的概括性，都难免会导致对权利要求的理解存在一定程度的不确定性，容易导致争议。因此，在专利侵权诉讼中，人民法院往往需要对权利要求进行解释,才能确定权利要求限定的保护范围是否清楚。人民法院应当根据权利要求的记载,结合本领域普通技术人员阅读说明书及附图后对权利要求的理解,确定《专利法》第五十九条第一款规定的权利要求的内容。人民法院对于权利要求,可以运用说明书及附图、权利要求书中的相关权利要求、专利审查档案进行解释。说明书对权利要求用语有特别界定的,从其特别界定。以上述方法仍不能明确权利要求含义的,可以结合工具书、教科书等公知文献以及本领域普通技术人员的通常理解进行解释。[①]对于权利要求中字面含义模糊的技术术语或者措辞,通过权利要求解释能够确定其技术含义的,不宜认定权利要求不清楚。

其次,应当以本领域普通技术人员作为权利要求清楚的判断主体。权利要求清楚与否是一个法律概念,应当在《专利法》的整体法律框架下加以理解。在我国《专利法》中,尽管仅有一处出现了本领域技术人员的概念[②],但其作为《专利法》中的基础性概念,不仅应作为"充分公开"的判断主体,在认定"权利要求清楚"、"权利要求得到说明书支持"、"创造性"或者其他专利授权确权实体法律问题时,也同样应当坚持以本领域技术人员作为判断主体[③]。

通常情形下,权利要求中如果使用了含义不确定的技术术语,例如"高"、"薄"、"强"、"弱"等,往往会导致权利要求限定的权利边界模糊,权利要求保护范围不清楚。但是,如果对于本领域技术人员而言,从形式上看含义不确定的技术术语,实质上在本技术领域中具有普遍认可的技术含义或者范围的,则应当以本技术领域中的通常理解或者普遍理解为

---

① 《最高人民法院关于审理侵犯专利权纠纷案件应用法律若干问题的解释》第二条、第三条。

② 我国《专利法》第二十六条第三款规定:"说明书应当对发明或者实用新型做出清楚、完整的说明,以所属技术领域的技术人员能够实现为准……"其中,"所属技术领域的技术人员"即指本文所称的"本领域技术人员";《欧洲专利公约》第五十六条中,也有类似的概念("an invention shall be considered as involving an inventive step if, having regard to the state of the art, it is not obvious to a person skilled in the art.");美国专利法中,使用"PHOSITA"的缩写,即"person having ordinary skill in the art"。而我国台湾地区使用"一般技艺人士"的概念。

③ 刘臻:"专利法第三十三条理解与适用中的若干法律问题思考",载《中国专利与商标》2013 年第 1 期。

准，不宜认定其导致权利要求的保护范围不清楚。例如，放大器中的"高频"，又如，无线电领域的"短波段"、"长波段"等，均在其所属技术领域中具有普遍认可的范围。对于相关事实，可以重点围绕当事人提交的技术手册、技术词典、国家或者行业标准等本领域的公知常识性证据加以认定。例如在本案中，最高人民法院综合考虑了涉案专利说明书和附图、技术词典等相关的公知常识性证据、柏万清提交的有关科技文献等证据，仍然无法认定本领域技术人员对于权利要求 1 中的"高导磁率"的含义或者范围有着相对统一的认识，故认定不能准确确定权利要求 1 的保护范围，无法将被诉侵权产品与之进行有意义的侵权对比。

编写人：最高人民法院知识产权审判庭　杜微科

2

西安秦邦电信材料有限责任公司诉无锡市隆盛电缆材料厂等侵犯专利权纠纷案

——阅读提示：专利权利要求书的用语与说明书的记载不一致时应该如何解释权利要求？

【裁判要旨】

当本领域普通技术人员对权利要求相关表述的含义可以清楚确定，且说明书又未对权利要求的术语含义作特别界定时，应当以本领域普通技术人员对权利要求自身内容的理解为准，而不应当以说明书记载的内容否定权利要求的记载；但权利要求特定用语存在明显错误，本领域普通技术人员能够根据说明书和附图的相应记载发现该错误，并能够获得唯一正确答案修正该错误的，应根据修正后的含义进行解释。

【案号】

一审：陕西省西安市中级人民法院（2006）西民四初字第 53 号

二审：陕西省高级人民法院（2008）陕民三终字第 18 号

再审：陕西省高级人民法院（2009）陕民再字第 35 号

申请再审：最高人民法院（2011）民监字第 718 号

再审：最高人民法院（2012）民提字第 3 号

【案情与裁判】

原告（二审被上诉人、再审被申请人）：西安秦邦电信材料有限责任公司（简称西安秦邦公司）

被告（二审上诉人、再审申请人）：无锡市隆盛电缆材料厂（简称无锡隆盛厂）

被告（二审上诉人、再审申请人）：上海锡盛电缆材料有限公司（简称上海锡盛公司）

被告：古河电工（西安）光通信有限公司（原西古光纤光缆有限公司，简称西古公司）

起诉与答辩

原告西安秦邦公司起诉至陕西省西安市中级人民法院称，原告拥有"平滑型金属屏蔽复合带的制作方法"发明专利。无锡隆盛厂、上海锡盛公司未经许可，使用该专利方法生产并销售侵权产品，侵犯了原告的专利权。西古公司使用无锡隆盛厂、上海锡盛公司生产并销售的侵权产品，亦构成侵权。请求判令：三被告立即停止侵权；无锡隆盛厂、上海锡盛公司销毁侵权设备、模具和侵权产品；无锡隆盛厂、上海锡盛公司连带赔偿原告经济损失1000万元，后变更为3000万元；西古公司在使用侵权产品盈利范围内赔偿原告经济损失；三被告承担本案全部诉讼费用。

无锡隆盛厂辩称，答辩人并未使用原告的专利技术从事生产、经营活动，原告也无证据证明答辩人生产的产品与原告专利产品相同；原告的专利缺乏创造性，应当中止诉讼；原告的诉讼请求没有事实依据，不能成立。上海锡盛公司辩称，答辩人仅销售无锡隆盛厂生产的产品。其余理由与无锡隆盛厂的答辩理由相同。西古公司辩称，答辩人购买产品仅仅是使用，并提供了产品的合法来源，请求驳回原告对本答辩人的诉讼请求。

法院审理查明

西安秦邦公司是"平滑型金属屏蔽复合带的制作方法"发明专利（以下简称本案专利）权利人。该专利权利要求1为：一种平滑型金属屏蔽复合带的制作方法，是将塑料薄膜与金属箔带表面进行凹凸不平的非纯平面粘合，使复合带与光缆、电缆纵包模具或定径模具之间形成点接触，以减小摩擦力，避免电缆起包、漏气、脱膜及断带。工艺过程与条件如下：（1）将原金属箔带开卷伸直，进行前预热处理；（2）将塑料熔体或塑料膜通过温度为35℃－80℃，直径为φ240mm－φ600mm，目数为40目－85目的粗糙面细目钢辊，与直径为φ160mm－φ480mm传动金属箔带的挤压辊，相互转动，使塑料膜的表面形成0.04－0.09mm厚的凹凸不平粗糙面，热挤压在金属箔带一面的基材上；（3）将带有塑料膜的金属箔经过导辊、弹簧辊传动，再经倒向辊翻面，对另一面金属箔进行塑料膜热挤压复合处理；（4）将复合处理后的复合带通过运行时线速度为 10m/min – 80m/min 的导辊进入加热烘箱，进行后加热处理，加热温度为 250℃ – 400℃；（5）根据传动线速度，调整加热温度，使复合带的粗糙度在后工序处理过程中破坏最小，并使拉毛的塑料表面形成新的带有圆弧过渡的凹凸不平粗糙面，以加强复合带的剥离强度和塑料塑化的定型；（6）对后加热处理过的复合带进行冷却处理并收卷。无锡隆盛厂生产了本案被诉侵权产品光缆用铝塑复合带。无锡隆盛厂生产的产品均由上海锡盛公司负责销售，二者为关联单位。

无锡隆盛厂的产品生产方法为："将塑料熔体或塑料膜通过温度为 ＊℃（无锡隆盛厂认可特征相同），直径为 φ320mm 的粗糙面细目钢辊，与周长为 590mm（直径约等于 188mm）的传动金属箔带的挤压辊，相互转动，使塑料膜的表面形成 Ral. 8μm – 5μm（实测 Ra2. 47μm – 3. 53μm）凹凸不平粗糙面，塑料膜的厚度为 0.055mm – 0.070mm，热挤压在金属箔带一面的基材上。"一审法院委托陕西西安知识产权司法鉴定中心（以下简称鉴定中心）对无锡隆盛厂生产的铝塑复合带产品工艺方法与权利要求书记载的必要技术特征是否相同或等同进行鉴定。2007 年 3 月 13 日，鉴定中心作出鉴定意见认为：无锡隆盛厂的生产方法中有三个步骤与权利要求 1 的步骤相同，另有三个步骤与权利要求 1 的相应步骤等同。鉴定意见还认为，权利要求 1 记载的"使塑料膜的表面形成 0.04 – 0.09mm 厚的凹凸不平粗糙面"，应当解释为塑料膜本身的厚度，因为专利说明书实施例记载的 0.04mm、0.09mm 和 0.07mm 均为塑料膜的厚度，与被诉侵权人使用的塑料膜表面粗糙度 Ral. 8μm – 5μm 没有可比性，无锡隆盛厂使用的塑料膜的厚度为 0.055mm – 0.070mm，二者等同。

一审判理和结果

一审法院认为，"使塑料膜表面形成 0.04 – 0.09mm 厚的凹凸不平粗糙面"与"无锡隆盛厂此阶段样品的塑料膜表面形成的 Ra2. 47μm 的凹凸不平粗糙面"是两个不同的概念，应对比的特征是塑料膜的厚度。无锡隆盛厂使用的塑料膜的厚度为 0.055mm – 0.070mm，落入 0.04 – 0.09mm 的范围。根据鉴定意见，被诉侵权方法落入本案专利保护范围。遂判决如下：一、本判决生效后无锡隆盛厂、上海锡盛公司立即停止侵犯西安秦邦公司

ZL01106788.8 "平滑型金属屏蔽复合带的制作方法"发明专利权的行为；二、本判决生效后无锡隆盛厂立即销毁侵权产品和用于生产侵权产品的设备（含生产模具）；三、本判决生效后十日内无锡隆盛厂、上海锡盛公司赔偿原告西安秦邦公司损失3000万元。无锡隆盛厂、上海锡盛公司对以上损失赔偿承担连带责任；四、本判决生效后西古公司立即停止使用无锡隆盛厂、上海锡盛公司生产、销售的侵犯西安秦邦公司 ZL01106788.8 "平滑型金属屏蔽复合带的制作方法"专利权的产品；五、驳回西安秦邦公司其余诉讼请求。

上诉与答辩

无锡隆盛厂和上海锡盛公司均不服，提出上诉，其理由之一为：鉴定报告在涉及到相关客观事实的认识和技术事实的比对上，存在明显的错误。本案专利权利要求1的步骤（2）中，有"使塑料膜的表面形成0.04-0.09mm厚的凹凸不平粗糙面"的工艺技术特征，而无锡隆盛厂此工艺阶段中，并没有任何涉及有关塑料膜表面"粗糙面厚度"的工艺技术特征内容。在缺少必要工艺技术参数特征的情况下，鉴定报告认定无锡隆盛厂的工艺步骤与专利要求1的步骤（2）的技术特征相等同是错误的。

西安秦邦公司答辩称，一审判决事实清楚，证据确凿。上诉人要求重新鉴定的理由不能成立，应当依法驳回。

二审判理和结果

二审法院认为，专利权利要求1的技术特征（2）是"将塑料熔体或塑料膜通过温度为35℃-80℃，直径为φ240mm-φ600mm，目数为40目-85目的粗糙面细目钢辊，与直径为φ160mm-φ480mm传动金属箔带的挤压辊，相互转动，使塑料膜的表面形成0.04-0.09mm厚的凹凸不平粗糙面，热挤压在金属箔带一面的基材上"。鉴定专家检测无锡隆盛厂也是采取这一生产方法生产铝塑复合带，除了细目钢辊的粗糙度不能确定外，无锡隆盛厂的细目钢辊直径和温度、传动金属箔带的挤压辊直径、塑料膜的厚度均在权利要求数值范围以内。对于细目钢辊的粗糙度无锡隆盛厂承认其细目钢辊是喷砂形成，而该细目钢辊形成塑料膜的粗糙度表明其目数为75-100目，落入了专利权利要求记载的40-85目的范围内。遂判决维持一审判决主文第一、三、四、五项；二、变更一审判决主文第二项为：本判决生效后无锡隆盛厂立即销毁侵权产品。

申请再审判理和结果

无锡隆盛厂和上海锡盛公司不服二审判决，向最高人民法院申请再审。2009 年 3 月 9 日，最高人民法院作出（2008）民申字第 1395 号民事裁定，指令陕西省高级人民法院再审本案。陕西省高级人民法院再审维持原审判决。无锡隆盛厂、上海锡盛公司不服再审判决，再次向最高人民法院申请再审。最高人民法院于 2011 年 8 月 24 日作出（2011）民监字第 718 号民事裁定，决定提审本案。

再审判理和结果

最高人民法院提审认为：首先，权利要求 1 记载的"使塑料膜的表面形成 0.04 – 0.09mm 厚的凹凸不平粗糙面"的含义。第一，权利要求 1 记载的"使塑料膜的表面形成 0.04 – 0.09mm 厚的凹凸不平粗糙面"的用语与本领域通常用语的关系。专利撰写人是专利申请文件用语的创作者，其可以选择本领域的通常用语，也可以根据实际需要创造自己认为合适的用语。确定专利撰写人创造的用语的含义，应该从本领域技术人员的角度出发，结合本领域技术人员在阅读权利要求书、说明书和附图后所理解的特殊含义进行，而不能简单地以该术语不属于本领域的通常用语为由，以本领域的通常用语取代专利撰写人的特殊用语。就"使塑料膜的表面形成 0.04 – 0.09mm 厚的凹凸不平粗糙面"这一用语而言，本领域普通技术人员可以理解，其含义是指塑料膜表面凹凸不平粗糙面的厚度为 0.04 – 0.09mm，即塑料膜表面形成 0.04 – 0.09mm（40μm – 90μm）的凹凸落差表面结构，这一含义是清楚、确定的。第二，权利要求 1 记载的"使塑料膜的表面形成 0.04 – 0.09mm 厚的凹凸不平粗糙面"与本案专利说明书实施例中提及的塑料膜的厚度的关系。解释权利要求的术语的含义时，根据文本解释的一般原则，应当认为权利要求中使用的同一术语具有相同含义，不同术语具有不同含义；权利要求中的每一个术语均有其独立意义，不得解释为多余。其理由在于，专利申请的撰写者既然有意选择不同术语或者有意使用该术语，则表示该术语应有其不同含义或者独立含义，除非说明书对此给出了明确的、相反的指示。当然，上述原则只是一种指引而非一成不变的规则。在解释权利要求用语的含义时，需要结合本领域技术人员在阅读权利要求书、说明书和附图后的通常理解进行。本案专利权利要求 1 使用了"使塑料膜的表面形成 0.04 – 0.09mm 厚的凹凸不平粗糙面"的表述，这一表述强调了塑料膜表面凹凸落差的表面结构及其数值，与实施例中所使用的塑料薄膜厚度的说法存在区别，在说明书未给出进一步的解释和说明的情况下，应该认为两者具有不同含义。此外，如果把"使塑料膜的表面形成 0.04－0.09mm 厚的凹凸不平粗糙面"的表述解释为塑料膜的厚度为 0.04－0.09mm，则该表述中的"表面"以及"粗糙面"等用语实际上成为多余。第三，专利权人在专利无效宣告过程中的陈述。西安秦邦公司在本案专利的无效宣告程序陈述意见时明确否定本案专利说明书中有"塑料膜保持在 0.04－0.09mm 的厚度"的记载，表明在无效宣告程序中其自身也不认为"使塑料膜的表面形成 0.04－0.09mm 厚的凹凸不平粗糙面"是指"塑料膜厚度为 0.04－0.09mm"。第四，权利要求解释的界限。权利要求内容含义的确定，应当根据权利要求的记载，结合本领域普通技术人员阅读说明书及附图后对权利要求的理解进行。但是，当本领域普通技术人员对权利要求相关表述的含义可以清楚确定，且说明书又未对权利要求的术语含义作特别界定时，应当以本领域普通技术人员对权利要求自身内容的理解为准，而不应当以说明书记载的内容否定权利要求的记载，从而达到实质修改权利要求的结果，并使得专利侵权诉讼程序对权利要求的解释成为专利权人额外获得的修改权利要求的机会。否则，权利要求对专利保护范围的公示和划界作用就会受到损害，专利权人因此不当获得了权利要求本不应该涵盖的保护范围。当然，如果本领域普通技术人员阅读说明书及附图后可以立即获知，权利要求特定用语的表述存在明显错误，并能够根据说明书和附图的相应记载明确、直接、毫无疑义地修正权利要求的该特定用语的含义的，可以根据说明书或附图修正权利要求用语的明显错误。但是，本案中的权利要求用语并不属于明显错误的情形。本案专利权利要求 1 的"使塑料膜的表面形成 0.04－0.09mm 厚的凹凸不平粗糙面"的含义是清楚、完整的，是指塑料膜表面凹凸不平粗糙面的厚度为 0.04－0.09mm。本案专利说明书对于技术方案的描述过于简单，既未对"使塑料膜的表面形成 0.04－0.09mm 厚的凹凸不平粗糙面"进行详细说明，又未对塑料薄膜的厚度进行限定和解释，而仅仅在实施例中提及了塑料薄膜的厚度分别为 0.04mm、0.09mm 和 0.07mm。在此情况下，本领域普通技术人员在阅读权利要求书和说明书之后，难以形成权利要求 1 中"使塑料膜的表面形成 0.04－0.09mm 厚的凹凸不平粗糙面"这一表述实际上应为"塑料膜厚度为 0.04－0.09mm"的认识。因此，本案专利权利要求 1 中"使塑料膜的表面形成 0.04－0.09mm 厚的凹凸不平粗糙面",其含义是指塑料膜表面形成 0.04 - 0.09mm（40μm - 90μm）的凹凸落差表面结构,而非塑料膜的厚度为 0.04 - 0.09mm。

其次,被诉侵权方法中塑料膜表面粗糙度与权利要求 1 记载的"使塑料膜的表面形成 0.04 - 0.09mm 厚的凹凸不平粗糙面"是否构成相同或者等同。表面粗糙度是指加工表面上具有的较小间距和峰谷所组成的微观几何形状特性,通常以取样长度内轮廓峰高绝对值的平均值与轮廓峰谷绝对值的平均值之和表示。申请再审人使用的塑料膜表面粗糙度为 Ra1.8μm - 5μm（实测为 Ra2.47μm - 3.53μm）。这与本案专利权利要求 1 所要求的塑料膜表面形成 0.04 - 0.09mm（40μm - 90μm）的凹凸落差表面结构相差很大,与本案专利方法既不相同,也难以认定等同。

综上,鉴定意见对"使塑料膜的表面形成 0.04 - 0.09mm 厚的凹凸不平粗糙面"这一技术特征的解释错误,在此基础上认为被诉侵权方法的相应技术特征与该项技术特征构成相同或等同,结论有误。原一、二审及再审判决对此予以采信,结论亦有误。遂判决撤销原审判决判决;驳回西安秦邦电信材料有限责任公司的诉讼请求。

【法官评述】

本案判决的意义在于探索和明确了在专利权利要求书的用语与说明书的记载不一致时应该如何解释权利要求的问题。对此,在不对专利权的效力作直接评价的框架内,本案判决区分了两种情况作出处理:一种情况是权利要求的用语虽与说明书的记载不一致,但是本领域普通技术人员对权利要求相关表述的含义可以清楚确定,且说明书又未对权利要求的术语含义作特别界定。此时应当以本领域普通技术人员对权利要求自身内容的理解为准,不允许以说明书记载的内容否定权利要求的记载,从而达到实质修改权利要求的结果。这一处理方法的根本依据在于保证权利要求对专利保护范围的公示和划界作用。另一种情况是权利要求的用语虽与说明书的记载不一致,而本领域普通技术人员结合根据说明书和附图的相应记载能够很容易地发现权利要求的用语存在明显错误,并能够获得唯一正确答案修正该错误。此时应当根据修正后的含义进行解释,而不应该将错就错。因为此时尽管专利权利要求存在错误,但是其保护范围是清楚的。当然,如何掌握明显错误的判断标准至关重要。通常应该从本领域普通技术人员发现错误比较容易、解决错误（发现唯一答案）也比较容易两个方面判断，缺一不可。这种处理方式既较好地平衡了专利权人和社会公众的利益，又促进了纠纷的实质性解决。

实际上，当专利权利要求书的用语与说明书的记载不一致时，除存在明显错误因而可以弥补的情形外，此时权利要求可能存在不清楚或者得不到说明书支持的问题，即该权利要求可能存在无效理由。对于可能存在明显无效理由的专利权，在当事人出于各种原因未启动无效宣告程序的情况下，人民法院应该如何处理，一直是困扰司法实践的问题之一。最高人民法院在调查研究类似案件的基础上，提出了"对于明显具有无效或者可撤销理由的知识产权，权利人指控他人侵权的，可以尝试根据具体案情直接裁决不予支持，无需等待行政程序的结果，并注意及时总结经验"的司法政策。① 这一司法政策将可以裁决不予支持的对象限定在"具有明显无效理由"的专利权上，其基本考虑是合理维持民事侵权判定与专利无效程序的功能划分，防止民事侵权程序演变成无效审判，同时在个案中对侵权判断得出公平的结论。当然，如何把握"明显"的无效理由，基于何种理由裁定不予支持，尚需在具体个案中继续探索。

编写人：最高人民法院知识产权审判庭　朱理

---

① 《解放思想 真抓实干 在新的历史起点上开创知识产权审判工作新局面》，奚晓明副院长在第三次全国法院知识产权审判工作会议上的讲话。

IP

二、著作权权属、侵权纠纷案件

3

腾讯科技（深圳）有限公司、深圳市腾讯计算机系统有限公司诉上海虹连网络科技有限公司、上海我要网络发展有限公司等侵害计算机软件著作权及不正当竞争纠纷案

——阅读提示：未经许可改变他人软件运行中的指令语句及软件功能，是否侵犯计算机软件著作权人的修改权？

【裁判要旨】

通过对《计算机软件保护条例》等法律法规中软件修改权、目标程序等概念作出扩大解释，未经许可改变他人软件在动态运行过程中的运行环境和软件功能的行为应视为侵犯计算机软件修改权的行为。

【案号】

一审：武汉市江岸区人民法院（2009）岸知民初字第4号

二审：湖北省武汉市中级人民法院（2011）武知终字第6号

【案情与裁判】

原告（二审被上诉人）：腾讯科技（深圳）有限公司（简称腾讯科技公司）

原告（二审被上诉人）：深圳市腾讯计算机系统有限公司（简称腾讯计算机公司）

被告（二审上诉人）：上海虹连网络科技有限公司（简称虹连公司）

被告（二审上诉人）：上海我要网络发展有限公司（简称我要公司）

被告：许子华

起诉与答辩

原告腾讯科技公司、原告腾讯计算机公司 2009 年 8 月 12 日共同诉称：腾讯科技公司对其开发的腾讯 QQ 即时通讯软件（简称腾讯 QQ 软件）享有著作权。腾讯科技公司授权腾讯计算机公司在其拥有的 www. QQ. com 网站提供软件官方下载等经营活动。虹连公司制作、发布的彩虹显 IP 软件（简称彩虹显软件）在运行过程中修改腾讯 QQ 软件客户端，侵犯了两原告对腾讯 QQ 软件客户端的著作权项下的修改权。彩虹显软件为实现显示 QQ 好友 IP 地址、地理位置、显示隐身好友等功能，引诱用户下载、安装，部分彩虹显软件版本还捆绑了商业插件或进行商业推广。虹连公司上述"搭便车"行为，属于不正当竞争。我要公司为彩虹显软件的开发提供技术支持并参与软件开发，为虹连公司所有的 www. caihongQQ. com 网站运营及彩虹显软件下载提供服务器，其行为为虹连公司侵权行为提供帮助，系共同侵权行为。许子华在其开办的网站 www. itmop. com 上为彩虹显软件设立下载链接，造成侵权结果的扩大。两原告请求判令：一、被告许子华立即停止侵犯两原告著作权的行为，停止在 www. itmop. com 上提供彩虹显 IP 功能软件的下载服务；二、被告虹连公司和我要公司立即停止侵犯两原告计算机软件著作权的行为及不正当竞争行为；三、被告虹连公司和我要公司在全国性媒体上对两原告公开道歉；四、被告虹连公司赔偿两原告经济损失人民币 500000 元；五、被告我要公司与虹连公司承担连带赔偿责任；六、由三被告承担本案的全部诉讼费用。

被告虹连公司、被告我要公司共同辩称：一、彩虹显软件修改的只是腾讯 QQ 软件运行时载入用户电脑内存中的数据，并非腾讯 QQ 软件的源程序和目标程序，上述行为不属于著作权法意义上的修改，未侵犯腾讯 QQ 软件的修改权。二、腾讯 QQ 软件与彩虹显软件不具有竞争关系，并且彩虹显软件的功能特点决定了彩虹显软件不可能分流腾讯 QQ 软件客户，因此两被告的行为不构成不正当竞争。

被告许子华辩称：其开办的 www. itmop. com 网站上提供的彩虹显软件下载服务，系免费下载，没有商业利益。且因彩虹显软件被控侵权，其已经停止提供该软件的下载服务。

法院审理查明

腾讯科技公司、腾讯计算机公司均系从事计算机软硬件技术开发、销售及计算机技术、信息服务的公司。腾讯科技公司开发了腾讯 QQ 软件。2005年，腾讯科技公司将腾讯 QQ 软件及升级版本授权腾讯计算机公司在腾讯网（www. QQ. com）进行运营。腾讯 QQ 软件包括服务器软件和客户端软件。QQ 用户在使用软件过程中，可以选择正常上线状态或隐身登录状态。2008年初，虹连公司开发了彩虹显软件，并在 www. caihongQQ. com 网站提供官方免费下载。我要公司参与了彩虹显软件后期开发和运营，并为该软件的官方网站提供服务器等支持。彩虹显软件系针对腾讯 QQ 软件开发，主要功能在于改变腾讯 QQ 软件用户上线时具有的隐身功能（简称显隐身）和显示在线好友的 IP 地址及地理位置（简称显 IP）。《中南财经政法大学知识产权司法鉴定所司法鉴定意见书》及相关分析意见表明：彩虹显软件将与微软msimg32. dll 文件同名的文件置于腾讯 QQ 软件安装目录下，利用腾讯 QQ 软件运行需要加载微软 msimg32. dll 文件的机理使同名文件进入 QQ 进程空间，从而加载彩虹显软件的主功能文件 CaiHong. dll，完成"导入"。运行中，CaiHong. dll 修改了腾讯 QQ 软件的 19 处目标程序指令。在前述基础上，彩虹显软件实现了"显 IP"、"显隐身"功能，从而破坏了腾讯 QQ 软件的隐 IP、隐身功能。彩虹显软件在腾讯 QQ 软件界面设置中勾选"去除 QQ 侧边全部按钮"等设置选项，可使用户选择关闭腾讯 QQ 软件原有的侧边按钮等显示功能。虹连公司、我要公司的经营范围均包括计算机软硬件的开发、制作、销售。继开发、运营彩虹显软件后，我要公司于 2009 年初在 www. caihong. com 网站上对外发布了即时通讯交友软件"彩虹 2009"。

一审判理和结果

武汉市江岸区人民法院经审理认为：腾讯科技公司享有腾讯 QQ 软件及各升级版本的著作权。腾讯计算机公司享有该软件作品的使用权及该软件产品的经营权。虹连公司和我要公司开发的彩虹显软件利用腾讯 QQ 软件运行时需调用微软 msimg32. dll 的运行机理使其错误调用同名但内容不同的文件，致腾讯 QQ 软件 19 处目标程序发生改变，其行为侵犯了腾讯科技公司享有的修改权。原、被告双方属同类或同业经营者，本案所涉腾讯 QQ 软件和彩虹显软件的实用性功能使双方当事人形成了特定的、具体的市场竞争关系。虹连公司和我要公司不当利用两原告已经取得的市场成果，损害两原告和腾讯 QQ 软件用户的利益，构成不正当竞争。许子华在其开办的个人网站上为该侵权软件提供下载服务，属于帮助虹连公司和我要公司实施侵犯著作权的共同侵权行为。

武汉市江岸区人民法院依照《中华人民共和国民事诉讼法》第一百二十八条①、《中华人民共和国著作权法》（2001 年修正版）第四十八条、第五十八条、《中华人民共和国计算机软件保护条例》第二条、第八条第（三）项、第二十三条第（五）项、《中华人民共和国反不正当竞争法》第二条、第二十条的规定，判决：一、许子华立即停止提供彩虹显 IP 软件下载的侵权行为。二、虹连公司、我要公司立即停止使用彩虹显 IP 软件的侵权行为。三、判决生效之日起三十日内，虹连公司、我要公司在全国性报刊上对彩虹显 IP 软件侵犯腾讯 QQ 软件著作权的行为公开道歉。四、判决生效之日起十五日内，虹连公司、我要公司共同赔偿腾讯科技公司因著作权被侵犯所受经济损失及为制止侵权所付合理费用合计人民币 300000 元。五、虹连公司、我要公司立即停止利用彩虹显 IP 软件对腾讯科技公司、腾讯计算机公司实施的不正当竞争行为。六、判决生效之日起十五日内，虹连公司、我要公司共同赔偿腾讯科技公司、腾讯计算机公司因不正当竞争行为所受经济损失及为调查所付合理费用合计人民币 200000 元。七、驳回腾讯科技公司、腾讯计算机公司的其他诉讼请求。案件受理费人民币 8800 元，由虹连公司、我要公司共同负担。鉴定费人民币 22000 元，由虹连公司、我要公司各负担 11000 元。

二审判理和结果

湖北省武汉市中级人民法院经审理认为：计算机软件的功能通过计算机程序的运行实现，功能的改变是计算机程序改变的外在表现形式。虹连公司和我要公司共同开发的彩虹显软件利用腾讯 QQ 软件运行时需调用微软 msimg32. dll 文件（4.5K）的运行机理，将彩虹显软件下的文件以同名命之并置于腾讯 QQ 软件安装目录下。在腾讯 QQ 软件需要调用微软 msimg32. dll 文件（4.5K）时，使其错误调用彩虹显软件安插的同名但内容不同的 msimg32. dll 文件（44K）。当 msimg32. dll（44K）文件进入 QQ 地址空间后，

---

① 对应 2012 年 8 月新修订的《民事诉讼法》第一百四十二条。

导入彩虹显软件主功能文件 CaiHong. dll，被导入的 CaiHong. dll 在 QQ 进程中删除 QQ 部分指令语句，补充彩虹软件的指令语句，改变腾讯 QQ 软件目标程序固有流程、结构、顺序、组织、原有函数的应用等，致腾讯 QQ 软件 19 处目标程序发生改变。彩虹显软件所改变的，正是腾讯 QQ 软件目标程序中必备的相关代码、指令及其顺序。由于彩虹显软件修改了腾讯 QQ 软件目标程序，导致腾讯 QQ 软件的部分功能缺失或发生变化。因此，虹连公司和我要公司针对腾讯 QQ 软件开发彩虹显软件的行为，依照《计算机软件保护条例》第八条第一款第（三）项的规定，系对腾讯 QQ 软件目标程序的修改，侵犯了著作权人腾讯科技公司对软件作品的修改权。两上诉人上诉称彩虹显软件仅修改腾讯 QQ 软件运行时载入内存中的数据而未修改存储在计算机硬盘上腾讯 QQ 软件的目标程序的意见，既与《计算机软件保护条例》的规定不符，也与软件目标程序的功能原理及运行机理不符。

虹连公司、我要公司与腾讯科技公司、腾讯计算机公司属同行业经营者。彩虹显软件依附腾讯 QQ 软件运行并改变其功能的特性，使双方形成了特定的市场竞争关系。腾讯 QQ 软件已经拥有庞大的用户群和市场占有率。虹连公司和我要公司开发的彩虹显软件依附于腾讯 QQ 软件运行，分享了腾讯科技公司、腾讯计算机公司的用户资源。彩虹显软件改变了腾讯 QQ 软件的隐 IP、隐身功能，可能导致该部分客户弃用腾讯 QQ 软件。因此，虹连公司、我要公司的行为违反了诚实信用原则，对腾讯科技公司、腾讯计算机公司构成不正当竞争。

湖北省武汉市中级人民法院根据《中华人民共和国民事诉讼法》第一百五十三条第一款第（一）项①的规定，判决：驳回上诉，维持原判。二审案件受理费人民币 17600 元，由虹连公司和我要公司各自负担 8800 元。

【法官评述】

专利法律保护的对象是技术方案，关注的是技术功能的实现。著作权法律保护的对象则是文学、艺术、科学作品的表达，关注的是作品的具体表达。两者在大多数情况下是泾渭分明的。但是，对于计算机软件这类特殊的知识产权客体而言，专利法律和著作权法律同时向其提供了法律保护

---

① 对应 2012 年 8 月新修订的《民事诉讼法》第一百七十条第一款第（一）项。

的空间。由于软件以作品的方式受到著作权法律保护比以技术方案的方式获得专利授权容易得多，因此绝大多数软件著作权人选择用著作权法律来保护其软件作品的权利。然而现行专利法律和著作权法律之间也留下了权利保护的空隙，突出表现为：针对不修改软件源程序，而仅通过干扰、改变该软件在动态运行过程中或其所处的网络环境中的运行环境和软件原有功能的行为，如果不对《著作权法》、《计算机软件保护条例》等法律、法规中关于修改权、目标程序等基础概念作出扩大解释，则会出现适用法律上的困难，侵权人也可充分利用上述法律间的空隙，在侵害软件著作权诉讼中以"软件功能的改变不属于作品的表达，因此不受著作权法保护"为由逃避法律责任。如此一来，势必会助长实践中形形色色的寄生软件、外挂程序对合法软件作品的袭扰。

在审理侵害软件著作权案件的传统司法实践中，人民法院一般遵循甚至绝对依赖对比权利软件和被控侵权软件之间的源程序，并以此作为判断是否存在侵权行为的事实根据。然而，随着信息技术的发展，对于如本案中的腾讯 QQ 软件这类主要通过网络方式传播的软件，侵害软件修改权的司法认定不应仅局限于传统上对计算机程序或有关文档的比对，还应考虑到软件与互联网等网络环境的互动关系以及信息技术的发展导致计算机软件侵权纠纷呈现的新趋势。在法律适用上，本案未将《计算机软件保护条例》第八条中关于"修改权"的概念仅理解为对源程序或目标程序静态的修改，而是综合考虑了修改的具体行为、手段与修改后的技术效果、功能等因素，将本案中的被控侵权行为纳入软件著作权人修改权的调整范围。本案在法律适用方法上体现了创新性，为法院审理同类案件提供了有益借鉴。

编写人：湖北省武汉市中级人民法院知识产权和

国际贸易纠纷审判庭　李培民

4

中国体育报业总社诉北京图书大厦有限责任公司、广东音像出版社有限公司、广东豪盛文化传播有限公司著作权权属、侵权纠纷案

——阅读提示：广播体操等具有功能性的肢体动作是不是著作权法意义上的作品？

【裁判要旨】

广播体操等具有功能性的肢体动作不是文学、艺术和科学领域内的智力成果，本质上属于思想而非表达，不具备作为作品的法定条件。而且，其不属于任何一种法定作品形式，不是著作权法意义上的作品。

【案号】

一审：北京市西城区人民法院（2012）西民初字第 14070 号

【案情与裁判】

原告：中国体育报业总社
被告：北京图书大厦有限责任公司（简称图书大厦）
被告：广东音像出版社有限公司（简称广东音像公司）
被告：广东豪盛文化传播有限公司（简称豪盛文化公司）

起诉与答辩

原告中国体育报业总社诉称：国家体育总局创编了中华人民共和国第九套广播体操（简称第九套广播体操）。2011 年 6 月 27 日，中国体育报业总社与国家体育总局群体司签订了第九套广播体操出版合同，独家获得了第九套广播体操的复制、出版、发行等权利。合同签订后，原告立即投入人力、财

力出版发行了第九套广播体操图书、挂图、CD、VCD、DVD 等产品投放市场，取得了很好的社会和经济效益。2012 年 3 月，原告在被告图书大厦处购得由被告广东音像公司出版、被告豪盛文化公司总经销的涉案第九套广播体操侵权作品，该作品除音乐、动作、播音侵权外，不科学的动作设计还严重误导使用者。原告认为，被告的行为侵犯了原告对于第九套广播体操动作设计编排、伴奏音乐、口令以及相关音像制品所享有的专有复制、发行权，故于 2012 年 6 月 11 日诉至法院，请求判令：1. 三被告停止侵害，被告广东音像公司、被告豪盛文化公司在《人民法院报》刊登声明，消除影响；2. 三被告赔偿原告经济损失 490000 元；3. 三被告承担原告为打击侵权行为而支出的公证费、调查费、律师费、交通费、住宿费等合理开支共计 17585 元。

被告广东音像公司、被告豪盛文化公司共同辩称：广播体操不属于著作权法保护的作品范畴，且被告使用伴奏音乐属于法定许可情形，不构成侵权，请求法院驳回原告的全部诉讼请求。

被告图书大厦辩称：被告销售的涉案出版物有正规合法的进货渠道，系正规出版物。被告也进行了严格的审查，故不应承担连带赔偿责任。

一审审理查明

国家体育总局组织创编了"中华人民共和国第九套广播体操"，并在全国推广。2011 年 6 月 27 日，群众体育司（甲方）代表国家体育总局与中国体育报业总社（乙方）签订《第九套广播体操出版合同》，双方约定：甲乙双方就《中华人民共和国第九套广播体操》系列产品的出版达成如下协议：第一条 甲方保证拥有上述作品并有权签订本协议。第二条 甲方是第九套广播体操系列产品的著作权人。甲方将第九套广播体操系列产品复制、出版、发行和网络信息传播权独家授予了中国体育报业总社（人民体育出版社）。乙方独家拥有上述作品的复制、出版、发行和网络信息传播等专有权利。第三条 甲方授权乙方对未经授权的复制、发行、网络传播等非法行为依法进行追究。

2011 年 8 月，经国家体育总局审定批准，《第九套广播体操图解手册DVD CD》（以下称授权出版物）由人民体育出版社于 2011 年 8 月出版，全套出版物定价 70 元，包括 DVD、CD 各一张，《第九套广播体操手册》一本，彩图一张。其中 DVD 的主要内容为第九套广播体操的演示教学片，包括动作演示、分解动作讲解、背后角度演示、集体演示等四段影像。演示教学片的示范员为经选拔专家组严格选拔、国家体育总局批准的北京奥运会艺术体操项目亚军隋剑爽等人。CD 的内容为第九套广播体操的伴奏音乐,带口令和不带口令的各一段。《第九套广播体操手册》封面载有"国家体育总局编"字样,其中收录的第九套广播体操伴奏音乐乐谱署名"作曲:单炳波单冲"。彩图的内容为第九套广播体操各节动作真人图解及文字说明,并载有"国家体育总局审定"字样。授权出版物包装盒,DVD、CD 的盘盒及盘封上亦载有"国家体育总局审定"字样。

被控侵权 DVD《第九套广播体操》由广东音像公司出版、豪盛文化公司总经销,内容亦为第九套广播体操的演示教学片,包括全套正面演示、分解动作教学演示(八节)、全套背面演示等十段影像,使用了第九套广播体操的伴奏音乐(带口令)。示范讲解员为李美(字幕显示),另有若干名儿童与其一同演示,演示、讲解的动作与第九套广播体操的动作基本相同。

2012 年 3 月 31 日,原告在图书大厦购买了被控侵权 DVD《第九套广播体操》一张,支出 15 元;同年 4 月 12 日,原告在图书大厦亚运村分店购买了该 DVD,亦支出 15 元。

一审判理和结果

北京市西城区人民法院认为:本案中,中国体育报业总社主张权利的客体包括第九套广播体操的动作、伴奏音乐、口令以及相关录音录像制品。上述客体中,第九套广播体操的乐曲是以乐谱为表现形式、以旋律和节奏为基本表现手段的音乐作品,系著作权客体;授权出版物 CD 中收录的是该作品表演声音及口令声音的录音制品,为邻接权客体;授权出版物 DVD 中第九套广播体操的演示教学片系录像制品,亦属邻接权客体。第九套广播体操的口令仅为对连续数字 1 到 8 的二次或四次简单重复,不具有独创性,故不是著作权法意义上的作品。在口令本身不构成作品的情况下,口令员的口令声音属于伴奏音乐录音制品的组成部分,不具有独立的著作权意义。根据查明的事实,被控侵权 DVD 与授权出版物中演示教学片的示范人员不同、影像迥异,并非同一录像制品,但使用了相同的第九套广播体操动作和带口令的伴奏音乐,故本案的焦点问题有二:一是第九套广播体操的动作是否属于著作权法意义上的作品。若是,则被控侵权 DVD 中的教学示范就是对该作品的表演,构成对复制权、发行权的侵犯。二是对伴奏音乐的使用是否构成侵权。

对于第一个焦点问题，法院认为：第九套广播体操的动作不是文学、艺术和科学领域内的智力成果，本质上属于思想而非表达，不具备作为作品的法定条件，且无法归入任何一种法定作品形式或类型，故不属于著作权法意义上作品，不受著作权法保护。但是，第九套广播体操动作的文字说明、图解作为文字作品和美术、摄影作品均受著作权法保护。鉴于此，单纯示范、讲解或演示第九套广播体操的动作以及录制、发行相关教学示范录像制品的行为并不构成著作权侵权，而本案又不涉及对文字说明和图解的使用，故原告的相关诉讼请求缺乏法律依据，本院不予支持。

对于第二个焦点问题，法院认为：著作权法第四十条第三款规定，录音制作者使用他人已经合法录制为录音制品的音乐作品制作录音制品，可以不经著作权人许可，但应当按照规定支付报酬。该规定明确将法定许可的条件限定为使用音乐作品制作录音制品，而被控侵权 DVD 是录像制品，故并不适用。此外，使用他人已合法录制的音乐作品，不能是将他人已经录制好的录音制品直接复制到自己的录制品上，而只能是使用该乐曲，由表演者重新演奏，重新制作录音制品，否则构成对著作权人、表演者、录音制作者权利的侵犯。本案中，被控侵权 DVD 中使用的伴奏音乐就是国家体育总局制作的录音制品，并不是重新演奏、录制的，故亦不符合法定许可的规定，构成侵权。

法院依据《中华人民共和国著作权法》第一条、第三条，《中华人民共和国著作权法实施条例》第二条、第二十三条等法律法规之规定判决：三被告停止侵害，被告广东音像公司、被告豪盛公司消除影响并连带赔偿原告经济损失及诉讼合理开支共计 10 万元。

宣判后，当事人均未提起上诉，本案一审生效。

【法官评述】

本案系我国法院对于体育动作是否享有著作权问题的首次认定，具有较强的理论和实践意义。[①] 体操、瑜伽等功能性肢体动作是否受著作权法（版权法）保护，无论在大陆法系还是英美法系，一直都是众说纷纭、莫衷一是的问题。德国著作权学术界有观点认为，"体育上的或者杂技演员

---

① 刘晓燕："2012 年中国法院知识产权司法保护十大创新性案件简介"，载《人民法院报》2013 年 4 月 24 日。

的表演活动，比如花样滑冰 Eikunstlauf 通常情况下不受著作权法的保护，因为它们并不表达任何智力成果（美学内容）"。[1] 2005 年，美国法院在 OPEN SOURCE YOGA UNITY v. BIKRAM CHOUDHURY 一案中，对于瑜伽动作的可版权性问题未给予正面回应。[2] 直到 2012 年 6 月，美国版权局才在一份政策声明中指出，具有功能性的肢体动作如瑜伽、社交舞步或简单的舞蹈动作均不受版权法保护。本案判决从构成作品的法定条件以及作品的法定类型两个角度，对于这一争议问题进行了有益的探索，并因此入选"2012 年中国法院知识产权司法保护十大创新性案件"。就在本案宣判三天之后（2012 年 12 月 14 日），美国洛杉矶法院对于 BIKRAM CHOUDHURY、BIKRAM'S YOGA COLLEGE OF INDIA，L. P. 二原告诉 EVOLATION YOGA，LLC 等被告案作出简易判决，认定瑜珈动作编排不受版权法保护。[3]

一、广播体操不是文学、艺术和科学领域内的智力成果

著作权法意义上作品应当具备以下条件：其一，必须属于文学、艺术和科学技术领域内的智力成果；其二，必须是具有一定有形形式的表达而非单纯的思想；其三，必须具有独创性。因此，广播体操的动作是否属于著作权法意义上的作品，取决于其是否具备上述条件。《伯尔尼公约》、《世界版权公约》等国际公约以及世界上大多数国家的法律都规定著作权法的保护范围限于文学、艺术和科学作品。作为上述公约的缔约国，我国《著作权法》第一条即开宗明义地指出，《著作权法》的立法目的是为了保护文学、艺术和科学作品作者的著作权。《著作权法实施条例》第二条进一步规定，《著作权法》所称作品，是指文学、艺术和科学领域内具有独创性并能以有形形式复制的智力成果。由此可见，只有文学、艺术和科学领域内的智力成果才可能成为受著作权法保护的作品。而无论是文学、艺术还是科学作品，其本质都是通过某种特定的媒介符号如文字、音乐、舞

---

① ［德］M·雷炳德：《著作权法》，张恩民译，法律出版社 2005 年版，第 136 页。

② 参见 OPEN SOURCE YOGA UNITY, Plaintiff, v. Bikram CHOUDHURY, Defendant. No. C 03 – 3182 PJH.

③ 参见 BIKRAM'S YOGA COLLEGE OF INDIA, L. P. ; BIKRAM CHOUDHURY, Plaintiffs, v. EVOLATION YOGA, LLC; MARK DROST; ZEFEA SAMSON; and DOES 1 through 10, Defendants. Case No. 2：11 – cv – 5506 – ODW（SSx）.

蹈、图形对人的思想、情感、知识进行交流与表达，从而展现文学艺术的感性之美和科学技术的理性之美。因此，不涉及人的思想感情和知识，不具有文学、艺术、科学审美意义的创作，无论其独创性有多高，都不属于文学、艺术和科学领域内的成果。广播体操是一种具有健身功能的体育活动，由曲伸、举振、转体、平衡、跳跃等一系列简单肢体动作组成，但与同样包含肢体动作的舞蹈作品不同，其并非通过动作表达思想感情，而是以肢体动作产生的运动刺激来提高机体各关节的灵敏性，增强大肌肉群的力量，促进循环系统、呼吸系统和精神传导系统功能的改善。简而言之，广播体操的动作有强身健体之功用，而无思想情感之表达，既不展现文学艺术之美亦不展现科学之美，故不属于文学、艺术和科学领域内的智力成果。

二、广播体操本质上属于思想范畴

著作权保护表达，而不保护思想，这既是《与贸易有关的知识产权协议》、《世界知识产权组织版权条约》等国际条约的明确规定，也是目前世界各国普遍接受的版权法基本原则。根据该规则，著作权保护不延及同属思想范畴的原理、方法、概念、程序、技术方案和实用功能等。试举一例，某人独创了一道菜肴的烹饪方法，并编写了讲解说明该方法的菜谱，其有权禁止他人复制、发行此菜谱，但却不能禁止他人使用该方法烹制这道菜肴，也无权阻止他人编写以自己的方式描述说明该方法的菜谱或录制演示如何烹制该菜肴的节目，其原因就在于烹饪方法属于思想范畴，不受著作权法保护，但作者以自己特定的方式解释说明该方法而编写的菜谱却是受著作权法保护的表达。广播体操是一种具有特定功能的身体练习活动，包含一系列连续的肢体动作，当这一系列动作按照规定的方式施行时，将产生既定的健身效果。在这个意义上说，广播体操就是属于一种方法、步骤或程序，而方法、步骤和程序均属于著作权法不保护的思想观念范畴。基于以上分析，由于广播体操的动作不符合构成作品法定条件中的二个，故不属于著作权法意义上的作品。

三、广播体操不是汇编作品

对于广播体操动作的可版权性问题，还可以通过另一个角度进行分析，也就是作品的法定形式和类型。一般而言，受著作权法保护的作品应当属于某一种法定形式。《著作权法》第三条规定作品的法定形式包括：

（一）文字作品；（二）口述作品；（三）音乐、戏剧、曲艺、舞蹈、杂技艺术作品；（四）美术、建筑作品；（五）摄影作品；（六）电影作品和以类似摄制电影的方法创作的作品；（七）工程设计图、产品设计图、地图、示意图等图形作品和模型作品；（八）计算机软件；（九）法律、行政法规规定的其他作品。显而易见，广播体操的动作不属于上述任何一种。但是，《著作权法》第十四条还规定了汇编作品，即汇编若干作品、作品的片段或者不构成作品的数据或者其他材料，对其内容的选择或者编排体现独创性的作品。组成广播体操的各个动作，如曲伸、转体、跳跃等，均不可能构成作品，但对这些简单肢体动作进行独创性的选择和编排，创编而成的全套动作作为一个整体是否属于汇编作品呢？笔者认为答案是否定的，理由如下：首先必须明确，汇编作品亦是作品。汇编成果要成为汇编作品，其首先必须是著作权法意义上的作品，必须具备作为著作权法意义上作品的三个法定条件，即必须属于文学、艺术和科学技术领域内的智力成果，必须是具有一定有形方式的表达而非单纯的思想以及必须具有独创性，三者缺一不可。对内容的选择、编排体现独创性仅仅满足了三个法定条件之一即对独创性的要求，能否构成作品还取决于另外两个条件是否同时满足。易言之，对于内容的选择或者编排体现独创性的汇编成果，如果其本身不符合构成作品的其他条件，不属于著作权法意义上的作品，就不可能成为汇编作品。收集色彩斑斓、形状各异的石头也可能在选择上体现独创性，但无论把这些石头装进盒子还是放进箱子都不可能产生汇编作品，原因就在于这些选择和编排的结果既不属于文学、艺术和科学领域内的智力成果，也不是对思想之表达，本身就不是著作权法意义上的作品，更不可能成为汇编作品。同理，对于广播体操而言，虽然对于动作的选择和编排均体现了独创性，但基于前文已阐明的理由，作为汇编结果的整套动作不是文学、艺术和科学领域内的智力成果，且本质上属于思想而非表达，不符合构成作品的另外两个法定条件，故不属于著作权法意义上的作品，自然更不可能构成汇编作品。

综合以上分析可见，广播体操等具有功能性的肢体动作不是文学、艺术和科学领域内的智力成果，且本质上属于思想而非表达，不具备作为作品的法定条件。再者，其既不属于任何一种法定作品形式亦不是汇编作品，因此不是著作权法意义上的作品，不受著作权法保护。但是，对于相关动作的文字说明、图解作为文字作品和美术、摄影作品均受著作权法保护。鉴于此，单纯示范、讲解或演示动作以及录制、发行相关教学示范录像制品的行为并不构成著作权侵权，故本案中被告的相关行为法院并未认定侵权。但是，如果对于上述说明、图解实施了复制、发行等行为，则当然构成对著作权人复制权、发行权等权利的侵犯。

编写人：北京市西城区人民法院知识产权审判庭　洪成宇

5

中国科学院海洋研究所、郑守仪诉刘俊谦、莱州市万利达石业有限公司、烟台环境艺术管理办公室侵犯著作权纠纷案

——阅读提示：如何正确认定作品的独创性表达？如何正确界定复制和演绎行为？

【裁判要旨】

《著作权法实施条例》第二条规定："著作权法所称作品，是指文学、艺术和科学领域内具有独创性并能以某种有形形式复制的智力成果"。据此，著作权保护的对象是对思想及事实的独创性表达，具体认定作品时应当把握以下几点：1. 是否具有一定表现形式，不属于客观事实或者抽象的思想本身；2. 是否由创作者独立创作完成，体现了创作者的个性化选择、判断及技巧等因素；3. 是否属于智力劳动成果。

著作权人对其作品依法享有复制权和演绎权。复制权是再现原作的权利，这种对原作的再现没有增加任何"创作"的内容；演绎权是在原作基础上创作出派生作品的权利，这种派生作品使用了原作品的基本内容，但同时因加入后一创作者的创作成分而使原作品的内容发生了改动。演绎者对其派生作品依法享有著作权，但演绎者行使著作权时应取得原作者的许可，不得损害原作者的著作权。

【案号】

一审：山东省青岛市中级人民法院（2010）青民三初字第 145 号
二审：山东省高级人民法院（2012）鲁民三终字第 33 号

【案情与裁判】

原告（二审被上诉人）：中国科学院海洋研究所（简称海洋研究所）

原告（二审被上诉人）：郑守仪

被告（二审上诉人）：刘俊谦

被告：莱州市万利达石业有限公司（简称万利达公司）

被告：烟台环境艺术管理办公室（简称烟台环境办）

起诉与答辩

2010 年 6 月 12 日，海洋研究所、郑守仪向山东省青岛市中级人民法院起诉称：郑守仪系中科院院士，从事中国海域有孔虫分类和生态学研究逾半个世纪，凭借专业的科研手段和分类学专家的知识经验，雕琢了 230 多个有孔虫模型。2008 年 6 月，郑守仪发现烟台滨海中路新落成的雕塑中有 10 个"有孔虫"雕塑，与刘俊谦之前从郑守仪处借走的有孔虫模型中的 10 个极为相似，同时几乎全部雕塑歪曲了有孔虫美学的天然性，特别是大部分有孔虫雕塑的所谓"学名"，乃是张冠李戴的错误引用，使有孔虫雕塑完全失去其科学意义。因刘俊谦与万利达公司未经许可，复制、歪曲、篡改他人作品谋取利益，烟台环境办购买未经合法授权的雕塑作品，上述行为构成侵权，特诉至法院请求判令三被告停止侵权，清除雕塑；消除影响，公开赔礼道歉；赔偿经济损失 50 万元。

被告刘俊谦辩称：1. 刘俊谦雕塑作品是基于自然界客观存在的生物经艺术加工创作完成，创作题材完全来源于公共领域。2. 刘俊谦独立创作完成涉案雕塑作品，依法享有著作权。另，原告郑守仪不是涉案雕塑作品的作者，不享有署名权。3. 刘俊谦所创作的是用于城市景观美化的雕塑艺术作品，与原告所制作的科学标本模型分属不同的领域，不具可比性。4. 刘俊谦不存在侵权问题，原告作为国家出资的科研单位和人员，也没有任何损失，其相关诉请不成立。

被告万利达公司辩称：该公司与刘俊谦是委托设计关系，由此产生的责任依法应由设计人刘俊谦承担，请求法院驳回原告对万利达公司的诉请。

被告烟台环境办辩称：其摆放涉案雕塑是美化城市环境的公益行为，如将雕塑拆除是对社会财富的浪费，请求法院审理本案时予以注意。

一审审理查明

一、关于原告要求保护的有孔虫模型完成时间。海洋研究所系直属于中国科学院的海洋科学研究机构，郑守仪系海洋研究所研究员、中科院院士，其研究领域为有孔虫分类与生态学研究，编著的《中国动物志 粒网虫门 有孔虫纲 胶结有孔虫》于 2001 年由科学出版社出版。为充分展现有孔虫的真实面貌，普及科学知识，郑守仪用树脂制成有孔虫放大模型。本案中，郑守仪提交了 13 个有孔虫模型，主张模型完成时间在 2000 年至 2006 年。

2006 年 5 月 28 日，海洋原生动物有孔虫科普基地在青岛西岭商务大酒店有限公司举行揭牌仪式。该科普基地是由海洋研究所与青岛西岭投资发展有限公司合作共建，展示了众多有孔虫模型。青岛西岭投资发展有限公司与科普基地所在单位青岛西岭商务大酒店有限公司共同证实科普基地所有的有孔虫模型均由原告海洋研究所、郑守仪提供，并于 2006 年 5 月落户科普基地。其中有与郑守仪提交的部分有孔虫模型相同的模型。

2005 年 9 月 22 日，海洋研究所与中山市三乡镇人民政府签订《共建"海洋原生动物有孔虫雕塑园"协议书》，双方决定在中山市三乡镇小琅环公园内兴建世界上第一个有孔虫雕塑园。2006 年 12 月《三乡侨刊》刊登了《韩泽生副市长考察三乡"有孔虫雕塑园"建设工程》和《世界首座有孔虫雕塑园开门迎客》的文章，文章中记载有"有孔虫雕塑园自 2006 年初动工兴建，目前第一批 105 件有孔虫雕塑模型大部分已安装好"的内容。2010 年 4 月 23 日，中山市三乡镇人民政府出具证明，证明内容为原告海洋研究所、郑守仪院士拥有知识产权的十个有孔虫雕塑于 2007 年 1 月落户于中山市三乡镇有孔虫雕塑园。郑守仪主张上述十个有孔虫雕塑是复制自郑守仪提交的相同名称的有孔虫模型。

二、关于被告刘俊谦创作被控雕塑过程。2007 年 6 月 25 日，刘俊谦在原告郑守仪实验室的《来访登记》上签名。同年，刘俊谦从郑守仪处借走数个有孔虫模型。2008 年 3 月，刘俊谦提出与郑守仪合作创作有孔虫雕塑，青岛科技大学艺术学院为此特出具推荐信，郑守仪未同意刘俊谦及青岛科技大学艺术学院的合作请求。

2008 年 4 月 8 日，万利达公司与刘俊谦签订《合作协议》，刘俊谦依约向万利达公司提供了所订购石雕的有孔虫动物照片及雕塑设计方案，获设计费 5 万元。

2008 年 6 月，烟台环境办与万利达公司签订《石雕认购合同》，万利达公司依约向烟台环境办提供所订购有孔虫石雕，获雕塑制作费 144 万元。

关于被控雕塑的创作过程，经一审法院询问，被告刘俊谦做如下陈述："08 年我邀请过郑守仪，但郑守仪不愿合作，并复印了我太太写的信。我回来后通过对书籍的查阅发现很多有孔虫的资料，有孔虫属于前人发现的，既然郑守仪可以做我也可以做。2008 年开始进行有孔虫雕塑的创作，2007 年借郑守仪的模型，但是还了，创作之前看了大量参考书籍，参考资料来源于公开领域的书籍。雕塑的名称是根据书籍名称翻译的。"刘俊谦据此主张被控雕塑是由其本人独立创作并享有著作权。刘俊谦为证明其上述主张提交了三本外文资料和由郑守仪编著的《中国动物志》一书。

三、关于原告有孔虫模型作品与被告被控雕塑的对比。将郑守仪在本案中提交的有孔虫模型与被控烟台雕塑整体上进行比对，两者尺寸不同，模型约手掌大小，被控雕塑为设置于室外的大型雕塑，将被控雕塑与郑守仪主张保护的模型逐一进行对比可以看出（详见后文附图）：

1 号雕塑：整体结构、线条及各个侧面均有明显差异；2 号雕塑：两者均是上宽下窄结构，主体部分相同，被控雕塑顶端部分为扇形花瓣状，与主体部分 90 度角排列，模型作品顶部无造型变化，与主体在同一平面；3 号雕塑：两者外形、正面图案、背面图案相似，区别在于被控雕塑正面中心部分为旋转式凸起，模型作品背面带状花纹内还紧密排列着许多小孔；4 号雕塑：两者形态相似，分割层数不同，被控雕塑边缘清晰，模型作品边缘圆钝；5 号雕塑：两者外形、正面图案、背面图案相似，区别在于被控雕塑正面中心部分旋转凸起，侧面较厚，而模型作品侧面相对较薄，背面扇形分割区内还有均匀、紧密排列的细线；6 号雕塑：两者的整体形态、细节部分均无明显差异；7 号雕塑：两者整体形态相似，但被控雕塑的下半部分所占比例较大，背面花朵图案呈螺旋突出；8 号雕塑：两者整体形态、正面、背面图案相似，区别在于被控雕塑背面中心部位成圆角凹陷，模型作品为尖角凹陷；9 号雕塑：两者整体形态相似，仅是宽高比例不同；10 号雕塑：两者整体形态相似，区别在于中心部分被控雕塑为凹凸双圆圈，模型作品为多孔圆。

此外，将 2、5、7 号被控雕塑与郑守仪有孔虫模型、《中国动物志》中相关有孔虫图片进行对比，可以看出：2 号雕塑与参考图片有明显差异；5 号雕塑的正面花纹与参考图片不同，与郑守仪模型相似，参考图片没有体现有孔虫的侧面形态；7号雕塑的底部、两面中心花纹、侧面与参考图片不同，与郑守仪模型相似。

一审判理和结果

青岛市中级人民法院一审认为：本案争议焦点为，一、原告制作的有孔虫模型是否属于著作权法保护的作品，作品类型及完成时间；二、被控雕塑是否侵犯了原告的著作权；三、如果构成侵权，侵犯了原告对作品享有的何种权利；四、如果构成侵权，三被告应承担什么样的侵权责任。

一、本案有孔虫模型是否受著作权法保护及完成时间。我国著作权法所保护的作品是指文学、艺术和科学领域内具有独创性并能以某种有形形式复制的智力成果。本案的有孔虫模型系郑守仪在其专业领域研究过程中独立创作完成，体现了其对有孔虫特定生长阶段、色彩及表达方法的个性化选择及其观察能力、绘图能力和雕刻能力，是其智力劳动的成果，构成著作权法意义上的作品。依据常理，有孔虫模型于有孔虫雕塑园兴建之时和科普基地揭牌时已经创作完成，据此，海洋研究所、郑守仪涉案有孔虫模型作品的创作完成时间最晚为2006年。

二、本案被告刘俊谦被控雕塑对原告郑守仪有孔虫模型是否构成著作权侵权。首先，将被控雕塑与模型作品进行比对，除1号雕塑以外，其余9件雕塑与模型作品的整体结构、基本形态、表现手法均构成相似，仅是在局部进行了简单的改变，从整体上看，9件雕塑与模型作品不存在明显的视觉差异，构成实质性相似。

其次，刘俊谦于2007年6月25日在原告郑守仪实验室的来访登记上签字，并认可同年夏天将郑守仪的有孔虫模型借走，11月以后归还。应认定刘俊谦在其设计被控雕塑前即2007年接触过郑守仪模型作品。

第三，基于涉案作品所反映题材的专业性，刘俊谦对有孔虫的了解并未达到熟知的程度，不能仅仅依据有孔虫的平面图片就能推测有孔虫的形态从而设计出被控雕塑。因此，在被控雕塑与模型作品构成实质性相似、被告刘俊谦设计被控雕塑前确有接触原告郑守仪模型作品事实的情况下，刘俊谦主张其依据公共出版物中的有孔虫图片创作了被控雕塑，该观点不能成立，一审法院不予支持。

综上，刘俊谦未经许可，根据郑守仪作品设计的9个被控雕塑侵犯了原告海洋研究所、郑守仪对其相关有孔虫模型作品所享有的著作权。

三、原告海洋研究所、郑守仪对有孔虫模型享有的何种权利受到侵犯。本案中，被控雕塑是在未经许可的情况下，在对他人模型作品复制、修改的基础上设计制作而成，并与他人作品构成实质性相似，侵犯了海洋研究所对有孔虫模型作品所享有的复制权、修改权，侵犯了郑守仪的署名权。此外，被告刘俊谦将被控雕塑错误命名，使用了与郑守仪模型作品不一致的名称，割裂了郑守仪作品与其名称之间的对应关系，歪曲了郑守仪作品所反映的事物内容，违背了郑守仪创作的原意和思想感情，构成对海洋研究所享有的保护作品完整权的侵犯。

四、本案侵权责任认定问题。一审法院认为，1. 烟台环境办主观上没有过错，为获得侵权雕塑已支付相应对价，且侵权雕塑用于社会公益事业，如拆除将造成社会资源的较大浪费，故将烟台环境办应承担的停止侵权"拆除雕塑"的责任方式变更为消除影响和支付合理使用费。2. 刘俊谦因具有侵权主观故意，应承担赔偿损失、公开赔礼道歉的民事责任，综合考虑刘俊谦侵权行为的性质、情节、主观过错、侵权获利及海洋研究所为制止侵权支付的合理费用，确定刘俊谦向海洋研究所赔偿损失 6 万元。3. 万利达公司、烟台环境办共同承担消除影响的民事责任。

综上，一审法院依照《中华人民共和国民法通则》第一百三十条，《中华人民共和国著作权法》第三条、第十条、第十六条第二款第（二）项、第四十七条、第四十八条、第四十九条，《中华人民共和国著作权法实施条例》第二条、第四条第（十三）项，《最高人民法院关于审理著作权民事纠纷案件适用法律若干问题的解释》第十五条之规定判决：一、被告烟台环境办将九座侵权雕塑底座上的相关介绍移除，并在显著位置注明"根据中国科学院海洋研究所、郑守仪的有孔虫模型，对局部进行变形处理制作而成"，同时指明有孔虫的具体名称；二、被告烟台环境办向原告海洋研究所支付作品使用费 5 万元；三、被告刘俊谦在《烟台日报》或《烟台晚报》向原告海洋研究所、郑守仪公开赔礼道歉；四、被告万利达公司、烟台市环境办在《烟台日报》或《烟台晚报》向原告海洋研究所、郑守仪刊登声明消除影响；五、被告刘俊谦赔偿原告海洋研究所经济损失及合理费用共计 6 万元；六、驳回原告海洋研究所、郑守仪的其他诉讼请求。

上诉与答辩

刘俊谦不服一审判决，提起上诉称刘俊谦从公开出版物中取材，独立创作了被控雕塑，依法享有著作权（其上诉理由主要同一审辩称）。请求二审法院撤销原判，驳回被上诉人的诉讼请求。

被上诉人海洋研究所、郑守仪共同辩称，刘俊谦被控雕塑和郑守仪涉案模型作品十分相似，刘俊谦上诉理由无事实依据，依法应予驳回。

二审审理查明

山东省高级人民法院经二审，确认了一审查明的事实。另查明，海洋研究所、郑守仪认可刘俊谦在一审中提交的三本外文出版物的真实性（为方便对比，以下将三本外文资料《FORAMINIFERA》、《FORAMINIFERA DU LIAS》、《FORAMINIFERA OF THE ORINOCO – TRINIDAD – PARIA SHELF》及《中国动物志》分别简称为参考书1、2、3、4）。

二审判理和结果

山东省高级人民法院认为：

一、关于有孔虫模型是否构成作品及完成时间问题。我国著作权法保护的对象是对思想及事实的表达，而不保护思想及事实本身。本案中，有孔虫模型是对有孔虫生命体特征的反映，其本身体现了制作者郑守仪的个性化选择和表达，属于著作权法保护的对象。因此，郑守仪根据其多年对有孔虫的观察、分析和研究成果，独立制作出有孔虫放大模型，体现了郑守仪对有孔虫生命体的理解，是对客观事物进行艺术抽象和美学修饰的创作成果，符合著作权法对作品独创性及独创高度的保护要求，构成著作权法意义上的作品。刘俊谦虽不认可郑守仪模型作品完成时间，但未提交相反证据，一审法院认定有孔虫模型作品完成于2006年正确。

二、关于上诉人刘俊谦被控雕塑是否侵犯了被上诉人海洋研究所、郑守仪著作权问题。二审法院认为，本案侵权认定的关键在于被控雕塑与有孔虫模型之间是否构成实质性相似，以及刘俊谦关于独立创作雕塑的抗辩能否成立。具体比对如下：

2 号雕塑：叶编织虫模型——诺凡笑口虫雕塑

有孔虫模型图　　　　　　　烟台有孔虫雕塑-02　　　　　　　参考书④　图版 78,501页

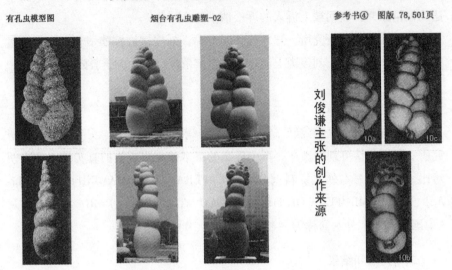

刘俊谦主张的创作来源

相同点：主体造型结构相同，形似麦穗，房室数量一致。

不同点：雕塑顶端有花瓣状结构造型，模型没有；雕塑侧视图结构有轻微旋转，模型没有。

参考书：主体不同，为旋转扭曲结构，仅凭图片无法识别房室数量，顶端造型与雕塑存在差别，并非花瓣状结构。

3 号雕塑：马来亚坑璧虫水平切面模型——普罗旺斯马刀虫雕塑

中科院海洋所的有孔虫模型图　　烟台有孔虫雕塑-03　　参考书① Pl. 28，p. 535

刘俊谦主张的创作来源

扇形孔雀虫
Pavonina flabelliformis

相同点：主体造型结构相同，形似贝壳，周边弧度曲线一致，剖面图案相同。

不同点：雕塑整体较厚，模型仅中心凸起；雕塑剖面有立体旋转造型，模型作品没有。

参考书：主体形状不同，没有剖面图。

4 号雕塑：皱小三行虫模型——皱褶小三行虫雕塑

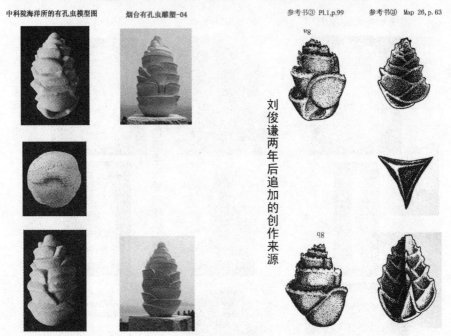

相同点：主体造型结构相同，形似松塔，塔顶、塔底造型一致。

不同点：塔层数量不同，塔层分界雕塑比模型更清晰。

参考书：没有塔顶，塔层数量与雕塑明显不同。

5 号雕塑：纹树口虫水平切面模型——雅致货币虫雕塑

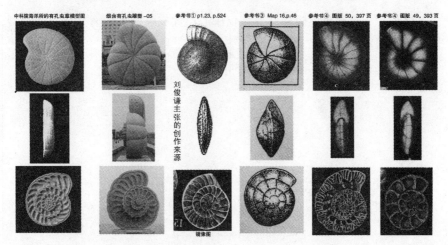

相同点：主体结构相同，形似鹦鹉贝，剖面图案相同，主体外缘有连续的弧线连接，侧视图为有弧度的不规则长方体。

不同点：雕塑侧面的宽高比为1：3，模型约为1：5；雕塑剖面有立体旋转造型，模型作品没有；雕塑表面为经线分割，模型表面还有纬线分割。

参考书：主体表面结构相同或相近似，侧视图为纺锤体，与雕塑明显不同，剖面图与雕塑不同：外缘或非连续的弧线，或腔体边界线纹路有区别。

6号雕塑：布雷迪弗林特虫模型——布莱迪弗林特虫雕塑

中科院海洋所的有孔虫模型图　　　　烟台有孔虫雕塑-06　　　　参考书① Pl. 15，p. 508

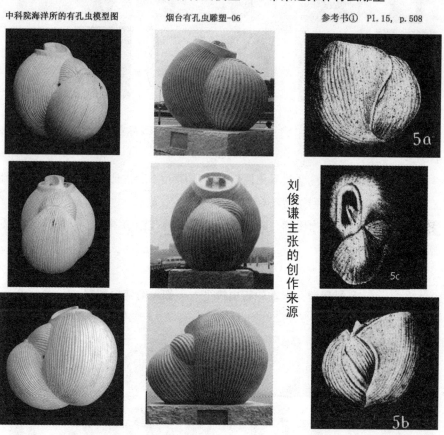

刘俊谦主张的创作来源

相同点：主体结构相同，整体外观相同。

不同点：中心腔体空间位置不同，雕塑仅一面可视，模型两面可视。

参考书：主体形态与雕塑差别较大，明显没有雕塑饱满，侧视图为扁圆状，表面轮廓和图案不清晰。

7 号雕塑：中里假穹背虫模型——似恩格面包虫雕塑

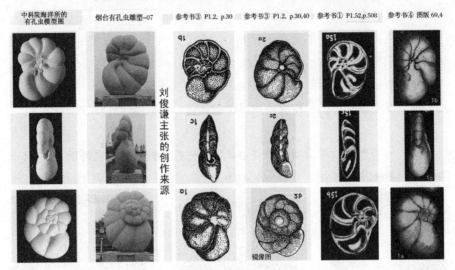

相同点：主体结构相同，房室数量一致，整体外观细节相似，圆润饱满。

不同点：雕塑与模型上下比例不同，雕塑上部所占比例小；雕塑后视图有立体旋转造型，模型作品没有。

参考书：主体结构比例与雕塑不同，整体外观细节不明显；侧视图与雕塑明显不同。

8 号雕塑：日本轮转虫模型——细纹穹背虫雕塑

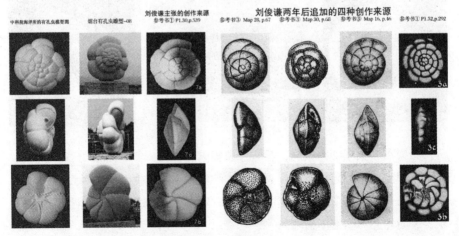

相同点：主体结构相同，整体外观细节相似。

不同点：后视图中心夹角形状不同，模型尖角凹陷，雕塑尖角饱满。

参考书：主体表面外观图案相近似；壳缘为锐形，侧视图为纺锤体，与雕塑壳缘为圆润弧形明显不同。

9号雕塑：库鲁克杉斯基饰异型虫模型——马丽伦筛形幼体虫雕塑

中科院海洋所的有孔虫模型图　　　　　烟台有孔虫雕塑-09　　　　　参考书① Pl. 53, p.292

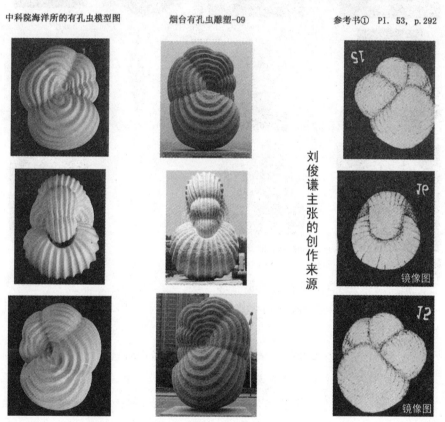

刘俊谦主张的创作来源

相同点：主体结构相同，整体外观相似。

不同点：雕塑与模型宽高整体比例略有不同。

参考书：整体形态不同，与雕塑相比矮胖，整体外观细节不明显。

10 号雕塑：柳条企虫模型——雷氏企虫雕塑

中科院海洋所的有孔虫模型图　　烟台有孔虫雕塑-10　　参考书② P1.4,p.68　　参考书① P1.23,p.524

刘俊谦主张的创作来源

7a

7
7b

Polystomella metensis

Elphidiella arctica

相同点：主体结构相同，外形轮廓一致。

不同点：表面和后视图中心图案不同，雕塑为凹凸双圆圈，模型为多孔圆。

参考书：表面图案相似；侧视图为菱形，与雕塑明显不同。

此外，被控 9 个雕塑对造型的塑造手法和对图案线条的刻画更为细腻、立体和规则，对局部的细节处理更注重艺术表现，这些方面与模型作品不同。

通过以上对比，可以看出，上诉人刘俊谦的 9 个被控雕塑与被上诉人郑守仪主张保护的有孔虫模型的主体结构和造型选择基本相同，从整体上看，二者不存在实质性差异，可以认定被控雕塑整体脱胎于模型作品。即使考虑到刘俊谦所主张的参考书籍，仍不能改变刘俊谦主要参照郑守仪有孔虫模型的基本结构设计被控雕塑的事实。从细节上看，雕塑作品对模型作品进行了局部修改和变形处理，有别于模型作品。根据已查明的事实，刘俊谦接触过郑守仪有孔虫模型作品，其在后设计的被控 9 个雕塑恰恰对应郑守仪的有孔虫模型作品，以常理判断，这不可能是偶然的巧合。刘俊谦虽辩称被控雕塑未使用郑守仪有孔虫模型，而是利用参考书独立创作的，但其所提交的相关有孔虫图片并不能全面反映雕塑的立体形态和造型细节，且大多与雕塑存在明显差别，仅个别雕塑在局部平面图案上（如 10 号作品）与图片较为接近。刘俊谦亦未提交证据证明其在创作雕塑时查阅过这些参考书，其抗辩理由不具说服力。故，二审法院对刘俊谦独立创作的抗辩理由不予采纳。

三、关于上诉人刘俊谦侵犯了被上诉人海洋研究所何种著作权的问题。根据我国著作权法的规定，著作权人对其作品依法享有复制权和演绎权。其中，复制行为是指对原作的再现，这种再现不增加任何"创作"的内容；演绎行为则是指在原作基础上创作出派生作品，这种派生作品并未改变原作之创作思想的基本表达形式，同时又有后一创作者的创作成分于其中。演绎者对其派生作品行使著作权时，应取得原作者的许可，不得损害原作者的著作权。本案中，雕塑作品与模型作品相比，整体结构、基本形态构成实质性相似，但又有一定的创作成分于其中，具体表现如下：1. 被控雕塑作为大型石材雕刻，极具视觉冲击力，其天然石材使得雕刻效果更富有质感，其对点、线、面的处理比模型作品更为具体、细致，使得图案纹理的空间感更强。2. 被控雕塑对模型作品进行了局部变形或空间结构拉伸处理，经过处理的雕塑比模型作品更具空间张力，视觉效果更为饱满和盈润。特别是雕塑对模型作品剖面所作的立体旋转造型，充分展示出雕塑作品独有的立体美感，这是模型作品所不具备的。3. 被控雕塑在图案空间设计和比例分割上更规则，空间透视感更强。综上，被控雕塑根据艺术表现的需要，在模型作品基础上进行了艺术加工，增添了新的创作成分，但这种加工并没有脱离模型作品的"基本构成"，系由原作品派生而来，构成对模型作品的演绎作品。根据我国《著作权法》第十条十四项关于改编作品的规定，刘俊谦未经海洋研究所、郑守仪许可，借助有孔虫模型制作被控雕塑并据此获利的行为侵犯了海洋研究所享有的著作权。一审法院认定刘俊谦侵犯了海洋研究所的复制权，适用法律欠妥，但认定刘俊谦承担 6 万元赔偿责任并无不当。

四、关于上诉人刘俊谦是否侵犯了作者署名权和保护作品完整权的问题。二审法院认为，刘俊谦未经郑守仪许可，使用有孔虫模型制作被控雕塑，未说明其创作来源，侵犯了被上诉人郑守仪对其模型作品所享有的署名权。同时，刘俊谦对被控雕塑错误命名，割裂了有孔虫模型与其名称之间的对应关系，侵害了海洋研究所对有孔虫模型享有的保护作品完整权。刘俊谦虽抗辩称有孔虫名称由前人命名，不受著作权法保护，但我国著作权法意义上的保护作品完整权是指作者保护其作品的内容、观点、形式等不受歪曲、篡改的权利，即作者有权保护其作品的完整性，保护其作品不被他人丑化，不被他人作违背其思想的删除、增添或其他损害性的变动，郑守仪对有孔虫名称本身虽不享有任何权利，但模型作品所对应的有孔虫名称已成为郑守仪作品的一个组成部分，应受著作权法中保护作品完整权的保护。

综上，一审法院认定事实清楚，适用法律基本正确，应予维持。上诉人刘俊谦的上诉请求不能成立。据此，依照《中华人民共和国民事诉讼法》第一百三十条①、第一百五十三条第一款第（一）项②之规定，二审法院判决驳回上诉，维持原判。二审案件受理费 1300 元，由上诉人刘俊谦承担。

【法官评述】

本案是全国首例对使用生物模型作品制作城市雕塑行为作出侵权认定的案件。该案的处理，在以下几个方面进行了有益探索：

一、正确认定作品独创性表达

科学工作者根据自然生物研制的模型体现了其个性化选择和表达方法，属于独创性劳动成果，应受著作权法保护。本案中，郑守仪为海洋研究所研究员、中国科学院院士，其研究领域为有孔虫分类与生态学研究，而有孔虫为一种微小的单细胞动物，且非完全对称结构，人的肉眼根本无法看到和识别，有孔虫的研究工作需要将海底挖取的泥块进行烘干、冲洗等处理，然后放到显微镜下对有孔虫进行观察、分析。郑守仪根据其多年对有孔虫的观察、分析和研究成果，为展示有孔虫的自然形态及其艺术美感，进行科普，独立制作出有孔虫放大模型，是一种智力劳动创作，符合著作权法对作品独创性及独创高度的保护要求，构成著作权法意义上的作品。首先，郑守仪在本案中要求保护的有孔虫放大模型，为对实物按比例放大、展示物体形状和结构的立体造型作品，符合模型作品特征，系模型作品的一种，受著作权法保护。其次，有孔虫模型为郑守仪独立创作完成，符合著作权法对作品独创性的保护要求。本案有孔虫模型系郑守仪根

---

① 对应 2012 年 8 月新修订的《民事诉讼法》第一百四十四条。
② 对应 2012 年 8 月新修订的《民事诉讼法》第一百七十条第一款第（一）项。

据自己所从事的研究领域和研究成果，结合其专业知识对海洋微生物放大数倍独立制作而成，并非抄袭、复制他人作品；由于有孔虫系一种生命体，从幼虫到成虫的生长过程中具有多种形态，且在同一生命状态下形态也千姿百态，郑守仪对特定生长阶段的有孔虫形态和结构进行选择刻画，制作的有孔虫模型是郑守仪智力劳动的成果。第三，有孔虫模型是对有孔虫生命体特征的反映，其本身体现了制作者郑守仪的个性化选择和表达，属于著作权法保护的对象。著作权法保护的对象是对思想及事实的表达，而不保护思想及事实本身。不同作者基于个性化的差异，针对同一思想或事实进行的创作可能千差万别，具体到有孔虫模型，不同创作者不会制作出完全相同的模型作品。而作者的个性化选择和判断决定了其作品可能与客观存在的物体无限接近，但也仅限于"接近"，而不可能达到"一致"，二者永远不会等同。故，有孔虫模型不能等同于大自然中客观存在的有孔虫生物，其构成著作权法意义上的作品，应受著作权法保护，

二、正确界定复制与演绎行为

在原作基础上创作出派生作品，不属于复制行为，因这种派生作品没有改变原作创作思想的基本表达方式，构成演绎作品。根据我国著作权法的规定，著作权人对其作品享有的财产权利可以分为复制权、演绎权与传播权三大类。其中，复制权是指以印刷、复印、拓印、录音、录像、翻录、翻拍等方式将原作品制作一份或者多份的权利。复制品就是原作的再现，无论是不改变原作载体的复制，还是从无载体到有载体的复制，抑或是从平面到立体的复制，其共同点均是在原作再现过程中不增加任何"创作"的内容，仅是原作的"再现品"。而演绎作品，顾名思义，是从原有作品中派生出来的新作品，这种派生作品并未改变原作之创作思想的基本表达形式，同时又有后一创作者的创作成分于其中。结合本案来看，刘俊谦的雕塑作品在形体上并未改变郑守仪模型作品的整体结构、基本形态，但是刘俊谦在模型作品基础上对被控雕塑进行了艺术加工，特别是通过对模型作品剖面图案进行空间结构拉伸处理，使得被控雕塑呈现为立体旋转造型，呈现出特有的空间美感，极富视觉冲击力，这是模型作品所不具备的。通过艺术加工，被控雕塑获得了更为丰富的内涵，已不同于模型作品的基本表达，但因其未脱离模型作品的造型基础，不能独立于模型作品而存在，故不能构成新的作品。刘俊谦的雕塑作品属于对郑守仪模型作品的

演绎创作，而非独立创作，刘俊谦对演绎作品被控雕塑行使权利时应取得原著作权人郑守仪的同意。

三、对"停止侵权"予以变通处理

为避免社会财富浪费，在充分考虑权利人利益与社会公众利益的前提下，可以通过支付合理使用费这种替代性经济补偿措施，变通"停止侵权"责任方式。本案中一审法院对"停止侵权"采取变通处理，主要考虑到以下因素：1. 使用人为获得侵权雕塑已经支付了相应的对价，而且不知道其购买的雕塑侵犯了他人的著作权，主观上没有过错；2. 侵权雕塑用于社会公益事业，使用人没有获得侵权利益；3. 若将侵权雕塑予以拆除必将造成社会资源的较大浪费。故一审法院采纳了侵权雕塑使用人烟台环境办的答辩意见，将应承担的停止侵权"拆除雕塑"的责任方式变更为消除影响和支付合理使用费。这样，既保护了创作者的合法权益，又兼顾了社会公共利益不受侵害，实现了法律效果与社会效果的有效统一。

编写人：山东省高级人民法院知识产权审判庭　刘晓梅

IP

三、侵犯商标权纠纷案件

6

徐斌诉南京名爵实业有限公司、南京汽车集团有限公司、北京公交海依捷汽车服务有限责任公司侵害注册商标专用权纠纷案

——阅读提示：连续三年停止使用的注册商标是否应予保护？上述注册商标的权利人主张因连续三年未使用且已被撤销的商标权利是否应予得到支持？

【裁判要旨】

受让人受让注册商标后未实际使用，该注册商标又因连续三年未使用被撤销，注册商标受让人主张其在受让注册商标后至该商标被撤销前不到一年的期间内的商标专用权。江苏省高级人民法院认为，商标受保护的原因不在标识形式本身，而在于它所代表的商品或服务及由商品或服务所体现的商誉。如果注册商标未得到实际使用且被撤销，则该注册商标的知名度不高，也不能发挥市场识别作用，消费者不会将被控侵权标识与注册商标相联系并产生混淆或误认。因该注册商标的权利并未在核定使用的商品上体现出其商业价值，亦即没有可保护的实质性利益存在，对于此类已被撤销的商标专用权，亦无需再给予追溯性的司法保护。

【案号】

一审：江苏省南京市中级人民法院（2008）宁民三初字第 227 号
二审：江苏省高级人民法院（2012）苏知民终字第 0183 号

【案情与裁判】

原告（二审上诉人）：徐斌
被告（二审被上诉人）：跃进汽车集团公司（简称跃进公司）

被告（二审被上诉人）：北京公交海依捷汽车服务有限责任公司（简称海依捷公司）

被告（二审被上诉人）：南京汽车集团有限公司（简称南汽公司）

被告：南京名爵实业有限公司

起诉与答辩

徐斌诉称：2007 年 10 月 28 日，其受让第 3607584 号"名爵 MINGJUE 及图"注册商标。该商标 2005 年 1 月 21 日核准注册，核定使用在国际分类第 12 类"小型机动车、电动自行车"等商品上。跃进公司生产、海依捷公司销售的轿车类小型机动车产品，擅自使用了涉案商标，将"名爵"商标突出使用在汽车车身、车尾、企业官方网站、销售店面门头、店内装饰广告和产品宣传彩页上。跃进公司、海依捷公司的上述使用行为，侵犯了其注册商标专用权，故请求：1. 确认被告从 2007 年 10 月 29 日至 2008 年 1 月 22 日涉案商标无效前的侵权行为；2. 判令被告在全国性报刊上公开发表声明，消除影响；3. 判令被告赔偿原告 20 万元；4. 被告支付原告调查侵权行为合理开支 2 万元；5. 由被告承担本案诉讼费。

被告共同辩称：被告在生产、销售的汽车及广告宣传、公司网站、经营场所等使用名爵文字不构成对原告商标的侵权。原告的诉讼请求缺少事实基础，应驳回其诉讼请求。

一审审理查明

2003 年 6 月 25 日，案外人林如海申请注册了"名爵 MINGJUE 及图"商标，核定使用商品（第 12 类）电动自行车；小型机动车等。注册有效期自 2005 年 1 月 21 日至 2015 年 1 月 20 日止。2007 年 10 月 28 日该商标经国家商标局核准转让给徐斌。

2007 年 2 月 13 日，国家发展和改革委员会发布的 2007 年第 9 号第 137 批汽车、摩托车、三轮汽车和低速货车生产企业及产品名录公告中，跃进公司生产的产品名录中包括名爵牌轿车。2008 年 3 月 17 日，国家发展和改革委员会发布 2008 年第 24 号公告，同意跃进公司列入公告所生产销售汽车的企业名称变更为南汽公司。

被告在生产销售的普通乘用车（轿车）车身前端标示 MG 及图商标，车身尾部标示"南京名爵"字样。在被告汽车经销场所、网站及相关主体发布的广告中有使用"MG 名爵汽车"文字及 MG 及图与名爵文字并列等使用形式。

2008 年 1 月 11 日，徐斌向北京市海淀区人民法院起诉跃进公司、海依捷公司侵犯商标专用权，即本案，2008 年 7 月 21 日该案移送一审法院审理。

2008 年 1 月 22 日，南汽公司以商标权利人连续三年停止使用为由，向国家商标局申请撤销涉案商标在"小型机动车"商品上的注册。2008 年 6 月 11 日，国家商标局作出撤 200800217 号《关于第 3607584 号"名爵 MINGJUE ＋图形"注册商标连续三年停止使用撤销申请的决定》，以徐斌提供的商标使用证据无效为由，决定：撤销徐斌第 3607584 号（第 12 类）"名爵 MING JUE 及图形"商标在"小型机动车"商品上的注册。

一审法院经庭审对比，被告在生产经营中使用的名爵文字与原告商标中文文字相同，字体相似，原告商标还包括有拼音字母和图形，对图形原告解释为是"M"的变形。原告认为二者商标相近似；被告认为二者不同也不相近似。

一审判理和结果

一审法院认为：1. 汽车与小型机动车同在第 12 类车辆、陆、空、海运载器中，应属于类似商品。2. 徐斌的注册商标与被告在生产经营中所使用的"名爵"文字相比较，名爵文字相同，字体相近，仅从商标标识来看，二者虽有差别，但在商标整体进行对比情况下，特别是文字作为主要识别部分时，应将文字作为主要对比对象并考虑文字的读音、字体、含义等方面因素，如果本案商标在市场中正常实际使用在小型机动车上，二者可以认定为近似商标。3. 但根据本案查明的事实，原告受让的商标并未实际使用，且在小型机动车商品上已被撤销，市场中不可能造成相关公众的混淆或误认。因此，被告在汽车及经营中使用名爵文字与原告商标也不构成近似。4. 被告使用名爵文字不会造成相关公众混淆和误认，不构成对原告商标的侵权。一审法院于 2012 年 3 月 20 日作出判决，驳回徐斌的诉讼请求。

上诉与答辩

徐斌上诉称：1. 一审判决适用法律错误。徐斌涉案注册商标与被控侵权标识相同。被上诉人在 2007 年 10 月 29 日至 2008 年 1 月 20 日期间，在轿车产品及店面装饰上使用与涉案商标相同的文字"名爵"，必然导致消费者的混淆和误认，构成侵权。一审判决错误适用《最高人民法院关于审理商标民事纠纷案件适用法律若干问题的解释》第九条第二款关于商标近似的规定，本案应适用上述第九条第一款关于商标相同的规定。2. 一审判决认定事实错误。徐斌被核准注册的"名爵 MING JUE 及图形"商标核定使用在第 12 类商品上，其一审提交的《中国知识产权报》广告认刊合同书、广告发票等书证原件，足以证明涉案注册商标已使用，该商标的显著性及知名度已经产生，该注册商标自核准之日起至撤销之日止，其专用权利受法律保护。一审法院认为徐斌未实际使用涉案商标属于认定事实错误。综上，请求二审法院撤销一审判决，支持其一审诉讼请求。

被上诉人跃进公司、南汽公司辩称意见与一审相同。

二审审理查明

原审法院查明的事实属实，予以确认。

二审判理和结果

江苏省高级人民法院认为：

被上诉人使用被控侵权标识不构成对上诉人涉案注册商标专用权的侵犯。《中华人民共和国商标法》第五十二条第一项①规定，未经商标注册人的许可，在同一种商品或者类似商品上使用与其注册商标相同或者近似的商标的行为，属于侵犯商标专用权。本案在运用商标法相关规定判定被控行为不构成商标侵权时考虑了以下三方面因素：

第一，被控侵权标识与涉案注册商标不构成相同。《最高人民法院关于审理商标民事纠纷案件适用法律若干问题的解释》第九条第一款规定："商标相同，是指被控侵权的商标与原告的注册商标相比较，二者在视觉上基本无差别。"本案中，涉案"名爵 MING JUE 及图"组合商标包括"名爵"文字、"MINGJUE"拼音和图形。被告只使用"名爵"文字。根据比对原则，虽然二者均包含了"名爵"文字，但整体观察，以普通消费者的认知，二者不同是显而易见的。故徐斌上诉认为二者均有名爵文字构成商标相同的上诉

---

① 对应 2013 年 8 月新修订的《商标法》第五十七条第（一）项、第（二）项。

理由不能成立，不予采纳。

第二，被控侵权标识与涉案注册商标虽然构成要素近似，但不会造成相关公众的混淆和误认。《最高人民法院关于审理商标民事纠纷案件适用法律若干问题的解释》第九条第二款规定："商标近似，是指被控侵权的商标与原告的注册商标相比较，其文字的字形、读音、含义或者图形的构图及颜色，或者其各要素组合后的整体结构相似，或者其立体形状、颜色组合近似，易使相关公众对商品的来源产生误认或者认为其来源与原告注册商标的商品有特定的联系。"由此可知，商标法意义上的近似，是指被控侵权标识与注册商标相比较，其文字的字形、读音、含义相同或相似，易使相关公众对商品的来源产生误认或者认为其来源与权利人注册商标的商品有特定的联系，即不仅是指被控侵权标识与原告注册商标在外观等方面的相似，还意味着必须易于使相关公众产生混淆，是一种混淆性近似。本案中，涉案注册商标为"名爵"文字、图形及"MING JUE"拼音共同构成的组合商标，而被控侵权标识仅为"名爵"文字，二者商标标识中"名爵"文字相同，字体相近，在对二者标识整体进行比对的情况下，被控侵权标识与涉案注册商标构成要素近似。但根据一审法院查明的事实，徐斌受让涉案注册商标后，只在2007年12月26日、2008年1月11日在《中国知识产权报》上登载涉案商标的《品牌授权招商》，并未在核定使用的小型机动车商品上实际使用，故涉案注册商标并不会因此而取得知名度，此后，又因连续三年停止使用而被撤销了其在小型机动车上的商标专用权，故涉案注册商标在有效期内客观上未能发挥市场识别作用，消费者不会将被控侵权标识"名爵"文字与涉案"名爵 MING JUE 及图"商标相联系，不会造成消费者的混淆或误认。

第三，本案无可保护的实质性利益。上诉人徐斌主张其在受让涉案商标后至该商标被撤销前不到一年的期间内的商标专用权。对此，本院认为，商标受保护的原因不在于标识形式本身，而在于它所代表的商品或服务及由商品或服务所体现的商誉。如果注册商标在有效期内并未在核定使用的商品上实际使用，且因连续三年未使用已经被撤销，该权利在有效期内未能体现出其商业价值，亦即没有可保护的实质性利益存在，对于此类已被撤销的商标专用权，无需再给予追溯性的司法保护。江苏省高级人民法院于2012年11月30日作出二审判决：驳回上诉，维持原判决。

【法官评述】

《商标法》第五十二条第一项①规定，未经商标注册人的许可，在同一种商品或者类似商品上使用与其注册商标相同或者近似的商标的，属于侵犯商标专用权。上述规定未明确如果商标注册后未使用或者因连续三年未使用而被撤销后，商标权利是否应予保护的问题。

本案中，被告在类似商品上使用与注册商标相近似的商标，同时原告注册商标未实际使用且被撤销，二审法院在处理本案时存在以下不同的观点。一种观点为，原告的注册商标被核准后未实际使用且又因未实际使用而被撤销，虽然该注册商标被撤销前不到一年的期间内存在商标专用权，但因原告注册商标未实际使用，未发挥市场的识别作用，消费者不会将被告在汽车生产经营中使用的名爵文字与涉案注册商标相联系，即原告注册商标并未在核定使用的商品上体现出其商业价值，亦即没有可保护的实质性利益存在，对于此类已被撤销的商标专用权，再给予追溯性的司法保护无现实意义，故无需给予保护。另一种观点认为，商标权是绝对权，商标核准注册后，他人未经许可不得在类似商品上使用与注册商标相近似的商标。本案虽然注册商标未实际使用，且又因连续三年未使用从而被撤销，但核准注册后、未被撤销前的商标专用权仍应受到商标法的保护，故被告的行为构成商标侵权。但关于赔偿额，考虑到原告未实际使用注册商标，该注册商标的知名度不高，未能发挥市场识别作用，没有影响到原告的市场占有率，被告赔偿原告维权的合理费用则可。

二审判决最终支持了第一种观点。

笔者认为，商标在具体保护中的情况复杂多样，应当区别情况进行不同处理。目前司法实践中未实际使用的注册商标的弱保护问题较多，此类商标的弱保护既可以体现在赔偿问题上，也可以体现为在界定其排斥权时的有所限制上。具体到本案，商标侵权行为应以在商业标识意义上使用相同或者近似商标为条件，如果说商标注册后未实际使用，但在商标未被撤销前应为权利人预留一定的市场空间的话，本案因权利人连续三年未使用从而导致注册商标被撤销，则应重点考虑被告的行为没有造成相关公众对

---

① 对应 2013 年 8 月新修订的新《商标法》第五十七条第（一）项、第（二）项。

商标权人及被告的误认和混淆，没有也不会再挤占商标权人在同类商品上的市场份额，因此再给予商标权人保护已没有实质性的意义。期望通过本案的判决，给未实际使用的注册商标的弱保护提供一些裁判思路。

编写人：江苏省高级人民法院知识产权审判庭 徐美芬

7

联想（北京）有限公司诉国家工商
行政管理总局商标评审委员会、第三人福建省
长汀县汀州酿造厂商标异议复审行政纠纷案

——阅读提示：当事人商标驰名与否的意思表示不一致的，应以行政阶段的意思表示为准，还是应以诉讼阶段的意思表示为准？如何把握驰名商标认定的具体标准？

【裁判要旨】

在商标行政案件中，当事人对涉案商标驰名与否的意思表示应以商标评审这一行政阶段的意思表示，即行政机关作出具体行政行为之前的意思表示为准。

对于知名度较高的驰名商标，可以适当减轻驰名商标权利人的举证责任；达到众所周知程度的，可以引入适当的司法认知，避免举证繁琐化，真正维护驰名商标权利人的合法权益。

【案号】

一审：北京市第一中级人民法院（2010）一中知行初字第 3660 号

二审：北京市高级人民法院（2011）高行终字第 1739 号

【案情与裁判】

原告（二审上诉人）：联想（北京）有限公司（简称联想公司）

被告（二审被上诉人）：国家工商行政管理总局商标评审委员会（简称商标评审委员会）

第三人：福建省长汀县汀州酿造厂（简称汀州酿造厂）

起诉与答辩

联想公司不服商标评审委员会作出的商评字〔2010〕第 23302 号《关于第 1988387 号"联想及图"商标异议复审裁定书》（简称第 23302 号裁定），起诉称：1. 商标评审委员会在审查被异议商标与引证商标指定使用商品是否类似时，未考虑到引证商标的驰名地位及被广泛注册和使用在多种商品上的事实，从而导致其认定事实错误。2. 商标评审委员会在对两商标的近似性进行认定时，未考虑到引证商标作为驰名商标以及具有了极高的知名度和显著性，错误地引用"联想"作为常用词汇的含义而认为两商标之间表现形式有异，属于认定事实错误。3. 被异议商标侵犯了原告联想公司作为知名企业的在先企业名称权，商标评审委员会以原告联想公司没有证明其在水（饮料）行业的知名度为由未认定被异议商标损害了原告的在先商号权属于认定事实错误。综上所述，请求人民法院撤销第 23302 号裁定。

商标评审委员会辩称：关于被异议商标是否构成《中华人民共和国商标法》第十三条第二款①和第三十一条②规定的情形，坚持在第 23302 号裁定中的意见。综上，第 23302 号裁定认定事实清楚，适用法律正确，做出程序合法，请求人民法院予以维持。

一审审理查明

2001 年 8 月 31 日，汀州酿造厂向国家工商行政管理总局商标局（简称商标局）提出被异议商标（见下图）的注册申请，指定使用在第 32 类"无酒精果汁饮料、水（饮料）、矿泉水（饮料）、汽水、不含酒精的开胃酒、果茶（不含酒精）、茶饮料、可乐、乳酸饮料（果制品、非奶）、豆奶"商品上。

被异议商标

---

① 对应 2013 年 8 月新修订的《商标法》第十三条第三款。
② 对应 2013 年 8 月新修订的《商标法》第三十二条。

1989 年 6 月 28 日，联想公司向商标局提出引证商标（见下图）的注册申请，核定使用在第 9 类"汉卡、微机、计算机外部设备、传真卡、电源、可编程工业控制器"等商品上，经续展后的专用期限至 2020 年 5 月 29 日。

联想

引证商标

在被异议商标的法定异议期内，联想公司对其提出异议申请。商标局作出第 591 号裁定，认为联想公司所提异议理由均不能成立，故对被异议商标的注册申请予以核准。

联想公司因不服第 591 号裁定向商标评审委员会提出复审申请，并同时提交了以下主要证据材料：

1. 联想公司系列商标注册证明及注册公告复印件；

2. 联想公司自行制作的企业情况介绍；

3. 国内外领导人及社会知名人士参观和访问联想公司的照片复印件；

4. 联想公司自行统计的历年所获荣誉列表；

5. 联想公司自行统计的创新成果专利保护及已获授权专利列表；

6. 商标局于 1999 年 1 月 5 日发出的商标监（1999）35 号《关于认定"联想"商标为驰名商标的通知》，主要内容为：经审定，联想公司注册并使用在计算机商品上的"联想"商标为驰名商标；

7. 北京市工商行政管理局于 2005 年 3 月 1 日颁发的《荣誉证书》，主要内容为：使用在"微机、计算机外部设备等"商品上的"联想"商标荣获 2004 年度北京市著名商标；

8. 联想公司、联想公司的部分商品（如开天系列电脑、笔记本电脑等）及联想公司的法定代表人杨元庆所获部分荣誉证书复印件，上述荣誉证书的最早颁发时间为 2004 年。

2010 年 9 月 6 日，商标评审委员会作出第 23302 号裁定。该裁定认为：1. 关于被异议商标是否违反了《中华人民共和国商标法》第十三条第二款规定的问题。被异议商标显著部分为中文"联想"，与引证商标在音、形、义上相同。虽然引证商标在计算机商品上具有较高知名度，但其据以知名的计算机商品与被异议商标指定使用的水（饮料）等商品在功能、用途、原材料、销售渠道等方面存在较大区别。此外，"联想"为较为常见的汉语词汇，普通消费者一般不易认为使用被异议商标的水（饮料）等商品是来自于联想公司或与其存在关联性。因此，被异议商标的注册不致误导相关公众，损害联想公司的利益，难以认定其构成《中华人民共和国商标法》第十三条第二款规定的复制、摹仿他人驰名商标的情形。2. 关于被异议商标是否违反了《中华人民共和国商标法》第三十一条规定的问题。联想公司称被异议商标的注册损害了其在先商号权，但其提交的证据不足以证明在被异议商标申请注册前，其"联想"商号在水（饮料）相关行业已具有一定知名度，故联想公司的上述主张不能成立。综上，商标评审委员会依据《中华人民共和国商标法》第三十三条①、第三十四条②之规定，裁定：被异议商标予以核准注册。

一审判理和结果

一审法院认为：当事人请求以《中华人民共和国商标法》第十三条第二款规定为由对自身权益进行保护时，应当提供证据证明拥有在先注册的中国驰名商标，他人在非类似商品之上申请或注册的商标构成对该驰名商标的复制、摹仿或翻译，且会产生误导公众并损害驰名商标注册人利益的后果。

具体到本案而言，联想公司应首先举证证明在被异议商标申请日之前，其已经拥有了在中国大陆境内为相关公众所广为知晓的驰名商标。被异议商标的申请日为2001年8月31日，联想公司在评审程序中提交的8份证据中，除证据6外，多为联想公司自行统计的企业经营状况或所获荣誉的情况，并无相关的证据予以佐证，且所标明的时间亦均在被异议商标的申请日之后，不足以证明引证商标在被异议商标申请日之前在中国大陆地区的知名度。对于联想公司在本案诉讼过程中补充提交的7份证据，首先，从程序上看，这些证据并未在评审程序中提交，并非商标评审委员会作出具体行政行为的依据，不应予以采信。其次，从证据内容上看，除证据6及证据7系裁判文书外，其他证据的发生时间均为被异议商标申请日之后（证据1至证据3）或无法对引证商标的知名度形成证明力（证据4与证据5），不足以证明引证商

① 对应2013年8月新修订的《商标法》第三十四条。
② 对应2013年8月新修订的《商标法》第三十六条。

标在被异议商标申请日之前已经成为了中国驰名商标。

商标是否驰名，应当遵循个案认定、按需认定及被动认定的原则。此外，参照《最高人民法院关于审理涉及驰名商标保护的民事纠纷案件应用法律若干问题的解释》（法释〔2009〕3 号）第七条的规定，涉案纠纷发生之前，曾被人民法院或者国务院工商行政管理部门认定驰名的商标，对方当事人对该商标驰名的事实不持异议的，人民法院应当予以认定。对方当事人提出异议的，原告仍应当对该商标驰名的事实负举证责任。具体到本案而言，引证商标虽确曾被人民法院和国务院工商行政管理部门认定为驰名商标，但由于本案中商标评审委员会和汀州酿造厂对引证商标是否驰名的事实均持有异议，故联想公司仍需对其所主张的引证商标已经构成驰名商标的事实提供证据予以证明，而不能直接予以认定。根据已经查明的事实可知，根据联想公司在本案评审程序及诉讼过程中提交的证据均不足以证明引证商标在被异议商标申请日之前已经成为了驰名商标，故对联想公司所提引证商标在本案中已经构成驰名商标并应受到《中华人民共和国商标法》第十三条第二款规定的保护的主张缺乏事实与法律依据，对此不予支持。

根据另案判决内容的记载，人民法院在另案中认定引证商标为驰名商标所依据的事实，是引证商标曾被国家商标行政管理机关认定为驰名商标且另案中的对方当事人对此不持异议，而非基于对联想公司所提交的证据进行评述后所得出的结论，与本案中的具体情况不同，本案所作相关认定与上述判决并不存在矛盾之处。

综上，由于联想公司提供的现有证据不足以认定引证商标在被异议商标申请日之前已经成为驰名商标，且被异议商标与引证商标指定（核定）使用商品的关联程度亦较低，被异议商标的注册不致导致对社会公众的误导，商标评审委员会所做被异议商标未违反《中华人民共和国商标法》第十三条第二款规定的认定是正确的，对此予以支持。

根据现有证据显示，联想公司在被异议商标申请日之前从未将"联想"作为商号使用在被异议商标指定使用的"水（饮料）"等商品或与之类似的商品之上并使之产生了一定的知名度，故联想公司所提被异议商标违反了《中华人民共和国商标法》第三十一条规定的主张不能成立，对此不予支持。

综上，一审法院依照《中华人民共和国行政诉讼法》第五十四条第（一）项之规定，判决：维持商标评审委员会作出的第 23302 号裁定。

上诉与答辩

联想公司不服一审判决提起上诉，请求撤销一审判决和第23302号裁定，判令商标评审委员会重新作出裁定。其主要上诉理由为：第1，一审判决程序不当，应予纠正。一审法院向汀州酿造厂公告送达后缺席进行了公开开庭审理之后，在无任何正当理由的情况下仅仅根据汀州酿造厂的意见，在商标评审委员会未出庭的情况下再次开庭进行了审理，并以所谓的商标评审委员会和汀州酿造厂均对引证商标是否驰名的事实持有异议为由，对联想公司的诉讼请求不予支持，损害了联想公司的合法权益，也损害了法院公告的权威性。第2，联想公司在行政程序中提供了引证商标于1999年被商标局认定为驰名商标的基本证据，一审判决对于中国社会公众广为知晓的引证商标驰名的事实不予认定，认定事实和适用法律显属错误。1. 引证商标早在1999年就被商标局认定为驰名商标，根据当时实施的《驰名商标认定和管理暂行规定》，对于引证商标驰名的事实在三年内不需重新申请认定。2. 即使认为本案需要对引证商标是否驰名的事实重新认定，参照相关司法解释，对于在中国境内为社会公众广为知晓的商标，已提供商标驰名的基本证据的，人民法院对该商标驰名的事实也应当依法予以认定。3. 本案没有证据表明商标评审委员会和汀州酿造厂在行政程序中对引证商标驰名的事实提出过异议，一审判决以被上诉人持有异议为由，对引证商标驰名的事实不予认定违背事实，也与人民法院在先作出的多份生效判决认定引证商标驰名的事实相矛盾，认定事实和适用法律显属错误。第3，驰名商标的保护范围应当与其驰名程度相适应，由于引证商标具有极高的知名度和影响力，汀州酿造厂违反诚实信用原则在"水（饮料）"等商品上注册完全复制引证商标的被异议商标毫无正当理由，显系摹仿和攀附，易使公众误认为与联想公司存在某种联系，淡化引证商标的显著性，贬损联想公司驰名商标的市场声誉，损害联想公司的利益，依据《中华人民共和国商标法》第十三条第二款的规定，不应予以注册。第4，与引证商标为具有极高知名度的驰名商标一样，联想公司的"联想"字号同样超越了行业界限，为社会公众所熟知。被异议商标的注册易使相关公众误认为其使用商品与联想公司存在特定联系，损害了联想公司在先的企业名称权。第23302号裁定和一审判决对被异议商标的注册损害联想公司企业名称权的理由不予支持，认定事实和适用法律错误。

商标评审委员会和汀州酿造厂服从一审判决。

二审审理查明

联想公司和汀州酿造厂在本案诉讼阶段新提交的证据材料，不是商标评审委员会作出第 23302 号裁定的依据，故本院对上述证据均不予采纳。二审法院对一审法院查明的相关事实予以确认。

二审判理和结果

二审法院认为：一审法院根据汀州酿造厂的申请，在第一次公开开庭审理之后，在商标评审委员会未出庭的情况下，再次公开开庭进行审理，并未违反相关法律的规定，联想公司参加了全部的两次庭审过程，故联想公司关于一审程序不当、应予纠正的上诉主张，缺乏法律依据，对此不应予以支持。

《中华人民共和国商标法》第十三条第二款规定，就不相同或者不相类似的商品是复制、摹仿或者翻译已经在中国注册的驰名商标，误导公众，致使该驰名商标注册人的利益可能受到损害的，不予注册并禁止使用。

参照《最高人民法院关于审理涉及驰名商标保护的民事纠纷案件应用法律若干问题的解释》（法释［2009］3 号）第七条规定，涉案纠纷发生之前，曾被人民法院或者国务院工商行政管理部门认定驰名的商标，对方当事人对该商标驰名的事实不持异议的，人民法院应当予以认定。对方当事人提出异议的，原告仍应当对该商标驰名的事实负举证责任。但本案系行政诉讼，根据《中华人民共和国行政诉讼法》第五条的规定，人民法院对被诉具体行政行为的合法性进行审查。故当事人对涉案商标驰名与否的意思表示，也应当以商标评审这一行政阶段的意思表示，即行政机关作出具体行政行为之前的意思表示为准。根据本院查明的案件事实可知，商标评审委员会和汀州酿造厂在商标评审阶段均未对本案引证商标驰名的事实加以否认，故在联想公司提供了商标局于 1999 年 1 月 5 日作出的商标监（1999）35 号《关于认定"联想"商标为驰名商标的通知》等有关引证商标驰名的基本证据的情况下，应当认定引证商标在被异议商标申请注册日即 2001 年 8 月 31 日之前为驰名商标；另外，相关的人民法院判决也曾认定引证商标在 2000 年、2001 年已构成驰名商标。故一审判决关于相关证据不足以证明引证商标在被异议商标申请注册之前已经成为驰名商标的相关事实认定错误，本院予以纠正。

在引证商标已构成驰名商标的情况下，被异议商标的注册将误导公众，使相关公众误认为使用被异议商标的商品来源于联想公司或其提供者与联想公司存在某种联系，从而损害驰名商标注册人的合法权益，违反了《商标法》第十三条第二款的规定，依法不应予以注册。

综上，二审法院依照《中华人民共和国行政诉讼法》第六十一条第（三）项、《最高人民法院关于执行〈中华人民共和国行政诉讼法〉若干问题的解释》第七十条之规定，判决如下：一、撤销一审判决；二、撤销第23302 号裁定；三、商标评审委员会重新作出裁定。

【法官评述】

一、对商标驰名异议的认定

由于驰名商标存在跨类保护的问题，因此，对于驰名商标的认定通常不适用当事人自认原则①，驰名商标权利人需要按照《商标法》第十四条②规定的要件举证加以证明。仅在相关商标曾被行政认定驰名商标或者司法认定驰名商标的特殊情况下，《最高人民法院关于审理涉及驰名商标保护的民事纠纷案件应用法律若干问题的解释》（法释［2009］3 号）第七条才例外性地规定，对方当事人不持异议的，法院可以直接认定商标驰名；对方当事人提出异议的，原告仍应当对该商标驰名的事实负举证责任。但是，实际操作过程中，尤其是像商标授权确权行政案件这样历经多个程序的案件，当事人是否提出异议应以哪个环节为准，司法解释并没有作出明确的规定。在本案中，二审法院指出，由于行政诉讼案件是由人民法院对被诉具体行政行为的合法性进行审查，因此当事人对涉案商标驰名与否的意思表示，也应当以行政机关作出具体行政行为之前的意思表示为准。如果在行政程序中，相关当事人没有对商标驰名的事实提出异议，那么，法院就可以参照上述司法解释的规定，直接认定商标驰名。这无疑是对驰名商标司法认定具体操作标准的细化，具有突出的现实意义。因此，该案也被最高人民法院确定为2012 年度十大创新性案件之一。

二、去除驰名商标认定的"神圣化"思维

经历实践的不断探索，驰名商标的司法保护日益完善，事实认定、个

---

① 《最高人民法院关于审理涉及驰名商标保护的民事纠纷案件应用法律若干问题的解释》第七条第二款。

② 本文出现该条款均对应2013 年8 月新修订的《商标法》第十四条。

案认定、被动认定、按需认定等原则逐渐成为驰名商标司法认定的基本原则。①在司法制度和政策的严格调控下，驰名商标司法保护迅速走向规范化和制度化。但与此同时，在很多案件中法院都收紧了驰名商标的司法认定，"甚至许多法院的指导思想是能够不认定驰名商标就尽量不去认定，近年来基本上不再认定驰名商标"②。相应地，社会上关于加大对驰名商标权利人合法权益保护的呼声逐渐增大。如何在现有的法律司法解释框架下平衡把握驰名商标司法认定的标准，就成为亟需厘清的问题。"当前驰名商标司法保护的突出问题是指导思想和政策导向，即是收紧、放松还是适当放松的问题。诸如，是能不认定就不认定、能绕过去就绕过去的导向性很强的态度，还是需要认定就认定、不需要认定就不认定的中性态度。当然，在此之外还有一些折衷性态度，如以能认定就认定或者凡需要认定即认定为基本态度，同时根据目前的社会环境等客观情况适当增加一些制度约束。具体法律标准的把握则取决于如何确定指导思想和政策导向，是对于指导思想和政策导向的落实。"③ 笔者认为，首要的问题便是去除驰名商标认定过程中的"神圣化"思维，还驰名商标以本来面目。

《最高人民法院关于审理涉及驰名商标保护的民事纠纷案件应用法律若干问题的解释》［法释（2009）3 号］第三条第一款第（二）项规定，被诉侵犯商标权或者不正当竞争行为因不具备法律规定的其他要件而不成立的，人民法院对于所涉商标是否驰名不予审查。这是驰名商标"按需认定"原则比较直接的权威表述。笔者认为，上述规定是基于当时驰名商标司法认定出现的问题而作出的阶段性举措。

《商标法》第十三条第二款规定："就不相同或者不相类似商品申请注册的商标是复制、摹仿或者翻译他人已经在中国注册的驰名商标，误导公众，致使该驰名商标注册人的利益可能受到损害的，不予注册并禁止使用。"上述法律规定，旨在对在中国境内为相关公众广为知晓的已在中国

---

① 参见《最高人民法院关于贯彻执行国家知识产权战略若干问题的意见》（2009 年 3 月 23 日印发，法发［2009］16 号）。

② 孔祥俊："驰名商标司法保护的回顾与展望"，载《人民司法》2013 年第 1 期。

③ 孔祥俊："驰名商标司法保护的回顾与展望"，载《人民司法》2013 年第 1 期。

注册的驰名商标，在不相类似的商品上给予与其驰名程度相适应的较宽范围的保护。因此，虽然诉争商标系复制、摹仿或者翻译他人已经在中国注册的驰名商标，以及诉争商标的注册会因误导公众而损害该驰名商标注册人的利益，均为适用《商标法》第十三条第二款所必须满足的条件之一，但其适用的前提，是在诉争商标申请注册日之前，他人已在中国注册的商标已达驰名程度，成为已在中国注册的驰名商标。

根据《最高人民法院关于审理商标授权确权行政案件若干问题的意见》第十六条的规定，认定商标是否近似，是否存在复制、摹仿或者翻译他人已注册的商标的行为，要考虑相关商标的显著性和知名度、所使用的商品的关联程度等因素，以是否容易导致混淆作为判断标准。而在先已注册商标驰名与否，则是判断相关商标知名度的重要内容。

同时，在先已注册的商标是否驰名、其驰名程度如何，也是判断诉争商标的注册是否会因误导公众而损害该商标注册人利益的重要考量因素。只有在对在先的注册商标是否驰名作出判断，才能确定《商标法》第十三条第二款有无适用的可能与必要，进而才需要也才能够对诉争商标是否系复制、摹仿或者翻译他人已经在中国注册的驰名商标，以及诉争商标的注册是否会因误导公众而损害该驰名商标注册人的利益作出判断。

"如果不把驰名商标认定当成太重要和太神圣的事情，那么凡应当作为案件定性或者定量的要件事实的，或者说只要是定性或者定量的必要的考虑因素，也即与案件处理具有关联性，均可根据案件的需要认定是否构成驰名商标。这本来就应该是驰名商标法律保护的制度定位。"[①] 因此，去除驰名商标认定的"神圣化"思维，才能对驰名商标尤其是按需认定原则有准确的理解。

三、适当减轻驰名商标权利人的举证负担

实践中，驰名商标权利人经常需要在众多的案件中维权。而如果在每个案件中均按照《商标法》第十四条的规定，要求当事人就商标是否驰名加以举证，无疑是在人为地设置驰名商标司法保护的障碍，不利于真正地保护驰名商标权利人。

---

① 孔祥俊："驰名商标司法保护的回顾与展望"，载《人民司法》2013 年第 1 期。

笔者认为，在实践中可以适当减轻驰名商标权利人的举证负担。主要可以从以下几个方面入手：

一是在当事人提交了关于商标驰名的基本证据的情况下，如行政机关、司法机关之前曾经认定商标驰名的基本证据，无论诉争案件需要认定商标是否驰名的时间点，是在先前的驰名商标认定之前还是之后，如果当事人能够提交较为充足的商标持续使用证据，那么，可以结合先前驰名商标认定证据和商标持续使用证据，综合认定商标驰名的事实。

二是对众所周知的商标适当引入司法认知。对于知名度极高的众所周知的驰名商标，或者其所使用的商品为相关公众日常生活的必需品或与相关公众日常生活紧密相关的商品，可以在驰名商标权利人提交商标驰名的基本证据的情况下，适当引入司法认知的方式，直接认定商标驰名。比如在本案中，联想公司在计算机等商品上使用的"联想"商标，通过联想公司的大量使用具有了极高的知名度，而电脑已日益成为社会公众日常生活不可或缺的一部分，因此，在联想公司已提交了相关行政机关和司法机关认定商标驰名的基本证据的情况下，在本案中法院通过司法认知的引入，直接认定商标驰名，是完全符合法律和司法解释的规定的，也是符合客观实际的。

编写人：北京市高级人民法院知识产权审判庭　周波

8

利莱森玛公司、利莱森玛电机科技（福州）有限公司诉利莱森玛（福建）电机有限公司侵害商标权、擅自使用他人企业名称纠纷案

——阅读提示：外文商标的中文译名能否受法律保护以及如何保护？

【裁判要旨】

基于商标法遏制恶意抢注、鼓励诚实经营和营造公平竞争的市场秩序的立法目的，如果权利人外文商标知名度较高，且有证据证明其已经在我国相关公众中建立起外文商标与中文译名的稳定对应关系，可以通过认定外文商标与固定的中文译名为"近似商标"来予以保护。

【案号】

一审：福建省宁德市中级人民法院（2012）宁民初字第 28 号
二审：福建省高级人民法院（2012）闽民终字第 436 号

【案情与裁判】

原告（二审上诉人）：利莱森玛公司（Leroy – Somer）

原告（二审上诉人）：利莱森玛电机科技（福州）有限公司（简称利莱森玛福州公司）

被告（二审被上诉人）：利莱森玛（福建）电机有限公司（简称福建利莱森玛）

起诉与答辩

两原告诉称：经原告多年使用，"LEROY – SOMER"与其中文译名"利

莱森玛"已经形成一一对应的互译关系，被告在其销售的电机产品、产品宣传册、使用维护说明书、公司标牌以及员工名片上使用"LILAISENMA"、"利莱森玛"标识，在其英文企业名称中使用"LEROYSOMMER"标识，侵害了两原告的商标权以及字号权，构成商标侵权和不正当竞争行为。故请求依法判令被告停止侵权并赔偿损失 2141944 元。

被告辩称：利莱森玛公司从未在中国市场上销售过任何产品，其在中国市场上也从未使用过涉案外文或中文商标，因此其主张"LEROY-SOMER"与"利莱森玛"已经形成一一对应的互译关系没有事实依据。被告从未将利莱森玛公司的涉案外文商标作为商标使用、也未作任何宣传，两原告也不享有"利莱森玛"中文注册商标专用权，因此，原告无权主张商标侵权和禁止他人使用。

一审审理查明

原告利莱森玛公司分别于 1987 年 7 月和 1994 年 11 月在我国注册""和"LEROY-SOMER"商标，核定使用在第七类"发电机"等商品上。1995 年 12 月，麦格乃泰克（福州）发电机有限公司成立。2000 年 12 月，该企业名称变更为"利莱森玛（福州）发电机有限公司"。2005 年 6 月，企业名称再次变更为"利莱森玛电机科技（福州）有限公司"。2005 年 7 月 1 日，利莱森玛公司与利莱森玛福州公司签订《商标许可协议》。2004 年 4 月，福安市佳能电机有限公司成立。2005 年 9 月，企业名称变更为福建佳能电机有限公司。2005 年 12 月 5 日，该企业名称再次变更为利莱森玛（福建）电机有限公司。福建利莱森玛在其生产销售的发电机上使用"利莱森玛"及"LILAISENMA"标识。2005 年 12 月、2006 年 9 月福建利莱森玛向国家工商局商标局分别申请""和""商标。上述商标已经初步审定并公告。

一审判理和结果

宁德市中级人民法院一审认为：两原告未在先申请注册"利莱森玛"商标，也没有提供充分的证据证明已在先使用"利莱森玛"商标并使之具有一定影响。利莱森玛公司获准注册的第 292016 号、G633661 注册商标均由英文字母组成，不包含中文内容，与福建利莱森玛使用的"利莱森玛"标识相比较，二者有着明显的不同，普通消费者不会产生混淆。据此，福建利莱森玛不构成对利莱森玛公司注册商标专用权的侵犯。由于两原告未能提供充分的证据证明被告恶意申请注册"利莱森玛及图"、"利莱森玛 LI LAI SEN MA 及图"侵犯其商号权,故被告不存在不正当竞争行为。遂判决驳回两原告的诉讼请求。

一审宣判后,两原告不服,上诉至福建省高级人民法院。

上诉与答辩

利莱森玛公司和利莱森玛福州公司上诉称:一审判决对于"利莱森玛"系利莱森玛福州公司在先知名商号的事实认定不清;"LEROY – SOMER"注册商标与"利莱森玛"标识构成近似;利莱森玛公司和利莱森玛福州公司已在先使用"利莱森玛"商标并使之具有一定影响。请求二审法院予以改判。

利莱森玛(福建)电机有限公司答辩称:"利莱森玛"系利莱森玛福州公司在先知名商号无事实与法律依据;利莱森玛公司和利莱森玛福州公司主张企业名称侵权,已超过诉讼时效;"LEROY – SOMER"与"利莱森玛"不构成近似;"利莱森玛"系利莱森玛公司和利莱森玛福州公司在先使用且具有一定影响的标识的主张依法不成立。综上,请求二审法院驳回上诉,维持原判。

二审审理查明

1975 年 12 月、1986 年 1 月,利莱森玛电机公司在法国工业产权局完成了对"LEROY – SOMER"和" "商标的注册登记;1994 年 11 月,完成了对 LEROY – SOMER 商标的国际注册登记,保护范围为包括中国在内的24 个国家。

1999 年 11 月,艾默生电气(中国)有限公司购买麦格乃泰克(福州)发电机有限公司持有的合资公司 55% 的股份。1999 年 12 月,麦格乃泰克(福州)发电机有限公司更名为利莱森玛(福州)发电机有限公司(中外合资企业,英文企业名称为"LEROY SOMER FUZHOU GENERATOR CO.,LTD.")。2005 年,利莱森玛(福州)发电机有限公司变更为外商独资企业,投资方为艾默生电气(中国)投资有限公司,企业名称变更为"利莱森玛电机科技(福州)有限公司"。

利莱森玛公司的电机产品在 20 世纪 80 年代后期就广泛使用于我国工业及民用领域。20 世纪 90 年代以后相关专业刊物及教科书、政府相关部门颁发的有关证书、文件中均将 "LEROY SOMER" 翻译为 "利莱森玛"。利莱森玛公司和利莱森玛电机科技（福州）有限公司在其产品及其宣传册、安装维护手册等材料中，均将 "利莱森玛" 与 "LEROY SOMER" 共同使用。

二审判理和结果

福建省高级法院经审理认为：

利莱森玛公司是机电行业知名企业，Leroy Somer 无论是作为公司名称还是作为产品品牌在与电机有关的行业内具有较高的知名度和美誉度。根据现有证据，可以认定外文的 LEROY SOMER 与中文 "利莱森玛" 已经形成固定的对应关系，并为国内相关行业内公众所熟知。"LEROY – SOMER" 作为商标其中文称呼即为 "利莱森玛"，二者构成近似。被告的上述行为侵害了利莱森玛公司的注册商标专用权。基于 "利莱森玛" 的上述对应关系及知名度，被告将其注册为企业名称侵害了两原告的企业名称权，构成不正当竞争。二审法院判决被告立即停止商标侵权及不正当竞争行为、变更企业名称及赔偿两原告经济损失 100 万元。

【法官评述】

本案系一起因注册、使用他人外文商标中文译名而引发的商标侵权纠纷。司法实践中，外文商标的中文译名能否受法律保护以及通过何种方式保护，各地法院的判决各不相同。同样地，本案一、二审法院也存在不同意见。本文通过深入分析外文商标中文译名保护的必要性以及目前审理此类案件的两种思路，最后得出本案二审法院的审理思路比较切合当前实际的结论。本文讨论的中文译名标识仅限于未注册的中文译名标识。

一、外文商标中文译名法律保护的必要性

在经济全球化的大背景下，世界各国的商业贸易往来呈水乳交融之势，外国公司通过各种商业方式将其产品进驻我国市场。为使我国消费者容易识别、记忆商品，外国公司通常会将外文商标翻译成中文译名商标。中文译名通常为外文商标的音译、意译或音意兼译词汇。由于不同的人有不同的翻译方式，中文译名在使用过程中具有不稳定性。例如，本案的外文商标 "LEROY SOMER"，其起初的中文译名为 "莱热伊·萨默"，直至 20 世纪 90 年代后，中文译名才固定为 "利莱森玛"；药品商标 "VI-

AGRA"的权利人将其商标译为"万艾可",但媒体和公众习惯称之为"伟哥"。也就是说,某一中文译名需要经过商标权人或者公众、媒体一段时间的使用,才会与相应的外文商标形成固定的对应关系。正是由于中文译名的不稳定性,能否对其进行保护以及如何保护,成为当前司法实践的难点。

笔者认为,对于具有固定对译关系的中文译名标识,应当予以适当的法律保护。主要基于以下考虑:

(一)外文商标中文译名的法律属性。从外国公司对中文译名的使用情况来看,中文译名主要是作为外文商标的从属标识来使用,其存在的目的是为了让中国消费者容易识别相应的外文商标,从而识别相应的商品。也就是说,中文译名标识本身不具有独立性,其法律属性为外文商标的从属标识。由于中文译名标识具备间接识别商品来源的功能,如果他人恶意抢注,会造成相关公众的混淆、误认,因此,对于具备一定条件的中文译名标识,应当予以保护。

(二)当前国外商标权保护的司法政策。知识产权具有公共政策属性,其保护力度应当与当前国家的司法政策相一致。目前,我国对国外商标权保护的基本思路是:"在商标权保护中,应适当考虑全球化因素,考虑我国需要树立负责任大国的形象,仿冒国外商标不是促进我国经济发展的路径选择,因而在反抢注等方面我们有必要适当加大对于国外商标的保护力度,在与我国发展目标一致的前提下适当维护全球品牌和市场的统一性。"[1] 就本案来讲,被告注册的中文标识,明显具有"傍名牌"的恶意。我们知道,依靠"傍名牌"等是不能使企业从根本上发展起来的,更何况现在也不再有这样的国际环境和空间。如果不加大对此类现象的遏制力度,不利于树立和维护我国负责任大国的形象。[2] 因此,根据当前的司法政策,知识产权法官在处理涉外商标权案件时,需要具有更多的世界眼光和进行更多的全球化考量,加大对国外知名品牌的保护,遏制恶意抢注、傍名牌等不正当行为。

---

① 孔祥俊:"论我国商标司法的八个关系——纪念《商标法》颁布30周年",载《知识产权》2012年第7期。

② 孔祥俊:《知识产权法律适用的基本问题——司法哲学、司法政策与裁判方法》,中国法制出版社2013年版,第79页。

综上，基于商标法遏制恶意抢注、鼓励诚实经营和营造公平竞争的市场秩序的立法目的，以及相关司法政策的要求，法院应当通过《商标法》中的裁量性法律条款对外文商标的中文译名进行适当的保护。

二、两种审理思路之比较评析

本案在审理的过程中，存在两种不同的审理思路：

第一种审理思路（国家商标局、一审法院）：将中文译名作为未注册商标来看待。国家商标局与一审法院认为，外文商标的商标权人未在先申请注册中文译名商标，且也无证据证明其有在先使用中文译名商标并使之具有一定影响，由此驳回原告的异议申请或诉讼请求。

第二种审理思路（二审法院）：从外文商标禁用权的角度进行审理，即通过认定外文商标与中文译名构成"近似商标"，进而认定被告的行为构成商标侵权。

可以看出，选择的审理思路不同，得出的判决结果也截然相反。这主要是因为两种审理思路的审查重点不同：第一种审理思路将中文译名商标作为未注册商标来看待，因此其审查的重点是该中文译名商标的具体使用情况和知名度。此种保护思路存在以下缺点：首先，此种保护思路割裂了中文译名标识与外文商标之间的联系。如前所述，中文译名标识具有非独立性，其主要作用是为了让我国公众易于识别外文商标，且权利人对外文商标和中文译名商标的使用方式一般是在商品上共同使用，因此将中文译名商标作为未注册商标看待，会割裂其与外文商标之间的对应关系。其次，保护门槛较高。我国商标权保护实行注册在先的保护原则，对于未注册商标的保护门槛较高，仅限于已在先使用并取得一定知名度的商标。例如未注册驰名商标（《商标法》第十三条①）、"有一定影响"的商标（《商标法》第三十一条②）或者知名商品特有的名称（《反不正当竞争法》第五条）。因此，如果要通过未注册商标这一途径获得法律保护，权利人必须举证证明其对该中文译名标识的使用情况以及该标识的知名度。对于当事人来说，一般不会刻意积累商标日常的使用证据，因此对他们来说寻求此种保护存在一定困难。第二种审理思路将中文译名商标纳入外文商标的

---

① 对应 2013 年 8 月新修订的《商标法》第十三条。
② 对应 2013 年 8 月新修订的《商标法》第三十二条。

禁用权保护范围，其审查的重点是中文译名商标与外文商标的对应程度。如前所述，中文译名标识的存在主要是为了便于表述、识别外文商标，其本质上是外文商标的从属标识，因此应当从外文商标专用权保护范围的角度来对中文译名标识予以把握。这样，权利人只需证明中文译名标识与外文商标之间的固定对应关系，而无需将重心放在中文译名商标的使用情况上，这在一定程度上降低了对中文译名标识的保护门槛。

就本案而言，"利莱森玛"中文商标在我国虽未注册，但经过原告和媒体的使用，"利莱森玛"在我国电机领域已经与外文商标"LEROY SOM-ER"形成固定的对应关系。被告与原告同属电机行业，其主观上存在恶意抢注的意图。因此，无论是基于遏制恶意抢注的立法目的，还是基于"加大对于国外商标的保护力度，适当维护全球品牌和市场的统一性"的司法政策精神，对被告的行为都应当进行遏制。二审法院通过运用"商标近似"这一裁量性法律条款认定被告侵权，符合商标法的立法精神和当前的司法政策。

三、如何认定外文商标与中文译名构成近似

本案最主要的争议是：在被控侵权商标"利莱森玛"注册之前，"利莱森玛"与原告注册商标"LEROY SOMER"的稳定对应关系是否为中国相关公众普遍知晓，以致于中国消费者见到"利莱森玛"即会将其与"LEROY SOMER"标识相关联，从而认为二者构成近似。对于二者的近似性，二审法院从以下两方面予以分析：1. 原告注册商标的知名度。"认定商品类似和商标近似要考虑请求保护的注册商标的显著程度和市场知名度，对于显著性越强和市场知名度越高的注册商标，给予其范围越宽和强度越大的保护，以激励市场竞争的优胜者，净化市场环境，遏制不正当搭车、模仿行为。"[①] 本案原告提供的相关专业刊物和相关专业高等学校的教科书，在介绍原告的产品或原告公司时，均表明原告注册的外文商标无论是作为产品品牌还是作为公司名称在与电机有关的行业内具有较高的知名度和美誉度。2. 外文商标和中文译名是否形成稳定的对应关系。二审法院着重从原告、媒体以及官方对中文译名的使用情况，考查二者之间的对应

---

① 《最高人民法院关于当前经济形势下知识产权审判服务大局若干问题的意见》（法发［2009］23 号，2009 年 4 月 21 日）。

关系。（1）媒体的使用。根据原告提供的证据，在 20 世纪 90 年代以后，相关专业期刊或高等学校教科书就已经将"LEROY SOMER"翻译成"利莱森玛"，使用时间远早于被控侵权商标的申请时间。（2）原告对中文译名的商业使用。两原告在产品宣传册、产品安装维护手册、商标许可使用合同以及利莱森玛福州公司的中文企业名称中，均将"LEROY SOMER"翻译成"利莱森玛"。（3）官方对其中文译名的使用。在政府相关部门颁发的《中华人民共和国外商企业投资批准书》和原告取得的《中国国家强制性产品认证证书》、《中国船级社型式认可证书》中，"LEROY SOMER"均翻译成"利莱森玛"，以上官方文件取得的时间均早于被控侵权商标的申请时间。综上，鉴于原告外文商标在我国具有较高的知名度，且中文译名"利莱森玛"经过原告、媒体以及官方的广泛使用，已经与其外文商标之文字形成稳定的对应关系，二审法院认定原告的外文商标与被控侵权商标构成近似。

编写人：福建省高级人民法院知识产权审判庭　陈一龙　孙艳

IP

四、侵害商业秘密纠纷案件

9

衢州万联网络技术有限公司诉
周慧民等侵犯商业秘密纠纷案

——阅读提示：如何认定网站用户注册信息数据库是否构成商业秘密？

【裁判要旨】

网站用户注册信息数据库是相关网站的核心资产，符合秘密性、实用性、保密性三大法定构成要件时，可作为商业秘密依法予以保护。本案对于如何确认网络用户注册信息数据库的归属及其商业秘密性质具有一定的借鉴意义，同时提示网站经营者对网络用户注册信息数据库应采取必要的保密措施，以维护企业竞争力，避免法律风险。

【案号】

一审：上海市第二中级人民法院（2010）沪二中民五（知）初字第57号

二审：上海市高级人民法院（2011）沪高民三（知）终字第100号

【案情与裁判】

原告（二审被上诉人）：衢州万联网络技术有限公司（简称万联公司）

被告（二审上诉人）：周慧民

被告：冯晔

被告：陈云生

被告：陈宇锋

被告：陈永平

起诉与答辩

2010 年 5 月 7 日，原告万联公司向法院提起诉讼称：原告成立于 2001 年 5 月，法定代表人邱奇。2001 年 6 月，原告与被告周慧民签订为期两年的书面聘用合同，由周慧民为原告进行网站制作和软件程序的开发，并约定合同期内或合同期满后，周慧民无权未经原告同意将属于公司所有权的软件程序泄密、转让和用于他人。该合同期满后未续签，但至 2004 年 5 月周慧民离职前其一直担任原告公司的核心技术人员。

2002 年 3 月，原告注册了域名为 www. boxbbs. com 的网站（简称涉案网站），运营网络游戏。该网站的软件程序主要由被告周慧民设计，且网站数据库设置密码，该密码仅原告公司法定代表人邱奇及被告周慧民知晓。涉案网站发展势头良好，到 2004 年初注册用户数已达 55 万。

被告冯晔、陈云生、陈宇锋于 2003 年 11 月入股原告公司，并承担经营管理工作，被告陈永平于 2003 年 3 月至 2003 年 7 月期间受聘担任原告公司的技术总监。2004 年 6 月，周慧民等五被告从原告公司离职，并联合发表声明，称鉴于原告公司对创业人员股权无法确认，原团队核心成员周慧民、冯晔、陈云生、陈宇锋、陈永平决定全体离职，成立新 Box01 工作组并将注册新公司，将回收原告 Boxbbs 源程序以及数据库资料归新公司所有，Box01 工作组所面对的法律相关责任由周慧民等五被告共同承担。

之后，五被告先后注册了域名为 www. box2004. com、www. ibox. com. cn 的网站（简称被控侵权网站）经营网络游戏。被告周慧民将从涉案网站下载的包含用户注册信息的数据库及原先开发用于涉案网站的软件程序用于上述被控侵权网站，通过网上发布公告等方式将涉案网站的注册用户引导至被控侵权网站；并对涉案网站软件程序的配置文件进行修改，使涉案网站无法运行。涉案网站因无法正常运行，于 2004 年 10 月被原告公司以 10.8 万元的价格转让。五被告亦于 2005 年 12 月将被控侵权网站 www. ibox. com. cn 转让，转让价格为 200 万。

原告认为，涉案网站原本发展势头良好，在全球网站排名 1100 名左右。五被告合谋成立 Box01 工作组，共同决定侵害原告网站数据资料和源程序。被告周慧民利用其掌握的涉案网站密码，登陆并下载该网站的数据库用于开通被控侵权网站，同时又对原告涉案网站的程序配置文件中的字符串进行修改。五被告的上述行为侵害了原告的商业秘密，导致涉案网站无法运行，给原告造成了巨大的经济损失。请求法院判令五被告连带赔偿原告经济损失人民币 4858000 元及合理费用人民币 15 万元。

被告周慧民等辩称：涉案网站系个人网站而非公司网站，该网站的数据库及库内信息应属于五被告及邱奇共有，周慧民有权使用；涉案网站数据库的用户信息不具备商业秘密的构成要件，不属于商业秘密；周慧民系涉案网站数据库这一汇编作品的著作权人，复制、使用数据库的行为不属于侵犯他人商业秘密；周慧民在离开原告处时仅带走了一份备份数据，并没有实施破坏涉案网站的行为。综上，请求法院驳回原告的全部诉讼请求。

一审审理查明

2001 年 5 月 28 日，原告万联公司成立，法定代表人是邱奇，公司注册资本人民币 10 万元，公司注册经营范围为网络制作、计算机软件开发、信息服务。公司成立时的股权份额为：邱奇占 60%，赵骏占 40%。2011 年 12 月 18 日，股东赵骏变更为姜琼艳，姜琼艳的股权份额为 40%。2002 年 3 月 13 日，原告注册了涉案网站的网络域名，运营"BOX 网络游戏社区"网站，并缴纳了国际域名年费。

2001 年 6 月 1 日，原告与被告周慧民签订了《聘用合同书》，聘请周慧民利用业余时间为其进行网站制作和软件程序的开发，在上述《聘用合同》到期之后，合同双方未续签，但被告周慧民仍继续为原告公司工作。

2003 年 11 月 26 日，原告召开股东会，接纳冯晔、陈宇锋、陈云生三人为新股东，原告的公司股权重新分配为：邱奇占 67%、姜琼艳占 3%、陈云生占 12%、陈宇锋占 9%、冯晔占 9%。

2004 年 5 月底 6 月初，五被告准备离开原告处，重新注册新的网站，具体由被告周慧民负责技术操作，包括网站设计、下载数据库、修改涉案网站的程序，被告陈宇锋、陈永平负责程序的后续开发，陈云生负责网站设计及注册新的域名 www.box2004.com，冯晔负责市场推广。

2004 年 6 月 7 日，五被告发表《Box01 工作组成立联合声明》，称"鉴于对 Boxbbs.com 原创业人员股权无法得到确认的前提之下。原团队核心成员周慧民、冯晔、陈云生、陈宇锋、陈永平，在于 Box 目前版权以及法律无法认可情况下，决定全体离职，成立新 Box01 工作组，并将注册新公司。启用新域名 box2004.com，域名归公司所有……新成立的 Box01 将回收原告 BOX-BBS 源程序以及数据库资料。该源程序和数据库资料属于新公司所有……

BOX01 工作组所面对的法律相关责任由周慧民、冯晔、陈云生、陈宇锋、陈永平，五人共同承担。"后，被告周慧民从涉案网站下载了用户数据库，并利用原先设计开发的用于涉案网站的软件程序开通了被控侵权网站，同时对涉案网站软件程序的配置文件进行修改，使涉案网站无法运行，并通过在其他网站上发布公告、在 QQ 群里发通知等方式将涉案网站的注册用户引导到被控侵权网站。

一审判理和结果

一审法院认为，被告周慧民未经原告许可，利用自己掌握的数据库密码从原告公司的涉案网站复制下载包含用户信息的数据库，并将该数据库用于被控侵权网站的经营活动，该行为侵犯了原告的商业秘密。其他四名被告系共同侵权人，应当共同承担赔偿损失的民事责任。鉴于原告的实际损失以及被告的获利皆无法确定，法院综合考虑相关因素，酌情确定包括合理费用在内的赔偿数额。据此，依照《中华人民共和国民事诉讼法》第一百三十条①，《中华人民共和国民法通则》第一百三十四条第一款第（七）项，《中华人民共和国反不正当竞争法》第十条第一款第（一）项、第（二）项、第三款、第二十条，《最高人民法院关于审理不正当竞争民事案件应用法律若干问题的解释》第九条、第十条、第十一条、第十四条、第十七条第一款之规定，判决五被告共同赔偿原告万联公司包括合理费用在内的经济损失人民币1 万元。

上诉与答辩

一审判决后，周慧民不服，向本院提起上诉，请求撤销一审判决，查清事实后改判，其主要上诉理由为：一审判决认定涉案网站数据库中的用户信息，包括客户名单数据表中的注册用户名字段、注册密码字段和注册时间字段信息是商业秘密的密点，属于认定事实错误。

被上诉人万联公司辩称：大量网络用户可以为网站带来实际收益，数据库中的密点用户名及其密码等是不为公众知悉的信息，万联公司对涉案网站的用户数据库采取了加密措施，故涉案网站的用户数据是商业秘密。周慧民

---

① 对应 2012 年 8 月新修订的《商标法》第一百四十四条。

是涉案网站的程序开发者、数据库结构的设计者，并非是网站用户数据的创造者，涉案网站的用户数据是由网站实际运营者万联公司运营得来。请求二审法院驳回上诉请求。

二审判理和结果

二审法院认为，根据《中华人民共和国反不正当竞争法》的相关规定，商业秘密是指不为公众所知悉、能为权利人带来经济利益、具有实用性并经权利人采取保密措施的技术信息和经营信息。本案中，原告所主张的商业秘密是涉案网站数据库中的用户信息，包括客户名单数据表中的注册用户名字段、注册密码字段和注册时间字段等信息。该院认为，首先，上述用户信息是涉案网站在长期的经营活动中形成的经营信息，原告为吸引网络游戏爱好者在该网站注册并参与交流付出了一定的创造性劳动，虽然单个用户的注册用户名、注册密码和注册时间等信息是较容易获取的，但是该网站数据库中的 50 多万个注册用户名、注册密码和注册时间等信息形成的综合的海量用户信息却不容易为相关领域的人员普遍知悉和容易获得；其次，上述用户信息证明了涉案网站作为游戏网站具有较大的用户群和访问量，而网站的访问量又与网站的广告收入等经济利益密切相关，因此上述用户信息能为原告带来经济利益，具有实用性；最后，原告为涉案网站的数据库设置了密码，并且该密码只有作为主要技术人员的被告周慧民和原告的法定代表人邱奇知晓，在原告与被告周慧民签订的《聘用合同书》中也有保密条款，因此可以认定原告对上述用户信息采取了保密措施。因此，该院认定涉案网站数据库中的用户信息，包括客户名单数据表中的注册用户名字段、注册密码字段和注册时间字段等信息，属于商业秘密，受法律保护。二审判决驳回上诉，维持原判。

【法官评述】

目前，几乎所有的经营性网站都采取注册会员制经营模式，因此，网站用户注册信息数据库可以认为是网络产业必不可少的一项"关键设施"。但对网站用户注册信息数据库的法律性质尚无清晰认识，这不利于网络信息产业的健康有序发展。本案对两个焦点问题的阐释，较好地澄清了我们在这方面的认识。

其一，网站用户注册信息数据库的归属是本案件争议的"先决问题"。如果五被告是该数据库的权利主体，则不可能存在侵权状态，从而无须具体考察该数据库是否属于商业秘密。由于本案中网站的产权问题存有一定模糊之处，故双方当事人均认为网站用户注册信息数据库属于网站所有者。从本案查明的事实来看，原告万联公司是网站域名注册人，具备权利人的形式要件，又是网站实际的经营主体，具备权利人的实质要件。因此，涉案网站理应作为万联公司独立的法人财产，由该网站经营而产生的一切结果均应由万联公司作为第一责任人享受利益和承担风险。同时，按照财产权的取得原则，用户注册信息是由注册用户自行设计并交由网站保管、运行的网络数据信息，是网站经营过程中取得的客观物质信息，是万联公司投资、经营涉案网站所形成的衍生信息产品，应纳入万联公司的"责任财产"。周慧民等五被告作为原告公司的技术、经营骨干，虽然对网站的发展作出重要贡献，但其均为履行公司职务的行为，其对价应为薪金报酬乃至股权激励，而不能直接取得公司财产的所有权。即便认为数据库程序是被告周慧民享有著作权的职务作品，但网站注册用户信息并非周慧民智力创造的直接结果，而是原告万联公司将该程序作为工具投入网站运营后所收获的信息成果，网站注册用户信息的所有权仍应由万联公司享有。

其二，根据我国《反不正当竞争法》及相关司法解释的规定，商业秘密应具有秘密性、实用性及保密性三个特征。秘密性是指有关信息处于秘密状态，不为其所属领域的相关人员普遍知悉和容易获得；实用性是指有关信息具有现实的或者潜在的商业价值，能为权利人带来竞争优势；保密性是指相关信息处于保密的环境中，权利人为防止信息泄漏采取了与其商业价值等具体情况相适应的合理保护措施。一般来看，秘密性、实用性属于相关信息内在的客观属性，虽与权利人的研发经营投入密切相关，但这些属性的取得及其程度也受制于行业发展水平；而保密性则主要取决于权利人的保密意识及外在的保密措施。本案中，网站用户注册信息数据库完全具备了商业秘密的三个特征，能够获得商业秘密的法律维护。需要指出的是，网站用户注册信息数据库包含着个人的注册信息，关系到用户对网络的正常使用，因此，网站用户注册信息数据库的泄露极易对广大网络用户造成损失并引发纠纷。可见，对网站经营者而言，对网站用户注册信息数据库采取必要的保密措施，不仅是保障网站核心资产、保持企业竞争力的需要，也是保护广大网络用户私人信息、避免不作为侵权法律风险的需要。

总之，本案的裁判对于如何确认网络用户注册信息数据库的归属及其商业秘密性质具有一定的指导意义，同时提示网站经营者对网络用户注册信息数据库应采取必要的保密措施，以维护企业竞争力、避免法律风险。

编写人：上海市第二中级人民法院知识产权审判庭　胡宓

五、垄断纠纷案件

10

刘大华诉湖南华源实业有限公司、东风汽车有限公司东风日产乘用车公司垄断纠纷案

——阅读提示：在涉及经营者滥用市场支配地位的垄断纠纷案件中如何界定"相关市场"？

【裁判要旨】

在涉及经营者滥用市场支配地位的垄断纠纷案件中，在界定"相关市场"时，应当考虑以下三个方面的因素：1. 商品市场的适度细分。即在当事人所主张的"相关市场"范围过大并可能涵盖数个不同的商品市场时，应当根据行业和公众的一般看法对整个市场进行适度细分，从而准确地识别经营者所在的竞争范围。2. 商品市场与损害事实的关系。在以遭致损害为由提起的涉及经营者滥用市场支配地位的垄断诉讼中，损害事实所涉及的商品是判断相关市场的重要依据。即相关市场的界定应以与损害事实相关的商品为基本考量因素。3. 商品的可替代性。从商品的特性、用途及价格等因素分析，具有紧密替代关系的商品应认定其属于同一市场。

【案号】

一审：湖南省长沙市中级人民法院（2011）长中民三初字第0158号

二审：湖南省高级人民法院（2012）湘高法民三终字第22号

【案情与裁判】

原告（二审上诉人）：刘大华

被告（二审被上诉人）：湖南华源实业有限公司（简称湖南华源公司）

被告（二审被上诉人）：东风汽车有限公司东风日产乘用车公司（简称东风日产乘用车公司）

起诉与答辩

原告刘大华因与被告东风日产乘用车公司、湖南华源公司垄断纠纷一案，于 2011 年 3 月 3 日向湖南省长沙市中级人民法院提起诉讼。

刘大华诉称：原告因其"天籁"汽车左前门车锁损坏，到湖南华源公司处维修，被告知维修工时费需 300 元，其要求购买配件自行维修被拒绝。原告认为被告滥用市场支配地位。请求判令：1. 两被告停止垄断经营行为，以合理的价格向其终端用户提供汽车配件销售服务；2. 被告湖南华源公司赔偿原告经济损失 260 元整。庭审中，原告明确主张两被告共同实施滥用市场支配地位的垄断行为，属于《中华人民共和国反垄断法》第十七条第一款第（一）、（三）项规定的以不公平高价销售商品和没有正当理由拒绝与交易相关对象进行交易的情形；其中，以不公平高价销售商品是指提供高价维修服务。

被告湖南华源公司辩称，被告不具有市场支配地位。请求法院驳回原告诉讼请求。

被告东风日产乘用车公司辩称，原告未举证证明被告具有市场支配地位、滥用市场支配地位，应当承担举证不能的法律后果；原告所诉的车锁产品特性并不具备垄断不可替代的资源性质等。请求法院驳回原告的诉讼请求。

一审审理查明

被告东风日产乘用车公司系东风汽车有限公司的分公司，成立于 2003 年 6 月 9 日，经营范围包括乘用车和商用车及零部件等的开发、设计、制造和销售等。被告湖南华源公司成立于 1996 年 3 月 20 日，经营范围包括一类机动车维修，保险兼业代理，东风日产品牌汽车销售，汽车（不含品牌小轿车）及零配件销售等。

原告系湘 A1LC79 东风日产牌 EQ7250AC 小型轿车的车主。2011 年 10 月 22 日，原告就该车辆到湖南华源公司处维修。被告湖南华源公司工作人员接待并经相应检查，向原告出示了《车辆外观检查及问诊报告》，据检查及问诊报告记载，该车维修内容为更换左前门锁芯。随后，被告湖南华源公司工作人员经估价向原告出示了《委托维修估价单》，据该估价单记载，前门锁芯组件（左）零件费用预估价为 148.00 元，前门把手饰盖（左）零件费用预估价为 159 元，维修工时费预估价为 300 元；原告刘大华在估价单客户签字栏签字确认。维修后，被告湖南华源公司向原告出示《委托维修结算单》，据该结算单记载，湘 A1LC79 东风日产牌 EQ7250AC 小型轿车维修零件费用为 307 元，维修工时费为 300 元，与维修估价相同；车主刘大华在结算单客户签字栏签字确认。

据原告提交的录音资料载明：2010 年 10 月 26 日，刘大华电话咨询东风日产星沙专营店、东风日产长沙河西专营店及东风日产乘用车公司客服热线，据接线员和客服代表的答复，东风日产车配件由东风日产乘用车公司统一供应给相应的 4S 店，4S 店不单独对外销售配件，如需购买使用，需在 4S 店更换。

据原告提交的由长沙高新开发区粤麓汽车服务会所于 2010 年 12 月 15 日出具的维修进厂报修单记载，更换湘 A1LC79 天籁 250 小轿车左前门锁芯工时费为 50 元。原告提交了由长沙市鸿创汽车修理厂于 2010 年 12 月 15 日出具的工作单，据该工作单记载，更换湘 A1LC79 天籁 250 小轿车左前门锁芯工时费为 40 元。

一审判理和结果

刘大华应当完成关于两被告是否具有市场支配地位、是否存在滥用行为及其因所诉之垄断行为受损的事实，包括损害事实的实际发生及该损害事实与被诉垄断行为的因果关系的举证责任。在反垄断民事诉讼中，滥用市场支配地位的垄断行为是阻碍竞争的事实。证明该事实的存在一般需要进行周详的市场调查、经济分析、专题研究或利用公开的统计数字等方面的研究成果对滥用市场支配地位这种行为进行定量分析，确定其市场支配地位。本案中：1. 刘大华购买了由被告东风日产乘用车公司生产的东风日产牌天籁轿车，在被告东风日产乘用车公司指定的 4S 店即被告湖南华源公司维修，并在此维修过程中产生纠纷。各方争议因东风日产牌天籁轿车的配件销售和维修服务而起，刘大华认为两被告的配件销售和维修政策具有反竞争性。然而，刘大华未对汽车零配件市场和汽车维修服务市场进行足够的市场调研，提交的证据并未证明市场上可替代产品和可替代服务的具体存在情况、市场份额和竞争力。刘大华在诉状中却提及"原告事后查明，被告提供的配件价格远远高于市场同类型价格 3 倍以上，而维修费竟远超市场价格 7 倍以上"。这说明刘大华认识到市场上仍存在同类型产品，并存在替代服务的经营者。2. 汽车作为一种高速交通工具，其安全性应受到足够的关注，因此刘大华还应当提交证据证明提供竞争服务或产品的经营者与两被告提供的服务或产品之间就安全保障等方面的比较，以证明其他经营者以明显低价提供了与两被告基本相同水平的产品或服务，两被告存在不公平高价的行为，从而证明两被告的行为具有反竞争性。刘大华仅提交两被告客服人员的电话录音，这种电话咨询不必然产生民事诉讼中的自认的法律后果。同时，本案案实涉及汽车零部件的供应价格和汽车维修服务价格两个市场因素，依据本案现有证据和刘大华的主张无法对包含上述两个因素的市场完成相关市场界定，在刘大华没有提交其他证明两被告市场支配力的证据的情况下，也不足以产生举证责任倒置的诉讼法律后果，被告对其服务网络提供的售后服务进行统一管理，并不意味着该管理行为必然具有反竞争性。刘大华的诉讼请求缺乏事实和法律依据，应不予支持。依照《中华人民共和国反垄断法》第三条、第六条、第十七条第一款第（一）、（三）项、第二款、《中华人民共和国消费者权益保护法》第九条、第十条和第十一条，《中华人民共和国民事诉讼法》第六十四条第一款①，《最高人民法院关于民事诉讼证据的若干规定》第二条之规定，判决：驳回原告刘大华的诉讼请求。本案案件受理费人民币 850 元，由原告刘大华负担。

上诉与答辩

上诉人刘大华不服上述判决，向湖南省高级人民法院提起上诉称：一审判决认定原告没有有效证据证明被告具有市场支配地位是错误的。副厂配件不能作为原厂配件的替代品。东风日产乘用车公司关于市面上没有原厂纯正配件供应的自认应予以采纳，证明被告对纯正配件的市场占有份额为 100%。东风日产乘用车公司通过对原厂配件的垄断强制搭售高价服务。请求撤销一审判决，依法改判。

两被上诉人未提交书面答辩状。

二审审理查明

湖南省高级人民法院经二审，确认了一审法院认定的事实。并另查明，在东风日产乘用车公司向用户提供的安全驾驶手册中，"其它注意事项"记载了"请不要使用非纯正东风 NISSAN 零部件和不适合车的性能、功能的零件。否则会导致汽车不能正常发挥性能及功能，并引发意外"等内容。《保

---

① 对应 2012 年 8 月新修订的《民事诉讼法》第六十四条第一款。

修手册》中"非保修范围"包括"安装了非本公司纯正零部件及附件所引发的质量问题"等。

二审判理和结果

二审法院认为，本案二审期间的争议焦点是：1. 本案所涉的"相关市场"如何界定；2. 两被上诉人是否在相关市场内具有支配地位以及两被上诉人是否滥用了市场支配地位等。

关于本案"相关市场"的界定。根据《中华人民共和国反垄断法》第十二条规定，相关市场是指经营者在一定时期内就特定商品或者服务（以下统称商品）进行竞争的商品范围和地域范围。参照《国务院反垄断委员会关于相关市场界定的指南》第三条的规定，相关商品市场，是根据商品的特性、用途及价格等因素，由需求者认为具有较为紧密替代关系的一组或一类商品所构成的市场。上诉人刘大华在本案中主张的相关商品市场为"原厂汽车配件市场"，即由东风日产乘用车公司出厂的适用于天籁汽车的零配件所构成的市场。对此，二审法院认为，首先，汽车零配件种类繁多，不同的汽车零配件由于其特性、用途不同，构成不同的商品市场，上诉人主张将全部汽车零配件归于同一市场，没有事实依据。其次，上诉人刘大华所诉系因垄断行为受到损失，其所主张的损害事实主要涉及天籁汽车的门锁配件，因此，与本案相关之商品市场范围应当限于适用于天籁汽车的门锁配件商品市场。第三，就适用于天籁汽车的门锁配件商品而言，市场上除有由东风日产乘用车公司提供的"原厂配件"外，还有由其他企业生产和销售的配件，即"副厂配件"。对于此点，双方当事人在诉讼期间均予认可。由于副厂配件与原厂配件在功能、特性、用途上相同，当原厂配件的价格过高时，消费者必然考虑选择其他副厂配件，二者事实上形成紧密的替代关系，并在同一市场中进行竞争。因此，由原厂配件和副厂配件共同组成的适用于天籁汽车的门锁配件商品市场是本案所涉及的相关市场。上诉人认为原厂配件和副厂配件不能相互替代，理由是东风日产乘用车公司在其保修手册和安全手册警告其不应使用非原厂配件，但上述手册的规定仅是东风日产乘用车公司对汽车消费者的使用指导意见，不必然产生排除副厂配件作为替代产品的效果。消费者在选择何种配件时，在多大程度上依据东风日产乘用车公司的指导进行选择，上诉人并没有提供证据予以证明。上诉人也未就汽车零配件价格、特性、功能、消费者偏好、公众和行业的认同、产品获取的难易程度、潜在竞争性等方面予以举证，排除副厂配件与原厂配件之间的竞争关系。综合以上因素分析，上诉人关于本案相关市场应界定为"原厂汽车配件"市场的上诉主张不能成立，本案相关市场应界定为"适用于天籁汽车的门锁配件市场"。

关于被上诉人是否具有市场支配地位的问题。二审法院认为，上诉人应当对被上诉人在相关市场内具有支配地位承担举证责任。本案中，上诉人刘大华未就被上诉人在相关市场内具有支配地位提交证据，其仅以被上诉人已承认只在 4S 店销售原厂配件为由，主张被上诉人已自认其对相关市场具有支配地位。对此，二审法院认为，当前我国汽车销售采取特许经营模式，汽车生产商将原厂配件限定在 4S 店销售及保修，与 4S 店特许经营模式相配合，其行为并不必然具有反竞争性。被上诉人的自认仅能用于证明被上诉人对原厂配件所采用的销售模式与销售渠道，而不足以证明东风日产乘用车公司及湖南华源公司在适用于天籁汽车的门锁配件商品市场内具有能够控制商品价格、数量或者其他交易条件，或者能够阻碍、影响其他经营者进入相关市场能力的市场支配地位。上诉人关于被上诉人具有相关市场支配地位的上诉主张不能成立，相应地，其主张被上诉人滥用市场支配地位的上诉主张亦不能成立。

综上，上诉人刘大华的上诉请求缺乏事实和法律依据，依法应予驳回。原审判决认定事实清楚，适用法律正确，程序合法，依法应予维持。根据《中华人民共和国民事诉讼法》第一百五十三条第一款第（一）项①之规定，判决如下：驳回上诉，维持原判。二审案件受理费 850 元，由上诉人刘大华负担。本判决为终审判决。

【法官评述】

《反垄断法》的核心任务在于制止和消除垄断行为，而判断一个主体的行为是否属于法律所禁止的垄断时，通常需要将该主体置于一个具体的竞争范围中才能作出正确的认定。这个竞争范围就是反垄断法意义上的"相关市场"。因此，在垄断纠纷案件中，相关市场的界定是案件审理的基础和前提，也直接关系到整个案件的实体裁决。本案系以遭致损害为由提起的涉及经营者滥用市场支配地位的垄断纠纷案件。在这类纠纷案件中，如何界定相关市场，目前理论和实务界存在诸多争论，本案在界定相关市

---

① 对应 2012 年 8 月新修订的《民事诉讼法》第一百七十条第一款第（一）项。

场时所采取的方法和步骤是：以商品市场的适度细分和所诉损害事实所直接指向的商品为基本考量因素，首先建立临时的相关市场，再从需求替代的角度，从商品的特性、用途及价格等方面判断与临时相关市场中的商品可能具有紧密替代性关系的商品，并以此为依据界定本案的相关市场。具体阐述如下：

一、商品市场的适度细分。在以遭致损害为由提起的涉及经营者滥用市场支配地位的垄断纠纷案件中，临时相关商品市场的界定应当结合当事人的主张，初步定位在被控企业所经营的同质商品。但是在被控企业所经营的商品涉及不同品质和种类时，仅以被控企业所经营的同质商品为依据确定相关市场，可能导致"相关市场"范围过大并涵盖数个不同的商品市场。这一情况在产品的配套经营中尤为突出。在此情况下，有必要根据行业和公众的一般看法对商品市场进行适度细分，从而准确地识别竞争范围。

二、商品市场与损害事实的关系。在以遭致损害为由提起的涉及经营者滥用市场支配地位的垄断诉讼中，原告据以提起诉讼的依据是因被告滥用市场支配地位而受到损害，因此，临时相关市场的确立还应当考虑损害事实所涉及的商品。通常来讲，在这一类案件中，原告所主张的损害事实会直接指向某种商品或者服务，则这种商品或者服务构成确定临时相关市场的重要依据。本案中，原告所主张的损害事实指向的商品为由被告所经营的天籁汽车的门锁配件，因此，与本案相关之临时相关市场应当是被告所经营的天籁汽车的门锁配件商品市场。

三、需求替代分析。在初步确定临时相关商品市场后，要客观地确定涉案企业所处的竞争领域，应该从需求者的角度，根据产品的特性、用途及价格等因素来综合考察与临时相关商品市场中的"商品"具有较为紧密替代关系的其他商品。"这些商品表现出较强的竞争关系，在反垄断执法中可以作为经营者进行竞争的商品范围"[①]。本案中，临时相关商品市场中的商品为由被告所经营的天籁汽车的门锁配件（原厂配件），经过调查可以确认，市场上除有由被告所经营的天籁汽车的门锁配件（原厂配件）外，还有由其他企业生产和销售的适用于天籁汽车的门锁配件，即"副厂配件"。由于副厂配件与原厂配件在功能、特性、用途上相同，当原厂配

---

① 引自《国务院反垄断委员会关于相关市场界定的指南》第三条。

件的价格过高时，消费者必然考虑选择其他副厂配件，二者事实上形成紧密的替代关系，并在同一市场中进行竞争。因此，由原厂配件和副厂配件共同组成的适用于天籁汽车的门锁配件商品市场是本案所涉及的相关市场。

编写人：湖南省高级人民法院知识产权审判庭　曾志红

IP

2012年中国法院知识产权
司法保护50件典型案例

一、知识产权民事案件

（一） 侵犯专利权纠纷案件

1

鲜乐仕厨房用品株式会社诉上海美之扣实业有限公司、北京惠买时空商贸有限公司侵害发明专利权纠纷案

——阅读提示：销售商销售侵犯他人专利权的产品如何进行侵权认定？销售商如何证明没有侵权过错？

【裁判要旨】

《专利法》第七十条规定，为生产经营目的使用、许诺销售或者销售不知道是未经专利权人许可而制造并售出的专利侵权产品，能证明该产品合法来源的，不承担赔偿责任。如果使用者、许诺销售者、销售者可以证明其合法来源的，在无其他证据可以证明其主观上存在过错的情况下，可以合理推定其主观上并无过错。

【案号】

一审：北京市第一中级人民法院（2011）一中民初字14930号

二审：北京市高级人民法院（2012）高民终字第3974号

【案情与裁判】

原告（二审上诉人）：鲜乐仕厨房用品株式会社（简称鲜乐仕株式会社）

被告（二审上诉人）：上海美之扣实业有限公司（简称美之扣公司）

被告（上诉人）：北京惠买时空商贸有限公司（简称惠买时空公司）

起诉与答辩

原告鲜乐仕株式会社诉称：鲜乐仕株式会社于 2011 年 4 月 22 日受让名称为 "容器盖" 的第 ZL200480019387. X 号发明专利（简称涉案专利），该专利权现在有效期内。鲜乐仕株式会社于 2011 年 8 月 1 日在惠买时空公司运营的优购网 www. 17ugo. com 购买了美之扣公司制造的 "超人气美之扣保鲜收纳盒 30 件组"。经比对，该收纳盒盖落入涉案专利的保护范围。鲜乐仕株式会社认为，美之扣公司与惠买时空公司未经专利权人许可，以生产经营为目的，制造、销售落入涉案专利保护范围的产品，构成对涉案专利权的侵犯，应承担民事责任。故请求人民法院判令美之扣公司与惠买时空公司：1. 立即停止侵犯涉案专利权的全部行为，包括停止制造、销售、许诺销售侵权产品等侵权行为；2. 销毁侵权产品及相应的模具和专用工具，删除网站上有关侵权产品的宣传内容；3. 连带赔偿鲜乐仕株式会社因侵权行为所受经济损失人民币 80 万元及合理费用 53998 元。

被告美之扣公司辩称：美之扣公司收到鲜乐仕株式会社的通知后才知道侵权事实，现在已经停止制造和销售，并已销毁相关模具。惠买时空公司对美之扣公司涉嫌侵权并不知情。关于赔偿额，鲜乐仕株式会社受到的损害应从其受让涉案专利之后起算。美之扣公司的利润微薄，其投入的广告费用变相为鲜乐仕株式会社的涉案专利产品提升了知名度和商誉。请求驳回鲜乐仕株式会社的诉讼请求。

被告惠买时空公司辩称：惠买时空公司为合法成立的销售公司，产品采购具有合法来源，并不知道涉案产品侵犯涉案专利权，且得知涉案产品涉嫌侵权后，已经停止销售涉案产品。鲜乐仕株式会社主张惠买时空公司销售了 7000 余件，但实际销售仅有 197 件，不应当承担连带赔偿责任。

一审审理查明

涉案专利系专利号为 ZL200480019387. X、名称为 "容器盖" 的发明专利，申请日为 2004 年 8 月 27 日，授权公告日为 2009 年 6 月 10 日，现专利权人为鲜乐仕株式会社。

2011 年 8 月 1 日，鲜乐仕株式会社的委托代理人程久余使用北京市海诚公证处的电脑进入 www. 17ugo. com 网站，通过屏幕录像的方式提取固定了该网站的相关网页内容，并以 298 元购买了 "超人气美之扣保鲜收纳盒 30 件组"。2011 年 8 月 5 日，程久余在北京市海诚公证处接收上述网购货物的包裹，并取得标有"UGO 优购网"的加盖有惠买时空公司发票专用章的金额为 298 元的第 29975359 号北京市国家税务局通用机打发票 1 张，当场对包裹进行拆封、拍照。北京市海诚公证处对上述过程予以公证，并出具了（2011）京海诚内民证字第 05544 号公证书（简称第 05544 号公证书）。

2011 年 8 月 22 日，美之扣公司与义乌市比优特日用品有限公司致鲜乐仕株式会社的函件载明：2011 年至今保鲜盖的销售收入为 160 万元，并认为该数字或许有统计出入，但没有添加水分。有些客户体现在网络平台的数字是真实的，有些客户体现在网络平台的数字是虚假的。希望能与涉案专利权人合作。

2011 年 8 月 2 日，鲜乐仕株式会社向北京市海诚公证处支付公证费 5100 元。同年 9 月 5 日，根据鲜乐仕株式会社与北京市世纪律师事务所签订的《委托代理合同》，鲜乐仕株式会社支付了律师费 4.7 万元。同年 9 月 14 日，鲜乐仕株式会社向北京市海诚公证处支付公证费 1000 元。

2011 年 9 月 7 日，鲜乐仕株式会社的委托代理程久余使用北京市海诚公证处的电脑进入 www. miitbeian. gov. cn 网站，打印了该网站的相关网页内容。北京市海诚公证处对上述过程予以公证，并出具了（2011）京海诚内民证字第 06221 号公证书（简称第 06221 号公证书）。经公证打印的网页载明：惠买时空公司为优购网的主办单位，网站首页网址为 www. 17ugo. com；优购网"超人气美之扣保鲜收纳盒 30 件组"累计售出 7508 件。惠买时空公司认为"累计售出"是指点击率，而不是销售量。

一审庭审中，一审法院组织各方当事人对第 05544 号公证书所附的封存实物进行了现场勘验，15 个美之扣保鲜收纳盒盖的结构具备涉案专利权利要求 1 所述的全部技术特征。对此，美之扣公司不持异议。

本案一审诉讼中，美之扣公司提交了出入库单 2 张，载明其交给峰志聪公司 1000 套美之扣保鲜收纳盒，回收 800 套。鲜乐仕株式会社认为没有物流货运单据佐证，出入库单没有相关人员签字，不认可上述证据的真实性。惠买时空公司对上述证据真实性不持异议。

本案一审诉讼中，惠买时空公司提交了如下证据：

1. 惠买在线公司与锋志聪公司于 2011 年 5 月 30 日签订的《供销合同》及《商品清单》，《供销合同》的附件八《产品采购单》载明产品名称为"超人气美之扣保鲜收纳盒 30 件组 赠品：2 条不沾油毛巾"，数量为 1000，预计到位为 5 月 27 日。《商品清单》载明销售价为 298 元，商品利润额为 140 元，商品利润率为 47%，合作方式为代销。

2. 惠买在线公司与惠买时空公司于 2011 年 6 月 23 日签订的《独家商品供应协议》，约定惠买在线公司作为惠买时空公司的独家商品供应商向其供应网络与型录媒体销售的所有商品。

3. 惠买在线公司于 2011 年 6 月至 10 月向惠买时空公司开具的增值税发票及销货清单，销货清单载明"超人气美之扣保鲜收纳盒 30 件组"销售数量共计 197 件；惠买时空公司出具的北京市国家税务局通用机打发票 4 张，数量 4 件。

4. 美之扣公司的保鲜盒检验报告。

5. 锋志聪公司的企业法人营业执照。

6. 惠买时空公司于 2011 年 9 月 8 日发送锋志聪公司的《关于停止销售"超人气美之扣保鲜收纳盒 30 件组"的函》。

7. 惠买在线公司于 2011 年 9 月 8 日向商品事业部、财务部、各地库房发送的停止销售超人气美之扣保鲜收纳盒 30 件组的通知。

8. 锋志聪公司从惠买在线公司取走剩余未销售的"超人气美之扣保鲜收纳盒 30 件组"800 套的收条。

鲜乐仕株式会社对证据 3 的真实性不持异议，但不能证明是全部发票，且不认可其他证据的真实性和关联性。

一审判理和结果

一审法院认为：鲜乐仕株式会社享有的专利权应受法律保护。将被诉侵权产品与涉案专利权利要求 1 进行比对，美之扣保鲜收纳盒盖的技术特征完全落入涉案专利权利要求 1 的保护范围。美之扣公司对此不持异议。未经鲜乐仕株式会社许可，以生产经营为目的，美之扣公司制造、销售涉案美之扣保鲜收纳盒盖，惠买时空公司销售、许诺销售涉案美之扣保鲜收纳盒盖，侵犯了鲜乐仕株式会社涉案专利权，理应承担停止侵权、赔偿损失等民事责任。关于赔偿损失的金额，因鲜乐仕株式会社未提供其实际损失的相关证据，考虑涉案专利权的类别及性质等因素，按照美之扣公司和惠买时空公司各自承担的民事责任酌定其赔偿金额。

一审法院依照《中华人民共和国专利法》第十一条第一款、第六十五条，《最高人民法院关于审理专利纠纷案件适用法律问题的若干规定》第二十一条、第二十二条，《中华人民共和国民法通则》第一百一十八条的规定，判决：一、美之扣公司立即停止制造、销售，惠买时空公司立即停止销售、许诺销售涉案美之扣保鲜收纳盒盖。二、美之扣公司赔偿鲜乐仕株式会社经济损失人民币三十万元；惠买时空公司对其中经济损失人民币十万元承担连带赔偿责任。三、驳回鲜乐仕株式会社的其他诉讼请求。

上诉与答辩

鲜乐仕株式会社、美之扣公司、惠买时空公司均不服原审判决，向本院提起上诉。

鲜乐仕株式会社请求维持原审判决第一项，请求改判原审判决第二项为美之扣公司赔偿鲜乐仕株式会社经济损失和合理费用人民币853998元，惠买时空公司承担连带责任，请求撤销原审判决第三项，判令美之扣公司、惠买时空公司销毁侵权产品及相应的模具和专用工具，删除对侵权产品的网站介绍或宣传内容。其理由为：美之扣公司承认侵犯鲜乐仕株式会社涉案专利权，但是至今未停止生产和销售，应当销毁侵权产品及相应的模具和专用工具；原审判决的经济损失和合理费用金额偏低。

美之扣公司请求对原审判决第二项予以改判，变更为美之扣公司赔偿鲜乐仕株式会社经济损失人民币5万元，驳回鲜乐仕株式会社对美之扣公司提出的其他诉讼请求。其理由为：鲜乐仕株式会社由于侵权行为造成的损失除了因调查、制止侵权的费用外，没有其他损失；美之扣公司因侵权获利极少，原审判决适用法律错误，判决赔偿的经济损失数额明显过高。

惠买时空公司请求对原审判决予以改判，驳回鲜乐仕株式会社对其提出的诉讼请求。其理由为：惠买时空公司销售的被诉侵权产品有合法来源，且事前不知道被诉侵权产品侵犯涉案专利权；惠买时空公司已经证明被诉侵权产品的合法来源，不应承担赔偿责任；原审判决的赔偿数额明显过高。

二审审理查明

二审法院确认一审法院查明的事实，同时另查明：2011年8月15日，鲜乐仕株式会社的委托代理程久余以"京城邮政特快专递"方式寄出律师函，收件人地址及单位为"北京市朝阳区酒仙桥东路1号M8楼二层，北京优购文化发展有限公司、北京惠买时空商贸有限公司"，收件人为"李美莲"，签收回执所盖邮戳时间为"2011年8月19日"。此外，根据惠买时空公司提交的北京增值税专用发票所附《销售货物或者提供应税劳务清单》显示，被诉侵权产品销售单价为 243－250 元左右。

二审判理和结果

二审法院认为：根据《中华人民共和国专利法》第七十条规定，为生产经营目的的使用、许诺销售或者销售不知道是未经专利权人许可而制造并售出的专利侵权产品，能证明该产品合法来源的，不承担赔偿责任。该条规定是基于对交易安全的考虑，保护善意销售商不因销售侵权产品而承担赔偿责任，从而损害其合法权益。

本案中，惠买时空公司主张其不知道被诉侵权产品系侵犯专利权的产品，并采取了停止销售的措施，但是，从现有证据可知，惠买时空公司收到鲜乐仕株式会社律师函的时间最迟为 2011 年 8 月 19 日，而惠买时空公司认可其停止销售被诉侵权产品的时间为 9 月 8 日。由此可见，惠买时空公司在知道其销售或许诺销售的产品系侵犯他人专利权的情况下，未及时采取有效的停止侵权措施，仍然实施销售和许诺销售行为，并且也未及时与鲜乐仕株式会社取得联系，难以认为其属于善意销售商，因此，原审判决判令其承担十万元的连带赔偿责任，并无不当。惠买时空公司关于其不应承担赔偿责任的上诉主张不能成立。

根据查明的事实，优购网"超人气美之扣保鲜收纳盒 30 件组"累计售出 7508 件。惠买时空公司虽然认为"累计售出"是指点击率，而不是销售量，但是，其并未提交足够的证据予以证明，而且"累计售出"显然是销售量的表示。由于鲜乐仕株式会社未提供其实际损失的相关证据，原审法院考虑涉案专利权的类别及性质、美之扣公司和惠买时空公司各自的主观过错、侵权情节和侵权行为性质、侵权持续时间及影响范围，结合惠买时空公司在其优购网销售涉案美之扣保鲜收纳盒的销售价格及数量，鲜乐仕株式会社为制止侵权行为所支出的合理费用等因素，并按照美之扣公司和惠买时空公司各自承担的民事责任酌定赔偿金额为三十万元，并无不当。鲜乐仕株式会社及美之扣公司关于原审判决确定赔偿数额错误的上诉主张均不能成立，不予支持。

综上，二审法院依据《中华人民共和国民事诉讼法》第一百五十三条第一款第（一）项①之规定，判决：驳回上诉，维持原判。

---

① 对应 2012 年 8 月新修订的《民事诉讼法》第一百七十条第一款第（一）项。

【法官评述】

本案涉及合法来源抗辩的适用问题。根据《专利法》第七十条规定，为生产经营目的使用、许诺销售或者销售不知道是未经专利权人许可而制造并售出的专利侵权产品，能证明该产品合法来源的，不承担赔偿责任。然而如何证明销售商"不知道"，是合理来源抗辩审理过程中的一个难点问题。

一、合法来源抗辩的立法目的

根据《专利法》第十一条的规定，未经专利权人许可，为生产经营目的使用、许诺销售、销售其专利产品，或者使用、许诺销售、销售依照该专利方法直接获得的产品的行为，构成侵犯专利权。这一条对于善意第三人构成严重的威胁。因为在专利产品的市场流通过程中，会经过很多环节，从制作到总经销，零售再到使用，每个环节都可能会构成对于专利权的侵害。但不同环节的行为人对于专利技术的认知，以及其所应承担的注意义务却不相同。作为某类产品的制造者，对于相关专利的技术领域当然应当具有一定的认知能力，同时制造行为本身对于专利权的损害最为巨大，因此，制造者应当承担较高的注意义务，须对其生产的产品是否采用了与特定专利相同或等同的技术方案予以审查。因此，不论制造者是否明知或应知，只要其未经许可制造了专利产品，使用了专利方法，就推定其存在过错，应当承担包括赔偿损失在内的侵权责任。但对于位于流通环节末端的销售者及使用者而言，仅销售及使用行为本身显然不会使其对产品的技术方案具有相应的认知能力。特别是当前随着技术分工越来越精细，产品组成越来越复杂，产品技术含量越来越高，销售者及使用者根本无法做出判断。因此，从有利于市场流通的需求，保障交易安全的角度，要求所有使用者、许诺销售者、销售者对其销售或使用的产品均具有技术上的认知，必然会导致对整个商品流通秩序造成巨大影响，显然既不合理又不可行。据此，应当在一定情况下免除其赔偿责任，以从根本上保障交易安全。鉴于此种考虑，《专利法》为善意的使用和销售行为规定了免责条款①。

---

① 北京市第一中级人民法院编著：《侵犯专利权抗辩事由》，知识产权出版社2011年版，第216－217页。

二、使用者、许诺销售者、销售者如何证明其"不知道"

关于行为人的主观过错，合理来源抗辩采用的是"不知道"这一措辞。"不知道"应当被理解为"实际得知"的反义词，包括不可能知道和应当知道而实际并不知道两种情况。[①] 根据证据法的基本原理，证明积极事实是相对容易的，而"不知道"某事实属于消极事实的证明，其证明难度非常大。因此，司法实践中，大都对消极事实的证明标准给予适当降低，将一定举证责任分配给积极事实的证明方。

在专利侵权司法实践中，根据《专利法》第十一条的规定，使用者、许诺销售者、销售者的侵权行为及构成与制造者并无实质区别，仅仅是根据保护交易安全的需要给予使用者、许诺销售者、销售者在一定条件下的免除赔偿的例外，即所述的合理来源抗辩。因此，针对使用者、许诺销售者、销售者侵权行为的初步举证责任与制造者相同。只要使用者、许诺销售者、销售者使用、销售或许诺销售前述被控侵权产品，则推定其侵权，由其举证证明其"不知道"，从而免除其赔偿责任。

司法实践中，如果使用者、许诺销售者、销售者可以证明其合法来源的，在无其他证据可以证明其主观上存在过错的情况下，可以合理推定其主观上并无过错。

三、使用者、许诺销售者、销售者得到权利人或其利害关系人发出的警告信等通知后如何免除其赔偿责任

实践中，部分案件中权利人或其授权的人向被告发过警告函，那么，这种情况下被告就不能抗辩其不知道侵权事实了。权利人的警告函是一种通知行为，该通知行为的作用在于"使接受方知晓其销售、许诺销售或使用的产品可能存在侵犯专利权的后果"。专利侵权判定是一个非常专业的程序，需要经过专业的技术比对才能够做出判断。权利人尽管熟悉专利技术方案，但是，对于被控侵权产品是否落入专利保护范围，其也仅仅是自行判断，并没有法律效力。一方面，如果要求使用者、许诺销售者、销售者在接到警告函后立即停止所谓的"侵权行为"，极有可能导致专利权的滥用，损害交易的秩序和安全。另一方面，如果使用者、许诺销售者、销售者在接到警告函后既不停止所谓的"侵权行为"也不采取其他合理措

① 尹新天：《中国专利法详解》，知识产权出版社 2011 年版，第 840 页。

施,则其在侵权诉讼中有关合理来源抗辩的主张就难以得到支持。笔者认为,使用者、许诺销售者、销售者在接到警告函后,及时与制造者沟通,尝试签订瑕疵担保条款是一个比较可行的方法,这样既可以继续其销售或使用行为,也可以一定程度上转移赔偿责任。此外,也可以委托中立的鉴定机构将被控侵权产品与专利进行是否侵权的比对,作为其抗辩方法。总之,如果使用者、许诺销售者、销售者接到警告函后不是消极不作为,而是积极地采用相应的措施,在侵权诉讼中其所采用的措施通常可以作为免责情节予以考虑。

编写人:北京市高级人民法院知识产权审判庭　焦彦

2

哈尔滨工业大学星河实业有限公司诉江苏润德管业有限公司侵犯发明专利权纠纷案

——阅读提示：主题名称对权利要求的保护范围是否具有限定作用？

【裁判要旨】

权利要求的主题名称是构成专利技术方案的基础要件，在确定专利权的保护范围时应当予以考虑。

【案号】

一审：江苏省南京市中级人民法院（2010）宁知民初字第 566 号

二审：江苏省高级人民法院（2012）苏知民终字第 0021 号

【案情与裁判】

原告（二审被上诉人）：哈尔滨工业大学星河实业有限公司（简称星河公司）

被告（二审上诉人）：江苏润德管业有限公司（简称润德公司）

起诉与答辩

星河公司诉称，其于 2005 年 7 月 7 日向国家知识产权局申请名称为"一种钢带增强塑料管道及其制造方法和装置"的发明专利，2007 年 4 月 4 日经公告授权，专利号为 ZL200510082911.4（简称涉案专利）。2009 年下半年，星河公司发现润德公司使用与其涉案专利同样的制造方法和装置生产、销售排水管。星河公司遂于 2010 年 10 月 29 日向江苏省南京市中级人民法院提起诉讼，请求判令润德公司：1. 立即停止制造、销售侵犯涉案专利权的排水管；2. 立即停止使用侵犯涉案专利权的制造排水管的方法和装置；3. 立即销毁侵犯涉案专利权的制造排水管的装置；4. 赔偿星河公司经济损失 50 万元及为制止侵权而支付的合理费用 2 万元。

润德公司辩称，其排水管产品及其生产的方法、装置均缺少涉案专利独立权利要求记载的必要技术特征，不构成专利侵权，请求驳回星河公司的诉讼请求。

一审审理查明

星河公司于 2005 年 7 月 7 日申请，并于 2007 年 4 月 4 日获得"一种钢带增强塑料排水管道及其制造方法和装置"发明专利权的授权，专利号为 ZL200510082911.4。该专利目前合法有效。庭审中，星河公司以涉案专利独立权利要求 1、2、6 为其权利基础主张润德公司侵权。其中，独立权利要求 1 为：一种钢带增强塑料复合排水管道，包括一个塑料管体和与管体成一体的加强肋，加强肋内复合有增强钢带，其特征在于钢带上有若干矩形或圆形的通孔或钢带两侧轧制有纹路，两个加强肋之间塑料形状具有中间凸起，管体的端部具有一个连接用的承插接头，承插接头的连接部具有密封胶或橡胶圈。独立权利要求 2 为：一种制造权利要求 1 所述的钢带增强塑料排水管道的方法，其特征在于包括如下步骤：A. 将挤出机与复合机头成直角布置，钢带从机头一端引入复合机头，并在机头内与塑料复合，经冷却、定型、牵引后成型为钢带增强塑料复合异型带材钢带；B. 将异型带材运送到安装现场；C. 缠绕并熔焊异型带材形成钢带增强塑料排水管；D. 在排水管的端口设置塑料承插接头并将其熔焊连接形成连续的排水管道。独立权利要求 6 为：一种实施权利要求 2 所述方法的制造钢带增强塑料排水管的装置，包括：A. 将钢带与塑料复合形成具有钢带加强肋的异型带材的复合装置；B. 缠绕并熔焊异型带材形成钢带增强塑料排水管的缠绕装置；C. 在钢带增强塑料排水管的端口设置承插接头的装置。

润德公司涉案排水管具有如下技术特征：一个塑料管体和与管体成一体的加强肋，加强肋内复合有增强钢带。钢带上没有矩形或圆形的通孔，钢带两侧未见有明显纹路，有两组加强肋之间具有中间凸起，其他加强肋之间没有中间凸起，该截管材的端部没有承插接头，也没有密封胶或橡胶圈。润德公司制造涉案排水管的方法具有如下技术特征：1. 布置有挤出机与复合机头，钢带从机头一端引入复合机头，并在机头内与塑料复合，经冷却、定型、牵引后成型为钢带增强塑料复合异型带材钢带；2. 将异型带材运送到缠绕现场；3. 缠绕并熔焊异型带材形成钢带增强塑料排水管；4. 通过不锈钢卡箍连接或电热熔带连接方式将管材连接成连续的管道。润德公司制造涉案排水管的装置具有如下技术特征：A. 具有将钢带与塑料复合形成具有钢带加强肋的异型带材的复合装置；B. 具有缠绕并熔焊异型带材形成钢带增强塑料排水管的缠绕装置。

一审判理和结果

江苏省南京市中级人民法院认为，润德公司制造的涉案排水管缺少涉案专利独立权利要求 1 记载的"钢带上有若干矩形或圆形的通孔或钢带两侧轧制有纹路"和"两个加强肋之间塑料形状具有中间凸起"这两个必要技术特征，故润德公司制造的涉案排水管未落入星河公司涉案专利独立权利要求 1 的保护范围，不构成侵权。江苏省南京市中级人民法院同时认为，法律没有规定，可以将主题名称用来限定独立权利要求的保护范围，发明的主题或者发明创造的名称，对保护范围不起限定作用。故涉案专利独立权利要求 2 的保护范围不受权利要求 1 的限定，涉案专利独立权利要求 6 的保护范围同样不受权利要求 1 和 2 的限定。据此，经比对，润德公司制造涉案排水管的方法及装置分别落入涉案专利独立权利要求 2、6 的保护范围，构成侵权。依照《中华人民共和国专利法》第十一条第一款、第五十九条第一款、第六十条、第六十五条、第七十条，《最高人民法院关于审理专利纠纷案件应用法律若干问题的解释》第二条、第三条第一款、第七条之规定，江苏省南京市中级人民法院判决：一、润德公司立即停止侵犯星河公司"一种钢带增强塑料排水管道及其制造方法和装置"发明专利权的方法及装置的行为；二、润德公司于判决生效之日起十日内赔偿星河公司经济损失 50 万元；三、驳回星河公司的其他诉讼请求。

上诉与答辩

江苏省南京市中级人民法院宣判后，润德公司不服一审判决，向江苏省高级人民法院提起上诉，认为一审判决认定涉案专利独立权利要求 2 的保护范围不受权利要求 1 的限定以及涉案专利独立权利要求 6 的保护范围同样不受权利要求 1 和 2 的限定系认定事实不清、适用法律错误，请求撤销一审判决，改判驳回星河公司全部诉讼请求或发回重审。

星河公司针对润德公司的上诉理由答辩称：涉案专利独立权利要求 2 的保护范围不受权利要求 1 的限定，涉案专利独立权利要求 6 的保护范围同样不受权利要求 1 和 2 的限定，请求驳回上诉，维持原判决。

二审判理和结果

江苏省高级人民法院认为：本案中，因润德公司制造的涉案排水管缺少涉案专利独立权利要求 1 记载的"钢带上有若干矩形或圆形的通孔或钢带两侧轧制有纹路"和"两个加强肋之间塑料形状具有中间凸起"这两个必要技术特征，故润德公司制造的涉案排水管未落入星河公司涉案专利独立权利要求 1 的保护范围，不构成侵权。判断润德公司制造涉案排水管的方法及装置是否侵犯了星河公司涉案发明专利权，先要确定涉案发明专利权的保护范围。发明或者实用新型的独立权利要求应当包括前序部分和特征部分，前序部分写明要求保护的发明或者实用新型技术方案的主题名称和发明或者实用新型主题与最接近的现有技术共有的必要技术特征，特征部分写明发明或者实用新型区别于最接近的现有技术的技术特征，这些特征和前序部分写明的特征合在一起，限定发明或者实用新型权利要求的保护范围。权利要求中所记载的主题名称属于权利要求的内容之一。《中华人民共和国专利法实施细则》第二十条第二款规定，独立权利要求应当从整体上反映发明或者实用新型的技术方案，记载解决技术问题的必要技术特征。所述必要技术特征是指，发明或者实用新型为解决其技术问题所不可或缺的技术特征，其总和足以构成发明或者实用新型的技术方案。对于权利要求的主题名称来说，其是组成技术方案的基础要件，缺少主题名称的权利要求必然不足以构成完整的发明或者实用新型的技术方案。本案中，权利要求 2 是一项方法权利要求，其在主题名称部分引用了在先的产品权利要求 1 的内容，即"一种制造权利要求 1 所述的钢带增强塑料排水管道的方法"，权利要求这样撰写的目的仅在于简化权利要求的撰写形式，权利要求 2 实际上相当于"一种制造包括一个塑料管体和与管体成一体的加强肋，加强肋内复合有增强钢带，其特征在于钢带上有若干矩形或圆形通孔或钢带两侧轧制有纹路，两个加强肋之间塑料形状具有中间凸起，管体的端部具有一个连接用的承接插头，承接插头的连接部具有密封胶或橡胶圈的一种钢带增强塑料复合排水管道的方法，其特征在于……"本案主题名称中引用的权利要求的技术特征在确定专利权的保护范围时，是需要考虑的，并且在本案中可以明确的是确有限定作用。《最高人民法院关于审理侵犯专利权纠纷案件应用法律若干问题的解释》第七条规定，人民法院判定被诉侵权技术方案是否落入专利的保护范围，应当审查权利人主张的权利要求所记载的全部技术特征。如前所述，权利要求中所记载的主题名称属于解决技术问题的必要技术特征，在确定专利权的保护范围时应当予以考虑。将被控侵权技术方案与权利要求 2 所记载的全部技术特征对比，可以明确，至少权利要求 2 中涉及的上述"钢带上有若干矩形或圆形通孔或钢带两侧轧制有纹路"和"两个加强肋之间塑料形状具有中间凸起"两个技术特征在被控侵权技术方案中没有出现，故润德公司生产被控侵权产品的方法未落入引用在先权利要求 1 的权利要求 2 的保护范围之内，不构成专利侵权。同理，润德公司制造涉案排水管的装置也未落入引用在先权利要求 1、2 的权利要求 6 的保护范围之内，同样不构成专利侵权。综上，一审判决认定事实不清，适用法律错误，应予纠正。润德公司关于其不侵犯星河公司涉案发明专利权的上诉理由成立。依照《中华人民共和国专利法》第五十九条第一款、《中华人民共和国专利法实施细则》第二十条第二款、第二十一条第一款第（一）、（二）项、《最高人民法院关于审理侵犯专利权纠纷案件应用法律若干问题的解释》第七条、《中华人民共和国民事诉讼法》第一百五十三条第一款第（二）、（三）项①之规定，江苏省高级人民法院判决：一、撤销江苏省南京市中级人民法院（2010）宁知民初字第 566 号民事判决；二、驳回星河公司的诉讼请求。

【法官评述】

　　本案涉及的焦点问题在于：当一权利要求所述发明的主题名称引用其他权利要求时，被引用的其他权利要求的相关技术特征对该权利要求的保护范围是否具有限定作用？审判实践中对此有两种观点：一种观点认为专利侵权判定应以权利要求特征部分记载的全部技术特征作为比对的依据，主题名称只是对发明内容的总括描述，对权利要求保护范围不起限定作用；另一种观点认为权利要求的前序和特征部分都是权利要求的内容，对权利要求的保护范围都起到限定作用，故当一权利要求主题名称引用其他权利要求时，被引用的其他权利要求的相关技术特征对该权利要求的保护

---

　　① 对应 2012 年 8 月新修订的《民事诉讼法》第一百七十条第一款第（二）、（三）项。

范围也应具有限定作用。江苏省高级人民法院的二审判决采用了第二种观点。具体裁判思路如下：

一、权利要求的主题名称是构成专利技术方案的基础要件，在确定专利权的保护范围时应当予以考虑

按照现行专利侵权判定的原则，发明或者实用新型专利权的保护范围以权利要求的内容为准，而专利权利要求中记载的全部必要技术特征均应作为与被控侵权技术方案进行比对的基础。《专利法实施细则》第二十二条规定独立权利要求包括前序部分和特征部分，前序部分写明主题名称和与最接近的现有技术共有的必要技术特征，特征部分写明区别于最接近的现有技术的技术特征，前序部分与特征部分一起共同限定权利要求的保护范围。上述规定为处理本案争议焦点问题提供了明确的法律依据。权利要求中的前序部分和特征部分记载的技术特征，对于专利权的保护范围均有限定作用。法院在专利侵权案件中确定专利权的保护范围时，要考虑权利要求中的前序部分的限定作用。而主题名称作为前序部分的重要内容，是权利要求不可或缺的组成部分，其对保护范围的限定作用不能忽视。当一权利要求主题名称引用其他权利要求时，应理解为主题名称应受到其所引用的其他权利要求的技术特征的限定，相应的其他权利要求的技术特征也应作为一权利要求技术特征的一部分共同限定其保护范围。就本案而言，权利要求2的主题名称为"一种制造权利要求1所述的钢带增强塑料排水管道的方法"，该主题名称限定了由权利要求2方法制造的产品应当是权利要求1所限定的排水管，主题名称作为权利要求2的组成部分应当已经包含了其所引用的权利要求1所包含的全部技术特征，故权利要求2虽作为一项独立的方法专利权利要求，但其保护范围仍应由权利要求1记载的全部技术特征和权利要求2所记载的技术特征部分共同限定。同理，涉案专利独立权利要求6也应受其引用的方法权利要求2及产品权利要求1的限定。

二、对于并列的独立权利要求，在确定其保护范围时，被引用的权利要求的特征均应予以考虑

一件专利申请的权利要求书应当至少有一项独立权利要求，当有两项或者两项以上的权利要求时，写在最前面的独立权利要求为第一独立权利要求，其他独立权利要求为并列的独立权利要求。例如本案的权利要求2

和权利要求 6，其实际上是引用其他独立权利要求的权利要求，属于是并列的独立权利要求。对于这种引用另一权利要求的独立权利要求，在确定其保护范围时，被引用的权利要求的特征均应予以考虑，而其实际的限定作用应当体现在对该独立权利要求的保护主题产生了何种影响。权利要求书应当以说明书为依据，清楚、简要地限定要求专利保护的范围，因此，专利申请人为了表达清楚、简要，在主题名称部分在撰写时未对其所引用的独立权利要求的技术特征加以全部列明，而只是笼统的采用了"一种实施权利要求 1 的方法的装置"、"一种制造权利要求 1 的产品的方法"等方式，符合专利的撰写要求。

三、侵权判定中，除了考虑权利要求的主题名称，还需要考虑技术方案的必要技术特征

在侵权的判定中，确定权利要求保护范围是关键。对于并列的独立权利要求，应当考虑被引用权利要求的技术特征，尤其是所作出的限定对该独立权利要求的保护主题产生了影响时，更加不能忽视。本案中，权利要求 2 是一项方法权利要求，其在主题名称部分引用了产品权利要求 1 的内容，即"一种制造权利要求 1 所述的钢带增强塑料排水管道的方法"，权利要求这样撰写的目的仅在于简化权利要求的撰写形式，权利要求 2 实际上相当于"一种制造包括一个塑料管体和与管体成一体的加强肋，加强肋内复合有增强钢带，其特征在于钢带上有若干矩形或圆形通孔或钢带两侧轧制有纹路，两个加强肋之间塑料形状具有中间凸起，管体的端部具有一个连接用的承接插头，承接插头的连接部具有密封胶或橡胶圈的一种钢带增强塑料复合排水管道的方法，其特征在于……"由此，独立权利要求 2 的保护范围应由独立权利要求 1 和独立权利要求 2 所记载的技术特征加以共同限定。

法院在本案中对被控侵权的涉案排水管与涉案专利权利要求 1 进行比对后认定，被控侵权产品缺少涉案专利独立权利要求 1 记载的"钢带上有若干矩形或圆形的通孔或钢带两侧轧制有纹路"和"两个加强肋之间塑料形状具有中间凸起"这两个必要技术特征，相应的至少权利要求 2 中涉及的上述"钢带上有若干矩形或圆形通孔或钢带两侧轧制有纹路"和"两个加强肋之间塑料形状具有中间凸起"两个技术特征在被控侵权技术方案中没有出现，故被控侵权产品的制造方法未落入涉案专利独立权利要求 2 的

保护范围。同理，被控侵权产品的制造装置也未落入涉案专利独立权利要求6的保护范围，不构成专利侵权。

【编者注】

哈尔滨工业大学星河实业有限公司不服本案二审判决，向最高人民法院申请再审。最高人民法院于2013年12月30日作出（2013）民申字第790号民事裁定，驳回了哈尔滨工业大学星河实业有限公司的申请再审。在（2013）民申字第790号民事裁定中，最高人民法院对主题名称是否对专利权保护范围具有限定作用、引用在前独立权利要求的并列独立权利要求的保护范围如何确定这两个问题发表意见如下：1.通常情况下，在确定权利要求的保护范围时，权利要求中记载的主题名称应当予以考虑，而实际的限定作用应当取决于该主题名称对权利要求所要保护的主题本身产生了何种影响。2.虽然在确定并列独立权利要求的保护范围时，被引用的独立权利要求的特征均应当予以考虑，但其对该并列独立权利要求并不必然具有限定作用，其实际的限定作用应当根据其对该并列独立权利要求的技术方案或保护主题是否有实质性影响来确定。最高人民法院的上述裁定进一步完善了本案二审判决的裁判理由。

编写人：江苏省苏州市中级人民法院知识产权审判庭　任小明

3

亚什兰许可和知识产权有限公司、北京天使专用化学技术有限公司诉北京瑞仕邦精细化工技术有限公司、苏州瑞普工业助剂有限公司、魏某某侵害发明专利权纠纷案

——阅读提示：非新产品制造方法专利侵权诉讼中，在专利权人已尽合理努力仍无法证明被控侵权人确实使用了专利方法，根据已有证据认定同样产品经由专利方法制造的可能性较大时，法院如何分配举证责任？

【裁判要旨】

法院根据案件具体情况，并结合已知事实以及日常生产经验，能够认定同样产品经由专利方法制造的可能性较大，专利权人所举证据已构成证据优势时，法院可以不再要求专利权人提供进一步的证据，而将举证责任转移，要求被控侵权人承担证明其制造方法不同于涉案专利方法的责任，并根据其举证进行后续的技术特征比对。

【案号】

一审：江苏省苏州市中级人民法院（2010）苏中知民初字第 0301 号

【案情与裁判】

原告：亚什兰许可和知识产权有限公司（简称亚什兰公司）

原告：北京天使专用化学技术有限公司（简称天使公司）

被告：北京瑞仕邦精细化工技术有限公司（简称瑞仕邦公司）

被告：苏州瑞普工业助剂有限公司（简称瑞普公司）

被告：魏某某

起诉与答辩

原告亚什兰公司和天使公司共同诉称，亚什兰公司系"水包水型聚合物分散体的制造方法"发明专利的权利人，天使公司经亚什兰公司许可在中国大陆境内合法使用上述专利。被告瑞仕邦公司和瑞普公司未经许可生产、销售、许诺销售的完全水性聚合物浓缩液落入了上述专利 1、45、46、50 的保护范围，侵害了亚什兰公司的合法权益。魏某某曾在天使公司担任总经理一职，实质接触了涉案专利及其技术细节，瑞仕邦公司和瑞普公司的被控侵权技术方案来源于魏某某，魏某某对其余两被告的侵权行为起到了教唆帮助作用，已构成对涉案专利权的共同侵害。为维护亚什兰公司和天使公司的合法权益，其于 2010 年 9 月 25 日诉至苏州市中级人民法院，请求判令三被告：1. 立即停止侵权，包括但不限于生产、销售、许诺销售侵权产品"完全水性聚合物浓缩液"；2. 连带赔偿经济损失 2000 万元人民币（包括制止侵权所支付的合理费用）。

被告瑞仕邦公司和瑞普公司共同辩称：天使公司不具有诉讼主体资格，不应成为本案原告。瑞普公司所生产的完全水性聚合物浓缩液未落入涉案专利保护范围，请求驳回原告的诉讼请求。

被告魏某某辩称，其不应成为本案的适格被告，亚什兰公司主张魏某某教唆帮助另外两被告实施侵权行为没有事实和法律依据。

一审审理查明

苏州市中级人民法院审理查明，德国施托克豪森公司于 2005 年 10 月 26 日被国家知识产权局授予名称为"水包水型聚合物分散体的制造方法"的发明专利权，专利号为 ZL01820252.7。2007 年 10 月 19 日，经国家知识产权局核准，该发明专利权人由施托克豪森公司变更为本案原告亚什兰公司，该专利目前处于有效期内。亚什兰公司后通过亚什兰集团授权许可天使公司在大陆境内使用包括涉案专利在内的技术信息进行产品生产。经查，该发明专利共包括 52 项权利要求，亚什兰公司和天使公司明确其在本案中主张保护的权利要求为 1、45、46、50，其中权利要求 1 为独立权利要求，内容为：一种含有聚合物 A 和至少一种聚合分散剂 B 的水包水型聚合物分散体的制造方法，根据该方法，分散在含有水溶性分散剂 B 的水相中的单体进行自由基聚合反应，任选在添加水溶性盐之后，和，在聚合之后，将水溶性酸加入到以这种方式获得的水溶性或水可溶胀的聚合物 A 中，其特征在于该酸是以 0.1－5wt% 的量添加，该盐以 0.5－3 wt% 的量添加，各自相对于分散体的总量，而且该盐和酸的总量的最高量为相对于分散体总量的 5wt%。权利要求 45 内容为：可由权利要求 1 到 44 中任一项获得的水包水型聚合物分散体。权利要求 46、50 从属于权利要求 45。

魏某某于 1996 年进入天使公司工作，2003 年担任总经理一职，2007 年 9 月始担任亚什兰中国区业务总监，后于 2008 年 9 月离职。

2010 年 5 月 6 日，亚什兰公司与北京市方正公证处公证人员至广州市越秀广纸集团的仓库内提取"V760 助留剂"产品样本，经核实该批次产品系从瑞普公司购得。次日，公证人员及亚什兰公司委托代理人将样品送至上海交通大学测试中心。2010 年 9 月 15 日，上海交通大学测试中心出具对"V760 助留剂"样品的检测报告，其内容显示"V760 助留剂"样品中水溶性酸和水溶性盐的量相对于分散体的总量落入涉案专利的保护范围。同年 8 月 9 日，亚什兰公司委托北京市中信公证处对瑞仕邦公司网站销售被控侵权产品的内容进行证据保全，根据保全网页显示，瑞仕邦公司销售"倍幅者® Papformer® 助留助滤剂"产品，其成分是主要以丙烯酰胺及衍生物为聚合单体的有机高分子聚合物，产品包括 V700、VD700、VDI700 助留剂以及 FC700 系列离子控制剂。

在本案诉讼之前，亚什兰公司提起诉前证据保全，请求对瑞普公司的"V750/V760/V770"助留剂的生产工艺流程及相关操作流程记录单、工艺操作手册、成品、原料样品、销售合同及发货单予以保全，苏州市中级人民法院依法审查后于 2010 年 9 月 7 日出具（2010）苏中诉保字第 0008 号民事裁定书至瑞普公司进行证据保全。瑞普公司后于 2010 年 9 月 10 日提供了其账册及财务报表若干本、销售合同和发货单各一组，2010 年 3 月至 5 月的操作记录复印件 80 份、6 月至 9 月的操作记录 90 份以及操作流程方框图一份，但该操作记录与操作流程方框图的记载过于简略，无法反映真实的生产操作步骤，亦无法据此与涉案专利进行比对。

诉讼过程中，亚什兰公司了解到瑞仕邦公司曾将"完全水性聚合物浓缩液"生产技术作价 700 万入股瑞普公司，为将被控侵权的"完全水性聚合物浓缩液"的技术方案与涉案专利进行比对，亚什兰公司向苏州市中级人民法院申请调取被控侵权技术方案的评估报告，考虑到案件审理的实际需要，苏州市中级人民法院依法至评估公司调取该报告，但报告中对被控侵权技术方案的内容未作记载。

一审判理和结果

庭审中，瑞普公司和瑞仕邦公司认可其生产制造并销售的完全水性聚合物浓缩液与涉案方法专利所生产的产品为同样产品。通过法院对逐个技术特征的比对分析，双方当事人对于技术特征区别的争议集中在完全水性聚合物浓缩液生产工艺中水溶性酸及水溶性盐的添加比例。

考虑到完全水性聚合物浓缩液为一种具有特定客户群的工业用化学制剂，亚什兰公司无法从公开市场购买该产品，也无从进入瑞普公司车间获知该产品完整的生产工艺流程，且魏某某及瑞普公司主要技术人员原均系天使公司工作人员，有机会接触到涉案专利方法的完整生产流程，同时亚什兰公司提供的鉴定报告亦可反推被控侵权产品中水溶性盐和水溶性酸的添加比例落入涉案专利保护范围，苏州市中级人民法院认为，亚什兰公司已尽合理努力穷尽其举证但仍无法证实两被告确实使用了其专利方法，但结合相关事实两被告使用专利方法生产完全水性聚合物浓缩液的可能性较大，同时瑞普公司在诉前证据保全阶段提供的生产工艺流程和操作记录不符合行业内的一般操作规范，无法反映真实的生产过程，法院明确要求瑞普公司提供完整的生产工艺流程。根据瑞普公司之后提供的生产工艺流程反映，完全水性聚合物浓缩液中亦添加了柠檬酸这一水溶性酸，但瑞普公司拒绝明确柠檬酸的添加比例，同时，生产工艺流程反映在柠檬酸添加前后依次添加了两次水溶性盐，比例分别是 $1.42wt\%$ 和 $1.97wt\%$，相对于聚合物分散体总量水溶性盐总的添加量是 $3.4wt\%$，瑞普公司主张 $3.4wt\%$ 的水溶性盐的添加比例高于涉案专利记载的 $3wt\%$ 的上限，未落入涉案专利的保护范围，亚什兰公司则主张涉案专利明确记载水溶性盐的添加顺序在水溶性酸之前，故应以完全水性聚合物浓缩液中第一次添加水溶性盐的比例 $1.42wt\%$ 与涉案专利的技术特征比对，两者构成相同。对此，苏州市中级人民法院认为，瑞普公司认可完全水性聚合物浓缩液中添加有柠檬酸，且确认柠檬酸在涉案聚合反应中不发生消耗，整个聚合过程亦未添加或生成其他水溶性酸，而瑞普公司经释明仍拒绝提供柠檬酸的添加比例，亚什兰公司对公证取得样品的检测反映柠檬酸的添加比例落入了涉案专利的保护范围，故法院认定瑞普公司生产的完全水性聚合物浓缩液中水溶性酸的添加比例这一技术特征与涉案专利对应技术特征相同。在水溶性盐的添加比例上，法院结合涉案专利以及同族专利文献的记载，认定应以水溶性酸添加之前水溶性盐的添加比例作为技术特征比对的依据，根据瑞普公司提供的生产工艺流程反映完全水性聚合物浓缩液中水溶性酸添加前的水溶性盐的比例为 1.42wt%，被控侵权技术方案中水溶性盐的添加比例这一技术特征与涉案专利的对应技术特征相同，法院根据专利侵权判定的全面覆盖的原则，认定被控侵权技术方案落入涉案专利的保护范围，瑞普公司和瑞仕邦公司使用涉案专利方法制造、销售侵权产品的行为侵害了亚什兰公司的合法权益。

在该案诉讼的同时，亚什兰公司依据本案证据保全及被告提供的证据材料在北京市第一中级人民法院针对三被告提起侵害商业秘密纠纷诉讼，苏州市中级人民法院将两案合并调解，在经过多日的斡旋后双方终达成调解方案，瑞普公司、瑞仕邦公司及魏某某承诺不使用涉案专利方法及商业秘密，并同意支付亚什兰公司 2200 万元的补偿金，该案圆满解决。

【法官评述】

一、举证责任的分配

方法专利中举证责任的分配历来是司法审判的难点和重点。本案所涉专利为非新产品制造方法，对于是否应由瑞普公司承担被控侵权技术方案不同于专利方法的举证责任，存有两种意见：一种意见认为根据《最高人民法院关于民事诉讼证据的若干规定》第四条第一款的规定，涉及新产品制造方法的专利侵权纠纷中，制造同样产品的单位或者个人应当提供其产品制造方法不同于专利方法的证明，而本案所涉为非新产品制造方法专利，不适用举证责任倒置，应由原告亚什兰公司对瑞普公司的被控侵权技术方案与专利方法相同举证；另一种意见认为，亚什兰公司至瑞普公司生产场所了解和获取涉案产品制造方法的难度较大，亚什兰公司提供证据证实魏某某及瑞普公司多名技术人员原均系天使公司员工，对涉案专利方法的运用较为了解，亚什兰公司申请了诉前证据保全且其提供的鉴定报告反映被控侵权技术方案落入涉案方法专利保护范围的可能性较大，在亚什兰公司已尽合理努力穷尽其举证但仍无法证实瑞普公司被控侵权技术方案时法院可将举证责任转移，要求瑞普公司提供完整的生产工艺流程，并根据其提供的生产工艺流程与涉案方法专利进行比对。苏州市中级人民法院在本案的审理中采纳了第二种意见，针对方法专利中权利人侵权举证困难的实际，法院依法采取证据保全措施，减轻方法专利权人的举证负担，同时，根据案件的具体情况，考虑到个案中各方当事人的举证能力，在专利权人提供的证据证实被控侵权人有机会接触并熟悉专利方法，且专利权人所举证据已构成证据优势，而被控侵权人仅作不侵权抗辩但未能提供确凿证据加以证实时，被控侵权技术方案侵害专利的可能性较大时，将举证责任转移，要求被控侵权人提供被控侵权技术方案不同于专利方法的证据。在被控侵权人进一步举证后对部分被控侵权技术方案中的技术特征仍拒不明确时，根据《最高人民法院关于民事诉讼证据的若干规定》第七十五条的规定："有证据证明一方当事人持有证据无正当理由拒不提供，如果对方当事人主张该证据的内容不利于证据持有人，可以推定该主张成立"，结合专利权人的相关证据明确被控侵权人对妨碍举证的行为承担不利的法律后果。该案的审理较好的贯彻了最高人民法院 2011 年 12 月 16 日印发的"关于充分发挥知识产权审判职能作用推动社会主义文化大发展大繁荣和促进经济自主协调发展若干问题的意见"第 15 条中关于非新产品方法专利中举证责任分配的精神。

二、本案的社会背景和社会影响

原告亚什兰公司所属的亚什兰集团为《财富》杂志评定的世界 500 强企业，在纽约证券交易所上市，是一家全球性的多元化化工公司，本案所涉的水溶性高分子产品为其 4 大主要业务之一，而瑞普公司坐落于江苏省张家港市，年销售额近 1.5 亿，为张家港市利税大户，被控侵权技术方案制造的产品为其主营产品，魏某某本人亦作为高新技术领军人才被江苏省政府引进，本案的审理对各方利益影响重大，苏州市中级人民法院考虑到化学品方法专利技术领域较为专业的特点，通过聘请技术专家担任人民陪审员的方式，充分发挥技术专家的专业优势及技术储备确保案件审理质量，同时出于维护高科技人才声誉的角度在案件认定事实清楚的基础上积极组织双方当事人沟通，在了解各方诉求的基础上主动化解矛盾。苏州市中级人民法院最终在认定侵权成立基础上促使双方当事人达成 2200 万的调解方案也较好地体现了我国司法一直秉承的平等保护中外各方当事人权益的精神，《参考消息》将该案作为国内知识产权保护的典型案件予以了报道。

编写人：江苏省苏州市中级人民法院知识产权和涉外审判庭　柯爱艳

4

淄博诺奥化工有限公司诉南京荣欣化工
有限公司、南京乌江化工有限公司、淄博金博
科贸有限公司侵害发明专利权纠纷案

——阅读提示：对于发明专利侵权案件，如何理解和适用等同原则？在进行等同侵权判定时，能否以整体技术方案与专利权利要求所限定的技术方案适用等同原则进行比对，认定对专利权的侵犯？

【裁判要旨】

《最高人民法院关于审理专利纠纷案件适用法律问题的若干规定》对专利案件适用等同原则有着明确要求，一是与权利要求中的技术特征以基本相同的手段、实现基本相同的功能、达到基本相同的效果；二是对本领域的普通技术人员来讲是显而易见的，即无需经过创造性劳动就能够联想到的特征。等同原则是指被控侵权产品或方法中有一个或多个技术特征与专利独立权利要求的必要技术特征相比对，从字面上看不同，但经过分析可以认定被控侵权产品或方法落入了专利保护范围，等同原则并非两种整体技术方案的等同。

【案号】

一审：山东省淄博市中级人民法院（2011）淄民三初字第 15 号
二审：山东省高级人民法院（2012）鲁民三终字第 87 号

【案情与裁判】

原告（二审上诉人）：淄博诺奥化工有限公司（简称诺奥公司）

被告（二审被上诉人）：南京荣欣化工有限公司（简称荣欣公司）

被告（二审被上诉人）：南京乌江化工有限公司（简称乌江公司）

被告（二审被上诉人）：淄博金博科贸有限公司（简称金博公司）

起诉与答辩

2011 年 3 月 7 日，诺奥公司向山东省淄博市中级人民法院提起民事诉讼，其诉称：其为"铜锌催化剂下丙醛加氢制备正丙醇的生产工艺"和"丙醛加氢制备正丙醇工艺中副产物丙酸丙酯的去除方法"两项发明的专利权人。乌江公司出资 3000 万元，独资设立荣欣公司，投资建设 1 万吨/年正丙醇及 1 万吨/年醋酸正丙酯项目，该项目的环境影响评价已有南京市环保局于 2009 年 4 月 1 日进行公示，根据该项目的公示信息，荣欣公司正丙醇相关生产工艺与原告的发明专利构成等同。荣欣公司、乌江公司已经严重侵犯了其专利权，金博公司购买荣欣公司所生产的专利侵权产品用于销售的行为，同样侵犯了其专利权。因此，依据等同原则，荣欣公司被控侵权方法落入其所主张的专利权利保护范围，乌江公司作为荣欣公司投资方应当承担连带责任。因此，请求法院判决：1. 荣欣公司、乌江公司、金博公司立即停止侵害其涉案发明专利的行为；2. 荣欣公司、乌江公司赔偿其经济损失 100 万元；3. 荣欣公司、乌江公司承担其为维权支出的费用 10 万元，并承担本案诉讼费用。

荣欣公司辩称：1. 诺奥公司应提供我公司侵犯涉案专利的证据，由于原告在其诉讼中未能提供答辩人生产工艺落入原告专利保护范围的证据，应承担举证不能的责任。2. 我公司生产正丙醇产品系合法生产，并没采用诺奥公司的专利技术，不存在专利侵权行为。3. 我公司的生产方法在诸多方面均不同于诺奥公司的专利，存在实质差异，不在诺奥公司专利技术的保护范围。请求法院依法查明事实，驳回诺奥公司的诉讼请求。

被告乌江公司辩称：1. 我公司不生产正丙醇，因此不侵犯诺奥公司专利权；2. 荣欣公司是依法经过工商登记的，诺奥公司认为荣欣公司不具备独立法人资格没有事实和法律依据。请求驳回诺奥公司的诉讼请求。

被告金博公司未出庭，书面辩称：我公司购买的产品是从乌江公司合法购买的，有购销合同和发票，来源合法，不应当承担赔偿责任。

法院审理查明

诺奥公司为"铜锌催化剂下丙醛加氢制备正丙醇的生产工艺"（专利号 ZL200810014135.8）和"丙醛加氢制备正丙醇工艺中副产物丙酸丙酯的去除方法"（专利号 ZL200810014134.3）发明专利的专利权人，诺奥公司已按规定向国家知识产权局缴纳专利年费，该两项专利均处于有效状态。

专利"铜锌催化剂下丙醛加氢制备正丙醇的生产工艺"的权利要求 1 为：其特征在于丙醛在铜锌系催化剂的作用下进行气相加氢，生成粗丙醇，然后粗丙醇进入精馏系统提纯得到产品正丙醇，所述铜锌催化剂的重量组成为：氧化铜 29.4% －50%，氧化锌 49.4% －70%，三氧化铝 0.05% －1.5%，三氧化二铁 0.05% －0.15% 和氧化钠 0.2% －0.3%。专利"丙醛加氢制备正丙醇工艺中副产物丙酸丙酯的去除方法"的权利要求 1 为：其特征在于丙醛加氢生成粗丙醇进入精馏系统时通过适量的补水使正丙醇、丙酸丙酯与水共沸在脱轻塔内脱除丙酸丙酯，所述粗丙醇中丙酸丙酯含量为 0.3% －4%，补水使粗丙醇中含水量为 10% －35%，均以质量百分数计。

荣欣公司设立于 2008 年 10 月 10 日，为法人独资有限公司，股东为乌江公司。2009 年 4 月 1 日，南京市环境保护局对荣欣公司年产 1 万吨正丙醇和年产 1 万吨醋酸正丙酯项目进行了公示。2010 年 10 月 25 日，金博公司与乌江公司签订产品购销合同，金博公司从乌江公司购买了醋酸正丙酯 0.9 吨。

荣欣公司在一审审理过程中提供了南京大学现代分析中心的相关分析报告，该报告对荣欣公司提供的两份催化剂样品分别进行了分析检测，其检测结果分别为氧化铜 35.6%、氧化锌 63.1%、三氧化铝 1.25%、三氧化二铁 0.02%、二氧化硅 0.06%、氧化钠未检出；氧化铜 31.8%、氧化锌 56.1%、三氧化铝 1.18%、三氧化二铁 0.02%、二氧化硅 0.02%、氧化钠未检出。对荣欣公司提供的正丙醇四种样品分别进行了分析检测，其检测结果分别为：面积归一化含量：99.1%（不计水分），水分含量：0.76%；面积归一化含量：98.1%（不计水分），水分含量：2.29%；面积归一化含量：99.0%（不计水分），水分含量：2.44%；面积归一化含量：90.3%（不计水分），水分含量：7.90%。

一审判理和结果

山东省淄博市中级人民法院认为：根据《中华人民共和国专利法》

（2008 年修正）第六十一条规定，专利侵权纠纷涉及新产品制造方法的发明专利的，制造同样产品的单位或者个人应当提供其产品制造方法不同于专利方法的证明。正丙醇并非新产品，因此，应当由诺奥公司提供荣欣公司、乌江公司侵犯其涉案专利的基本证据，也即诺奥公司应当提供荣欣公司制备正丙醇的生产工艺和正丙醇工艺中副产物丙酸丙酯的去除方法的直接证据，诺奥公司没有提供相应证据，应当承担举证不能的责任，由于诺奥公司没有提供荣欣公司、乌江公司侵犯其专利的直接证据。因此，对于荣欣公司正丙醇的生产工艺和正丙醇工艺中副产物丙酸丙酯的去除方法是否落入诺奥公司两专利的权利要求保护范围，必须依据荣欣公司提供的证据与诺奥公司两专利的权利要求进行对比。

对于"在铜锌催化剂下丙醛加氢制备正丙醇的生产工艺"发明专利，从该专利权利要求的内容而言，诺奥公司已经对权利要求作出限定，即必须在铜锌系催化剂的作用下进行气相加氢；从该专利的权利要求表述来看，催化剂的具体成分和比例范围的含义是明确的，因此应根据该字面含义严格限定涉案专利权利保护范围，铜锌催化剂的重量组成为：氧化铜 29.4% – 50%，氧化锌 49.4% – 70%，三氧化铝 0.05% – 1.5%，三氧化二铁比例为 0.05% – 0.15% 和氧化钠 0.2% – 0.3%。同时，在该专利的说明书中所陈述的三个实施例中，也把铜锌系催化剂的组成作为实施例中的重要内容，因此，也能说明催化剂具体成分和比例是该专利的技术特征。根据荣欣公司提供的南京大学现代分析中心对催化剂分别进行的分析检测数据，其检测结果分别为氧化铜 35.6%、氧化锌 63.1%、三氧化铝 1.25%、三氧化二铁 0.02%、二氧化硅 0.06%、氧化钠未检出；氧化铜 31.8%、氧化锌 56.1%、三氧化铝 1.18%、三氧化二铁 0.02%、二氧化硅 0.02%、氧化钠未检出。从中可以看出，与诺奥公司专利中的催化剂相比，荣欣公司的催化剂中没有氧化钠；有专利中不存在的二氧化硅；荣欣公司的三氧化二铁比例为 0.02%，而专利中的三氧化二铁比例为 0.05% – 0.15%。故，荣欣公司制备正丙醇的生产工艺与诺奥公司的相关发明专利的技术特征明显不同，不落入该专利的保护范围。

对于"丙醛加氢制备正丙醇工艺中副产物丙酸丙酯的去除方法"发明专利的技术特征明确阐明：该粗丙醇中丙酸丙酯含量为 0.3% – 4%，补水使粗丙醇中含水量为 10% – 35%。荣欣公司提供的南京大学现代分析中心于 2011 年 4 月 7 日对荣欣公司提供的正丙醇（分析检测的检测结果，水分含量分别为 0.76%、2.29%、2.44%、7.90%。荣欣公司的产品的水含量均不在专利技术特征中含水量的范围之内。因此，荣欣公司制备正丙醇的副产物丙酸丙酯的去除方法与诺奥公司的相关发明专利的技术特征明显不同，不落入该专利的保护范围。

等同原则要求被控侵权产品或方法的具体技术特征与专利权利要求中的具体技术特征之间的对应等同，而非两种整体技术方案的等同。荣欣公司制备正丙醇的生产工艺和正丙醇工艺中副产物丙酸丙酯的去除方法与诺奥公司涉案两个专利中多个具体的技术特征均存在明显差别，无法认定为运用基本相同的技术手段，诺奥公司也没有足够证据证明二者是以基本相同的功能，达到基本相同的效果。且，诺奥公司在审判过程中所主张的等同实际是其主张荣欣公司的整体技术方案与涉案专利构成等同。因此，诺奥公司以等同原则主张被控侵权的技术方案落入其专利保护范围，事实和法律依据不足，不予采信。故，对诺奥公司的诉讼请求，不予支持。

山东省淄博市中级人民法院依据《中华人民共和国专利法》第五十九条第一款、第六十一条、第六十二条、第六十五条、第七十条，《中华人民共和国民事诉讼法》第一百三十条①之规定，判决：驳回诺奥公司的诉讼请求。

二审审理情况

诺奥公司不服一审判决，向山东省高级人民法院提起上诉，认为一审判决认定事实错误，乌江公司所使用的技术从整体而言与其两专利是等同的，因此，应当认定被控侵权技术落入其专利的保护范围，故应当支持其全部诉讼请求。

二审审理期间，诺奥公司提出了撤回上诉的申请，山东省高级人民法院裁定准许其撤回上诉申请。

【法官评述】

本案中涉及的主要问题是：对于发明专利侵权案件，如何理解和适用等同原则？能否以整体技术方案与专利权利要求所限定的技术方案适用等同原则进行比对，认定对专利权的侵犯？

等同原则是专利审判中一个重要的侵权判断原则。所谓等同原则是指

---

① 对应 2012 年 8 月新修订的《民事诉讼法》第一百四十四条。

被控侵权产品或方法中有一个或多个技术特征与专利独立权利要求的必要技术特征相比对，从字面上看不同，但经过比对可以认定被控侵权产品或方法实质上是适用本质相同的方式或者技术手段，替换了专利技术方案中的一个或几个技术特征，使替换和被替换的技术特征产生了实质上相同的技术效果。等同原则发端于美国，是美国法院在专利审判实践中提出来的，我国对于等同原则的规定见于 2001 年 7 月 1 日实施的《最高人民法院关于审理专利纠纷案件适用法律问题的若干规定》第十七条中。该条规定：专利法第五十六条第一款所称的"发明或者实用新型专利权的保护范围以其权利要求的内容为准，说明书及附图可以用于解释权利要求"，是指专利权的保护范围应当以权利要求书中明确记载的必要技术特征所确定的范围为准，也包括与该必要技术特征相等同的特征所确定的范围。等同特征是指与所记载的技术特征以基本相同的手段，实现基本相同的功能，达到基本相同的效果，并且本领域的普通技术人员无需经过创造性劳动就能够联想到的特征。根据该条规定，替代与被替代的技术特征构成等同特征，才能认定被控侵权产品或技术落入涉案专利的保护范围。

确立等同原则，其目的是防止侵权人采用通过简单手段的替换要件和步骤，取代专利权利要求书中的技术特征，从而逃避在字面上直接与专利权利要求中记载的技术特征相同，以达到逃避侵权责任的目的。但另一方面，轻易或过度地适用等同原则判定侵权而没有相应合理的限制，则会使专利权人滥用权利，对社会公众利益造成损害。等同原则中的"等同"，必须逐一将等同技术特征与被代替的技术特征进行对比，并作出认定。也就是应当仅就被控侵权产品或方法的技术特征与专利权利要求记载的相应技术特征是否等同进行判定，而不是对被控侵权物与专利技术方案的整体是否等同进行判定。也即等同原则要求被控侵权产品或方法的具体技术特征与专利权利要求中的具体技术特征之间的对应等同，而非两种整体技术方案的等同。等同应当是指侵权产品或方法中替代专利权利要求中的技术特征，并非指整个侵权物或侵权技术将专利技术方案全部替换。《最高人民法院关于审理侵犯专利权纠纷案件应用法律若干问题的解释》第七条规定，人民法院判定被控侵权技术方案是否落入专利权的保护范围，应当审查权利人主张的权利要求所记载的全部技术特征。被控侵权技术方案包含与权利要求记载的全部技术特征相同或者等同的，人民法院应当认定其落入专利权的保护范围；被控侵权技术方案的技术特征与权利要求记载的全部技术特征相比，缺少权利要求记载的一个以上的技术特征，或者有一个以上的技术特征不相同也不等同的，人民法院应当认定其没有落入专利权的保护范围。因此，进行侵权判定时，应当仅就被诉侵权的技术特征与权利要求记载的相应的技术特征是否等同进行判定，而不是对技术方案整体是否等同进行判定。对体现专利创造性的技术特征在进行侵权比对时更应当谨慎适用等同原则。因为，作为发明创造的产品或方法，如果采用整体等同原则，会不适当地扩大专利的保护范围，势必会导致过分倾向于专利权人，破坏专利授权时就已经形成的专利权人与社会公众之间的利益平衡；也会阻止在现有专利基础启发下，基于同一发明目的，通过不同技术方案解决问题的新改进的发明创造的出现。

本案中，荣欣公司制备正丙醇的生产工艺和正丙醇工艺中副产物丙酸丙酯的去除方法与诺奥公司的涉案两个专利中多个具体的技术特征均存在明显差别，无法认定为运用基本相同的技术手段，诺奥公司也没有足够证据证明二者是以基本相同的功能，达到基本相同的效果。且，诺奥公司在本案中所主张的等同实际是其主张荣欣公司的整体技术方案与涉案专利构成等同。诺奥公司以等同原则主张被控侵权的技术方案落入其专利保护范围，不符合等同原则在发明专利中判定侵权的标准和要求，故法院对诺奥公司的诉讼请求不予支持。

编写人：山东省淄博市中级人民法院知识产权审判庭　房鹏

5

湖南高雷同层排水科技有限公司
诉张超专利权权属纠纷案

——阅读提示：发明人在职期间曾做出过职务发明创造，其离职后一年内所做的相关发明创造是否也应当认定为职务发明创造？

【裁判要旨】

我国《专利法》规定执行本单位的任务或者主要是利用本单位的物质技术条件所完成的发明创造为职务发明创造。对于"本职工作"应做严格理解，不能随意扩大到单位业务范围和个人所学专业范围；对于"单位物质技术条件的利用"，离职前后应有不同的判断标准，举证责任的分配亦有所不同。

【案号】

一审：湖南省长沙市中级人民法院（2012）长中民五初字第 0334 号

【案情与裁判】

原告：湖南高雷同层排水科技有限公司（简称湖南高雷公司）

被告：张超

起诉与答辩

原告湖南高雷公司因与被告张超专利权权属纠纷一案，于 2012 年 5 月 4 日向长沙市中级人民法院提起诉讼。

原告湖南高雷公司诉称：2008 年 8 月 28 日，湖南高雷公司登记成立，不久便聘请张超为技术负责人。2009 年 10 月 20 日，张超辞职离开湖南高雷公司。2010 年 1 月 8 日，张超利用其在湖南高雷公司所了解和掌握的核心技术，以申请人和发明人的名义向国家知识产权局申请了专利号为 ZL201020301813.1. 名称为"一种同层安装的防沉积自动回气排水系统"的实用新型专利，并获得授权。该实用新型专利系张超离职后一年以内做出的与其在湖南高雷公司承担的本职工作及分配的任务有关的发明创造，应为职务发明创造。故请求人民法院判决：1. 确认名称为"一种同层安装的防沉积自动回气排水系统"（专利号 ZL201020301813.1）的实用新型专利为职务发明创造，确认原告湖南高雷公司为该项专利的专利权人；2. 本案诉讼费用由被告承担。

被告张超辩称：张超在湖南高雷公司工作期间没有从事同层排水产品的研发技术改造工作，也没有利用原告公司的物质条件；涉案专利是其离开公司之后利用自己多年从事同层排水产品的经验并参考了其他相关专利研发出来的，不应认定为职务发明。请求人民法院驳回原告的诉讼请求。

一审审理查明

2008 年 8 月 28 日，长沙高雷卫生设备同层排水工程有限公司（简称长沙高雷）成立，经营范围为同层排水施工及相关产品卫生设备的销售。长沙高雷成立后，张超被聘用为长沙高雷员工，负责公司产品的解说、安装和施工等工作，月工资 3000 元。2011 年 4 月，长沙高雷变更公司名称为湖南高雷公司。

2009 年 5 月 8 日，张超签发了模具制作图纸。2009 年 5 月 18 日、2009 年 5 月 27 日，长沙高雷作为专利权人，张超作为发明人向国家知识产权局申请了专利号为 ZL200920102902.0、名称为"一种集水排除装置"和专利号为 ZL200920103097.3. 名称为"一种水斗式同层防臭地漏"的实用新型专利，并分别于 2010 年 5 月 12 日、2010 年 3 月 31 日公告授权。2009 年 6 月 8 日，张超作为专利申请人和发明人向国家知识产权局申请了专利号为 ZL200920304100.8. 名称为"水封式防臭型积水处理装置"实用新型专利，于 2010 年 3 月 3 日公告授权。2010 年 4 月 26 日，长沙高雷以 ZL200920304100.8 号专利权权属纠纷向长沙市中级人民法院提起诉讼，长沙市中级人民法院于 2010 年 9 月 28 日做出（2010）长中民五初字第 0202 号民事判决，判决长沙高雷为 ZL200920304100.8 号"水封式防臭型积水处理装置"实用新型专利权人，该一审判决由湖南省高级人民法院（2011）湘高法民三终字第 26 号民事判决予以维持。

2009 年 10 月 20 日，张超辞职离开长沙高雷。2010 年 1 月 28 日，张超以自己的名义申请了本案诉争权属的 ZL201020301813.1 号"一种同层安装的防沉积自动回气排水系统"实用新型专利，该专利 2011 年 1 月 5 日被授权公告。

另查明，案外人山西高扬洁水卫生洁具有限公司于 2006 年 3 月 13 日委托张超为该公司在中南、西南地区业务总代理，负责推广其公司的专利产品。长沙高雷与山西高扬卫生设备同层安装工程有限公司（以下简称山西高扬）于 2008 年 10 月 30 日签订合作协议，双方约定：由山西高扬提供专利技术、模具和"高扬"商标使用权，长沙高雷出资，组建生产基地，山西高扬今后所拥有的专利与技术都归合作公司所有，山西高扬负责对现有技术、产品进行改良或创新，长沙高雷负责产品的生产、销售以及信息反馈。

另外，张超还提交了专利权是案外人的一系列专利证书，涉及申请日在本案诉争专利及原告 ZL200920103097.3 号和 ZL200920102902.0 号实用新型专利申请日前的、关于同层排水领域中的排水技术。

一审判理和结果

长沙市中级人民法院认为，涉案专利的申请是在张超离职后一年内作出，故应从以下两方面来进行认定：一是诉争专利的作出是否与张超在原告公司任职时承担的本职工作或分配任务有关；二是诉争专利的完成是否主要利用原告公司的物质技术条件。首先，被告张超进入原告湖南高雷公司之后，一直担任原告公司所销售产品的解说、安装和施工等技术工作，这些工作内容与技术研发不属于同一概念。即使被告曾在原告公司任职期间做出过与诉争专利属于同一领域的两项专利，但在该三项专利各自具有技术特点，且在涉案专利申请日前本技术领域又已经存在大量的同层排水技术的前提下，不能简单地认定该三项专利技术内容相同或有内在的技术延续关系，从而得出涉案专利的作出与被告在原单位承担的工作任务有关这一结论。另外，根据原告与案外人山西高扬的约定，原告作为山西高扬在湖南地区专利及商标等有关知识产权的独家使用人，其仅负责产品的生产、销售以及情况的反映，而不负责对产品进行技术改进，且改进的有关权益也不必然属于原告公司。结合原告公司经营情况来看，现有证据并不能直接证明被告的本职工作中包括专利申请在内的技术研发，故诉争专利与被告在原告公司工作期间的本职工作或单位分配的任务无关。其次，由于张超已离职，其已不再具有利用原告物质条件的基础。原告也未提出证据证明诉争专利的完成利用了原告公司的资金、设备、零部件、原材料等物质条件。至于技术条件，原告所拥有的 ZL200920102902.0 号和 ZL200920103097.3 号两项专利技术随着其授权公告已成为公开的技术，且在该两项专利之前，在相同技术领域存在大量类似专利技术，这些技术均是社会公众可以获取的技术而非保密的技术。故张超并未主要利用原告的物质技术条件。综上，长沙市中级人民法院于 2012 年 10 月 31 日判决：驳回原告湖南高雷同层排水科技有限公司请求确认其系 ZL201020301813.1 号名称为"一种同层安装的防沉自动回气排水系统"实用新型专利权人的诉讼请求。该判决送达后，双方当事人均未提出上诉。

【法官评述】

本案是一件具有典型意义的专利权权属纠纷案件，长沙市中级人民法院从专利法的立法宗旨出发，对职务发明创造与非职务发明创造进行了正确的理解和划分。

我国《专利法》第六条规定，执行本单位的任务或者主要是利用本单位的物质技术条件所完成的发明创造是职务发明创造，职务发明创造的专利权人为该单位。因此，职务发明的认定决定着专利权的归属，它直接关系到发明人个人与单位集体之间的利益平衡问题，若过于保护单位的利益势必会挫伤发明人的积极性，而过分保护发明人的利益则会导致单位为创新投入的大量人力、物力、财力得不到相应的回报，从而使单位丧失对技术革新的热情。很多技术人员之所以成为单位的技术骨干，除了单位可能进行培养外，还可能是由于其本身就具有相当的本领域技术能力，在该技术员跳槽后，将其作出的本领域科技成果简单地归于原单位既不妥当，也不公平，《专利法》关于职务发明创造的规定不应成为除竞业禁止约定之外，单位阻止人才正常流动的依据。我国《专利法》的立法宗旨在于保护专利权、鼓励发明创造，我们在保护单位的商业秘密、技术资料不受侵犯，保证单位的投入能有所回报，增强单位自主竞争力的同时，也应该看到，发明创造是发明人的智力劳动成果，只有对发明人给予奖励和保护，才能充分发挥发明人的创造热情，使其创造出真正有价值、能够推广应用的发明来。基于以上价值取向，我们认为考察一项发明是否属于职务发明，应当考虑以下因素：

一、发明人的原技术背景和技术能力

正常而言，单位获取技术人员有两种途径，自己从具备一定技术基础的员工中培养或引进具备相当技术能力的技术人才。发明人分属上述不同情况，会对其发明是否构成职务发明产生影响。某案中技术人员郑某从大学毕业就被分配至某制胶企业工作，虽然郑某系化工专业毕业，但对于制胶技术一无所知，在企业的培养下，郑某利用单位的技术条件，成了一名优秀的制胶技术人员。在这种情况下，我们就认为郑某在离职一年内所作出的以原单位产品为基础的发明有可能是"利用本单位的物质技术条件"。当然最终的认定还需要结合案件的其他证据，但郑某的技术成长经历，可能会导致法官对"利用本单位的物质技术条件"从宽把握。而在另一起数控机床技术的争议中，曾某系国内最顶尖的数控机床技术专家、博士生导师。曾某以其 YK2212 数控铣齿机技术入股某公司，后双方发生争议，曾某另起炉灶，开发数控磨床等新产品，酿成纠纷。公司认为，YK2212 系曾某的第一台数控机床成果，曾某新开发的数控磨床技术与曾某入股的 YK2212 数控机床技术一脉相承，故该公司应享有该技术成果。法院认为，YK2212 数控铣齿实质上是曾某在掌握用计算机程序建立螺旋锥齿轮加工的数学模型的技能后，完成的一次实践。可以认为 YK2212 数控程序的成功，是对曾某数控技术的验证，曾某在完善 YK2212 数控软件的同时，也对自己的数控技术进行了修正和完善，但 YK2212 并不代表曾某的全部数控技术。因此，曾某入股的技术仅以 YK2212 数控技术为限，并未涵盖知名学者曾某在数控领域的全部技能。同时，我们注意到作为数控机床技术最重要的部分控制程序，无论是铣床还是磨床都有相当一部分重复的代码，这部分重复的代码是否属于利用了原单位的物质条件或构成对 YK2212 技术的使用呢？法院认为，驱动工件运动的基础程序，构成曾某的数控技术之一般基础，不属于 YK2212 独有的程序，入股后，该公司对此部分程序不享有排他性权利。YK2212 数控程序中，控制刀具进行"铣齿"运动的部分，才构成该公司的技术。由于刀具在"磨齿"和"铣齿"时，其运动轨迹完全不同，因此相应的数控程序也不能认定为相似。长沙市中级人民法院在 2001 年审理的这起纠纷中，即对如何把握促进技术发展与保护原单位利益的平衡作出了尝试，对原本即高级技术人员的发明人，在认定职务发明时进行了从严把握。

职务发明案件的争议，实际上体现了知识经济运行过程中，资本与知识的冲突。资本与科技成果的结合，其目的是促进科技向生产力的转化，最终促进全社会生产力的发展水平。这个过程中，资本与技术的融合，由于各自不同的背景，其冲突不可避免。我们既要促进资本与技术的融合，也要促进技术的进步。我国法律规定，技术合同不能妨害技术进步，在资本与技术的融合过程中，往往由于双方经营理念的差异、经营思路的不同而未能成功。这是很令人遗憾的。在审理技术权属纠纷时，往往会涉及类似问题，法院应当综合考虑技术的关联性和当事人的约定作出判断，正确确定科技人员本身具有的专业知识与争议技术之间的界限，这对推进科技进步和转化为生产力，具有积极的意义。这也是我们认定职务发明时的出发点和价值取向。

二、对于"本职工作和单位分配的任务"这一条件的把握

《专利法》第六条所称执行本单位的任务所完成的职务发明创造，是指：（一）在本职工作中作出的发明创造；（二）履行本单位交付的本职工作之外的任务所作出的发明创造；（三）退休、调离原单位后或者劳动、人事关系终止后一年内作出的，与其在原单位承担的本职工作或者原单位分配的任务有关的发明创造。

正常情况下，技术人员的主要工作时间都沉浸在本领域的技术研究之中，与法官在思考特定案件时，往往会对案件的法律问题进行更深入的思考而产生智力成果一样，技术人员在完成工作任务的时候，可能会触类旁通地开发出一些新技术，对于这些新技术的归属，重点就在于如何把握"本职工作和单位分配的任务"。我们认为，"本职工作"是指根据劳动合同、聘用合同或单位有关规定等确定的工作人员的工作职责，它虽与单位的业务范围相关，但它并不等同于单位的业务范围，也不是个人所学专业的范围。因为如果将单位的业务范围或者个人所学专业范围视为本职工作的范围，无疑是扩大了职工的职责，排除了其在本单位业务范围内做出非职务发明的可能性，这与专利法鼓励发明创造、促进科技进步的宗旨显然是相背离的，对发明人来说也是显失公平的。用人单位会根据自己的需要选择具备相应技术背景的技术人员，但这并不意味着该技术人员进入单位后，其技术知识就成了本职工作范畴。因此，判断本职工作范围应从职工实际从事的工作岗位、实际履行的工作职责来认定。以本案为例，本案双

方争议的焦点之一在于被告张超的工作范围是否包含技术开发。本案现有证据证明，被告张超进入原告湖南高雷公司之后，一直担任原告公司所销售产品的解说、安装和施工等技术工作，负责解决湖南高雷公司产品在安装、施工中出现的难题。这些工作更多地表现为对现有技术的一种解释以及被动地去解决现有技术的一些使用性问题。而技术研发是指在现有技术基础之上作出改进形成创新成果的行为，它是一种主动、积极的行为，包含了技术人员的智力成果。可见，张超的工作内容与技术研发并不属于同一概念。

"单位分配的任务"则是指单位交付的除本职工作以外的其他任务，一般是指根据本单位的安排承担的短期或临时的任务。单位在分配该类任务时，为了明确任务范围，一般都会有一个书面通知或协议，故在履行举证责任时，单位应当提供明确的证据表明曾经安排发明人或设计人从事本职工作之外的技术开发任务。而本案中，原告并未提出直接证据证明其曾经分配过技术研发任务给被告，而仅以此前一个民事案件中法院认定了张超在任职期间所做出的发明属于职务发明，而推定其职务中包含技术开发工作显然不妥。根据原告的主业为销售而非技术开发，以及原告与案外人山西高扬的约定，原告只是负责产品的生产、销售以及信息反馈，而对现有技术、产品进行改良或创新是由山西高扬负责，故不论是从原被告之间举证责任分配的实际情形还是原告公司经营情况来看，现有证据均不能直接证明被告的本职工作中包括专利申请在内的技术研发，诉争专利与被告在原告公司工作期间的本职工作或单位分配的任务无关。

三、对于"主要利用单位的物质技术条件"的把握

我们从《专利法》第六条、《专利法实施细则》第十二条可知，对于技术人员离职后作出的发明，如果适用"执行本单位的任务所完成的职务发明创造"这一条件，尚有一年的期限，即退休、调离原单位后或者劳动、人事关系终止后一年内作出的，与其在原单位承担的本职工作或者原单位分配的任务有关的发明创造，属于职务发明，换言之，技术人员离职一年后做出的发明，原单位即丧失了以该条件主张职务发明的事实基础。而如果是主要利用单位的物质技术条件完成的发明，则没有一年的限制，也就是说对于技术人员的限制更严格，故对于这一条件的把握更应当慎重。

所谓"物质技术条件",是指单位的资金、设备、零部件、原材料或者不对外公开的技术资料等。"利用"则须是"主要利用",即这种利用对发明创造而言是必不可少的、起决定性作用的。这里强调的是本单位的物质技术条件在发明创造完成过程中的作用和比重。在判断是否"主要利用单位的物质技术条件"时,首先需要考虑该发明的性质,即该发明是否需要特定的技术环境才能完成。对于需要特定技术环境才能完成的发明,而发明人曾利用原单位的该技术环境进行工作,则发明人应当举证证明争议的发明系在其他地方完成。例如,有些发明必须通过大量的实验才能完成,此时,发明人就必须证明自己的发明是如何完成实验的。在一起化学技术专利案件中,被告原系原告的技术人员,离职一年后完成了一项发明。原告证明了该技术需要采集相当多的实验数据才能完成,而认为被告作为个人不可能具备相应的实验环境,故推定被告是利用了该单位的实验条件。法院在审理过程中,也要求被告对其具备实验条件且进行了相关实验进行举证。除此之外,对于"主要利用单位的物质技术条件"不宜适用推定。其次,发明专利的申请时间与发明完成时间的把握。司法实践中,也常有将任职内完成的发明,延至离职后进行申请的情况。我们一般认为,对于该发明完成时间的举证应当由原告完成,除非出现前文所说的,不可能由被告单独完成发明的情况。本案中,涉案专利的申请时间为被告离开原告单位后一年以内,而原告并未提出证据证明该专利是被告在其离职前就已经作出,故应当认定该专利系被告在离开原告单位后作出。由于被告在作出涉案专利时已经离开原告单位,其已不具备利用原告单位资金、设备、零部件、原材料等物质条件的便利。关于"技术条件的利用",原告认为诉争专利是被告在其公司现有 ZL200920102902.0 号和 ZL200920103097.3 号两项专利技术的基础上所做的改进,并由此认定被告完成诉争专利利用了其技术条件。原告这种看似合理的推论,却没有理解专利的特点。专利意味着以公开换取垄断,即专利资料属于公开资料,相关人员均可以对专利的技术资料进行阅读和研究,这种研究得出的成果可能构成专利侵权,却不构成"利用技术条件"。就本案而言,还应考虑到即使本案涉及的专利与原告湖南高雷公司的在先专利构成《专利法》第五十一条规定的强制许可关系,也与本案诉争的技术归属无关,不能由此推定张超利用了原单位物质技术条件。另外,张超在进入高雷公司之前就从事山西高扬专利产品的推广工作，了解同层排水领域的相关专利技术，其本身就具备同层排水相关技术领域的技术基础。故在原告未提出直接证据证明被告作出涉诉专利主要是利用了单位物质技术条件的情况下，法院驳回了原告的诉讼请求。

值得注意的是，此前长沙市中级人民法院与湖南省高级人民法院审理过另一起原被告相同的职务发明纠纷，该案证据与本案证据几乎完全相同，但两级法院均认定涉案发明属于职务发明。在前后两案证据几乎完全相同的前提下，得出两个结论相反的判决，这并不是矛盾的，这是由于个别事实的变化而导致对"主要利用物质技术条件"的认定标准以及双方的举证责任分配发生了变化。湖南省高级人民法院以被告张超主要利用原告的物质技术条件为判决理由，认定其所作出的 ZL200920304100.8 号"水封式防臭型积水处理装置"系职务发明创造。湖南省高级人民法院作出此种认定是基于被告张超在作出前案涉诉专利时还在原告公司工作，客观上具备利用单位物质技术条件的便利；而现有证据亦可认定张超在原告公司从事过签发模具、产品解说、解决产品在安装、施工中出现的技术难题等工作，且前案涉诉专利与原告享有专利权的两项专利在专业范围、研究方向、原理和用途方面均相同，二者具备密切联系的客观效果。而在被告离职后，其已不再具备利用原告单位物质技术条件的便利。根据"谁主张谁举证"的原则以及公平原则，此时对于张超是否主要利用了原告单位的物质技术条件已不再适用推定，而须原告提出直接证据证明。我们在认定职务发明创造时，不能因发明人或设计人曾在原单位工作过就将其做出的与工作单位技术有关的任何发明一律认定为职务发明，而应该严格按照法律的规定并考虑专利法的立法宗旨进行认定。

长沙市中级人民法院立足于《专利法》的立法目的，通过对前案和本案的比对分析，抓住差异，合理地分配了当事人之间的举证责任，做到了既尊重事实，维护了当事人的合法权益，又不与生效判决相抵触，体现了司法严肃性。

编写人：湖南省长沙市中级人民法院知识产权和涉外商事审判庭 余晖 程婧

6

李健开诉黄泽凤侵害外观设计专利权纠纷案

——阅读提示：以在先申请比照现有设计抗辩制度作不侵权抗辩的审查和认定。

【裁判要旨】

被诉侵权人以实施在先申请（实质上为抵触申请）中的设计方案主张其不构成专利侵权的，可以参照现有设计抗辩的审查判断标准予以评判。

【案号】

一审：广东省江门市中级人民法院（2011）江中法知初字第 64 号

二审：广东省高级人民法院（2012）粤高法民三终字第 298 号

【案情与裁判】

原告（二审被上诉人）：李健开

被告（二审上诉人）：黄泽凤

起诉与答辩

李健开于 2009 年 7 月 3 日申请了名称为"脚架"的外观设计专利（简称涉案专利），并于 2010 年 5 月 12 日获国家知识产权局授权，专利号为 ZL200930081693.1 至今有效。被告黄泽凤在未经专利权人的许可的情况下，以营利为目的，擅自大量制作及发布被控侵权产品的宣传资料和广告，擅自大量生产、销售被控侵权产品，其生产的被控侵权产品与涉案专利产品极为近似，已严重侵犯了原告拥有专利的合法权益。为此李健开于 2011 年 9 月 19 日向法院提起诉讼，请求：1. 责令被告立即停止生产、销售侵犯涉案专利的侵权产品，销毁库存的侵权产品，并销毁生产、制造侵权产品的专用模具和相关的宣传资料；2. 责令被告赔偿原告因专利被侵权而造成的经济损失人民币 5 万元；3. 由被告承担本案的全部诉讼费；4. 由被告承担本案的购买侵权产品费用和公证处收取的公证费等合理费用 868 元。

被告黄泽凤辩称：1. 原告取证所指向的侵权人是江门市新会区金源兴五金加工厂，与被告经营的江门市新会区大泽金源兴五金制品加工厂不是同一主体。2. 即使认定被告是侵权人，但由于被告被诉的侵权设计是现有设计，其与被告所提供的三份专利公告没有实质上的差异，根据《中华人民共和国专利法》第六十二条的规定，被诉侵权设计属于现有设计不构成侵犯专利权，因此被告不侵害原告专利权。

一审审理查明

2009 年 7 月 3 日，李健开向中华人民共和国国家知识产权局申请一款名称为"脚架"外观设计专利。2010 年 5 月 12 日，中华人民共和国国家知识产权局授予其专利权并于同日授权公告，专利号为 ZL200930081693.1。该专利获准授权后，李健开按规定缴纳年费，该专利现处于授权有效状态。

2011 年 9 月 1 日下午 15 时 30 分，在广东省江门市江门公证处公证员见证下，李健开的委托代理人郭松敬来到江门市新会区大泽镇牛勒乡路上围的一间加工厂（该加工厂左边是铁骑制罐有限公司，对面是大关金属材料厂有限公司），郭松敬以订购产品的身份来到该加工厂的办公楼三楼转右第一间办公室内找到一名姓"潘"男员工，郭松敬向该男子提取一批预订好的样板货（脚架），并缴款交纳了购买产品的款项，后索取到《送货单》和宣传资料六份，该行为于 15 时 46 分结束。上述购买产品共两箱，广东省江门市江门公证处对所购买的产品进行封存，对上述《送货单》一份及宣传资料一份进行公证，拍摄的照片十张。李健开为购买上述产品花费 138 元，为上述公证保全花费 500 元公证费，为上述公证保全办理了公证委托，花费 230 元公证费。

庭审当中，李健开指控上述产品为侵权产品。李健开主张其专利的设计要点是：本专利是由两组类似"八字"的支脚枢接而成，每组支脚下部都固定有连杆，其中一组支脚的上部连接有 U 型手柄，手柄上端都连接安装块。李健开经比对，认为被诉侵权产品与其专利完全一致。黄泽凤则认为被诉侵权产品外观设计是三个支架组成，其中 H 型支架与短的 H 型支架可以旋转活动，另一个 U 型支架与短的 H 型支架可以旋转式连接，在打开的状态下两个 H 型支架是交叉状；并认为被诉侵权产品与李健开专利外形相似。

另查明，江门市新会区大泽金源兴五金制品加工厂于 2010 年 1 月 18 日核准成立，企业类型为黄泽凤个人经营的个体户，注册资金为 50000 元，经营范围为加工：小五金、铁家具，经营场所为江门市新会区大泽镇牛勒村新路上围。

一审判理和结果

一审法院认定：1. 公证书所涉的加工厂就是黄泽凤经营的江门市新会区大泽金源兴五金加工厂，同时认定李健开所公证购买的产品就是从黄泽凤经营的江门市新会区大泽金源兴五金加工厂所购买的。2. 在本案中，黄泽凤所销售的被诉侵权产品为脚架，与李健开涉案外观设计专利产品属于相同产品。要判断被诉侵权产品设计是否落入涉案专利权的保护范围，应当以专利授权时表示在图片中的外观设计与被诉侵权产品的外观设计进行比对，以一般消费者的知识水平和认知能力，根据授权外观设计、被诉产品外观设计的设计特征，以外观设计的整体视觉效果进行综合判断，如果被诉侵权产品设计与授权外观设计在整体视觉效果上无差异，则应当认定两者相同；如果在整体视觉效果上无实质性差异的，则应当认定两者近似。一审法院认为，将被诉侵权产品外观设计与授权外观设计相比较，在整体视觉效果上无差异，两者构成相同，故黄泽凤的被诉侵权产品外观设计落入了涉案外观设计专利权的保护范围。3. 被诉侵权产品外观设计为整体上用圆管组成，"U"型支架的组成为用半圆的管分别与两边直管相连。被诉侵权产品的外观设计与黄泽凤提供上述三份证据的外观设计在整体视觉效果上存在差异，不能认定相同或近似，因此黄泽凤主张其被诉侵权产品是现有设计，不构成对李健开专利权的侵害，不予支持。

综上所述，依照《中华人民共和国专利法》第十一条第二款、第五十九条第二款、第六十五条、《中华人民共和国侵权责任法》第十五条第一款第（一）、（六）项，《最高人民法院关于审理专利纠纷案件适用法律问题的若干规定》第二十一条、第二十二条和《最高人民法院关于审理侵犯专利权纠纷案件应用法律若干问题的解释》第十一条、《最高人民法院关于民事诉讼证据的若干规定》第二条之规定，判决：一、黄泽凤（江门市新会区大泽金源兴五金制品加工厂经营者）在判决发生法律效力之日起立即停止生产、销售侵害李健开的专利号为 ZL200930081693.1. 专利名称为"脚架"的外观设计专利权的产品的行为，并销毁库存的侵权产品、与侵权产品相关的宣传资料；二、黄泽凤（江门市新会区大泽金源兴五金制品加工厂经营者）在判决发生法律效力之日起十日内赔偿李健开经济损失及制止侵权所支付的合理费用共 30000 元；三、驳回李健开的其他诉讼请求。

上诉与答辩

黄泽凤上诉称：请求改判原审判决，驳回李健开的全部诉讼请求。理由是：1. 被诉侵权产品与本案专利既不相同也不相似，并未侵害李健开的专利权；2. 黄泽凤提供了三份已经公开的外观设计专利，证明被诉侵权产品的外观设计属于现有设计，不构成侵权；3. 原审判决赔偿数额过高。

李健开答辩称：一审判决认定事实清楚，适用法律正确，请求二审法院维持。

二审审理查明

二审查明：黄泽凤提交的作为现有设计抗辩的三份对比文件分别是：1. 对比文件一：折叠桌椅，ZL00300893.4，申请日为 2000 年 2 月 2 日，公开日为 2000 年 8 月 2 日；2. 对比文件二：麻将桌，ZL00300117.2，申请日为 2000 年 1 月 17 日，公开日为 2000 年 11 月 22 日；3. 对比文件三：网板折叠圆桌，ZL200830187853.6，申请日为 2008 年 12 月 5 日，公开日为 2010 年 1 月 27 日。以上三份对比文件中的外观设计专利均处于有效状态。

二审判理和结果

上诉人黄泽凤提出其使用的是在先设计，未侵害涉案外观设计专利权，并提供了三份对比文件，证明其行为不构成侵权。关于上诉人不侵权抗辩是否成立的问题。首先，上诉人黄泽凤提交的对比文件一和二，其外观设计专利公开日在涉案专利申请日之前，因此，可以作为本案现有设计抗辩的证据。将被诉侵权产品与对比文件一相比较，对比文件一的脚架在整体上使用的是方形钢管，与被诉侵权产品的圆形钢管不同；将本案被诉侵权产品与对比文件二相比，对比文件二因缺少立体图、使用状态和折叠状态参考图，不能看清其结构，因此不能确定其与被诉侵权产品外观设计是否相同或相近似。上诉人黄泽凤以上述证据作现有设计抗辩不侵权，本院不予支持。其次，上诉人黄泽凤提交的对比文件三为网板折叠圆桌，该外观设计专利的申请日在涉案专利申请日之前，上诉人可以援引该证据比照现有设计抗辩制度进行不侵权抗辩。将被诉侵权产品与对比文件三相比对，被诉侵权产品为脚架，对比文件三为网板折叠圆桌，被诉侵权产品为产品零部件，在此情况下，应当将对比文件中与被诉侵权产品相对应的零部件部分作为判断对象，其余部分不予考虑。将对比文件三与被诉侵权产品相对应的零部件部分作为判断对象，与被诉侵权产品相比较，两者均为整体上以圆形钢管组成的脚架，均由一长一短两组 H 形支架连接而成，打开状态下呈近似 X 形，较短的 H 形支架上以旋转式连接一 U 形支架，两者不存在实质差异，属于同样的外观设计。本案中，被诉侵权产品使用了申请在先的设计方案，并未侵害李健开的专利权，应当认定其不侵权抗辩成立，无需承担侵权责任。

综上，依照《中华人民共和国专利法》第六十二条、《最高人民法院关于审理侵犯专利权纠纷案件应用法律若干问题的解释》第十四条第二款、《中华人民共和国民事诉讼法》第一百五十三条第一款第（二）、（三）项①之规定，判决如下：一、撤销广东省江门市中级人民法院（2011）江中法知初字第 64 号民事判决；二、驳回李健开的全部诉讼请求。

【法官评述】

本案是以在先申请比照现有设计抗辩制度作不侵权抗辩并予以认定的专利侵权案件。本案上诉人黄泽凤提交的作为现有设计抗辩证据的对比文件三，申请日在涉案专利申请日之前。最高人民法院奚晓明副院长 2010 年 4 月 28 日在全国法院知识产权审判工作座谈会上的讲话即《能动司法，服务大局，努力实现知识产权审判工作新发展》中明确指出，被诉侵权人以实施抵触申请中的技术方案主张其不构成专利侵权的，可以参照现有技术抗辩的审查判断标准予以评判。本案中，对比文件三实际上是涉案专利的抵触申请，但是，对比文件三申请在 2009 年 10 月 1 日新《专利法》实施之前，应当适用 2000 年《专利法》，而外观设计抵触申请在旧《专利法》中并未规定，因此，根据奚晓明副院长的讲话精神，上诉人援引在先申请比照现有设计抗辩制度进行不侵权抗辩，予以支持。

编写人：广东省高级人民法院知识产权审判庭　石静涵

---

① 对应 2012 年 8 月新修订的《民事诉讼法》第一百七十条第一款第（二）、（三）项。

7

首安工业消防有限公司诉上海倍安实业
有限公司侵害实用新型专利权纠纷案

——阅读提示：鉴定机构对"相同或等同"出具意见，法院应否简单依据鉴定意见作出侵权判定？

【裁判要旨】

法院在进行等同特征判定时，应当按照《最高人民法院关于审理专利纠纷案件适用法律问题的若干规定》第十七条第二款的规定，对不相同技术特征在手段、功能、效果方面进行比对，若三方面基本相同且该领域的普通技术人员无需经过创造性劳动就能够联想到，应认定构成等同，一般不简单依据鉴定结论作出侵权判定。《鉴定意见书》中关于被控侵权产品的构造、工作原理等鉴定分析内容可作为法院在进行比对、判定等同与否时的依据。

【案号】

一审：重庆市第一中级人民法院（2010）民初字第00236号
二审：重庆市高级人民法院（2012）民终字第71号

【案情与裁判】

原告（二审被上诉人）：首安工业消防有限公司（简称首安公司）
被告（二审上诉人）：上海倍安实业有限公司（简称倍安公司）

起诉与答辩

2010年5月26日，首安公司向法院提起诉讼称：倍安公司在承建重钢集团轧钢110KV区域变电站消防系统中使用了智畅公司生产的JTW–LCD–

ZC500A 型线型感温火灾探测器，该探测器落入首安公司专利号为 ZL200520113373.6 专利的保护范围。首安公司于 2009 年向其发送了警告函，但未收到任何回复。倍安公司未经首安公司许可，擅自销售使用涉案产品，侵犯了首安公司的专利权。请求法院依法判令：1. 倍安公司立即停止销售使用涉案侵权产品，并拆除安装在重钢集团的相关侵权产品；2. 倍安公司赔偿经济损失 100 万元；3. 倍安公司赔偿首安公司为制止侵权所支付的合理费用 65000 元（后变更为 113105.3 元）；4. 倍安公司承担本案诉讼费用。

倍安公司答辩称：1. 首安公司不能证明涉案产品落入其专利保护范围；2. 即使涉案产品系侵权产品，倍安公司事前并不知情，且该产品系智畅公司生产，倍安公司能提供涉案产品的合法来源，依法不承担赔偿责任。

一审审理查明

首安公司是"一种具有可熔或可融绝缘层的模拟量线型感温探测器"实用新型专利（专利号 ZL200520113373.6，专利申请日 2005 年 7 月 13 日，授权公告日 2006 年 8 月 30 日）的专利权人。该专利至今有效。该专利的独立权利要求是：一种具有可熔或可融绝缘层的模拟量线型感温探测器，其特征在于，由二根探测导体、NTC 特性塑料层、绝缘层、电阻信号测量装置组成，二根所述的探测导体绞合在一起，在所述的二根探测导体之间叠加设置有所述 NTC 特性塑料层及所述绝缘层，所述绝缘层的熔化或软化温度区域为 40℃–120℃。

2009 年 3 月 27 日，倍安公司与重庆钢铁集团设计院签订了《重庆钢铁集团设计院总包项目消防系统工程设备采购和安装调试分包合同》，约定由倍安公司承建重庆钢铁集团有限责任公司（下称重钢集团）位于重庆市长寿区江南镇的轧钢 110KV 区域变电站消防系统工程，并约定在工程中安装由西安智畅电子有限公司（下称智畅公司）生产的 JTW – LCD – ZC500A 型可恢复式线型差定温火灾探测器 3050 米（价格 50 元/米）、JTW – LCD – ZC500A 型微机调制器 47 只（价格 3400 元/只）、JTW – LCD – ZC500A 型终端盒 47 只（价格 100 元/只）。倍安公司完成上述工程后，相关部门对工程进行了验收。

2009 年 12 月 2 日，首安公司向倍安公司发送函件，指出倍安公司向重钢集团销售的智畅公司生产的 JTW – LCD – ZC500A 型线型感温火灾探测器侵犯了其 ZL200520113373.6 专利的专利权，并要求倍安公司立即停止销售前述产品。倍安公司于 2009 年 12 月 3 日收到上述函件。

一审期间，根据首安公司申请，一审法院依法委托了重庆科学技术咨询中心司法鉴定所（下称鉴定中心）对安装在重钢集团轧钢 110KV 区域变电站的 JTW – LCD – ZC500A 型可恢复式线型差定温火灾探测器的技术特征进行了鉴定。其鉴定结论是：1. 该探测器由二根探测导体、NTC 特性塑料层、半导体材料层、绝缘编织层、电阻信号测量装置组成，二根探测导体绞合在一起，在二根探测导体之间叠加设置有 NTC 特性塑料层及半导体材料层、绝缘编织层，半导体材料层的熔点为 $82 \pm 1 ℃$；2. 与涉案 ZL200520113373.6 专利相比，JTW – LCD – ZC500A 型探测器的不同点在于该探测器的探测导体与 NTC 塑料层之间有半导体材料层和绝缘编织层，而 ZL200520113373.6 专利所述的探测器的探测导体与 NTC 塑料层之间只有绝缘层。以上两种方式或手段，在常温下均使探测导体与 NTC 塑料层之间起绝缘作用，在高温下均使探测导体与 NTC 塑料层之间起导电作用。二者在手段、功能和效果上均相同。本领域的普通技术人员在阅读 ZL200520113373.6 专利说明书后无需创造性劳动就能够联想到二者的不同之处。

一审判理和结果

一审法院认为，与 ZL200520113373.6 专利相比，被控侵权产品 JTW – LCD – ZC500A 型探测器的不同点在于该探测器的探测导体与 NTC 塑料层之间有半导体材料层和绝缘编织层，而 ZL200520113373.6 专利所述的探测器的探测导体与 NTC 塑料层之间只有绝缘层。二者的其他技术特征相同。根据鉴定中心出具的鉴定意见书，涉案探测器的技术特征"半导体材料层 + 绝缘编织层"与 ZL200520113373.6 专利的技术特征"绝缘层"相比，二者在常温下，均使探测导体与 NTC 特性塑料层之间起绝缘作用，在高温下，均使探测导体与 NTC 塑料层之间起导电作用，二者在手段、功能和效果上均基本相同。本领域的普通技术人员在阅读 ZL200520113373.6 专利说明书后无需创造性劳动就能够联想到"半导体材料层 + 绝缘编织层"这一技术特征。故前述两种技术特征构成等同。因此，涉案探测器落入了 ZL200520113373.6 专利的保护范围。根据《中华人民共和国专利法》（2008 年 12 月 27 日修订）第六十五条第二款之规定，一审法院综合考虑涉案专利类型、倍安公司行为性质、涉案产品数量及价格，酌情确定倍安公司应当赔偿的金额为 7 万元。关于首安公司为本案所支付的合理费用，由于首安公司存在参与诉讼人员过多等情形，一审法院酌情主张 6 万元。至于首安公司要求倍安公司拆除已经安装的涉案产品的诉讼请求，鉴于涉案产品已经交付给重钢集团，不在倍安公司控制范围，故对该项诉讼请求不予支持。同时，因首安公司提出了过高的赔偿金额请求，故应当承担相应的诉讼费。

综上，一审法院依照《中华人民共和国专利法》（2008 年 12 月 27 日修订）第十一条第一款、第五十九条第一款、第六十五条第二款、第七十条，《关于审理专利纠纷案件适用法律问题的若干规定》第二十条和《中华人民共和国民事诉讼法》第一百二十八条的规定，判决如下：一、倍安公司立即停止销售涉案 JTW – LCD – ZC500A 型可恢复式线型差定温火灾探测器；二、倍安公司在本判决生效后十日内赔偿首安公司经济损失 13 万元（包括首安公司为制止侵权所支付的合理费用）；三、驳回首安公司的其他诉讼请求。一审案件受理费 13800 元，由首安公司负担 5520 元，倍安公司负担 8280 元。证据保全费 30 元、鉴定费 18000 元，合计 18030 元，由倍安公司负担。

上诉与答辩

倍安公司不服一审判决，向重庆市高级人民法院提起上诉，请求二审法院依法撤销原判第二项，改判倍安公司不承担赔偿首安公司经济损失的民事责任，诉讼费用由首安公司承担。具体理由是：1. 一审法院认定事实错误：鉴定意见作出的结论是被控侵权产品与专利所述特征相同或等同，并未对二者在功能和效果上进行比对，也未做出结论，一审法院擅自扩大鉴定结论作出侵权判定，是认定事实错误；被控侵权产品与首安公司专利在结构、原理及产生的有益效果等方面均不同，没有落入该专利权的保护范围，不构成侵权；2. 即使被控侵权产品是侵权产品，一审法院认为倍安公司不符合《中华人民共和国专利法》第七十条规定的免责条件，也是认定事实和适用法律错误，因为倍安公司事实上不知道也不可能知道 JTW – LCD – ZC500A 型可恢复式线型差定温火灾探测器是侵权产品，事实是倍安公司供货方向其提供了该产品有效的《发明专利证书》，"中国消防产品信息网"也公示了该产品为合格，此外，首安公司发送的《警告函》仅列明了其专利号，内容过于简单，倍安公司无法对涉案产品是否侵权进行初步判断；3. 关于赔偿金额，倍安公司无法接受一审判决酌定判赔方式和金额，因倍安公司符合《中华人民共和国专利法》第七十条规定的免责条件，不应承担赔偿责任。

首安公司答辩称：1. 鉴定结论对两种技术方案中的技术特征进行比较符

合法律规定，且从《鉴定意见书》的鉴定分析部分看，其并非仅依据《专利说明书》作出；2. 倍安公司在收到《警告函》后仍未停止侵权行为，是主观恶意侵权，严重违背了诚实信用原则；3. 一审法院酌定赔偿数额符合法律规定。因此，一审判决认定事实清楚，适用法律正确，鉴定依据和程序合法，应予维持。请求二审法院依法维持原判，驳回上诉。

二审判理和结果

二审法院认为，首安公司专利号为 ZL200520113373.6 的实用新型专利权合法有效，应受法律保护。其专利权保护范围是其独立权利要求记载的全部必要技术特征，即一种具有可熔或可融绝缘层的模拟量线型感温探测器，其特征在于，由二根探测导体、NTC 特性塑料层、绝缘层、电阻信号测量装置组成，二根所述的探测导体绞合在一起，在所述的二根探测导体之间叠加设置有所述 NTC 特性塑料层及所述绝缘层，所述绝缘层的熔化或软化温度区域为 40℃ - 120℃。

将被控侵权产品 JTW - LCD - ZC500A 型探测器与首安公司专利权独立权利要求记载的全部必要技术特征进行比对，被控侵权产品的组成包括二根探测导体、NTC 特性塑料层、电阻信号测量装置，二根探测导体绞合在一起，其间叠加设置了 NTC 特性塑料层，这些特征与首安公司专利权技术特征相同。不同之处在于被控侵权产品在二根绞合的探测导体之间还叠加设置了半导体材料层和绝缘编织层，而首安公司专利权相应的技术特征是在二根绞合的探测导体之间叠加设置了绝缘层，绝缘层的熔化或软化温度区域为 40℃ - 120℃，此不相同的技术特征是否是相等同的技术特征是认定被控侵权物是否落入专利权保护范围的关键。

根据《最高人民法院关于审理专利纠纷案件适用法律问题的若干规定》第十七条第二款的规定，等同特征是指与所记载的技术特征以基本相同的手段，实现基本相同的功能，达到基本相同的效果，并且本领域的普通技术人员无需经过创造性劳动就能够联想到的特征。因此，等同特征的判断是对案件事实（不相同技术特征）的法律评价。而鉴定结论作为证据的一种，仅能起到证明案件事实的作用，不具有对案件事实（不相同技术特征）进行法律评价的效能。本案中，鉴定机构作出被控侵权产品的技术特征与本案专利所述的特征相同或等同的鉴定意见显然超越了鉴定机构仅应对技术特征等专门性问题进行司法鉴定的范围，对技术特征进行了非事实性的法律评价，其鉴定结论不应作为法院认定案件事实的依据。但是,《鉴定意见书》中关于被控侵权产品的构造、工作原理等鉴定分析内容与查明案件事实直接相关,在无相反证据的情况下,法院予以采信。

《鉴定意见书》"鉴定分析"部分叙述:被控侵权产品的半导体材料层和绝缘编织层与专利所述的绝缘层,在常温下,均使探测导体(1)与 NTC 特性塑料层间起绝缘作用。在高温下,均使探测导体(1)与 NTC 特性塑料层间起导电作用,被控侵权产品是通过半导体材料层熔化,NTC 特性塑料层软化,从而使导体(1)接触 NTC 特性塑料层,进而导体间电阻值下降,而专利是通过绝缘层熔化,NTC 特性材料层软化,使导体(1)与 NTC 特性塑料层接触,进而导体间电阻值下降。可见,被控侵权产品的半导体材料层和绝缘编织层虽与专利所述的绝缘层在常温下和高温下实现的功能基本相同,但在手段上二者有所不同:在高温下,被控侵权产品是通过半导体材料层熔化,NTC 特性塑料层软化后透过绝缘编织层的网格空隙来接触导体(1),从而实现其功能的,而专利是通过绝缘层熔化使 NTC 特性塑料层接触导体(1)来实现其功能。同时,在温度下降到常温后,由于专利绝缘层在高温下已熔化,绝缘层不能继续在探测导体(1)与 NTC 特性塑料层间起绝缘作用,而被控侵权产品绝缘编织层并未发生变化,在 NTC 特性塑料层恢复未软化的状态时,NTC 特性塑料层不能透过绝缘编织层的网状结构接触探测导体(1),绝缘编织层仍然可起到绝缘作用,此时,从功能上来看,二者并不相同;从效果上来看,被控侵权产品采用绝缘编织层显然优于专利的绝缘层。因此,被控侵权产品的半导体材料层和绝缘编织层与专利所述的绝缘层在采用手段、实现功能、达到效果上均有所不同,两者不是相等同的技术特征。据此,二审法院认为,被控侵权产品并未全面履盖专利独立权利要求中记载的全部必要技术特征,被控侵权产品不是侵犯首安公司专利权的产品,倍安公司的销售行为不构成侵权。基于此,双方当事人之间争议的其他问题亦没有继续评述的必要。

据此,二审法院依照《中华人民共和国民事诉讼法》第一百五十三条第一款第(二)项①之规定,判决如下:一、撤销重庆市第一中级人民法院(2010)渝一中法民初字第 00236 号民事判决;二、驳回首安公司的全部诉

① 对应 2012 年 8 月新修订的《民事诉讼法》第一百七十条第一款第(二)项。

讼请求。本案一审案件受理费 13800 元、证据保全费 30 元、鉴定费 18000 元，二审案件受理费 2900 元，共计 34730 元，由首安公司负担。

【法官评述】

我国《专利法》第五十九条规定，实用新型专利权的保护范围以其权利要求的内容为准，说明书及附图可以用于解释权利要求的内容。因此，专利权的保护范围是其权利要求书所记载的全部必要技术特征。

由于权利要求是由文字组成，而文字表达有其局限性，很难做到用语言文字完全准确地描述专利技术的实用性、创造性、新颖性范围。如果严格按照字面含义来确定专利权的保护范围，可能大大降低专利技术的价值，侵权人可以通过某些非实质性的改变而与专利权的必要技术特征相区别，从而不落入专利权的保护范围，进而损害专利权人的利益。为了保护创新、激励创新，促进技术不断进步，司法实践中引入了等同原则，确立了专利的保护范围不仅限于文字表述所确定的范围，还包括与权利要求所记载的全部必要技术特征相等同的特征所确定的范围。

《最高人民法院关于审理专利纠纷案件适用法律问题的若干规定》第十七条第二款规定："等同特征是指与所记载的技术特征以基本相同的手段，实现基本相同的功能，达到基本相同的效果，并且本领域的普通技术人员无需经过创造性劳动就能够联想到的特征。"因此，等同特征的判定是在对被控侵权产品与专利权利要求记载的全部必要技术特征进行比对的基础上，就被控侵权产品不同于专利权必要技术特征的特征在手段、功能、效果等三方面进行评价后，若三方面基本相同且本领域的普通技术人员无需经过创造性劳动就能够联想到的情况下作出的。手段、功能、效果三方面基本相同缺一不可，仅在手段上基本相同，其他两方面不基本相同，则肯定不是等同特征，其它亦然。

本案中专利权的保护范围是其独立权利要求记载的全部必要技术特征，即一种具有可熔或可融绝缘层的模拟量线型感温探测器，其特征在于，由二根探测导体、NTC 特性塑料层、绝缘层、电阻信号测量装置组成，二根所述的探测导体绞合在一起，在所述的二根探测导体之间叠加设置有所述 NTC 特性塑料层及所述绝缘层，所述绝缘层的熔化或软化温度区域为 40℃ - 120℃。

被控侵权产品与本专利权独立权利要求记载的全部必要技术特征相比，被控侵权产品的组成包括二根探测导体、NTC 特性塑料层、电阻信号测量装置，二根探测导体绞合在一起，其间叠加设置了 NTC 特性塑料层，这些特征与专利权技术特征相同。不同之处在于被控侵权产品在二根绞合的探测导体之间还叠加设置了半导体材料层和绝缘编织层，而专利权相应的技术特征是在二根绞合的探测导体之间叠加设置了绝缘层，绝缘层的熔化或软化温度区域为 40℃－120℃。那么，该不相同的技术特征是否是等同特征，应从前述三方面进行评判。

首先，从功能上看，被控侵权产品的半导体材料层和绝缘编织层与专利所述的绝缘层，在常温下，均使探测导体（1）与 NTC 特性塑料层间起绝缘作用。在高温下，均使探测导体（1）与 NTC 特性塑料层间起导电作用，二者基本相同。但是，当从高温下降到常温，被控侵权产品的半导体材料层的绝缘纺织层仍在探测导体（1）与 NTC 特性塑料层间起绝缘作用，而专利所述的绝缘层却不能起到绝缘作用。此时，二者不属于基本相同。

其次，从手段上看，在高温下，被控侵权产品是通过半导体材料层熔化，NTC 特性塑料层软化后透过绝缘编织层的网格空隙来接触导体（1），从而实现导电功能的，而专利是通过绝缘层熔化使 NTC 特性塑料层接触导体（1）来实现其导电功能。同时，在温度下降到常温后，由于专利绝缘层在高温下已熔化，绝缘层不能继续在探测导体（1）与 NTC 特性塑料层间起绝缘作用，而被控侵权产品绝缘编织层并未发生变化，在 NTC 特性塑料层恢复未软化的状态时，NTC 特性塑料层不能透过绝缘编织层的网状结构接触探测导体（1），绝缘编织层仍然可起到绝缘作用。因此，二者不属于基本相同。

再次，从效果上来看，被控侵权产品采用绝缘编织层显然优于专利的绝缘层。

因此，法院认为，被控侵权产品的半导体材料层和绝缘编织层与专利所述的绝缘层在采用手段、实现功能、达到效果上既不相同也不基本相同，两者不是相等同的技术特征，最终作出不构成侵权的判定。

编写人：重庆市高级人民法院知识产权审判庭　肖艳

（二）著作权权属、侵权纠纷案件

8

薛华克诉燕娅娅、北京翰海拍卖有限公司侵害著作权纠纷案

——阅读提示：参照他人摄影作品绘制油画的行为是否构成侵权？如构成侵权，侵犯摄影作品著作权人的什么权利？

【裁判要旨】

改编权所控制的行为是在原作基础上使用另一种独创性表达、形成新作品并加以后续利用的行为。未经许可参照他人摄影作品绘制油画，在油画中使用摄影作品具有独创性的画面形象，超出合理使用范围，构成对摄影作品改编权的侵犯。

【案号】

一审：北京市朝阳区人民法院（2011）朝民初字第20681号
二审：北京市第二中级人民法院（2012）二中民终字第11682号

【案情与裁判】

原告（二审上诉人）：薛华克
被告（二审上诉人）：燕娅娅
被告：北京翰海拍卖有限公司（简称翰海拍卖公司）

起诉与答辩

原告薛华克诉称：其创作了"藏人"、"塔吉克人"等系列摄影作品并多

次结集出版、展览。2005 年，其与燕娅娅相识，燕娅娅以欣赏为由向其索要作品，其遂将一些作品的洗印件、书籍赠与燕娅娅。但发现燕娅娅擅自将其创作的摄影作品《次仁卓玛》演绎为油画作品《阿妈与达娃》并进行展览、出版，并委托翰海拍卖公司拍卖了上述作品。燕娅娅的上述行为侵犯了其对作品享有的改编权，翰海拍卖公司拍卖侵权作品亦构成侵权。故诉至法院，请求判令燕娅娅停止侵权，在《中国摄影报》及一家全国性美术报刊上公开赔礼道歉，赔偿经济损失 1.5 万元，与翰海拍卖公司共同收回已拍卖成交的侵权作品并予以销毁。

被告燕娅娅辩称：涉案被控侵权的油画作品是其独立创作完成，不存在侵犯薛华克著作权的行为；薛华克主张摄影作品的改编权缺乏法律依据，著作权规定的改编权主要限于文字作品；薛华克的起诉已经超过诉讼时效。综上，不同意薛华克的诉讼请求。

被告翰海拍卖公司辩称：该公司严格按照《中华人民共和国拍卖法》对涉案油画进行了拍卖，拍卖涉案油画不存在过错，不应承担侵权责任。此外，涉案油画的所有权已经转移，无法收回，薛华克的诉讼请求缺乏可执行性。故不同意薛华克的诉讼请求。

一审审理查明

薛华克为摄影家，系中国摄影家协会会员；燕娅娅系油画专业创作者，所创作的油画曾多次入选全国性美术展览。

1997 年 5 月，薛华克个人摄影集《藏人》一书由中国摄影出版社出版，该书收录了其摄影作品《次仁卓玛》。

2006 年 12 月，《中国油画》杂志 2006 年第 6 期上刊登了燕娅娅的油画《阿妈与达娃》（注明：130cm×160cm）。2007 年 5 月，燕娅娅油画作品集《娅娅山上的故事》一书亦收录了油画《阿妈与达娃》（注明：160×130cm 2006）。燕娅娅称该作品集是为配合其个人画展制作的画册，收录的作品系在画展上展出的作品。

将《次仁卓玛》与《阿妈与达娃》进行比对，两幅作品表现的画面主体均为一名坐在房间内哺乳孩子的藏族妇女，二者在整体构图、场景布局、人物细微的姿势、神态、服饰特征以及物品摆放、光线明暗的处理等方面均相同，只是油画的画面较为模糊。

燕娅娅称上述油画是其前往西藏写生时创作，在其写生的同时，薛华克在相同角度进行了拍照。就此，燕娅娅提交了一幅日期标注为"1992"的草图，但该草图的内容仅为怀抱孩子的妇女形象，并未显示房间内的布局、物品摆放以及人物服装、配饰等特征。薛华克对此不予认可，表示涉案摄影作品系其先行拍摄完成，燕娅娅曾以欣赏为由向其索要照片。

2006年12月17日，翰海拍卖公司受燕娅娅丈夫的委托对外拍卖了油画《阿妈与达娃》，成交价为28.6万元；后者在委托拍卖合同中保证拍卖标的不侵害任何第三方的合法权益。

另，薛华克明确本案仅主张改编权，不主张其他著作权权项。

一审判理和结果

一审法院认为：薛华克为涉案摄影作品的拍摄者，依法享有著作权。薛华克的摄影作品和燕娅娅的油画系以相同人物为创作对象的两种类型不同的作品。通过对比，燕娅娅的油画与薛华克的摄影作品存在高度相似。燕娅娅为证明涉案油画系其独立创作仅提交了一幅草图，但该草图与涉案油画存在明显差异，标注的时间与其作品集中标注的涉案油画年份亦不相符，故对此不予采信。与摄影依靠照相器材瞬间固定物体形象不同，油画的创作需要绘画者通过其眼睛观察创作对象后，再依靠其记忆和绘画技能将之在平面上表现，其创作不可能短时间完成。尽管二者在表现同一对象时，存在作品主题、表现内容相似的可能性，但在各自独立创作的情况下，由于创作过程、手段完全不同，二者很难达到涉案油画与摄影作品如此高度的相似。并且，薛华克的摄影作品在先发表，燕娅娅有机会接触到该作品。综上，可以认定燕娅娅在绘制涉案油画时参照了薛华克的摄影作品。

在认定燕娅娅参照薛华克的摄影作品绘制涉案油画的前提下，判断燕娅娅是否构成侵权的关键就在于确定其是否使用了涉案摄影作品中具有独创性的表达。作为写实类作品，涉案摄影作品中所表现的人物仅为创作的题材，作品所呈现的画面形象才是该作品具有独创性的表达，也是其受到法律保护的部分。通过对比燕娅娅的涉案油画与薛华克的摄影作品，除作品类型不同外，二者所表现的人、物、场景的画面形象基本相同，表明燕娅娅在绘制涉案油画时不仅参照了薛华克作品的主题，还使用了薛华克作品中具有独创性的表达。

由于创作方法不同，涉案油画的绘制需要燕娅娅通过对表现对象的观察、理解并借助绘画颜料和自身的绘画技能才能完成，绘画过程体现了其个人的构思和判断，且涉案油画与薛华克的摄影作品相比，二者在视觉上仍存在差异。因此，燕娅娅的涉案行为属于在不改变作品基本内容的前提下，将作品由摄影作品改编成油画的行为，构成了对薛华克摄影作品的改编。但燕娅娅改编薛华克的摄影作品，并未取得薛华克的许可，且燕娅娅还将改编后的油画作品用于展览、出版并对外拍卖，亦未向薛华克支付报酬，故侵犯了薛华克对涉案摄影作品享有的改编权，应当承担停止侵权、赔偿损失的法律责任。

北京市朝阳区人民法院依据《中华人民共和国著作权法》第十条第一款第十四项、第十二条、第四十七条第六项、第四十九条之规定，判决：燕娅娅停止侵权并赔偿薛华克经济损失 1.5 万元。

二审审理情况

一审判决后，薛华克和燕娅娅不服一审判决，提起上诉。二审过程中，经北京市第二中级人民法院主持调解，薛华克和燕娅娅最终达成和解。

【法官评述】

本案是法院系统对参照他人摄影作品绘制油画行为做出侵权认定的首例案件，具有一定的典型意义。本案的焦点在于判断参照他人摄影作品绘制油画的行为，属于合理借鉴还是构成侵权；如构成侵权，侵犯摄影作品著作权人的什么权利。

一、参照他人摄影作品绘制油画行为是否构成侵权

对于被告参照原告摄影作品绘制油画的行为是否构成侵权，存在两种不同意见。第一种意见认为被告的行为属于对摄影作品的合理借鉴，不构成侵权。理由是：涉案摄影作品和油画均是以特定人物为创作对象的写实类作品，摄影作品中人物的形象、姿态以及场景均是客观存在的形象，被告是以不同于摄影的艺术手法再现了相同的人物、场景，因此，只是对摄影作品中客观形象的借鉴。第二种意见认为被告的行为构成侵权。理由是：著作权法对作品的保护是对作品表达的保护，摄影作品的画面就是作品的表达，被告在其绘制的油画中使用了原告摄影作品的表达，故构成侵权。

对上述问题的处理，首先需要厘清著作权保护与合理借鉴的关系。著作权法不仅保护著作权人的利益、鼓励创作，还要注意著作权人与使用人、传播者及社会公众利益的平衡，以促进作品传播和文化的传承。事实上，在文学、艺术领域，任何一部作品的创作都离不开对前人成果或已有素材的使用。因此，法律并不禁止创作者对前人作品的合理借鉴，唯有如此，人类文明才能不断积累和进步。但是，这种借鉴应当限定在合理的范围内，而不能与法律对著作权的保护相冲突。著作权法对作品的保护是对作品表达的保护，不延及作品的思想或主题。因此，对他人作品的借鉴，应当限于对作品思想、主题或属于公有领域内容的借鉴，对他人作品中具有独创性的表达不得擅自使用。

就本案而言，判断被告的行为属于合理借鉴，还是构成侵权，关键在于确定其是否使用了原告摄影作品的独创性表达。所谓作品的表达，是指作品可借以被感知的形式，是其独创性的外在表现。不同类型的作品由于创作过程、表现方法不同，其作品的表达存在区别。就本案原告的涉案摄影作品而言，作品中所表现的人物、场景仅为创作的题材，作品所呈现的画面形象才属于该作品具有独创性的表达。作品画面所呈现的构图、光线对比、人物细微的姿势、神态、服饰以及物品摆放的状态等属于作品表达的有机组成部分。通过将被告的涉案油画与原告的摄影作品进行比对，二者所表现的人、物、场景的画面形象基本相同。故可以认定被告使用了原告摄影作品中具有独创性的表达。因此，被告的涉案行为不属于对原告摄影作品的合理借鉴，而是构成了对原告著作权的侵犯。

当然，如果仅仅是为个人欣赏或者练习绘画技能参照他人摄影作品绘制油画，就应另当别论。因为根据《著作权法》第二十二条第一项的规定，为个人学习、研究或欣赏，使用他人已经发表的作品，属于我国著作权法上的"合理使用"，即侵权的"例外"。但本案中，被告将其绘制的涉案油画用于出版、展览和拍卖，进行了商业性使用，显然不属于上述"合理使用"的情形。

二、参照他人摄影作品绘制油画行为侵犯什么权利

我国《著作权法》采取了权利列举和行为规制并行的立法模式。司法实践中，权利人通常会明确其主张的具体的著作权权项。因此，在进行侵权认定时，法院需要对被控侵权行为所侵犯的著作权的具体权项做出认定。参照他人摄影作品进行绘画，显然应在绘画上标明摄影出品的出处和摄影者的名称，否则，将构成对摄影者署名权的侵犯。本案中，原告仅主张改编权。对此，存在两种不同观点。一种观点认为被告的涉案行为属于对原告摄影作品的演绎，侵犯了原告的改编权；另一种观点认为被告将摄影作品绘制为油画的行为属于平面到平面的复制，侵犯了原告的复制权。

认定某项著作权侵权行为成立的前提是被控侵权行为落入了著作权人特定专有权利的控制范围。因此，判断被告的涉案行为侵犯原告复制权抑或改编权，首先需要正确理解复制权和改编权的含义。根据《著作权法》第十条第一款第五项和第十四项的规定，复制权是指以印刷、复印、拓印、录音、录像、翻录、翻拍等方式将作品制作一份或者多份的权利；改编权是指改变作品，创作出具有独创性的新作品的权利。可见，复制权是将作品制成有形复制件的权利，所控制的行为包括原封不动地使用行为和在原作表述基础上进行非实质性改动的使用行为两种情形。① 改编权则是在保留原作品基本表达的情况下创作出新作品的权利，所控制的行为是在原作基础上使用另一种独创性表达、形成新作品并加以后续利用的行为。

由上述分析可见，复制权和改编权所控制行为的区别在于对原作的使用行为是否具有一定的独创性。本案中，判断被告涉案行为侵犯原告的复制权还是改编权，关键在于是否承认涉案油画本身的独创性。综合本案的情况，我们同意第一种观点，认为被告将原告的摄影作品改变成油画的行为，其本身也是一种创作活动，所形成的油画具有独创性，故侵犯了原告的改编权。理由如下：

首先，被告的涉案行为与《著作权法》列举的七种复制方式存在区别。其一，七种复制方式将作品的原件信息传递到复制件的过程，基本上是通过机械或电子的方式进行直接的信息传递；而由摄影到油画的转变，是通过人的视角摄入、理解、记忆，然后再通过画笔将加工过的信息外化到载体上。其二，七种复制方式的原件与复制件之间信息传递的一致性主要是由复制的装置与设备所决定；而由摄影到油画的转变，二者的一致性主要是由绘画者的水平所决定。其三，由摄影到油画的转变，是艺术领域内一种常见的艺术研习方法，是进行美术创作所必须的学习与训练过程；而七种复制方式与美术作品的创作没有关系。② 简言之，《著作权法》列举的复制方式基本上是被动地再现已有作品，通常需要借助一定的设备；而由摄影到油画的转变，具有相当的主动性，且是完全人工化的。

---

① 李明德、许超：《著作权法》，法律出版社 2003 年版，第 88 页。
② 参见周俊强："署名权问题探析"，载《知识产权》2011 年第 10 期。

其次，被告在涉案油画的绘制过程中付出了创造性劳动。根据著作权自动产生的原则，只要作者通过其创造性劳动将作品创作完成，著作权即自动产生。当然，对创造性劳动的认定与法律对作品独创性的要求密切相关。关于作品独创性程度的要求，我国著作权法并未明确规定。按照目前的司法实践，对作品的独创性并没有太高的要求，一般情况下，只要具备最低限度的创造性即可，即：只要作者付出了智力性劳动，作品体现了其个人的选择、判断就可以认定其具有独创性，并不要求具有很高的艺术性或欣赏性。① 就本案而言，从摄影到油画的转变绝不是一种简单的技艺性劳动。从创作过程看，被告需要凭借其个人对摄影作品的观察和理解以油画的创作手法再现摄影作品的画面形象，绘画过程中需要对画面从整体到局部进行构思和安排；从创作结果看，油画呈现了一种不同于摄影的艺术效果，具有不同的感染力和艺术表现力，与摄影的画面相比，二者在画面尺寸和视觉上存在较为明显的差异。因此，被告将原告的摄影作品转变为油画的行为，并不是对摄影作品的原样再现，而是在摄影作品基础上进行的再创作。

由于在已有作品基础上进行再创作的行为属于改编权控制的行为，对原作的改编及改编作品的后续利用均应征得原作著作权人的许可。本案中，被告将原告的摄影作品改编为油画，事先并未获得原告的许可，且原告还将改编后的油画用于展览、出版和拍卖，亦未向原告支付报酬，故侵犯了原告的改编权。

需要指出的是，认定被告的涉案行为侵犯原告改编权而非复制权，最大意义在于承认被告在改编过程中付出的创造性劳动，赋予其禁止他人擅自使用涉案油画的权利。但由于涉案油画自身存在先天的缺陷，被告对油画的使用因会侵犯到原告的权利而被法律禁止，其自身利益事实上并无法有效实现。因此，在绘画创作过程中，绘画者若确有必要使用他人摄影作品，最恰当的做法是事先征得摄影作品著作权人的许可，订立著作权许可使用合同。

编写人：北京市朝阳区人民法院知识产权审判庭　苏志甫

---

① 最高人民法院副院长奚晓明在 2012 年 2 月 8 日《准确把握当前知识产权司法保护政策 进一步加强知识产权司法保护》讲话中指出：著作权司法保护要坚持获得著作权保护以具备最低限度的独创高度为条件。

9

上海玄霆娱乐信息科技有限公司诉王钟、北京幻想纵横网络技术有限公司著作权合同纠纷案

——阅读提示：当事人就未来作品①的权利转让所达成的协议是否具有法律效力？合同义务涉及作者的创作行为或创作自由时，对方当事人能否主张继续履行？

【裁判要旨】

本案系网络文学网站经营者和网络写手之间发生的争议，审理核心在于准确评价网站经营者"买断"网络写手未来所有作品的合作方式。主要涉及双方法律关系的定性、法律关系的效力、违约责任承担等问题。在确定著作权合同的法律性质时，法院不应仅以合同名称作为认定标准，还应当根据合同约定的当事人权利义务关系，并结合合同目的来认定。当事人就未来作品的权利转让所达成的协议具有法律效力，但合同义务涉及作者的创作行为或创作自由时，对方当事人不得主张继续履行。

【案号】

一审：上海市浦东新区人民法院（2010）浦民三（知）初字第 424 号

二审：上海市第一中级人民法院（2011）沪一中民五（知）终字第 136 号

【案情与裁判】

原告（反诉被告、二审被上诉人）：上海玄霆娱乐信息科技有限公司

---

① 指合同订立之时尚未创作或尚未完成创作的作品。可参见英国版权法、澳大利亚版权法的相关规定。

（简称玄霆公司）

被告（反诉原告、二审上诉人）：王钟

第三人（二审上诉人）：北京幻想纵横网络技术有限公司（简称幻想公司）

起诉与答辩

2010 年 7 月 23 日，原告玄霆公司向上海市浦东新区人民法院提起诉讼，称其系起点中文网的运营商，被告系原告的签约作家。双方自 2006 年起即有合作。2010 年 1 月 18 日，双方签订了《白金作者作品协议》及其从合同《委托创作协议》。原告按约向被告支付了预付款人民币 10 万元，并积极履行约定义务。但自 2010 年 7 月起，原告发现被告在纵横中文网（www. zongheng. com）上发布其创作的名为《永生》的小说，并在博客及其他言论中明确表示要离开起点中文网，不再继续履行合同规定的义务。故原告起诉，请求判令被告：1. 继续履行《白金作者作品协议》及其从合同《委托创作协议》，停止在其他网站发布其创作作品的行为；2. 承担违约金 101 万元；3. 确认被告创作的《永生》著作权归原告所有。

被告王钟辩称：1. 原告没有为被告投入大量的宣传资源，网站推介的也只是网络作品而非网络写手个人。2.《白金作者作品协议》、《委托创作协议》无法继续履行。《白金作者作品协议》的文本是原告提供的，大多数条款显失公平，故应被撤销。《委托创作协议》约定创作内容不明确，难以履行。3. 原告并不享有《永生》作品的著作权。《永生》不属于原、被告约定的协议作品范畴，而是被告加入第三人公司后的职务作品，其著作权归属于第三人。4. 原告主张的违约金数额过高。被告从原告处因讼争协议共获得 10 万元创作资金，即使被告构成违约，101 万元的违约金显然过高，要求调低，按法律规定应不超过实际损失的 30%，况且原告并没有实际损失产生。因此，请求驳回原告的诉讼请求。同时反诉诉称，双方确实于 2010 年 1 月 18 日签订了讼争的两份协议，但该两份协议均系原告提供的格式合同。《白金作者作品协议》显失公平，按照《中华人民共和国合同法》第五十四条第一款第二项的规定，依法应予撤销。《委托创作协议》关于委托事项的约定极不明确，无法履行，按照《中华人民共和国合同法》第四百一十条的规定，请求解除。故请求判令：1. 撤销《白金作者作品协议》；2. 解除《委托创作协议》。

第三人幻想公司述称：其与被告签订了劳动合同，《永生》是被告入职后创作的作品，属于职务作品。《永生》是集体创作的，被告只是执笔。劳动合同的知识产权及保密协议约定了职务作品的著作权归属，因此《永生》的著作权归第三人所有。对于其他诉请同意被告的答辩意见。

针对反诉，原告玄霆公司辩称：两份协议真实有效，不应被撤销和解除，而应继续履行。被告认为显失公平没有法律依据，如果其认为不合理，当初就不应当签订，被告现在是受到了案外网站的挖角才中途变卦的，所以其反诉理由是不成立的。

一审审理查明

2006 年起，王钟以笔名"梦入神机"先后在玄霆公司网站上发表了多部作品，并与玄霆公司签订协议，将作品的信息网络传播权等著作权独家授权或转让给玄霆公司，在此期间，玄霆公司向王钟陆续支付了共计 200 余万元的稿酬。

2010 年 1 月 18 日，玄霆公司（甲方）与王钟（乙方）签订《白金作者作品协议》一份，第 3.2.1 条约定，王钟将自协议生效之日起四年内所创作的所有作品（以下简称为"协议作品"，包含作品各种语言版本，且无论作品是否创作完稿）在全球范围内的信息网络传播权及电子形式的汇编权、改编权、复制权、发行权等全部永久转让于甲方。并排除乙方本人于本协议签订后自行行使或向第三方转让、授权上述权利。合同还约定了当事人的违约责任以及违约金条款。

同日，玄霆公司（甲方）与王钟（乙方）还签订了《委托创作协议》一份。第 3.2.1 条、第 1.1.7 条约定，乙方作为专属作者，受甲方委托创作的协议作品，著作权及一切衍生权利完全排他地归属于甲方。在协议期间内未经甲方书面许可，乙方不得以真实姓名、笔名或其他姓名、名称等任何名义，将乙方在协议期间内创作的包括协议作品在内的各类作品交于或许可第三方发表、使用或开发，或者为第三方创作各类作品。第 4.1.6 条约定，甲方对协议期间以外乙方创作的除协议作品外的其他作品的著作权，在涉及对该等作品进行使用、转让、授权许可使用时，同等条件下，甲方优先于任何第三方获得上述转让权和许可使用权。5.1.1 条约定，乙方报酬根据乙方创作的协议作品字数进行结算，甲方支付乙方报酬的费用标准为税前 330

元/千字。5.2.1 约定，甲方将于协议生效之日起三十个工作日内，向乙方支付预付款人民币 10 万元整。合同还约定了当事人的违约责任以及违约金条款。

2010 年 2 月 10 日，玄霆公司依约向王钟预付了 10 万元创作资金。

2010 年 6 月 18 日，王钟（乙方）与幻想公司（甲方）签订《劳动合同书》一份，担任幻想公司游戏策划部门总监一职，合同期限 5 年。合同约定，乙方按公司要求进行职务作品创作，作品著作权归甲方所有。2010 年 7 月 18 日，王钟以"梦入神机"的笔名在幻想公司指定的网站上发表作品《永生》，连载至 2012 年 2 月 5 日结束。

一审判理和结果

《白金作者作品协议》是玄霆公司和王钟两个平等主体之间自愿签订的合同，是双方真实意思表示，符合合同法的平等自愿互利的原则，不存在显失公平，不应被撤销。《委托创作协议》合法有效，应当继续履行。《永生》应当属于王钟的作品，而从其创作时间来看，是在玄霆公司、王钟约定的创作时间内，所以《永生》的著作权属于玄霆公司。

根据《白金作者作品协议》3.2.1 条、《委托创作协议》3.2.2 条的规定，王钟未经玄霆公司许可不得在协议期间擅自为第三方创作作品。而王钟置其与玄霆公司签订的两份协议不顾，在幻想公司网站上公开发表其创作的文学作品，违约的故意明显，应当承担相应的违约责任。而违约金作为合同的一部分，兼有补偿性质和惩罚性质，但主要以补偿性为主，且不应超过玄霆公司实际损失。虽然双方在协议中约定了违约金的计算依据及方法，但本案中玄霆公司对其实际损失并未举证，从实际来看，王钟在幻想公司网站发布小说，对于玄霆公司来讲损失的是点击率，而点击率转化成经济损失并无相关标准。再者，双方还要继续履行合同，故违约金可适当予以调低。据此，依照《中华人民共和国合同法》第八条、第四十四条、第六十条、第一百零七条、第一百一十四条、《中华人民共和国著作权法》第十条、第十一条、第二十五条第一款和《最高人民法院关于民事诉讼证据的若干规定》第二条之规定，判决：一、玄霆公司与王钟继续履行双方于 2010 年 1 月 18 日签订的《白金作者作品协议》；二、玄霆公司与王钟继续履行双方于 2010 年 1 月 18 日签订的《委托创作协议》；三、王钟停止在幻想公司指定的网站继续发表《永生》；四、王钟应于判决生效后十日内支付玄霆公司违约金人民币 20 万元；五、王钟创作的《永生》著作权（除法律规定不可转让的权利以外）归玄霆公司所有；六、驳回玄霆公司的其余诉讼请求；七、驳回王钟的全部诉讼请求。

上诉与答辩

判决后，王钟和幻想公司不服，向上海市第一中级人民法院提起上诉。

上诉人王钟上诉称：1.《永生》是王钟履行幻想公司的工作任务的作品，是职务作品，《永生》著作权属于幻想公司。2.《委托创作协议》是王钟与玄霆公司之间以信任为基础建立的委托创作网络文学作品的委托合同关系，其中智力创作活动本身具有极强的人身专属性，合同义务性质不适于强制履行。3.《白金作者作品协议》是玄霆公司利用自身在行业内的优势地位以及王钟没有经验而签订的合同，其内容违反了公平和等价有偿原则。4. 玄霆公司未基于《白金作者作品协议》支付任何费用，且其亦未举证证明其遭受了实际损失，一审法院判决王钟承担 20 万元违约金没有任何事实和法律依据。5.《白金作者作品协议》第 3.2.1 条约定，王钟同意并确认将自协议生效之日起四年内所创作的所有作品在全球范围内的信息网络传播权及上述作品电子形式的汇编权、改编权、复制权、发行权等全部永久转让于玄霆公司。《委托创作协议》第 1.1.4 条约定，协议期间：指协议签署之日起至王钟将协议作品创作完稿并将协议作品全部交付于玄霆公司止。可见，《委托创作协议》已变更了《白金作者作品协议》约定的委托创作期限。因此，一审法院以《白金作者作品协议》约定的上述内容认定事实有误。据此，请求二审法院撤销一审判决第一至七项，改判驳回玄霆公司的全部诉讼请求，支持其反诉请求。

上诉人幻想公司上诉称：1.《永生》是王钟履行幻想公司的工作任务的作品，是职务作品，《永生》著作权属于幻想公司。2. 一审法院依玄霆公司请求直接追加幻想公司为无独立请求权的第三人参加诉讼，属法律程序错误，即使幻想公司参与诉讼，亦应当属于有独立请求权的第三人。3. 作者在委托创作合同中的合同义务属于合同法第一百一十条规定的可要求继续履行的例外情形，依法不适用继续履行。王钟已明确表示不再履行系争委托创作协议，其与玄霆公司间的委托合同不应继续履行。据此，请求二审法院撤销一审判决第三、五项。

二审判理和结果

玄霆公司与王钟签订的《白金作者作品协议》和《委托创作协议》系双方当事人真实意思表示，内容并不违反法律的强制性规定，双方均应依约履行合同义务。合同履行过程中，王钟通过声明和行为明确表示不再履行合同义务，构成合同义务的违反，依法应当承担相应的违约责任。但玄霆公司请求判令王钟继续履行《白金作者作品协议》及《委托创作协议》，停止在其他网站（包含且不限于纵横中文网 www.zongheng.com）发布其创作作品的行为，并确认王钟创作的《永生》著作权归玄霆公司所有，性质上属于请求王钟承担继续履行合同义务。在委托创作协议中，双方约定王钟为玄霆公司的"专属作者"，只能创作"协议作品"，不得为他人创作作品或者将作品交于第三方发表，在协议期间以外创作的作品还应当由玄霆公司享有优先受让权，并且规定了王钟交稿时间和字数，等等。这些义务，涉及到王钟的创作自由，具有人身属性，在性质上并不适于强制履行。在王钟违约时，玄霆公司不得请求王钟继续履行，只能请求王钟支付违约金或者赔偿损失。但是，对于已经创作出的作品的权利归属，并不属于不能强制履行的义务，玄霆公司主张依据合同享有《永生》著作权于法有据。

玄霆公司请求判令王钟支付违约金 101 万元，其依据在于《白金作者作品协议》第 7.2.2 条之约定。该约定对应的违约行为包括将作品权利转让给他人等根本违约行为，因此可以视为替代履行利益的违约赔偿，在玄霆公司同时主张继续履行的情况下，本不应予以支持。但是，在合同义务不适于继续履行的情况下，玄霆公司依据该条款主张违约金于法有据。鉴于《永生》著作权应判归玄霆公司所有，可以视为合同部分履行利益已经实现，故而应相应调减违约金至 60 万元。据此，上海市第一中级人民法院依照《中华人民共和国民事诉讼法》第一百五十三条第一款第（二）项，《中华人民共和国合同法》第九十四条第（四）项、第一百零七条、第一百一十条第（一）项、第一百一十四条第一款、第二款之规定，判决如下：判决：一、维持（2010）浦民三（知）初字第 424 号判决第五项；二、撤销（2010）浦民三（知）初字第 424 号判决第一、二、三、四、六、七项；三、王钟与玄霆公司于 2010 年 1 月 18 日签订的《白金作者作品协议》、《委托创作协议》于判决生效之日解除；四、王钟应于判决生效之日起十日内向玄霆公司支付违约金人民币 60 万元；五、驳回王钟其余上诉请求及原审其余反诉请求；六、驳回幻想公司的其余上诉请求；七、驳回玄霆公司原审其余诉讼请求。

【法官评述】

本案系网络文学网站经营者和网络写手之间发生的争议，审理核心在于准确评价网站经营者"买断"网络写手未来所有作品的合作方式。主要涉及双方法律关系的定性、法律关系的效力、违约责任承担等问题。

一、玄霆公司与王钟法律关系的性质

本案当事人在同一天签订了两份协议，即《白金作者作品协议》、《委托创作协议》。两份合同在内容上既有相同部分，也有不同部分。最本质的区别在于，《白金作者作品协议》约定著作权处分的方式为转让，而《委托创作协议》约定为委托创作。显然，就王钟在协议期间内创作完成的作品，玄霆公司不可能既因受让方式，又因委托创作方式而取得著作权。庭审中，当事人确认，两份合同中《委托创作协议》签订在后，且是前者的补充和具体化，部分条款有所变更。因此，合同当事人之间的权利义务关系应当依据两份合同共同确定，如果合同间约定不一致，应以《委托创作协议》为准。

同时，在确定涉案合同法律关系的性质时，法院不应拘泥于当事人使用的合同名称，而必须结合合同中的权利义务条款，并斟酌当事人所追求的缔约目的来确定。本案中，双方所签订的《委托创作协议》虽然选择了"委托创作"这个名称，但从合同内容看，合同并未详细约定王钟创作的内容和形式，合同重点在于确定协议作品的权属。结合双方同日签订的《白金作者作品协议》内容可知，双方当事人缔约的真实目的在于"买断"王钟未来创作的所有作品著作权。因此，双方当事人之间的法律关系应当定性为著作权转让关系。

二、转让未来作品权利合同的效力

《著作权法》明确规定，著作权中的财产权利可以转让。但本案中，双方签订合同转让协议作品著作权时作品还未创作，涉案合同实际为约定未来作品著作权转让的合同。就这种转让行为的法律效力，《著作权法》没有明确规定。

根据《合同法》第五十二条规定，只有符合该条规定的五种情形时，合同才属于无效。该条第（一）、（二）、（三）、（五）项显然不能适用于本案情形。但是否应从保护社会公共利益的角度，依该条第四项规定将此类合同归属于无效，则需要进一步斟酌考量。

第一，从域外立法情况看，对于未来作品权利的转让，有明文规定的国家中，立法者态度并不一致。有的国家完全承认其效力，例如英国①、南非②印度③。有的国家承认其效力，但做一定限制，例如巴西④、法国⑤、德国⑥；也有个别国家完全不承认其效力，如埃及⑦。总的看来，明文禁止

---

① 《英国版权法》第九十一条第一款规定，当未来版权所有人意图通过亲自签订或由其代表签订的协议将未来版权（整体或部分）让与他人时，若版权产生时受让人或任何通过受让人主张权利者有权主张权利归其所有并对抗所有其他人，则应依据本款规定确认版权归属于该受让人或权利继受人。参见《十二国著作权法》翻译组：《十二国著作权法》，张广良译，清华大学出版社 2011 年版。

② 《南非版权法》第二十二条第五款规定，可就将来作品的版权或是现有作品尚不享有版权但将来享有的版权实施转让、许可或作为遗产处分，该作品的将来版权应作为动产流转。参见《十二国著作权法》翻译组：《十二国著作权法》，谭玥译，清华大学出版社 2011 年版。

③ 《印度著作权法》第十八条第一款规定，现有作品的著作权所有人或未来作品可能的著作权所有人，可以全部或部分概括地或有限制地将全部或部分保护期限的著作权转让给他人；但在转让未来作品著作权的情况下，此种转让仅在作品实际存在的情况下生效。参见《十二国著作权法》翻译组：《十二国著作权法》，相靖译，清华大学出版社 2011 年版，第 231 页。（笔者注：该条规定了仅在作品实际存在情况下，转让才生效，但似不应理解为对未来作品转让本身的限制，故仍将印度归入完全承认其效力的国家。）

④ 《巴西著作权法》第五十一条规定，转让将来作品的作者权的期限，不得超过五年。参见《十二国著作权法》翻译组：《十二国著作权法》，万勇译，清华大学出版社 2011 年版，第 15 页。

⑤ 《法国知识产权法典》第 L. 131 - 1 条规定，全部转让未来作品无效。参见《十二国著作权法》翻译组：《十二国著作权法》，黄晖、朱志刚译，清华大学出版社 2011 年版，第 77 页。

⑥ 《德国著作权法》第四十条第一款规定，对于著作权人尚未创作或者只规定类型的未来著作，其利用权之授予须有书面形式的合同。双方得自签订合同起五年之后解除合同。合同未达成更短期限的，解除期限为六个月。该条第二款还规定，解除权不得事先放弃。参见《十二国著作权法》翻译组：《十二国著作权法》，许超译，清华大学出版社 2011 年版，第 158 页。（笔者注：德国著作权法坚持著作权一元论，故而不承认著作权本身的转让，但其利用权的授予——相当于许可，在实际效果上和转让并无明显的差别，故而将其一并列入。当然，严格来说，应当是对未来作品权利许可的规定。）

⑦ 《埃及知识产权保护法（著作权部分）》第一百五十三条规定，作者对其将来智力创作成果的处分，属于绝对无效。参见《十二国著作权法》翻译组：《十二国著作权法》，金海军译，清华大学出版社 2011 年版，第 39 页。

未来作品权利转让的立法例并不多见。

第二，从法理角度看，著作权中的财产权利并不存在转让的障碍。而就未来作品权利转让而言，常见的疑问是作品还不存在，何谈权利之转让。但这一问题只与合同的履行有关，与效力判断并无关系。实际上，在有体物的买卖中，买卖合同订立当时，出卖人没有取得货物所有权，或者出卖之标的物本身尚不存在也极为常见。一些国家对未来作品权利转让效力不予承认，或者进行一定的限制，主要是出于公共政策和利益衡量的考虑。正如法国学者克洛德·科隆贝所认为的：在作者转让他的现有权利时，一般合同法看来是足够的，但当合同的标的为未来作品时，问题就暴露了，即作者不公平地受到合同的约束。例如，他在初出茅庐时，没有知名度，满腔热忱地接受了合同的条件，后来，他终于成了名却发现报酬很低，对他的约束过分，总之令人失望①。由于作者和出版商、录音录像制作商、电视广播组织等作品传播者的力量对比一般较为悬殊，在合同谈判时常处于不利的地位，如果立法对权利转让作一定的限制，在某种意义上有利于维护作者权益。

但法律承认未来作品权利转让，对促进作品的创作和传播，亦不无积极作用。首先，在版权贸易中，约稿的现象屡见不鲜，很多情况下作者与作品传播者间不存在力量对比悬殊的问题。其次，作品的创作除了依赖于作者的智力创造外，也常依赖于资本的支持。有些作品，例如影视作品、计算机软件、地图等，资本的前期投入对作品的完成有时具有关键作用，如果不允许对未来作品权利进行处分，将不利于保障作品获得充分的资金支持。最后，在文学艺术领域，允许对未来作品的转让，将有利于作者，尤其是初出茅庐的作者获得稳定和可预期的收入，保障其创作活动进行。

总之，对于未来作品权利的转让行为，无论从比较法观察的角度，还是从公共利益衡量的角度考察，都不应简单地将其认定为无效行为。

三、转让未来作品权利合同的违约责任

转让未来作品权利合同具有法律效力，守约方自可依照合同法之规

---

① 《埃及知识产权保护法（著作权部分）》第一百五十三条规定，作者对其将来智力创作成果的处分，属于绝对无效。参见《十二国著作权法》翻译组：《十二国著作权法》，金海军译，清华大学出版社 2011 年版，第 39 页。

定，要求违约方承担违约责任。有疑问的是，在作者违约时，受让人能否要求其继续履行。

根据《合同法》第一百一十条之规定，债务在法律上不能履行或者债务标的不适于强制履行的，守约方不得请求违约方继续履行。在未来作品转让过程中，创作属于作者的智力创造活动，具有人身的属性，性质上并不适于强制履行；而对创作自由进行限制，又有违《著作权法》促进作品创作和传播的立法目的，在法律上也不能强制履行。因此，如果合同订立时，作品本身尚未创作完成，之后相对方要求作者交付未完成作品或者让渡权利的，有些情况下会导致对作者创作行为的强制或者创作自由的限制，此时不宜强制作者继续履行。

在本案中，玄霆公司请求判令王钟继续履行《白金作者作品协议》及《委托创作协议》，停止在其他网站发布其创作作品的行为，并确认王钟创作的《永生》著作权归玄霆公司所有，属于请求王钟承担继续履行合同义务。首先，在委托创作协议中，双方约定王钟为玄霆公司的"专属作者"，只能创作"协议作品"，不得为他人创作作品或者将作品交于第三方发表，在协议期间以外创作的作品还应当由玄霆公司享有优先受让权，并且规定了王钟交稿时间和字数等等。这些义务，涉及到王钟的创作行为和创作自由，在性质上并不适于强制履行。故王钟违约时，玄霆公司不得请求王钟继续履行，只能请求王钟支付违约金或者赔偿损失。其次，对于已经创作出的作品的权利让渡和转移，则不属于不能强制履行的义务，玄霆公司主张依据合同享有《永生》著作权于法有据。据此，二审在此基础上对原审相关判决作了改判。

编写人：上海市第一中级人民法院知识产权审判庭　刘军华

10

周传康、章金元等诉浙江省戏剧家 协会等侵害著作权纠纷案

——阅读提示：根据古典名著改编的戏剧作品，有多个版本的，如何认定多个改编版本之间的承继关系？在出版上述作品时，出版者、汇编者应尽到哪些合理注意义务？

【裁判要旨】

判断剧本是否侵权，可以通过与小说原著、在先改编的剧本在人物、故事情节、语言唱词、场次等方面进行全面对比的方式进行。

出版者、汇编者应当对其出版、汇编的作品署名尽到合理的注意义务，当所出版、汇编的作品序言中有明显内容显示所出版、汇编的作品为改编作品，而作品的署名中未予体现的情况下，可以认定出版者、汇编者未尽到合理注意义务，应该依据著作权法规定，承担相应的民事责任。

【案号】

一审：浙江省杭州市中级人民法院 （2011） 浙杭知初字第 967 号

【案情与裁判】

原告：周传康、章金元、章金云、章金鉴、章金国

被告：浙江省戏剧家协会 （简称省戏剧家协会）、浙江省文化艺术研究院 （简称省文艺研究院）、中国戏剧出版社 （简称戏剧出版社）

起诉与答辩

周传康等五原告诉被告浙江省戏剧家协会等著作权侵权纠纷一案，于2011 年 9 月 16 日向浙江省杭州市中级人民法院提起诉讼。原告周传康等诉

称：五原告均系七龄童（本名章宗信）的合法继承人。1957年，七龄童改编、执行导演和由顾锡东协助执笔的绍剧《孙悟空三打白骨精》参加浙江省第二届戏曲观摩会演，七龄童获编剧奖、导演一等奖、演员一等奖。七龄童于1967年9月因病去世。而涉案的贝庚执笔的《孙悟空三打白骨精》，是从七龄童改编的绍剧《孙悟空三打白骨精》和《大破平顶山》两剧改编而来的作品。由被告浙江省戏剧家协会、浙江省文化艺术研究院合编的、被告中国戏剧出版社出版的《陈静贝庚金松剧作选》，将《孙悟空三打白骨精》作为贝庚个人作品编入该书，且未注明任何出处或改编自何处。三被告的行为损害了原告合法权益。请求判令：1. 三被告以任何方式再使用贝庚执笔的《孙悟空三打白骨精》时，须在该剧本前注明"根据七龄童戏剧作品《孙悟空三打白骨精》《大破平顶山》改编"，并销毁库存的《陈静贝庚金松剧作选》；2. 三被告在相关新闻媒体上公开发表启事，说明《陈静贝庚金松剧作选》中的错误及贝庚执笔的《孙悟空三打白骨精》系根据七龄童戏剧作品《孙悟空三打白骨精》、《大破平顶山》改编，并赔礼道歉；3. 请求判令三被告连带赔偿原告损失5万元；4. 请求判令被告承担本案诉讼费用。

被告省戏剧家协会、省文艺研究院辩称：1. 五原告的起诉超过诉讼时效，应予驳回。2. 两被告是《陈静贝庚金松剧作选》的汇编人，并非该剧本的著作权人，五原告主张汇编者应承担改编作品侵权的法律责任，缺乏事实及法律依据。3. 五原告请求赔偿的数额，没有事实依据。关于赔礼道歉的诉讼请求，没有法律依据。

被告中国戏剧出版社未到庭，亦未提供书面答辩状。

一审审理查明

杭州市中级人民法院经审理查明：

七龄童，本名章宗信，是著名的绍剧表演艺术家。七龄童于1958年之前曾改编过《孙悟空三打白骨精》、《大破平顶山》两出戏。但因历史原因，原作内容目前无从查找。

东海文艺出版社于1958年出版了绍剧《孙悟空三打白骨精》的剧本，该剧本作者的署名为"顾锡东 七龄童整理"。此剧本记载了《孙悟空三打白骨精》的六场戏，内容完整。

1993年6月，中国戏剧出版社出版了由浙江省戏剧家协会、浙江省艺术研究所共同汇编的《陈静贝庚金松剧作选》，将贝庚改编的绍剧剧本《孙悟空三打白骨精》作为贝庚的个人作品编入该书。

该《剧作选》由顾锡东作序，顾锡东介绍贝庚版《孙悟空三打白骨精》时称："……《孙悟空三打白骨精》离不开绍剧表演艺术家六龄童、七龄童的高超艺术精彩表演，也离不开七龄童提供两个绍剧脚本的基础……"

1958 年版《孙悟空三打白骨精》及 1993 年贝庚版《孙悟空三打白骨精》，其故事均来源于吴承恩所著之《西游记》，以其第二十七回为主要情节，加上第三十一回的某些内容，糅合而成。

另根据绍兴市公安局戴山派出所出具的户籍查档等证明，章宗信于 1967 年 10 月 20 日报死亡。其妻名周传康，两人共育有四子：章金元、章金云、章金鉴、章金国。

另查明，五原告为本次诉讼支付律师代理费 2 万元，住宿费及交通费等 1800 余元。

此外，在 1958 年版绍剧剧本《孙悟空三打白骨精》上署名的顾锡东，因其本人已去世，法院征询其继承人顾维铁等人的意见，均表示：由于在之前的诉讼中已确认了其父亲顾锡东执笔人的身份，故不参加本次诉讼。

一审判理和结果

杭州市中级人民法院认为：

目前已知的有七龄童署名、且时间最早的完整的绍剧剧本为东海文艺出版社 1958 年出版的《孙悟空三打白骨精》绍剧剧本。七龄童对该剧本享有《著作权法》规定的作者权利。因该剧本系七龄童、顾锡东共同改编，属合作作品，故该作品的著作权由两人共同享有。七龄童、顾锡东均已去世，七龄童的继承人周传康、章金元等人，顾锡东的继承人顾维铁等人共同享有该作品的著作财产权，并享有保护原作者著作人身权的权利。现顾锡东的继承人顾维铁等人已明确表示不参加本次诉讼，故七龄童的继承人周传康、章金元等人有权就本案单独提起诉讼。

将吴承恩所著之《西游记》第二十七回、第三十一回，与七龄童署名的 1958 年版《孙悟空三打白骨精》，以及贝庚署名的 1993 年版《孙悟空三打白骨精》绍剧剧本，三者相比较：首先，在人物上，《西游记》人物较少，而 1958 年版和 1993 年版的人物众多且基本一致，最主要的妖怪为"白骨（白骨精）"。其次，在剧情上，《西游记》的第二十七回与第三十一回为互相独立的章回，尸魔在第二十七回已被打死，情节较为简单。1958 年版中的白骨虽在孙悟空第三打的时候已被打死，但白骨纠集的黄袍怪等仍将唐僧捉住，并向唐僧提到了白骨之事。1993 年版则更深层次、更完整地演绎了该故事。再次，在言词上，小说和绍剧在语言上基本不同。而 1958 年版和 1993 年版虽同为剧本，但在语言、唱词上也有很大不同，不过有些语言仍沿袭过来。1958 年版和 1993 年版在语言、唱词上，有较大相似度处体现在八戒一角上。1958 年版将八戒一角定位于"讲绍兴土话"，1993 年版未作改动，因此，有诸多八戒的唱词一致或基本一致。第四，在场次上，1958 年版为六场戏，而1993 年版为八场戏。三打白骨精的主要场次未变，增加了呈现高山巍峨、八戒巡山偷懒被悟空捉弄两场戏，丰富了故事内容、增加了剧情的可观赏性。

通过以上比对，法院认为，1993 年贝庚版的《孙悟空三打白骨精》绍剧剧本，以 1958 年七龄童、顾锡东版的《孙悟空三打白骨精》为母本，在此基础上对人物、情节、语言、场次等作了较大的改动，形成了带有贝庚鲜明特色和主题思想的《孙悟空三打白骨精》绍剧剧本。但不可否认的是，贝庚的创作离不开 1958 年七龄童等人创作的剧本。该事实，除以上证据证明外，在涉案的《陈静贝庚金松剧作选》顾锡东所作的序言中有所体现，在被告省戏剧家协会提交的 1962 年版剧本的序言中也有体现。因此，杭州市中级人民法院认为，贝庚版的《孙悟空三打白骨精》绍剧剧本是根据 1958 年七龄童、顾锡东创作的《孙悟空三打白骨精》绍剧剧本改编而来。

关于被告省戏剧家协会、省文艺研究院提出的诉讼时效的抗辩，杭州市中级人民法院认为，若要认定本案已超过诉讼时效期间，两被告需提交证据证明五原告知道或者应当知道侵权事实的存在，且从知道时至今已超过两年，但两被告未提交具有证明力的证据。仅凭各年代的出版物不能推定五原告知道或应当知道被控侵权事实的存在。故被告省戏剧家协会、省文艺研究院的该抗辩理由不能成立。

关于三被告的法律责任，法院认为：首先，被告省戏剧家协会、省文艺研究院在汇编《陈静贝庚金松剧作选》时，请顾锡东作序。顾锡东在序言中明确表示"《孙悟空三打白骨精》离不开绍剧表演艺术家六龄童、七龄童的高超艺术精彩表演，也离不开七龄童提供两个绍剧脚本的基础"。因此，两被告应当注意到该剧本可能存在在先的改编者，有义务去核实在先改编者七龄童或其继承人的情况；同理，被告中国戏剧出版社在序言里明确记载了七龄童的情况下，也应核实原改编者的情况。但三被告均未履行合理的注意义务。其次，由于年代的久远和特殊的历史原因，导致该剧本在署名上非常混乱，确有可能使人无法清晰辨识原改编者。基于以上原因，应减轻三被告在此次侵权行为中所应承担的赔偿责任。综上，依据《中华人民共和国著作权法》（1991 年 6 月 1 日施行）第十条、第十一条、第十二条、第十三条、第十四条、第十九条、第二十条、第二十一条第一款、第四十五条、第四十六条、第五十五条，《最高人民法院关于审理著作权民事纠纷案件适用法律若干问题的解释》第十九条、第二十条、第二十五条、第二十六条，《中华人民共和国民事诉讼法》第一百三十条①之规定，判决如下：

一、省戏剧家协会、省文艺研究院、戏剧出版社在《钱江晚报》上发表声明，说明 1993 年 6 月出版的《陈静贝庚金松剧作选》中收录的贝庚所作的《孙悟空三打白骨精》绍剧剧本，系改编自七龄童（章宗信）的同名剧本。于本判决生效之日起 30 日内履行完毕。

二、省戏剧家协会、省文艺研究院、戏剧出版社销毁库存的涉案《陈静贝庚金松剧作选》。于本判决生效之日起 10 日内履行完毕。

三、省戏剧家协会、省文艺研究院、戏剧出版社若再次使用贝庚所著的《孙悟空三打白骨精》绍剧剧本时，需为原改编者七龄童（章宗信）署名。

四、省戏剧家协会、省文艺研究院、戏剧出版社共同赔偿周传康、章金元、章金云、章金鉴、章金国经济损失及为本案支出的合理费用共计人民币 15000 元。于本判决生效之日起 10 日内履行完毕。

五、驳回原告周传康、章金元、章金云、章金鉴、章金国的其他诉讼请求。

一审宣判后，双方当事人均未提起上诉，一审判决已生效。

【法官评述】

本案系要求确认地方戏剧作品在先改编者权的著作权侵权纠纷案件，案件当事人众多，法律关系复杂，案件涉及文化名人，社会影响力较大，所涉案件事实发生时间久远，相关直接证据已不复存在。本案没有机械地适用证据规则，而是在尊重历史的前提下，将相关版本的剧本在人物、剧情、言词、场次等方面进行详尽的比对后从众多间接证据中厘清事实，合理地确定了出版者、汇编者的侵权赔偿责任，很好地平衡了双方当事人利益。

---

① 对应 2012 年 8 月新修订的《民事诉讼法》第一百四十四条。

本案焦点法律问题在于：1. 合作作品著作权如何行使；2. 戏剧剧本的独创性如何对比；3. 汇编者、出版者的合理注意义务如何界定；4. 诉讼时效如何计算；5. 侵权赔偿数额如何确定。

一、关于合作作品著作权如何行使问题

根据《著作权法》第十三条的规定：两人以上合作创作的作品，著作权由合作作者共同享有。《著作权法实施条例》第九条还规定了合作作品著作权行使的规则。但对于侵犯合作作品著作权的行为，部分作者能否行使请求权的问题在实体法上没有明确规定。不可分割使用的合作作品的著作权被侵权，作者之一提起诉讼，其他作者的诉权如何保障的问题，在程序法上也没有明确规定。本案依据《最高人民法院关于适用〈中华人民共和国民事诉讼法〉若干问题的意见》第五十八条的规定，由法院通知其他作者的继承人参加诉讼，被通知的继承人明确表示放弃实体权利，因此七龄童的继承人有权就本案单独提起诉讼。

二、关于戏剧剧本的独创性对比问题

戏剧剧本作为供戏剧演出所用的文字依据，与其他文字作品相比，它是由人物的对话和舞台指示组成的。事实上，戏剧作品的剧本大多是根据文学作品改编而来，但这些文学作品由于历史悠久、年代久远，根据《著作权法》有关规定，在作者去世 50 年之后作品已经进入公有领域。一部文学作品进入公有领域，大家都有改编的权利。那么，作为戏剧的改编者，其创作文字作品的独创性究竟体现在何处，又如何判断被诉侵权作品是否改编自在先改编作品还是依据进入公有领域的文学作品自己创作而成？本案通过比对两个改编剧本的主题、情节、人物、结构等元素，认为二者在八戒一角的语言、唱词上，有较大相似度。二者都将该角色定位于"讲绍兴土话"，并且有诸多唱词一致或基本一致，而这正是地方戏剧作品独创性的一个重要体现。因此，贝庚版的剧本虽然进行了较大的改动，但也不能否认其是基于七龄童版的剧本进行再创作的事实。

三、关于汇编者、出版者的合理注意义务

《最高人民法院关于审理著作权民事纠纷案件适用法律若干问题解释》第二十条规定，出版物侵犯他人著作权的，出版者应当根据其过错、侵权程度及损害后果等承担民事责任。出版者对其出版行为的授权、稿件来源和署名、所编辑出版物的内容等未尽到合理注意义务的，根据著作权法第四十八条的规定，承担赔偿责任。从该司法解释中可以看出，出版者在出版活动中为避免侵犯他人著作权需尽合理注意义务的范围包括：出版者出版行为的授权、稿件的来源、稿件的署名、所编辑出版物的内容。并且出版者因是否尽到合理注意义务而承担不同的法律责任，出版者未尽合理注意义务承担侵权赔偿责任，如果出版者有足够的证据证明其尽到合理注意义务，则承担停止侵权，返还其侵权所得利润的民事责任。而是否尽到合理注意义务的举证责任由出版者承担。本案中，因出版物的序言中有明显内容显示所出版的作品为改编作品，但是该作品署名中并未标明改编自何作品，所以，法院认定出版者未尽到合理注意义务，需承担侵权赔偿责任。

法律明确规定汇编者在行使著作权时，不能侵害原作品的著作权。而原作品系改编作品，属于演绎作品，演绎作品是以原作品为基础的，对原作品具有依赖性，因此，演绎作者对演绎作品享有的著作权，并不是完整的著作权，不能独立地行使，只有当原作品著作权的保护期届满，或者原作品的著作权人放弃其著作权时，演绎作者对演绎作品才享有独立的著作权。因此，汇编者对其所汇编的原作品是否为演绎作品加以合理的注意义务是法律应有之意。至于如何界定汇编者合理注意义务的范围则应根据个案进行分析，本案中，法院就考虑到由于该剧本在署名上非常混乱，不同时期有不同的署名，确有可能使人无法清晰辨识原改编者的情形存在，因此，可以减轻出版者、汇编者的赔偿数额。

四、关于诉讼时效问题

诉讼时效问题是本案被告的一个主要抗辩理由。基于特殊历史年代的一些特殊历史原因（文革）以及我国著作权法起步较晚的现实，若要认定本案原告起诉已超过诉讼时效期间，两被告需提交证据证明原告知道或者应当知道侵权事实的存在，且从知道时至今已超过两年，但两被告未提交具有证明力的证据。仅凭各年代的出版物不能推定原告知道或应当知道被控侵权事实的存在，并且本案原告的诉讼并未超过 20 年的最长诉讼时效。

五、关于赔偿数额问题

由于本案特殊的历史条件，如何合理确定本案赔偿是另一焦点问题。涉案剧本的字数在 5 千字以内，参照国家版权局关于稿酬规定的上限，即以每千字 100 元计，正常的稿酬在 500 元之内。即使侵权赔偿以稿酬的三倍来计算，也不可能达到 5 万元的赔偿数额。同时，侵权作品出版时间为 1993 年，距今已近 20 年，且该书的零售价为 10 元，故五原告请求赔偿 50000 元没有证据支持且明显超过合理范围。综合考虑该绍剧作品的特殊历史沿革、三被告的主观过错程度、可能获得的利益以及原告为维权支出的合理部分酌情确定为 15000 元，该数额三被告欣然接受，而原告亦认为相较于赔偿"正名"的意义更大。因此，本案结果最终得到双方当事人认可。

编写人：浙江省杭州市中级人民法院知识产权审判庭　张莉军

11

孙根荣诉冯绍锦侵害复制权、发行权纠纷案

——阅读提示：将陶瓷美术作品图案经简单变换后是否构成著作权侵权？行政机关查处知识产权侵权行为时所取得的证据效力如何认定以及对行政决定所认定的证据和事实的效力如何对待？怎样把握著作权纠纷中赔礼道歉的适用条件？

【裁判要旨】

在美术作品著作权侵权纠纷中，人民法院判断是否存在侵权行为的主要方法是在原告证明被告接触了原告作品的情况下，比较被控侵权对象与原告作品之间就独创性部分是否相同或者构成实质性相似。

无论是通过行政查处行为取得的证据，还是经行政决定认定的证据和事实，都并不当然能作为民事纠纷中的证据，而只能由法院按照民事证据规则来予以审查，如果相关证据材料是经行政执法机构按照法定行政程序取得的，除非有相反证据予以推翻，应当确认该证据的真实性和合法性。

著作权包括著作财产权和著作人身权，只有在著作人身权受到侵害的情况下，著作权人才能请求侵权人赔礼道歉。

【案号】

一审：江西省景德镇市中级人民法院（2011）景民三初字第 16 号

【案情与裁判】

原告：孙根荣

被告：冯绍锦

起诉与答辩

原告孙根荣诉称：原告于 2005 年 12 月 3 日独立创作完成了"春雪楼阁

图"陶瓷作品,依法享有著作权。2010 年 6 月 21 日,原告发现被告在其经营场所销售仿冒的"春雪楼阁图"陶瓷产品,其行为严重侵犯了原告的著作权。故于 2011 年 7 月 11 日诉至法院要求判令被告:1. 立即停止侵权、销毁仿冒"春雪楼阁图"的陶瓷制品;2. 在《景德镇日报》上公开向原告赔礼道歉;3. 赔偿原告经济损失及合理开支共计 15000 元;4. 本案诉讼费由被告承担。

被告冯绍锦辩称:其销售的被控侵权产品是贴花的,原告的作品是画的,两者完全不相同。其生产、销售被控侵权产品的行为不侵犯原告的著作权。

一审审理查明

原告孙根荣于 2005 年 12 月 3 日独立创作完成"春雪楼阁图"美术作品,并于 2010 年 6 月 23 日对"春雪楼阁图"美术作品进行了登记,登记号为:作登字:14 – 2010 – F – 165 号,作者为孙根荣。

2011 年 7 月 14 日,法院根据原告孙根荣的申请来到被告冯绍锦的经营场所对其销售的被控侵权产品进行证据保全,共拍照 10 张。

2011 年 8 月 12 日,法院根据原告孙根荣的申请来到景德镇市新闻出版局调取了被告冯绍锦因侵犯原告孙根荣"春雪楼阁图"美术作品著作权而被行政处罚的相关证据材料,包括:行政处罚案件立案审批表、2010 年 7 月 13 日对被告冯绍锦所作的询问笔录、编号为 2010 年肆号的查封(扣押)通知书、行政处罚决定书、被控侵权产品一支。被告冯绍锦在询问笔录中陈述其所销售的被控侵权产品是从深圳市购进花纸后加工制成。

庭审中,法院组织双方就被控侵权产品与"春雪楼阁图"美术作品进行对比,原告认为被控侵权产品的画面在树的结构、楼台亭阁的结构以及人物的走向方面都与其作品相同。被告则认为不相同。

一审判理和结果

法院审理认为:原告是美术作品"春雪楼阁图"的作者,依法对该作品享有著作权。将被控侵权产品与原告"春雪楼阁图"美术作品相比,除底色略有不同外,树木、房屋、人物的排列结构以及组合效果等方面均相近似。因此,被告未经原告许可,生产、销售被控侵权产品的行为侵犯了原告对"春雪楼阁图"美术作品所享有的著作权,依法应当承担停止侵权、赔偿损失的民事责任。鉴于原告未能举证证明其因侵权行为而遭受的实际损失或者被告因侵权所获得的利益，故法院综合考虑涉案作品类型、被告主观过错程度、侵权行为的性质以及原告为制止侵权行为所支付的合理开支等因素酌情判定。关于原告要求被告赔礼道歉的诉讼请求，因赔礼道歉是在人身权受到侵害的情况下所采取的救济方式，而在本案中并不涉及对原告人身权的侵害，故法院对原告的该项诉讼请求不予支持。据此，依照《中华人民共和国民事诉讼法》第一百三十条①、《中华人民共和国著作权法》第十条第一款第（五）项、第（六）项、第十一条第一款、第四十八条第（一）项、第四十九条、《最高人民法院关于审理著作权民事纠纷案件适用法律若干问题的解释》第七条第一款、第二十五条第一款、第二款之规定，判决：一、被告冯绍锦立即停止生产、销售侵犯原告孙根荣享有的"春雪楼阁图"美术作品著作权的产品，并销毁全部侵权产品；二、被告冯绍锦于本判决生效之日起十日内赔偿原告孙根荣经济损失 15000 元；三、驳回原告孙根荣的其他诉讼请求。

【法官评述】

本案的案情和法律适用并不复杂，但该案对于如何理解、判断作品具有独创性，正确运用"接触可能性＋实质性相似"著作权侵权认定规则以及正确认识相关法律问题确有裨益。

一、作品独创性的要求及判断思路

《著作权法实施条例》第二条规定："著作权法所称的作品，是指文学、艺术和科学领域内具有独创性并能以某种有形形式复制的智力成果。"即作品必须具有独创性和可复制性，可复制性是对作品形式的要求，独创性是对作品内在的要求，独创性是作品受著作权法保护的前提，因此，独创性的判定标准是决定一件作品能否得到法律保护的关键。何谓"独创性"，《最高人民法院关于审理著作权民事纠纷案件适用法律若干问题解释》第十五条规定"由不同作者就同一题材创作的作品，作品的表达系独立完成并且有创作性的，应当认定作者各自享有独立著作权"。即"独立完成＋创作性"。独立完成应当理解为由作者独立创作，而非抄袭的结果。

---

① 对应 2012 年 8 月新修订的《民事诉讼法》第一百四十四条。

而创作性应当理解为作者付出了智力劳动，该劳动成果具有一定程度的"智力创造性"，达到了一定创作高度要求。

本案中，原告在庭审时，重点阐述了"春雪楼阁图"美术作品的创作意图、创作行为以及从酝酿到创作完成的整个过程。被告对原告关于其创作"春雪楼阁图"美术作品的陈述没有提出异议，可以认定该作品是由原告孙根荣独立完成。同时该陶瓷美术作品具有比较高的美学价值，相比市场上的同类陶瓷美术作品有明显的不同，这些都达到了著作权法意义上的"独创性"标准。

二、"接触可能性"的证明标准

对于被告是否接触过原告的作品，应当由原告负举证责任，直接证据或间接证据皆可。直接证据包括被告购买过、见到过原告的作品，被告曾在原告处工作等。间接证据包括：1. 原告作品在被告作品之前已通过发行、展览、表演、放映、广播等方式公之于众。2. 被告不具备对被控侵权产品自行创作的能力。原告已举出直接证据或者间接证据证明被告实际接触或者有合理机会或合理可能性接触过原告的作品，即完成证明责任。

从本案事实来看，原告创作完成"春雪楼阁图"陶瓷美术作品后便推向了市场，受到市场认可及消费者好评。被告作为陶瓷经销商具有合理机会接触原告的作品，其辩称被控侵权产品是其从深圳购进花纸后贴花加工制成，其未接触原告作品的抗辩理由，因其不能证明在原告作品创作完成之前已经存在该图案的花纸销售，故法院对该抗辩理由不予支持并认定其接触了原告的作品。

三、"实质性相似"的判断

美术作品是指绘画、书法、雕塑等以线条、色彩或者其他方式构成的有审美意义的平面或者立体的造型艺术作品。对美术作品实质性相似的判断应当以普通观众的审美观察能力和一般注意力为标准，在时间和空间都适当分离的条件下来判断，坚持对作品独创性部分进行比对的原则，观察有无侵害被保护作品所独创出来的价值。

就本案而言，原告作品"春雪楼阁图"是其在陶瓷胚胎上所画，由人物、树木、山水、渔船、楼台亭阁等元素所组成，而这些元素有机结合所形成的画面便是原告作品的独创部分；被控侵权产品的图案是由已经制作完毕的陶瓷花纸粘贴在陶瓷坯胎上经烧制所形成。从整体构图及外观效果上分析比对,两幅作品构成存在高度相似性,除底色深浅略有不同外,树木、房屋、人物的排列结构以及组合效果等方面均相近似,就这些独创性部分而言使一般公众对两幅作品产生基本相同的感觉。

四、审理知识产权案件应注重证据保全

在知识产权民事诉讼中,由于其证据具有隐蔽性、技术性、易毁性、不稳定性等特点,较之普通民事诉讼证据更难以取得和容易灭失,证据保全尤为重要。它不仅可以为知识产权权利人保护权利和制止侵权打下基础,还可以成为确定侵权人承担相关赔偿责任的依据。

在本案中,原告向法院起诉的同时,申请法院证据保全。在原告充分说明了证据保全的理由且提供了相应的担保后,法院经过审查,认为该申请符合《民事诉讼法》第七十四条①的规定,裁定准许。采取证据保全措施时,被告存在抵触情绪,拒不配合法院证据保全工作,为尽量减少保全风险和双方当事人的损失,按照证据规则的规定,对被告经营场所中的被控侵权产品进行了拍照。在后续的庭审过程中,证据保全时所拍摄的照片为查明本案事实奠定了坚实的基础。

五、正确把握著作权纠纷中赔礼道歉的适用条件

著作权人享有的专有权利中包含了人身权利。当侵权行为侵犯了著作权人的人身权利,导致作者的声誉受到损害时,就无法单纯通过经济赔偿挽回对著作权人造成的损害。实际上,在仅仅侵犯《著作权法》第十条第(五)项至(十七)项权利的案件中,涉案法律关系纯属财产权争议,故对原告提出的判令被告赔礼道歉的请求不应予以支持。

就本案而言,原告在维权过程中受到被告百般阻挠,甚至辱骂恐吓,故向法院起诉时提出被告应在《景德镇日报》上公开向原告赔礼道歉的诉讼请求。因为被告冯绍锦的侵权行为只是侵害了著作权人的财产权,没有侵犯其人身权利,因侵犯财产权造成著作权人的经济损失,可通过判决侵权人承担支付赔偿金使著作权人获得充分救济,不宜要求侵权人承担赔礼道歉的民事责任,因此没有支持原告要求被告在《景德镇日报》上公开赔礼道歉的诉讼请求。

---

① 对应 2012 年 8 月新修订的《民事诉讼法》第八十一条。

六、审理知识产权案件应注重向行政执法机关调取证据

我国对于惩治侵犯知识产权的违法行为实行的是行政执法与司法裁判双轨并行的体制，实践中对于侵犯知识产权的违法行为，往往先由行政执法部门发现并予以查处。对于行政执法机关收集的证据能否采用以及如何采用等问题，一直未有明确规定。2011 年 1 月 10 日，最高人民法院、最高人民检察院、公安部联合发布了《关于办理侵犯知识产权刑事案件适用法律若干问题的意见》，该意见首次在规范性文件中对行政执法部门收集、调取的证据在刑事诉讼中的效力问题作出规定。该意见第二条第一款规定，行政执法部门依法收集、调取、制作的物证、书证、视听资料、检验报告、鉴定结论、勘验笔录、现场笔录，经公安机关、人民检察院审查，人民法院庭审质证确认，可以作为刑事证据使用。

在知识产权民事诉讼中，可以借鉴上述做法。许多知识产权民事纠纷在提起诉讼前已经过行政执法机关行政处理，行政执法机关已掌握了涉嫌侵权的证据和有关材料，当事人向法院提出调查取证申请，既有效地节约了司法资源，也方便了当事人收集对方侵权的证据，强化了权利人的举证能力。

本案中，法院根据原告的申请到景德镇市新闻出版局调取的询问笔录、侵权产品等证据材料，成为认定被告侵权事实的关键。在证据确凿、事实清楚的情况下，被告无可争辩，收到判决书后表示服判息诉，并自觉主动履行了判决。

编写人：江西省景德镇市中级人民法院知识产权审判庭　刘俊炜　傅朝曦

12

上海世纪华创文化形象管理有限公司诉
湖北新一佳超市有限公司侵害著作权纠纷案

——阅读提示：影视作品中的角色形象是否构成《著作权法》保护的"作品"？如果构成，属于何种类型？影视作品的权利人是否当然享有影视角色形象的著作权？

【裁判要旨】

具有独创性的影视角色形象构成一个独立于影视作品的单独作品，其著作权由作者单独行使。在无证据证明的情况下，不能简单地或当然地推定影视作品的著作权人享有影视角色形象的著作权。

从角色形象的外部特征而言，角色形象构成一个美术作品；但从角色形象的内涵来看，设立"角色形象作品"或者角色形象商品化权更能充分保护角色形象。

销售商作为复制品的发行者，其注意义务主要体现在商品的质量、商品的来源以及商品的商标等方面，若要求销售商对其销售的成千上万种商品上的每一图案、文字是否侵犯著作权负担审查义务，就对销售商设定了过高的注意义务。

【案号】

一审：湖北省武汉市中级人民法院（2011）武知初字第 378 号

二审：湖北省高级人民法院（2012）鄂民三终字第 23 号

【案情与裁判】

原告（二审上诉人）：上海世纪华创文化形象管理有限公司（简称上海华创公司）

被告（二审被上诉人）：湖北新一佳超市有限公司（简称新一佳超市）

起诉与答辩

上海华创公司 2011 年 5 月 3 日诉至一审法院称：其从《迪迦奥特曼 ULTRAMAN TIGA》（1～52 集）等系列影视作品的著作权人日本圆谷制作株式会社（以下简称日本圆谷）处，依法获得该影视作品在中国大陆地区独占性的复制权、发行权、放映权以及该作品中角色形象的商品化权。在该影视片中，日本圆谷塑造了威猛有型、维护和平的科幻英雄人物"宇宙战士迪迦奥特曼"形象。不法生产商为扩大自身商品的影响，未经上海华创公司授权，擅自将上海华创公司享有的该作品及其人物形象用于生产、销售玩具。新一佳超市应知上海华创公司对该作品享有著作权，仍然销售这些带有"迪迦奥特曼"形象的侵权商品，在主观上具有过错，应承担侵权的民事责任。上海华创公司请求：1. 判令新一佳超市立即停止销售侵犯上海华创公司对"迪迦奥特曼"形象享有著作权的"百变超人"玩具；2. 判令新一佳超市立即销毁涉案尚未售出的侵权样品、半成品、产成品及相关标识等；3. 判令新一佳超市赔偿上海华创公司直接经济损失 30000 元（人民币，下同）；4. 判令新一佳超市向上海华创公司公开赔礼道歉；5. 判令新一佳超市承担本案诉讼费用。

新一佳超市辩称：1. 新一佳超市销售的被控产品具有合法来源，且已经尽到合理注意义务，不应承担侵权责任；2. 被控侵权商品外包装上使用的图像与上海华创公司诉称的"迪迦奥特曼"形象存在诸多不同。请求驳回上海华创公司的诉讼请求。

一审审理查明

1996 年 4 月 7 日，日本圆谷制作完成《迪迦奥特曼（1－52 集）》系列影视作品，于 1996 年 9 月 7 日在日本首次公映。该片塑造了一个角色"迪迦奥特曼"，主要特征为：头部头盔形，眼睛突起呈椭圆形，两眼中间延至头顶部有突出物，两耳呈长方形，无眉、无发。上海声像出版社经授权引进至中华人民共和国大陆地区，出版发行 DVD 光盘版本，DVD 光盘版权信息标明了引进文号文像进字（2005）第 102 号。2006 年 11 月 20 日，申请者日本

圆谷以制片者身份在中国国家版权局版权保护中心获准著作权登记。2009 年
2 月 13 日，日本圆谷签署著作权授权证明，将《迪迦奥特曼（1－52 集）》
系列影视作品及其形象在中华人民共和国大陆地区（不含港、澳、台地区）
复制权、发行权、出租权、商品化权等权利及上述权利的再许可独占性的权
利授予上海华创公司，授权期限自 2007 年 2 月 1 日至 2012 年 1 月 31 日。该
授权书指明的著作权许可使用合同于 2009 年 4 月 13 日经上海市版权局核准
备案，备案号 SH－2009－034。

2010 年 7 月 8 日，上海华创公司发现湖北新一佳武汉青年路店公开销售
的被控侵权商品"百变超人"玩具涉嫌侵犯其"迪迦奥特曼"角色形象著作
权，申请湖北省武汉市楚信公证处进行了证据保全。经一审庭审对比，被控
侵权的"百变超人"玩具外包装背面显示 7 位人偶图像，上海华创公司认为
居中人偶图像与"迪迦奥特曼"角色形象主体特征相似。

另查明，1. 被控侵权商品由武汉精瑞佳家饰用品有限公司（简称精瑞佳
公司）提供。该公司于 2002 年 5 月 27 日注册成立，主营工艺文化用品、家
饰装饰用品、服装鞋帽、汽车配件、金属材料、五金交电、日用百货批零兼
营，注册资本 50 万元。2. 根据新一佳超市提供的销货清单显示，精瑞佳公
司与新一佳超市之间属专柜经营关系，被控侵权商品编号 2693706，商品名
称新忆盒装奥特曼 888F，实际售价 49.9 元。

一审判理和结果

一审法院经审理后认为："迪迦奥特曼"影视角色形象作为可以脱离影
片独立行使著作权的作品，其著作权的归属必须予以证明。上海华创对"迪
迦奥特曼"角色形象设计者身份及权利归属未提交证据证实，依照《最高人
民法院关于民事诉讼证据的若干规定》第二条的规定，上海华创应承担举证
不能的不利后果。据此判决：驳回上海华创公司的诉讼请求。

上诉与答辩

上海华创公司上诉称：上海华创公司对《迪迦奥特曼（1－52 集）》系列
影视片及"迪迦奥特曼"角色形象的独创性创作依法享有著作权。一审法院
认为上海华创公司应对该角色形象的原始来源、形象的设计者、著作权归属
及上海华创公司受让该影视片角色形象的事实负有举证责任，主观臆断事实
进行不利于上海华创公司的推定。请求撤销一审判决，依法支持其一审诉讼

请求，并由新一佳超市承担本案一、二审诉讼费用。

新一佳超市答辩称：涉案被控侵权商品的生产厂家已对诉争的玩具产品申请了外观设计专利，产品来源合法。请求驳回上诉，维持原判。

二审审理查明

二审另查明，日本圆谷2009年2月13日出具的授权证明在上海市版权局进行备案时，去掉了日本圆谷将奥特曼系列影视作品的商品化权及作品中人物形象的复制权、发行权、商品化权等权利授予上海华创的内容。"迪迦奥特曼"是《迪迦奥特曼》系列影视作品中的主要角色，其外部形象特征为头部为头盔形，眼睛突起呈椭圆形，两眼中间延至头顶部有突出物，两耳呈长方形，无眉、无发，全身分布红色、蓝色相间的条纹，人物胸前有一圆形蓝色图案。影片中，当怪兽突然来临，为了阻止怪兽破坏人类居住的星球，"迪迦奥特曼"会迅速从一名普通的公民变身为一名科幻英雄，勇敢地与怪兽进行搏斗。影片的每一集均讲述了"迪迦奥特曼"与不同的怪兽进行搏斗的故事情节。

二审中，上海华创公司陈述"奥特曼"形象由日本圆谷的圆谷英二在六十年代创作，"迪迦奥特曼"系日本圆谷的圆谷一夫九十年代在"奥特曼"基础上进行的再创作，但上海华创公司未对其陈述提交证据证实。《迪迦奥特曼》系列影视片中截图显示"制作 圆谷一夫"、"制作 圆谷制作株式会社 每日放送"。

二审判理和结果

二审法院认为，具有独创性的影视角色形象构成一个独立于影视作品的单独作品，其著作权由作者单独行使。在无证据证明的情况下，不能简单地或当然地推定影视作品的著作权人享有影视角色形象的著作权。"迪迦奥特曼"角色形象本质上属于利用线条、图案、色彩等表现方法形成的具有人物造型艺术的美术作品。美术作品的著作权由美术作品的作者享有。上海华创公司必须举证证明自己取得"迪迦奥特曼"美术作品的著作权人的授权，而非依据影视作品著作权人的授权即来主张权利。据此判决：驳回上诉，维持原判。

【法官评述】

本案中，影视片《迪迦奥特曼》属影视作品，受我国著作权法保护并无争议，但上海华创公司在本案中主张的权利作品是"迪迦奥特曼"影视角色形象。"迪迦奥特曼"影视角色形象是否属于著作权法意义上的"作品"？如果构成单独的作品，属于什么类型的作品，著作权由谁享有？如果认定上海华创公司享有"迪迦奥特曼"影视角色形象的著作权，新一佳超市是否构成侵权，侵犯何种权利，应承担什么样侵权责任？双方当事人针对上述争议焦点分歧很大，全国各地法院也判决不一。

一、"迪迦奥特曼"影视角色形象是否为一个单独的作品

一种观点认为，影视角色形象不能独立于影视作品存在，影视角色形象不成为一个单独的作品。但从《著作权法实施条例》对"作品"所作的定义来看，构成"作品"必须具备三个条件：一是作品必须是人类的智力成果；二是作品必须是能够被他人客观感知的外在表达；三是外在表达必须具有独创性。本案所涉"迪迦奥特曼"的作者在创作"迪迦奥特曼"这一虚拟人物形象时，既借鉴了真人的体格形态，又创作出真人所不具有的特点，特别是头部、眼部、脸部、鼻部、耳部等部位，采取虚拟夸张的创作手法，塑造出一个如机器金刚般的人物形象。虽然"迪迦奥特曼"可能是在"奥特曼"基础上进行的再创作，但"迪迦奥特曼"与原奥特曼之间还是存在着可以被客观识别、并非太过细微的差异，例如头盔的形状、人物胸前的圆形蓝色图案、全身分布的红色蓝色相间的条纹等，这些差异部分仍然符合独创性的要求，并能被客观感知。"迪迦奥特曼"角色形象符合我国著作权法意义上的"作品"。

那么，"迪迦奥特曼"角色形象能否从影视作品中分割出来单独使用？虽然我国《著作权法》第十五条第二款仅明确了"剧本"、"音乐"两种可以单独使用的作品，但影视作品创作的过程，实际上也是影视作品塑造角色的过程，一个著名的角色可以独立于特定的作品而活在公众的想象中。角色形象与运用该角色形象推动情节发展的影视作品属于部分与整体的关系，二者在客观表现形态上可产生分离。并且，在市场经济时代，这些角色和形象往往被商业化使用，产生丰厚的经济收益。本案中的"迪迦奥特曼"角色形象因其外部特征和性格内涵，深受儿童喜爱，被控侵权商品正是利用儿童对"迪迦奥特曼"这一角色的好感，将"迪迦奥特曼"角

色形象复制在其商品上，意图引起消费者潜在的购买或消费的欲望。因此，"迪迦奥特曼"影视角色形象可从影视作品中分割出来，构成一个独立于影视作品、"可以单独使用的"作品。

二、"迪迦奥特曼"影视角色形象的作品类型及著作权归属

一种观点认为，"迪迦奥特曼"影视角色形象属于影视作品中可分割使用的作品，其著作权当然地由影视作品的权利人享有;[①] 第二种观点同意第一种观点认为影视角色形象的著作权当然地由影视作品的权利人享有，但进一步将影视角色形象定性为"美术作品";[②] 第三种观点同意第二种观点将影视角色形象定性为"美术作品"，但认为其著作权由美术作品的著作权人享有，而非由影视作品的权利人享有;[③] 第四种观点认为，"迪迦奥特曼"影视角色形象属角色形象作品，其比单纯的美术作品多了角色内涵，包括角色的性格特征、代表的主题思想等，这些均是影视作品赋予的。

一、二审法院均同意第三种观点。根据《著作权法》第十五条规定，电影作品的整体著作权属于制片者。也就是说，当电影作品作为一个整体被使用时，只能由电影作品的著作权人制片者去行使权利。参与电影创作的人在这种情况下无权行使权利。但同时，我国《著作权法》又承认编剧、导演、摄影和词曲作者等是电影作品的合作作者，可以对电影作品享有署名权，而且编剧和词曲作者可以单独对各自创作的部分行使著作权。如当出版社希望出版电影版本，唱片公司希望将电影插曲由其聘用的歌星演唱，制成录音制品发行时，应当经过编剧和词曲作者的许可，而非经过电影制片者许可。因为这是对电影剧本和电影音乐的单独使用，并非对电影作品的整体利用。本案中，"迪迦奥特曼"角色形象构成一个独立于影视作品的单独作品，其作者就有权单独行使著作权，不能简单地或当然地推定这个单独的作品的著作权由影视作品的著作权人享有。换言之，被控

---

① 上海华创在本案中如此主张。福建省高级人民法院（2010）闽民终字第 406 号民事判决和福建省泉州市中级人民法院（2009）泉民初字第 257 号、1938 号等民事判决也如此认定。

② 上海市高级人民法院（2000）沪高知终字第 43 号民事判决和江苏省南京市中级人民法院（2005）宁民三初字第 23 号民事判决持此种观点。

③ 本案的一审法院持这种观点。

侵权商品将"迪迦奥特曼"角色形象复制在其商品上，是对影视作品中可单独使用的作品的单独使用，而非对影视作品的整体使用。上海华创取得的是影视作品的著作权，不能仅仅依据其享有的影视作品著作权就来对影视作品中的角色形象主张权利，就像影视作品的制片者无权对影视作品中的剧本、音乐等可单独使用的作品在其被单独使用时主张权利一样。

关于"迪迦奥特曼"角色形象的作品类型，《著作权法实施条例》第四条对《著作权法》第三条规定的美术作品的含义进行了解释，即美术作品是指绘画、书法、雕塑等以线条、色彩或者其他方式构成的有审美意义的平面或者立体的造型艺术作品。单就"迪迦奥特曼"角色形象的外部特征而言，如前所述，作者采取虚拟夸张的创作手法，在头部、眼部、脸部、鼻部、耳部等部位，塑造出一个如机器金刚般的人物形象，"迪迦奥特曼"角色形象本质上属于利用线条、图案、色彩等表现方法形成的具有人物造型艺术的美术作品。虽然"迪迦奥特曼"角色形象在影片的不同背景、不同情节下展现出不同的形态和神态，但其每一部分的特征始终未变，始终是头盔形的头部，突起呈椭圆形的眼睛，长方形的两耳、全身布满红色、蓝色相间的条纹等。新一佳超市销售的被控侵权商品上的图案尽管从单幅来看，找不到和影视作品中"迪迦奥特曼"一模一样的形象，但被控侵权商品上的图案实际上是将"迪迦奥特曼"的各个特征进行了一些简单的重新安排和组合，并未改变"迪迦奥特曼"的基本特征。被控侵权商品实际使用了"迪迦奥特曼"这一美术作品。

关于第四种观点提到的角色形象作品，也称角色商品化。世界知识产权组织（WIPO）在 1994 年发布的角色商品化权研究报告中认为，角色商品化是为引起潜在消费者购买商品或服务的欲望，利用消费者对角色的好感而对真实人物或虚拟角色（诸如姓名、形象或外观等）的基本个性特征进行与商品或服务关联的再开发或二次利用①。角色商品化是新经济背景下在全球迅速发展的经营模式。正如有学者指出"知名角色在生活中具有显著的区别特征，具有引人注意的信息价值，当其被用来标识商品时，知

---

① WIPO. CHARACTER MER CHANDISING［G］. WO/INF/108：6. 转引自林华："虚拟角色保护坚冰待破——商品化权专门立法探析"，载《电子知识产权》2009 年第6 期。

名角色和商品被'捆绑'在一起，消费者就会爱屋及乌，会将角色所代表的时尚、品味等价值转嫁到推销的商品上，从而刺激消费者的购买欲望，这样就实现了角色的'形象价值'到"注意力价值"的转换①。本案中，《迪迦奥特曼》影视作品赋予"迪迦奥特曼"角色形象英勇无畏、维护和平的性格内涵，这也是消费者主要是儿童，对复制了"迪迦奥特曼"的商品产生好感的主要原因。被控侵权商品本质上是既使用了"迪迦奥特曼"的外部形象特征，又利用了"迪迦奥特曼"的性格内涵。"迪迦奥特曼"的外部形象特征和性格内涵构成了一个完整的角色形象作品。但《著作权法》第三条仅规定了包括文字作品、口述作品、美术作品等在内的九种文学、艺术和自然科学、社会科学、工程技术等作品，我国《著作权法》并未规定角色形象作品这一作品类型。从知识产权的国际制度来看，《保护文学艺术作品伯尔尼公约》和《世界版权公约》等都没有要求对独立于作品中的角色形象给予保护。美国法院在 Eagle's Eye, Inc. 案中，原告是一家服装生产商。原告将"the Eagle's Eye"注册为商标进行使用。被告也是一家生产服装的生产商，在自己的商品广告中使用了原告的注册商标。原告认为被告的行为侵犯其商标权、形象权，同时构成不正当竞争行为。法院在判决中支持了原告有关商标权和反不正当竞争的诉讼请求，却否定了原告的形象权诉讼请求。法院认为，被告的行为毫无疑问地构成对原告商标权的侵犯，而原告在提出商标权侵权诉讼请求的同时，也提出形象权侵权请求则存在一定的不合理性。首先，纵观以往有关形象权的案件和法律规定，形象权的客体仅仅是自然人的形象价值，并不包括法人形象。其次，对于法人来讲，商标意味着一定的法人信誉，这种信誉也是一种法人的形象价值。而商标法对商标所蕴含的形象价值已经提供了与形象权相同的保护措施，因此，原告便没有提出形象权侵权的必要②。日本在 1976 年的 Mark Lester 案中首次承认了形象权，但在 2004 年的 Tecmo Ltd 案中，日

---

① 郭晓红："知名形象商品化法律问题研究"，载《法律适用》2007 年第 7 期。

② Eagle's Eye, Inc. v. Ambler Fashion Shop, Inc., 627F. Supp. 856；1985 U. S. Dist. LEXIS 20583；227 U. S. P. Q. （BNA）1018（April 19, 1985），转引自马波："Tecmo Ltd 案与日本形象权客体理论的发展"，载《电子知识产权》2009 年第 10 期。

本最高法院又否定了该观点①。因此，在目前的国际保护和国内立法框架下，影视角色形象作品不能得到我国著作权法保护，只能作为美术作品予以保护。

美术作品的著作权由美术作品的作者享有。《迪迦奥特曼》系列影视作品的著作权人日本圆谷在使用"迪迦奥特曼"美术作品进行电影拍摄时，是否就该美术作品的权属与美术作品的作者进行过约定，或作何约定，上海华创公司未举证证明。并且，即使"迪迦奥特曼"美术作品的作者授权日本圆谷使用该美术作品拍摄《迪迦奥特曼》系列影视作品，也不能就此排除"迪迦奥特曼"美术作品的作者享有的其他权利。因此，只能认定"迪迦奥特曼"角色形象的著作权由"迪迦奥特曼"美术作品的著作权人享有。上海华创公司必须举证证明自己取得"迪迦奥特曼"美术作品的著作权人的授权，而非依据影视作品著作权人的授权即来主张权利。本案中，上海华创公司应承担举证不能的法律后果，一、二审驳回其诉讼请求符合法律规定。

三、如果认定上海华创公司能对"迪迦奥特曼"美术作品主张权利，新一佳超市的责任承担问题

本案中，新一佳超市销售的被控侵权商品具有合法来源，如果认定上海华创公司能对"迪迦奥特曼"美术作品主张权利，新一佳超市应承担何种民事责任？这涉及新一佳超市的注意义务问题。一种观点认为，新一佳超市未尽到合理注意义务，有过错（包括故意和过失），应承担赔偿责任。该种观点认为"合法来源"不仅包括销售的商品有正当的进货渠道，还应当包括必要的著作权上的合法性审查。奥特曼系列影视作品和人物形象在中国大陆地区具有较高的知名度，新一佳超市作为经营规模较大的专业销售商场，应尽到进货谨慎审查的义务。并且，被控侵权商品制作工艺较为粗糙，外包装印刷模糊，专业销售商在进货时应谨慎对待，至少在形式上要对可能涉及的版权问题进行审查；②另一种观点认为，根据《著作权法》第五十二条的规定，新一佳超市等销售商作为复制品的发行者，其注意义

① 马波："Tecmo Ltd 案与日本形象权客体理论的发展"，载《电子知识产权》2009 年第 10 期。

② 上海市高级人民法院（2000）沪高知终字第 43 号民事判决和江苏省南京市中级人民法院（2005）宁民三初字第 23 号民事判决持此种观点。

务应主要体现在商品的质量、商品的来源以及商品的商标等方面，要求销售商对其销售的成千上万种商品上的每一图案、文字给予是否侵犯著作权的审查义务，系对销售商规定了太高的注意义务。新一佳超市提供了专柜经营合同、经销商的企业登记信息、经销商出具的销售发票、商品清单等，能够证明其销售被控侵权商品有合法来源，尽到了合理注意义务，新一佳超市不应承担赔偿责任。二审法院在探讨案件时同意第二种意见。

编写人：湖北省高级人民法院知识产权审判庭　徐翠

13

上海激动网络股份有限公司诉武汉市广播影视局、武汉网络电视股份有限公司侵害信息网络传播权纠纷案

——阅读提示：被许可"非独家"信息网络传播权的网站在线提供作品是否侵犯许可人权利？接受"云视频"技术服务在线传播作品的第三方网站是否侵权？

【裁判要旨】

利用"云视频"技术在线传播作品的行为属于作品的网络传播行为。判断该行为是否侵权，应根据当事人利用该技术的具体事实，区分"被控行为"属于直接传播行为还是间接帮助行为。对于"云视频"技术控制人直接实施的网络传播行为，如技术控制人已取得作品信息网络传播权的许可，则不论所获许可是独家或非独家，均属合法传播行为。接受上述"云视频"技术控制人提供的技术服务在线传播作品的第三方网站系为作品传播提供间接帮助的行为，属合法行为。

【案号】

一审：湖北省武汉市中级人民法院（2012）鄂武汉中知初字第 00003 号

二审：湖北省高级人民法院（2012）鄂民三终字第 184 号

【案情与裁判】

原告（二审上诉人）：上海激动网络股份有限公司（简称"上海激动公司"）

被告（二审被上诉人）：武汉市广播影视局（简称"武汉广电局"）

被告（二审被上诉人）：武汉网络电视股份有限公司（简称"武汉网络电视"）

起诉与答辩

原告上海激动公司于 2011 年 12 月 27 日诉称：原告斥资购得 42 集电视剧《老大的幸福》之独家信息网络传播权。由被告武汉广电局备案、被告武汉网络电视实际经营的"黄鹤 TV"网站（网址 www.whtv.com.cn）未经原告许可，擅自存储并在网站上播映电视剧《老大的幸福》。为此，原告请求：1. 判令两被告停止侵权，从涉案网站上移除电视剧作品《老大的幸福》，并刊登启事消除影响；2. 判令被告赔偿侵权损失 5 万元，并补偿原告为制止侵权所支付的律师代理费 5000 元，合计 55000 元；3. 由被告承担诉讼费用。庭审中，原告上海激动公司当庭撤回原诉讼请求第一项中的"判令两被告停止侵权，从涉案网站上移除电视剧作品《老大的幸福》"的内容。

被告武汉广电局辩称：其不负责被控侵权网站的具体经营，不应承担民事责任。

被告武汉网络电视辩称：被控侵权网站没有直接向互联网上传涉案电视剧，其播放行为系使用"新浪云视频"技术的结果，且向其提供作品的北京新浪互联信息服务有限公司（简称北京新浪公司）也已取得使用该剧的合法授权，因此请求驳回诉讼请求。

一审审理查明

2009 年，上海激动公司经授权取得电视剧《老大的幸福》五年内的独家信息网络传播权。2010 年，北京新浪公司与上海激动公司签订《影视作品授权使用合同》，约定由北京新浪公司享有该剧两年内的非独家信息网络传播权。其后，北京新浪公司委托其他公司向域名为 www.whtv.com.cn 的网站主办单位武汉广电局和实际经营单位武汉网络电视推广其"新浪云视频"合作项目。域名为 www.whtv.com.cn 的网站接受了北京新浪公司提供的《新浪云视频代码汇总及代码放置方法》等资料，并通过与北京新浪公司的服务器设置链接、网页页面加框等技术手段，将北京新浪公司向互联网上传的电视剧《老大的幸福》的播放页面嵌入域名为 www.whtv.com.cn 的网站页面中，使得公众可通过登录该网站后在不显示与其它网站发生链接关系且不改变页面显示的网站地址情况下，在线观看该剧。2011 年，上海激动公司在公证处对相关的网络证据予以保全。保全操作记录显示：在有"黄鹤 TV 武汉网络电视"标志的域名为 www. whtv. com. cn 的网站页面中有"云视频"影片剧照列表、分类和搜索框；在搜索框内输入片名《老大的幸福》后点击搜索，可显示该剧的文字简介和各集列表；点击该剧后可显示内嵌式在线播放页面。播放器页面之上还固定保留有"黄鹤 TV 武汉网络电视"、"武汉会客厅"等网站标志或网页栏目标志。

一审判理和结果

湖北省武汉市中级人民法院经审理认为：上海激动公司享有电视剧《老大的幸福》的信息网络传播权。被控侵权网站播放电视剧《老大的幸福》系利用北京新浪公司提供的"云视频"视听服务的结果。双方合作的技术实现方式及特点表现为：1. 北京新浪公司委托推广商向被控侵权网站提供"新浪云视频"代码及其放置方法，将播放器代码嵌入被控侵权网站的终端页，形成"播放页播放器模块"；2. 当用户点击被控侵权网站终端页中的作品信息并可观看作品时，被控侵权网站的广告等自身内容虽仍予保留，但作品播放器页面实际已跳转到北京新浪公司的网站；3. 除"新浪云视频"提供的播放器外，被控侵权网站无需依赖其它播放器，并可自定义播放页面的边框、栏目等设计风格；4. 当北京新浪公司贮存作品的网络服务器出现故障或停止所有"新浪云视频"节目的在线访问与播放输出时，被控侵权网站也就无法继续获取并播放"新浪云视频"节目。因此，被控侵权网站利用云视频技术与北京新浪公司的网站形成了新型链接，实现了在不改变主页网址信息、原网页页面设计风格以及原网页边框广告内容的前提下，在线播放存于北京新浪公司网络服务器的涉案作品的目的。被控侵权网站虽提供了涉案作品在线播放服务，但并未在自己的服务器上贮存涉案作品，也未通过其服务器向互联网上传作品，因此其行为不属通过网络传播作品的直接实施行为，不具备直接侵权行为的法定要件。北京新浪公司在与上海激动公司签订相关合同并取得电视剧《老大的幸福》一定期限的信息网络传播权后，有权在互联网上传播该作品。北京新浪公司将该作品上传至互联网或置于向公众开放的网络服务器的行为一旦完成，必然导致公众通过互联网在选定的时间和地点获得该作品的可能性存在。被控侵权网站利用"新浪云视频"技术及相关代码获取并播放已被北京新浪公司上传至互联网的涉案作品，正是其自愿接受"新浪云视频"服务的行为,该行为不构成间接侵权。

湖北省武汉市中级人民法院依据《中华人民共和国著作权法》第十条第一款第(十二)项,《中华人民共和国民事诉讼法》第六十四条第一款①、第一百二十八条②,《最高人民法院关于民事诉讼证据的若干规定》第七十三条的规定,于2012年6月18日判决:驳回上海激动公司的诉讼请求。案件受理费人民币1175元,由原告上海激动公司负担。

二审审理查明

上海激动公司不服一审判决提出上诉,后撤诉。

【法官评述】

一、本案纠纷所涉的技术特点及纠纷发生的社会背景

"云视频"源于"云计算"概念。"云计算"概念的核心是把客户端的计算工作迁移到云服务器,云服务器承载用户的具体应用计算任务,从而极大简化用户硬件设备,把复杂并且变化的软硬件放到云端,由专业的人员维护。"云视频"是"云计算"技术的具体运用之一。"云视频"通过将超大规模的分布存储以及智能分布并行处理技术、动态实时分布转码技术、智能终端码率调适视频传送技术、用户就近服务选择等计算机软件处理技术有效融合,形成具有高度智能化的"云视频"网络服务群。"云视频"作品传播服务,是在"三网融合"背景下,视频网站借助"云计算"技术与电视媒体自办网站合作的新兴作品传播方式,显示出传统视频网站借助电视媒体的网络资源和客户资源,向电视媒体受众群渗透的趋势。

二、本案裁判思路

(一)审理涉及新技术或新的作品传播方式的著作权纠纷,优先考虑适用现有法律、法规中最为相近的法定权利类型,对原告所主张的权利内涵做出准确界定,为认定权利范围及被控侵权行为的法律性质奠定法律适用基础

---

① 对应2012年8月新修订的《民事诉讼法》第六十四条。

② 对应2012年8月新修订的《民事诉讼法》第一百四十二条。

本案中对"云视频"作品传播方式是否构成侵权的认定，必须从信息网络传播权的法定权利范围入手。根据《著作权法》、《信息网络传播权保护条例》、《最高人民法院关于审理侵害信息网络传播权民事纠纷案件适用法律若干问题的规定》等法律、法规和司法解释对于信息网络传播权的相关定义，受信息网络传播权控制的作品传播行为至少应当具备以下特点：1. 作品传播行为必须发生在向一定公众开放的网络环境中；2. 作品传播行为必须产生传播者与公众在特定作品之上的双向交互式关系；3. 作品传播行为的完成只以一定公众在网络环境中通过自由意愿获得作品的可能性出现为标志，而不以特定公众是否已实际获得作品为判断依据。法定的信息网络传播行为，就是法律赋予信息网络传播权人享有的权利范围。对作品享有信息网络传播权的著作权人，正是通过对上述作品传播行为的控制、垄断，或以自行行使权利方式，或以许可、转让权利的方式，实现该项权利所带来的经济利益。

"云视频"技术的作品传播方式离不开一定的网络环境，传播作品的行为和"云视频"用户接受作品的行为也具有交互式特点。因此，由"云视频"作品传播方式引发的知识产权侵权纠纷，本质上仍属于侵犯信息网络传播权案件。不论"云视频"技术与先前的网络技术之间存在何种差异，在裁判案件的法律适用方面，法院仍应坚持以与信息网络传播权有关的法律、法规及司法解释为基本法理依据，从而借助准确的法律适用方法，破解"云视频"技术相关的法律问题。

（二）在著作权侵权纠纷中，对被控侵权行为首先判断属于与作品利用相关的独立行为或是共同行为，属于直接行为或是间接行为；对于间接侵权行为的认定，必须以存在直接侵权行为的事实认定为先决条件，同时还应当重点审查间接侵权行为人的主观过错以及是否有免责情形

在涉及类似"云视频"等新作品传播方式的著作权侵权诉讼中，出于对法律理解的差异性、对指控侵权证据证明力的不自信、对技术性事实的认识不到位或者出于提高诉讼请求被支持率的求稳诉讼策略，原告（通常为著作权人）常不指明被控侵权行为的性质是直接侵权行为还是间接侵权行为，而是笼统以被告实施某行为为由要求追究法律责任。因此，在审理此类新型知识产权纠纷时，面对当事人诉讼思路的不明确性，法院应采取科学严谨的审理步骤和逻辑推理过程，确保裁判结果的准确性。

为对被控侵权行为准确定性，法院在审理本案时，遵循了从"被控行为分析"到"侵权责任构成分析"的认定步骤。首先，法院根据信息网络传播行为的基本概念，以及被控行为与作品传播结果之间的关系，认定被控网站的行为系为作品直接传播提供间接帮助的行为，而非直接传播行为。其次，法院查明了作品直接传播行为，并对该行为的合法性予以确认，并最终认定被控侵权网站的帮助行为不具有违法性。

（三）避免信息网络传播权案件审理中的"认识误区"

关于本案裁判结果及相应理由，存在以下三个有争议的观点：1. 将侵权证据中显示的在线播放影视作品网页上显示的网址信息作为确定作品传播行为主体及责任主体的唯一证据；2. 被控侵权网站播放页面中有商业广告行为就表明该网站存在侵权的主观过错；3. 将涉案《影视作品授权使用合同》中的"非独家"授权方式的后果解释为禁止任何第三人对非独家许可的被许可人在已在网络上传播的作品通过搜索、链接等方式继续传播该作品。以上观点，反映出在信息网络传播权案件审理中易产生的几个"认识误区"。

1. 在信息网络技术发展和普及的初期阶段，以网址信息作为认定传播作品所在网站的基本依据是正确的。但随着各种搜索链接技术、流媒体技术、云计算技术等通信网络技术的发展和运用，作品所在页面的网址信息已不再是确定传播作品的网站身份的唯一标志，在部分案件中真正实施作品传播行为的网站甚至根本不需要从作品播放页面上流露出任何网站信息。

2. 互联网站播放商业广告固然具有营利性，但不应将是否有商业广告作为侵权构成要件。法律上，对于实施作品传播的直接行为人，只有当网站实施了法律意义上的作品传播行为并且该行为未经合法许可属违法侵权行为时，才需要将该网站的商业广告行为纳入到侵权损害赔偿的裁判结果的考虑因素；对于为直接侵权行为提供间接帮助的网站，其是否有商业广告行为，更不是证明其过错的唯一方面，而应结合其对所帮助的侵权行为是否有明知或应知的审查义务综合认定。

3. 根据知识产权权利法定原理，知识产权的种类、权利内容等只能由国家以立法方式确立，当事人之间虽可以许可、转让等方式处分相关权利，但其约定不得与立法精神和实体法律相违背。根据现行法律，享有信息网络传播权的权利人依法有权控制作品在网络环境中的传播行为，而此种传播行为只需以一定公众通过自由意愿获得作品的可能性出现为标志。本案中，作为被独家许可取得涉案作品信息网络传播权的上海激动公司，与被非独家许可涉案作品信息网络传播权的北京新浪公司之间的差别仅在于，上海激动公司在被许可期限内既有权通过自己管理的服务器上传作品，也有权许可其他第三方的服务器上传作品，同时还有权禁止任何第三人未经其许可自行上传涉案作品；而北京新浪公司只能通过自己管理的服务器上传作品，但无权以自己名义向第三人另行许可上述权利，更无权禁止第三人以自己的名义自行上传涉案作品的行为。不论上海激动公司或是北京新浪公司一经实施作品上传行为，上述两公司均无权禁止第三人通过链接上述两公司互联网站的方式提供涉案作品的在线播放服务。因此，本案中无论北京新浪公司被许可的信息网络传播权是否属独家或非独家性质，上海激动公司都不得以其向北京新浪公司的许可为非独家为由，禁止被控侵权网站通过合法链接北京新浪公司网站的方式为用户提供涉案作品的在线观看服务。

在信息网络传播权案件审判中之所以会产生以上"认识误区"，与此类案件的技术发展特点有密切联系。由于作品传播技术始终处于更新、发展过程中，不同的传播技术导致在个案中法院认定技术性事实和法律适用方法上的差异性，使得在此类案件中行之有效的审判经验可能无法照搬到彼类案件中，在前段时间有用的审判方法在此后的案件审理中不完全适用。如果一味照搬既有审判经验，可能将审判带入至认识误区中。

本案的裁判过程表明，在涉及信息网络传播权侵权行为的司法认定中，审判观念和裁判方法应当及时因应信息技术发展趋势和文化产业发展形态，兼顾新技术和新商业运作模式的特点。本案的判决，把握了信息网络传播权相关立法精神，对新出现的技术现象作出合乎法律主旨的司法认定，为"三网融合"时代背景下的信息网络传播权司法保护提供了实践经验。

编写人：湖北省武汉市中级人民法院知识产权和国际贸易纠纷审判庭　李培民

14

游戏天堂电子科技（北京）有限公司诉
三亚鸿源网吧侵犯著作权纠纷案

——阅读提示：著作权侵权种类的认定应与证据一一对应且赔偿标准应细化。

【裁判要旨】

主张网吧侵犯信息网络传播权应当举证证明在网吧局域网上安装了涉案游戏软件，如果在一台电脑上存储侵权游戏软件，侵犯的只是复制权，而不是信息网络传播权。《著作权法》第十条对著作权种类进行了细分且列出了明确定义，侵权人究竟侵犯了权利人哪一类著作权应严格据此进行认定，而不能交叉混乱。

【案号】

一审：海南省三亚市中级人民法院（2011）三亚民二初字第 49 号
二审：海南省高级人民法院（2012）琼民三终字第 39 号

【案情与裁判】

原告（二审上诉人）：游戏天堂电子科技（北京）有限公司（简称游戏公司）

被告（二审被上诉人）：三亚鸿源网吧（简称网吧）

起诉与答辩

原告游戏公司于 2011 年 9 月 13 日起诉，请求法院判决网吧：一、停止对游戏《三国群英传 V》（简称涉案游戏）的侵权行为，卸载电脑上所安装的涉案游戏软件。二、赔偿因侵权而对游戏公司造成的经济损失 1 万元。

三、赔偿游戏公司为制止侵权而支出的公证费、律师费、调查费等费用 6400
元。四、承担本案的诉讼费。

网吧辩称：网吧使用的是一个由网维大师公司提供的付费平台，涉案游
戏软件不是网吧下载的，即使侵权也与网吧无关，游戏公司应起诉网维大师
公司。涉案游戏软件是一个可以复制拷贝的游戏，《公证书》并未表明是在
其网吧的电脑上截图，公证人员也未到网吧现场，该公证书无效。法院应当
驳回游戏公司的诉讼请求。

一审审理查明

涉案游戏软件由宇峻奥汀科技股份有限公司（简称奥汀公司）于 2005
年 2 月 1 日开发完成并由该公司享有著作权的全部权利，著作权登记号为
2010SR074982。该公司于 2010 年 6 月 20 日将涉案游戏授权给本案游戏公司
使用。授权内容包括游戏的信息网络传播权、复制权等著作权及相关权利独
家授权给游戏公司。授权区域：中国大陆地区；授权期限自 2010 年 6 月 20
日起至 2012 年 6 月 19 日。北京市方正公证处于 2011 年 2 月 9 日出具了
《（2011）京方正根内经正字第 00503 号公证书》（简称《公证书》）。《公证
书》载明：游戏公司委托代理人王贵平以普通消费者的身份在网吧办理上机
手续后，公证员杨立庄随机选择了 009 号计算机，并监督王贵平在该电脑上
进行操作。主要操作内容为：在 009 号计算机操作桌面上新建名为"1117 -
鸿源网络城"的 word 文档，对当前操作系统桌面进行截屏，将截屏文件粘贴
于 word 文档内；双击桌面上"单机游戏"，对操作窗口进行截屏并将保存于
word 文档内；点击对话框内的"立即运行"，截屏显示另一新对话框并保存
于 word 文档内，点击该新对话框内的"OK"，截屏出现"宇峻奥汀"字样
和《三国群英传 V》的游戏画面，并保存于 word 文档内；点击鼠标左键，进
入该游戏的另一画面，对该画面进行截屏并保存于 word 文档内；点击操作界
面中的"征战天下"、"军团出城"、"讨伐"、"准备作战"、"开始战斗"、
"进入战场"、"作战指令"、"全军冲锋"、"全军撤退"等，对相关界面进行
截屏并保存于 word 文档内；点击操作系统菜单中的"离开游戏"，然后点击
显示的"确定"，退出游戏，返回桌面，再点击桌面下方的消费信息查询，
对前述操作进行逐一截屏并保存于 word 文档内。同时，公证员杨立庄对网吧
建筑外观进行了拍照。证据保全结束后，公证员杨立庄将该 word 文档和网吧
外观照片使用公证处计算机记录至光盘内。网吧系个人独资企业，投资人为

陈衣回，投资额人民币 10 万元。公证处出具发票证明公证费为 1000 元、律师费 5000 元、北京博雅管理咨询有限公司调查费用 400 元。游戏公司为制止侵权而支出了公证费 800 元，律师服务费 5000 元。

一审判理和结果

一审法院认为，《中华人民共和国著作权法》规定第十条规定，著作权人可以许可他人行使著作权中的复制权、信息网络传播权等权利，并有权依照约定或保护著作权的相关法律的规定，获得报酬。游戏公司提供的《三国群英传 V》的光盘外包装署名和游戏显示奥汀公司为该游戏软件的发行公司，网吧未提出异议，可以认定奥汀公司享有该游戏的著作权。奥汀公司通过书面授权将该游戏的著作权财产权的行使权利及以其自身名义维权的权利认可给游戏公司，并不违反法律、行政法规的强制性规定，合法有效，应予以确认。游戏公司有权以自己的名义，向在授权期间内非法使用该游戏软件的侵权行为人主张权利。在民事诉讼中，当事人对自己提出的主张，有责任提供证据。游戏公司为证实网吧侵权，举出了《公证书》作为证据，该《公证书》属有效公证文书。网吧否认公证人员到过网吧现场而举出上网收费清单，因该上网收费清单是网吧自行制作，证据效力低，且游戏公司不予认可，不足以推翻《公证书》效力，故对《公证书》的效力予以认定。根据《公证书》及所附光盘载明的内容可看出，网吧未经游戏公司许可，在其经营的场所内，利用其系统平台的局域网向不特定的公众提供涉案游戏的使用服务，也未支付报酬，侵犯了游戏公司的信息网络传播权和复制权，依法应承担相应的民事责任。我国著作权法规定，侵犯著作权，应当根据情况，承担停止侵权、消除影响、赔礼道歉、赔偿损失等民事责任。游戏公司请求网吧停止侵害并赔偿损失，理由合法充分，应予以支持。网吧理应卸载其电脑上安装的涉案游戏软件。本案中，游戏公司未举证证明因网吧侵权遭受的损失，也未举证证明网吧因侵权所获取利益，游戏公司的实际损失及违法所得不能确定，依据侵权具体情节，综合考虑涉案游戏的类型、发行时间、发行价格、侵权主观过错、侵权方式、网吧的经营规模及收费标准、本地经济文化发展程度、权利人为制止侵权支出的费用等因素，酌定网吧赔偿游戏公司经济损失及合理费用 2500 元，游戏公司主张的侵权调查费用 400 元，因无证据证明该费用与本案的关联性，不予采信。游戏公司主张的公证费 1000 元和律师服务费 5000 元，因游戏公司已在各地对使用涉案游戏的侵权行为进行大量维权，已降低了实际的维权成本，故对这两费费用不予全额支持。综上，依据《中华人民共和国著作权法》第十条、第四十八条第一款第（一）项、第四十九条、《最高人民法院关于审理著作权民事纠纷案件适用法律若干问题的解释》第二十五条的规定，判决：一、网吧于判决生效之日起十日内停止对游戏公司《三国群英传Ⅴ》的侵权行为，卸载网吧电脑上安装的《三国群英传Ⅴ》的游戏软件；二、网吧于判决生效之日起十五日内赔偿游戏公司经济损失及合理费用共 2500 元人民币。案件受理费由游戏公司负担 300 元，网吧负担 700 元。

上诉与答辩

游戏公司主要上诉理由是认为一审判决将游戏公司的损害赔偿请求和维权的合理开支一体判决为 2500 元，混淆了两种不同的诉讼请求且赔偿数额过低，故请求二审法院改判被上诉人赔偿上诉人经济损失及合理支出共 16100 元，两审诉讼费用由被上诉人承担。

网吧答辩称：游戏公司的《公证书》是批量生产的，公证员根本未到海南来，一审判决正确无误，网吧为了配合法院工作而出席二审庭审。

二审审理查明

鸿源网吧在其编号为 009 的电脑上安装了涉案游戏软件。

二审判理和结果

二审法院认为，案件争议焦点是：1. 游戏公司是否享有涉案游戏的著作权；2. 网吧是否侵犯游戏公司涉案游戏的著作权；3. 原审判决网吧赔偿游戏公司 2500 元费用是否合理。

1. 游戏公司是否享有涉案游戏的著作权的问题。涉案游戏软件的开发者是奥汀公司，双方无异议。奥汀公司将涉案游戏在中国大陆地区的部分权利授予游戏公司，授权内容包括涉案游戏的信息网络传播权、复制发行权等著作权及相关权利，授权期限为 2009 年 12 月 31 日至 2012 年 12 月 31 日。故游戏公司对涉案游戏享有著作权。

2. 网吧是否侵犯游戏公司涉案游戏著作权的问题。游戏公司提交的《公证书》证明网吧 009 号计算机安装并可以运行涉案游戏软件。网吧未能举证证明该游戏软件的合法来源。故网吧未依法取得涉案游戏软件的著作权，未支付相应的报酬，在其经营场所内的计算机上安装涉案游戏软件，侵犯了游戏天堂公司享有游戏《三国群英传Ｖ》的复制权。但《公证书》并不能证明网吧对《三国群英传Ｖ》游戏进行传播的事实。

3. 原审判决网吧赔偿游戏公司2500元费用是否合理的问题。《中华人民共和国著作权法》第四十八条规定，未经著作权人许可，复制、发行、表演、放映、广播、汇编、通过信息网络向公众传播其作品的侵权行为，应当根据情况，承担停止侵害、消除影响、赔礼道歉、赔偿损失等民事责任。《中华人民共和国著作权法》第四十九条规定，侵犯著作权或者与著作权有关的权利的，侵权人应当按照权利人的实际损失给予赔偿；实际损失难以计算的，可以按照侵权人的违法所得给予赔偿。赔偿数额还应当包括权利人为制止侵权行为所支付的合理开支。权利人的实际损失或者侵权人的违法所得不能确定的，由人民法院根据侵权行为的情节，判决给予五十万元以下的赔偿。本案中，由于游戏公司未举证证明其因网吧侵权所受到的实际损失，也未举证证明网吧因其侵权行为所获取的利益，游戏公司的实际损失及网吧的违法所得不能确定，一审法院依法根据网吧侵权的具体情节，综合考虑涉案游戏的类型、发行时间、发行价格、侵权的主观过错、侵权方式、网吧的经营规模及收费标准、本地经济文化发展程度、权利人为制止侵权支出的合理费用等因素，酌定网吧向游戏公司赔偿经济损失及合理费用2500元，并无不当。律师费在著作权侵权纠纷案件中属人民法院可以支持之费用，而非必须支持的费用，一审法院不予全额支持并不违反法律法规的相关规定。此外，本案诉争的赔偿数额为16400元（注：一审起诉主张为16400元，上诉状笔误写成了16100元，后经二审法院当庭询问是否更改，当事人表示不再更改，承认为16100元），根据国务院2006年《诉讼费用交纳办法》第十三条之规定，应收诉讼费用为210元，本案一审及二审均以1000元收取诉讼费用，计算错误，予以纠正。综上所述，一审判决结果正确，判决驳回上诉，维持原判。一审案件受理费210元，游戏公司负担63元，网吧负担147元；游戏公司已预交1000元，应退还937元。二审案件受理费210元，由上诉人游戏公司负担；游戏公司已预交1000元，应退还790元。

【法官评述】

本案明确了两个问题：一是应当严格区分侵犯著作权种类的问题；二

是针对知识产权赔偿标准，如何行使自由裁量权的问题。

（一）网吧侵犯游戏公司涉案游戏信息网络传播权还是复制权的问题

游戏公司起诉时笼统地请求法院制止网吧的侵权行为，一审法院根据相关证据（主要是公证书）认定网吧侵犯了涉案游戏的信息网络传播权和复制权，而游戏公司提交的《公证书》证明网吧 009 号计算机安装并可以运行涉案游戏软件（且未能说明合法来源），这仅仅侵犯了游戏天堂公司享有该游戏的复制权，《公证书》并不能证明网吧对涉案游戏进行传播的事实。《著作权法》第十条对著作权种类进行了细分且列出了明确定义，这是权利保护的依据。所以，在审判中应当严格区分当事人主张的是发表权、署名权、修改权、保护作品完整权、复制权、发行权、出租权、展览权、表演权、放映权、广播权、信息网络传播权、摄制权、改编权、翻译权、汇编权中的哪一种权利，并根据其主张对其提交的证据进行审查，诉讼主张与证据应当一一对应。本案一审未区分复制权与信息网络传播权，但因游戏公司起诉时未区分复制权与信息网络传播权，一审判决网吧停止侵权正确，二审法院严格区分了复制权与信息网络传播权，公证书只能证明网吧侵犯了涉案游戏的复制权，但因一审结果笼统认定网吧侵权并无错误，故二审维持了一审判决。

（二）关于赔偿数额如何行使自由裁量权的问题

根据《著作权法》第四十九条之规定，本案的游戏公司未举证证明其因网吧侵权所受到的实际损失，也未举证证明网吧因其侵权行为所获取的利益，游戏公司的实际损失及网吧的违法所得不能确定，一审法院根据相关情况，酌定网吧赔偿游戏公司 2500 元，并无明显不当。基于"上级法院对下级法院基于自由裁量权所作判决原则上不作变更，除非显失公平"的原理，二审法院维持了一审判决的赔偿数额。关于类似案件中赔偿数额的确定，至少当事人应举证证明侵权的期间、点击率、网吧经营规模、盈利数额、权利人因侵权所遭受损失数额等，法院行使自由裁量权也应当以事实为依据，而不能无根据地随意裁量。

编写人：海南省高级人民法院知识产权审判庭　高俊华

15

四川美术学院诉重庆帝华广告
传媒有限公司委托创作合同纠纷案

——阅读提示：三维动画片的委托创作合同中，合同双方未对源文件的交付作明确约定，受托人应否交付源文件？应交付全部源文件还是源文件中的一部分？应交付哪一部分源文件？

【裁判要旨】

当事人双方对三维动画片源文件应否交付产生争议。就此问题，当事人双方在委托创作合同中没有约定，我国现行法律也没有明确规定，同时，权利人亦未能举示充分的证据证明有交付源文件的行业惯例。法院从平衡当事人利益，促进动漫产业发展的角度出发，适用公平原则和诚实信用原则，判令受托方向委托方交付三维动画片主角的建模文件（包括模型、贴图和绑定文件）和特有场景的建模文件（包括模型和贴图文件）。

【案号】

一审：重庆市第一中级人民法院（2011）民初字00623号

二审：重庆市高级人民法院（2012）民终字第00115号

【案情与裁判】

原告（反诉被告、二审被上诉人）：四川美术学院（简称四川美院）

被告（反诉原告、二审上诉人）：重庆帝华广告传媒有限公司（简称帝华公司）

起诉与答辩

2011 年 9 月 27 日，四川美院向法院提起诉讼称：四川美院按照两份《委托创作合同》的约定，向帝华公司交付了《嘻哈游记》100 集动画片，帝华公司却未按约支付制作费，尚有 64 万元未付。遂请求法院依法判令：1. 帝华公司立即给付制作费 64 万元；2. 帝华公司立即支付违约金 15 万元；3. 帝华公司承担本案诉讼费用及四川美院为本案支付的律师费 3 万元。

帝华公司答辩并反诉称：四川美院直至 2011 年 1 月才交付全部 100 集动画片，其行为违反合同约定，应承担合同约定违约金 15 万元。同时，交付源文件是动画行业约定俗成的行业规范。四川美院未交付源文件，给帝华公司带来了巨大的损失。据此，提出反诉，请求法院依法判令：1. 四川美院支付合同违约金 15 万元；2. 四川美院交付动画制作过程中的源文件；3. 如四川美院不能交付源文件，则应免除帝华公司 64 万元制作费的交付义务，并赔偿帝华公司经济损失 52 万元；4. 四川美院承担全部诉讼费用。

四川美院针对帝华公司的反诉请求及其理由答辩称：《委托创作合同》约定四川美院为帝华公司制作《嘻哈游记》动画片总共 100 集，该工作成果已交付给帝华公司并被采用。制作动画片的相关源文件主要在动画片后续产品的开发中起重要作用，如果没有合同的特别约定，受托方并没有义务提供该动画片后续开发支持，亦不存在必须交付源文件的行业惯例。故请求驳回帝华公司的全部反诉请求，支持四川美院的诉讼请求。

一审审理查明

2009 年 7 月 2 日，帝华公司（甲方）与四川美院（乙方）签订了一份《委托创作合同》，约定四川美院为帝华公司开发制作暂定名为"熊乐乐与小马哥"的动画片 1 – 5 集，每集价格为 1.5 万元，动画片质量应达到电视台播出标准，具体规格为标准 PAL 制式、画面尺寸为 720 × 576 像素等内容，合同还约定"该项目产生的一切成果归甲方所有，乙方保留动画片生产岗位及四川美术学院的署名权……"该合同签订后，四川美院按约制作并向帝华公司交付了该 5 集动画片。

2009 年 9 月 15 日，帝华公司与四川美院又签订了一份《委托创作合同》。合同约定：合同内容为三维动画片《嘻哈游记》95 集的制作，合同总金额为 142.5 万元，质量标准以《嘻哈游记》前五集样片合同约定的质量标准为依据。此外，合同还约定：该项目产生的一切成果归甲方所有，乙方保留动画片生产岗位及四川美术学院的署名权，并有权使用画面作为科研成果宣传和非营利性学术活动中等条款。

又查明："嘻哈游记"是原暂定名为"熊乐乐与小马哥"三维动画片的正式确定名。

再查明：四川美院已交付《嘻哈游记》动画片100集。帝华公司共支付86万元，尚有64万元至今未付。帝华公司对于四川美院交付的动画片符合双方约定的质量规格要求的事实无异议。

另查明：帝华公司向法庭提交了郑州市动漫行业协会、成都市动漫艺术协会等单位或个人分别于2011年10月15日向帝华公司出具的数份内容相同的《关于动画行业行业规范的说明》，载明受委托创作完成的动画片制作成果，不仅包括动画片成片文件，还包括动画片源文件，这是动画行业约定俗成的行业规范。四川美院提交了河南省动漫产业协会于2011年11月21日出具的《声明》，称目前中国国内动漫制作、委托创作义务尚无国家统一的行业标准，也没有所谓约定俗成的行业规范。

一审判理和结果

一审法院认为，合同约定的委托创作内容为三维动画片《嘻哈游记》的制作，至于交付该动画片的同时是否必须交付源文件，合同中并无明确约定。在合同缺乏明确约定的情况下，可以依据行业规范或交易习惯确定合同当事人的权利义务，但主张交易习惯的一方应当承担举证责任。帝华公司虽举示了数份"说明"，但四川美院对其证明力提出了合理质疑，也提供了相反证据，故现有证据无法确认帝华公司所举示证据内容的中立性和权威性。因此，帝华公司未能举示充分证据证明"交付动画片源文件系动画行业约定俗成的行业规范"的事实，帝华公司要求四川美院交付动画片源文件，既无合同约定义务，也无行业规范所致的合同附随义务，一审法院对此不予支持。综上，一审法院依照《中华人民共和国合同法》第六十条、第一百一十三条第一款，《最高人民法院关于适用〈中华人民共和国合同法〉若干问题的解释（二）》第七条第二款，《中华人民共和国民事诉讼法》第一百二十八条①之

---

① 对应2012年8月新修订的《民事诉讼法》第一百四十二条。

规定，判决如下：一、帝华公司于本判决生效之日起 5 日内支付四川美院制作费 64 万元；二、驳回四川美院的其他诉讼请求；三、驳回帝华公司的全部反诉请求。一审本诉案件受理费 12000 元，财产保全费 4770 元，反诉案件受理费 5250 元，合计 22020 元，由帝华公司负担。

上诉与答辩

帝华公司不服一审判决，向重庆市高级人民法院提起上诉，请求：1. 撤销原判，改判四川美院支付违约金 15 万元并交付动画制作过程源文件；2. 若四川美院不能交付动画制作过程源文件，则判令帝华公司未付的 64 万元制作费作为四川美院给予帝华公司的损失赔偿予以免除；3. 诉讼费用由四川美院负担。主要事实和理由：一审法院关于四川美院不承担交付源文件义务的认定错误，因为源文件与动画片构成同一作品，源文件是成果，根据《委托创作合同》"该项目产生的一切成果归甲方所有"的约定，四川美院应向帝华公司交付源文件。

四川美院答辩称：交付源文件不是双方约定义务，也不是现行行业惯例，更没有法律法规予以规定，因此，四川美院不承担交付源文件的法律责任。一审判决认定事实清楚，适用法律正确，请求法院依法予以维持。

二审审理查明

四川美院已交付了《嘻哈游记》其中一集《勇闯蘑菇岛》的部分源文件给帝华公司。

又查明，三维动画片《嘻哈游记》的主角有五人，分别是：孙一空、宾果、熊大大、哇咔和无言长者，特有的场景有一个，即飞船。

二审判理和结果

二审法院认为，三维动画片是借助计算机技术来制作的动画片，其人物、动作、场景等是用专门的三维动画制作软件制作的，动画片的摄制是利用计算机软件虚拟的摄像机完成拍摄并最终通过专业软件制作完成。因此，三维动画片是我国《著作权法》第三条第（六）项规定的"以类似摄制电影的方法创作的作品"，依法享有著作权。

两份《委托创作合同》第四条第（2）款均约定，"该项目产生的一切成果归甲方所有，乙方保留动画片生产岗位及四川美术学院的署名权，并有权使用画面作为科研成果宣传和非营利性学术活动中"。该约定是合同双方对委托创作作品著作权归属的约定，明确了著作权归属于帝华公司，四川美院享有署名权及在特定条件下的合理使用权。该条并非合同双方对交付内容的约定，因此，不能仅依据"一切成果归甲方所有"即认定双方已就源文件交付达成了一致。从合同其他条款的内容来看，合同双方就委托创作的三维动画片《嘻哈游记》的质量、长度、价格、完成时间以及付款进度、双方义务等进行了约定，丝毫没有提及源文件，也没有关于源文件的任何约定，可见，合同双方在订立合同时并没有要求交付源文件的意思表示，帝华公司依据合同约定要求四川美院交付源文件，超出了四川美院对合同履行的正常预期。同时，如前所述，三维动画片是以类似摄制电影的方法创作的作品，其与计算机软件是不同种类的作品形式。计算机软件中的源程序是用某种汇编语言或高级语言编写的代码而保存的文件，源程序被特定的编译程序转换为能为计算机直接识别的二进制文件就是其目标程序。也就是说，计算机软件源程序是编程人员能够读懂的文件，目标程序是计算机能够读懂的文件，二者一一对应，虽然存在两个文件形式，却是运行的一个计算机程序，因此，《计算机软件保护条例》第三条规定，同一计算机程序的源程序与目标程序为同一作品。而三维动画片的源文件是在制作三维动画片的过程中运用计算机技术所产生的所有过程文件，包括角色模型文件、场景模型文件、动作文件、渲染后的文件、后期合成文件等，其与最终可以视频播放的动画片之间是过程与结果的关系，不是一一对应的关系，我国现行法律没有对三维动画片源文件与动画片是同一作品作出界定，帝华公司也未能充分证明这两种不同形式作品的源文件具有相似性，法院没有充分理由参照计算机软件保护条例第三条的规定认定三维动画片源文件与动画片构成同一作品，因此，帝华公司不能因其是三维动画片《嘻哈游记》的著作权人当然享有对所有源文件的权利。此外，帝华公司亦未能举示充分的证据证明动画影视业有交付源文件的行业惯例。然而，就动漫行业而言，通常投资主体投资动画片制作，影院票房或电视播出的收益仅是其收入预期的一部分，其收入预期还来自于动画片的直接衍生产品（如图书、音像）和间接衍生产品（如玩具、服装、游戏等动漫形象商品），而动画片中主要人物的建模文件（包括模型、贴图和绑定文件）以及特有场景的建模文件（包括模型和贴图文件）对于续集制作和衍生产品开发非常重要；同时，这部分动画源文件容量不大，易于保存，在动画片制作完成后一般不会被删除。基于此，二审法院认为，动漫行业有其区别于传统文化产业的特殊性，为了促进动漫产业的发展，在保护投资人（委托方）利益，促成其合同目的实现的同时，应当充分衡量源文件给付的必要性和可行性，公平合理地确定受托方给付源文件的内容，不能对受托方加以过重的给付义务。

据此，二审法院根据《中华人民共和国民法通则》第四条、《中华人民共和国合同法》第六十条第二款、《中华人民共和国民事诉讼法》第一百五十三条第一款第（二）项①之规定，经该院审判委员会研究决定，判决：一、维持重庆市第一中级人民法院（2011）渝一中法民初字第 00623 号民事判决第一项；二、撤销重庆市第一中级人民法院（2011）渝一中法民初字第 00623 号民事判决第二项、第三项；三、四川美院于判决生效之日起五日内向帝华公司交付三维动画片《嘻哈游记》主角五人（孙一空、宾果、熊大大、哇咔和无言长者）的建模文件（包括模型、贴图和绑定文件）以及特有场景（飞船）的建模文件（包括模型和贴图文件）；四、驳回四川美院、帝华公司的其他诉讼请求。一审本诉案件受理费 12000 元，财产保全费 4770 元，反诉案件受理费 5250 元，二审案件受理费 11700 元，合计 33720 元，由四川美院负担 3890 元，帝华公司负担 29830 元。

【法官评述】

本案是国内首例对三维动画片源文件应否交付产生争议的案件。由于当事人双方在委托创作合同中对源文件的交付没有明确约定，我国现行法律也没有相应的明确规定，同时，权利人亦未能举示充分的证据证明有交付源文件的行业惯例。最终法院从平衡各方利益、促进动漫产业发展的角度，划分出需要交付的源文件。

一、什么是三维动画片源文件

三维动画片源文件是在运用计算机技术制作三维动画片的过程中所产生的所有过程文件，包括角色模型文件、场景模型文件、动作文件、渲染后的文件、后期合成文件等。其中，角色建模文件（包括模型、贴图和绑定文件）以及特有场景的建模文件（包括模型和贴图文件），文件容量较

---

① 对应 2012 年 8 月新修订的《民事诉讼法》第一百七十条第一款第（二）项。

小，便于保存，且在动画片续集制作以及后期开发中必不可少，通常三维动画片制作者不会删除该类文件；除此之外的源文件，如后期合成文件等，由于文件容量较大，需要较大的储存设备存储，一般三维动画片制作者在完成动画片制作后不久便会将之从电脑中删除。

二、三维动画片与其源文件是否是同一作品

三维动画片源文件与计算机软件源程序不同。计算机软件中的源程序是用某种汇编语言或高级语言编写的代码而保存的文件，源程序被特定的编译程序转换为能为计算机直接识别的二进制文件就是其目标程序。计算机软件源程序的修改必然引起目标程序的修改，要修改目标程序也只能通过修改计算机软件源程序才能实现，虽然存在两个文件形式，却是运行的一个计算机程序。因此，计算机软件源程序与目标程序不可分割，为同一作品，其上只产生一个著作权，计算机软件源程序与目标程序同时归属该软件著作权人。

三维动画片与其源文件的关系并非如此。三维动画片的修改可能会使用其制作过程中曾产生的部分源文件，也可能根本不利用原有源文件而重新用专业软件制作而生成新的源文件，甚至可以完全不利用可利用的原源文件而完全用专业软件制作而产生新的源文件，尽管这种做法极为不经济，但完全能够实现修改动画片的目的。同时，三维动画片通过专门的计算机软件生成，源文件内容广泛，源文件的部分修改不必然引起动画片的改变。所以，三维动画片源文件与动画片是过程与结果的关系，不是一一对应、不可分割的关系，二者不构成同一作品，三维动画片的著作权人不因享有三维动画片的著作权而当然享有对其源文件的权利。

三、三维动画片源文件应否交付

动漫产业被誉为"21世纪的朝阳产业"，其与传统文化产业相比，有其特殊性。投资主体投资动画片制作，一部分收益预期来自影院票房或电视播出，更多的收益预期来自于图书、音像等直接衍生产品和游戏、服装、玩具等间接衍生产品。三维动画片源文件中的建模文件若缺失，将影响衍生产品的开发，进而有损投资人的经济利益。如前所述，这部分源文件一般不会被删除，且文件容量不大，制作人履行交付的可能性较大。除此之外的源文件，不为后续衍生产品开发所必需，且通常不被保存，若要制作人交付，对制作人显失公平。因此，从平衡投资人和制作人利益，有利于促进动漫产业的有序发展的角度，将三维动画片中主角的建模文件和特有场景的建模文件确定为应交付的源文件，有利于保护各方利益，符合民法的公平原则和诚实信用原则。

编写人：重庆市高级人民法院知识产权审判庭　肖艳

16

外语教学与研究出版社有限责任公司诉王后雄、中国青年出版社、四川凯迪文化有限公司侵犯著作权纠纷案

——阅读提示：在涉及与教材配套的教辅材料相关的著作权案件中，应如何准确界定作品的保护范围及进行侵权认定？

【裁判要旨】

如果作为教材局部内容的作品由教材汇编人创作，则其同时对该局部内容享有原作品的著作权。如果汇编人对某局部内容不享有著作权，但其对该局部内容的选择或编排上具有独创性，该独创性的表达应属于著作权法保护的范围。教辅材料在对教材的该局部作品使用的过程中，未经著作权人许可，对其独创性的编排设计直接进行复制的行为，应构成侵犯汇编作品著作权。被控侵权人仅以教材汇编人对其局部作品不享有著作权为由进行抗辩，不应予以支持。

【案号】

一审：四川省成都市中级人民法院（2011）成民初字第 589 号
二审：四川省高级人民法院（2012）川民终字第 472 号

【案情与裁判】

原告（二审被上诉人）：外语教学与研究出版社有限责任公司（简称外研社公司）

被告（二审上诉人）：王后雄

被告：中国青年出版社（简称中青社）

被告：四川凯迪文化有限公司（简称凯迪公司）

起诉与答辩

原告外研社公司诉称，《新标准英语学生用书必修 1》（供高中一年级上学期使用）（以下简称《高中英语必修 1》）一书为外研社公司的前身外语教学与研究出版社出版发行的教科书，外研社公司对该教科书享有著作权。由王后雄编写、中青社出版发行，凯迪公司销售的《教材完全解读高中英语必修 1》（以下简称《高中英语解读 1》）是使用《高中英语必修 1》全部课程内容和编排顺序结构编写的教材辅导书，王后雄、中青社、凯迪公司的行为应视为对外研社公司教科书的使用。王后雄、中青社、凯迪公司未经原告许可编辑、出版并在全国销售上述图书的行为侵犯了原告对《高中英语必修 1》享有的著作权，给原告带来了严重的经济损失和不良社会影响。据此，2011年 5 月 24 日原告外研社公司向四川省成都市中级人民法院起诉，请求判令：1. 凯迪公司立即停止销售《高中英语解读 1》；2. 王后雄、中青社停止出版并收回在全国发行的《高中英语解读 1》；3. 王后雄、中青社立即停止侵权，赔偿原告经济损失 30 万元及维权合理开支 3000 元。

被告王后雄、中青社答辩称：1. 原告与《高中英语必修 1》没有法律上的关系，原告在起诉状上所列明的身份是外研社公司，而《高中英语必修 1》出版发行者系外语教学与研究出版社；2.《高中英语必修 1》属于汇编作品，汇编著作权属于陈琳等 11 位编者，原告并非《高中英语必修 1》著作权人，也没有通过授权、转让等方式取得该作品的著作权；3.《高中英语解读 1》在内容的选择和编排上体现了编写者的独立构思，不构成对《高中英语必修 1》著作权的侵害，王后雄、中青社并不侵犯原告著作权，故原告的诉讼请求不成立，请求驳回原告的诉讼请求。

被告凯迪公司辩称：凯迪公司是合法的图书销售公司，《高中英语解读 1》内容是否侵权其在销售之前并不知晓，凯迪公司是在不知情的情况下销售图书，同意立即停止销售《高中英语解读 1》。

一审审理查明

一审法院经审理查明：外研社公司的前身外语教学与研究出版社与麦克米伦出版（中国）有限公司合作，策划出版《高中英语必修 1》等系列教材。

2005 年 7 月 15 日，外语教学与研究出版社获得其著作权共有人麦克米伦出版有限公司授权，可独自处理有关包括《高中英语必修1》等作品的任何版权问题，包括在中国大陆的法律诉讼和相关的法律问题。

2006年7月，外语教学与研究出版社出版发行了《高中英语必修1》，该书标注有"© 2006 Foreign Language Teaching and Research Press & Macmillan Publishers Ltd."（译为：© 2006年外语教学与研究出版社及麦克米伦出版有限公司）等字样。

中青社2009年7月出版发行了《高中英语解读1》，该书主编为王后雄。

通过对《高中英语必修1》与《高中英语解读1》进行对比，《高中英语解读1》第4、14、26、27、39、52、63、76、87、100、101、111、125、140、153页短文与《高中英语必修1》第2、3、8、9、12、18、19、23、29、32、39、44、45、49、52、59、65页短文相同，文章的编排结构一致。

外语教学与研究出版社于2010年6月18日经北京市工商行政管理局核准，名称变更为外研社公司。

《高中英语解读1》定价21.7元，印刷数量为23000册。外研社公司购买《高中英语解读1》一本支付费用21.7元。

一审判理和结果

一审法院经审理认为：根据《最高人民法院关于审理著作权民事纠纷案件适用法律若干问题的解释》第七条第一款规定，当事人提供的涉及著作权的底稿、原件、合法出版物、著作权登记证书、认证机构出具的证明、取得权利的合同等，可以作为证据。《中华人民共和国著作权法》第十一条第一款、第四款规定，著作权属于作者，本法另有规定的除外；如无相反证明，在作品上署名的公民、法人或者其他组织为作者。依据《高中英语必修1》标注的版权声明，在无相反证据的情况下，应认定该书的著作权属于外研社公司及麦克米伦出版有限公司。

因麦克米伦出版有限公司出具了"授权书"，故外语教学与研究出版社有权以自己的名义提起本案诉讼。外语教学与研究出版社名称变更为外研社公司后，外研社公司因与外语教学与研究出版社系同一公司，其依法享有和行使上述权利。

《高中英语解读1》作为《高中英语必修1》配套的教辅图书，在每个单元下分别安排了"Section Ⅰ Introduction，reading and vocabulary"、"Section Ⅱ Grammar，listening and vocabulary，pronunciation & speaking"等讲解与练

习，体现了编写者的独立构思。但《高中英语解读 1》按照《高中英语必修 1》的编著体系，在每个单元的 "Section Ⅰ"、"Section Ⅲ" 栏目中直接复制了《高中英语必修 1》"Topic and Task" 及 "Skills" 中的短文原文，构成了对其相应内容的复制。王后雄作为丛书主编侵犯了外研社公司、麦克米伦出版（中国）有限公司对《高中英语必修 1》享有的著作权，应当承担停止侵权、赔偿经济损失的法律责任。中青社作为《高中英语解读 1》一书的出版发行者，应当对该书的授权、稿件来源、署名和内容尽到合理注意义务。中青社并未举证证明其尽到了合理注意义务，故对于侵权图书的出版发行，侵犯了外研社公司享有的著作权，应当承担停止侵权、赔偿经济损失的法律责任。依照《中华人民共和国侵权责任法》第八条之规定，二人以上共同实施侵权行为，造成他人损害的，应当承担连带责任。王后雄、中青社共同实施侵权行为，构成共同侵权，应共同承担连带赔偿责任。凯迪公司作为图书销售商，销售《高中英语解读 1》，侵犯了外研社公司享有的著作权，应承担停止销售的法律责任。外研社公司没有就其主张的 30 万元赔偿数额提供充分的证据，故对该诉求不予支持。综合考虑王后雄、中青社的侵权主观故意、侵权时间、侵权行为方式以及《高中英语解读 1》使用《高中英语必修 1》中内容的数量、印数、销售价格及销售对象，酌情确定赔偿外研社公司损失及维权合理开支金额为 55000 元。外研社公司请求判令王后雄和中青社收回在全国发行的侵权图书的诉讼请求，因其不能提供侵权图书销售的具体地点与数量，该项诉求缺乏可操作性，故对该请求不予支持。依照《中华人民共和国著作权法》第十一条第一款、第四款、第四十七条第（七）项、第四十八条第（一）项、第四十九条、《中华人民共和国民事诉讼法》第一百三十四条第一款、第二款、第三款①之规定，于 2012 年 5 月 16 日判决：一、凯迪公司立即停止销售《高中英语解读 1》一书；二、中青社立即停止出版发行《高中英语解读 1》一书；三、王后雄、中青社于判决生效之日起十五日内连带赔偿外研社公司经济损失及维权合理开支 55000 元；四、驳回外研社公司的其他诉讼请求。案件受理费 6845 元，由外研社公司承担 1845 元，王后雄承担 2500 元，中青社承担 2500 元。

---

① 对应 2012 年 8 月新修订的《民事诉讼法》第一百四十八条第一款、第二款、第三款。

上诉与答辩

王后雄不服上述判决，上诉称：原审判决认定外研社公司及麦克米伦公司拥有《高中英语必修1》收录短文的著作权，属于认定事实错误。其主要理由是：《高中英语必修1》属于汇编作品，外研社公司及麦克米伦公司没有取得该汇编作品中原作品的著作权人的授权；该教材的版权声明内容，只可能表明外研社公司及麦克米伦公司拥有该汇编作品的著作权，不能据此认定其拥有该汇编作品中原作品的著作权；《高中英语必修1》的汇编作品著作权属于11位编者，外研社公司不是该汇编作品的汇编人，也未通过授权、转让等合法方式取得该汇编作品的著作权。请求撤销原判，改判驳回外研社公司的全部诉讼请求；本案一、二审全部诉讼费用，由外研社公司承担。

被上诉人外研社公司答辩称：其拥有《高中英语必修1》的汇编作品著作权，也拥有该汇编作品中所收录短文的著作权；王后雄不能提交所涉短文具有其他来源的相关证据，其认为外研社公司对《高中英语必修1》及其所收录的短文不享有著作权的上诉理由不能成立。原审判决认定事实清楚，适用法律正确。请求驳回上诉，维持原判。

二审审理查明

2000年，陈琳、鲁子问等作为甲方，与乙方外语教学与研究出版社签订《外语教学与研究出版社图书出版合同》（外合字第320088号），载明："作品名称：《新标准英语》（小学）、《新标准英语》（中学）New Standard English（包括学生用书、活动手册、教师用书及课件等）。甲乙双方就本套教材的出版达成以下协议：第一条，本套教材由乙方与麦克米伦出版（中国）有限公司合作策划出版，委托甲方组织教材编委来制定本套教材的编写思想和原则，并同时承担各级学生用书和教师用书的编写与审定。依据《中华人民共和国著作权法》第十一条第二款，《中华人民共和国著作权法实施条例》第十二条，本套教材的著作权归乙方所有。甲方依法享有署名权和获得报酬的权利。甲方的署名及署名方式受到乙方的充分尊重……第五条，甲乙双方同意，作为上述作品的著作权所有人，乙方有权以任何方式，包括但不限于改编、修订、注释、音像、电子出版、发行等方式依法处理其所拥有的著作权。"2000年4月20日，陈琳在该合同甲方代表处签章；2000年6月20日，外语教学与研究出版社在该合同乙方代表处签章。

二审判理和结果

二审法院经审理认为：本案二审争议的主要问题为：外研社公司是否对《高中英语必修 1》及其所收录的短文享有著作权；王后雄及中青社的行为是否构成侵权。

关于外研社公司对《高中英语必修 1》是否享有著作权的问题。2000年，外语教学与研究出版社与陈琳等人就包括《高中英语必修 1》在内的整套教材签订的出版合同约定，该套教材著作权由外语教学与研究出版社所有，陈琳等依法享有署名权和获得报酬的权利。《高中英语必修 1》正式出版发行后，其标注的版权声明表示，《高中英语必修 1》的著作权归属于外语教学与研究出版社与麦克米伦出版公司；同时，在教材的封面及版权页上，陈琳等 11 人分别作为主编、副主编、编者署名。虽然出版合同是由陈琳个人作为甲方代表签章，而本案中外研社公司未提交其他编者授权陈琳签订合同的证据，但事实上，在合同签订并实际履行后，未有证据显示《高中英语必修 1》的编者曾与外研社公司因该书著作权事宜发生争议，至少可以视为其他编者同意并接受其自身作为编者署名、外语教学与研究出版社及麦克米伦出版有限公司享有著作权的事实。在无其他相反证据证明《高中英语必修 1》的著作权应由其他人享有的情况下，原审法院依据《中华人民共和国著作权法》第十一条第一款、第四款及《最高人民法院关于审理著作权民事纠纷案件适用法律若干问题的解释》第七条第一款的规定，确认《高中英语必修 1》的著作权归属于外研社公司及麦克米伦出版有限公司，并无不当。王后雄及中青社认为《高中英语必修 1》的著作权属于 11 位编者，而不属于外研社公司的理由，依据不足，不能成立。现外研社公司取得麦克米伦出版有限公司授权，可以独立提起本案著作权诉讼。

关于外研社公司对《高中英语必修 1》所收录的短文是否享有著作权的问题。《高中英语必修 1》包括 7 个模块，每个模块设置一个中心话题，围绕该话题又分别设置有 "Introduction、Reading and vocabulary、Listening and vocabulary 、Listening and speaking、Writing、Function and everyday English、Grammar、Pronunciation、Cultural corner、Task" 10 个不同方面的内容，并根据不同内容所要求实现的教学目的，配有相应的阅读、语法、词汇、听力等多方面的练习，《高中英语必修 1》对以上模块的设计及相应内容的选择与编排，体现了独立的创作构思。其中，《高中英语必修 1》在第 2、3、8、9、

12、18、19、23、29、32、39、44、45、49、52、59、65 页编入的英文短文，是配合各模块中相关内容的教学功能，在题材、所含词汇、语法内容、阅读难度、文化背景等方面进行了有针对性的创作或选择，具有独创性，应受我国著作权法的保护。王后雄基于《高中英语必修1》扉页关于"我们在本书出版前已竭尽全力和联系著作权人，但由于种种原因未能成功。如您能与我们取得联系，我们乐意在第一时间更正任何错误或疏漏"的英文提示，认为上述短文是由《高中英语必修1》编者以外的其他作者创作，但其未能举出上述短文具有其他合法来源的证据予以证明，不足以推导出上述短文全部非由《高中英语必修1》的编者创作的事实。即使其中确有短文来自其他作者创作的作品，也属于外研社公司作为《高中英语必修1》著作权人与原作品著作权人之间的另一法律关系，不影响《高中英语必修1》对其所编入短文在内容的选择及编排顺位方面体现的独创性。原审判决认定外研社公司对《高中英语必修1》整体享有著作权，而并未判定其对《高中英语必修1》所收录的短文是否享有著作权，因此，王后雄认为原审判决认定外研社公司及麦克米伦公司拥有《高中英语必修1》所收录的短文的著作权属于认定事实错误的上诉理由，缺乏依据，不能成立。

关于王后雄及中青社的行为是否构成侵权的问题。外研社公司在本案二审庭审中明确，其所诉被控侵权行为是指《高中英语解读1》第4、14、26、27、39、52、63、76、87、100、101、111、125、140、153 页使用了与涉案作品相关内容相同的短文。对此，王后雄作为《高中英语解读1》的主编，其未经著作权人许可，在《高中英语解读1》一书中完整、依次使用了《高中英语必修1》第2、3、8、9、12、18、19、23、29、32、39、44、45、49、52、59、65 页所收录的短文，且不能说明上述短文具有其他合法来源，侵犯了外研公司及麦克米伦出版有限公司就《高中英语必修1》所享有的复制权，应承担相应的侵权责任。中青社作为《高中英语解读1》的出版发行者，未尽到合理注意义务，亦构成侵权。原审法院依照《中华人民共和国著作权法》第四十七条第（七）项、第四十八条第（一）项、第四十九条及《中华人民共和国侵权责任法》第八条的规定，判令王后雄及中青社停止侵权，并综合考虑其侵权主观故意、侵权时间、侵权行为方式以及《高中英语解读1》使用《高中英语必修1》中内容的数量、印数、销售价格及销售对象，酌情确定王后雄及中青社应承担的赔偿金额及合理费用，并无不当。

综上，王后雄的上诉请求及理由，因事实和法律依据不足，不能成立，

不予支持。故依照《中华人民共和国民事诉讼法》第一百五十三条第一款第
（一）项①的规定，判决：驳回上诉，维持原判。本案二审案件受理费 5000
元，由王后雄负担。

【法官评述】

本案为一起教材出版社与相关教辅材料的编写作者、出版社及销售者
之间的著作权侵权纠纷，也是一起较为典型的汇编作品侵权纠纷。在这类
案件中，区分作为汇编作品的整部教材和作为被汇编作品的教材局部内
容，准确界定被侵犯的是哪类作品，并对其具有何种独创性进行具体分
析，对于侵权认定具有至关重要的作用。

一、外研社公司对涉案教材及其收录的英文短文是否享有著作权

本案各方当事人对于涉案教材《高中英语必修 1》属于我国著作权法
保护的作品，并且符合汇编作品的特征，构成汇编作品，均没有争议。在
此前提下，法院确定涉案作品的著作权主体问题，则通常按照我国《著作
权法》第十一条第一款、第四款及《最高人民法院关于审理著作权民事纠
纷案件适用法律若干问题的解释》第七条第一款的相关规则进行。涉案教
材的封面及版权页上标注该书的编者为陈琳等 11 人，版权归外研社公司和
麦克米伦出版公司所有，对此外研社公司还提交了其与陈琳等编者签订的
相关"图书出版合同"相印证。尽管在"图书出版合同"上仅有陈琳个人
作为编者方代表签名，外研社公司未进一步提供其他编者授权陈琳签订合
同的授权证明，但此点证据链条上的瑕疵，尚不足以成为推翻涉案教材所
公示的版权声明的相反证据。而考虑到涉案教材已是公开发行的合法出版
物，目前并未有证据显示该书编者与外研社公司及麦克米伦出版公司曾就
著作权问题发生争议，至少可以视为其他编者同意并接受其自身作为编者
署名、外语教学与研究出版社及麦克米伦出版有限公司享有著作权的事
实。结合涉案教材标注的版权声明和相关"图书出版合同"，一、二审法
院认定外研社公司和麦克米伦公司为涉案教材的著作权人，应当说符合我
国著作权法的相关著作权主体认定规则。

---

① 对应 2012 年 8 月新修订的《民事诉讼法》第一百五十四条第一款第（三）
项。

本案外研社公司指控的是由王后雄编写、中青社出版发行、凯迪公司销售的教辅材料《高中英语解读1》多处原文使用了《高中英语必修1》中的英文短文，构成侵权。需要明确的是，由汇编作品的特点及教材的编写方式所决定，外研社公司虽然对涉案教材整体享有著作权，但其不必然对教材中收录的短文等其他资料或内容亦享有著作权，作为汇编作品的教材整体与作为被汇编作品的教材局部内容是两类不同的受著作权法保护的客体，当然如果作为教材局部内容的作品（如英文短文）由教材汇编人创作，则其可以同时对前述两类客体均享有著作权。对于外研社公司对涉案教材中的英文短文是否享有著作权的问题，被告王后雄主要基于涉案教材扉页的英文提示，认为这是教材编者采用他人作品的自认行为，从而主张上述短文是由教材编者以外的其他作者创作。对此，虽然外研社公司始终主张教材中的短文皆由其编者自己创作完成，但由于这类短文在教材中并未署名，法院无法直接依据署名的方式判定作品的作者，在缺乏其他相关证据证明的情况下，尽管王后雄亦不能举出上述短文具有其他合法来源的证据，但法院仍难以对上述短文的著作权归属作出准确认定。王后雄在上诉中提出，一审法院认为外研社公司对上述短文享有著作权属于事实认定错误，实际上，一审法院并未对外研社公司是否享有上述短文的著作权问题进行判定，但由于其在论述上过于简单，尤其是未对教材与作为教材局部内容的英文短文之间的关系进行明确的区分和阐释，导致随后在侵权认定的客体上不甚明晰，二审法院则对教材整体与教材局部内容作品的著作权归属作了明确区分，这对侵权认定具有基础指示作用。

二、如何认定外研社公司所享有的汇编作品著作权的保护范围

如果在前面的论述中，能够确定外研社公司对涉案教材中收录的英文短文亦享有著作权，那么认定被控侵权作品《高中英语解读1》多处原文使用上述短文的行为构成侵权，就非常地简单明了。但本案中，能够确定的只是外研社公司对涉案教材《高中英语必修1》整体享有著作权，而著作权法保护的范围并不一定涵盖作品的全部内容，一部作品受保护的有效成份仅在于其具有独创性的表达部分。汇编作品保护范围的特殊性就在于其具有独创性的表达仅限于对其所采用内容的选择和编排。一审法院实际上肯定了涉案教材在编著体系上的独创性，但其并未进行具体的分析，而是直接认定被控侵权作品《高中英语解读1》按照涉案教材的编著体系，

在每个单元下直接复制了其收录的短文原文，构成了对相应内容的复制。二审法院则对涉案教材在内容的选择与编排上具有何种独创性进行了具体的分析，其中就其编入的英文短文而言，二审法院分析认为上述短文是配合教材各模块中相关内容的教学功能，在题材、所含词汇、语法内容、阅读难度、文化背景等方面进行了有针对性的创作或选择，体现了选编者在内容的选择与编排上所付出的智力性劳动，这应当受到我国著作权法的保护。

三、如何进行侵权认定及确定相关责任承担

即使外研社公司不享有涉案教材中收录的英文短文原文的著作权，但其对教材中采用的英文短文进行了具有独创性的选择和编排，这种独创性的表达属于我国著作权法保护的范围。王后雄作为被控侵权作品《高中英语解读1》的主编，其未经著作权人许可，完全按照涉案教材的编著体系，完整、依次使用了涉案教材所收录的短文，且不能说明上述短文具有其他合法来源，其行为构成对外研公司及麦克米伦出版有限公司就《高中英语必修1》所享有的复制权的侵犯，依照我国《著作权法》第四十七条第（七）项、第四十八条第（一）项的相关规定，其应当承担停止侵权、赔偿经济损失的法律责任。中青社作为专业出版社，应当对其出版的书籍的的授权、稿件来源、署名和内容尽到合理注意义务，其未能举证证明其尽到了合理注意义务，故其对于侵权图书的出版发行，侵犯了外研社公司享有的著作权，依照《最高人民法院关于审理著作权民事纠纷案件适用法律若干问题的解释》第十九条、第二十条的相关规定，其亦应当承担停止侵权、赔偿经济损失的法律责任。凯迪公司作为侵权图书的销售商，应当承担停止销售的法律责任。

编写人：四川省高级人民法院知识产权审判庭　许静

17

中国电影集团公司电影营销策划分公司诉成都市金牛区星空牧羊星网吧侵害作品信息网络传播权纠纷案

——阅读提示：律师见证事实是否可以认定为免证事实？如何认定律师见证事实的真实性？

【裁判要旨】

律师事务所并非法律规定的保全证据机构，律师见证事实不是法定的免证事实。律师见证形成的律师见证书和录屏光盘应当分别按照书面证人证言和电子数据的证据规则审核认定。律师事务所接受当事人单方委托进行有偿见证，其出具的律师见证书不具有等同于公证书的法律地位和效力，不能单独作为认定案件事实的依据。

【案号】

一审：四川省成都市中级人民法院（2012）成民初字第 1093 号

【案情与裁判】

原告：中国电影集团公司电影营销策划分公司（简称中影策划分公司）

被告：成都市金牛区星空牧羊星网吧（简称牧羊星网吧）

起诉与答辩

原告中影策划分公司诉称，中国电影集团公司依法享有《未来警察》、《财神到》等电影的著作权，2009 年到 2010 年期间，中国电影集团公司将上述电影的著作权权利全部转授给原告行使。2010 年初原告发现包括被告在内的多家网吧未经原告授权，在其经营的网吧内将原告的电影作品私自下载到自己网吧服务器上或者与某些公司合作在网吧电脑里安装了这些公司的影视院线，非法使用原告的上述电影作品，谋取经营利润。原告为此聘请了工作人员及律师事务所对被告的侵权行为进行调查取证，查获了被告的侵权证据。原告遂向被告发送了律师函，要求被告停止侵权并赔偿原告的经济损失。但是被告却置之不理。被告的行为已经严重地侵害了原告的著作权，给原告造成了巨大的经济损失。为此，依据《中华人民共和国著作权法》、《中华人民共和国民事诉讼法》等法律规定，请求判令：赔偿原告经济损失 2000 元，维权合理开支律师费 2000 元、调查费 1000 元。被告未做答辩，也未提交证据材料。

一审审理查明

2009 年 12 月 31 日，中国电影集团公司作出"电影著作权声明"，称中国电影集团公司为电影《未来警察》、《财神到》各出品单位的版权代表人，其将上述影片的著作权权利转授权给中国电影集团公司下属的全资分公司中影策划分公司行使，具体权利包括但不限于上述影片的信息网络传播权等著作权。授权区域为中华人民共和国境内（不包括香港、澳门、台湾地区），授权类型为独占性许可，授权期限为自各片"电影片公映许可证"签发之日起至各片版权保护期终止之日为止。当上述著作权利遭受侵权时，中影策划分公司可以单独以其名义对第三方的侵权行为实施著作权保护法律行动，包括但不限于任何合法有效的法律行动以及民事诉讼和非诉讼法律行动，并获得赔偿。中影策划分公司可以将获得的上述权利转授给第三人行使。2010 年 1 月 25 日至 3 月 15 日，电影作品的各出品单位分别出具"版权证明书"，一致同意中国电影集团公司作为《未来警察》、《财神到》出品单位的版权代表人，确认中影策划分公司可以代表中国电影集团公司行使上述著作权权利和著作权维权的权利。

2010 年 9 月 14 日，四川华神律师事务所（简称华神事务所）出具 (2010) 华神见字第 0045 号律师见证书。载明：华神事务所接受原告委托，对委托人所委派的调查人员以计算机录屏的方式保全有关视频播放画面的过程进行现场见证，并对录屏所得材料予以保全证据进行见证，华神事务所指派邓斌、卿利萍两位律师作为见证律师，并对委托事项进行见证。邓斌、卿利萍律师审查了委托人及其调查人员的身份及版权证书等证明文件，委托人维权的行为符合法律的规定。邓斌、卿利萍律师会同委托方调查人员前往被告现场进行见证。华神事务所见证了如下事实，调查取证人员张巧霞，系委托方所委派的调查取证人员。调查取证过程：1. 2010年9月14日11点02分进入网吧，网吧全名"牧羊星网吧"，网吧负责人未知，地址成都市金牛区蜀明东路11号附37号－38号。2. 出示陈建的身份证，登记上网。3. 电脑台数70台，在第39号电脑上机取证。4. 开启第39号电脑，进入WINDOWS XP界面后，插入U盘，安装录屏软件屏幕录像专家专业7.5版，用以录制证据。5. 11点16分开始录制证据，开启屏幕录像专家专业7.5版，点击右下角的服务器IP地址，显示出该服务器的IP地址为192.168.0.188。点击打开该电脑桌面上的"网吧影院Ⅱ"，进入到"牧羊星网吧在线影院"，在该页面的搜索电影栏，输入"未来警察"，然后点击搜索，显示搜索到该影片，点击"观看"进入到影片播放界面，点击影片播放界面中的"观看影片"，该影片即正常播放，拉动快进条分阶段播放，直至影片结束，该影片均能全部正常完整的播放；该影片制片人为赵海城，导演为王晶，主演包括刘德华、徐娇、徐熙媛、范冰冰；继续在该页面的搜索电影栏，输入"财神到"，然后点击搜索，显示搜索到该影片，点击"观看"进入到影片播放界面，点击影片播放界面中的"观看影片"，该影片立即正常播放，拉动快进条分阶段播放，直至影片结束，该影片均能全部正常完整的播放，该影片的制片人为赵海城，导演为阮世生，主演包括谭咏麟、张震、杨千嬅、陶虹、张雨绮、林子聪、巩新亮。6. 将以上第五步所获得的录屏证据存入U盘存档，去收银台结账下机，支付上网费用。7. 以上录屏所得视听资料委托人存档一份，华神事务所存档一份。邓斌、卿利萍律师确认上述调查取证过程及事实真实，合法，有效。华神事务所对于上述证明结果的真实性和文件及其所表述的内容真实性，承担所有的法律责任。该律师见证书经华神事务所签章及邓斌、卿利萍律师签字确认并附有录屏光盘。

中影策划分公司为本案支付华神事务所律师见证费500元。

一审判理和结果

成都市中级人民法院经审理认为，关于涉案电影的著作权权属，中国电影集团公司作为影片《未来警察》、《财神到》出品单位的版权代表人，经其他出品人同意将上述影片著作权授权其下属的全资分公司中影策划分公司行使，符合法律规定。中影策划分公司有权代表中国电影集团公司行使影片

《未来警察》、《财神到》著作权权利和著作权维权的权利，有权提起本案民事诉讼。关于牧羊星网吧是否实施了侵权行为。本案中中影策划分公司提供牧羊星网吧实施侵权行为的证据为华神事务所（2010）华神见字第 0045 号律师见证书。在没有其他证据予以佐证的情况下，不能单独作为认定案件事实的依据，不足以证明被告实施了侵权行为。理由如下：1. 本案中，律师见证行为采取了类似于公证机构保全证据的方式固定证据，该见证行为实为保全证据行为，而律师事务所并非法律规定的保全证据机构，律师见证书不具有法律规定的保全证据的证明效力。2. 本案中，华神事务所接受原告单方委托进行律师见证，是为了维护原告单方利益进行的有偿见证，华神事务所进行见证行为的中立性存疑。依照《最高人民法院关于民事诉讼证据的若干规定》第六十九条第（三）项之规定，存有疑点的视听资料不能单独作为认定案件事实的依据。在无其他相关证据予以佐证的情况下，原告主张被告实施了侵权行为的证据不足，其诉讼请求本院不予支持。综上，成都市中级人民法院依照《中华人民共和国著作权法》第十一条第一款、第四款，《中华人民共和国民事诉讼法》第六十四条①，第六十九条②，第一百三十条③，第一百三十四条第一款、第二款、第三款，《最高人民法院关于民事诉讼证据的若干规定》第六十九条第（三）项之规定，判决驳回中影策划分公司的诉讼请求。本案宣判后，当事人均未上诉，该案已发生法律效力。

【法官评述】

2010 年 9 月，四川华神律师事务所受中影策划分公司委托，先后对成都市内两百余家网吧经营场所内的涉诉电影网络传播情况进行了律师见证。2012 年 6 月中影策划分公司先后到成都市有管辖权的法院起诉立案近百件，大多数被告经法院合法传唤未到庭应诉。如何认定知识产权侵权案件中律师见证事实的真实性是本案的焦点。

一、律师见证的事实不属于法定的免证事实

本案中影策划分公司提交的通过律师见证形成的律师见证书和附带的录屏光盘，从形式到内容与公证书几乎相同，载明了中影策划分公司保全

---

① 对应 2012 年 8 月新修订的《民事诉讼法》第六十四条。
② 对应 2012 年 8 月新修订的《民事诉讼法》第一百四十四条。
③ 对应 2012 年 8 月新修订的《民事诉讼法》第一百四十八条。

证据的过程。中影策划分公司代理人在诉讼中将律师见证证据等同于公证证据，认为在没有相反证据可以推翻的情形下应当认定其证据效力。《最高人民法院关于民事诉讼证据的若干规定》第九条列举了当事人无需举证证明的事实，其中并不包括律师见证的事实。因此律师见证事实不是法定的免证事实。

律师见证不同于公证。以《公证法》为基础的公证法律制度，对公证机构、公证员、公证程序、公证的效力和相应的法律责任都做了较为全面的规范。《公证法》规定公证机构是依法设立，不以营利为目的，依法独立行使公证职能、承担民事责任的证明机构。并制定了专门的公证程序对公证行为进行有效的监督，保障公证员公证的客观性与公信力。依据《公证法》第二条、第十一条、第三十六条之规定，公证机构可以根据当事人的申请保全证据，公证书记载的事实应当作为认定事实的根据，有相反证据足以推翻的除外。但是，没有相关法律法规规定律师见证的事实与公证的事实具有相同的证明力，也没有相关法律法规规定律师事务所具有保全证据职能。因此，在法无明文规定的情况下，如果人民法院在审核律师见证书时适用与审核公证书相同的程序，认可律师见证的事实与公证的事实具有同等的证明效力，既不符合我国现行的民事诉讼证据制度，也会影响到公证法律制度的施行。

二、律师见证形成的律师见证书和录屏光盘应当分别按照证人证言和电子数据的证据审查规则审核认定

符合真实性、合法性、关联性的证据才具有民事证据资格，法院认定证据应当对证据进行全面审查。本案中律师见证行为产生的证据实际上包括律师见证书和录屏光盘两部分，与公证形成的证据法律地位不同，应当分别按照书面证言和电子数据（原判决中表述为视听资料）的证据审查规则对其证据资格和证明力进行审核认定。

2007 年中华全国律师协会制定的《律师见证业务工作细则》第二条至第五条对律师见证业务进行了规定，律师见证的主体是律师，出证机关是律师事务所，但实质是律师个人之证明行为，属于证人证言。律师见证书与一般证人证言的区别在于见证人具有专门的法律知识，不属于免证事项，仍应当按照证人证言的证据审查规则认定其证据效力。本案中，见证律师受中影策划分公司单方委托进行见证，并收取见证费用，属于有偿见证，其中立性和客观性存疑。在被告牧羊星网吧未到庭应诉的情况下，法院无法核实律师见证书内容的真实性。并且，本案的见证律师作为证人，无正当理由未出庭作证，法院对其提供的书面证言即律师见证书的真实性难以认定。

电子数据是《民事诉讼法》第六十三条①规定的法定证据的一种，必须查证属实，才能作为认定事实的根据。电子数据与生俱来的易破坏性使其真伪更加难以辨别。从国内外的司法实践看，通常通过电子数据的来源、形成过程及所依赖的设备是否正常来判断其真实性。本案中电子数据是在律师的见证下形成的，且律师见证书中并未记载电子数据形成过程中清洁 U 盘的过程和当时的网络连接状况，不排除中影策划分公司预先对计算机进行技术处理的可能性。因电子数据形成中缺乏具有公信力的第三方监督，因此电子数据是否是在电脑和网络正常稳定运行状态下形成的存疑，无法确认所形成的电子数据的客观性和真实性。

在牧羊星网吧未到庭参加诉讼并自认，见证人与中影策划分公司有利害关系的情况下，电子数据的真实性存疑，不能作为认定案件的事实。为平等保护原被告合法权益，法院认为中影策划分公司仍需就律师见证书进行举证，形成证据锁链，才能作为认定案件事实的依据。

三、审慎认定律师见证事实的真实性，有利于引导诉讼当事人规范取证和诚信诉讼

一方面，知识产权侵权行为具有隐蔽性，知识产权权利人通常委托具有知识产权维权专业知识的维权代理人或机构进行商业化维权。商业化维权可以节约维权成本，形成维权的规模效益，客观上有益于打击侵权行为。但是，商业化维权的驱动力是商业利益，一些维权代理人或者代理机构在取得侵权证据后，故意滞后诉讼，通常在诉讼时效届满前方提起起诉，由于间隔时间较长，造成被控侵权人保存的证据灭失，举证不能。一些维权代理机构或个人以追求成本效益最大化为原则，存在着不规范取证甚至违反诚信原则的情形，有违知识产权保护制度的初衷。另一方面，由于知识产权侵权行为的复杂性，一些被控侵权人并不知道自己侵犯了他人的知识产权，不懂得如何保护自身合法权益，诉讼能力较弱。尤其是在网

---

① 对应 2012 年 8 月新修订的《民事诉讼法》第六十四条。

吧、KTV、个体工商户涉及的知识产权纠纷中，被控侵权人应诉率低，即使应诉通常也无法提交证据，加大了法院认定案件事实的难度。当前我国已经形成较为成熟的公证保全证据制度，从平衡知识产权权利人利益和社会公共利益出发，法院审慎审核证据，有利于引导当事人规范取证和诚信诉讼，保护知识产权。

编写人：四川省成都市中级人民法院　王敏　董荣昌

18

张弓诉兰州市城关区人民政府、中共兰州市城关区委笔史资料征集研究委员会办公室、马莉侵害著作权纠纷案

——阅读提示：如何认定个人与部门合作创作、编辑出版作品的著作权归属？

【裁判要旨】

一般情况下，作者是作品的著作权人，但不是必然的著作权人。在个人与部门合作共同创作、编辑出版作品时，一定要签订书面合同，明确各方的权利义务和最终的著作权归属及其他权利，以免作品完成后对其著作权等问题发生争议。

【案号】

一审：甘肃省兰州市中级人民法院（2012）民三字第 005 号

二审：甘肃省高级人民法院（2012）甘民三终字第 00087 号

【案情与裁判】

原告（二审被上诉人）：张弓

被告（二审上诉人）：兰州市城关区人民政府

被告（二审上诉人）：中共兰州市城关区委党史资料征集研究委员会办公室（简称城关区党史办）

被告：马莉

起诉与答辩

2011 年 12 月，原告张弓提起诉讼称：2001 年初，自己开始创作一部反映兰州历史文化的文学作品。当年 2 月，兰州市城关区委下属的党史办，城

关区人民政府下属的城关区地方志办公室为迎接建党 90 周年和辛亥革命 100 周年，决定编一本画册，宣传兰州市城关区。当时任党史办负责人的马莉向其咨询如何编写问题。原告告诉马莉，自己打算以纸上纪录片的形式创作一本有关兰州历史的文学书。马莉当场表示，本书完全可以由原告独自创作完成，由政府出钱出版发行，以宣传兰州市和城关区。为了保证书的原创性和独创性，在原告创作期间，党史办必须采取保密措施。2011 年 3 月底完成本书的文字创作，并在 4 月完成第一次排版设计工作，在交由被告审读时，被告在未经原告同意的情况下，对原稿多处内容进行篡改及删除，原告多次表示反对，并表明如果被告执意篡改作品，原告将不同意出版。最终，被告采取表面与原告继续协商而私下在未经原告同意的情况下，将该书名后缀"图文魅力城关"等字样在当年六月出版发行。被告的行为已构成对原告作品著作权的侵权，给原告精神上造成了巨大伤害。请求判令被告：1. 立即停止《大河印》一书的发行，并召回已发行的《大河印》；2. 被告交还原告三次彩色、黑白纸质修改稿和《大河印》电子版；3. 被告对原告公开赔礼道歉；4. 被告赔偿原告经济损失 30.5 万元；5. 本案诉讼费用由被告方承担。

被告城关区政府辩称：其与原告张弓之间不存在任何法律关系，本案中也无证据证明城关区政府实施了侵权行为，原告起诉城关区政府不成立，请求驳回原告对城关区政府的起诉。

被告城关区委党史办辩称：《大河印》一书属于史志类图书，为相关单位联合编纂，该图书根据《地方志工作条例》的相关规定，其总体著作权归属于法人单位。城关区委党史办聘请张弓从事本书的文字、图片编辑工作，党史办为本书的编辑工作提供了办公设施、资料，编辑工作完成后向张弓支付了 18000 元稿酬，书中已署了原告名字，且本书未公开发行，不存在停止发行的问题，原告所主张的经济损失也是不存在的。故被告城关区委党史办认为原告张弓所提诉讼请求不能成立，请求予以驳回。

被告马莉辩称：《大河印》一书编辑期间，其为党史办负责人，其在《大河印》一书的编辑工作中所实施的行为均为职务行为，《大河印》编辑完成后著作权归法人单位所有，原告起诉把个人作为诉讼主体不适格，请求驳回原告对马莉个人的起诉。

一审审理查明

兰州市城关区人民政府、中共兰州市城关区委党史资料征集研究委员会办公室为庆祝中国共产党九十华诞、同时为纪念辛亥革命 100 周年而编辑出版《大河印·图文魅力城关》一书。图志分六个部分，多视角、形象化介绍了兰州市城关区的发展历程和地域文化。全书收录各种图片和照片近一千幅，配有文字约二十余万字。该书资料来源广泛，有相关的文史资料、地方志书、报刊文章、采访等。该图书文字部分，除"序"外，其余均由张弓编辑创作完成。书中涉及的部分历史资料图片和老照片以及宣传资料图片、照片由城关区委党史办提供。部分照片由城关区委党史办人员高峰实景拍摄或拍摄于甘肃省博物馆、兰州民俗博物馆等，张弓本人亦收集采用了部分图片、照片资料。该书编辑完成后，由城关区委党史办报请主管部门审定后，城关区委党史办与兰州大学出版社于 2011 年 6 月 8 日签订了图书出版合同，城关区委党史办支付了图书出版书号及印刷的费用，兰州大学出版社于 2011 年 7 月印刷出版。出版后的图书书名为《大河印·图文魅力城关》，著作权人署名为"中共兰州市城关区委组织部、中共兰州市城关区委党史办、兰州市城关区地方志办公室"，另有编委会成员名单署名。除编委会成员外，主编署名为马莉，编辑统筹署名为张弓，摄影统筹高峰等，版权页记载本书字数为 644 千字。2011 年 5 月 10 日，党史办向张弓户名下尾号为 1492 的建设银行账户内存入稿费 5000 元，张弓在党史办的 2011 年 5 月 9 日领取稿费花名册上签名，该稿费花名册备注注明："预付 5000 元《大河印》稿费，定稿后按 100/千字支付剩余稿酬"。2011 年 6 月 29 日，党史办再次向张弓同一账户内存入 13000 元稿费，张弓收到该笔款项后未签字。张弓以兰州市城关区人民政府、中共兰州市城关区委党史资料征集研究委员会办公室、马莉侵犯著作权为由提起诉讼。

一审判理和结果

一审法院认为，《大河印》一书的作品内容来源于历史资料、地方志书、报刊文章以及作者的再创作，作品从形式上属于对已有作品、历史资料和现有资料的编辑、整理，该诉争作品属于《中华人民共和国著作权法》第十四条规定的汇编作品。根据《中华人民共和国著作权法实施条例》第十二条的规定，认定《大河印》一书系地方党委和政府部门组织编辑出版。该书编辑之初，城关区党史办负责人与张弓就该书的创作意图进行了协商沟通，创作过程中，城关区委党史办为张弓提供了办公设施和部分资料，并派摄影人员高峰参与了图片拍摄工作。编辑完成后，城关区委党史办向张弓支付了部分稿酬，并出资 25 万余元委托出版社和印刷单位出版图书，故该书属于法人作品，相关单位享有整体著作权，城关区委党史办并在书中署了张弓名字，故城关区委党史办出版该书的行为不构成侵权。故原告人张弓要求被告人承担相应民事责任的诉讼请求，不予支持。根据《著作权法》第十四条、第十六条二款、第二十七条，《中华人民共和国著作权法实施条例》第十一条、第十二条之规定，判决：驳回原告张弓的全部诉讼请求；案件受理费 5875 元，由被告中共兰州市城关区委党史资料征集研究委员会办公室、兰州市城关区人民政府负担 3000 元（向张弓支付）。原告张弓负担 2875 元。

上诉与答辩

宣判后，上诉人城关区政府、城关区党史办不服一审判决，提起上诉。请求依法撤销一审判决的第一项内容及案件受理费部分，对本案依法予以改判：一、二审案件受理费由双方承担。

理由是：原判认定以版权页字数 644 千字支付稿酬不当。认为根据国家新闻出版总署《图书质量管理规定》中关于图书总字数的规定计算，图书总字数的计算方法，一律以该书的版面字数为准，即：总字数＝每行字数乘以每面行数乘以总面数，凡连续排版页码的正文、目录、辅文等，不论是否排字，均按一面满版计算字数。《大河印》一书实有字数为 325 千字，根据国家版权局关于《出版文字作品报酬规定》第七条明确规定，支付报酬的字数按实有正文计算，城关区党史办与张弓约定定稿后按 100 元／千字计算稿酬，该约定与相关规定相一致，应该按约定以实有字数 325 千字计算，总数为 32500 元，扣减已支付的 18000 元，余款为 14500 元予以付款，不应按 644 千字计算给予付款；原审判决双方承担诉讼费的分担比例不当。被上诉人诉讼标的额为 305000 元，判决仅支持了 46400 元，诉讼费却由上诉人承担了 51%，该比例划分不当。

被上诉人张弓答辩认为：1. 上诉人认为判决认定支付稿酬过多的理由属无理请求。《大河印》一书的文字内容、图片考证、部分图片的拍摄、收集、图注内容、编辑、版式设计、校对，都是由答辩人创作完成，付出了常人难以想象的巨大劳动。作为一本把大量图片和文字精心混排的文学作品，把书中图片占有的位置换算成字数，按版权页上标明的总字数 644 千字计算，向答辩人支付稿酬，是完全应该的事情。《大河印》一书是答辩人集十多年的小说、散文、游记、采访手记、已发表和未发表的纪录片解说词等原创文学作品,以自己独创的新的文学体裁,类似于纸上纪录片的形式创作的一部历史文学作品。它是答辩人在自己原创的已有作品基础上经过创造性劳动产生的作品,并不是简单的复制,是答辩人对兰州历史、文化、政治、经济、宗教、军事等方面系统了解后而创造的作品,应该受到法律的保护;2. 一审判决对部分事实认定不清。一是一审判决认定党史办为本书的编写提供了办公设施、资料与事实不符。2011 年 2 月底,上诉人为了达到不正当目的,以本单位的一些图片要保密为由,将答辩人骗到党史办一间简陋的办公室,让答辩人在一台陈旧的电脑上选图,前后时间总计不到半个月。上诉人在没有向答辩人提供任何创作资金或文字资料之前,答辩人于 2010 年就开始了本书的创作,由于轻信上诉人,才导致答辩人的文字作品被存放于上诉人的电脑之中。二是一审认定"《大河印——图文魅力城关》系史志书,该书编辑完成后,由城关区委党史办报请主管部门审定"错误。答辩人对本书做了十多次的修改,在还没有完成最后修改的情况下,上诉人就侵权出版此书,把既不是地方志,也不是党史著作的《大河印》作品以组织名义出版,法院强搬《地方志工作条例》的某些规定,定性为组织行为和法人作品,是不妥当的。三是该书由答辩人一人创作编辑完成,党史办和地方志办工作人员没有参与编辑创作。判决书认定"该图书文字部分,除'序'外,其余均由张弓创作完成",又认为书中部分照片和图片为党史办提供,党史办副主任高峰拍摄了部分照片,与事实不符。四是一审判决认为"《大河印》作品内容来源于历史资料、地方志书、报刊文章以及作者的再创造,作品形式上属于编辑整理,属于汇编作品"错误。《大河印》作品是答辩人利用已有的成果、材料,按一定规律、体系编排而成,一审法院仅凭上诉人写的"编辑说明"就认定这部书是汇编作品,显然不妥。五是一审判决认定不构成侵权,不予赔偿不当。答辩人为了制止其侵权行为耗时一年多,付出了沉重的代价,答辩人所要求的经济赔偿和精神赔偿合理合法,应依法判令《大河印》著作权归答辩人所有,并赔偿答辩人的经济损失和其他合理费用。

原审被告人马莉认为,原审判决认定事实清楚,判决准确,要求维持原审原判。

二审审理查明

二审审理认定的事实与一审认定事实一致,予以确认。

二审判理和结果

二审法院认为，《大河印》一书内容来源于历史资料、地方志书、报刊文章以及作者的再创作，由兰州市城关区委党史资料征集研究委员会办公室组织，提供部分资料和资金，并派人与张弓一起共同完成，认定该作品属于地方志书性质的作品，其著作权由负责和组织编纂的工作机构享有，其参与人员享有署名权是正确的。张弓参与了整理资料和文字编辑，但不属于该部门公职人员，在作品完成后获取一定的经济报酬是应当的。上诉人认为原判认定事实正确，但对原审判决以《大河印》一书版权页标明的字数 644 千字作为支付稿酬的依据不当，要求应该以实有字数计算，以国家新闻出版总署《图书质量管理规定》中关于图书总字数的规定予以计算。经审查，根据《图书质量管理规定》中有关规定，总字数的计算应该是"凡连续排版页码的正文、目录、辅文等，不论是否排字，均按一面满版计算字数。正文中的插图、表格，按正文的版面字数计算"。《大河印》一书在首页标明字数为 644 千字，是以文字和图片共同计算。因为，一册以"图文并行"的书籍，作为编辑统筹者，创作文字，并对图片和照片的收集、选择、编辑都是要付出劳动的，作品创作完成后，不计算图片和照片的编辑工作量是没有理由的，一审对文字和图片全部计算认定，并判决予以支付稿酬是正确，上诉人的上诉理由，没有事实根据和法律依据，不能成立；关于上诉人认为原审判决双方承担诉讼费分担比例不当的问题，人民法院根据国务院《人民法院诉讼收费办法》规定的标准，以当事人争议标的额计算收取，审理后以双方各自责任的大小判决予以承担，并没有不当。答辩人的其他答辩理由，没有事实和证据支持，法庭不予支持。根据《中华人民共和国民事诉讼法》第一百五十三条第一款第（一）项①之规定，判决：驳回上诉，维持原判。

【法官评述】

通常情况下，作者是作品的著作权人，但不是必然的著作权人。我国《著作权法》规定，由法人或者其他组织主持完成，代表法人或者其他组织创作意志并出资出版发行，由法人或者其他组织承担责任的作品，其法

---

① 对应 2012 年 8 月新修订的《民事诉讼法》第一百七十四条第一款第（一）项。

人或者其他组织是作品著作权人。

《大河印》一书从政治、经济、文化等方面记录了兰州市城关区的历史、发展和现状。作品内容来源于历史资料、地方志书、报刊文章以及作者的再创作，从形式上属于对已有作品、历史资料和现有资料的编辑、整理，该诉争作品属于《著作权法》第十四条规定的汇编作品。在该书编辑之初，城关区委党史办负责人与张弓就该书的创作意图进行了沟通，创作过程中，城关区委党史办为张弓提供了办公设施和部分资料，编辑完成后，城关区委党史办向张弓支付了部分稿酬，并出资 25 万余元委托出版社和印刷单位出版图书。故该书属于法人作品，由相关单位享有整体著作权，城关区委党史办亦在书中署了编辑参与人张弓名字，故城关区委党史办出版该书的行为并不构成侵权。张弓按照双方确定的意图和目的，完成了《大河印》一书的编辑、整理和创作工作，付出了创造性的劳动，也获得了相应报酬。本案中，双方对创作完成后的作品总字数存在争议。一审法院参照国家新闻出版总署《图书质量管理规定》中有关规定，总字数以正文中的插图、表格按正文的版面字数合计计算无疑是合理的。

编写人：甘肃省高级人民法院知识产权审判庭　张永祥

（三）侵犯商标权纠纷案件

19

舟山市水产流通与加工行业协会诉北京申马人食品销售有限公司、北京华冠商贸有限公司侵害商标权及不正当竞争纠纷案

——阅读提示：证明商标专用权的范围是什么？

【裁判要旨】

证明商标是为了向社会公众证明某一产品或服务所具有的特定品质，证明商标注册人的权利以保有、管理、维持证明商标为核心，应当允许其商品符合证明商标所标示的特定品质的自然人、法人或者其他组织正当使用该证明商标中的地名。

【案号】

一审：北京市第一中级人民法院（2011）一中民初字第9242号

二审：北京市高级人民法院（2012）高民终字第58号

【案情与裁判】

原告（二审上诉人）：舟山市水产流通与加工行业协会（简称舟山水产协会）

被告（二审被上诉人）：北京申马人食品销售有限公司（简称申马人公司）

被告（二审被上诉人）：北京华冠商贸有限公司（简称华冠公司）

起诉与答辩

舟山水产协会于 2011 年 5 月 24 日向北京市第一中级人民法院提起诉讼称：我单位系第 5020381 号注册商标"舟山带鱼 ZHOUSHANDAIYU 及图"（简称涉案商标）的专用权人。2011 年 1 月 28 日，我单位代理人在华冠公司公证购买了申马人公司生产的"舟山精选带鱼段"（简称涉案商品），其外包装上突出使用了"舟山带鱼"字样，容易造成公众混淆。2011 年 3 月 2 日，经向申马人公司、华冠公司发出警告函后，该二公司置之不理，仍然实施侵权行为。申马人公司、华冠公司未经许可生产、销售涉案商品，侵犯了我单位的商标权，应当承担相应的民事责任。据此，请求判令：1. 申马人公司立即停止生产、销售涉案商品，华冠公司停止销售涉案商品；2. 申马人公司、华冠公司共同赔偿经济损失 20 万元。

申马人公司辩称：我公司生产加工的系来自舟山地区的带鱼，对"舟山带鱼"文字的使用是合理使用，没有侵犯舟山水产协会的权利。我公司销售的产品上有自己的商标"小蛟龙"，不会造成公众的混淆。我公司拥有"舟山带鱼"的外观设计专利，早于涉案商标的申请日。舟山水产协会主张 20 万元经济损失没有依据。综上，请求法院驳回舟山水产协会的诉讼请求。

华冠公司辩称：我公司通过合法的购销渠道，对申马人公司的产品进行了审核，并已经及时对涉案商品下架，和申马人公司进行了沟通，不应当承担赔偿责任。

一审审理查明

2005 年 11 月 23 日，舟山市水产流通与加工协会申请注册第 5020381 号"舟山带鱼 ZHOUSHANDAIYU 及图"证明商标（即涉案商标），核定使用商品为第 29 类带鱼（非活的）、带鱼片。2008 年 11 月 20 日，该商标获得初步审定公告，同时《"舟山带鱼"证明商标使用管理规则》（简称《管理规则》）获得公告。按照《管理规则》的规定："舟山带鱼"是经注册的证明商标，用于证明"舟山带鱼"的品质。使用"舟山带鱼"证明商标的产品的生产地域范围为中华人民共和国浙江省舟山渔场特定生产区域，具体分布在北纬 29 度 30 分到北纬 31 度，东经 125 度以西；舟山渔场地域平均水温 17℃ － 19℃，盐度 12.02 到 29.10，适宜各种鱼类生长，为舟山带鱼原产地。使用"舟山带鱼"证明商标的产品的品质特征：外观上体延长，侧扁，呈带状；背腹缘几近平行，肛门部稍宽大；尾向后渐细，成鞭状；头窄长，侧扁，前端尖突；头侧视三角形倾斜，背视宽平；吻尖长；眼中大，高位，位于头的前半部；鼻孔小，位于眼的前方；口大、平直；体银白色，背鳍上半部及胸鳍淡灰色，具细小黑点；尾呈暗色；二十二碳六烯酸（DHA）和高脂含量较高，肉质细腻、口感鲜嫩。使用"舟山带鱼"证明商标的产品在加工制造等过程中应符合舟山市地方标准 DB3309/T22 - 2005《舟山带鱼》的要求。

涉案商标经核准后有效期至 2019 年 2 月 20 日。2009 年 8 月 13 日，该商标注册人名义变更为舟山水产协会。

2010 年 12 月 31 日，舟山水产协会的代理人向申马人公司发出律师函，称申马人公司生产的"小蛟龙舟山带鱼段"侵犯了涉案商标权利，要求停止侵权，赔偿损失。

2011 年 1 月 28 日，舟山水产协会的代理人在北京恒信公证处公证员的陪同下在北京市房山区良乡地区华冠购物中心以 19.90 元每袋的价格购买"小蛟龙牌舟山精选带鱼段"一袋，并索取了发票，发票上加盖有华冠公司的公章。该产品外包装标注"舟山精选带鱼段"，同时有"小蛟龙及图®"标记，生产商为申马人公司，原料产地为浙江舟山。

2011 年 3 月 2 日，舟山水产协会的代理人向华冠公司发出律师函，称华冠公司下属的华冠购物中心销售的商品侵犯了舟山水产协会的商标权利，要求停止侵权，赔偿损失。随后，华冠公司收到了申马人公司代理人发出的律师函，就下架申马人公司的舟山带鱼段事宜发表意见，称未侵犯舟山水产协会的商标权利，请求华冠公司依法履行双方签订的购销合同。

2010 年 10 月 5 日，申马人公司与宁波三英水产食品有限公司（简称三英公司）签订了《进货合同》，约定申马人公司向三英公司购买 147500 元舟山带鱼。2010 年 10 月 15 日，三英公司出具了出库单和带鱼货款收据。2011 年 10 月 12 日，三英公司提供证明，称申马人公司销售的所有舟山带鱼系列是三英公司提供的货源，三英公司的带鱼原料，原产地为浙江舟山。三英公司成立于 1999 年 12 月 13 日，住所地为浙江省宁波市象山县昌国镇南门开发区，经营范围包括水产品初加工。

2010 年 12 月 31 日，申马人公司与华冠公司签订《购销协议》。申马人公司同时向华冠公司提供了营业执照复印件、工业产品生产许可证、食品流通许可证、"小蛟龙及图"商标注册证、检验报告（带鱼段）、外观设计专利证书等。

舟山水产协会还提供了律师委托代理合同，记载代理费 2 万元；公证费发票 2 张，合计 11200 元，舟山水产协会主张公证费发票为多个公证书合开，本案公证费为 1100 元；北京市政交通一卡通充值发票 6 张、出租车票 4 张、北京鑫峰陆河图片社发票 3 张；舟山带鱼简介。舟山水产协会在一审庭审中认可：1. 未保留公证购买的带鱼段，仅封存了外包装袋；2. 主张侵权的仅为外包装袋的"舟山精选带鱼段"标志。

一审判理和结果

一审法院认为：是否侵犯证明商标权利，不能以被控侵权行为是否容易导致相关公众对商品来源产生混淆作为判断标准，而应当以被控侵权行为是否容易导致相关公众对商品的原产地等特定品质产生误认作为判断标准。舟山水产协会主张申马人公司在商品外包装上突出使用"舟山带鱼"字样，容易造成公众混淆，因此构成侵权，是对法律的错误理解，实质上将证明商标与商品商标混同。是否突出使用，是否造成商品来源混淆，与是否侵犯证明商标权利无关。本案中，涉案商标"舟山带鱼 ZHOUSHANDAIYU 及图"系作为证明商标注册的地理标志，即证明商品原产地为舟山海域的标志。因此，在原产于舟山海域的带鱼上标注"舟山精选带鱼段"属于对地理标志的正当使用，并不侵犯舟山水产协会的商标权利。根据申马人公司提供的与三英公司签订的进货合同、出库单、收据、三英公司出具的证明及三英公司营业执照复印件，可以初步证明申马人公司生产销售带鱼的原产地为舟山。况且，即便否定申马人公司提供的上述证据，根据《最高人民法院关于民事诉讼证据的若干规定》第二条的规定，舟山水产协会主张申马人公司侵犯其涉案商标权利，应当对侵权成立要件——申马人公司使用"舟山精选带鱼段"标志的商品的原产地并非舟山海域承担举证责任。舟山水产协会作为证明商标的注册人，属于对商品有监督能力的组织，应当有能力提供证据证明某带鱼产品是否属于舟山海域的带鱼。但是，舟山水产协会并未封存公证购买产品，致使无法判断申马人公司生产、华冠公司销售的带鱼的原产地。由此产生的不利后果应当由舟山水产协会自行承担。因此，根据现有证据，不能证明申马人公司使用"舟山精选带鱼段"容易导致相关公众对商品的原产地等特定品质产生误认。舟山水产协会主张申马人公司、华冠公司侵犯其涉案商标权利，无事实和法律依据，不予支持。对舟山水产协会关于停止侵权、赔偿损失的诉讼请求，予以驳回。

一审法院判决：驳回舟山水产协会的全部诉讼请求。

上诉与答辩

舟山水产协会不服一审判决提起上诉。其主要上诉理由是：第一，一审判决认定事实不清，申马人公司提交的证据不能证明涉案商品来自舟山。第二，一审判决适用法律错误。1. 涉案商品是否来自舟山的举证责任不应由舟山水产协会负担，申马人公司主张其生产、销售的带鱼来自舟山，应当就此承担举证责任；2. 申马人公司对于"舟山带鱼"的使用不符合正当使用的条件，其在商品外包装上标注的"舟山精选带鱼段"比其注册商标"小蛟龙"还醒目，该种使用行为损害了舟山水产协会的合法权益，易使普通消费者产生混淆和误认，且申马人公司和三英公司均非舟山本地企业，不具有正当使用的主体资格，故不能认为申马人公司使用"舟山带鱼"是基于善意。

申马人公司和华冠公司服从一审判决。

二审审理查明

二审法院确认一审法院查明的事实，同时另查明：申马人公司为进一步证明涉案商品来自舟山，向二审法院补充提交了如下证据：

1. 李散队的证人证言及书面证明、北京李散队水产经营部个体工商户营业执照、食品流通许可证，其中李散队出具的证明内容为："2010 年下半年陆续卖给北京申马人食品销售有限公司数吨带鱼，均是从舟山市福瑞达食品有限公司购进的舟山带鱼"；

2. 申马人公司与李散队签订的采购合同、申马人公司自行制作的采购明细及北京银行阜裕支行营业部对账单；

3. 加盖有舟山市福瑞达食品有限公司业务专用章的证明，证明："北京西南郊市场的李散队于 2010 年 5 月至 9 月从我公司购进 15 吨带鱼，均为浙江舟山带鱼"，无证明人签字。

舟山水产协会认为上述证据不属于新证据，法院不应采纳，并表示不予质证。华冠公司对上述证据未提出异议。

舟山水产协会为证明申马人公司一审诉讼中提交的与三英公司相关的证据不真实，涉案商品并非来自舟山，向二审法院补充提交了下列证据：

1. 加盖三英公司公章并有"林志英"签名的声明和"林志英"的名片，声明的内容为："一、我公司与北京申马人食品销售有限公司从来没有发生任何业务往来。二、显示为 No.0053904 号，2010 年 10 月 15 日出具，金额为 147500 元，加盖'宁波三英水产食品有限公司财务专用章'的出库单不是我公司出具。三、显示为 No.0228942 号，2010 年 10 月 15 日出具，金额为 147500 元，加盖'宁波三英水产食品有限公司财务专用章'的收据不是我公司出具。"同时声明三英公司财务专用章为方形，并加盖了方形的财务专用章；

2. 赴三英公司取得上述证据 1 而支付的交通费、住宿费票据。

申马人公司对上述证据的形式要件不持异议，但提出三英公司是受胁迫而出具的上述证据 1。华冠公司同意申马人公司的质证意见。

二审判理和结果

二审法院认为：舟山水产协会作为涉案商标的注册人，对于其商品符合特定品质的自然人、法人或者其他组织要求使用该证明商标的，应当允许。而且，其不能剥夺虽没有向其提出使用该证明商标的要求，但商品确产于浙江舟山海域的自然人、法人或者其他组织正当使用该证明商标中地名的权利。但同时，对于其商品并非产于浙江舟山海域的自然人、法人或者其他组织在商品上标注该商标的，舟山水产协会则有权禁止，并依法追究其侵犯证明商标权利的责任。申马人公司虽然没有向舟山水产协会提出使用涉案商标的要求，但如果其生产、销售的带鱼商品确实产自浙江舟山海域，则舟山水产协会不能剥夺其在该带鱼商品上用"舟山"来标识商品产地的权利，包括以本案中的方式——"舟山精选带鱼段"对其商品进行标示。虽然申马人公司在涉案商品上使用的"舟山精选带鱼段"与涉案商标不完全相同，但由于"舟山精选带鱼段"中包含涉案商标的文字部分，且申马人公司在涉案商品上以突出方式进行标注，会使相关公众据此认为涉案商品系原产于浙江舟山海域的带鱼，故如果涉案商品并非原产于浙江舟山海域，舟山水产协会则有权禁止申马人公司以涉案方式使用证明商标，并据此追究申马人公司的侵权责任。

申马人公司作为涉案商品的生产者，对于涉案商品是否产自浙江舟山海域负有举证责任。一审法院根据申马人公司在一审诉讼中提交的证据认定在案证据可以初步证明申马人公司生产、销售的带鱼原产地为浙江舟山并无不当。但在舟山水产协会二审补充提交的证据 1 中，三英公司对申马人公司一审诉讼中提交的与三英公司相关证据的真实性作出否认的意思表示，且申马人公司和华冠公司对舟山水产协会提交的证据 1 的形式要件不持异议，故认定该证据确系三英公司出具。虽然申马人公司提出该证据系三英公司受胁迫出具，但并未就此举证，故根据现有证据并不能认定三英公司在后出具的证据是受胁迫出具。三英公司先后出具的证据相互矛盾，法院无法确认三英公司相关证据的有效性。此外，申马人公司二审补充提交的其它证据亦不足以证明其用以加工涉案商品的带鱼产自舟山。

综上，在申马人公司不能证明其生产、销售的涉案商品原产地为浙江舟山海域的情况下，其在涉案商品上标注"舟山精选带鱼段"的行为，不属于正当使用，构成侵犯涉案证明商标专用权的行为，应当就此承担停止侵权、赔偿损失的法律责任。

华冠公司作为涉案商品的销售者，能够证明其销售的涉案商品来自申马人公司，且在收到舟山水产协会的律师函后下架了涉案商品，故其无需承担赔偿责任。对于舟山水产协会要求华冠公司赔偿损失的主张，不予支持。同时，考虑到华冠公司已经下架了涉案商品，故对舟山水产协会要求华冠公司停止侵权的主张，亦不再处理。

综上，二审法院依照《中华人民共和国民事诉讼法》第一百五十三条第（三）项①，《中华人民共和国商标法》第五十二条第（五）项②、第五十六条③，《中华人民共和国商标法实施条例》第五十条第（一）项④之规定，判决：一、撤销一审判决；二、申马人公司停止生产、销售涉案侵权商品；三、申马人公司赔偿舟山水产协会经济损失三万元及合理费用五千元；四、驳回舟山水产协会的其他诉讼请求。

【法官评述】

根据《商标法》的规定，证明商标是指由对某种商品或者服务具有监督能力的组织所控制，而由该组织以外的单位或者个人使用于其商品或者服务，用以证明该商品或者服务的原产地、原料、制造方法、质量或者其他特定品质的标志。而普通商标则是指具有显著性，能够起到区别商品来源作用的标志。由于证明商标和普通商标的作用存在上述区别，加之《商标法》和《商标法实施条例》又规定了含有地名商标的正当使用，因此如

---

① 对应 2012 年 8 月新修订的《民事诉讼法》第一百七十条第二款。
② 对应 2013 年 8 月新修订的《商标法》第五十二条第（七）项。
③ 对应 2013 年 8 月新修订的《商标法》第六十三条。
④ 对应 2014 年 4 月新修订的《商标法实施条例》第七十六条。

何确定证明商标的权利范围，保护证明商标权利人和合法使用人的利益成为司法实践中较为复杂的问题。

《商标法》第十六条第二款①规定，地理标志，是指标示某商品来源于某地区，该商品的特定质量、信誉或者其他特征，主要由该地区的自然因素或者人文因素所决定的标志。

《商标法实施条例》第六条第一款②规定，《商标法》第十六条规定的地理标志，可以依照商标法和本条例的规定，作为证明商标或者集体商标申请注册。第二款规定，以地理标志作为证明商标注册的，其商品符合使用该地理标志条件的自然人、法人或者其他组织可以要求使用该证明商标，控制该证明商标的组织应当允许。以地理标志作为集体商标注册的，其商品符合使用该地理标志条件的自然人、法人或者其他组织，可以要求参加以该地理标志作为集体商标注册的团体、协会或者其他组织，该团体、协会或者其他组织应当依据其章程接纳为会员；不要求参加以该地理标志作为集体商标注册的团体、协会或者其他组织的，也可以正当使用该地理标志，该团体、协会或者其他组织无权禁止。

《商标法》第五十九条规定，注册商标中含有的本商品的通用名称、图形、型号，或者直接表示商品的质量、主要原料、功能、用途、重量、数量及其他特点，或者含有地名，注册商标专用权人无权禁止他人正当使用。

《集体商标、证明商标注册和管理办法》第十八条第二款规定，《商标法实施条例》第六条第二款中的正当使用该地理标志是指正当使用该地理标志中的地名。

根据上述规定可知，证明商标是用来标示商品原产地、原料、制造方法、质量或其他特定品质的商标。其设置和注册的目的是为了向社会公众证明某一产品或服务所具有的特定品质，而非用以区分商品或服务的生产经营者。因此，证明商标注册人的权利不以禁止造成生产者或提供者的混淆误认为内容，而应以保有、管理、维持证明商标为核心。证明商标的注册人应当允许商品符合证明商标所标示的特定品质的自然人、法人或者其他组织正当使用该证明商标，不能剥夺虽没有向其提出使用该证明商标的

---

① 对应 2013 年 8 月新修订的《商标法》第十六条第二款。
② 对应 2014 年 4 月新修订的《商标法实施条例》第四条第一款。

要求，但其商品确产于证明商标所标示产地、具有证明商标所代表的品质或使用了证明商标所证明的原料、制造方法的自然人、法人或者其他组织正当使用该证明商标的权利。但同时，对于其商品并非产于证明商标所标示的产地、不具有证明商标所代表的品质、并非使用证明商标所证明的原料、制造方法的自然人、法人或者其他组织在商品上标注该商标的，证明商标的注册人则有权禁止，并依法追究其侵犯证明商标权利的责任。

编写人：北京市高级人民法院知识产权审判庭　谢甄珂

20

宝马股份公司诉广州世纪宝驰服饰实业有限公司、北京方拓商业管理有限公司、李淑芝侵害商标权及不正当竞争纠纷案

——阅读提示：在何种情况下，人民法院可以在 2001 年修正的商标法规定的法定定额赔偿的 50 万元以上酌定赔偿数额？人民法院在民事诉讼中，对侵权人采取民事制裁措施的条件是什么？

【裁判要旨】

考虑到知识产权损害赔偿举证难的特殊性，为加大知识产权赔偿力度，可以加强裁量性损害赔偿的适用，对于权利人在诉讼中提交的证据足以证明被控侵权人侵权的主观恶意明显，侵权时间长、范围广、获利巨大的，人民法院在确定侵权赔偿额时，可以根据相关证据在 2001 年修正的商标法规定的法定定额赔偿的上限 50 万元以上酌定赔偿数额，这种裁量赔偿数额，不是适用法定定额赔偿。

对被控侵权人的商标侵权行为，在工商行政管理部门未进行过行政处罚的情况下，人民法院可以依据《民法通则》、《商标法》、《商标法实施条例》及相关司法解释的规定，对侵权情节严重、获利巨大的侵权人采取民事制裁措施。

【案号】

一审：北京市第二中级人民法院（2011）二中民初字第 4789 号

二审：北京市高级人民法院（2012）高民终字第 918 号

【案情与裁判】

原告（二审上诉人）：宝马股份公司（简称宝马公司）

被告（二审上诉人）：广州世纪宝驰服饰实业有限公司（简称广州世纪宝马公司）

被告（二审被上诉人）：北京方拓商业管理有限公司（简称北京方拓公司）

被告：李淑芝

起诉与答辩

原告宝马公司于 2011 年 2 月 14 日起诉称：宝马公司成立于 1916 年 2 月 19 日，历经百余年的发展，生产的 BMW（宝马）汽车行销全球。广州世纪宝驰公司生产的、北京方拓公司和李淑芝在方恒购物中心销售的产品因以下原因侵犯宝马公司的相关权益：第一，三被告擅自使用""、"丰宝·马丰"、"FENGBAOMAFENG 及"、"丰宝马丰 FENGBAOMAFENG 及"等标识侵犯宝马公司第 282196 号商标""（12 类）、第 784348 号"寶馬"文字商标（12 类）、第 G921605 号"宝马"文字商标（12 类）作为驰名商标的商标专用权；三被告使用""侵犯宝马公司第 G955419 号商标""（25 类）、第 G673219 号商标""（25 类）的注册商标专用权；第二，三被告擅自使用包含有"宝马"字样的"德国世纪宝马集团股份有限公司"企业名称，构成混淆性近似，侵犯驰名商标的专用权并构成不正当竞争；第三，三被告实施上述侵权和不正当竞争行为主观恶意明显；第四，2010 年 11 月 16 日，北京市工商行政管理局朝阳分局（简称朝阳工商分局）对北京方拓公司经营的方恒购物中心李淑芝的店铺进行查处，封存的产品由广州世纪宝驰公司生产。三被告实施侵权行为给原告造成巨大损失，故诉至法院，请求：1. 判令三被告立即停止使用""、"丰宝·马丰"、"FENG-BAOMAFENG 及"、"丰宝马丰 FENGBAOMAFENG 及"标识；2. 判令三被告立即停止使用第 4719183 号"丰宝·马丰及图"注册商标""；3. 判令三被告立即停止使用"德国世纪宝马集团股份有限公司"企业名称；4. 判令三被告共同赔偿原告经济损失及为制止侵权行为所支付的合理开支人民币 200 万元；5. 判令三被告在《中国工商报》以显著位置上刊登声明，为原告消除影响；6. 判定三被告共同承担本案诉讼费用。

被告广州世纪宝驰公司答辩称：第一，宝马公司无权主张并禁止广州世纪宝驰公司使用已经获准授权、许可的第 4719183 号商标"🐎"，广州世纪宝驰公司使用的商标系合法、有效商标。第二，宝马公司无权禁止广州世纪宝驰公司使用案外人即商标注册人合法注册、有效的"德国世纪宝马集团股份有限公司"（以下简称德国世纪宝马公司）之企业名称的各项法定权益。第三，宝马公司混淆了"深圳宝驰服饰有限公司"（以下简称深圳宝驰公司）、"深圳世纪宝马服饰有限公司"（以下简称深圳世纪宝马公司）和广州世纪宝驰公司，三公司系不同民事主体，宝马公司将案外人的行为认为系广州世纪宝驰公司所为，明显存在严重主体错误。第四，朝阳工商分局做出的京工商朝处字（2011）第 5137 号《行政处罚决定书》（第 5137 号决定书）中载明的查处事实与本案无关。综上，请求驳回宝马公司针对其的全部诉讼请求。

被告北京方拓公司答辩称：北京方拓公司不是涉案产品的实际经营主体，仅受方恒购物中心产权方委托进行招商和维护经营秩序的工作。北京方拓公司对李淑芝的授权文书、商标注册证、经营资质等进行了审查，尽到了合理审查义务，并已终止了李淑芝在方恒购物中心店铺的销售。请求驳回宝马公司针对其的全部诉讼请求。

被告李淑芝答辩称：李淑芝具有经营服装的合法权利，并与北京方拓公司签订商铺租赁合同；广州世纪宝驰公司向李淑芝提供的资质文件手续齐全，李淑芝对其所经营的服装商标存在争议的情况，过去不知情，现在不了解。请求驳回宝马公司针对其的全部诉讼请求。

一审审理查明

宝马公司 1916 年 2 月 19 日成立于德意志联邦共和国慕尼黑市，其在中国拥有注册在第 12 类机动车辆、摩托车及其零件商品上的第 282195 号"BMW"文字商标、第 282196 号"🔵"商标、第 784348 号"寶馬"文字商标、第 G921605 号"宝马"文字商标，以及注册在第 12 类机动车辆、摩托车及其零件及第 25 类服装、鞋、帽子商品上的第 G955419 号"◉"商标、第 G673219 号"◉"商标。

中华人民共和国湖南省高级人民法院（下称湖南省高级人民法院）于 2009 年 12 月 15 日作出的已生效的（2009）湘高法民三初字第 1 号民事判决

书认定宝马公司在第 12 类机动车辆、摩托车及其零件上注册的第 282195 号"BMW"文字商标、第 282196 号"●"商标、第 784348 号"寶馬"文字商标为驰名商标。中华人民共和国国家工商行政管理总局商标局（以下简称商标局）曾认定宝马公司在第 12 类商品上注册使用的第 282195 号"BMW"文字商标为驰名商标。中华人民共和国国家工商行政管理总局商标评审委员会（以下简称商标评审委员会）曾认定宝马公司在第 12 类商品上注册使用的第 784348 号"寶馬"商标为驰名商标。

广州世纪宝驰公司成立于 2009 年 11 月 24 日，于 2010 年 4 月 26 日获得案外人德国世纪宝马公司的授权许可并备案，自 2009 年 11 月 25 日至 2017 年 5 月 29 日有权使用第 4719183 号"●"商标。该商标由德国世纪宝马公司于 2009 年 5 月 14 日注册取得，核定使用商品为第 25 类裤子、服装、衬衫等。

2010 年 6 月 29 日，宝马公司的委托代理人在"世纪宝马专卖店"店铺购买了男士 T 恤两件、男士休闲裤一条及袜子一双。公证书所附照片显示店面装潢使用了"●"标识。一件男士 T 恤的服装吊牌、产品包装袋上使用了"●"、"FENGBAOMAFENG 及 ●"等标识，其服装吊牌显示"德国世纪宝马公司中国总代理：广州世纪宝驰服饰实业有限公司，网址：WWW. SHIJIBAOMA. COM"。付款后获得的《方恒购物中心销售单》显示"货号：1230101 世纪宝马等"，并盖有"方恒购物中心转帐"公章。

2010 年 11 月 16 日，朝阳工商分局对李淑芝服装店进行工商查处，并出具第 5137 号决定书，载明：没收侵权"BLMW"及图商标商品 63 件，"MB-WL"及图商标商品 169 件，共计 232 件，处以罚款人民币 11 万元。同时，宝马公司的委托代理人对该店铺、营业执照、涉嫌侵权产品及朝阳工商分局出具的八份财务清单进行了拍照，取得照片三十二张。公证书所附照片显示，被控侵权店面装潢、服装、服装吊牌上使用"MBWL"及图、"●"、"FENGBAOMAFENG 及 ●"、"FENGBAOMAFENG"等标识。涉嫌侵权服装的吊牌分别记载了"深圳宝驰服饰有限公司"、"德国世纪宝马集团股份有限公司中国总代理：广州世纪宝驰服饰实业有限公司"的地址、电话、营销中心电话、邮箱或网址等企业信息。《北京市工商行政管理局朝阳分局财务清单》NO. 3014353、NO. 3014354、NO. 3014356、NO. 3014399 显示共封存"丰宝马丰"产品 322 件，货值人民币 29 万余元。

宝马公司的委托代理人多次在公证处使用公证处台式计算机进行证据保全。其中，2011 年 10 月 16 日，输入"被德国宝马起诉 世纪宝马'遁形'"进行搜索，网页打印件显示"在全国各大城市拥有 300 家经销网点、经常出现在超市卖场的高档男装品牌——世纪宝马，因为与德国宝马之间的商标纠纷，不得不改头换面。4 月 15 日，'丰宝马丰'品牌有关负责人对《每日经济新闻》表示，该品牌接替原先'世纪宝马'经营，由于商标纠纷，原先的'世纪宝马'服饰已经不再生产，以前的加盟商如果想继续做的，就自动停止。"输入 http：//zs. efu. com. cn/fbmf/网址，出现使用"丰宝马丰 FENG-BAOMAFENG 及 ▣"等标识的丰宝马丰服装宣传图片，点击图片中部，链接到 http：//www. shijibaoma. com/，页面显示有"公司简介（about us）"、"品牌定位"、"精品展示"、"加盟专区"等 8 个子栏目。进入子栏目显示"广州世纪宝驰公司是德国世纪宝马公司的全资子公司，全权负责'丰宝马丰'品牌国内营运事务，是一家集研发设计、加工生产、营销贸易为一体，专业出品全系列高档休闲男装服饰产品，具有深层品牌魅力的综合性现代服装企业"，"目前，'世纪宝驰'旗下'丰宝马丰'风行盛世，拥有近 300 家终端营销点，网点遍布大江南北。"进入"公司新闻"显示标题为"丰尚之旅 2011 年春夏订货会"的报道，"2011 年春夏订货会在山西太原五洲大酒店举行……"，并附有数张聚餐照片。该网站内均标注有"丰宝马丰 FENG-BAOMAFENG 及 ▣"等标识，并可下载《FENGBAOMAFENG 特许加盟申请表》（空白）、《丰宝马丰特许经营合作意向书》（空白），在《FENGBAO-MAFENG 品牌加盟须知》中记载有：特许经营期限：两年，商业运作条件为：直辖城市，首期货款为人民币 30 万元，省会城市，首期货款为人民币 20 万元，地级城市，首期货款为人民币 10 万元等内容。《丰宝马丰特许经营合作意向书》（空白）的甲方为广州世纪宝驰公司，乙方为申请人。该网站内还有服装展示及授权实体店照片，其上多处标注有"▣"、"▣ 及 FENG-BAOMAFENG"标识，网站中还标注有：powered by ……copyright 2005－2008 广州世纪宝驰公司字样。

shijibaoma. com 的所有者为 Guangzhou Century Baochi Apparel Co. Ltd. ，注册日为 2009 年 12 月 9 日；shijibaoma. com. cn 的所有者为广州世纪宝驰公司，注册日为 2009 年 12 月 9 日。

2009 年 9 月 10 日，北京方恒置业股份有限公司（甲方）、北京方拓公司

（乙方）与李淑芝（丙方）签订《商铺租赁合同（提成租金商户专用）》。2009年9月12日，深圳世纪宝马公司与李淑芝签订《世纪宝马集团有限公司 深圳世纪宝马公司加盟经销合同》，自2009年9月12日至2009年12月31日，李淑芝在方恒国际经营"MBWL"及图品牌的特许加盟店。后转由深圳宝驰公司承继。

2010年1月1日，德国世纪宝马公司、广州世纪宝驰公司与李淑芝签订《授权书》，授权李淑芝为广州世纪宝驰公司在方恒购物中心经营"🅿"品牌男装时尚系列产品，有效期限自2010年1月1日至2010年12月31日止。

另查，世纪宝马集团有限公司于2004年6月11日在香港特别行政区成立，于2004年2月28日取得第3249546号"MBWL"及图🅿商标的核准注册，核定使用商品为第25类皮鞋、服装、皮带（服饰用）等。深圳世纪宝马公司成立于2004年12月27日，深圳宝驰公司成立于2009年6月10日。2009年7月8日世纪宝马集团有限公司许可深圳宝驰公司使用第3249546号"MBWL"及图"🅿"商标并备案，许可期限自2009年7月3日至2014年2月27日。

商标评审委员会作出的商评字（2009）第11653号裁定撤销第3249546号"MBWL及图"🅿商标在"服装、皮鞋、帽"商品上的注册，在领带等其余商品上予以维持。已经生效。

一审判理和结果

一审法院认为：朝阳工商分局在2010年11月16日查处行动中封存的涉嫌侵权产品包括涉案"丰宝马丰"服装；涉案"丰宝马丰"服装的吊牌上写明广州世纪宝驰公司作为生产厂家的详细信息；广州世纪宝驰公司授权李淑芝在北京市朝阳区方恒购物中心经营"⚫"品牌男装时尚系列产品，可以认定李淑芝店内的涉案"丰宝马丰"服装等系广州世纪宝驰公司生产。

广州世纪宝驰公司在其生产的服装、服装吊牌、服装包装袋、宣传图册、网站等处，突出性的使用"⚫"、"FENGBAOMAFENG及⚫"、"丰宝马丰 FENGBAOMAFENG及⚫"标识，与宝马公司的第G955419号"⚫"商标相比较，容易将"⚫"标识误认为"⚫"，构成近似商标。广州世纪宝驰公司在相同类别上使用与宝马公司近似商标的行为侵犯了宝马公司涉案第G955419号"⚫"商标专用权。

广州世纪宝驰公司在服装吊牌、网站、宣传图册等处使用"德国世纪宝马集团股份有限公司"企业名称，容易使相关公众对二者的产品及相互关联性产生混淆或误认，其行为违背诚实信用原则和公认的商业道德，构成对宝马公司的不正当竞争。

鉴于已经认定广州世纪宝驰公司涉案行为侵犯了第 G955419 号"⬤"商标专用权，使用"德国世纪宝马集团股份有限公司"企业名称的行为构成不正当竞争，应当承担相应民事责任，从而对广州世纪宝驰公司侵害商标权及不正当竞争的行为进行了规制，故宝马公司请求认定驰名商标已无必要，对其相应的诉讼请求，不予支持。

李淑芝作为"丰宝马丰"系列服装的加盟经销商，销售涉案侵权产品，并在店面装潢使用涉案被控侵权标识，侵犯了宝马公司的注册商标专用权。北京方拓公司作为租赁管理方，接到本案传票时，即终止了李淑芝在方恒购物中心店铺的销售，不构成侵害商标权与不正当竞争。

综上，一审法院依据《中华人民共和国民法通则》第一百三十四条第（一）项、第（七）项、第（九）项，《中华人民共和国商标法》第五十一条①、第五十二条第（一）、（二）、（五）项②、第五十六条③，《中华人民共和国反不正当竞争法》第二条第一款，《最高人民法院关于审理商标民事纠纷案件适用法律若干问题的解释》第九条之规定，判决：一、广州世纪宝驰公司于判决生效之日起，停止侵害宝马公司涉案注册商标专用权的行为及不正当竞争行为；二、广州世纪宝驰公司于判决生效之日起十日内，就其涉案侵权行为在《中国工商报》上刊登声明，以消除影响；三、广州世纪宝驰公司于判决生效之日起十日内，赔偿宝马公司经济损失人民币五十万元及合理诉讼支出人民币三万元；四、驳回宝马公司的其他诉讼请求。

上诉与答辩

宝马公司、广州世纪宝驰公司均不服原审判决，向北京市高级人民法院提起上诉。

---

① 对应 2013 年 8 月新修订的《商标法》第五十六条。

② 对应 2013 年 8 月新修订的《商标法》第五十七条第（一）、（二）、（三）、（六）项。

③ 对应 2013 年 8 月新修订的《商标法》第六十三条。

宝马公司请求改判原审判决第一项为判令广州世纪宝驰公司、北京方拓公司停止侵犯宝马公司第282196号"⊕"商标、第784348号"寶馬"文字商标、第282195号"BMW"商标、第G921605号"宝马"文字商标、第G673219号"⊙"商标（第12类）、第G673219号商标"⊙"、第G955419号"⊕"商标（25类）专用权的行为及不正当竞争行为，改判原审判决第三项为判令广州世纪宝驰公司、北京方拓公司连带赔偿宝马公司经济损失人民币200万元（包含律师费及诉讼合理支出）。其主要上诉理由为：1. 广州世纪宝驰公司的侵权获利巨大，原审判决认定的赔偿数额过低，宝马公司提出的赔偿人民币200万元的请求应当得到全额支持；2. 北京方拓公司系侵权产品直接销售者，其为广州世纪宝驰公司的侵权行为提供便利条件，构成共同侵权，原审判决未认定北京方拓公司构成共同侵权、依法应承担连带赔偿责任错误；3. 原审判决未认定广州世纪宝驰公司使用"丰宝马丰"商标侵犯了宝马公司第784348号"寶馬"文字商标、第G921605号"宝马"文字商标及第282195号"BMW"商标的专用权，未认定广州世纪宝驰公司侵犯宝马公司对除第G955419号"⊕"商标之外的其他涉案驰名商标所享有的合法权益。

广州世纪宝驰公司请求撤销原审判决，发回重审或者查明事实后依法改判。其主要上诉理由为：1. 原审判决认定事实错误，无证据证明广州世纪宝驰公司有侵权行为；2. 原审判决适用法律错误，广州世纪宝驰公司不应承担举证、侵权等法律责任，广州世纪宝驰公司有权标注授权权利来源和商标所有人德国世纪宝马公司的企业名称；3. 原审判决广州世纪宝驰公司承担诉讼费错误。

北京方拓公司、李淑芝服从原审判决。

二审审理查明

在一审查明事实的基础上，二审法院还查明：为证明原审判决确定的赔偿数额过低，宝马公司向二审法院提交了新的证据，主要包括：多份公证书原件，分别记载了在北京市百荣世贸商城、山西省运城市"华之宇 鞋业"店铺、山西省运城市东星时代广场、山西省运城市人民南路相关店铺购买带有"丰宝马丰 FENGBAOMAFENG 及⊕"、"FENGBAOMAFENG 及⊙"等标识、标注广州世纪宝驰公司为中国总代理的服装、鞋等商品的情况；工商查处情况及报道；某省总代理与广州世纪宝驰公司签订的省级代理合同复印件；宝马公司为本案二审支付的合理费用；商标争议裁定书，裁定撤销该商标；库房货品清点的记录；服装行业 A 股上市企业 2009 年、2010 年利润率情况。

二审判理和结果

宝马公司购买的被控侵权商品上有 "▣"、"FENGBAOMAFENG 及 ▣" 等标识，其服装吊牌显示 "德国世纪宝马公司中国总代理：广州世纪宝驰公司，并载明网址：WWW. SHIJIBAOMA. COM"；朝阳工商分局在 2010 年 11 月 16 日查处行动中封存的涉嫌侵权产品包括涉案 "丰宝马丰" 服装，部分服装吊牌上标注有 "▣"、"FENGBAOMAFENG 及 ▣"、"丰宝马丰 FENG-BAOMAFENG 及 ▣" 等标识，并记载了 "德国世纪宝马公司中国总代理：广州世纪宝驰公司" 的地址、电话、网址等企业信息；在 WWW. SHIJIBAOMA. COM 网站中，均有 "▣"、"FENGBAOMAFENG 及 ▣" 标识，且记载了 "广州世纪宝驰公司是德国世纪宝马公司的全资子公司，全权负责'丰宝马丰'品牌国内营运事务等" 的内容，而 WWW. SHIJIBAOMA. COM 网站的注册人及运营获利主体均为广州世纪宝驰公司，上述证据足以证明广州世纪宝驰公司是被控侵权产品的生产者和销售者，原审判决相关认定正确，广州世纪宝驰公司关于其并非被控侵权产品的生产者、销售者、原审判决认定错误的主张不能成立，不予支持。

宝马公司的第 G955419 号 "◉" 商标核定使用的商品范围为第 25 类服装、鞋、帽，广州世纪宝驰公司在经营中生产、销售的服装亦属于第 25 类服装，两者属于相同商品。广州世纪宝驰公司在其生产、销售的服装、服装吊牌、服装包装袋、宣传图册、网站等处，使用 "FENGBAOMAFENG 及 ▣"、"丰宝马丰 FENGBAOMAFENG 及 ▣" 标识，并突出使用 "▣" 标识，上述标识中的 "▣" 与宝马公司的第 G955419 号商标 "◉" 相比较极为相似，普通消费者在购买服装时，难以注意蓝白颜色排列的区别，极易将 "▣" 标识误认为 "◉"，从而易对商品的来源产生误认或者认为其来源与宝马公司有特定的联系，已经构成近似商标，原审法院认定广州世纪宝驰公司未经宝马公司许可，在相同类别商品上使用与宝马公司第 G955419 号 "◉" 商标近似的 "◉"、"FENGBAOMAFENG 及 ▣"、"丰宝马丰 FENGBAO-

MAFENG 及 "商标的行为侵犯了宝马公司涉案第 G955419 号 ""商标的专用权，应当承担相应的法律责任正确。

德国世纪宝马公司注册成立于香港特别行政区，而宝马公司为世界上知名的汽车制造商，注册成立于德国。广州世纪宝驰公司在服装吊牌、网站、宣传图册等处使用德国世纪宝马公司企业名称，意在利用宝马公司的商誉从事经营活动牟取非法利益，容易使相关公众对二者的产品及相互关联性产生混淆或误认，其行为违背诚实信用原则和公认的商业道德，原审法院认定广州世纪宝驰公司的行为构成对宝马公司的不正当竞争正确。

李淑芝作为个体工商户，具有独立的民事主体资格，其与北京方拓公司签订的《商铺租赁合同》系租赁合同。北京方拓公司作为租赁管理方，在原审诉讼中，及时终止了李淑芝在方恒购物中心店铺的销售；购买小票直接由北京方拓公司开具及收取提成租金系租赁管理行业的通常做法，不能充分证明北京方拓公司直接参与经营与销售，故原审法院认定北京方拓公司作为租赁管理方，不构成侵害商标权与不正当竞争正确。

宝马公司在第 12 类车辆及其零部件商品上核准注册了 "BMW"、""、"寶馬"、"宝马" 及 ""商标，诉讼中，宝马公司请求法院认定上述商标为驰名商标并认定广州世纪宝驰公司的涉案行为侵犯了宝马公司除在 25 类服装、鞋、帽子商品上注册的 ""商标以外的其他驰名商标的专用权，但由于已经认定广州世纪宝驰公司涉案行为侵犯了宝马公司 ""商标专用权、使用 "德国世纪宝马公司"企业名称的行为构成不正当竞争，应当承担相应民事责任，从而对广州世纪宝驰公司侵害商标权及不正当竞争的行为进行了规制，已无需认定宝马公司其他商标构成驰名商标，原审法院对其相应诉讼请求不予支持，符合法律规定；宝马公司请求确认涉案其他商标为驰名商标并认定构成商标侵权，缺乏法律依据，不予支持。但由于宝马公司提交的证据足以证明宝马公司的涉案诸商标具有较高的知名度，故在确定本案赔偿数额时，将予以考虑。

宝马公司在本案原审诉讼中未能提供证据证明其因侵权行为所受到的实际损失，也未能提供证据证明广州世纪宝驰公司因侵权行为获得的利益，原审法院在原审证据的基础上，依据法律相关规定，酌情确定侵权损害赔偿数额 50 万元并无不妥。但宝马公司在本案二审诉讼中提交的证据可以证明：广州世纪宝驰公司在山西省大量发展特许加盟店，在山西省太原市、运城市、大同市的加盟店销售带有 ""、"丰宝马丰 FENGBAOMAFENG 及 "、"FENGBAOMAFENG 及 " 等标识、标注广州世纪宝驰公司为中国总代理的服装、鞋等商品。山西省工商局开展的保护宝马公司图形注册商标专项行动，查处了大量销售涉嫌侵权的商品及在加盟商处尚存大量库存商品，价值人民币上千万元。宝马公司提交的广州世纪宝驰公司的网站宣传自称 "目前，'世纪宝驰'旗下'丰宝马丰'风行盛世，拥有近 300 家终端营销点，网点遍布大江南北……"，且申请加入特许加盟的 "商业运作条件为：直辖城市，首期货款为人民币 30 万元，省会城市，首期货款为人民币 20 万元，地级城市，首期货款为人民币 10 万元"。这些证据足以证明广州世纪宝驰公司侵权的主观恶意明显、侵权时间长、侵权范围广、侵权获利巨大，远远超过人民币 200 万元，侵权情节极其严重，加之宝马公司的第 G955419 号 "" 商标及涉案其他注册商标具有较高知名度，宝马公司为制止侵权行为亦支付了律师费、公证费、取证费等合理费用，为保障权利人合法权益的充分实现，加大侵权代价，降低维权成本，在宝马公司二审提交了新证据的情况下，对宝马公司关于赔偿人民币 200 万元的诉讼请求，予以全额支持。

综上所述，二审法院依照《中华人民共和国民事诉讼法》第一百五十三条第一款第（三）项①、《中华人民共和国商标法》第五十六条②之规定，判决：一、维持一审判决第一、二、四项；二、变更一审判决第三项为广州世纪宝驰服饰实业有限公司于本判决生效之日起十日内，赔偿宝马公司经济损失及合理诉讼支出人民币二百万元；三、驳回广州世纪宝驰公司上诉请求；四、驳回宝马公司的其他上诉请求。

同时，二审法院出具民事制裁决定书，对广州世纪宝驰公司罚款人民币 10 万元。

【法官评述】

本案被评选为 2012 年中国法院知识产权司法保护 50 件典型案例、2012 年北京市法院十大知识产权典型案例、北京市首届知识产权十大案件

---

① 对应 2012 年 8 月新修订的《民事诉讼法》第一百七十条第一款第（二）、（三）项。

② 对应 2013 年 8 月新修订的《商标法》第六十三条。

等，影响较大。本案例涉及的焦点问题主要有以下几个：广州世纪宝驰公司使用"⬤"、"丰宝·马丰"、"FENGBAOMAFENG 及 ⬤"、"丰宝马丰FENGBAOMAFENG 及 ⬤"等标识是否侵犯宝马公司的注册商标专用权；广州世纪宝驰公司使用"德国世纪宝马公司"企业名称是否构成对宝马公司的不正当竞争；本案赔偿数额如何确定；采取罚款民事制裁措施的依据。

一、关于广州世纪宝驰公司使用"⬤"、"丰宝·马丰"、"FENG-BAOMAFENG 及 ⬤"、"丰宝马丰 FENGBAOMAFENG 及 ⬤"等标识是否侵犯宝马公司的注册商标专用权

我国《商标法》第五十二条第（一）项①规定，未经商标注册人的许可，在同一种商品或者类似商品上使用与其注册商标相同或者近似的商标的，属于商标侵权行为。我国《商标法》第五十一条②规定，注册商标的专用权，以核准注册的商标和核定使用的商品为限。因此，在商标侵权案件中，应首先判断注册商标所核定使用的商品的类别与被控侵权商品是否属于相同或者类似商品，如果被控侵权商品与注册商标所核定使用的商品不属于相同或者类似商品，则一般不会产生商品来源的误认，不会构成商标侵权。本案中，宝马公司在第 25 类服装、鞋、帽子等商品上经核准注册了第 G955419 号"⬤"商标，其享有的注册商标专用权应当受到中华人民共和国法律的保护。

商标的基本功能在于区分商品来源（质量保障功能是该区分功能的延伸），商标保护的首要任务就是确保该基本功能免遭不法利用和妨害，由此形成商标保护的范围。③根据保护商标的区别性、防止混淆误认的立法目的，商标权司法保护政策的把握，应当以制止混淆为指引，充分划清商业标识之间的界限。④本案中，宝马公司的第 G955419 号商标"⬤"的核定使用商品范围为第 25 类服装、鞋、帽，被告广州世纪宝驰公司在实际经

---

① 对应 2013 年 8 月新修订的《商标法》第五十七条第（一）、（二）项。

② 对应 2013 年 8 月新修订的《商标法》第五十六条。

③ 上海市高级人民法院（2000）沪高知终字第 43 号民事判决和江苏省南京市中级人民法院（2005）宁民三初字第 23 号民事判决持此种观点。

④ 上海市高级人民法院（2000）沪高知终字第 43 号民事判决和江苏省南京市中级人民法院（2005）宁民三初字第 23 号民事判决持此种观点。

营中生产、销售的服装亦属于第 25 类服装，两者属于相同商品。广州世纪宝驰公司在其生产的服装、服装吊牌、服装包装袋、宣传图册、网站等处，突出性的使用"●"标识、"FENGBAOMAFENG 及●"、"丰宝马丰 FENGBAOMAFENG 及●"。作为标识主要部分的"●"影响相关公众对商标的整体印象，与宝马公司的第 G955419 号商标"●"（第 25 类）相比较，普通消费者在购买服装时，不容易注意"右上左下"、"左上右下"的区别，容易将"●"标识误认为"●"，易使相关公众对商品的来源产生误认或者认为其来源与宝马公司有特定的联系，构成商标近似。故广州世纪宝驰公司在相同类别上使用与宝马公司近似商标的行为侵犯了宝马公司涉案第 G955419 号商标"●"的专用权，应当承担相应的法律责任。

在案件审理中，法院注意到，被告广州世纪宝驰公司提供了案外人德国世纪宝马公司已取得商标注册的第 4719183 号"●"商标的授权许可及备案证据，主张其系依法使用有效注册商标，不构成侵权。由于第 4719183 号"●"商标并未指定颜色，故从法理上说，其可以有无限种颜色的组合使用情况，那么，广州世纪宝驰公司的涉案使用行为，是否是对注册商标的正当使用，是否构成侵权？如果是对注册商标的正当使用，则按照最高人民法院的相关批复意见，不应通过侵权民事诉讼直接审理。经过论证，我们认为，商标权的保护范围与商标的显著性和知名度紧密相关，显著性越强和市场知名度越高的商标，其可以获得的保护范围就越宽，保护强度就越大。① 宝马公司的"●"商标经过宝马公司的使用和宣传，已经具有相当知名度，如果第 4719183 号"●"商标在申请注册时即使用"FENGBAOMAFENG 及●"、"丰宝马丰 FENGBAOMAFENG 及●"形式，则会因与宝马公司的在先"●"商标构成近似商标而不被核准注册。为取得商标注册，其选择了黑白形式的注册商标，而在取得商标后，却自行改变注册商标的颜色及形式，有意与他人在先的商标相混同，这是一种恶意规避法律的行为，因此，法院认定广州世纪宝驰公司使用"●"

---

① 上海市高级人民法院（2000）沪高知终字第 43 号民事判决和江苏省南京市中级人民法院（2005）宁民三初字第 23 号民事判决持此种观点。

标识、"FENGBAOMAFENG 及 ⊙"、"丰宝马丰 FENGBAOMAFENG 及 ⊙" 的行为构成商标侵权，而对于广州世纪宝驰公司规范使用 "⊙" 商标的行为则另案处理，作出了驳回起诉的裁定。

二、广州世纪宝驰公司使用"德国世纪宝马公司"企业名称是否构成对宝马公司的不正当竞争

德国世纪宝马公司注册成立于香港特别行政区，而宝马公司为世界上知名的汽车制造商，注册成立于德国。众所周知，在香港特别行政区注册公司的程序比较简单，案外人在与宝马公司无任何关系及授权的情况下，却在香港特别行政区注册成立了所谓的"德国世纪宝马公司"，其"搭便车"的主观意图可谓明显，进而又围绕宝马公司的在先"宝马"、"⊙"等商标，申请注册了"丰宝马丰 FENGBAOMAFENG 及 ⊙"系列商标，在取得注册商标后，其又许可广州世纪宝驰公司等公司在服装吊牌、网站、宣传图册等处使用"德国世纪宝马集团股份有限公司"企业名称及商标，意在利用宝马公司的商誉从事经营活动牟取非法利益，这种使用容易使相关公众对二者的产品及相互关联性产生混淆或误认，其行为违背了诚实信用原则和公认的商业道德。广州世纪宝驰公司使用"德国世纪宝马集团股份有限公司"企业名称的行为已经构成不正当竞争，应该承担相应责任。

三、本案赔偿数额如何确定

本案中，宝马公司在本案原审诉讼中未能提供证据证明其因侵权行为所受到的实际损失，也未能提供证据证明广州世纪宝驰公司因侵权行为获得的利益，原审法院在原审证据的基础上，依据法律相关规定，酌情确定侵权损害赔偿数额 50 万元并无不妥。但宝马公司在本案二审诉讼中补充提交了大量新的证据，这些证据可以证明广州世纪宝驰公司侵权的主观恶意明显、侵权时间长、侵权范围广、侵权获利巨大，远远超过 200 万元，侵权情节极其严重。本案中虽然法院依据按需认定的原则没有认定宝马公司的"宝马"、"BMW"、"⊙"、"寶馬"等注册商标构成驰名商标，但实际上这些商标具有的驰名程度是显而易见的。为保障权利人合法权益的充分实现，加大侵权代价，降低维权成本，在宝马公司二审提交了新证据的情况下，法院对宝马公司关于赔偿 200 万元的诉讼请求，予以全额支持。

加大损害赔偿力度，是最高人民法院近年来提出的司法政策。有一定的事实和证据能够证明实际损失超过法定定额赔偿数额，但实际损失确实难以一一精确印证，则可以在法定定额赔偿的最高额以上适当裁量赔偿数额，这种裁量不是适用法定定额赔偿，不能混同于法定定额赔偿的适用。本案确定赔偿数额的方式，即是一次很好的尝试。

四、采取罚款民事制裁措施的依据

在行政机关未进行过行政处罚的情况下，人民法院可以依据《民法通则》、《商标法》、《商标法实施条例》及相关司法解释的规定，对侵权情节严重，获利巨大的侵权人采取民事制裁措施。

《最高人民法院关于审理商标民事纠纷案件适用法律若干问题的解释》第二十一条规定，人民法院在审理侵犯注册商标专用权纠纷案件中，依据《民法通则》第一百三十四条、《商标法》第五十三条①的规定和案件具体情况，可以判决侵权人承担停止侵害、排除妨碍、消除危险、赔偿损失、消除影响等民事责任，还可以作出罚款，收缴侵权商品、伪造的商标标识和专门用于生产侵权商品的材料、工具、设备等财物的民事制裁决定。罚款数额可以参照《商标法实施条例》的有关规定确定。工商行政管理部门对同一侵犯注册商标专用权行为已经给予行政处罚的，人民法院不再予以民事制裁。《商标法实施条例》第五十二条②规定，对侵犯注册商标专用权的行为，罚款数额为非法经营额 3 倍以下；非法经营额无法计算的，罚款数额为 10 万元以下。这是人民法院对商标侵权行为采取罚款民事制裁措施的法律依据。

本案中，根据宝马公司在诉讼中提交的证据，可以认定广州世纪宝驰公司的侵权行为范围广、持续时间长、获利巨大，给宝马公司造成了较大经济损失，对其行为应予处罚。经过法院核实，工商行政管理部门从未对广州世纪宝驰公司进行过工商行政查处，而广州世纪宝驰公司的具体经营数额是不能确定的，因此，法院依照《民法通则》第一百三十四条第三款、《最高人民法院关于贯彻执行〈中华人民共和国民法通则〉若干问题

---

① 对应 2013 年 8 月新修订的《商标法》第六十八条。

② 本条已在 2014 年 4 月新修订的《商标法实施条例》中删除，相关规定见 2013 年 8 月新修订的《商标法》第六十三条。

的意见（试行）》第一百六十三条、《商标法》第五十三条①、《商标法实施条例》第五十二条、《最高人民法院关于审理商标民事纠纷案件适用法律若干问题的解释》第二十一条之规定，出具了民事制裁决定书，对广州世纪宝驰公司罚款人民币10万元。

编写人：北京市高级人民法院知识产权庭　李燕蓉

---

① 对应2013年8月新修订的《商标法》第五十八条。

21

株式会社迪桑特诉北京今日都市信息技术有限公司、深圳走秀网络科技有限公司侵害商标权纠纷案

——阅读提示：团购网站是否应当审查团购活动中商品的商标权合法性？对商标合法性应当审查到什么程度？

【裁判要旨】

如果网络服务提供者从特定的团购中直接获得经济利益，其应当在交易信息公开传播前审查交易信息及相应交易行为的知识产权合法性，如果未尽注意义务而导致侵权的交易信息的公开传播，应当认定其知道侵权行为而未采取必要措施，具有过错。

【案号】

一审：北京市第二中级人民法院（2011）二中民初字第 11699 号
二审：北京市高级人民法院（2012）高民终字第 3969 号

【案情与裁判】

原告（二审被上诉人）：株式会社迪桑特

被告：深圳走秀网络科技有限公司（简称走秀公司）

被告（二审上诉人）：北京今日都市信息技术有限公司（简称今日都市公司）

起诉与答辩

株式会社迪桑特于 2011 年 5 月 24 日向北京市第二中级人民法院提起诉讼称：株式会社迪桑特是世界知名的服装、运动休闲产品的生产企业。2003 年 3 月，株式会社迪桑特在第 25 类休闲鞋、运动鞋等商品上申请注册的第

2000475 号 🐓 商标被中华人民共和国国家工商行政管理总局商标局核准。2004 年，株式会社迪桑特设立了宁波乐卡克服饰有限公司，许可该公司在中国大陆地区使用 🐓 商标，商品品牌名称为乐卡克公鸡。截止到 2011 年 3 月，株式会社迪桑特及其关联企业在北京、天津、上海、重庆、广州等地设立了145 家品牌专柜及专卖店。宁波乐卡克服饰有限公司还于 2008 年 7 月在淘宝网开设了旗舰店，销售乐卡克公鸡品牌的商品，2010 年销售额为 550 万元人民币。长期以来，原告及其关联企业在中国大陆地区对涉案商标进行了大力宣传，在全国多个大中城市的报纸、杂志和电视等媒体上投放了大量广告，并对举办的一些博览会进行了赞助。在国家行政机关和司法机关出具的相关行政文书和司法文书中也认定 🐓 商标享有较高的知名度。

株式会社迪桑特从未授权两被告使用原告的涉案商标。2011 年 3 月 14日，被告今日都市公司在其网站上发布信息，以人民币 99 元的价格组织消费者团购被告走秀网公司提供的"原价 480 元的法国公鸡旅行鞋"，该商品使用了与株式会社迪桑特的涉案商标相同的标识。经株式会社迪桑特鉴定，该商品不是由原告生产或授权他人生产的，且质量粗糙，系侵权商品。株式会社迪桑特认为，两被告未经株式会社迪桑特许可，擅自销售侵犯株式会社迪桑特注册商标专用权的商品，侵犯了株式会社迪桑特的注册商标专用权，故诉至法院，请求判令：1. 两被告停止销售侵权商品的行为，并删除其网站上登载的侵权内容；2. 两被告共同赔偿株式会社迪桑特经济损失人民币 50万元，以及诉讼合理支出人民币 3.5058 万元；3. 两被告在《中国消费者报》上刊登声明以消除影响。

走秀公司辩称：走秀网公司始终是一个诚信守法的企业，其特有的商业模式应当得到保护。🐓 商标起源于法国，商标权人是乐卡夫国际有限公司。从株式会社迪桑特提供的证据看，不能证明其是 🐓 商标真正的权利人。乐卡夫国际有限公司授权阿根廷的 DISTRINANDO 股份公司生产、销售带有 🐓标识的法国公鸡旅游鞋。涉案被控侵权商品是亮伟鞋业公司从 DISTRINAN-DO 股份公司购买的，属于平行进口，它给大陆消费者提供了廉价质优的商品。走秀网公司销售上述商品有合法来源，依法不承担赔偿责任。而且，株式会社迪桑特要求判令走秀网公司消除影响没有法律依据。综上，走秀网公司不同意株式会社迪桑特的诉讼请求。

今日都市公司辩称：今日都市公司与走秀网公司签订了《推广合同》，双方约定由今日都市公司提供销售平台，组织消费者团购走秀网公司提供的带有 ▲ 标识的法国公鸡旅游鞋。今日都市公司采用的团购方式是一种全新的商业经营模式，首先发布团购消息，使消费者具体了解商品的情况，消费者再决定是否参与团购活动，购买该商品。一般情况下，商品的团购价格远低于市场价。今日都市公司在发布信息时明确告知消费者，本次组织团购的法国公鸡旅游鞋是由走秀网公司提供的。今日都市公司还与走秀网公司约定送货、退货及以后可能产生的法律纠纷等项事宜均由走秀网公司负责。由此看出，今日都市公司没有参与销售，不是被控侵权商品的销售者。综上，今日都市公司不同意株式会社迪桑特的诉讼请求。

一审审理查明

2003 年 3 月 21 日，中华人民共和国国家工商行政管理总局商标局（简称商标局）核准株式会社迪桑特注册涉案商标，核定使用商品为第 25 类运动鞋、运动服等。经续展，注册有效期限至 2013 年 3 月 20 日。

2004 年，株式会社迪桑特许可宁波乐卡克服饰有限公司在中华人民共和国（简称中国）大陆地区使用涉案商标。

2009 年，商标局在（2009）商标异字第 20962 号商标异议裁定书中认定涉案商标在服装、运动服等商品上享有较高知名度。浙江省高级人民法院在（2010）浙知终字第 15 号民事判决书中认定涉案商标在相关公众中享有一定的知名度。

2010 年 4 月 1 日，走秀公司与亮伟公司签订《平台使用协议》，约定：走秀公司授权亮伟公司使用走秀公司的网络交易平台，销售、推广被控侵权商品；亮伟公司必须先交给走秀公司，再由走秀公司统一安排物流交与客户；销售货款先由走秀公司统一收取，再按照双方约定的期限和方式转账给亮伟公司；走秀公司按照交易金额的 10% 向亮伟公司收取平台使用费；协议有效期为 2010 年 4 月 1 日至 2012 年 3 月 31 日。

在签订《平台使用协议》时，亮伟公司向走秀公司提交了两份《证明》。其中一份是由乐卡夫国际有限公司（LCS International B. V.）下属的南美公司于 2008 年 1 月 2 日出具的《证明》称：DISTRINANDO 南美公司法定地址位于阿根廷，该公司系 "LE COQ SPORTIF" 品牌在阿根廷境内外的独占许可持有人。另一份《证明》是由乐卡夫国际有限公司于 2008 年 12 月 9 日出具，该《证明》称：乐卡夫国际有限公司系 "LE COQ SPORTIF" 品牌的所有者；DISTRINANDO 股份公司系依照阿根廷国家法律设立的公司，总部设在阿根廷；DISTRINANDO 股份公司系乐卡夫国际有限公司在阿根廷境内的官方被许可人，乐卡夫国际有限公司授予 DISTRINANDO 股份公司在阿根廷共和国境内外使用 "LE COQ SPORTIF" 商标的非独占使用权，有效期限至 2010 年 6 月 30 日。走秀公司称，亮伟公司根据上述《证明》证明其所推广、销售的被控侵权商品从 DISTRINANDO 股份公司购买。

2011 年 3 月 11 日，今日都市公司与走秀公司签订了《推广合同》，约定：由今日都市公司提供嘀嗒团网站（http：//www.didatuan.com）为被控侵权商品的限时团购平台，将推广产品在网页上进行发布，消费者在网上确认购买。消费者确认参加团购后，进行网上支付，由今日都市公司收取消费者所付款项，在扣除应技术服务费后，余款划至走秀公司账户。今日都市公司收取的技术服务费为人民币 24 元，如团购未成功，今日都市公司将款项退回消费者。走秀公司如实提供被控侵权商品的图片、文字介绍等相关信息，负责售后服务以及更换、退货等。今日都市公司为履行《推广合同》，审查了走秀公司提供的两份《证明》。

2011 年 3 月 14 日，今日都市公司在嘀嗒团网站上发布了以下团购信息："今日团购：……99 元包邮抢购原价 480 元走秀网法国公鸡 Le Coq Sportif 旅行鞋一双。100% 正品保证！……商家将于团购结束后 48 小时内发货，有关产品咨询和发货的问题请拨打走秀网全国客服电话，走秀网竭诚为您服务。"嘀嗒团网站上还发布了被控侵权商品的照片，并标注了涉案商标。在"品牌介绍"一栏注明："法国公鸡（Le Coq Sportif）来自法国的运动休闲服饰品牌，在欧洲名声大噪，并风靡全球。"此次团购活动于 2011 年 3 月 15 日零时结束，共有 1858 人参与购买。

一审庭审中，株式会社迪桑特的委托代理人出示了由参与团购的消费者提供的两双被控侵权商品。被控侵权商品的包装盒上标注了涉案商标，并标有"走秀编码 1005684 市场价 480"，鞋面上印有涉案商标和"le coq sportif"，鞋垫上的标签上标注"出口商 Distrinando S. A"。

另查，株式会社迪桑特为本案支出律师费人民币 3 万元，公证费人民币 3200 元和调查费人民币 2664 元。

上述事实，有涉案商标注册证书、《商标授权许可合同》、（2009）商标异字第 20962 号商标异议裁定书、浙江省高级人民法院（2010）浙知终字第 15 号民事判决书、《平台使用协议》、《推广合同》、相关公证书、株式会社迪桑特提供的被控侵权商品实物、两份《证明》、律师费、公证费、调查费发票以及当事人陈述等在案佐证。

一审判理和结果

一审法院认为：原告株式会社迪桑特对第 25 类第 2000475 号 ▲ 商标享有的注册商标专用权合法有效，应当受到我国商标法的保护。

在原告株式会社迪桑特当庭出示的涉案旅游鞋上标注有 ▲ 标识，同时，在被告今日都市公司经营的"嘀嗒团"网页上，亦标注了 ▲ 标识。该标识与株式会社迪桑特第 2000475 号 ▲ 注册商标的标识相同。经查验，上述商品是未征得原告株式会社迪桑特的许可制造的。根据我国《商标法》的规定，未经注册商标专用权人许可，在同一种或者类似商品上使用与其注册商标相同或者近似的商标的，属于侵犯注册商标专用权的行为。故上述商品属于侵犯原告株式会社迪桑特注册商标专用权的商品。

在认定了被控侵权商品系侵犯原告株式会社迪桑特注册商标专用权的商品的前提下，需要审理的问题是，被告走秀网公司销售的被控侵权商品是否有合法来源、走秀网公司的销售行为是否具有主观过错以及是否应当承担法律责任。

根据我国《商标法》的规定，销售不知道是侵犯注册商标专用权的商品，能证明该商品是自己合法取得的并说明提供者的，不承担赔偿责任。根据上述规定的精神，作为侵权商品的销售者，判定被告走秀网公司不承担赔偿责任的前提，不仅要审查其销售的侵权商品的合法来源问题，还要审查其主观上有无过错，包括明知或应知。

被告走秀网公司辩称其销售的本案侵权商品来自于亮伟鞋业有限公司，并提交了其与亮伟鞋业有限公司签订的《合作推广合同》和亮伟鞋业有限公司提供的相关《证明》。从上述两份《证明》的内容上看，均试图证明侵权商品来自于 DISTRINANDO 股份公司。株式会社迪桑特为反驳上述证据，提交了由 DISTRINANDO 股份公司出具的《公告》，DISTRINANDO 股份公司在《公告》中明确指出，DISTRINANDO 股份公司没有在阿根廷境外取得对"LE COQ SPORTIF"品牌的商品销售许可，因此从未向亮伟鞋业有限公司销售过本案侵权商品，更没有委托其在中华人民共和国境内销售本案侵权商品。

从 DISTRINANDO 股份公司出具的上述《公告》看，它直接否定了被告走秀网公司提交的两份《证明》的证明效力。不仅如此，在 DISTRINANDO 股份公司否认曾向亮伟鞋业有限公司销售过本案侵权商品的前提下，被告走秀网公司仅凭一份《合作推广合同》不能够说明本案侵权商品的合法来源问题，走秀网公司还应当就其与亮伟鞋业有限公司履行《合作推广合同》的相关证据进行举证。在被告走秀网公司的法定代表人与亮伟鞋业有限公司的股东系同一人的前提下，走秀网公司应当并有能力就上述证据进行举证，但是，走秀网公司未举证。综合上述具体情况，本院认定被告走秀网公司销售的本案侵权商品没有合法来源。

商标权具有地域性的特点，即一项商标在某一国家被核准注册后，商标权人享有的商标专用权仅限于该国家地域范围内，如果商标权人没有将该商标在其它国家进行注册，则该商标在其他国家不受保护。被告走秀网公司在推广本案侵权商品时，对外所称品牌是"法国公鸡"。但是，该商品使用的 ![标识] 标识与原告株式会社迪桑特的注册商标相同。虽然被告走秀网公司持有两份乐卡夫国际有限公司出具的《证明》，走秀网公司可能会认为其销售的"法国公鸡"旅游鞋的权利人是乐卡夫国际有限公司，只需征得该公司许可即可，但是，走秀网公司作为国内目前一家大型时尚电子商务企业，其经营的走秀网经常销售世界知名品牌的商品，其应当知道对商标权的保护是有地域性的，应当意识到，如果在中华人民共和国域内销售带有 ![标识] 标识的"法国公鸡"旅游鞋，就应当检索谁在中华人民共和国域内对该标识享有商标权，以避免侵权的发生，更何况原告株式会社迪桑特在我国就 ![标识] 商标取得注册后，通过设立合资公司、开设专卖店、赞助世界大型体育比赛等形式，着力宣传了 ![标识] 商标，使之成为了有一定知名度的商标。相关公众知晓 ![标识] 商标在中国的权利人是株式会社迪桑特，被告走秀网公司对此亦应知晓。因此，原告株式会社迪桑特的权利不应被忽视。根据上述情况，本院认定被告走秀网公司在主观上应知其销售的带有 ![标识] 标识"法国公鸡"旅游鞋是侵犯原告株式会社迪桑特注册商标专用权的商品，其销售该侵权商品的行为侵犯了株式会社迪桑特的注册商标专用权，走秀网公司应当承担停止侵权行为、消除影响、赔偿损失的法律责任。关于消除影响的具体方式，本院结合实施侵权行为的范围、持续时间、所造成的影响等因素具体确定。关于赔偿损失的数额问题，本院将结合涉案侵权行为的性质、持续时间、主观过错程度等因素予以酌定。

被告今日都市公司与被告走秀网公司签订有《推广合同》，由今日都市公司利用其"嘀嗒团"销售平台向消费者发布本案侵权商品的团购信息。今日都市公司认为其仅仅提供了销售平台服务，并没有参与销售，侵权商品是由走秀网公司提供的，其也不知道该商品是侵权的。据此，本案需要审理的第三个焦点问题是，被告今日都市公司组织消费者团购本案侵权商品的行为性质是否属于销售、今日都市公司是否有合法来源、其实施该行为时是否具有主观过错以及是否应当承担法律责任的问题。

首先，销售行为可以由多个销售者相互协助共同完成。从被告今日都市公司与被告走秀网公司签订的《推广合同》的内容看，走秀网公司为了推广涉案商品，需要借助今日都市公司在团购领域的优势，完成商品销售，这是当前电子商务领域一种新的合作经营模式。

其次，被告今日都市公司是一家较有影响的团购网站。在今日都市公司的销售平台上，其并不直接向消费者兜售商品，而往往以限时团购的方式促使消费者踊跃购买其推荐的商品。在这个过程中，今日都市公司利用向消费者介绍、推荐热门商品，并采用限时等有力手段，使之了解该商品，吸引其产生购买愿望，这本身就是一种推销行为。而使消费者产生购买愿望，又是实现销售的关键。不言而喻，许多消费者在参与本次团购时，正是信赖今日都市公司在这一方面的优势，而选择购买了被告走秀网公司的涉案商品。从上述过程看，被告今日都市公司充分发挥了其在团购方面的企业优势，达到了与被告走秀网公司合作的目的，二者属于共同销售。在整个行为过程中，被告今日都市公司还收取了服务费，消费者的购买商品的款项也直接交给今日都市公司。从相关消费者在事后向今日都市公司主张退货、退款的行为就可以看出，消费者将其视为商品的销售者。因此，本院认定被告今日都市公司是本案侵权商品的销售者。

通过被告今日都市公司与被告走秀网公司签订的《推广合同》以及双方履行该合同的事实和证据看，今日都市公司销售的本案侵权商品有合法来源。但是，被告今日都市公司作为一家较有影响的团购网站，其与被告走秀网公司一样，也应当知道商标权带有地域性的特点。而且，在原告株式会社迪桑特通过对 ▲ 商标进行广泛宣传，使之成为有一定知名度、为相关公众知晓的商标的前提下，被告今日都市公司亦应知晓 ⚠ 商标与株式会社迪桑特之间存在联系，今日都市公司应当查清 ⚠ 商标在中国的权利主体，更何况在走秀网公司提供的两份《证明》中载明的商标权利人并不是株式会社迪桑特，这更应当引起今日都市公司的注意。根据今日都市公司组织团购商品的规模、数量和运营模式，其具备相应的审查能力，但是，今日都市公司未尽该义务，因此，本院认定被告今日都市公司在主观上应知其销售的带有 ⚠ 标识"法国公鸡"旅游鞋是侵犯原告株式会社迪桑特注册商标专用权的商品，其销售该侵权商品的行为侵犯了株式会社迪桑特的注册商标专用权，应当承担相应的法律责任。对原告株式会社迪桑特要求判令被告今日都市公司承担停止侵权、消除影响、赔偿损失的法律责任的主张，理由正当，本院予以支持。关于消除影响的具体方式，本院结合实施侵权行为的范围、持续时间、所造成的影响等因素具体确定。关于赔偿损失的数额问题，本院将结合涉案侵权行为的性质、持续时间、主观过错程度等因素予以酌定。

一审法院依照《中华人民共和国民法通则》第一百三十四条第（一）项、第（七）项、第（九）项，《中华人民共和国商标法》第五十一条①、第五十二条第（二）项②、第五十六条③之规定，作出如下判决：一、走秀公司和今日都市公司停止侵犯涉案商标专用权；二、走秀公司在《中国消费者报》上发表声明，以消除影响；三、今日都市公司在《中国消费者报》上发表声明，以消除影响；四、走秀公司赔偿经济损失人民币八万元及因本案诉讼支出的合理费用人民币八千元；五、今日都市公司赔偿经济损失人民币二万元及因本案诉讼支出的合理费用人民币二千元；六、驳回株式会社迪桑特的其他诉讼请求。

上诉与答辩

今日都市公司不服一审判决，向本院提起上诉，请求撤销一审判决第一、三、五项。其上诉理由为：1. 今日都市公司是提供网络交易平台服务的经营者，不是商品的销售者，一审判决认定今日都市公司是商品的销售者是

---

① 对应 2013 年 8 月新修订的《商标法》第五十六条。
② 对应 2013 年 8 月新修订的《商标法》第五十七条第（三）项。
③ 对应 2013 年 8 月新修订的《商标法》第六十三条。

错误的；2. 虽然今日都市公司应当采取必要措施保护知识产权，但不应当承担商品销售者的审查义务，今日都市公司已经审查了走秀公司提供的商标许可使用资料，已经尽到了相应的审查义务，没有过错，不应当承担侵权责任。

株式会社迪桑特、走秀公司服从一审判决。

二审审理查明

二审法院确认一审法院查明的事实。

二审判理和结果

二审法院认为：被控侵权商品未经许可使用涉案商标，构成对涉案商标专用权的侵害。走秀公司并未证明其销售的被控侵权商品有合法来源，应当承担停止侵权、赔偿损失等法律责任。

《推广合同》表明，走秀公司与今日都市公司系合作销售被控侵权商品，今日都市公司明确知晓该团购活动中销售的被控侵权商品的具体信息，包括使用的商标情况；今日都市公司也直接从被控侵权商品的特定交易中获得经济利益，因此，今日都市公司应当承担在团购信息发布前审查被控侵权商品的合法性的义务，包括审查被控侵权商品使用的商标是否合法。故本案的争议焦点在于，今日都市公司是否尽到其应当承担的商标权合法性审查义务。

今日都市公司上诉主张，其已经审查了走秀公司提供的两份《证明》，因此已经尽到了相应的审查义务，没有过错。但是，被控侵权商品使用了涉案商标，而两份《证明》既不能证明涉案商标在中国大陆的商标权归属，也不能证明被控侵权商品使用涉案商标的行为得到合法授权，故在两份《证明》在形式上明显不能证明被控侵权商品的商标权合法性的情况下，应当认定今日都市公司并未尽到合理审查义务。今日都市公司未尽合理审查义务而发布被控侵权商品的团购信息，具有过错，应当承担相应的法律责任。今日都市公司上诉主张其已经尽到审查义务，无事实和法律依据，本院不予支持。

今日都市公司还上诉主张不应当承担销售者的审查义务，对此本院认为，团购网站经营者应当承担何种程度的知识产权合法性审查义务，取决于在符合利益平衡的原则下其在团购活动中获得的利益是否要求其应当审查团购商品的具体信息、应当审查团购商品的交易信息和交易行为是否侵权，而不取决于是否称其为"销售者"。在本案中，今日都市公司从被控侵权商品这特定的团购活动中直接获得经济利益，就应当对此次团购活动中商品的商标合法性进行审查。在本案的特定情况下，无论是否称其为"销售者"，今日都市公司应当承担的审查义务与销售者的审查义务相同。今日都市公司的相关上诉主张，本院不予支持。

综上，一审判决事实清楚，结论正确。今日都市公司的上诉理由缺乏事实和法律依据，其上诉请求本院不予支持。二审法院依照《中华人民共和国民事诉讼法》第一百五十三条第一款第（一）项①之规定，判决：驳回上诉，维持原判。

【法官评述】

本案的争议焦点之一是，今日都市公司在交易信息公开传播前是否应当对团购信息的知识产权合法性进行审查，其是否尽到了合理的审查义务。

避风港原则表明，网络服务提供者对利用其网络服务进行传播的信息的知识产权合法性一般不具有事前审查义务。如果权利人发现特定信息侵害其合法权益，应当通知网络服务提供者，网络服务提供应当及时采取必要措施阻止特定信息的公开传播，否则具有过错，应当承担赔偿责任。在司法实践中，常见的问题有两个：第一，团购网站经营者在什么情况下有义务在事前即交易信息公开传播前对其知识产权合法性进行审查？第二，团购网站经营者对交易信息的合法性审查到什么程度就可以认定其尽到了合理注意义务？

对于第一个问题，《北京市高级人民法院关于审理电子商务侵害知识产权纠纷案件若干问题的解答》第七条对于如何认定特定信息公开传播前电子商务平台经营者"知道网络卖家利用其网络服务侵害他人知识产权"规定如下："符合以下情形之一的，可以推定电子商务平台经营者在被控侵权交易信息公开传播前'明知或应知被控侵权交易信息通过其网络服务进行传播'：（1）商务平台经营者与提供被控侵权交易信息的网络用户合作经营，且应当知道被控侵权交易信息通过其网络服务进行传播；（2）电

---

① 对应2012年8月新修订的《民事诉讼法》第一百七十条第一款第（一）项。

子商务平台经营者从被控侵权交易信息的网络传播或相应交易行为中直接获得经济利益，且应当知道被控侵权交易信息通过其网络服务进行传播；（3）商务平台经营者在交易信息公开传播前明知或应知被控侵权交易信息通过其网络服务进行传播的其他情形。"在本案中，今日都市公司也直接从被控侵权商品的特定交易中获得经济利益，因此，今日都市公司应当承担在团购信息发布前就审查被控侵权商品的合法性的义务，包括审查被控侵权商品使用的商标是否合法。

对于第二个问题，《北京市高级人民法院关于审理电子商务侵害知识产权纠纷案件若干问题的解答》第七条第二款规定，在网络服务提供者应当进行事前审查的情况下，如被控侵权交易信息或相应交易行为侵害他人知识产权，推定电子商务平台经营者"知道网络卖家利用其网络服务侵害他人知识产权"。在本案中，今日都市公司上诉主张，其已经审查了走秀公司提供的两份《证明》，因此已经尽到了相应的审查义务，没有过错。但是，被控侵权商品使用了涉案商标，而两份《证明》既不能证明涉案商标在中国大陆的商标权归属，也不能证明被控侵权商品使用涉案商标的行为得到合法授权，故在两份《证明》在形式上明显不能证明被控侵权商品的商标权合法性的情况下，应当认定今日都市公司并未尽到合理审查义务。

综上，在本案中今日都市公司未尽合理审查义务而发布被控侵权商品的团购信息，具有过错，应当承担相应的法律责任。今日都市公司上诉主张其已经尽到审查义务，无事实和法律依据，不应予以支持，故二审判决驳回上诉，维持原判。

编写人：北京市高级人民法院知识产权审判庭　石必胜

22

美国威斯康辛州花旗参农业总会
诉浙江淘宝网络有限公司、吉林市参乡瑰宝
土特产品有限公司侵害商标权纠纷案

——阅读提示：电子商务平台运营者应如何就网络销售者的侵犯知识产权行为承担责任？电商平台运营者的注意义务应以何为界？

【裁判要旨】

知识产权的权利人在发现电子商务平台销售的商品中存在侵权情况时，可依《侵权责任法》第三十六条的相关规定，向销售者和电子商务平台的运营者主张权利。权利人对电子商务平台的运营者所做出的通知内容应当具体、明确，使其能够在现有的一般的技术条件下，及时辨识侵权链接，并能够采取有效措施，避免损失扩大，否则，电子商务平台的运营者不应对损失扩大部分承担责任。同时，《侵权责任法》第三十六条规定的侵权责任与电子商务平台的运营者对平台销售商品的保证责任并不属于同一性质，在审判实践中应加以区分。

【案号】

一审：吉林省吉林市中级人民法院（2011）吉中民二初字第103号
二审：吉林省高级人民法院（2012）吉民三涉终字第3号

【案情与裁判】

原告（二审被上诉人）：美国威斯康辛州花旗参农业总会（Ginseng Board of Wisconsin, Inc.）（简称美国威州花旗参总会）

被告：吉林市参乡瑰宝土特产品有限公司（简称瑰宝公司）

被告（二审上诉人）：浙江淘宝网络有限公司（简称淘宝公司）

起诉与答辩

美国威斯康辛州花旗参农业总会于 2011 年 10 月 18 日诉称：美国威州花旗参总会在中华人民共和国国家工商行政管理局商标局注册其鹰形商标，商标注册号分别为：4112254、4112255、6248277 和 6248278，其是上述注册商标专用权人。2011 年 7 月 16 日，其授权律师在淘宝公司运营管理的"淘宝商城"，网络域名为 tmall. com 的网络交易平台上发现由瑰宝公司所经营的"瑰宝食品专营店"中，存在"瑰宝 纯正美国进口花旗参片 50 克"产品侵权销售的情况。在该产品的外包装上印有"Ginseng Board of Wisconsin, Inc. 美国威斯康辛州花旗参农业总会"的鹰形图案商标，并印有"美国威斯康辛州花旗参"字样以及美国国旗图案。美国威州花旗参总会的授权律师曾于 2011 年 8 月 18 日向淘宝公司发出律师函，严正要求其采取断链措施，从技术手段制止其网络用户继续利用其提供的网络服务销售涉嫌侵权的产品和商品，完全履行作为网络服务运营商的义务及职责。但至今淘宝公司亦未采取任何措施或以技术手段制止瑰宝公司的侵权行为。本案二名被告的行为已严重侵害了美国威州花旗参总会对前述注册商标所拥有的合法权益，请求法院依法判令：1. 二名被告立即停止侵权行为，并向原告就其侵权行为作出书面道歉；2. 第一被告就其侵权行为对原告承担赔偿责任，赔偿金额由贵院根据被告侵权行为的时间、范围、恶劣影响及对原告权利人所造成的损害依职权裁定，暂计人民币 50 万元；3. 第一被告承担原告为制止其侵权行为所支出的合理费用，包括律师、授权文书公证认证费、证据保全公证费、购买侵权产品费用、通讯费、差旅费等共计人民币 113246 元；4. 第二被告对第一被告所承担的赔偿责任以及合理费用承担连带责任；5. 二名被告共同承担本案的一切诉讼费用。

吉林市参乡瑰宝土特产品有限公司答辩称：瑰宝公司在接到传票之日起已经在淘宝网上下架了侵权产品。原告提出赔偿 50 万元没有依据，主张的合理费用证据不足。

浙江淘宝网络有限公司答辩称：一、淘宝公司对瑰宝公司所销售的产品没有法定的审查义务。淘宝公司仅是提供网络交易平台服务的网站经营者，不是实际商品的销售者，其作为提供交易平台的网络经营者不参与买家及卖家之间的交易，原告以商品实际销售者的标准要求淘宝公司承担严格审查义务没有法律依据及事实依据。二、淘宝公司对瑰宝公司销售侵权产品不存在共同侵权之故意，不应承担连带责任。淘宝公司作为网络交易平台的运营商，在瑰宝公司成为淘宝网卖家之时就已经做到了合理的审查义务，其不存在故意为卖家提供侵权平台的行为，与瑰宝公司侵权行为没有意思联络，不构成共同侵权，不应承担连带责任。三、淘宝公司建立了全面的信息检查控制制度，在制度及管理上不存在过失。四、淘宝公司为保护注册商标权采取了必要手段，尽到了合理注意义务。淘宝公司要求瑰宝公司就"不得销售侵犯他人权利的商品"作出书面承诺，并建立正品保障及赔付制度、全面的投诉处理流程和假货退出机制。五、原告向淘宝公司送达的侵权通知缺少必要条件。由于原告在《律师函》中并未提及具体的链接和网络地址，也没有向淘宝公司提供构成侵权行为的初步证据，因此，淘宝公司仅凭《律师函》无法作出判断，更不能恣意采取删除、屏蔽或者断开链接等措施。六、原告对损失扩大部分应当自行承担。获悉原告权利可能遭致侵害后，淘宝公司积极配合原告的维权请求，告知原告提供侵权成立的初步证据资料以及具体网络链接地址，但原告并未向淘宝公司提供判断侵权成立的初步证据，也未告知明确的网络链接地址，导致淘宝公司不能及时采取技术措施，显然原告对损失扩大部分存有故意。七、淘宝公司已经采取必要措施，防止损失进一步扩大。2011 年 10 月 20 日，我方收到人民法院送达的起诉状后，淘宝公司已经从技术上采取措施，做到了网络交易平台防止损失扩大的基本义务。综上，请求人民法院依法驳回原告对淘宝公司的告诉。

一审审理查明

原告经中国国家商标局核准注册"鹰"图形商标，商标注册证号为第 4112255 号、第 6248278 号，核定使用商品为第 5 类商品，包括人参；人参根；人参片；人参须等。

2011 年 7 月 27 日，上海市徐汇公证处出具（2011）沪徐证经字第 3546 号公证书，其截图中显示在淘宝商城的网络交易平台上瑰宝食品专营店销售"瑰宝 纯正美国进口花旗参片 西洋参片 50 克 18 元 威斯康辛州"，已售出 506 件，品名：美国花旗参片（美国西洋参片），产地：美国威斯康辛州，商家信息部分显示公司名：吉林市参乡瑰宝土特产品有限公司，淘宝网店经营者营业执照信息为本案一被告信息。原告于 2011 年 7 月 27 日通过网络购物形式购买了瑰宝公司网上销售的瑰宝纯正美国进口花旗参片 2 包，瑰宝公司开具了收据。庭审中，通过比对，瑰宝公司所售的瑰宝纯正美国进口花旗参片包装袋上的"鹰"图形商标与原告在第 5 类商品上注册的"鹰"图形商标相同,瑰宝公司对此予以确认。

2011 年 8 月 18 日,原告授权的代理律师向淘宝公司董事长马云发出律师函,内容大致为,原告系"鹰"图形商标的权利人,近期原告发现淘宝公司所运营的 taobao. com 和 tmall. com 网络交易平台上有为数众多的注册在线从事网络交易经营的网络用户销售原告专属拥有的注册商标的西洋参产品。要求淘宝公司在收到本函后立即采取应有措施,严肃核查网络交易经营者使用原告商标的合法授权文件,从技术上采取措施制止侵权的不法行为。2011 年 8 月 29 日,上海市徐汇公证处出具(2011)沪徐证经字第 4292 号公证书,显示瑰宝公司仍然在淘宝商城中销售涉案产品。已售出数量显示为 518 件。2011 年 9 月 6 日和 9 月 26 日,淘宝公司两次回函原告称,根据原告律师函,无法确定原告所要指证产品信息的具体链接以及侵权是否确实成立。请原告提供判断侵权成立的初步证明资料以及侵权商品信息的具体网络链接地址,待核实后处理。

进入淘宝商城首页,即可见"淘宝商城 - 品牌正品 商城保障","商城保障:7 天无理由退换货;100% 正品保障;提供发票"。本案被告瑰宝公司于 2009 年入驻淘宝商城时,淘宝公司对其拟售商品清单及相关商标授权进行了审核,在审核资料中没有涉案产品及相关商标使用授权。

一审判理与结果

一审法院认为,原告依法注册的商标受国家法律保护。原告为第 5 类商品"鹰"图形商标的注册人,对该商标享有专用权。被告瑰宝公司在其网上专营店中销售的西洋参产品包装袋上使用与原告的注册商标相同的标识,根据《中华人民共和国商标法》第五十二条第(一)、(二)项①之规定,瑰宝公司的行为已侵害了原告的商标专用权,应向原告承担赔偿责任。

关于原告要求被告赔偿经济损失的数额问题,鉴于被告瑰宝公司因侵权所获利益及原告因被侵权所受损失难以确定,根据《中华人民共和国商标法》第五十六条第二款②之规定,以及被告瑰宝公司侵权行为的性质、情节、主观故意程度、商标的声誉以及侵权行为给原告造成的损害的大小和原告为

---

① 对应 2013 年 8 月新修订的《商标法》第五十七条第(一)、(二)、(三)项。
② 对应 2013 年 8 月新修订的《商标法》第六十三条第一款。

制止侵权行为的合理开支等综合因素，本院酌情确定瑰宝公司应承担的赔偿数额。

关于原告要求淘宝公司承担连带责任的诉讼请求，因原告在确认淘宝商城仅是网络销售平台的情况下，未能提供证据证明淘宝公司知道瑰宝公司利用淘宝商城这个网络平台侵害他人民事权益而未采取必要措施，即原告的证据不能证明二名被告存在共同侵权行为，故其主张淘宝公司承担连带责任的诉讼请求本院不能全部支持，但被告淘宝公司就损害扩大部分应与被告瑰宝公司承担连带责任。理由如下：淘宝商城系网络购物平台，其有"品牌正品商城保障"的承诺与宣传，其对商城中的商品负有相应的品牌资质审核义务。权利人通知有侵权情况存在，淘宝商城即应主动履行其监管义务，采取必要措施，而不能以商户的数量众多为由不去进行核查，消积等待原告提交具体链接地址，淘宝公司关于原告的通知属无效通知的抗辩对淘宝商城这个正品保障的网络平台并不适用。在原告向淘宝公司发出律师函并提交权利证书，提醒淘宝公司核查侵权商户并要求采取必要措施时，淘宝公司未能及时对淘宝商城中的涉嫌侵权商品进行必要的核查，未及时采取必要措施，致使瑰宝公司的侵权行为未能得到及时制止。基于上述理由，依《中华人民共和国侵权责任法》第三十六条第二款之规定，淘宝公司应就损害扩大部分与瑰宝公司承担连带责任。

综上，依照《中华人民共和国商标法》第五十二条第（一）项、第（二）项，第五十六条，《中华人民共和国侵权责任法》第三十六条第二款之规定，一审法院判决如下：一、被告吉林市参乡瑰宝土特产品有限公司于本判决生效之日起10日内赔偿原告美国威斯康辛州花旗参农业总会经济损失20000元；二、被告吉林市参乡瑰宝土特产品有限公司于本判决生效之日起10日内赔偿原告美国威斯康辛州花旗参农业总会为制止侵权行为所支出的合理费用8061.60元；三、被告浙江淘宝网络有限公司对上述一、二款中的10000元承担连带责任；四、驳回原告美国威斯康辛州花旗参农业总会的其他诉讼请求。

淘宝公司不服一审判决，提起上诉。二审法院认为，淘宝公司不应就损失扩大部分与瑰宝公司承担连带责任。淘宝公司是否基于其正品保证的表述而应负有对商品来源的审查义务属于其对网店在淘宝商城的经营行为所承担的保证责任，而威州花旗参总会原审对淘宝公司的诉请系基于"原告……要求其采取断链措施……制止……销售涉嫌侵权的产品和商品……但至今第二被告亦未采取任何措施或以技术手段制止第一被告的侵权行为，致使第一被告仍在其网络交易平台上肆虐地销售涉嫌侵权的产品和商品"，即，威州花旗参总会对淘宝公司的诉请系要求其作为网络服务提供者承担侵权责任，而并非保证责任。

根据《中华人民共和国侵权责任法》第三十六条第二款规定，"网络用户利用网络服务实施侵权行为的，被侵权人有权通知网络服务提供者采取删除、屏蔽、断开链接等必要措施。网络服务提供者接到通知后未及时采取必要措施的，对损失扩大部分与该网络用户承担连带责任。"本案中，该商品虽在淘宝商城平台上销售，但淘宝公司并不是商品的销售者，而只是网络服务的提供者。威州花旗参总会在收到（2011）沪徐证经字第 3546 号公证书时，已经能够确定具体的侵权链接，但其在通过其授权的代理律师向淘宝公司董事长马云发出律师函时并未将具体侵权链接告知淘宝公司，并且，在淘宝公司两次发函要求提供"侵权商品信息的具体网络链接地址"的情况下，仍未提供其所掌握的侵权链接。在二审法院庭审中，双方当事人确认在威州花旗参总会进行维权当时，在淘宝商城中搜索花旗参产品相关链接大致在27000 个左右，因此，在威州花旗参总会怠于履行告知义务的情况下，淘宝公司无法及时采取必要措施，威州花旗参总会所主张的损失扩大部分系因其自身过错所致，淘宝公司不应对此承担连带责任。

综上，二审法院认为，原审判决认定事实清楚，适用法律不当，依照《中华人民共和国侵权责任法》第三十六条第二款、《中华人民共和国民事诉讼法》第一百五十三条第一款第（二）项①之规定，判决如下：一、维持吉林省吉林市中级人民法院（2011）吉中民二初字第 103 号民事判决第一、二、四项；二、撤销吉林省吉林市中级人民法院（2011）吉中民二初字第 103 号民事判决第三项。

【法官评述】

电子商务的发展速度已经大大地超过了我们的预期。交易环节和经营场所、人工费用的大量缩减，使电子商务较实体商务而言，享有巨大的价格优势。而电子商务能够做到这一点的根本在于，网络购买者经过长期的

---

① 对应 2012 年 8 月新修订的《民事诉讼法》第一百七十条第一款第（二）项。

交易已经建立起了对电子商务商誉的基本信任。信誉和商业道德对于电子商务的影响要远远大于对实体商务的影响。在实体经济中，个别商家的不信誉行为，仅对其自身构成损害，而在电子商务中，这种不信誉行为的累积，将最终击垮整个行业。对于法院审判工作而言，一方面要通过加强对电子商务平台上所涉及的相关知识产权的保护，弥补网络交易本身的知识产权监管缺失，引导电子商务产业尊重和保护知识产权；另一方面，还要在审判实践中，不断总结电子商务本身的特征，并结合相关法律规定，确定电子商务平台运营者承担责任的条件和界限，维护产业的健康发展。

本案中，法院要解决的有两个问题：

一、美国威州花旗参总会的断链通知是否有效，淘宝公司应否据此承担责任

1. 从通知的内容上看，该通知当中仅告知了权利人的情况和认为淘宝公司所运营的电子商务平台上存在侵权行为的状况，而未告知具体的侵权行为实施者和具体链接。淘宝公司在客观上无法就侵权商标图案与商务平台上的所有相关产品逐一进行比对，以寻找和确定侵权链接，更不能简单地屏蔽所有相关产品链接。因此，该通知的内容，并不符合《侵权责任法》第三十六条的要求，应认定为无效通知。

2. 从公平角度出发，美国威州花旗参总会和淘宝公司在这一过程中存在着严重的信息不对称。美国威州花旗参总会至迟在进行公证的当时，便已明确知晓进行侵权行为的电商经营者和侵权链接，但在淘宝公司两次催告下，仍未告知其相关信息。而在淘宝公司运营的电子商务平台上，当时存在27000余个相关产品，进行逐一比对将异常困难。美国威州花旗参总会的不作为，客观上造成了淘宝公司无法及时采取断链等技术措施，以防止损失扩大。因此，美国威州花旗参总会对淘宝公司的该项诉请，不应支持。

二、淘宝公司应否依据"保真承诺"对美国威州花旗参总会承担保证责任

淘宝公司在电子商务平台的运营过程中，作出了"保真承诺"，尽管该承诺是对不特定人作出的，但结合电子商务的操作实际，应当认定，淘宝公司的这一行为是为了保障消费者的利益，这里的不特定人，应指全部的消费者，而不应当包括不以购买商品为目的的维权人。因此，权利人不能以此为依据要求淘宝公司对该侵权行为承担保证责任。但同时，对该问题也存在不同意见，认为目前电子商务已经足够成熟，电子商务平台的运营者也应当为自己的行为承担更多的责任，否则将造成电子商务秩序的混乱，最终损害消费者的利益。这一问题，有待于我们根据未来的发展实际，在立法和司法上作出取舍。

编写人：吉林省高级人民法院知识产权审判庭　薛淼

23

吕秋阳诉哈尔滨银行股份有限公司
侵害商标权纠纷案

——阅读提示：涉案商标图形是否属于美术作品？能否得到著作权法的保护？当图形商标的注册商标专用权与该图形作品的著作权发生冲突时，人民法院应当优先保护哪项权利？

【裁判要旨】

体现了创作者独特的构思和创意的商标设计应当属于《著作权法》保护的美术作品，作者自该作品完成时即享有著作权。

当这个美术作品亦是注册商标的图形时，这个作品本身即同时附加了两项权利，即著作权和注册商标专用权。当这两项权利分属于不同的权利人时，在著作权人与注册商标专用权人之间便产生了权利冲突。法院应以保护在先权利作为解决注册商标专用权与著作权冲突的基本原则。

【案号】

一审：黑龙江省哈尔滨市中级人民法院（2011）哈知初字第 128 号

二审：黑龙江省高级人民法院〔2012〕黑知终字第 50 号

【案情与裁判】

原告（二审上诉人）：吕秋阳

被告（二审被上诉人）：哈尔滨银行股份有限公司（简称哈尔滨银行）

起诉与答辩

吕秋阳诉称：2007 年 1 月 25 日，其以自行设计的"▲"图形商标向国家商标局申请注册商标专用权，并于 2010 年 2 月 14 日取得商标注册证，核定的服务项目为第 36 类，商标专用权期限为 2010 年 2 月 14 日至 2020 年 2 月 13 日。哈尔滨银行在其取得商标专用权后，未经其同意，在该行的招牌、行徽、对外宣传资料、内部文件等诸多地方使用与涉案注册商标相同或者类似的标识，产生了极大混淆，严重侵害了其依法取得的注册商标专用权，使其因享有商标专用权而可获得的经济利益受到损失。故吕秋阳于 2011 年 5 月起诉至哈尔滨市中级人民法院，请求判令：1. 被告立即停止对原告享有的商标专用权的侵权行为；2. 被告赔偿原告因维权而支出的律师费及调查和取证费用共计 1 万元；3. 被告负担诉讼费用。

被告哈尔滨银行辩称：1. 该行对被诉商标标识享有著作权。被诉商标标识是该行在 2006 年委托哈尔滨共和广告营销策划有限责任公司（简称共和广告公司）设计的，根据合同约定，哈尔滨银行对该设计成果享有著作权，著作权取得时间是 2006 年 8 月 10 日。该标识在 2006 年 11 月 17 日至 20 日政府有关部门组织的国际展览中公开使用，并在评奖过程中获奖。2. 该行对该标识使用在先。吕秋阳取得商标专用权的时间是 2010 年 2 月 14 日，哈尔滨银行使用该商标标识时间是 2006 年 11 月 17 日，哈尔滨银行是在先使用该商标标识，并且经过哈尔滨银行使用该商标已经成为著名商标。3. 吕秋阳取得的商标专用权侵犯哈尔滨银行的在先著作权，是恶意抢注，应属于不得注册和使用的情况。请求驳回吕秋阳的诉讼请求。

法院审理查明

2006 年，哈尔滨银行委托共和广告公司进行文化、品牌建设系统设计，合同约定实现的成果均属哈尔滨银行所有。共和广告公司经哈尔滨银行同意，将文化、品牌建设系统设计工作委托彼上公司完成。同年 8 月，彼上公司提交了以"HRBanK"和"❀"为主要元素的设计稿。同年 10 月，哈尔滨银行向国家商标局申请注册由"HRBanK"和"❀"组成的商标，国家商标局以申请人名称与加盖印鉴不符为由未予受理。同年 11 月，哈尔滨银行以"❀"作为作品图样参加 2006 国际设计博览会暨 IDE 中国品牌形象设计大奖评选，并荣获中国品牌形象设计大奖（服务类）。2007 年，吕秋阳向国家商标局申请注册"❀"图形商标，并于 2010 年获得《商标注册证》。后吕秋阳以哈尔滨银行侵犯其注册商标专用权为由，向法院提起诉讼，请求判令哈尔滨银行停止侵权。

一审判理与结果

一审法院认为，涉案"✿"和"✿HRBanK"商标设计属于《著作权法》保护的美术作品。哈尔滨银行使用的涉案"✿"和"✿HRBanK"商标是该行委托共和公司设计创作的，按照约定哈尔滨银行依法享有"✿"和"✿HRBanK"商标设计作品的著作权，其著作权取得的时间是 2006 年 8 月。吕秋阳于 2007 年 1 月 24 日向国家商标局申请注册"✿"图形商标，晚于哈尔滨银行取得"✿"和"✿HRBanK"商标设计作品著作权及以其参加 2006 中国北京国际设计博览会暨 IDE 中国品牌形象设计大奖活动和首次申请注册商标的时间。哈尔滨银行使用享有在先著作权的"✿"和"✿HRBanK"商标已产生较大的影响，具有一定的知名度。吕秋阳持有的"✿"注册商标不具有商业品牌价值，其所称因享有商标专用权而可获得的经济利益受到损失没有根据。判决驳回吕秋阳的诉讼请求。案件受理费 50 元，由吕秋阳负担。

上诉与答辩

判后，吕秋阳提出上诉称：一审判决认定事实不清。哈尔滨银行提交的其与共和公司之间的技术服务合同、共和公司与彼上公司之间的委托设计合同、彼上公司提交的《2006 年 8 月 10 日提交稿件》、《哈尔滨市商业银行 VIS 核心识别提案报告》等均不是原始证据，不足以证明涉案注册商标图案是哈尔滨银行与其合作方履行协议的结果，无法证明哈尔滨银行享有著作权。中包设计委员会不是著作权认定机构，其对哈尔滨银行被控侵权标识授予奖项的行为只是对该图案艺术价值的肯定，而不是对哈尔滨银行享有该图案著作权的确定。一审判决以彼上公司提交"商标设计作品"的时间和哈尔滨银行向国家商标局提出注册申请被拒绝的时间作为认定著作权的产生时间没有根据。哈尔滨银行的被控侵权行为实际上剥夺了吕秋阳许可他人对涉案注册商标图案蕴含的商业价值进行开发并从中获利的可能，从而损害了吕秋阳的经济利益。请求撤销一审判决，支持吕秋阳的诉讼请求。

哈尔滨银行答辩称：一审判决认定事实正确。美术作品"✿"系哈尔滨银行委托创作作品，依据委托合同约定及《中华人民共和国著作权法》的规定，哈尔滨银行享有著作权。涉案注册商标的申请日是 2007 年 1 月 25 日，哈尔滨银行享有著作权的时间是 2006 年 8 月 10 日，因此，哈尔滨银行享有对涉案注册商标使用的图形的在权利。吕秋阳虽称自行设计了具有极强显著性的商标" 🦋 ",却没有提供任何相关证据加以证明。而哈尔滨银行将委托设计作品参加中包设计委员会主办的"2006 中国北京国际设计博览会暨 IDE 中国品牌形象设计展览"展出活动,使得吕秋阳有接触诉争美术作品的机会,吕秋阳在注册商标上使用的图形与哈尔滨银行享有著作权的图形作品完全相同,可以认定吕秋阳抄袭、复制了哈尔滨银行的美术作品。一审判决认定事实清楚,请求判决驳回上诉,维持原判。

二审判理与结果

二审判决认为,根据《中华人民共和国著作权法》第二条和第三条的规定,美术作品受《中华人民共和国著作权法》的保护。美术作品包括绘画、书法、雕塑等艺术作品。本案被控侵权标识" 🦋 "是以线条、色彩构成的平面绘画作品,属于《中华人民共和国著作权法》保护的美术作品。本案争议的焦点在于:哈尔滨银行是否在先取得了被控侵权商标的著作权,以及哈尔滨银行使用被控侵权商标的行为是否侵犯了吕秋阳的注册商标专用权,应否停止使用的问题。一、关于哈尔滨银行是否在先取得了被控侵权商标的著作权问题。根据《中华人民共和国著作权法实施条例》第六条的规定,著作权自作品创作完成之日起产生。本案中,被控侵权商标" 🦋 "系由彼上公司职员卓士尧根据哈尔滨银行和共和公司的委托,为哈尔滨银行设计的诸多标志中的一款,虽然本案没有直接证据能够证明该作品的具体完成时间,但是彼上公司 2006 年 8 月 10 日向哈尔滨银行提交的稿件和卓士尧提交的《哈尔滨市商业银行 VIS 核心识别提案报告》中,都体现了紫色的" 🦋 "和" 🦋 "标识。根据常理推断,被控侵权商标的完成时间必然早于彼上公司向哈尔滨银行提交作品的时间。根据《中华人民共和国著作权法》第十七条的规定:"受委托创作的作品,著作权的归属由委托人和受托人通过合同约定。"哈尔滨银行与受托人约定,彼上公司为哈尔滨银行标志设计完成的作品的著作权由哈尔滨银行所有,故哈尔滨银行依约取得被控侵权标识的著作权。哈尔滨银行取得著作权的时间是 2006 年 8 月,有事实与法律依据,应予确认。被控侵权商标" 🦋 "和吕秋阳取得的注册商标专用权的商标图形在视觉上完全相同,相关公众在比较了两部作品后,除了认为复制而不可能有其他合理解释,故可以认定两者存在着"实质性相似"。而吕秋阳向国家商标局申请对涉案商标进行注册的时间是 2007 年 1 月 25 日，晚于被控侵权商标图形著作权的产生时间。2006 年 11 月 17 日至 20 日，哈尔滨银行将 "🦋" 和 "🦋HRBank" 商标作为设计作品参加了由中包设计委员会主办的 2006 中国北京国际设计博览会暨 IDE 中国品牌形象设计大奖活动，并获得中国品牌形象设计大奖。因此，完全有理由相信，吕秋阳在涉案商标申请注册之前，有接触被控侵权商标的可能性。吕秋阳主张涉案商标系其自行设计，早于哈尔滨银行取得著作权的时间，但其未提交证据加以证实。故可以认定哈尔滨银行在先取得了涉案商标作品的著作权。二、关于哈尔滨银行使用被控侵权商标的行为是否侵犯了吕秋阳的注册商标专用权，应否停止使用的问题。《中华人民共和国商标法》第九条①和第三十一条②规定："申请注册的商标，应当有显著特征，便于识别，并不得与他人在先取得的合法权利相冲突"；"申请商标注册不得损害他人现有的在先权利，也不得以不正当手段抢先注册他人已经使用并有一定影响的商标。"根据法律规定，"在先权利"包括姓名权、肖像权、著作权、外观设计专利权等民事权利。著作权自作品完成之时自动产生，注册商标专用权采取登记制度，经核准之后产生，二者均受法律保护。从前述法律规定中不难发现，当两项权利发生冲突时，应尊重和保护在先权利。即要求在后权利的创设、行使均不得侵犯在此之前已存在并受法律保护的在先权利。因此，擅自将他人享有著作权的作品注册产生的商标权，是一种存在于他人合法在先权利基础上的有瑕疵的民事权利，将可能被认定无效或权利受到限制。根据保护在先权利的基本原则，吕秋阳作为在后注册商标专用权人无权限制著作权人对其作品的合理使用。综上，判决：驳回上诉，维持原判。二审案件受理费 50 元，由吕秋阳负担。

【法官评述】

本案属于在先权利与注册商标专用权相冲突的典型案件。对于注册商标专用权而言，在先权利包括著作权、外观设计专利权、企业名称权等。任何法律上的权利都不是绝对的，上述权利虽然均经依法设立，但权利的行使必须限制于法律设定的边界范围内。当两项权利发生冲突时，应当尊重和保护在先权利。即要求在后权利的创设、行使均不得侵犯在此之前已

---

① 对应 2013 年 8 月新修订的《商标法》第九条。
② 对应 2013 年 8 月新修订的《商标法》第三十二条。

存在并受法律保护的在先权利。对在先权利的尊重和保护是知识产权领域中解决权利冲突的一项基本原则。

认定注册商标专用权是否侵犯了在先权利，应当以"实质性相似加接触"为规则。著作权意义上的作品必须是具有独创性的外在表达。美术作品系著作权法保护范畴，自然应当符合著作权意义上作品的独创性标准。"实质性相似"比较的是作品中的独创性部分，若利用了他人作品的独创性部分，则侵权可能性很大。所谓"接触"，是指被控侵权商标图形的设计者以前是否有接触该图形作品的机会，"接触"考察的是"独"的问题，即劳动成果是否源自于作者本人，而非抄袭的结果。本案中，被控侵权商标"♉"和吕秋阳取得的注册商标专用权的商标图形在视觉上完全相同，相关公众在比较了两部作品后，除了认为复制而不可能有其他合理解释，故可以认定两者存在着"实质性相似"。哈尔滨银行于吕秋阳申请注册商标专用权之前，将"♉"和"♉HRBank"标识作为设计作品参加了 IDE 中国品牌形象设计大奖的评选活动，并获得中国品牌形象设计大奖。因此，完全有理由相信，吕秋阳在涉案商标申请注册之前，有接触被控侵权商标的可能性。而吕秋阳关于涉案商标系其自行设计，早于哈尔滨银行著作权取得时间的主张，又未提交证据加以证实，故可以认定哈尔滨银行在先取得了涉案商标作品的著作权。

编写人：黑龙江省高级人民法院知识产权审判庭　马闻婧

24

立邦涂料（中国）有限公司诉
上海展进贸易有限公司、浙江淘宝
网络有限公司侵害商标权纠纷案

——阅读提示：销售商标权人的商品时使用商标权人的注册商标是否构成商标侵权？商标指示性合理使用如何认定？

【裁判要旨】

本案系一起商标侵权纠纷，争议焦点在于被控侵权行为人在销售权利人产品时使用权利人商标的行为是否构成商标侵权，问题核心在于厘清商标指示性合理使用的司法认定标准。如果被控侵权行为人使用他人注册商标仅为指示其所销售商品的信息，未造成相关公众混淆，亦未造成注册商标权人商标利益损害的，则不应被认定为商标侵权行为。

【案号】

一审：上海市徐汇区人民法院（2011）徐民三（知）初字第 138 号
二审：上海市第一中级人民法院（2012）沪一中民五（知）终字第 64 号

【案情与裁判】

原告（二审上诉人）：立邦涂料（中国）有限公司（简称立邦公司）
被告（二审被上诉人）：上海展进贸易有限公司（简称展进公司）
被告（二审被上诉人）：浙江淘宝网络有限公司（简称淘宝公司）

起诉与答辩

2011 年 8 月 23 日，原告立邦公司向上海市徐汇区人民法院提起诉讼，称其系涉案 "▧"、"立邦" 注册商标的所有权人，经营的立邦漆系列产品以其优秀、稳定的品质和完善的服务享誉全球，立邦在中国已是社会公众广泛知晓的涂料品牌。展进公司未经原告许可，在淘宝网上开设的店铺中肆意使用原告的上述商标标识来装饰其店铺，足以使消费者误认为展进公司与原告存在关联，侵害了原告的商标权。淘宝公司对原告的投诉行为不予理睬，放任展进公司继续侵权，导致原告损失扩大，构成共同侵权。为此请求法院判令：1. 被告展进公司、淘宝公司立即停止在淘宝公司运营的淘宝网站上侵害原告立邦公司享有的商标权的行为；2. 被告展进公司、淘宝公司在被告淘宝公司运营的淘宝网站显著位置刊登声明，赔礼道歉，消除影响；3. 被告展进公司、淘宝公司赔偿原告经济损失人民币 200000 元。

被告展进公司辩称：其有合法的进货渠道；在销售立邦漆时使用相应的涉案商标不违反法律规定；原告提出异议后已停止在淘宝网站上销售立邦漆。故请求法院驳回立邦公司的诉讼请求。

被告淘宝公司辩称：展进公司开设淘宝店铺时已提供证据证明有正规进货渠道，且销售立邦漆时使用涉案商标系正常经营手段，不构成商标侵权；即使展进公司构成侵权，淘宝公司也已尽到事先审查注意义务，而原告要求淘宝公司屏蔽所有立邦产品也超出其技术手段，故淘宝公司不存在过错，不构成帮助侵权。请求法院驳回立邦公司的诉讼请求。

一审审理查明

原告立邦公司系第 3485390 号"▣"图形与文字组合注册商标注册人，核定使用商品为第 2 类的油漆凝集剂、茜素燃料、铝涂料、苯胺染料、防腐剂、漆、油漆、底漆等，注册有效期限为自 2004 年 11 月 21 日至 2014 年 11 月 20 日止。

案外人立时集团国际有限公司（NIPSEA HOLDINGS INTERNATIONAL, LIMITED）系第 1692156 号"立邦"文字注册商标注册人，核定使用商品为第 2 类的染料、颜料、印刷油墨、油漆、漆、底漆、稀料、油胶泥（腻子）、防腐剂、天然树脂，注册有效期限为自 2002 年 1 月 7 日至 2012 年 1 月 6 日止。2003 年 8 月 7 日，原告经商标局核准受让上述注册商标。

浙江省通信管理局颁发的编号为浙 B2 - 20080224 增值电信业务经营许可证，记载域名"taobao. com；taobao. com. cn；tmall. com"的运营公司为被告淘宝公司，有效期限为 2008 年 10 月 26 日至 2013 年 10 月 25 日。

原告提交的公证书显示，展进公司在淘宝公司运营的淘宝网上开设名为

"汇通油漆商城"的店铺销售多种品牌油漆。该网络店铺首页顶部显示"汇通油漆商城、实物拍摄、原厂正货、七天退换、用心服务",下方有"首页、店铺评分、代理品牌、5 折活动专区、多乐士色卡链接、立邦色卡链接、售后服务须知、防伪及物流须知、装修小常识"等页面的链接,页面中部第 2 张广告介绍品牌为立邦漆,广告上部显示"Nippon Paint 🅝 立邦漆",页面下方为掌柜推荐宝贝、立邦漆、华润漆、多乐士等部分商品的图片、简要信息、价格、销售量等信息。页面左侧显示"公司名:上海展进贸易有限公司,所在地:上海,商家:汇通油漆商城",还显示有"品牌木器漆:多乐士木器漆、立邦木器漆、华润木器漆、紫荆花木器漆;品牌墙面漆:多乐士墙面漆、立邦墙面漆、华润墙面漆、紫荆花墙面漆;侨波活性炭;涂刷工具"。点击首页中"代理品牌"链接,页面自上而下分别显示立邦漆、多乐士、德国汉高、来威漆、华润漆、森戈各品牌的广告,其中立邦漆广告共有 4 幅:首张广告的左上部显示"🅝"、中部显示"🅝2010 为爱上色";第 3 张广告左上部显示"🅝装饰新家,刷新幸福";第 4 张广告左上部显示"🅝小编 120 分推荐 净味性价王"。

原告立邦公司认为被告淘宝公司运营的淘宝网淘宝商城中有 6 家店铺存在侵害其商标权的侵权行为,通过邮件向被告淘宝公司投诉。被告淘宝公司对原告来函均予以答复,主要内容为要求原告提供身份证明、权利证明、代理关系证明、判断侵权成立的初步证明资料及侵权商品信息的具体链接地址;并表示如果淘宝网卖家发布的商品信息是原告产品,则该卖家发布商品的图片上出现原告产品原有的标识及卖家在文字描述上对商品的陈述均非法律法规定义的商标侵权。

一审判理和结果

展进公司在销售立邦公司商品时,在促销宣传中使用涉案注册商标的方式合理,符合一般商业惯例。若限制展进公司等销售商合理使用所销售商品的注册商标,则会不当地限制销售商宣传自己经销商品的方法,直接损害了商品在市场自由流转这一市场经济赖以存在的基本原则,故原告要求被告展进公司承担侵害原告商标专用权赔偿责任的诉讼请求不予支持。鉴于展进公司未构成侵权,立邦公司要求淘宝公司承担共同侵权赔偿责任的诉讼请求亦不予支持。据此，依照《中华人民共和国商标法》第一条①、《中华人民共和国商标法实施条例》第三条之规定，判决：驳回立邦公司的诉讼请求。

上诉与答辩

判决后，立邦公司不服，向上海市第一中级人民法院提起上诉。

上诉人立邦公司上诉称：展进公司无证据证明其销售的立邦产品来源合法；展进公司在其淘宝网页上使用立邦商标、代理品牌、立邦网络旗舰店等图标，故意暗示公众其为立邦品牌代理人及其开设的网点为立邦旗舰店，与上诉人存在紧密商业关系，足以造成消费者误认，不属于商标合理使用；立邦商标系驰名商标，展进公司未经授权、未支付对价而擅自使用，影响了上诉人对驰名商标的监管，损害了驰名商标所包含的质量保障和信誉价值；淘宝网作为电子商务平台经营者，未履行事前审查和事后补救义务；原审法院将符合商业惯例作为判决被上诉人未构成侵权的主要依据，并援引《中华人民共和国商标法》立法目的作为判案依据系法律适用错误。

被上诉人展进公司答辩称：其销售的是具有合法来源的立邦产品；在店铺网页中使用上诉人产品的商标和图片仅是为了告诉消费者其销售的是立邦公司的产品，以及区分不同的品牌产品，不存在消费者混淆。请求驳回上诉，维持原判。

被上诉人淘宝公司答辩称：展进公司在淘宝网上使用立邦公司商标是为了如实反映所销售商品的提供者，而其销售的恰恰是立邦公司生产的产品，该商标使用符合商标的功能，不构成商标侵权；即使展进公司构成侵权，淘宝公司作为网络服务提供商也不存在主观过错，不构成侵权。据此，请求驳回上诉，维持原判。

二审审理查明

原审法院认定事实基本无误，另查明：在展进公司的淘宝商城店铺"汇通油漆商城"中，首页的中上方是一个图片框，滚动显示三幅不同图片，其中第一幅系多乐士漆广告，第二幅系立邦漆广告（该广告上部显示"Nippon Paint 立邦漆"，下方是立邦涂料的介绍）。点击首页菜单栏中的"代理品

---

① 对应 2013 年 8 月新修订的《商标法》第一条。

牌"链接，页面自上而下分列几个图片框，分别系立邦漆、多乐士、德国汉高、来威漆、华润漆、森戈品牌的广告，其中立邦漆图片框中滚动显示该品牌的四幅广告图片：第一张图片系对一个网页的截图，上方显示"▉ECOLOR 首页 美丽家居 工业与工程 我的立邦 网上商城"，中部是一个图片框，其中显示"▉2010 为爱上色"，该图片框下方左侧系立邦新闻信息，右侧显示有"立邦网络旗舰店 马上登陆"、"漆量计算器"、"为爱上色电子书"等；第三张图片、第四张图片均系立邦漆的产品介绍，其中第三张图片左上方突出显示了"▉装饰新家，刷新幸福"，第 4 张图片左上方突出显示"▉小编 120 分推荐 净味性价王"。

二审判理和结果

展进公司为指示其所销售商品的信息而使用上诉人立邦公司的注册商标，未造成相关公众的混淆，且在商标使用过程中，也不存在对商标的贬损，或是商标显著性或知名度的降低，不存在造成商标权人其他商标利益的损害，故立邦公司指控展进公司构成商标侵权的主张不能成立。而淘宝公司作为网络服务提供者，在展进公司不构成商标侵权的前提下，也不应被认为构成商标侵权。原审法院以是否符合商业惯例作为认定侵权行为的标准，并援引《中华人民共和国商标法》第一条作为裁判依据虽有不妥，但并未影响到本案实体和程序的裁判。据此，依照《中华人民共和国商标法》第五十二条第（一）项①、《中华人民共和国民事诉讼法》第一百五十三条第一款第（一）项②之规定，判决：驳回上诉，维持原判。

【法官评述】

本案系一起商标侵权纠纷，审理关键在于展进公司销售立邦公司产品时使用"立邦"商标是否构成商标侵权，问题核心在于商标指示性合理使用的司法认定。

指示性合理使用指经营者在商业活动中善意合理地使用他人注册商标，客观地说明自己商品或者服务源于他人的商品或服务，或者客观地指

---

① 对应 2013 年 8 月新修订的《商标法》第五十七条第（一）、（二）项。
② 对应 2012 年 8 月新修订的《民事诉讼法》第一百七十条第一款第（一）项。

示自己商品的用途、服务对象以及其他特性，与他人的商品或服务有关。从目前司法实践来看，指示性合理使用主要包括两类：一类是为了说明商品或服务的特点、用途而使用他人商标，尤其表现为对商品零部件或配件、服务对象的说明等；另一类系针对商标权利用尽而言，经商标权人许可或以其他合法方式投放市场的商品，他人购买后可以加以转卖，也可以在广告中推销该商品进而对其商标进行使用。

一、商标指示性合理使用的司法判定标准

我国商标相关法律对指示性合理使用尚无明确规定，但一些部门规章中已有相关规定，要求未经商标注册人允许，他人不得将其注册商标作为专卖店、专营店、专修店的企业名称或营业招牌使用。但因部门规章层级不高，内容亦不全面，故司法实践中，对指示性合理使用的判定仍立足于对传统商标侵权理论的分析，可从两个方面把握：

第一，不属于商标法意义上的使用。即商标使用人的目的不是标识商品或服务来源，而是为了说明或者描述自己的商品。根据《商标法》第五十二条①对于商标侵权行为的列举性规定，以及《商标法实施条例》、《最高人民法院关于审理商标民事纠纷案件适用法律若干问题的解释》相应条款对《商标法》第五十二条第（五）项②商标侵权行为兜底性条款的解释，可知商标直接侵权行为强调对侵权标识进行了商业标识意义上的使用，即无论被控侵权标识是作为商标，或者商品名称、商品装潢、企业名称，均建立了与商品或服务的特定联系，具有了区别商品或服务来源的商标意义。该商标法意义上的使用，是商标功能发挥的基础，也是合理确定商标权保护范围的重要依据。

商标法意义上的使用判断，应结合标识使用的外在表征以及相关公众的混淆可能性进行综合考量。其中包括被控侵权标识使用的大小、位置、含义、显著性、背景及其他相关的客观使用情况，综合判断该标识使用状况传达给相关公众的一般印象，是否作为区分商品或服务来源的标识，或仅是作为产品或服务内容的说明。而是否导致相关公众对商品或服务来源产生混淆则是反向判断该标识使用是否作为商标法意义上的使用的重要标准，该混淆包括产品来源的误认，以及产品生产者与商标所有人关系的误认。

---

① 对应 2013 年 8 月新修订的《商标法》第五十七条。
② 对应 2013 年 8 月新修订的《商标法》第五十七条第（七）项。

第二，未对商标权人造成商标利益上的损害。该标准一般仅适用于第二类指示性使用情形，即转售商品过程中使用他人商标。[①] 商标利益上的损害应以是否妨碍商标功能的发挥为判断依据。商标除标识来源的基本功能外，还具有质量保障、广告、表彰等衍生功能。标识来源的基本功能，也即识别功能，上文已有讨论，指示性使用的成立不涉及对该功能的妨碍。质量保障功能实质上是商业来源意义上的保障功能，保证与特定商标关联的商品具有一定的质量水平。当商品质量发生变化或损坏时，转售将影响商标的质量保障功能，进而影响商标所有人的声誉，造成商标权人商标利益上的损害。广告、表彰功能则更侧重于商标与特定商品或服务的唯一对应性，与商标的显著性、知名度呈正相关，尤其适用于驰名商标，商标与较高程度的品味、身份相关联。当在广告中对商标进行了贬损性使用，影响了商标所固有的形象和声誉时，亦会造成商标权人商标利益上的损害。

二、商标指示性使用与不正当竞争

知识产权本身就具有种类多样性和差异性，各类知识产权具有不同的特质和保护要求，故我国知识产权司法实践历来要求深刻把握加强保护与区别对待的关系。基于立法技术的差异，我国关于商标侵权范畴的界定，相较于英美或大陆法系国家，存在一些差异，故在借鉴移植国外商标指示性合理使用规则时亦应注意与我国知识产权立法体系的协调。体现在司法审判中，应尤为注意区分商标法与反不正当竞争法对于商标指示性使用行为的不同调整范围，不同的请求权基础可能导致裁判结果的差异。

商标法对于商标指示性使用行为的规制旨在调整妨碍商标功能发挥的行为。如果经营者使用他人注册商标不仅仅是宣传商标所有人的商品，也用以宣传经营者自身，并足以导致公众误认为经营者与注册商标专用权人

---

① 关于商标利益上的损害的类型，各国立法和司法中已有涉及，如《欧洲共同体商标条例》第十三条第二款规定："共同体中的所有人有合法理由反对商品继续销售的，尤其是商品在投放市场后，商品质量发生变化或损坏的，上款（即共同体商标所有人无权禁止由其或经其同意，已投放共同体市场标有该商标的商品使用共同体商标）不适用。"欧共体法院亦指出："如果转卖二手商品的方式会导致对商标权人声誉的损害，则商标权用尽原则不再适用，有损于商标权人声誉的广告也是如此。"See Parfums Christian Dior SA and Parfums Christian Dior BV v. Evora BV, Court of Justice, Case C – 337/951（1997）para. 31，转引自王迁：《知识产权法教程》，中国人民大学出版社2011年版，第426页。

之间存在赞助或支持等特殊关系，如误认为经营者是注册商标专用权人的专卖店、特约经销商等，该种混淆或误认不属于商标法所调整的因商标使用导致商品来源混淆，而应归入不正当竞争行为。

在不正当竞争行为的认定中，应结合被控侵权人的主观故意、行为的不正当性、损害后果等情形，综合判断其行为是否达到了不公平的程度，是否需要反不正当竞争法予以救济。与此相对应，美国判例中关于商标指示性合理使用的要件之一"该使用不会暗示得到了商标所有人的支持或者认可"，以及欧盟条例中关于指示性使用"使用符合工商业务中的诚实惯例"，在很大程度上均对应于我国不正当竞争行为的认定。

三、对本案结论的分析

本案中，展进公司在其淘宝网络店铺上销售立邦公司产品时，使用了多幅与立邦产品相关的图片，其中涉及涉案两个立邦商标，结合前文分析可知：

第一，展进公司为指示其所销售商品的信息而使用涉案立邦商标。从商标使用方式来看，商标系图片组成部分，图片主体内容系对立邦产品的介绍。此外，涉案网站上亦同时存在多乐士、德国汉高、华润漆等其他品牌油漆的宣传图片。而从网站的页面设置来看，首页的主体位置均系各品牌油漆商品的图片、名称、价格、销售量等信息。结合图片使用方式以及网页布局，相关公众通常会认为该商标传达的是在售商品的广告，即指示其所销售商品的品牌信息，而不是传达经营者的商号、商标或经营风格。再从被控侵权使用行为是否会使相关公众对服务来源产生混淆和误认角度来分析，该种商标指示性使用，商标直接指向的是商标注册人的商品，并非指向被上诉人展进公司，即立邦商标与立邦商品的对应性并没有受到影响，相关公众也不会认为在售立邦产品来源于被上诉人展进公司。

第二，不存在立邦公司商标利益上的损害。立邦公司并未提供证据证明展进公司销售的立邦产品系假冒其注册商标的商品，在展进公司销售的是立邦公司的产品时，不存在伪造商品或导致产品质量降低的行为，也不存在对商标的贬损行为，故商标的识别、广告、表彰等功能也未受到影响，另外，也不存在消费者对于商品来源认知的混淆，因此，被控侵权使用行为并未造成立邦公司商标利益上的损害。

第三，本案中展进公司行为虽有不妥，但其行为不属于商标法调整的范畴。首先，经庭审查证，"立邦网络旗舰店"系一个网页截图中的一部分文字表述，并非可单独点击的模块，且该截图与其他图片一并在"代理品牌"界面滚动显示，不足以构成整个页面中的突出显示部分，也不属于淘宝网所定义的网络旗舰店。虽然展进公司在网络店铺首页设置"代理品牌"链接，并在代理品牌界面设置众多品牌广告图片，可能会导致相关公众误认为立邦公司与展进公司间存在一定的商业关系。但该种商业关系的混淆并非商标使用的结果，而系根源于展进公司使用立邦广告图片超出了广告宣传产品的必要限度，并对展进公司本身起到了一定的宣传作用。该种行为不属于商标法调整的范畴，并未导致该法所称的商标混淆、商标利益的损害。其次，如果展进公司使用广告图片，足以使相关公众认为展进公司与立邦公司间存在诸如赞助或支持之类的特殊关系，从而使展进公司获取了不正当的竞争利益，达到应给予法律救济的程度，则可以要求适用反不正当竞争法对此进行保护。

综上所述，展进公司为展示其所销售商品的信息而使用立邦公司的注册商标，未造成相关公众的混淆后果，也不存在立邦公司其他商标利益的损害，故立邦公司指控展进公司构成商标侵权的主张不能成立。而淘宝公司作为网络服务提供者，其构成商标侵权应以展进公司构成商标侵权为前提，在被上诉人展进公司不构成商标侵权的前提下，也不应被认为构成商标侵权。

编写人：上海市第一中级人民法院知识产权审判庭　陈瑶瑶

25

南京圣迪奥时装有限公司诉周文刚、南京奥杰制衣有限公司侵害商标权纠纷案

——阅读提示：个体网店经营者销售标有他人注册商标的商品如何进行侵权判定？销售"剪标商品"是否构成商标侵权？

【裁判要旨】

个体网店经营者的销售行为可以从所销售商品的识别特征来划分不同种类，根据网店的销售模式及特点，结合销售者提出的合法来源抗辩的相关证据，综合进行侵权判定。

认定销售"剪标商品"是否构成商标侵权不能一概而论，既要看商品剪除标识后的实际状态，又要看商品销售过程中的具体描述。

【案号】

一审：江苏省南京市中级人民法院（2011）宁知民初字第 447 号
二审：江苏省高级人民法院（2012）苏知民终字第 0218 号

【案情与裁判】

原告（二审被上诉人）：南京圣迪奥时装有限公司（简称圣迪奥公司）
被告（二审上诉人）：周文刚
被告：南京奥杰制衣有限公司（简称奥杰公司）

起诉与答辩

原告圣迪奥公司诉称：原告是 S·Deer 注册商标权人。周文刚自 2007 年 9 月 14 日起在淘宝网上开设侵权店铺"秀气屋（网址为 http：//shop34846278. taobao.com/，原名秀气小屋）"，原告通过公证的方式在该店铺多次购买了被

诉侵权的服装商品，并进行了网页证据保全。原告认为，周文刚侵害了原告涉案的注册商标专用权，而奥杰公司是原告委托加工 S·Deer 品牌服饰的企业，奥杰公司未经原告许可，擅自与周文刚串通，共同制造、销售侵权产品。故诉至法院，请求判令两被告停止侵权、赔礼道歉，周文刚赔偿原告经济损失 50 万元、公证费 12000 元、律师费 1 万元、购买侵权商品费用 2124 元，奥杰公司承担连带赔偿责任，两被告承担诉讼费。

被告周文刚辩称：其所销售的服装均有合法来源，原告要求其赔偿 50 万元和赔礼道歉没有事实和法律依据。

被告奥杰公司辩称：其从未将原告委托加工生产的货品转卖他人，也不认识周文刚，不存在共同侵害原告商标权的行为，请求驳回对奥杰公司的诉请。

一审审理查明

2000 年，原告在国家商标局注册了第 1497412 号 "S·Deer" 商标，核定使用商品为第 25 类服装，该商标经续展注册仍处于有效期限内。2010 年 1 月，国家商标局认定该商标为驰名商标。

2010 年 8 月~2011 年 3 月，原告对周文刚在淘宝网上开设的 "秀气屋（原名秀气小屋）" 店铺销售商品的行为多次进行了公证证据保全，分四次在该店铺内公证购买了八件服装，并实时打印了该店铺的部分网页内容。

原告所选取的上述公证书的部分网页打印件可见淘宝网上的 "秀气小屋" 店铺图标中使用了 "S·DEER" 的字样，店铺信息包含 "圣迪奥特惠专卖"、"主营宝贝：圣迪奥 sdeer 专柜正品 原价 代购"、"开店时间：2007 年 9 月 14 日" 等内容；部分网页上放大使用了 "SDEER 热卖款"、"SDEER 正品"、"S·DEER 2010 秋冬新品上线"、"圣迪奥风格专卖" 等字样对商品进行宣传。

庭审中，双方当事人对原告公证购买并封存于四个纸箱内的服装上公证处封条完整性核对无异后，当庭拆封。可见封存于 2010 年 9 月 2 日的纸箱内有两件邮件，其中一件为一条炭灰蓝色牛仔中裤，裤子腰部的标签和吊牌上标注了 "S·DEER" 字样，吊牌包括售后服务纸牌和合格证纸牌，但纸牌的用纸和印刷质量较差，合格证上标注的零售价为 209 元，水洗标上标注了制造商为 "南京圣迪奥时装有限公司"、地址为 "南京市雨花台区安德门大街 33 号" 等信息。封存于 2011 年 1 月 14 日的纸箱内有两件服装。其中一件为炭黑蓝色毛呢格子中裤，裤子腰部的标签和吊牌上标注了"S·DEER"字样，里料上分布了有规则排列的"S·DEER"和"s·deer"字样，吊牌包括"S·DEER"售后服务纸牌、备用纽扣包以及标注原告圣迪奥公司的名称和地址、"S·DEER"字样、产品名称、执行标准、质量等级、零售价、商品条形码等信息的纸牌，零售价为 229 元，水洗标上标注了制造商为"南京圣迪奥时装有限公司"、地址为"南京市雨花台区安德门大街 33 号"等信息；一件为女式带帽棉衣，无吊牌，领标上使用了"S·DEER"字样，袖子里料上分布了有规则排列的"S·DEER"和"s·deer"字样，水洗标上标注了制造商为"南京圣迪奥时装有限公司"、地址为"南京市雨花台区安德门大街 33 号"等信息。封存于 2011 年 1 月 28 日的纸箱内有两件服装。一件为深玫红不规则门襟粗花呢外套，无吊牌，领标和水洗标有被剪去的痕迹，衣服里料上分布了有规则排列的"S·DEER"和"s·deer"字样；一件为中蓝色女士格子棉衣，领标和吊牌上标注了"S·DEER"字样，吊牌包括售后服务纸牌、合格证纸牌和备用纽扣包，但纸牌的用纸和印刷质量以及备用纽扣包的塑料袋包装质量较差，合格证上标注的零售价为 399 元，水洗标上标注了制造商为"南京圣迪奥时装有限公司"、地址为"南京市雨花台区安德门大街 33 号"等信息，衣服里料上分布了有规则排列的"S·DEER"和"s·deer"字样。封存于 2011 年 3 月 11 日的纸箱中有三件服装。一件为墨绿色闪亮小坎肩，衣服里侧的标签使用了"S·DEER"的字样，吊牌包括"S·DEER"售后服务纸牌以及标注原告圣迪奥公司的名称和地址、"S·DEER"字样、产品名称、执行标准、质量等级、零售价、商品条形码等信息的纸牌，吊牌标注的零售价为 99 元，水洗标上标注了制造商为"南京圣迪奥时装有限公司"、地址为"南京市雨花台区安德门大街 33 号"等信息；一件为假两件条纹坎肩连身裙，无吊牌、领标，裙子下摆里侧的标签使用了"S·DEER"的字样，水洗标有被剪去的痕迹；一件为女式假两件针织连帽长袖衫，无吊牌、领标，衣服里侧的标签使用了"S·DEER"的字样，水洗标上标注了制造商为"南京圣迪奥时装有限公司"、地址为"南京市雨花台区安德门大街 33 号"等信息。

原告为本案诉讼支出公证费 12000 元、律师费 10000 元、购买被诉侵权商品的费用 2124 元等合理费用。

周文刚提供了部分 2010 年 10 月至 2011 年 5 月期间合肥青云服饰广场、合肥七店、合肥乐普生店、合肥拓基 12 店、合肥鼓楼 16 店、合肥总店、奥特莱斯淘宝店的销售小票和安徽百大乐普生商厦有限责任公司、合肥鼓楼高新商厦有限责任公司、安徽青云服饰有限公司的销售发票，金额从几百元至几万元不等，这些销售票据中大都显示了圣迪奥服饰、圣·迪奥、s.deer 等相关信息，周文刚当庭陈述这些票据系其在这些店铺或商场购买圣迪奥服装的消费记录。庭后，原告确认这些店铺都是经过原告授权经营的店铺，都是有权销售商标为 SDEER 品牌商品的店铺。

一审判理和结果

原告公证购买的服装从识别信息来划分可以分为三类：第一类是领标或标签、水洗标、吊牌等识别信息完整的，包括炭黑蓝色毛呢格子中裤、墨绿色闪亮小坎肩；第二类是领标、水洗标、吊牌等识别信息形式完整，但吊牌质量明显较差、销售价格较低的，包括炭灰蓝色牛仔中裤、中蓝色女式格子棉衣；第三类是识别信息不完整的，包括女式带帽棉衣、深玫红不规则门襟粗花呢外套、假两件条纹坎肩连身裙、女式假两件针织连帽长袖衫。

对于第一类服装，从现有证据来看认定周文刚的销售行为侵害原告的注册商标专用权依据不足，理由如下：1. 这些服装不仅识别信息完整，而且水洗标上标注的制造商名称和地址与原告完全吻合，原告未提供相应的证据证明这些服装是假冒其注册商标的商品；2. 周文刚所提供的销售小票和销售发票尽管被告当庭确认无法与原告公证购买的服装、被告销售的服装形成一一对应关系，但本院认为从这些票据来看，周文刚确实提供了在原告认可的、经原告授权经营并有权销售原告商标品牌商品的店铺购买数量较多的服装的消费记录，故结合周文刚持有这些票据的事实和这些服装本身的特征不能排除其系被告购买的原告的正品服装。

对于第二、三类服装，周文刚的销售行为侵害了原告的注册商标专用权。此外，周文刚在淘宝网上"秀气屋（秀气小屋）"店铺使用"Sdeer"、"sdeer"、"SDEER"、"S·DEER"字样进行店面宣传，是以从事销售涉案服装的商业经营活动为目的使用上述字样的，容易对消费者产生误导，误认为被告所销售的服装全部来源于原告，或被告系取得原告授权的加盟商，属于以广告宣传的形式将与原告涉案注册商标相近似的商标用于同一种服装商品上的行为，亦侵害了原告的注册商标专用权。

据此，一审法院依据《中华人民共和国商标法》第五十二条第（一）、

（五）项①、第五十六条第一、二款②，《中华人民共和国商标法实施条例》第三条、第五十条第（一）项，《最高人民法院关于审理商标民事纠纷案件适用法律若干问题的解释》第九条第二款、第十六条第一、二款，《中华人民共和国民事诉讼法》第一百三十条之规定，判决：一、周文刚自判决生效之日起立即停止在淘宝网上"秀气屋（网址为 http：//shop34846278. taobao. com/，原名秀气小屋）"店铺销售侵害原告第 1497412 号"S·Deer"注册商标专用权的商品；二、周文刚自判决生效之日起立即停止在前述店铺使用"Sdeer"、"sdeer"、"SDEER"、"S·DEER"字样进行店面宣传；三、周文刚自判决生效之日起十五日内赔偿原告经济损失 18 万元及为维权支出的合理费用 24124 元；四、驳回原告的其他诉讼请求。一审案件受理费 9241 元，由周文刚负担。

上诉与答辩

周文刚不服一审判决，提起上诉称：其销售的涉案服装均有合法来源，没有侵权故意，不应承担任何侵权责任。

圣迪奥公司答辩意见为：周文刚存在诸多侵犯原告商标权的行为，其并无证据证明销售的涉案服装均有合法来源，请求驳回上诉、维持原判。

二审审理查明

圣迪奥公司二审中确认其未使用过周文刚店铺所销售的第二类服装中的吊牌。周文刚二审中确认其经营的秀气屋（原名秀气小屋）店铺在圣迪奥公司公证时为皇冠级，差不多销售 1 万件可达到皇冠级；2010 年 5 月至 2011 年 1 月该店铺通过淘宝网销售圣迪奥服装的数额为 478007 元。

二审判理和结果

一审判决所作认定符合民事诉讼证据规则中高度盖然性的证明标准。本案中，周文刚销售的被控侵权服装分为三类，对于第一类服装，一审判决认定周文刚销售的是侵害商标权的服装依据不足，圣迪奥公司对此未提出上

---

① 对应 2013 年 8 月新修订的《商标法》第五十七条第一款第（一）、（二）、（七）项。

② 对应 2013 年 8 月新修订的《商标法》第六十三条。

诉，一审裁判理由说理充分，对此予以确认。对于周文刚销售的第二类和第三类服装，一审判决认定构成侵权亦无不当。

关于第二类服装，周文刚主张其系从圣迪奥公司的专卖店、专柜购得的主张依据不足。理由如下：首先，此类服装虽然识别信息完整，但吊牌与第一类服装的吊牌相比，纸质和印刷质量均较差，圣迪奥公司明确确认其未使用过第二类服装吊牌，而周文刚未进一步提供证据证明圣迪奥公司使用过该种吊牌。其次，此类服装零售价分别是 209 元和 399 元，周文刚实际销售的价格为 98 元和 238 元，售价与原价相比优惠折扣较大，均在六折以下，不能确认系圣迪奥公司正品服装。再次，周文刚提供的其在圣迪奥公司专卖店、专柜的进货记录远远低于其销售数额亦不能证明其第二类服装来自圣迪奥公司。周文刚二审中确认，其七个月内销售的服装超过了 47 万元，且其所销售的主要是第二类服装，如果自 2007 年 9 月 14 日周文刚开店开始，计算至 2011 年 6 月 30 日，其销售额显然会更高。而周文刚仅提供了小部分的进货记录，并且这些消费记录也已作为其第一类服装进货依据，进而认定其销售的第一类服装有合法来源，不构成商标侵权，不能再作为第二类服装不构成侵权的依据。

关于第三类服装，周文刚的销售行为亦构成商标侵权。理由是：首先，第三类服装仍带有部分"S·Deer"商标。这类服装虽然有的没有吊牌，有的没有领标，有的领标、水洗标有人为剪去的痕迹，但这些服装的领标、里料或者标签等处均仍有部分"s·deer"商标标识。这些"s·deer"商标标识的使用未经圣迪奥公司许可，且与圣迪奥公司注册商标构成高度相似，属于在同一种商品上使用与注册商标近似商标的行为，构成商标侵权。其次，周文刚在销售第三类服装过程中使用了"S·Deer"商标标识。在这类服装的销售过程中，周文刚在其网页上标注"SDeer 圣迪奥正品"或者在标注"剪标"的同时又标注"SDeer 圣迪奥正品"，亦属于在同一种商品上使用与注册商标高度近似商标的行为，构成商标侵权。第三，周文刚亦未能证明其销售的第三类服装有合法来源。周文刚提供的合法来源的证据主要是聊天记录，从这些记录来看，周文刚不能说明服装销售者是谁，且没有其他证据予以佐证，不能证明其销售的服装有合法来源，依法应承担相应的民事责任。

周文刚在其网店上销售涉案服装未取得圣迪奥公司商品专卖许可，且其销售的服装并非均是正品，周文刚在网站上所作店面销售宣传行为中使用圣迪奥公司商标的行为不属于指示性合理使用，侵害了圣迪奥公司注册商标专用权。

据此，二审法院依照《中华人民共和国民事诉讼法》第一百五十三条第一款第（一）项①之规定，判决驳回上诉，维持原判决。二审案件受理费9241 元，由周文刚负担。

【法官评述】

本案主要的争议在于被诉侵权商品是否侵权，这也是案件审理的难点和重点。本案中，圣迪奥公司多次公证购买了周文刚销售的多种服装，包括裤子、棉衣、外套、坎肩、裙子等八件商品，这些服装商品本身的特征并不相同。既有领标、吊牌等识别信息完整的，也有很多是剪标商品，对于剪标商品是否认定侵权是在案件审理中遇到的新问题。

目前，网店销售侵权产品的情形比较复杂。有的网店完全销售侵权产品，有的网店既销售经商标权人授权的正品也销售侵权产品。本案即属于后一种情形。周文刚的网店销售数额较大，仅从 2010 年 5 月至 2011 年 1月，周文刚所经营的淘宝网店销售圣迪奥服装的金额就达 478007 元，店铺级别为皇冠级。但周文刚作为个体经营者财务状况比较混乱，销售正品的数量与侵权产品的数额无法一一查实。本案的判决参考服装销售行业的惯例，根据被诉侵权服装商品的识别信息是否完整等特征，将其分为三个不同的类别；在此基础上，根据网店的销售模式及特点，综合各方当事人的陈述及相关证据，对这些服装商品是否侵权作出了不同的认定。尤其值得关注的是，对于周文刚销售的第三类商品，尽管大部分都是剪标商品，但是一方面这些商品对于商标或标识的剪除和清理并不完整，有的领标使用了"S·DEER"字样，有的里料使用了"S·DEER"和"s·deer"字样，有的服装内侧使用了"S·DEER"字样的标签；另一方面，周文刚在销售过程中标注"Sdeer 圣迪奥专柜正品"或在明确标注"剪标"的同时又标注"Sdeer 圣迪奥正品"的字样，同样属于在同一种服装商品上使用与原告注册商标相近似商标的行为。而且周文刚在销售剪标服装时在网页上标明"因品牌敏感原因，此款剪标剪吊牌，介意的亲慎拍"等字样，可见其对于圣迪奥公司享有注册商标专用权及其特许经营的模式是知情的，具有

---

① 对应 2012 年 8 月新修订的《民事诉讼法》第一百七十条第一款第（一）项。

侵权的主观故意。本案的判决对商品是否侵权、是否有合法来源的认定标准和条件进行了分析，对被告作为网店个体经营者应当负担恰当的注意义务和举证责任予以考虑，既有效保护了商标权人的合法权益，又平衡了个体经营者的利益。

这个案件之所以具有推广价值，一方面是对侵权商品进行分类认定，突破了以往司法实践中销售商不能提供与侵权商品直接相对应的证据即认定合法来源抗辩不成立的一般做法，这是一种判决的创新。另一方面也和当前网络销售的热门程度紧密相关。本案判决对于当前盛行的网络销售体制具有较好的规范作用，对广大网店经营者具有较好的教育作用，鼓励他们合法、诚信经营，提高知识产权保护的意识，避免在经营过程中发生侵害他人知识产权的行为，倡导他们从避免侵权逐渐走向创建独立品牌的营销之道。对于广大消费者而言，网购已经成为一种日常的消费模式，如果网络上充斥着侵权商品，不仅其合法权益得不到保障，而且也不利于市场经济健康、有序地发展。

编写人：江苏省南京市中级人民法院知识产权审判庭　周晔

26

法国轩尼诗公司诉郑维平、昌黎轩尼诗 酒庄有限责任公司、上海华晋贸易有限公司、 秦皇岛玛歌葡萄酿酒有限公司侵害 商标专用权及不正当竞争纠纷案

——阅读提示：域名与商标权人的商标存在一定差别时，应如何认 定是否构成侵权？对域名相关信息，国内和国外域名查询网站 提供的结果不一致时，应如何认定？

【裁判要旨】

虽然域名与注册商标存在一定的差别，但对其进行使用的行为仍然可 能损害诚实信用原则，该行为仍可受到《反不正当竞争法》的规制。CN 域名相关信息的确定，应当以中国互联网络信息中心提供的结果为准。

【案号】

一审：安徽省合肥市中级人民法院（2003）合民三初字第 00029 号

【案情与裁判】

原告：法国轩尼诗公司（Societe Jas Hennessy & Co.）

被告：郑维平

被告：昌黎轩尼诗酒庄有限责任公司（简称昌黎轩尼诗公司）

被告：上海华晋贸易有限公司（简称华晋公司）

被告：秦皇岛玛歌葡萄酿酒有限公司（简称玛歌公司）

起诉与答辩

原告轩尼诗公司 2012 年 1 月 11 日起诉称：原告在中国注册了"Hennessy"、"轩尼诗"以及"手持战斧图形"商标。

原告发现昌黎轩尼诗公司、华晋贸易公司、玛歌酿酒公司共同经营侵权葡萄酒，产品使用与原告商标相同或近似的"HENNSEEY"及"手持战斧图形"商标，外包装标有"轩尼诗酒庄葡萄酒"、"中国战略推广商：上海华晋贸易商贸有限公司"、"轩尼诗酒庄葡萄酒授权秦皇岛玛歌葡萄酿酒有限公司灌装"等字样。华晋贸易公司还通过互联网推广营销。郑维平在合肥进行实际销售，并注册"hensy.cn"域名供华晋贸易公司使用，与各被告形成共同侵权，应承担连带责任。四被告构成共同商标侵权。昌黎轩尼诗公司将"轩尼诗"作为字号构成不正当竞争。原告诉请判令：昌黎轩尼诗公司停止使用并变更带有"轩尼诗"字样的企业名称；华晋贸易公司停止使用 hensy.cn 域名；四被告停止侵犯原告"轩尼诗"、"Hennessy"及"手持战斧图形"注册商标权，连带赔偿原告损失（含合理费用）60 万元，在《中国法制报》上消除影响，共同承担诉讼费。

郑维平、华晋贸易公司共同答辩称：本案起诉状仅有受托律师签名及其所在律师事务所印章，无轩尼诗公司印章或法定代表人签字，受托人不能代替原告地位，不能取代原告主张权利。原告主张郑维平侵权的主要证据是公证书，但公证非公开进行，缺乏公正性，应为无效。公证书提及的侵权行为人不能认定是郑维平。即使证实是郑维平，因其担任华晋贸易公司法定代表人，其行为属职务行为。"hensy.cn"域名主体与原告"Hennessy"商标区别显著。即使认定郑维平、华晋贸易公司或之一构成侵权，亦限于在合肥市私下销售，致原告损失很小，原告的诉请过高且超出法定标准，要求在全国性报刊上消除影响不合适。

昌黎轩尼诗公司辩称：原告不是合适的诉讼主体；其未经营原告指控的产品；公司名称经工商部门核准注册，原告应通过行政途径来解决。

玛歌酿酒公司书面答辩称：其从未使用"轩尼诗"、"Hennessy"及"手持战斧图形"商标。

一审审理查明

原告在中国在第 33 类商品先后注册了第 890628 号"Hennessy"商标（1996 年 10 月 28 日注册）、第 890643 号"手持战斧图形"商标、第 3909238 号"轩尼诗"商标（2005 年 11 月 28 日注册）。"Hennessy"商标 2006 年被广东省汕头市中级人民法院认定为驰名商标。

昌黎轩尼诗公司成立于 2008 年 6 月 25 日，从事葡萄酒等批发。玛歌酿酒公司从事葡萄酒等加工。郑维平是昌黎轩尼诗公司、华晋贸易公司的法定代表人、股东。

2011 年 9 月 9 日，原告申请公证以下过程：登录网址为 http：//www.whois－search.com 的互联网站，在搜索栏输入"hensy.cn"，查得："Registrant Organization：上海华晋贸易有限公司 Registrant Name：郑维平 Registration Date：2009－04－08 12：16：17"。登录网址为 http：//www.hensy.cn 的网站，网页上部有"法国轩尼诗酒庄全国营运中心"、"Hennessy"、"手持战斧图形"等；"公司简介"栏介绍"轩尼诗（中国）有限公司是一家专注于进口葡萄酒的专业品牌销售公司，主要经营的是法国原产地优质轩尼诗葡萄酒"等；"公司荣誉"栏展示华晋贸易公司的《食品流通许可证》、《组织机构代码证》、《税务登记证》以及《企业法人营业执照》；"产品中心"栏有众多酒产品照片，显示酒瓶标签及包装盒均出现"Hennessy"、"手持战斧图形"标识，网页还有"轩尼诗酒 不只是一杯欧洲红酒"、"来自法国的浪漫"、"源自欧洲"等字样，以及有关法国葡萄酒十大产区的介绍；"销售网络"、"联系我们"栏均有"全国运营中心 地址：上海市枫泾开发区 手机：13965139268 联系人：郑先生"等。

2011 年 9 月 10 日，原告申请公证以下过程：原告代理人马常杰来到安徽省合肥市潜山北路 468 号丰乐苑 4 栋 1501 室，一自称"郑维平"的男子交给马常杰一张名片，印有"上海华晋贸易有限公司 郑维平 13965139268 轩尼诗酒庄中国营运中心 地址：合肥市潜山北路 468 号 公司网址：www.hensy.cn"以及"手持战斧图形"、"Hennessy"等。马常杰购买了四瓶葡萄酒，男子手写了署名为"郑维平"的收条。四瓶葡萄酒的外包装纸袋、包装硬盒、酒瓶瓶口塑封、瓶身标签上，印有"Hennessy"、"手持战斧图形"标志，瓶身标签印有"轩尼诗酒庄葡萄酒"、"原产地：法国法定产区"、"中国战略推广商：上海华晋贸易有限公司"、"France Chateau Hennessy"、"PRODUIT DE FRANCE"、"This French red wine"等。其中"Hennessy"、"轩尼诗"与原告"Hennessy"、"轩尼诗"商标的字符一致，"手持战斧图形"与原告的"手持战斧图形"商标基本无差别。

一审判理和结果

法院归纳并分析争点为：

一、本案起诉是否有效

原告向代理人出具委托书并经公证认证，内容合法，委托行为有效。代理人权限为特别授权，包括代为提起诉讼和签署法律文书等。诉状的首部列明本案原告为轩尼诗公司，代理人在末尾署名。代理人以原告名义撰写诉状，性质属于代原告提起诉讼，未超授权范围，起诉合法有效。

二、四被告是否侵害原告商标权

根据公证书，原告代理人 2011 年 9 月 10 日在安徽省合肥市潜山北路 468 号丰乐苑 4 栋 1501 室购买四瓶被诉酒产品。郑维平否认其是公证书所载售酒男士。但此前法院使用上述地址向郑维平邮寄应诉材料时，其已签收；郑维平在法院送达地址确认书中也填写该地址，填写的联系电话也与售酒男士名片中号码一致。故法院认定该售酒男士是郑维平本人。郑维平销售时的名片表明其系华晋贸易公司工作人员；其确系该公司法定代表人、执行董事；华晋贸易公司也主张若能证实该售酒男士是郑维平，则其行为属于职务行为；被诉产品标签也标明由华晋贸易公司推广。法院认定郑维平销售视为华晋贸易公司销售。

四瓶被诉酒产品标示"Hennessy"与原告"Hennessy"商标的构成字串一致，标示"手持战斧图形"与原告"手持战斧图形"商标基本无差别。华晋贸易公司销售行为侵害原告商标权。

侵权酒产品标有"轩尼诗酒庄葡萄酒"不能确定地指向昌黎轩尼诗公司；昌黎轩尼诗公司亦不认可，故不能认定该次销售及侵权酒产品与该公司相关。

网址为 http：//www.hensy.cn 的网站标示"法国轩尼诗酒庄全国营运中心"；网站的全部内容即是宣传、推广侵权葡萄酒产品；网站大量图片显示其产品与上述四瓶侵权酒产品非常类似；网站的联系人信息"手机：13965139268 联系人：郑先生"直接指向郑维平；华晋贸易公司认可郑维平销售侵权产品系职务行为；郑维平以该公司员工身份使用的名片印有"公司网址：www.hensy.cn"等内容。故华晋贸易公司虽然否认该网站由其使用，上述事实足可证明网站由华晋贸易公司使用。该网站大量使用"Hennessy"、"手持战斧图形"标识，侵害原告对"Hennessy"、"手持战斧图形"商标的权利。网站宣传"轩尼诗（中国）有限公司是一家专注于进口葡萄酒的专业品牌销售公司，主要经营的是法国原产地优质轩尼诗葡萄酒"、"轩尼诗酒不只是一杯欧洲红酒"等，其中的"轩尼诗"系品牌，主指商标，构成对原告"轩尼诗"商标的使用，侵害原告对"轩尼诗"商标的权利。

原告主张玛歌酿酒公司侵害商标权以及四被告存在生产行为，缺乏事实依据。

三、昌黎轩尼诗公司名称使用"轩尼诗"是否构成不正当竞争

原告注册"轩尼诗"商标早于昌黎轩尼诗公司设立时间。"轩尼诗"是臆造词，除用来指向原告及其产品外无其他含义，昌黎轩尼诗公司使用"轩尼诗"，缺乏令人信服的诚实信用事由；其与原告同处酒类行业，应当知晓以"轩尼诗"为字号容易引发混淆，或者令相关公众误认为其与原告存在某种关联。根据《最高人民法院民事审判第三庭关于转发（2004）民三他字第10号函的通知》中的意见，构成不正当竞争。

四、华晋贸易公司是否使用 hensy. cn 域名并应停止使用

如前所论，华晋贸易公司构成对被诉域名 hensy. cn 的使用。"hensy"与原告"Hennessy"商标相比，应是源于后者、有模仿后者的意图。二者的长度差别明显，分别使用于无关场合时，不致令人混淆或误认为二者存在关联。但被诉域名的网站内容表明，该网站的唯一功能就是宣传、销售侵害原告权利的葡萄酒产品；在网站"Hennessy"等标识以及大量指向原告的虚假宣传内容的诱导暗示下，可能导致网站访问者误认为被诉域名主体"hensy"是"hennessy"的简化，强化了访问者对网站的信任，增加了访问者被误导之可能。华晋贸易公司对被诉域名的使用强化了网站内容引发的侵权后果，应停止使用。

五、责任承担

玛歌酿酒公司侵权事实不足。昌黎轩尼诗公司名称中使用"轩尼诗"字样构成不正当竞争，应停止使用。华晋贸易公司销售侵权产品，通过网站发布侵权信息，应停止侵权、消除影响并赔偿损失。法院酌定赔偿 12 万元。

原告请求郑维平承担连带责任，主张其设立两公司目的在于销售侵权产品，为两公司侵权提供了基础条件。法院认为，公司设立必然借助自然人之手，不能因郑维平参与公司设立而认定其对公司侵权提供了条件或帮助。原告还主张郑维平组织操控两公司进行侵权。法院认为，无证据显示昌黎轩尼诗公司参与销售；原告亦未提供郑维平与华晋贸易公司在人格、财产、业务等方面构成混同或其他滥用公司独立人格或股东有限责任的证据。原告还主张，郑维平注册 hensy. cn 域名供华晋贸易公司使用，且其知道网站被用于侵

权，注册目的在于利用网站宣传销售侵权产品。法院认为，原告通过网址为 http：//www. whois‑search. com/的网站查询被诉域名 hensy. cn，显示域名注册人是郑维平；因该网站是域外网站，法院后经中国互联网络信息中心网站"国家网络目录数据库收录信息查询"功能查询被诉域名，显示郑维平是"域名注册联系人"，未明确其是域名注册人。《中国互联网络信息中心域名注册实施细则》第二条规定，CN 域名的申请注册由中国互联网络信息中心管理，故其网站查询结果的权威性应当高于域外网站，原告的查询未能得到该中心网站的支持。原告查得被诉域名注册人郑维平是自然人，与实施细则第四条关于域名注册申请者应当是依法登记且能独立承担民事责任的组织的规定不一致；原告查询结果与国内职能管理组织的规定存在冲突，证明力更被削弱，仍应进一步举证。综上，其该项主张不成立。

法院依照《中华人民共和国民法通则》第一百三十四条第一款第（一）、（七）、（九）项、第二款，《中华人民共和国商标法》第五十二条第（一）、（二）项①，第五十六条第一款、第二款②，《中华人民共和国反不正当竞争法》第二条第一款、第二款，《中华人民共和国民事诉讼法》第六十四条第一款③、第一百三十条④，《最高人民法院关于审理商标民事纠纷案件适用法律若干问题的解释》第十六条第一款、第二款，第十七条，《最高人民法院关于审理注册商标、企业名称与在权利冲突的民事纠纷案件若干问题的规定》第四条，《最高人民法院关于审理涉及计算机网络域名民事纠纷案件适用法律若干问题的解释》第四条之规定，判决：一、华晋贸易公司停止侵犯原告对第 890628 号、第 3909238 号、第 890643 号商标的商标权，即停止在产品瓶盖塑封、瓶身标签、包装盒、包装袋，以及名片上使用"Hennessy"、"轩尼诗"、"手持战斧图形"标识；二、昌黎轩尼诗公司停止在企业名称中使用"轩尼诗"字样；三、华晋贸易公司停止使用 hensy. cn 域名；四、华晋贸易公司赔偿原告 12 万元；五、华晋贸易公司在《法制日报》上就其侵权行为刊登声明，消除影响；六、驳回原告其他诉讼请求。

---

① 对应 2013 年 8 月新修订的《商标法》第五十七条第（一）、（二）、（三）项。
② 对应 2013 年 8 月新修订的《商标法》第六十三条。
③ 对应 2012 年 8 月新修订的《民事诉讼法》第六十四条第一款。
④ 对应 2012 年 8 月新修订的《民事诉讼法》第一百四十四条。

【法官评述】

关于域名侵权纠纷。目前法院处理域名侵权类案件的依据主要是《最高人民法院关于审理涉及计算机网络域名民事纠纷案件适用法律若干问题的解释》（简称域名纠纷解释）、《最高人民法院关于审理商标民事纠纷案件适用法律若干问题的解释》（简称商标纠纷解释）以及《反不正当竞争法》的相关规定。《反不正当竞争法》虽然没有有关域名问题的专门规定，但其第二条第一款作为反不正当竞争的纲领性条款，经常被援引适用于包括域名侵权在内的各种新类型不正当竞争案件。

本案被告能够从被诉域名的使用行为中获得不法利益，但究竟应定性为商标侵权还是不正当竞争？侵害商标权纠纷区别于不正当竞争的核心特征是：符号的商标性使用进入了他人商标权的范围。是否商标性使用，应从消费者的角度观察符号是否被认作商标性标识并发生标记作用，消费者是否受到该种标记作用的影响。在这里，符号应具有独立而清晰的符号形象，其标记作用应是直接和独立的。上述特征在《商标法》第五十二条①、《商标法实施条例》第五十条②以及商标纠纷解释第一条第（一）、（二）项规定的商标侵权具体类型中均能得到印证，符合商标纠纷解释第一条第（三）项规定中的行为也应当体现这一点。

本案原告的"Hennessy"商标具有较高的知名度（在我国有作为驰名商标受保护的记录），被告对其域名主体"hensy"的注册、使用缺乏正当事由，从字母组成看，可能具有对前者的模仿意图，这种意图由于后者名下网站的内容而被确认。域名纠纷解释的第四条第（二）项涉及商标模仿问题，该项规定对驰名商标或普通商标的复制、模仿等，均应达到引发误认可能的程度。但"hensy"与"Hennessy"在文字组合上确实存在一定差别。处于隔离状态时，通常不会引致对后者的联想，模仿程度尚不足以造成误认，与构成商标侵权所具备的标识"相同或近似"的标准尚存在一定的差距，但被诉域名注册并商业使用会导致与原告产品、服务或网站的混淆。常见的一种情形是，被告通过被诉域名下的网站来经营原告产品的同类产品，被诉域名主体因与原告商标相同或相似，导致双方产品的混淆；

---

① 对应 2013 年 8 月新修订的《商标法》第五十七条。
② 对应 2014 年 4 月新修订的《商标法实施条例》第七十五、七十六条。

如果被告网站域名主体不与原告商标相同或相似，被告网站上的产品将不会被混淆为原告产品。但本案被诉域名缺乏这种混淆功能，仅从被诉域名主体本身不足以引发公众对原告"Hennessy"商标的联想。但是，被告网站的内容全部围绕"轩尼诗/Hennessy"品牌产品，被诉域名的作用在于，在网站浏览者通过网站内容获知产品就是原告产品后，域名进一步地误导浏览者该网站属于原告或与原告相关，从而强化浏览者对网站内容的信任程度，增加了误导成功的可能性。域名的误导功能产生于网站内容产生的误导基础之上，对网站内容的误导后果具有进一步的增强作用。易言之，网站内容所致作用有二：一是告诉消费者被告产品就是原告产品；二是暗示域名主体"hensy"是"Hennessy"的简化形式。第二个作用又暗示消费者，该网站与原告相关。该结果又反过来增强了消费者对网站内容的信任。在第一个作用即使得被告产品被当作原告产品这一环节上，主要是由网站内容来完成的，虽然域名没有发生直接作用，但其在客观上通过与网站内容的结合，仍然会使消费者对域名注册人与原告的关系产生联想。被告注册和使用域名的行为仍然是一种典型的搭便车行为，损害了正常的竞争秩序和商业道德。

关于域名注册人的查询与确定问题。在确认被诉域名的使用构成侵权之后，需要查明域名注册人，以便认定侵权主体以及分配侵权责任。对于域名注册人等域名信息的查明问题，互联网域名系统提供了一项名为WHOIS的信息服务，来满足人们对域名相关信息的了解需求。WHOIS是用来查询域名的IP以及所有者等信息的传输协议。换个角度看，WHOIS就是一个用来查询域名是否已经被注册，以及注册域名的详细信息的数据库，通过WHOIS可以实现对域名信息的查询。由于存在多种具体查询途径，法院应采信最权威的查询方式获得的查询结果。目前国内提供WHOIS查询服务的网站有万网（网址http：//www.net.cn/）、站长之家（网址http：//www.chinaz.com/）等。本案原告在查询被诉域名hensy.cn时，使用了网址为http：//www.whois-search.com/的网站，查询结果显示郑维平为域名注册人（Registrant Name：郑维平），同时，网站记载的联系信息表明网站的联系地址为英国德比郡。但该网站的免责声明特别指出，其不控制、也不维护通过该网站查得的信息，如果发现域名信息有误，建议联系相应的域名注册机构。被诉域名是CN类域名，根据《中国互联网络域名注册暂行管理办法》、《中国互联网络信息中心域名注册实施细则》的规定，该类域名的申请注册由中国互联网络信息中心管理。故在原告通过其他途径进行查询的结果与中国互联网络信息中心的查询结果不一致时，应当以后者为准。

编写人：安徽省合肥市中级人民法院知识产权审判庭　张宏强

27

年年红国际食品有限公司诉德国舒乐达公司、厦门国贸实业有限公司侵害商标权纠纷案

——阅读提示：贴牌加工中，被告能否以《商标法》第三十一条的规定作为不侵权抗辩事由？

【裁判要旨】

诚实信用原则是民事活动的"帝王条款"，包括商标注册、转让等在内的一切民事活动均应予以遵守。贴牌加工案件中，注册商标权人的注册商标是恶意抢注他人商标，被诉侵权的在先商标使用人以此为由提出抗辩的，应当予以支持。

【案号】

一审：福建省厦门市中级人民法院（2011）厦民初字第 158 号

二审：福建省高级人民法院（2012）闽民终字第 378 号

【案情与裁判】

原告（二审上诉人）：年年红国际食品有限公司（简称年年红公司）

被告（二审被上诉人）：德国舒乐达公司 I. Schroeder KG（GmbH&co.）（简称舒乐达公司）

被告（二审被上诉人）：厦门国贸实业有限公司（简称国贸公司）

起诉与答辩

2011 年 3 月 11 日，原告年年红公司起诉称：其于 2008 年 6 月 14 日取得注册号为 199911 的"ⓘsKa"注册商标，注册类别第 29 类，核定使用商品包括"蘑菇罐头；蔬菜罐头；水果罐头；豌豆罐头"，且其至今持续使用该商

标。2010 年 4 月 27 日，国贸公司向厦门海关申报出口一批到俄罗斯联邦的蘑菇罐头 3507 箱，该批蘑菇罐头标识有 (iska) 商标。该批侵权蘑菇罐头是舒乐达公司委托国贸公司定牌加工生产的，且舒乐达公司长期以来委托国贸公司大量生产该侵权产品。原告起诉请求判令：1. 两被告立即停止侵害原告 (iska) 商标专用权的行为，销毁库存侵权产品，回收、销毁在流通渠道中的侵权产品；2. 两被告共同赔偿原告因侵权而遭受的损失人民币 50 万元；3. 两被告承担本案诉讼费用。

被告舒乐达公司辩称：1. 其于 1967 年便开始注册、使用该商标，于 1981 年 6 月创作了版权作品并于同年 10 月在希腊以登记商标的形式发表，所以其拥有在先商标权利及版权；2. 涉案商标的原始注册人广西玉林市瑞林罐头食品厂（简称瑞宁食品厂）在申请商标前早已明知涉案商标、版权作品的拥有人系舒乐达公司，其在中国注册涉案商标显然属于恶意抢注；3. 原告公司法定代表人苏宇石曾经与其达成商标受让协议，但后来索要高额转让费，暴露其牟取暴利的意图；4. 其自 1967 年一直使用涉案商标至今，并且是全球统一使用。在中国有证据证明使用的最早时间是 1997 年，使用具有正当性；5. 其申请了 (iska) 的文字商标，对该文字的版权先于原告取得商标，国贸公司在其生产的产品上使用涉案商标是正当使用，而且涉案产品也未在国内销售，不会在中国造成相关公众的混淆和误认，因而不构成侵权。据此，请求驳回原告的诉讼请求。

被告国贸公司辩称：1. 其行为属于定牌加工行为，不构成侵权。合作前其已要求舒乐达公司提供其享有 (iska) 注册商标专用权的合法性证明，已尽到合法审查注意义务。从 (iska) 商标在欧盟及国际马德里的注册情况来看，(iska) 的注册时间分别为 1999 年 12 月 13 日及 1997 年 8 月 29 日，即舒乐达公司在产品出口到达地俄罗斯拥有 (iska) 注册商标专用权。其生产的产品全部出口俄罗斯，并未自行在中国国内市场及产品出口到达地予以销售，该 (iska) 商标只在中国境外具有商品来源的识别意义，并不在国内市场发挥识别商品来源的功能，因此中国国内的消费者及经营者不存在对该商品的来源发生混淆和误认的可能，所以其加工行为并不构成商标侵权。2. 其行为未造成原告经济损失。3. 原告商标权的权利状态和实际使用情况不明。

法院审理查明

被告舒乐达公司系德国一家专业生产罐头食品的企业，自 1997 年起长期委托国内企业为其贴牌加工，其商标 iska 于 1999 年 12 月 13 日获欧共体注册，1997 年 8 月 29 日获国际知识产权组织国际局国际商标注册（即马德里商标注册），核准使用的商品类别均为 29 类，其企业名称和商标在国内有一定的知名度。自 1998 年 2 月开始至 2006 年，舒乐达公司先后委托原告法定代表人苏宇石任职的南宁高新开发区进出口公司、爽的食品厂、广西美年丰食品有限公司、广西玉林市瑞宁罐头食品厂（简称瑞宁食品厂）贴牌加工罐头食品。贴牌加工的产品使用的商标标识由三个部分组成，椭圆圈形、圈内"iska"的拉丁文字母及其右上方的与德文字母"qualität"（中文意思为质量）。

涉案商标 iska 系瑞宁食品厂（该厂法定代表人苏瑞宁系苏宇石的父亲）2001 年 8 月 20 日申请，2002 年 10 月 7 日获准注册的商标，商标注册证号为第 1999111 号，核定使用商品为第 29 类：蘑菇罐头；蔬菜罐头；水果罐头；豌豆罐头，有效期为 2002 年 10 月 07 日至 2012 年 10 月 06 日。2008 年 6 月 14 日瑞宁食品厂将该商标转让给原告年年红公司。

2010 年 4 月 27 日厦门海关作出厦关法知字〔2010〕070 号行政处罚决定，没收国贸公司申报出口至俄罗斯的标有标识的 3507 箱蘑菇罐头，并处以罚款。据查，该批货物系由舒乐达公司委托国贸公司进行生产、运输。舒乐达公司下订单时，向国贸公司提交了 iska 商标欧共体注册和马德里国际注册的资料，并授权国贸公司在其订购的货物上使用 iska 商标。

一审判理和结果

一、关于原告商标合法性问题。1. 舒乐达公司作为一家有一定知名度的罐头食品加工企业，早在上世纪九十年代就委托中国食品加工企业（包括原告法定代表人苏宇石当时任法定代表人的企业）贴牌加工 iska 牌的罐头食品，原告法定代表人苏宇石理应非常清楚该商标具有一定的知名度。苏宇石通过其父亲苏瑞宁开办的瑞宁食品厂注册 iska 商标，无疑是商标抢注行为。但瑞宁食品厂的商标抢注行为是否合法，其注册的商标是否应当撤销，应通过商标确权行政程序解决，而至今国家商标行政管理部门并没有撤销该商标的注册，因此原告受让取得该商标，应受法律保护。2、虽然被告举证证明瑞宁食品厂在 2004 年曾被吊销营业执照，但吊销营业执照只是行政处罚，法律主体资格依然合法存在，法人权利能力和行为能力并未丧失，被告据此主张商标转让行为无效没有法律依据。在被告没有证据证明商标转让时瑞宁食品厂被注销，且该转让行为又被国家商标局依法核准的情况下，不宜直接否认商标转让行为的法律效力；3. 被告在诉讼中提出原告三年未使用涉案商标，但被告就此举证不足。即便被告三年未实际使用，是否撤销商标注册也由国家商标行政管理部门裁决，法院不能以司法替代行政直接撤销。基于上述三点，虽然原告取得涉案 isKa 商标有一定的不正当性，但根据目前的证据尚不足以否认其合法性。

二、关于两被告使用商标是否侵权。根据《中华人民共和国商标法实施条例》第三条的规定，商标的使用，包括将商标用于商品、商品包装或者容器以及商品交易文书上，或者将商标用于广告宣传、展览以及其他商业活动中。商业活动包括商品的生产行为和商品的销售行为，贴牌加工作为商品的生产行为也应当严格禁止在同一种商品或类似商品上使用与他人注册商品相同或相近的商标。相关公众既包括产品的消费者，也应包括产品的生产者和销售者，因此即便贴牌加工的产品不在中国市场销售，也同样会引起产品生产和流通环节业者的混淆，从而损害商标的识别功能。

然而，诚实信用是商业活动应遵循的基本原则，任何违反诚信的行为均不应受到法律保护。本案原告法定代表人苏宇石明知被告舒乐达公司的商标在国内加工市场和国际销售市场有一定的知名度，作为曾经的贴牌加工商利用被告未在中国注册的可乘之机，借其父开办的企业对该商标稍加改动在中国注册，显然属于商标注册领域不诚信的抢注行为，依法本不应受到保护。但该商标是否会被撤销还有待国家商标局裁决。即便该商标未被撤销，对其专用权的保护也应有别于普通商标，应当给予适当的限制，尤其不得对抗在先使用的权利人，即年年红公司无权禁止舒乐达公司使用其长期实际使用的商标。且从商标的识别功能而言，被告舒乐达公司长期委托中国企业为其贴牌加工商标的罐头食品，生产和流通领域的相关业者均知道产品的来源是被告舒乐达公司，而不可能误认为是原告的产品，不可能实际造成相关公众的混淆，因此即便原告商标不被撤销，被告舒乐达公司使用商标也不构成对原告商标权的侵害。

被告国贸公司的行为属于典型的贴牌加工行为。贴牌加工企业为防止贴牌加工行为侵犯他人的商标权，在接受贴牌加工的订单时，应当对定做方相关的商标权利给予应有的审查和注意。根据被告举证和陈述，被告国贸公司在接受订单时审查了定做方被告舒乐达公司的商标注册资料，也取得了商标使用的授权书，尽了应有的审查注意义务，即使所贴商标侵犯了原告商标权，其主观上也无过错，更何况原告无权禁止被告舒乐达公司使用商标。

综上，依照《中华人民共和国商标法》第三十一条①之规定判决如下：驳回原告年年红国际食品有限公司的全部诉讼请求。

上诉与答辩

一审判决后，原告年年红公司不服，提起上诉。主要理由：1. 一审法院以《中华人民共和国商标法》第三十一条的理由驳回年年红公司的诉讼请求，适用法律错误。该条款属于商标法第三章"商标注册的审查和核准"，商标的审查与核准是国家商标行政管理部门的行政职权，不属于法院司法职权，法院无权适用该条款。2. 原审放弃法律规则的适用，优先适用诚实信用原则错误。

舒乐达公司答辩称：原审适用《中华人民共和国商标法》第三十一条正确，适用诚实信用原则也符合法律规定和最高院指导意见。

二审判理和结果

《中华人民共和国商标法》第三十一条的规定，是该法第三章"商标注册的审查和核准"中的条款之一，也是诚实信用原则在该法中的重要体现之一，现有法律和司法解释等没有规定人民法院在处理商标侵权纠纷案件中不能适用该条款。原审法院正是基于本案的具体情况，为体现案件处理结果的公平与正义，未简单地适用《中华人民共和国商标法》第五十二条②的有关规定认定舒乐达公司和国贸公司的行为构成侵权，而是依据《中华人民共和国商标法》三十一条以及诚实信用原则作出相应判决，应属适用法律正确。

二审驳回上诉，维持原判。

【法官评述】

本案的焦点是涉外贴牌加工的商标侵权问题。

涉外贴牌加工，也称涉外定牌加工，是指在来料加工、来样加工和来件加工业务中，由境外委托方提供商标，境内受托方将其提供的商标印在

---

① 对应 2013 年 8 月新修订的《商标法》第三十二条。
② 对应 2013 年 8 月新修订的《商标法》第五十七条。

所加工的产品上，并将加工后的产品全部返还给境外委托方，境内受托方不负责对外销售，仅收取加工劳务费的一种生产组织方式。

随着改革开放的扩大和全球经济一体化，涉外贴牌加工成为我国对外开放的主要贸易方式之一，是促进经济增长的一大亮点。贴牌加工的蓬勃发展，与我国的经济发展现状密切相关。我国处于并将长期处于发展中国家行列，在全球一体化中，我国充当制造大国的角色，在商品的制造、流通、销售等环节中处于高能耗、劳动力密集、低创新、低附加值的位置。在贴牌加工涉及的商标侵权问题上，不能简单以《商标法》第五十二条①的规定，即在同一种商品或者类似商品上使用与权利人注册商标相同或者近似的标识，认定境外委托方与境内受托方的行为侵犯了权利人的注册商标专用权。适用商标法不能脱离我国的基本国情及相关的司法政策，应当在平衡知识产权权利人和境内受托方利益、坚持适度保护知识产权的原则下，妥善适用有关法律规定，应充分考虑境内受托方有无侵权的主观过错、被告有无合理的抗辩理由等因素。

一、加工方对委托方的商标权属等情况是否尽到合理的审查注意义务

在涉外贴牌加工关系中，境内受托方按照境外委托方的要求，为其提供加工制造的劳务或者劳务加原材料，贴牌加工的产品完全由境外委托方销往其商标注册国，境内加工方由此取得境外委托方给付的相应报酬，涉外贴牌加工具有我国《合同法》所规定的加工承揽的法律特征。境内加工方在产品上标注商标标识的行为，实际上应视为境外委托人的行为，所产生的法律后果应当归属于境外委托人。如果境外委托人在相关地域对其所标注的标识享有商标权利，则贴牌行为系委托人以委托他人加工制造产品并在产品上标注其注册商标的方式，合法行使自己对注册商标使用权的行为。境内加工方为防止贴牌行为侵害他人合法权利，应当尽到审慎的注意义务，在接受委托时审查境外委托人的相关商标权利，如果境内加工方履行了上述义务，其没有侵权故意。

本案中，被告舒乐达公司系德国一家专业生产罐头食品的企业，其商标 iska 于 1999 年 12 月 13 日获欧共体注册，1997 年 8 月 29 日获国际知识产权组织国际局国际商标注册（即马德里商标注册），核准使用的商品类

---

① 对应 2013 年 8 月新修订的《商标法》第五十七条。

别均为 29 类。舒乐达公司自 1997 年起长期委托国内企业为其贴牌加工。国贸公司在受托贴牌加工时也已审查了舒乐达公司的相关商标权利状况，并取得了相应授权，尽到了合理的注意义务，主观上并无过错。

二、委托方有无合理抗辩事由

从《商标法》有关规定看，相关法律对于商标注册人的主观意图未作明确规定，商标侵权并不以权利人取得商标的正当性为前提；在涉案商标尚未被有关机关撤销时，法院也不宜以涉案商标存在被撤销的可能性而认定该商标不具有合法性。但是，在贴牌加工中，尤其在权利人曾是境外委托方的贴牌加工商的情况下，应当考虑权利人注册商标的正当性及在先使用情况。

诚实信用原则是民事活动的"帝王条款"，《商标法》第三十一条即诚实信用原则在商标法上的具体体现之一。该条款虽然处于第三章"商标注册的审查和核准"一章中，但在先使用人可以此对抗侵权诉讼。理由主要在于：其一，恶意抢注行为违反了诚实信用原则，扰乱了市场经济秩序，对这种不正当的行为应当制止，以充分体现"加大遏制恶意抢注等不正当行为的力度"的司法政策导向。特别是在权利人作为曾经的加工方，在注册了与境外委托人商标相同或近似商标后又起诉境外委托人的情况下，其不能因该恶意抢注而获利，不能以该商标注册专用权对抗境外委托方。其二，根据《商标法》第四十一条第二款①的规定，已经注册的商标，违反该法第十三条②、第十五条③、第十六条④、第三十一条规定的，自商标注册之日起五年内，商标所有人或者利害关系人可以请求商标评审委员会裁定撤销该注册商标。可见，对于恶意抢注他人注册商标的行为，商标法赋予了在先权利人撤销注册商标的法律救济，这种救济比侵权诉讼中的抗辩更为重要。举重以明轻，法律既然赋予了在先权利人撤销注册商标的救济手段，自不应排除赋予在先权利人在侵权诉讼中抗辩的权利。因此，因恶意或违反诚实信用原则而抢注他人在先商标的，在先商标使用人可以在商标侵权诉讼中以在先使用为由进行抗辩。

---

① 对应 2013 年 8 月新修订的《商标法》第四十五条第一款。
② 对应 2013 年 8 月新修订的《商标法》第十三条。
③ 对应 2013 年 8 月新修订的《商标法》第十五条。
④ 对应 2013 年 8 月新修订的《商标法》第十六条。

本案中，舒乐达公司自 1997 年起长期委托国内企业为其贴牌加工，贴牌加工的产品使用的商标标识为 ⟨iska⟩。作为曾经的实际贴牌加工商，瑞宁食品厂在明知舒乐达公司未在中国进行相关商标注册的情况下，向国家商标局申请注册与前述 iska 商标、标识相同或近似的 ⟨iska⟩ 商标；而年年红公司在受让该商标后又依其起诉舒乐达公司及其在中国国内另外的委托加工商国贸公司，由此可见，二者关于该 ⟨iska⟩ 商标的注册申请和转让系出于不正当目的，主观恶意明显，均有悖于诚实信用原则。舒乐达公司得以其在先使用 iska 商标、标识，且该两个标识有一定影响力为由，对抗年年红公司的侵权指控。

编写人：福建省高级人民法院知识产权审判庭　马玉荣

28

周志坚诉厦门山国饮艺茶业有限公司侵害商标专用权纠纷案

——阅读提示：使用表达商品品质特征的描述性词汇是否构成商标侵权？如何界定描述性合理使用？

【裁判要旨】

涉案"岩韵"注册商标的中文文字被《地理标志产品武夷岩茶》国家标准确定为描述武夷岩茶的感官品质特征的用语。山国公司在武夷岩茶产品的包装上既标注自己的注册商标和商品名称，还不突出标注"岩韵"二字用于说明其茶叶所具有的（品质）滋味特点，不会造成相关公众的混淆误认，不构成商标侵权。

【案号】

一审：福建省厦门市中级人民法院（2011）厦民初字第267号
二审：福建省高级人民法院（2012）闽民终字第498号

【案情与裁判】

原告（二审上诉人）：周志坚
被告（二审被上诉人）：厦门山国饮艺茶业有限公司（简称山国公司）

起诉与答辩

周志坚诉称：其经受让取得"岩韵"注册商标，该商标被核定使用在第30类茶叶等商品上。周志坚为了岩韵商标的发展，2006年5月，将岩韵商标独占许可了武夷山岩韵生态农业有限公司使用。"岩韵"商标已为相关公众知晓且范围广泛，在武夷山武夷岩茶行业中享有较高的声誉及知名度，并形成了完整的商标保护体系。山国公司在主观上存在侵权的故意，其产地在厦门，没有得到武夷山大红袍证明商标的许可，却要生产武夷山特有的原产地武夷岩茶（证明商标）武夷山大红袍。因此，山国公司在厦门生产的所谓的武夷岩茶，不可能不知道周志坚的商号和商标，却仍然生产经营与周志坚同类同一种产品，并在武夷岩茶系列产品名称和外包装上突出使用"岩韵大红袍""岩韵清香型"的商品名称及包装。山国公司企图利用周志坚商号和商标的高知名度和高品牌价值来推销自己的产品，以混淆消费者的认知，导致消费者产生周志坚与山国公司系关联企业，产品同出一家或者都是武夷山本地企业的原料和产品，或者都来自武夷山和岩韵公司产品的误认，以牟取不正当利益。请求判令山国公司：1. 立即停止在企业产品名称中使用"岩韵"或者"岩韵"字样的产品宣传资料及在其各网站上的宣传材料、产品外包装；2. 赔偿周志坚经济损失 20 万元；3. 赔偿周志坚的调查取证等所发生的费用 5000 元；4. 在相关宣传网站、销售网站上向周志坚公开道歉，网页保存时间 3 个月。

山国公司辩称：1. "岩韵"为武夷岩茶自然属性及独有特征。依据《中华人民共和国商标法》第十一条①规定，"岩韵"作为表示商品特点的标志，不能作为商标使用；2. "岩韵"不具有商标法定之显著性特征；3. 山国公司未使用"岩韵"作为商标，不构成商标侵权。

一审审理查明

1998 年 10 月，国家工商行政管理局商标局依法核准政和县岩韵粮食制品经营部注册第 1213244 号"岩韵"商标，核定使用商品为第 30 类：面条；糖；茶；挂面；方便面；通心粉。后周志坚受让取得该商标，该注册商标核准续展有效期至 2018 年 10 月 6 日。

山国公司生产、销售的部分产品包装罐中上部大字标注"山国饮艺""武夷大红袍"，下部小字标注"岩韵清香型"。在其部分产品的礼品袋一侧，左上部醒目标注山国公司中英文及图（山国饮艺 SAMGO TEA）商标标识，右上部写大体行书"大红袍"，在"大红袍"的左下角标注小字"岩韵"（该二字的大小不到大红袍单字的三分之一）。山国公司还在其网站

---

① 对应 2013 年 8 月新修订的《商标法》第七十一条。

www. mrentea. com 宣传介绍上述包装的产品。

周志坚发现山国公司的产品包装涉嫌侵权后，向厦门市工商行政管理局投诉。厦门市工商行政管理局经调查认为山国公司侵权情节轻微且能及时改正，作出不予行政处罚的决定。对厦门市工商行政管理局的行政行为，双方当事人均无异议。

关于"岩韵"一词的含义，武夷山市茶业局、厦门市茶叶协会均证明"岩韵"是代表武夷岩茶特有的品质特征的专业术语；国家一级评茶师张荣生作为专家证人出庭作证，证明岩韵为武夷岩茶的自然属性和品质特征；2006 年发布的武夷岩茶的国家标准（GB/T 18745 - 2006）记载，武夷岩茶是具有岩韵品质特征的乌龙茶，大红袍全部五类产品的品质均以岩韵是否明显作为等级划分的标准。

另查明，周志坚目前在厦门没有设专卖店或分支机构，也没有对其商标或产品的广告。山国公司为中国茶产业十强连锁企业、中国特许经营连锁百强企业，其产品为上海世博会厦门馆唯一指定礼品茶。

一审判理和结果

厦门市中级人民法院一审认为，周志坚经受让取得第 1213244 号"岩韵"商标，其商标专用权应受法律保护，但保护范围应与其知名度和显著性相适应。根据《中华人民共和国商标法》第十条①的规定，表示商品的特征的文字不得注册为商标。对已经注册的此类商标，根据《中华人民共和国商标法实施条例》第四十九条②的规定，为保护相关业者的利益，商标专用权人无权禁止他人正当使用。此外，商标作为商品或服务的"品牌"，是区别不同生产者、经营者的商品或者服务项目的标志，是否会造成相关公众认识上的混淆是判定商标侵权与否的核心标准。因此，判断本案山国公司是否侵权，关键在于：1. 山国公司是否正当使用"岩韵"；2. 山国公司使用"岩韵"是否会造成混淆。

岩韵是武夷岩茶特有的品质特征和自然属性，以其作为茶叶的商标显然不具有显著性，此类商标依法本不应获准注册，即便已经注册，其保护范围

---

① 对应 2013 年 8 月新修订的《商标法》第十条。

② 本条在 2014 年 4 月新修订的《商标法实施条例》中已删除。具体内容已被 2013 年 8 月新修订的《商标法》第五十九条吸收。

也有别于一般的商标，商标权人不能禁止他人为说明商品的特性而使用。首先，关于包装罐上"岩韵清香型"中的"岩韵"是否属于正当使用。法院认为，在包装罐上，用大字体非常醒目地标注"山国饮艺""武夷大红袍"，表明了产品的来源和商品的名称，用小字体标注"岩韵清香型"显然仅仅是为了表明茶叶的香型，使用者既没有突出使用"岩韵"二字，也无意表示商品来源，不可能会造成相关公众的对商品来源的混淆和误认。其次，关于礼品袋上"岩韵"二字是否系正当使用。法院认为，礼品袋在左上角非常突出地标注了山国公司的中英文文字及图形商品标识，右下角也非常清晰地注明了商品的生产者，"岩韵"仅用在表示商品名称"大红袍"三个大字的左下角，字体不及"大红袍"单字的三分之一，不可能引人注目。在商品生产者、商品标识都非常醒目、非常明确的情况下，"岩韵"二字没有突出使用，不可能使相关公众混淆该产品的来源，山国公司使用"岩韵"二字的真实意图应当是为了描述该大红袍茶叶的特征，因此其在礼品袋上使用"岩韵"二字构成正当使用。此外，在厦门地区，周志坚的商标和商标使用企业的知名度均远不及山国公司，该公司没有故意混淆商品来源的实际价值，因此山国公司使用"岩韵"主观上也不存在搭周志坚便车的意图。

综上，文字商标"岩韵"，其本意在于表示武夷岩茶的品质特征，周志坚作为该商标的专用权人的权利范围依法应当受到一定限制，即无权禁止他人为描述商品特征而正当使用。山国公司在其生产、销售的部分产品的包装罐和礼品袋上使用"岩韵"二字，仅为表示其茶叶的品质特征，使用范围和使用方法均符合情理，不会导致相关公众误认为是作为商标使用，也不会造成相关公众对商品来源的混淆和误认，因此山国公司使用"岩韵"二字的行为不构成对周志坚"岩韵"商标权的侵权，周志坚诉讼请求没有法律依据，依法应予驳回。依照《中华人民共和国商标法》第十条、《中华人民共和国商标法实施条例》第四十九条的规定，判决：驳回周志坚的全部诉讼请求。本案一审案件受理费 5800 元，由周志坚负担。

上诉与答辩

周志坚不服一审判决，向福建省高级人民法院提起上诉称：第一，山国公司侵权行为有恃无恐，主观故意明显，违反了诚实信用原则。山国公司制版的产品以"岩韵"及"武夷山大红袍"作为包装并加上其产品说明，就是想让消费者产生误导，让人误以为其产品为原产地证明商标产品，可见其侵权故意相当明显。第二，山国公司提出的正当使用理由于法、于理不符。1. 武夷岩茶可以用"香、清、甘、活"四字概括，也可以用岩骨花香之岩韵来描绘，但"岩韵"即岩石的韵味（或情趣）不是武夷岩茶特征的直接表达，而是通过岩骨花香的联想和分析再进一步升华为岩韵，因此，说"岩韵"是武夷岩茶的独有特征不符合《中华人民共和国商标法实施条例》第四十九条规定的"直接表示"的条件。2. 山国公司使用"岩韵"商标主要用于产品制版包装及产品名称上，而非仅在广告及销售商品时，为说明来源、指示用途等在必要范围内使用他人注册商标，不属于正当使用他人注册商标必须满足的条件。3. 原审法院依据《中华人民共和国商标法》第十条的规定，认为表示商品特征的文字不得注册为商标。但该条没有这样的规定，原审法院以该条款作为认定山国公司正当使用"岩韵"商标的依据是错误的。第三，山国公司的侵权行为，给"岩韵"商标及其授权使用的公司造成商业信誉的降低和重大经济损失。综上，请求：1. 依法纠正原审判决的错误认定；2. 判决山国公司赔偿周志坚20万元，以及为调查取证及诉讼的合理费用；3. 判决山国公司负担本案一、二审诉讼费用；4. 判决山国公司对侵权事实进行赔礼道歉。

山国公司答辩称：原审判决正确，应予以维持。山国公司对相关工商局的行政处罚没有进行复议是基于时间和效益的考虑，并不是认可该处罚决定中有关侵权的认定。人民法院的判决应当以事实为依据，以法律为准绳，而不能依据工商处罚决定。请求驳回上诉，维持原判。

二审审理查明

福建省高级人民法院经二审，除"国家一级评茶师张荣生作为专家证人出庭作证，证明岩韵为武夷岩茶的自然属性和品质特征"外，原审法院认定的其他事实基本属实。

二审判理和结果

福建省高级人民法院二审认为：首先，山国公司在其茶叶商品包装罐上的醒目位置标注了其"山国饮艺"、"SAMGO TEA"的商标标识和"武夷大红袍"的商品名称，而在"武夷大红袍"的下方以较小字体标注"岩韵清香型"字样。显然，该"岩韵"二字不仅没有突出使用，而且从"岩韵清香型"的涵义与标注意图看，也仅是说明或客观描述该大红袍茶叶的滋味具有

"岩韵"且"清香"的特点。因此，该"岩韵"二字的使用方式，不会导致相关公众将其视为该茶叶商品的商标从而产生来源混淆，可以认定属于正当使用。其次，周志坚未能举证证明其"岩韵"注册商标经使用后具有较强的显著性。而山国公司在部分茶叶商品礼品袋一侧的左上方醒目标注其"山国饮艺 SAMGO TEA"的商标标识，在右上方标明其商品名称为"大红袍"，在该"大红袍"三个大字的左下角以较小字体标注"岩韵"二字，在礼品袋的右下方则标注"厦门山国饮艺茶业有限公司荣誉出品"。由于该礼品袋上已清晰且醒目地标注了山国公司的商标标识与其商品名称，以及该茶叶商品的生产者，而且"岩韵"的字体也明显小于其他标注，因此，"岩韵"二字的使用不构成突出使用，相关公众不会视其为该茶叶商品的商标从而混淆商品来源，一般情况下会将其看作是用于表明茶叶的滋味品质特征的，故该"岩韵"二字的使用方式同样可以认定属于正当使用。基于以上分析可见，周志坚的上诉理由不能成立，不予采信。综上，二审法院于 2012 年 7 月 19 日判决：驳回上诉，维持原判。

【法官评述】

本案涉及的主要问题是如何界定描述性合理使用。《商标法实施条例》第四十九条规定了商标的合理使用问题，即注册商标中含有的本商品的通用名称、图形、型号，或者直接表示商品的质量、主要原料、功能、用途、重量、数量及其他特点，或者含有地名，注册商标专用权人无权禁止他人正当使用。正确理解合理使用含描述性要素的商标，需要从使用人的使用目的、使用方式、主观意识以及注册商标的本身的显著性来判断。

首先，山国公司使用"岩韵"是为了描述自己的产品而进行的描述性使用。根据国家标准《地理标志产品武夷岩茶》规定，"岩韵（岩骨花香）"是对乌龙茶品质特征的描述。"岩韵明显"、"岩韵显"、"岩韵明"均是描述大红袍等武夷岩茶产品内质（滋味）的感官品质级别。该系列词汇符合《商标法实施条例》第四十九条规定的直接表示商品的特点等，不属于对注册商标"岩韵"的商标性使用，也未与注册商标构成混淆性近似，应为正当性使用，商标权利人无权禁止。对于《商标法实施条例》第四十九条规定的他人正当使用必须符合一定的条件，使用的方式和结果不能与他人注册商标相混淆。描述性的使用是为了描述自己的商品或其他事项，使用他人注册商标中不能垄断的内容，而不是作为商标使用。

其次，山国公司对"岩韵"二字的使用是善意、合理的。山国公司对"岩韵"二字使用是否善意、合理应从是否突出使用方面进行审查。山国公司一是在包装罐上用小字标注"岩韵清香型"，二是在礼品袋一侧的右上角"大红袍"三个大字的左下角用小字标注"岩韵"，字体不及"大红袍"单字的三分之一。很明显，用小字体标注"岩韵清香型"仅是为了表明茶叶的香型，使用者既没有显著、突出使用"岩韵"二字，也无意表示商品来源，没有超出说明或客观性描述商品而正当使用的界限，主观上应属善意、合理，不可能会造成相关公众对商品来源的混淆和误认。

再次，本案还应注意到一个问题就是周志坚作为商标权利人并没有证据证明其"岩韵"商标经使用后具有较强的显著性。例如像以通用名称和地名注册的"小肥羊"和"青岛啤酒"等商标经使用均具有很强的显著性和知名度。对于此类注册商标应给予较强的保护，方能体现商标保护宽严相适的原则。因此，在处理涉及描述性使用注册商标中含有的通用名称、商品质量、功能、地名等词汇的案件时应进行合理的评判、界定，一方面不能阻止他人使用注册商标中不能垄断的内容，另一方面要防止使用人攀附他人已具有较高知名度商标的商誉，使相关公众产生混淆或误认。本案中武夷岩茶作为福建乃至全国重要茶系之一，其表达该产品的特有品质的词汇，应属宝贵的社会公共资源。如果阻止他人使用描述性词汇，就会造成对该词汇的垄断，这样反而损害大多数人的市场利益，违背商标权保护的初衷。

综上，商标的功能或作用是在于区别商品或服务的来源。因此，保护商标是以商品或服务来源的混淆作为评判标准的。如果对某一特征词汇的使用没有造成对商品或者服务来源的混淆，那么商标的区别作用就不会受影响，就不会侵犯他人的商标权。

编写人：福建省高级人民法院知识产权审判庭　欧群山

29

海门市晨光照明电器有限公司诉
青岛莱特电器有限公司商标权纠纷案

——阅读提示：标识相同或者近似能否等同于侵害商标权？

【裁判要旨】

注册商标直接表示商品的特点，注册商标专用权人无权禁止他人正当使用。

【案号】

一审：山东省青岛市中级人民法院（2011）青知民初字第 585 号

二审：山东省高级人民法院（2012）鲁民三终字第 80 号

【案情与裁判】

原告（二审上诉人）：海门市晨光照明电器有限公司（简称海门晨光公司）

被告（二审被上诉人）：青岛莱特电器有限公司（简称青岛莱特公司）

起诉与答辩

2011 年 10 月 17 日，海门晨光公司向青岛市中级人民法院起诉称，其于 2008 年 2 月 14 日经国家工商行政管理总局商标局核准注册了涉案 "LONG LIFE" 商标，核准使用商品类别为第 1101 和 1103 的类似群，商标注册号为 4611016。该注册商标经过其多年的使用和培育，具有了很高的知名度，"LONG LIFE" 牌灯泡远销国内外。青岛莱特公司为一家生产、出口汽车卤钨灯的公司，于 2011 年 7 月 20 日向海关申报出口卤钨灯 93800 只到哥伦比亚，其在未经海门晨光公司许可的情况下，在该批出口货物上使用了与涉案注册商标相近似的"Long Life"标识，侵害了海门晨光公司的注册商标专用权，故海门晨光公司提起诉讼，请求法院判令青岛莱特公司：1. 停止侵害海门晨光公司涉案注册商标专用权的行为，并销毁所有侵权商品；2. 赔偿海门晨光公司经济损失人民币 10 万元；3. 承担本案诉讼费、制止侵权行为所支付的调查取证费、律师费，及被海关扣押货物的相关仓储等费用共 4 万元。

被告青岛莱特公司答辩称：1. 涉案被控侵权商品的纸盒包装中印有"Long Life"标识，仅仅是对商品质量、性能的描述，并非作为商标标识使用，不构成侵犯涉案注册商标权；2. 涉案被控侵权商品的包装盒上的"Long Life"标识与涉案注册商标不相同也不构成近似；3. 海门晨光公司的"LONG LIFE"注册商标应当依法被撤销，无权禁止他人正当使用。

一审审理查明

2008 年 2 月 14 日，海门晨光公司在国家工商行政管理总局商标局注册了第 4611016 号"LONG LIFE"字母商标，核定使用商品为第 11 类"圣诞树电灯；节日装饰彩色小灯；电灯泡；汽灯；灯；汽车灯；矿灯；空气净化用杀菌灯；安全灯；日光灯管"，有效期至 2018 年 2 月 13 日。

2011 年 7 月 20 日，青岛莱特公司以一般贸易方式向海关申报出口卤钨灯 93800 只到哥伦比亚，青岛海关经现场查验，发现该批货物使用了"Long Life"标识，青岛海关认为上述货物涉嫌侵犯海门晨光公司在海关总署备案的知识产权，并作出青关知通（2011）74 号《确认进出口货物知识产权状况通知书》。2011 年 9 月 16 日，黄岛海关作出黄关知通（2011）07 号《知识产权状况调查结果通知书》，认为不能认定青岛莱特公司于 2011 年 7 月 20 日申报出口的卤钨灯 93800 只是否侵犯了海门晨光公司在海关总署备案的"LONG LIFE"注册商标专用权。

由青岛市中级人民法院自黄岛海关调取的被控侵权商品的照片显示，被控侵权商品外包装为一长方体盒，盒盖表面为红色，中间部分印有"KTC GROUP"标识，盒底为白色；该长方体盒四个侧面中两个面积较大为白色，其左侧上下并排印有"Long Life"标识及"KTC GROUP"标识，两个面积较小侧面的为红色，其中一个中间部分印有"KTC GROUP"标识，另一个上方印有"KTC Halogen Bulb"标识。"KTC GROUP"为哥伦比亚共和国注册商标，其证书编号分别为 257206、257207，核定使用商品类别分别为《商标注册用商品和服务国际分类尼斯协定（第七版）》第九类和第七类中所列商

品。海门晨光公司及青岛莱特公司均认可"Long Life"在英文中的含义为
"长命的、长寿命的"。

一审判理和结果

青岛市中级人民法院认为，海门晨光公司系第 4611016 号注册商标的专
用权人，其依法享有的注册商标专用权受《中华人民共和国商标法》及其他
相关法律的保护。但是，商标权人对其权利的行使并非没有任何限制，《中
华人民共和国商标法实施条例》第四十九条①规定了正当使用行为，这表明
商标权人对其权利的行使不能超出法律所限定的范围，即不能禁止他人对其
商标的正当使用行为。

本案中，青岛莱特公司生产的卤钨灯外包装上使用了"Long Life"标
识，系在与涉案注册商标核定使用类别相同的商品上使用了与涉案注册商标
相似的标识。确定青岛莱特公司的使用行为是否构成侵权，首先要判断行为
是否构成《中华人民共和国商标法实施条例》第四十九条所规定的正当使用
行为。

从海门晨光公司的涉案注册商标本身来看，本案第 4611016 号注册商标
为"LONG LIFE"字母商标，"LONG LIFE"本身非臆造词，而是英文"长
命的、长寿命的"之意，海门晨光公司对此也并无异议。结合该商标的核定
使用商品范围"圣诞树电灯；节日装饰彩色小灯；电灯泡；汽灯；灯；汽车
灯；矿灯；空气净化用杀菌灯；安全灯；日光灯管"，应当认定"LONG
LIFE"一词是对于灯具商品具有"长寿命"这一特点的描述，即该注册商标
本身直接表示了商品的特点。

因此，一审法院依据《中华人民共和国民事诉讼法》第六十四条②、
《中华人民共和国商标法》第五十二条第（一）项③、《中华人民共和国商标
法实施条例》第四十九条、《最高人民法院关于民事诉讼证据的若干规定》
第二条之规定，于 2012 年 1 月 16 日作出（2011）青知民初字第 585 号民事
判决，驳回海门晨光公司的诉讼请求。

---

① 本条在 2014 年 4 月新修订的《商标法实施条例》中已删除。具体内容已被
2013 年 8 月新修订的《商标法》第五十九条吸收。

② 对应 2012 年 8 月新修订的《民事诉讼法》第六十四条。

③ 对应 2013 年 8 月新修订的《商标法》第五十七条第（一）、（二）项。

上诉与答辩

上诉人海门晨光公司不服一审判决，向山东省高级人民法院提起上诉，请求撤销一审判决，改判支持其一审诉讼请求，一、二审诉讼费由青岛莱特公司负担。其主要理由如下：1. 青岛莱特公司在涉案被控侵权商品外包装的显著位置上使用与涉案注册商标近似的"Long Life"标识。2. 一审判决认定涉案被控侵权商品上使用的"Long Life"标识是对灯类商品具有"长寿命"这一特点的描述是不正确的，青岛莱特公司将"Long Life"是作为标识使用的，而不是作为对商品特点的描述而使用的。至于涉案被控侵权商品外包装上的"KTC"标识是否是他国商标与本案没有关系。3. 根据《中华人民共和国商标法》第五十一条①、第五十二条②的规定，未经商标注册人的许可，在同一种商品或者类似商品上使用与其注册商标相同或者近似商标的，属于侵犯注册商标专用权的行为。青岛莱特公司在其生产的灯类商品上使用"Long Life"作为标识，不论与涉案注册商标是相同或是近似，都构成侵权。一审法院对法律规定的合理使用的理解也不正确，本案中青岛莱特公司对"Long Life"标识的使用不构成合理使用，是侵权行为。

青岛莱特公司辩称，一审判决认定事实清楚，适用法律正确，应予维持。

二审判理和结果

二审期间，青岛莱特公司为证明其使用的"Long Life"是用于描述灯类商品长寿命特点的常用词汇，提交了双科电子、广明源照明、佛山市阳星照明电器厂等10家公司灯具商品的商品宣传彩页和资料，"Lima"及其他标识的灯具商品外包装6份。上诉人海门晨光公司发表质证意见称，该10份宣传彩页及6份商品外包装的真实性无法确认，且证据中的"long life"均与其他描述商品特点的语言并列使用，与青岛莱特公司的使用方式不同。山东省高级人民法院认为，上述证据的真实性虽无法确认，但在商店中出售的灯类商品中，其商品外包装中出现"Long Life"字样属于常见，这也是众所周知的事实。山东省高级人民法院二审查明的事实与一审法院查明的一致。

山东省高级人民法院二审认为，本案双方当事人争议的焦点问题为：青

---

① 对应2013年8月新修订的《商标法》第五十六条。
② 对应2013年8月新修订的《商标法》第五十七条。

岛莱特公司在涉案被控侵权商品的外包装上使用与涉案注册商标相近似的 "Long Life" 字样是否侵害了海门晨光公司的涉案注册商标专用权。

《中华人民共和国商标法实施条例》第四十九条规定："注册商标中含有 的本商品的通用名称、图形、型号或者直接表示商品的质量、主要原料、功 能、用途、重量、数量及其他特点，或者含有地名，注册商标专用权人无权 禁止他人正当使用。"本案中，青岛莱特公司为描述其商品具有"长寿命的" 特点，在其生产、销售的涉案被控侵权商品外包装上使用了"Long Life"字 样，且其使用行为没有超出正当、合理的描述性使用的范畴，故应当认定青 岛莱特公司在被控侵权商品中使用"Long Life"的行为构成法定的"商标正 当使用行为"。

综上，虽然青岛莱特公司在其生产、销售的涉案被控侵权商品上使用的 "Long Life"字样与涉案注册商标从外观上极相似，但该字样是作为描述其 商品特征的描述性语言而存在的，在海门晨光公司没有证明"Long Life"字 样已经与其公司建立了特定、显著联系的情况下，不会造成相关公众对商品 来源的混淆。因此，一审法院认定青岛莱特公司在涉案被控侵权商品上使用 "Long Life"字样的行为没有侵害海门晨光公司的涉案注册商标权并无不当， 应予支持。

综上，山东省高级人民法院依照《中华人民共和国民事诉讼法》第一百 七十条第一款第（一）项的规定，于 2012 年 5 月 23 日作出（2012）鲁民三 终字第 80 号民事判决，驳回上诉，维持原判。

【法官评述】

根据《商标法实施条例》第四十九条的规定，对于注册商标中包含有 直接表示商品的质量、功能及其他特点的部分，他人可以正当使用，但一 般情况下，这种使用应具备下列条件：

1. 正在使用的目的必须是描述自己的商品名称及特征等，用来说明商品 的某一种客观情况，且这种描述方式具有一定的必要性。结合本案来讲，青 岛莱特公司在外包装上使用了"Long Life"字样，只是为了描述其商品具有 使用寿命长的特征且这种使用方式在灯类商品的外包装中出现比较常见。

2. 正当使用的主观状态必须是善意的、合理的，而不能是恶意的。判 断被控侵权人是否具有恶意，要综合考虑案件全部事实，并主要从被控侵权标识的客观使用方式及整体视觉效果进行判断。如在本案中，青岛莱特公司在其商品上使用的"Long Life"字样与涉案注册商标并不相同，且相对于其商品的"KTC GROUP"标识而言也不突出。综合本案其他证据可以认定青岛莱特公司不具有主观恶意。

编写人：山东省高级人民法院知识产权审判庭　都伟

30

鳄鱼恤有限公司诉青岛瑞田服饰有限公司侵害商标专用权纠纷案

——阅读提示：对外"贴牌加工"行为是否构成侵犯商标权的认定。

【裁判要旨】

商标具有地域性特点，即在一国注册的商标在该国范围内受法律保护。在加工方尽到了合理的注意义务的情况下，所加工产品不在中国境内销售，加工方所使用的商标标识在中国境内即不具有识别商品来源的功能，不构成侵犯商标权。

【案号】

一审：山东省青岛市中级人民法院（2011）青知民初字第 546 号

二审：山东省高级人民法院（2012）鲁民三终字第 81 号

【案情与裁判】

原告（二审上诉人）：鳄鱼恤有限公司（简称鳄鱼恤公司）

被告（二审被上诉人）：青岛瑞田服饰有限公司（简称瑞田公司）

起诉与答辩

鳄鱼恤公司在原审中起诉称：鳄鱼恤公司为著名香港企业，上世纪 80 年代初，即开始进入大陆开展业务，及时申请并成功注册了第 25 类"CROCODILE"商标。时至今日，鳄鱼恤公司依然是该商标在中国大陆的唯一合法拥有者。为了有效打击商标侵权，鳄鱼恤公司于 2008 年向国家海关总署申请了"CROCODILE"商标的海关备案。通过海关备案，鳄鱼恤公司查获了大批假冒伪劣产品，其中就包括 2011 年 1 月 24 日被青岛海关下属的黄岛海关查获的瑞田公司准备出口的侵权产品。经鳄鱼恤公司查证确认，该批货物为 1760 件棉质机织男式防寒上衣，涉及金额 10 万余元人民币。全部侵权产品均标注鳄鱼恤公司享有注册商标专用权的"CROCODILE"商标，其行为已构成侵犯鳄鱼恤公司注册商标专用权。鉴于瑞田公司的侵权行为已经给鳄鱼恤公司造成了巨大的损失，鳄鱼恤公司于 2011 年 8 月 25 日起诉请求法院判令：1. 瑞田公司立即停止侵犯鳄鱼恤公司商标权的行为；2. 瑞田公司向鳄鱼恤公司赔偿侵权损失 50 万元；3. 瑞田公司承担本案诉讼费用。

瑞田公司答辩称：其在本案中的生产行为属于涉外定牌加工行为。瑞田公司使用涉案商标具有合法授权，没有侵权的主观故意和过错，没有给鳄鱼恤公司造成影响和损失，不构成对鳄鱼恤公司商标专用权的侵犯。

法院审理查明

鳄鱼恤公司为在我国香港特别行政区注册的公司，该公司 1996 年 3 月 30 日分别在中国国家工商行政管理总局商标局注册了第 246898 号、第 246872 号"CROCODILE"商标，核定使用商品分别为第 25 类：衬衫；裤子；汗衫及其它衣服和第 25 类：鞋。2006 年 6 月 2 日，上述两商标均续展至 2016 年 3 月 29 日。

2010 年 11 月 11 日，瑞田公司与韩国 ESPOIR CO. LTD 公司签订订单，产品名称为"棉质机织男式防寒上衣"，数量为 1760 件，加工费单价为 5.5 美元，合计 9680 美元，商标为"CROCODILE"。

2011 年 2 月 25 日，中华人民共和国黄岛海关（简称黄岛海关）根据鳄鱼恤公司的申请，于 2011 年 2 月 25 日将瑞田公司申报出口的棉质机织男式防寒上衣 1760 件予以扣留。2011 年 3 月完成对所扣货物侵权状况的调查，调查结果是不能认定所扣货物是否侵犯鳄鱼恤公司在海关总署备案的 CROC-ODILE 商标权。黄岛海关于 2011 年 5 月 13 日，决定对予以扣留的侵权嫌疑货物棉质机织男式防寒上衣 1760 件予以放行。黄岛海关查扣的被控侵权产品照片显示，瑞田公司申报出口的棉质机织男式防寒上衣吊牌上印有 ⌇⌇ 图样，在领标处印有"CROCODILE"字样。鳄鱼恤公司对其向海关申请扣留的瑞田公司申报出口的 1760 件棉质机织男式防寒上衣，系瑞田公司根据 2010 年 11 月 11 日与韩国 ESPOIR CO. LTD 公司订单生产的事实并无异议。

YAMATO INTERNATIONAL 株式会社（简称 YAMATO 公司）系 1947 年

6 月 6 日在日本注册成立的公司，其于 1961 年 5 月 1 日在日本国专利厅注册了 商标，商标注册号为第 0571612 号，存续期限届满日为 2021 年 5 月 1 日，"指定商品、指定服务及商品、服务类别"包括第 25 类服装、外衣等。1991 年 1 月 31 日、1992 年 1 月 31 日、1997 年 6 月 20 日又分别在日本国专利厅注册了第 2298786 号 "CROCODILE" 商标、第 2372008 号鳄鱼图形商标、第 4013354 号 "CROCO \ DILE" 商标，上述商标经续展后均在有效期内。

2011 年 1 月 12 日，YAMATO 公司出具授权确认书，同意由韩国 ESPOIR CO. LTD 公司进行商标为 "CROCODILE" 产品的生产与出口。2011 年 10 月 20 日，YAMATO 公司出具情况说明书，证实其公司于 2011 年 1 月 12 日授权韩国 ESPOIR CO. LTD 公司生产和出口其在日本国享有注册商标权的 "CROCODILE"（鳄鱼图形及文字）商标的相关产品（成衣）；韩国 ESPOIR CO. LTD 公司按照其公司的授权，委托中国的青岛瑞田服饰有限公司（"青岛公司"）贴牌加工定制 "CROCODILE"（鳄鱼图形及文字）商标的相关产品（成衣）；其公司为上述贴牌加工定制的 "CROCODILE"（鳄鱼图形及文字）商标的相关产品（成衣），通过韩国的 ESPOIR CO. LTD 公司向青岛公司提供所需的全部制衣原料及辅料（包括附件商标标识主标、吊牌和水洗标）；青岛公司按照贴牌加工定制要求，将加工完成的所有成衣向中国海关报关出口后，通过韩国 ESPOIR CO. LTD 公司交付 YAMATO 公司，最终由 YAMATO 公司在日本销售。

一审判理和结果

山东省青岛市中级人民法院一审认为：鳄鱼恤公司在中国注册的 "CROCODILE" 字母商标，其依法享有的注册商标专用权受中国法律保护。

本案判断瑞田公司行为是否侵犯鳄鱼恤公司注册商标专用权，应当依据被控侵权产品所体现的商业标识的使用情况作出判断，故本案将以鳄鱼恤公司申请法院调取的黄岛海关查扣的被控侵权产品照片作为判断瑞田公司行为是否侵犯鳄鱼恤公司注册商标专用权的依据。该照片中显示被控侵权产品所体现的商业标识的使用有两处，即在被控侵权产品吊牌上印有 图样，在领标处印有 "CROCODILE" 字样。

对于瑞田公司在被控侵权产品吊牌上使用 标识的行为是否构成对鳄鱼恤公司第 246898 号 "CROCODILE" 注册商标专用权的侵犯。一审法院认为，根据《最高人民法院关于审理商标民事纠纷案件适用法律若干问题的解释》第九条第二款的规定："商标法第五十二条第（一）项①规定的商标近似，是指被控侵权的商标与原告的注册商标相比较，其文字的字形、读音、含义或者图形的构图及颜色，或者其各要素组合后的整体结构相似，或者其立体形状、颜色组合近似，易使相关公众对商品的来源产生误认或者认为其来源与原告注册商标的商品有特定的联系。"最高人民法院的上述司法解释表明：在判断被控侵权的商标是否与注册商标构成近似时，不能仅依据字形、读音或含义等要素单独进行判断，只有这种近似使相关公众对商品的来源产生误认或者认为其来源与注册商标的商品具有特定联系时才能构成《中华人民共和国商标法》意义上的近似。《中华人民共和国商标法》规范的是我国领域内商标的使用行为，即在我国注册的商标只能在我国领域内得到保护，因此，相关公众应当界定为我国境内的相关公众。如果被控侵权商标与当事人所要求保护的注册商标构成近似、但国内相关公众不会对被控侵权商标产生误认时，人民法院不能认定被控侵权商标构成对注册商标的侵犯。如果商标权利人认为被控侵权行为对国外某个国家的相关公众造成误导，依据注册商标的地域性原则，有关权利人应当向所在国的司法机关寻求司法救济。

本案瑞田公司在其出口的男式防寒上衣吊牌上使用 标识，系根据韩国 ESPOIR CO. LTD 公司的订单，生产的带有 标识的产品并出口，而 系 YAMATO 公司的注册商标，YAMATO 公司对韩国 ESPOIR CO. LTD 公司生产和出口带有该商标的产品亦予以准许，故瑞田公司使用 标识的行为在主观上并不具有误导相关公众的故意。另外，鳄鱼恤公司没有证据证明瑞田公司将带有 标识的"棉质机织男式防寒上衣"在我国境内销售的事实，故应认定带有该标识的商品未进入我国商业流通领域，在国内相关公众不能接触到被控侵权商品的情况下，相关公众不会对 标识与鳄鱼恤公司的第246898 号"CROCODILE"字母商标产生误认，故瑞田公司行为并未造成国内相关公众误认的后果。

综上，一审法院认为无法认定瑞田公司在被控侵权产品上使用的 标识与鳄鱼恤公司的"CROCODILE"字母商标构成《中华人民共和国商标法》

---

① 对应 2013 年 8 月新修订的《商标法》第五十七条第（一）、（二）项。

意义上的近似。瑞田公司在其申报出口的"棉质机织男式防寒上衣"吊牌上使用 标识的行为不构成对鳄鱼恤公司第 246898 号 "CROCODILE"注册商标专用权的侵犯。

对于瑞田公司在被控侵权产品领标上使用 "CROCODILE"标识的行为是否构成对鳄鱼恤公司第 246898 号 "CROCODILE"注册商标专用权的侵犯。一审法院认为,《中华人民共和国商标法》第五十二条第(一)项规定 "未经商标注册人的许可,在同一种商品或者类似商品上使用与其注册商标相同或者近似的商标的,属于侵犯注册商标专用权的行为"。《最高人民法院关于审理商标民事纠纷案件适用法律若干问题的解释》第九条第二款进一步规定 "商标法第五十二条第(一)项规定的商标相同,是指被控侵权的商标与原告的注册商标相比较,二者在视觉上基本无差别"。本案中,经比对,瑞田公司在被控侵权产品领标上使用的 "CROCODILE"标识与鳄鱼恤公司的第 246898 号注册商标均为印刷体的大写 "CROCODILE"字母,二者在视觉上基本无差别,构成《最高人民法院关于审理商标民事纠纷案件适用法律若干问题的解释》第九条规定的 "相同"。瑞田公司在被控侵权产品上使用与鳄鱼恤公司注册商标相同的商标,构成对鳄鱼恤公司注册商标专用权的侵犯。

关于瑞田公司提出的其在被控侵权产品领标上使用的 "CROCODILE"标识系 YAMATO 公司的注册商标的抗辩,一审法院认为,YAMATO 公司是在日本注册的 "CROCODILE"商标,而非在中国国家商标局注册,由于商标保护的地域性原则,无论瑞田公司在使用 "CROCODILE"商标时是否取得了 YAMATO 公司的授权,其在中国境内生产带有与中国注册商标相同标识的产品的行为都构成侵权,即均构成对中国注册商标专用权人权利的侵犯,故对瑞田公司的该项抗辩不予支持。

关于瑞田公司提出的被控侵权产品并不进入国内流通领域的抗辩,一审法院认为,从《中华人民共和国商标法》及《最高人民法院关于审理商标民事纠纷案件适用法律若干问题的解释》规定来看,我国法律关于使用与中国注册商标相同商标构成侵权的判定,并不要求以相关公众的混淆为要件。也就是说,在同一种商品或者类似商品上使用与他人注册商标相同的商标,无论是否进入国内的流通领域,是否造成相关公众的误认,该种行为都是被我国法律所禁止的,故该院对瑞田公司的该项抗辩不予支持。

综合上述分析,一审法院认为,瑞田公司在其向海关申报出口的"棉质机织男式防寒上衣"领标上使用 "CROCODILE"标识的行为,构成对鳄鱼恤公司第 246898 号注册商标专用权的侵犯，应当承担停止侵权的民事责任。依照《中华人民共和国商标法》第五十二条第（一）项、第五十六条①、《最高人民法院关于审理商标民事纠纷案件适用法律若干问题的解释》第八条、第九条的规定，青岛市中级人民法院一审判决：一、瑞田公司于本判决生效之日起立即停止侵犯鳄鱼恤公司享有的第 246898 号 "CROCODILE" 注册商标专用权的行为；二、驳回鳄鱼恤公司的其他诉讼请求。案件受理费人民币 8800 元，由瑞田公司承担。

上诉与答辩

本案一审判决后，鳄鱼恤公司和瑞田公司均不服，向山东省高级人民法院提起上诉。鳄鱼恤公司上诉请求撤销一审判决，依法改判瑞田公司赔偿鳄鱼恤公司因侵权造成的损失 30 万元，并由瑞田公司承担本案诉讼费用。其主要理由：1. 一审判决认定部分事实有错误和遗漏。本案瑞田公司涉诉商标与鳄鱼恤公司的注册商标实为同一商标，鳄鱼恤公司是 "CROCODILE" 商标在中国的唯一合法拥有者，依据商标地域性原则，鳄鱼恤公司 "CROCO-DILE" 注册商标受中国法律保护。涉诉商标 ⟋ 与鳄鱼恤公司 "CROCO-DILE" 注册商标实为相同商标，两者英文读音相同，含义均为鳄鱼的意思，原审法院认定两商标不同错误。另外，涉案商标 ⟋ 的商标权人是鳄鱼国际机构私人有限公司，瑞田公司未获得任何使用商标的合法授权，一审法院对该事实未予认定存在错误。2. 一审判决适用法律错误。《中华人民共和国商标法》第五十二条②对侵犯注册商标专用权的行为规定得很清楚，不以商标相同和误导公众作为判断侵权与否的依据，只要是未经商标注册人许可，在同一种商品或类似商品上使用与注册商标相同或近似商标的即构成侵权。3. 一审判决对于损失赔偿适用法律错误。《中华人民共和国商标法》第五十六条③并未规定以损失的实际发生为赔偿前提，鳄鱼恤公司提出 50 万元的赔偿合情合理。

瑞田公司针对鳄鱼恤公司的上诉答辩称：瑞田公司在本案中的生产行为属于涉外定牌加工行为。瑞田公司使用涉案商标具有合法授权，没有侵权的

---

① 对应 2013 年 8 月新修订的《商标法》第六十三条。
② 对应 2013 年 8 月新修订的《商标法》第五十七条。
③ 对应 2013 年 8 月新修订的《商标法》第六十三条。

主观故意和过错，没有给鳄鱼恤公司造成影响和损失，不构成对鳄鱼恤公司商标专用权的侵犯。请求二审法院驳回鳄鱼恤公司的诉讼请求。

瑞田公司不服一审判决上诉称：本案被诉侵权行为属于涉外定牌加工行为，产品不在中国境内销售，不符合我国商标侵权的构成要件，不构成商标侵权，一审判决认定瑞田公司侵权适用法律不当。请求撤销一审判决第一项，依法改判驳回鳄鱼恤公司的全部诉讼请求，本案一、二审诉讼费由鳄鱼恤公司负担。

鳄鱼恤公司针对瑞田公司的上诉答辩称：瑞田公司主张其行为是定牌加工行为，不构成商标法意义上的使用，其观点不成立。瑞田公司因自己的行为是定牌加工而不受中国法律的制约，理由不成立。瑞田公司提出其生产的产品没有流通与事实不符，本案瑞田公司进口的材料可以生产的数量远大于订单出口的数量，会有大量尾货进入中国市场销售。即使瑞田公司没有在国内销售，其行为亦应受中国法律的制约。本案应适用中国法律，瑞田公司主张应适用进口国法律的观点不成立。

二审判理和结果

山东省高级人民法院二审认为：本案双方诉争的焦点问题是瑞田公司在其申报出口的涉案被控侵权产品（出口韩国的 1760 件棉质机织男式防寒上衣）吊牌上使用 标识、在领标上使用 "CROCODILE" 标识的行为，是否侵犯鳄鱼恤公司 "CROCODILE" 注册商标专用权；瑞田公司应否承担赔偿责任。

对上述焦点问题，二审法院认为，商标具有地域性特点，即在一国注册的商标在该国范围内受法律保护。本案鳄鱼恤公司享有的 "CROCODILE" 注册商标，依法在中华人民共和国领域内受法律保护。

商标的基本功能为识别功能，即将商标权人的商品或服务与其他人的商品或服务区别开来。消费者借助商标选购自己喜爱的商品或服务，经营者则借助商标推销自己的商品，而这一切均依赖于商标识别功能的正常发挥。侵害商标权行为的表现形式多种多样，其本质特征都是对商标识别功能的破坏，造成相关公众对商品或服务的来源产生误认或者认为其来源与注册商标的商品有特定的联系。因此，商标法保护商标就是保护商标的识别功能。而商标的识别功能只有在商标法意义上的 "商标使用行为" 中才得以体现。因此，本案判断瑞田公司被控侵权行为是否属于商标法意义上的使用行为成为解决本案焦点问题的关键。

商标法的商标使用，应当是为了实现商标功能的使用。商标最主要的功能是识别，只有商品进入流通领域，商标的识别功能才得以发挥；商品不进入流通领域，商标只不过是一种装饰，无所谓识别问题。因此商标法上的商标使用，应当是与商品流通相联系的使用行为。《中华人民共和国商标法实施条例》第三条①规定，商标的使用，是指将商标用于商品、商品包装或者容器以及商品交易文书上，或广告宣传、展览以及其他商业活动中。从法律规定看，商标法意义上的商标使用行为强调将商标贴附于商品进行销售或者进行其他交易，是与商品流通相联系的使用行为。

本案中，瑞田公司所使用的被控侵权吊牌、领标均系国外委托加工方韩国 ESPOIR CO. LTD 公司提供，所加工产品全部销往国外而不在中国境内销售，属于对外"贴牌加工"行为。由于瑞田公司所加工产品全部出口，并不在中国市场上流通销售，因此，在中国境内，上述吊牌、领标不具有识别商品来源的功能。加工方按照委托方的要求，将商标贴附于加工之产品上，就其性质而言，属于加工行为，不是商标法意义上的商标使用行为。换言之，瑞田公司在法律地位上相当于韩国公司设在中国境内的工厂，其按照韩国公司的指令进行生产，不负责产品销售，且不得擅自处分加工产品，所有加工产品及辅料必须交付至韩国公司。因此，瑞田公司虽为中国公司，但其所加工的产品并不直接进入中国境内的流通领域，产品所附吊牌、领标在中国境内不发挥商标的识别功能。

另外，瑞田公司对外加工产品，尽到了必要的审查注意义务。根据已查明的事实，日本 YAMATO 公司于 1961 年 5 月 1 日在日本注册了◁▷商标，于1990 年 6 月 11 日在日本注册了"CROCODILE"商标，现二商标均在有效期内。2011 年 1 月 12 日，日本 YAMATO 公司出具《授权确认书》，同意韩国ESPOIR CO. LTD 公司进行商标为"CROCODILE"产品的生产与出口。2011年 10 月 20 日，日本 YAMATO 公司出具《情况说明》，对上述《授权确认书》作出进一步阐明，确认本案由韩国 ESPOIR CO. LTD 公司按照其贴牌加工定制要求，委托瑞田公司加工的所有成衣出口至日本销售。综上，可以认定本案瑞田公司接受国外公司委托加工并出口产品，对国外公司提供的吊牌

① 本条已在 2014 年 4 月新修订的《商标法实施条例》中删除。具体内容已被2013 年 8 月新修订的《商标法》第四十八条所吸收。

和领标标识的合法来源进行了必要的审查，其主观上没有侵害鳄鱼恤公司注册商标权的故意或过错，尽到了合理的注意义务。

综上，瑞田公司对外贴牌使用被控侵权吊牌、领标，不是与商品流通相联系的商标使用行为，不属于我国商标法意义上的商标使用。且瑞田公司对国外公司交付的被控侵权吊牌、领标有境外商标权人的合法授权，亦尽到了合理注意义务。根据商标权的地域性特点，本案中鳄鱼恤公司对其"CROC-ODILE"注册商标享有的商标权仅限于中国境内，因此其无权排斥瑞田公司在对外贴牌加工中使用" "、"CROCODILE"商标的行为。鳄鱼恤公司关于瑞田公司侵犯其注册商标权的主张缺乏法律依据，不能成立。在此基础上，关于瑞田公司所使用的吊牌和领标标识与鳄鱼恤公司"CROCODILE"注册商标是否相同或相似，是否足以造成相关公众混淆，并非本案所关注的重点。原审法院认定瑞田公司使用" "吊牌对鳄鱼恤公司不构成商标侵权结论正确；认定瑞田公司使用"CROCODILE"领标对鳄鱼恤公司构成商标侵权并判令瑞田公司赔偿鳄鱼恤公司合理支出不当，适用法律错误，依法予以纠正。依照《中华人民共和国商标法实施条例》第三条、《中华人民共和国民事诉讼法》第一百五十三条第一款第（二）项之规定，判决：一、撤销山东省青岛市中级人民法院（2011）青知民初字第 546 号民事判决；二、驳回鳄鱼恤有限公司的全部诉讼请求。本案一审案件受理费 8800 元，二审案件受理费 6800 元，均由上诉人鳄鱼恤有限公司负担。

【法官评述】

本案涉及的贴牌加工行为，而加工方按照国外委托方要求，在其对外加工的产品上，贴附委托方交付使用的与国内商标权人的注册商标相同或近似商标标识的行为，是否侵犯国内商标权人的注册商标专用权问题，值得深入探讨和研究。

本案一审法院审理时认为，只要加工方在中国境内生产的产品，贴附使用的商标标识与国内商标权人的注册商标相同，即构成对中国注册商标专用权的侵犯。

二审法院认为，对外贴牌加工方所生产的产品全部销往国外，而不在中国境内流通销售。在中国境内，加工方所使用的商标标识，不具有识别商品来源的功能，只要加工方主观上没有侵权的故意和过失，对国外委托方交付使用的商标标识的合法来源进行了必要的审查，即不构成商标侵权。理由是：

商标的基本功能为识别功能，即将商标权人的商品或服务与其他人的商品或服务区别开来。这种识别功能，只有在商品进入流通领域后才能发生。不进入流通领域，商标所起的识别作用不能发挥。本案中，瑞田公司对外贴牌使用的被控侵权商标标识，系国外委托加工方提供，所加工的产品按订单要求全部出口国外，不在中国境内销售。在中国境内，产品所贴附的被控侵权商标标识，不发挥商标的识别功能，即使所贴附使用的商标标识与国内注册商标权利人的注册商标相同，亦不构成对国内注册商标专用权的侵犯。

编写人：山东省高级人民法院知识产权审判庭　丛卫

31

河南杜康酒业股份有限公司诉汝阳县杜康村酒泉酒业有限公司、河南世纪联华超市有限公司侵犯商标专用权纠纷案

——阅读提示：第三人不当使用他人共用商标的侵权认定。

【裁判要旨】

因历史原因形成了商标共同使用的格局，任何一个使用人在许可使用的过程中均应尽到审慎的注意义务。被许可使用的第三人因未尽到应有的注意义务而造成与共同使用商标所依附产品的混淆的，第三人应当承担相应的侵权责任。

【案号】

一审：河南省郑州市中级人民法院 (2011) 郑民三初字第 74 号
二审：河南省高级人民法院 (2011) 豫法民三终字第 194 号

【案情与裁判】

原告（二审被上诉人）：河南杜康酒业股份有限公司（简称杜康酒业公司）

被告（二审上诉人）：汝阳县杜康村酒泉酒业有限公司（简称酒泉酒业公司）

被告：河南世纪联华超市有限公司（简称世纪联华超市）

起诉与答辩

原告杜康酒业公司诉称：伊川县杜康酒厂始建于 1968 年，2008 年 2 月正式更名为河南杜康酒业股份有限公司。1981 年 12 月 15 日，杜康酒业公司

获得了®注册商标（以下简称"杜康"商标）。自建厂以来，杜康酒业公司生产的"杜康"系列白酒获得了诸多荣誉，"杜康"商标于 2006 年 1 月被认定为"中国驰名商标"和"中华老字号"称号。2009 年 10 月，杜康酒业公司发现酒泉酒业公司未经许可，在其网站上多处使用"杜康"文字进行宣传，同时在其生产的 30 多种酒产品中，均突出使用了"杜康"文字作为商品名称的主要部分。被告世纪联华超市销售了酒泉酒业公司生产的 5 种杜康酒。故杜康酒业公司于 2010 年 12 月 6 日诉至法院，请求判令：1. 二被告立即停止生产、销售侵犯"杜康"商标使用权的产品；2. 酒泉酒业公司立即删除其公司网站上的侵权产品图片、虚假宣传用语；3. 酒泉酒业公司在其网站首页显著位置、《大河报》上刊登赔礼道歉声明；4. 酒泉酒业公司赔偿经济损失以及杜康酒业公司为制止侵权行为支付的合理费用共计 100 万元。

被告酒泉酒业公司辩称：1. 由于历史原因，国家商标局决定"杜康"商标由一厂家注册，三厂家使用，而并非杜康酒业公司独自享有专用权。酒泉酒业公司生产的杜康系列酒产品使用的"白水杜康"商标，是陕西白水杜康酒业有限责任公司（以下简称白水杜康酒业公司）于 1996 年申请核准注册的。酒泉酒业公司与白水杜康酒业公司签订了商标许可使用合同，因此不存在非法经营。2. 酒泉酒业公司生产的杜康系列酒产品标注有生产厂家、厂址，不会误导公众对该商品来源产生混淆。3. 公证处保全的网址不是酒泉酒业公司的网站，其宣传的内容与酒泉酒业公司没有任何关系。因此请求驳回杜康酒业公司的诉讼请求。

被告世纪联华超市辩称：世纪联华超市销售酒泉酒业公司生产的杜康系列白酒，有正常的进货手续及销售单据，因此不应当承担法律责任，请求驳回杜康酒业公司的诉讼请求。

法院审理查明

20 世纪 70 年代，河南省的伊川县、汝阳县，陕西省的白水县分别建立了杜康酒厂并均将"杜康"作为酒的特定名称。1980 年 10 月，国家相关部门要求酒的名称和商标名称统一，一种商标允许一家注册。伊川县杜康酒厂、汝阳县杜康酒厂、白水县杜康酒厂分别向国家工商总局申请注册"杜康"商标。1983 年 7 月 18 日，国家商标局出面协调，并与有关部门协商研究决定，由伊川县杜康酒厂注册"杜康"商标，许可汝阳县杜康酒厂和白水县杜康酒厂使用。1983 年 10 月，伊川县杜康酒厂分别与汝阳县杜康酒厂、白水县杜康酒厂签订了商标使用合同。合同约定，伊川县杜康酒厂注册"杜康"商标，汝阳县杜康酒厂、白水县杜康酒厂同时同期使用。为了区别三个厂家的产品，在各自产品贴花的"杜康"商标下面分别标注"伊川"、"汝阳"、"白水"字样。

伊川县杜康酒厂经改制更名为杜康酒业公司，现"杜康"商标专用权为该公司的关联公司——伊川杜康酒祖资产管理有限公司享有，杜康酒业公司为"杜康"商标独占使用权人。1996 年 12 月 14 日，汝阳县杜康酒厂在酒类商品上依法获得⊕商标（以下简称"汝阳杜康"商标）的注册。同日，白水县杜康酒厂依法获得⊛商标（以下简称"白水杜康"商标）的注册，核定使用商品为第 33 类白酒。现该商标专用权人为白水杜康酒业公司。2008 年 12 月 5 日，白水杜康酒业公司的关联公司——陕西白水杜康品牌管理有限公司与酒泉酒业公司签订《品牌使用协议》，双方约定，白水杜康酒业公司将"白水杜康"商标、产品名称、款式、文字、图案、规格等许可酒泉酒业公司使用，许可方式为普通许可，销售区域为浙江省、辽宁省、江西省、福建省、河南省。指定产品的中文名称应为"白水杜康·酿酒村"，酒泉酒业公司可自行确定副品牌名称，否则将以商标侵权追究酒泉酒业公司的相关法律责任。

伊川县杜康酒厂生产的杜康系列白酒、汝阳县杜康酒厂生产的汝阳杜康系列白酒以及"杜康"商标均获得了较高的荣誉。1997 年、2005 年、2008 年"杜康"商标被评为河南省著名商标，2005 年被认定为驰名商标。

2010 年 1 月 25 日，杜康酒业公司委托代理人李永强及公证处人员先后来到世纪联华超市等多家商店，购买到"杜康"经典珍藏、"杜康"典藏、"杜康"富贵国花、"杜康"酿酒村等"杜康"系列白酒 26 瓶。上述酒产品均是酒泉酒业公司生产的，其共同特征是：产品包装盒（瓶）的上方均有"白水杜康"商标，酒的名称为"杜康 + 其他"，其中"杜康"文字单独排列，其他文字相对于"杜康"文字字体很小。"杜"字的侧上方有"白水"文字，"白""水"两字上下排列，形成"泉"字，且颜色与"杜康"文字颜色相比偏淡。包装盒均有"酿酒村"文字，但与"杜康"文字不在同一行排列，且字体较小。酒泉酒业公司网站的宣传内容载明：杜康酒已成为中国十大文化名酒、中国驰名商标……绝对认同我公司的经营和杜康品牌……网页中有"杜康客服"字样，并显示有 40 余种不同包装的酒。

一审判理和结果

一审法院认为：三厂家通过长期使用以及持续地对商标宣传，使"杜康"商标的知名度显著提升，相关公众已将"杜康"商标与三厂家之间产生特定的联系。白水县杜康酒厂于1996年获得了"白水杜康"商标，该商标的注册是基于"杜康"商标注册时的复杂背景，在使用"杜康"商标时为区分三厂家的产品来源，长期在"杜康"标识前加注地域限制，事实已形成了"白水杜康"的标识。虽然"白水杜康"商标予以注册，但考虑到"杜康"商标与"白水杜康"商标之间的历史渊源关系，"杜康"商标在先注册的事实以及两个商标在外观上的高度近似性，即使白水杜康酒业公司将"白水杜康"商标许可酒泉酒业公司使用，酒泉酒业公司也应该保持高度审慎的注意义务，采取各种合理措施以避免引起消费者将其酒产品与三厂家的"杜康"酒产品相混淆。然而酒泉酒业公司并没有遵守《品牌使用协议》中关于"指定产品的中文名称为白水杜康·酿酒村"的约定，而是在酒的名称中突出使用"杜康"文字，使普通消费者误认为其产品是杜康酒业公司生产的"杜康"系列酒产品之一，混淆其产品的来源。因此该行为应当予以禁止。一审法院判决：一、酒泉酒业公司立即停止在其生产销售的酒产品包装上突出使用"杜康"文字；二、世纪联华超市立即停止销售侵犯杜康酒业公司商标使用权的酒产品；三、酒泉酒业公司立即删除其公司网站上侵犯杜康酒业公司商标使用权的酒产品图片以及虚假宣传用语；四、酒泉酒业公司赔偿杜康酒业公司经济损失十五万元；五、驳回杜康酒业公司的其他诉讼请求。

上诉与答辩

宣判后，酒泉酒业公司不服判决，其上诉理由除与一审答辩意见相同外，另上诉称：酒泉酒业公司厂址在杜康村，其产品包装必然使用"杜康"文字。原审判决应追加"白水杜康"商标持有人参加本案诉讼。请求二审法院依法撤销原审判决，驳回杜康酒业公司的诉讼请求或者发还重审。

杜康酒业公司答辩称：原审判决未遗漏当事人，酒泉酒业公司不能证明"白水杜康"商标注册人许可其使用该商标。

二审审理期间，杜康酒业公司撤回对酒泉酒业公司虚假宣传行为的诉讼。

二审判理和结果

二审法院认为：杜康酒业公司申请撤回对酒泉酒业公司虚假宣传行为的诉讼，应予准许。酒泉酒业公司上诉原审遗漏当事人，因《品牌使用协议》并未约定许可突出使用"杜康"文字，且《品牌使用协议》与本案非同一法律关系，其遗漏当事人理由不能成立。涉案《品牌使用协议》约定，酒泉酒业公司生产的产品中文名称为"白水杜康·酿酒村"。酒泉酒业公司在其生产的产品及包装上并未完全按照许可使用合同约定使用"白水杜康·酿酒村"，而是突出标识"杜康"文字，其"白水"、"酿酒村"标识字体较小，或者"白水"标识似"泉"，酒泉酒业公司生产的"杜康"产品与杜康酒业公司生产的"杜康"产品在同一市场作为商品销售，必然造成杜康酒业公司生产的"杜康"商品与酒泉酒业公司生产的白水"杜康"商品在市场上对消费者的直接混淆。特别是酒泉酒业公司在其生产的产品标识商标防伪标签上直接使用"杜康"文字，与"杜康"商标文字相符，误导消费者，已构成对杜康酒业公司"杜康"商标的侵权。二审法院判决：一、维持河南省郑州市中级人民法院（2011）郑民三初字第 74 号民事判决第一项、第二项、第四项、第五项及逾期履行付款内容；二、撤销（2011）郑民三初字第 74 号民事判决第三项。

【法官评述】

商标权共同使用人许可第三人使用商标，不仅影响到共同使用人的利益，还会影响到社会公众的利益。如何规范第三人使用他人共用商标，应以不造成混淆，不违反公众利益为原则。

一、本案三个厂家对于"杜康"商标的权利义务关系

杜康酒因其历史文化原因自古以来就享负盛名。1972 年河南省伊川县、汝阳县，陕西省白水县分别建立了杜康酒厂，并以"杜康"作为酒产品的名称。但在 1981 年三个厂家申请注册商标时，经过政府部门协调，形成了伊川县杜康酒厂对"杜康"商标享有专用权，汝阳县杜康酒厂、白水县杜康酒厂享有使用权的局面。造成这一局面是因为当时我国《商标法》尚未颁布实施，政府及企业对于商标专用权、商标共有权的概念并不清晰。由于没有商标权共有的法律制度，有关部门和当事人只能采取这种方

式解决现实问题。伊川县杜康酒厂虽然是商标专用权人，但通过"杜康"商标的注册过程以及其与另两家杜康酒厂签订的使用合同内容来看，被许可厂家无需交纳使用费，三个厂家同时同期使用"杜康"商标，为区分商品来源，伊川县杜康酒厂在使用商标时也要加注地域限制。三个厂家对"杜康"商标享有同样的权利，承担同样的义务。因此伊川县杜康酒厂取得的不是完整的商标专用权，其与汝阳县杜康酒厂、白水县杜康酒厂名为商标许可使用关系，实际为商标共有关系。多年来，三个厂家通过持续地使用以及不断地宣传，使"杜康"商标的知名度显著提升，一般消费者仅需"杜康"二字即可完成对"杜康"酒产品与其他品牌酒的辨别，形成了消费者主要以对"杜康"的呼叫确定商品来源的情况。相关公众已将"杜康"商标与三个厂家之间产生特定的联系。而商标知名度的提高也使三个厂家在市场经营中获得了竞争优势，这种竞争优势所带来的商业利益应属于伊川县杜康酒厂、汝阳县杜康酒厂及白水县杜康酒厂共同享有。由此三个厂家也负有保护"杜康"商标的显著性的共同义务，不与其他经营者的产品相混淆。

二、第三人不当使用他人共用商标的侵权认定

商标法立法目的除保护商标权人的财产利益外，更在于维护相关消费者不受混淆的公共利益。为防止消费者产生混淆、误认，商标法本不允许相同或近似商标使用于相同或类似商品之上。但是现实中确有相同或近似商标使用于相同或类似商品的情形，却因不会导致消费者混淆而共同存在。本案的特殊性在于"杜康"商标申请注册之后，汝阳县杜康酒厂、白水县杜康酒厂也合法注册了 商标和 商标。这 2 个商标的核心要素均是"杜康"文字，构图方式也与 商标相同，与"杜康"商标构成了实质的近似。为什么能获得注册，笔者认为这是由于历史原因，三个厂家在各自产品贴花的"杜康"商标下面分别标注"伊川"、"汝阳"、"白水"字样，通过长期使用，已形成了"汝阳杜康"、"白水杜康"的标识。鉴于这 2 个商标标识仍属于"杜康"商标权共同使用人享有，没有产生新的权利主体，不会改变相关公众对现有"杜康"系列酒产品与三个厂家来源关系的辨认，国家商标局才给予注册，最终形成了 3 个商标共存的状况。

商标权利的具体内容，主要体现在权利人"行"和"禁"两个方面。"行"包括使用权、许可权、转让权、续展权。而"禁"则是指权利人禁

止任何第三方未经其许可在相同或类似商品上使用与其注册商标相同或近似的商标。由于"白水杜康"商标与"杜康"商标是近似商标,"白水杜康"商标权利人将该商标许可酒泉酒业公司使用,就产生了"白水杜康"商标许可权利与"杜康"商标禁止权利之间的权利冲突。如何解决这样的矛盾,笔者认为,仍应以商标法的保护目的为原则,不造成混淆,不违反公众利益。虽然"白水杜康"商标予以注册,但考虑到"杜康"商标与"白水杜康"商标之间的历史渊源关系,"杜康"商标在先注册的事实,其知名度、显著性高于"白水杜康"商标,两个商标在外观上存在高度近似性等因素,白水杜康酒业公司在行使许可行为时,其与酒泉酒业公司均应该保持高度审慎的注意义务,采取各种合理措施以避免引起消费者将第三方的酒产品与三厂家的"杜康"酒产品相混淆。

从涉案《品牌使用协议》中关于"指定产品的中文名称为"白水杜康·酿酒村"的约定可以看出,白水杜康酒业公司想通过对酒产品名称的约束,来区别于三个厂家的"杜康"酒产品。然而酒泉酒业公司并没有遵守该项约定,而是在酒的名称中突出使用"杜康"文字,将"白水"二字纵向排列,使其近似"泉"字,"白水"、"酿酒村"文字与"杜康"文字做不同的底色处理,字号相对于"杜康"二字明显偏小,其酒产品的防伪标识中也仅有"杜康"文字。酒泉酒业公司的这种使用方式,使普通消费者只注意到"杜康"文字,将"杜康"作为其酒产品的名称,误认为该产品是三个厂家生产的"杜康"系列酒产品之一,混淆其产品的来源。酒泉酒业公司的行为不仅违反了其与白水杜康酒业公司的约定,也侵犯了"杜康"商标共同使用人的利益,应当予以禁止。

编写人:河南省郑州市中级人民法院知识产权审判庭　赵磊

32

广东欧珀移动通讯有限公司诉
深圳市星宝通电子科技有限公司、
郑关笑侵害商标权纠纷案

——阅读提示：在确定案件侵权损害赔偿数额时，人民法院如何采取优势证据规则认定损害赔偿事实？如何适用证据披露和举证妨碍制度，合理确定各方当事人的举证责任并认定相关事实？

【裁判要旨】

在知识产权侵权诉讼中，若当事人有证据证明其损失或对方当事人的获利明显超过法定赔偿最高限额，但不能准确计算权利人实际损失或侵权获利的具体数额的，可在法定最高限额以上合理确定权利人的实际损失。

由一方当事人掌控而对方当事人难以获取的涉及被控侵权人获利状况的证据，证据持有人负有披露该证据的义务；若一方当事人持有证据无正当理由据不提供，而对方当事人主张该证据的内容可证明其诉请的侵权损害赔偿数额基本成立的，可结合相关案情推定该主张基本成立。

【案号】

一审：广东省东莞市中级人民法院（2010）东中法民三初字第354号
二审：广东省高级人民法院（2012）粤高法民三初字第79号

【案情与裁判】

原告（二审被上诉人）：广东欧珀移动通讯有限公司（简称欧珀公司）

被告（二审上诉人）：深圳市星宝通电子科技有限公司（简称星宝通公司）

被告：郑关笑

起诉与答辩

欧珀公司于 2008 年 4 月 28 日取得第 4571222 号 "OPPO" 注册商标专用权，其生产、销售的 "OPPO" 品牌手机在全国具有较高的知名度。后发现星宝通公司生产、郑关笑销售与欧珀公司同类和使用近似商标的 "OCPO" 品牌手机的行为，欧珀公司认为，星宝通公司、郑关笑的行为，侵犯了其注册商标专用权，据此于 2010 年 9 月 6 日，向原审法院提起诉讼，请求判令星宝通公司、郑关笑：1. 立即停止生产、销售被控侵权产品侵犯欧珀公司第 4571222 号商标专用权的行为，停止在商品、商品名称、包装、门店招牌、广告宣传资料、网站等使用 "OCPO" 商标；2. 在《南方都市报》、《深圳特区报》上登文赔礼道歉，消除影响；3. 星宝通公司赔偿欧珀公司人民币 300 万元，郑关笑赔偿欧珀公司人民币 10 万元；4. 承担欧珀公司调查取证所发生的费用 3547 元及本案的诉讼费用。

星宝通公司答辩称：1. 欧珀公司的商标不具有显著性与知名度，且本案争议的两个商标并不构成近似，也没有证据证明两商标存在相关公众产生混淆和误认的事实。从商标文字及音译发音或谐音、商标文字的整体组合形式、商标文字上看，两者存在着明显不同。2. 星宝通公司与欧珀公司同时对自有商标进行宣传，星宝通公司不存在利用欧珀公司的商标推广自己商品的搭便车行为与意思。3. 根据星宝通公司提交的《审计报告》显示，星宝通公司自 2009 年至今一直处于亏损状态，欧珀公司无任何直接证据证明星宝通公司的获利或者其受到的损失为人民币 300 万元，其关于赔偿数额的主张依法不应得到支持。综上，请求驳回欧珀公司的诉讼请求。

郑关笑答辩称：1. 所销售的被控侵权手机系从星宝通公司购进，具有合法来源，郑关笑没有侵权故意，无需承担侵权责任。2. 欧珀公司诉请郑关笑赔偿人民币 10 万元损失没有任何依据，依法不应得到支持。因此请求驳回欧珀公司的诉讼请求。

法院审理查明

2005 年 3 月 29 日，广东步步高电子工业有限公司向国家工商行政管理总局商标局申请注册涉案第 4571222 号 OPPO 商标。2006 年 5 月 9 日，蓝天投资股份有限公司受让了涉案 OPPO 商标，其后将该涉案商标于

2008 年 12 月 28 日转让给欧珀公司。2009 年 10 月 19 日，涉案第 4571222 号 OPPO 商标变更注册人为欧珀公司，该商标核定使用商品类别为第 9 类，注册有效期限自 2008 年 4 月 28 日至 2018 年 4 月 27 日。

根据欧珀公司提供的广告合同等证据显示，欧珀公司或其关联公司自 2005 年 4 月 7 日起，在中央电视台、《光明日报》、湖南卫视、浙江卫视等媒体进行了大量的广告宣传。同时中国新闻网、新浪网、NBA 中国官方网、南方都市报、广州日报、东莞日报等媒体也对欧珀公司及 OPPO 手机品牌进行了广泛报道。2008 年以来，欧珀公司所属 OPPO 品牌系列手机获得多项荣誉。

2010 年 6 月 18 日，欧珀公司在广东省东莞市常平镇百珠数码超市公证购买了 CCPO 品牌 V860 手机一部，并取得发票及 CCPO 手机宣传单。公证购买的手机、包装盒及宣传单上印有 CCPO 图样，包装盒注明的制造商为星宝通公司。2010 年 6 月 23 日，欧珀公司登入星宝通公司所有的网址为 http://www.ccpo.com.cn 网站，该网站使用了 CCPO 商品标识并进行宣传。欧珀公司还提交了其在上海等全国 39 个地市购买被控 CCPO 品牌手机的发票、手机照片及门店照片以及星宝通公司的产品宣传册。

原审法院对星宝通公司采取了证据保全措施，从星宝通公司处提取了标有 CCPO 标识的 CCPO 品牌手机，但星宝通公司以账目混乱为由未提供相关的销售记录和财务账册。根据欧珀公司的申请，原审法院调取了星宝通公司从 2008 年 7 月 28 日以来在中国建设银行、中国农业银行、交通银行和招商银行的银行账户进出账交易记录。经过双方当事人对账，从 2009 年 7 月 2 日至 2011 年 4 月 9 日，星宝通公司中国农业银行存款账户进账人民币 3496933 元；从 2009 年 4 月 20 日至 2011 年 6 月 28 日，星宝通公司交通银行存款账户进账人民币 21020895.29 元；建设银行存款账户从 2009 年 9 月 4 日至 2010 年 11 月 22 日扣税金额为人民币 104277.19 元。

星宝通公司确认其主要业务是生产被控产品，根据星宝通公司提交的 2009 年度、2010 年度以及 2011 年 1 月至 6 月《审计报告》显示，星宝通公司自 2009 年以来截至 2011 年 6 月 30 日，其营业总收入为人民币 10975696.38 元，营业总亏损为人民币 23551035.53 元。

2010 年 3 月 1 日，星宝通公司向国家工商行政管理总局商标局申请注册被控 CCPO 商标。2011 年 1 月 7 日，国家工商行政管理总局商标局以被控商标与欧珀公司在类似商品上已注册的涉案第 4571222 号 OPPO 商标近似为由,驳回了被控商标的商标注册申请。同年 2 月 28 日,星宝通公司向国家工商行政管理总局商标评审委员会提出商品评审申请。

附图:

（涉案 4571222 号商标）　　　　　（被控侵权标识）

一审判理和结果

本案星宝通公司生产销售的涉案被控侵权手机产品,与欧珀公司第 4571222 号注册商标核定使用的商品项目手提电话属相同商品。将涉案被控侵权手机产品上使用的 标识与欧珀公司的 注册商标图案相比,涉案被控产品上使用的 商品标识与涉案 4571222 号 注册商标构成近似。涉案被控侵权产品为侵权产品,星宝通公司和郑关笑在本案中的行为均属侵权行为。

至于赔偿损失数额的问题。考虑以下因素:1. 涉案商标的知名度;2. 商标在手机类产品销售中起到重要的识别作用和吸引作用;3. 星宝通公司在原审法院采取证据保全过程中和原审法院规定期限内拒不提交完整的财务资料,其后提交的审计报告亦明显不符合客观真实,侵权故意明显;4. 星宝通公司侵权持续时间长、地域范围广,侵权规模巨大,即使扣除所述人民币 9064000 元的非营业性收入,仅在 2009 年 4 月 20 日至 2011 年 6 月 28 日星宝通公司的营业收入就达人民币 15453828.29 元;5. 欧珀公司为本案支付的必要维权费用等。因此,酌定星宝通公司赔偿欧珀公司包括合理维权费用在内的经济损失人民币 260 万元。

综上,依照《中华人民共和国民法通则》第一百一十八条、第一百三十四条第一款第(一)项、第(七)项以及第二款,《中华人民共和国商标法》第五十二条第(一)项、第(二)项①、第五十六条②,《最高人民法院关于审理商标民事纠纷案件适用法律若干问题的解释》第十四条、第十五

---

① 对应 2013 年 8 月新修订的《商标法》第一百五十七条第(一)、(二)、(三)项。

② 对应 2013 年 8 月新修订的《商标法》第一百六十三条。

条、第十六条第一款、第二款及第十七条，以及《中华人民共和国民事诉讼法》第一百二十八条的规定，判决星宝通公司、郑关笑立即停止侵害欧珀公司涉案第 4571222 号商标专用权的行为；限星宝通公司于判决生效之日起十日内向欧珀公司赔偿包括合理维权费用在内的经济损失人民币 260 万元；驳回欧珀公司的其他诉讼请求。本案受理费人民币 31628 元，财产保全费人民币 5000 元，由星宝通公司负担人民币 36000 元，郑关笑负担人民币 628 元。

上诉与答辩

星宝通公司上诉称：1. 星宝通公司在其商品上使用的商标 ⚆⊂|⊃⚆ 并未侵犯欧珀公司的 ⚆|⊃|⊃⚆ 商标专用权。本案星宝通公司使用的商标在整体含义、首字母发音、不同字母的个数、颜色要素等各方面与欧珀公司的商标均不构成"近似"，亦不会导致社会公众根据一般的注意力标准而产生"误认"。2. 原审判决要求星宝通公司承担赔偿 260 万元的民事责任，于法无据，应予撤销。本案仅凭星宝通公司 2008 年 7 月至今的银行交易记录，不能得出该进账数额"均为销售涉案产品的营业性收入"这一结论。3. 欧珀公司恶意诉讼，滥用诉权，实际上并未遭受任何损失。请求二审法院：1. 依法撤销原审第一、第二项的判决；2. 判令欧珀公司承担因恶意诉讼给星宝通公司造成的经济损失 150 万元；3. 判令欧珀公司承担本案一审、二审诉讼费和其它相关费用。

欧珀公司答辩称：星宝通公司的上诉请求没有任何依据，其事实和理由都是不能成立的。请求二审法院维持一审判决。

原审被告郑关笑二审未予答辩。

二审判理和结果

一、被控侵权标识是否侵犯了欧珀公司涉案第 4571222 号商标专用权的问题。

本案星宝通公司生产销售的涉案被控侵权产品与欧珀公司第 4571222 号注册商标核定使用的商品属同类商品。将涉案被控侵权 ⚆⊂|⊃⚆ 标识与欧珀公司的 ⚆|⊃|⊃⚆ 注册商标图案相比，从字形上看，两者的图形整体均为美术英文字体，两者均为四个字母，四个字母中有三个字母相同或者相近似。从商标的整体组合形式上看，欧珀公司的商标四个字母均是经过专门设

计，字母"O"和"P"的各个部分宽窄程度不一样，字体的线条柔和优美，而被控侵权标识的各字母的各部分宽窄程度、线条与欧珀公司的商标从整体构图看相近似。从整体含义上看，星宝通公司使用的被控侵权标识，整体上并无特别含义。从发音上看，被控 OCPP 标识首字母图形与涉案 OPPO 商标首字母图形基本相同，也容易导致相关公众对 OCPP 字母整体的发音与 OPPO 字母整体的发音产生混淆。根据国家工商行政管理总局商标局和商标评审委员会《商标审查标准》等相关规定，可认定被控侵权 OCPP 标识与涉案第 4571222 号 OPPO 注册商标构成相近似。

星宝通公司成立于 2007 年 7 月，2009 年 4 月申请到手机生产牌照，2010 年 3 月 1 日，星宝通公司才向国家工商行政管理总局商标局提出 OCPP 标识的商标注册申请。而原东莞欧珀公司已在 2005 年 4 月就开始为 OPPO 品牌产品进行广告宣传，特别是 2008 年 9 月 8 日以来，原东莞欧珀公司和欧珀公司耗巨资进行了较为广泛的广告和宣传，使其 OPPO 品牌产品及 OPPO 商标取得了较高的知名度，2011 年 12 月被广东省工商行政管理局认定为"著名商标"。可见，星宝通公司 OCPP 标识使用在后、注册申请在后。况且在 2011 年 1 月 7 日，国家工商行政管理总局商标局作出的《商标驳回通知书》，亦是以星宝通公司向国家商标局申请 OCPP 标识的商标注册申请，因与欧珀公司在类似商品上已注册的第 4571222 号 OPPO 商标近似为由，驳回了星宝通公司的申请。

二、一审判定星宝通公司赔偿欧珀公司经济损失人民币 260 万元是否合理的问题。

对于难以证明侵权受损或侵权获利的具体数额，但有证据证明损失数额明显超过法定赔偿最高限额的，不适用法定赔偿额的计算方法，可以综合全案的证据情况，在 50 万元以上合理确定赔偿数额。经过双方当事人的对账，2009 年 4 月 20 日至 2011 年 6 月 28 日，星宝通公司的中国农业银行存款账户、交通银行存款账户进账共计人民币 24517828.29 元，扣除人民币 9064000 元非营业性收入，上述期间仍有人民币 15453828.29 元款项进入星宝通公司上述存款账户。原审法院参照上述星宝通公司的营业收入人民币 15453828.29 元以及赔偿数额占营业收入的比率，酌情确定本案的赔偿数额为人民币 260 万元。尽管在上述期间内，星宝通公司还有其他品牌的两款手机产品在生产和销售，但是在上述银行存款账户进账款项中，并无法区分本案被控侵权标识产品与其他品牌的两款手机产品的生产和销售情况。鉴于欧珀公司无法证明其因被侵权所受到的实际损失或者星宝通公司因侵权所获得的利益，考虑到涉案注册商标具有较高的知名度、欧珀公司投入巨额资金进行宣传广告并获得了较高的知名度、商标在手机类产品销售中起到的重要识别作用和吸引作用、星宝通公司在诉讼中并未提交完整的财务账册资料，存在着侵权的故意以及星宝通公司侵权的持续时间、地域范围、规模大小等因素，酌定星宝通公司赔偿欧珀公司经济损失人民币 260 万元并无不妥。依照《中华人民共和国民事诉讼法》第一百五十三条第一款第（一）项①的规定，判决驳回上诉，维持原判。二审案件受理费由星宝通公司负担。

【法官评述】

在知识产权侵权诉讼中发挥损害赔偿对于制裁侵权、救济权利的作用，是不断增强知识产权司法保护有效性和加大保护力度的必然要求。从探索完善司法证据制度角度出发，寻求破解知识产权侵权损害赔偿难问题，一直是广东法院知识产权审判近年来工作的重心。

在处理该案件时，我们秉承先行先试、积极探索的原则，在依法、科学、客观的范围内，对破解知识产权侵权损害赔偿难问题中涉及的优势证据标准认定、证据披露、证据妨碍等制度和原则进行了运用和尝试。在案件的审理思路上，考虑到星宝通公司侵权持续时间长、地域范围广，侵权规模大等事实，同时考虑到仅在 2009 年 4 月 20 日至 2011 年 6 月 28 日，星宝通公司的营业收入就达人民币 15453828.29 元，从酌定的 260 万元赔偿金额所占星宝通公司营业收入比率看，其比率也仅为 16.82%，该比率尚处于手机类产品利润的合理范围内，故认定星宝通公司的侵权获利应远远高于法定最高赔偿数额。依据《最高人民法院关于民事诉讼证据的若干规定》第七十三条规定，以及《最高人民法院关于当前经济形势下知识产权审判服务大局若干问题的意见》的精神，全面、客观地审核计算赔偿数额的证据，充分运用逻辑推理和日常生活经验，综合全案的证据情况，应当在法定最高限额以上合理确定赔偿额，故采取了优势证据标准认定损害赔偿事实和数额的办法和思路。

---

① 对应 2012 年 8 月新修订的《民事诉讼法》第一百七十条第一款第（一）项。

同时考虑到星宝通公司在法院采取证据保全过程中，以公司账目混乱为由未提供相关的销售记录和财务账册，在法院限定提交期限并说明相关法律后果后，星宝通公司仍未按期提供，其后提交的审计报告亦明显不客观不真实，其主观故意明显，依据《民事诉讼法》第六十四条第二款、《最高人民法院关于民事诉讼证据的若干规定》第十七条的规定，适用证据披露制度，由星宝通公司掌控而对方当事人欧珀公司难以获取的涉及被控侵权人获利状况的证据，证据持有人星宝通公司应负有披露该证据的义务。又根据《最高人民法院关于民事诉讼证据的若干规定》第七十五条的规定精神，适用举证妨碍原则，星宝通公司持有相关的销售记录和财务账册等证据无正当理由据不提供，而欧珀公司主张上述证据的内容可证明其诉请的侵权损害赔偿数额基本成立的，结合相关案情推定欧珀公司该主张基本成立。在处理思路上采取了综合适用证据披露和举证妨碍制度。

因欧珀公司涉案注册商标具有较高的知名度，该案件的公正判决对规范手机行业的市场秩序，维护良性竞争，遏制行业侵权行为起到了积极的作用，亦被评为广东法院知识产权司法保护十大案件。该案判决后双方当事人在案件执行阶段达成了和解，取得了法律效果与社会效果的统一。

编写人：广东省高级人民法院知识产权审判庭　潘奇志

33

成都科析仪器成套有限公司诉成都
新世纪科发实验仪器有限公司、成都市
时代科发实验仪器有限公司、上海精密
科学仪器有限公司侵害商标权纠纷案

——阅读提示：应如何平衡企业名称简称的合理使用与注册商标专用权依法保护之间的冲突？

【裁判要旨】

依照法律规定，注册商标专用权和企业名称权都是依法受法律保护的合法权利。对于企业名称简称的合理使用与注册商标专用权的依法保护之间的冲突，应根据具体案情，结合已知事实和日常生活经验，认定企业名称简称的使用是否合理，是否具有使相关公众识别商品来源和市场经营主体的作用，是否会导致相关公众的混淆或误认。对于具有攀附商誉之恶意的一方当事人请求认定另一方当事人侵犯其注册商标专用权，人民法院对其请求不应予以支持。

【案号】

一审：四川省成都市中级人民法院（2010）成民初字第 338 号

二审：四川省高级人民法院（2012）川民终字第 208 号

【案情与裁判】

原告（二审上诉人）：成都科析仪器成套有限公司（简称科仪成套公司）

被告（二审被上诉人）：成都新世纪科发实验仪器有限公司（简称新

世纪科仪公司）

被告（二审被上诉人）：成都市时代科发实验仪器有限公司（简称时代科仪公司）

被告（二审被上诉人）：上海精密科学仪器有限公司（简称上海精科公司）

起诉与答辩

原告科仪成套公司诉称，其于 2002 年 11 月 28 日在第 9 类光度计等商品上取得了"精科"文字商标的注册商标专用权，并在科学仪器等商品上使用该商标。2010 年 4 月，原告发现被告新世纪科仪公司、时代科仪公司未经许可，擅自向消费者销售由被告上海精科公司生产的标注有"精科"文字商标的光度计商品。三被告的行为侵犯了原告享有的注册商标专用权，应当承担相应的法律责任。据此，原告诉请人民法院判令：三被告立即停止对原告第 1916351 号"精科"注册商标专用权的侵害；被告新世纪科仪公司、时代科仪公司立即停止销售标注有"精科"注册商标的第 9 类商品；被告上海精科公司立即停止在第 9 类商品上标注和使用"精科"注册商标；被告上海精科公司立即停止销售标注有"精科"注册商标的第 9 类商品；三被告连带赔偿原告经济损失 15000 元人民币（包括维权支出费用）。

被告新世纪科仪公司辩称，其销售的产品均来自被告上海精科公司，而被告上海精科公司在行业内的简称就为"上海精科"。实际上，原告与被告新世纪科仪公司一样，都曾是被告上海精科公司在成都的经销商，销售光度计产品。原告虽然注册了"精科"商标，但并没有在产品上使用，也没有对商标进行推广。

被告时代科仪公司的答辩意见与被告新世纪科仪公司一致。

被告上海精科公司辩称，其为国内光度计、天平、旋光仪等产品制造行业的龙头企业，具有悠久的历史。"上海精科"是被告长期使用的一个商业标识和企业标识，不仅包括文字，还包括图案，其使用时间远远早于原告商标的注册时间，在行业内已经具有相当的知名度。被告对这样一个品牌一直在进行维护和经营，并于 1996 年创办了《精科报》，面向市场和销售商进行宣传。原告是被告上海精科公司的一个经销商，其经销被告产品的时间长达十余年。原告熟知被告"上海精科"的标识，但却恶意抢注"精科"商标，并且持续 8 年不使用，可以说是蓄谋已久的阴谋。据此，被告请求人民法院驳回原告的诉讼请求。

一审审理查明

科仪成套公司成立于 1999 年 9 月 27 日，其经营范围包括科学仪器仪表的生产、销售等。2001 年 8 月 3 日，科仪成套公司就"精科"文字商标向中华人民共和国国家工商行政管理总局商标局申请注册。2002 年 11 月 28 日，科仪成套公司取得了该商标的注册商标专用权。该商标的注册有效期为 2002 年 11 月 28 日至 2012 年 11 月 27 日，其核定使用的商品范围为第 9 类商品，包括：光度计、恒温器、精密天平、理化试验和成份分析用仪器和量器、实验室试验用烘箱、天平（秤）、物理学设备和仪器、显微镜、粘度计、砝码。

2010 年 4 月 2 日，四川省成都市国力公证处公证员陆若愚、工作人员杨晓燕随同科仪成套公司代理人史栋梁来到店招牌写有"成都科发实业公司"字样的商铺中。史栋梁选购了一台 722N 型的"可见分光光度计"，并当场取得了《四川省成都市商业销售发票》、《产品目录》各一份。新世纪科仪公司承认其与时代科仪公司共同实施了上述销售行为。上海精科公司也认可上述 722N 型的"可见分光光度计"系其制造。

上海精科公司成立于 1990 年 11 月 6 日，其前身为上海精密科学仪器公司，其经营范围包括各类科学仪器仪表、光学仪器、分析仪器、环境监测仪器和治疗装置、医疗生化仪器等。1996 年至 1997 年，上海精密科学仪器公司先后改制并更名为被告上海精科公司。被告上海精科公司在 1997 年度、1999 年度、2000 年度是上海销售收入 500 强工业企业之一，2002 年、2003 年，在信息产业部公布的电子信息百强企业排序中，上海精科公司分别位居第 74 位、第 83 位。1996 年，上海精科公司创办了《精科报》。从创刊之日到 2010 年，上海精科公司共制作了 171 期《精科报》。

一审判理和结果

一审法院经审理认为：科仪成套公司系涉案"精科"文字商标的注册人，依法在核定的商品种类上享有该商标的专用权。由于现有证据以及新世纪科仪公司、时代科仪公司和上海精科公司的自认能够证明新世纪科仪公司、时代科仪公司和上海精科公司实施了科仪成套公司所主张的被控侵权行为，即上海精科公司实施了在其制造的被控侵权产品 722N 型"可见分光光度计"上使用"上海精科"标识的行为，新世纪科仪公司和时代科仪公司共同实施了销售上述被控侵权产品的行为，故作为侵害商标权纠纷的本案，其争议焦点集中在上述被控侵权行为是否侵害了科仪成套公司"精科"文字商标的注册商标专用权上。

现有证据显示，上海精科公司是在光学仪器、分析仪器等科学仪器仪表行业内的国内知名企业，具有二十余年的历史和较大的规模。无论是该公司本身，还是其生产的产品均获得过相关行政部门、新闻媒体或行业协会授予的荣誉称号。该公司从 1996 年开始就在其《精科报》上使用"精科"二字，用于企业的宣传，并在其光学仪器等产品的广告上以醒目的方式注明含有"上海精科"字样的广告语。因此，结合上海精科公司上述自身的发展历史及规模、行业内相关公众对该公司的认知程度以及该公司宣传、使用"精科"、"上海精科"字样情况，行业内已经形成了"精科"、"上海精科"与上海精科公司之间固定的指向关系。另外，由于"精科"、"上海精科"均系上海精科公司企业名称的简称，而非在该企业名称外另行杜撰的标识或名称，从一般人的记忆习惯出发，"精科"、"上海精科"这种简称不仅相对于上海精科公司的企业名称更容易被识记，并且因简称脱胎于上海精科公司的企业名称，两者具有相同的文字要素，相关公众在提及该简称时也比其他标识或名称更容易联想到上海精科公司的企业名称，因此这种情况在客观上进一步强化了上述"精科"、"上海精科"与上海精科公司之间的指向关系。而这种指向关系，也能在中国仪器仪表行业协会关于"'上海精科'是上海精密科学仪器有限公司在仪器仪表行业内以及国内市场的简称，并被同行所完全认同。只要说到'上海精科'就是表示上海精密科学仪器有限公司"的情况说明中得到印证。

从上海精科公司最早使用、宣传"精科"、"上海精科"的时间来看，上述指向关系的形成早于原告"精科"文字商标的注册申请时间。因此，在相关公众心中早已形成"精科"、"上海精科"与上海精科公司之间的固定联系的情况下，即使上海精科公司在原告商标注册后在被控侵权产品上使用"上海精科"的标识，该行为也不会导致相关公众将产品来源与科仪成套公司相联系，或产生上海精科公司系科仪成套公司的关联公司这种误认，不会产生商标侵权意义上的混淆。因此，上海精科公司实施科仪成套公司所主张的被控侵权行为，即在其制造的被控侵权产品上使用"上海精科"标识的行为不构成对科仪成套公司"精科"文字商标专用权的侵犯；而新世纪科仪公司和时代科仪公司共同实施科仪成套公司所主张的被控侵权行为，即共同销售上述被控侵权产品的行为同样也不构成对科仪成套公司"精科"文字商标专用权的侵犯。

根据《中华人民共和国民事诉讼法》第一百三十四条第一款、第二款、第三款①之规定，判决：驳回科仪成套公司的诉讼请求。一审案件受理费1000元由科仪成套公司承担。

上诉与答辩

科仪成套公司不服上述判决，上诉称：一、一审法院认定事实错误：1. 上海精科公司并不具有一定的市场知名度，只是位于上海的公司；2. 一审法院混淆了对上海精科公司企业名称知名度的考虑与被控侵权的在商品上突出使用"上海精科"4个文字是否具有在先知名度的审查二者之间的关系；3. 2001年8月13日前，上海精科公司从未在其商品上标注使用"上海精科"或"精科"；4. 一审法院没弄清楚争议被控侵权行为的时间，上海精科公司是在2009年、2010年以后才开始大规模公开突出使用"上海精科"或"精科"；二、一审法院适用法律错误：1. 一审法院适用的《中华人民共和国民事诉讼法》第一百三十四条第一款、第二款、第三款无法得出"驳回诉请"的判决结果；2. 一审法院未适用任何实体法律，未适用《中华人民共和国商标法》和其司法解释；3. 民事法律权利需具备法律基础。《中华人民共和国商标法》赋予注册商标专用权，工商管理法规赋予企业名称权，上海精科公司在其商品上使用所谓简称，侵犯科仪成套公司注册商标专用权；4. 一审法院应参考科仪成套公司提交的4份刊载于最高人民法院公报的云南等高级人民法院典型案例；5. 企业名称的使用应根据国家工商行政管理总局的规定，"上海精科"是不合法的企业名称使用方式。请求：1. 撤销一审判决；2. 改判支持一审中科仪成套公司提出的全部诉讼请求；3. 本案全部诉讼费用由上海精科公司、新世纪科仪公司和时代科仪公司共同承担。

被上诉人上海精科公司答辩称：一、上海精科公司在行业内的知名度和全国性地位无可争辩：1. 上海精科公司是全国第一家将"精密科学仪器"文字直接纳入企业名称的企业；2. 上海精科公司是第一台分光光度计、天平仪

---

① 对应2012年8月新修订的《民事诉讼法》第一百四十八条第一款、第二款、第三款。

器、PH 计和旋光仪的诞生地，其悠久历史和文化沉淀，确定了其行业内知名地位；3. 上海精科公司连续多年跻身全国电子信息百强企业；4. 2001 年 2 月 5 日科仪成套公司就与上海精科公司签订了《特约经销商协议》，是上海精科公司的经销商，直至 2009 年已销售上海精科公司产品多年；5. 无证据显示科仪成套公司与"精科"文字有历史渊源，且其还注册了"上天"、"三分"、"物光"等一系列与上海精科公司有文字渊源的商标；二、"上海精科"、"精科"作为上海精科公司的惯称早于科仪成套公司注册"精科"文字商标；三、科仪成套公司至今未取得生产分析仪器所必须的《中华人民共和国制造计量器具许可证》，不可能是"国家合格评定质量信得过产品"或"中国知名品牌"，中国中轻产品质量保障中心既不是国家机构，也没有认证资格；四、科仪成套公司注册"精科"文字商标具有明显攀附上海精科公司的故意，且注册后长期不用，用心险恶。一审法院认定事实清楚，适用法律准确，请求维持原判。

被上诉人新世纪科仪公司和时代科仪公司答辩称：科仪成套公司曾是上海精科公司在成都的经销商，销售光度计产品，其产品均来自上海精科公司。科仪成套公司虽注册了"精科"商标，但长期没有在产品上使用，也没有对商标进行推广，用心不良。销售产品时，我方均对客户说明是上海精科公司的产品，行业内无论是销售者还是使用者都知道并认可"上海精科"就是上海精科公司的简称。一审法院认定事实清楚，适用法律准确，请求维持原判。

二审审理查明

二审查明的事实与一审相同。

二审判理和结果

二审法院经审理认为：本案二审争议的主要问题为：上海精科公司、新世界科仪公司和时代科仪公司是否侵犯了科仪成套公司的注册商标专用权，是否应承担相应的民事赔偿责任。

科仪成套公司经注册取得"精科"商标专用权，该商标核准使用在第 9 类商品上。上海精科公司的经营范围属于涉案"精科"商标核定服务范围。科仪成套公司主张上海精科公司侵犯其商标权，并应承担相应的民事赔偿责任，该主张能否得到支持，需要结合本案事实予以判断。本案中，上海精科公司是科学仪器仪表行业内的国内知名企业，具有二十余年历史和较大规模。公司本身及其生产的商品均获得过有关行政部门、新闻媒体或行业协会授予的荣誉称号，上海精科公司在其经营活动中使用"上海精科"或"精科"字号属于对其企业名称的简化使用，其目的在于区分特定的经营者，不违反相关法律的禁止性规定，"上海精科"在商品上使用的商标为其本身拥有专用权的注册商标"棱光"等，并非"上海精科"或"精科"，与科仪成套公司的"精科"文字注册商标相比较，无论是字形、读音、含义、图形的构图及颜色，还是各要素组合后的整体结构都不相似或不相同。上海精科公司长期将"上海精科"和"精科"作为其企业名称的简称与其"棱光"等注册商标配套对外使用，在行业内已具有一定知名度，相关公众也已将"上海精科"和"精科"作为上海精科公司的企业名称简称而不是注册商标，与上海精科公司建立了直接、稳定的联系和指向，"上海精科"和"精科"作为企业名称简称而不是注册商标，已完全具有使相关公众识别不同商品来源和不同市场经营主体的作用，不会使相关公众产生误认或混淆。科仪成套公司认为上海精科公司在其商品上使用所谓简称，侵犯科仪成套公司注册商标专用权，是不合法的企业名称使用方式等主张，因无事实和法律依据，不能成立。

结合现有客观事实和证据，根据《中华人民共和国商标法》第五十二条第（一）项、第（二）项①以及《最高人民法院关于审理商标民事纠纷案件适用法律若干问题的解释》第九条、第十一条第一款之规定，上海精科公司将"上海精科"和"精科"作为企业名称简称而不是注册商标使用，不会使相关公众对商品来源和市场经营主体产生误认或混淆，未侵犯科仪成套公司的注册商标权。科仪成套公司关于上海精科公司侵犯了其注册商标权的主张不能成立。上海精科公司没有侵犯科仪成套公司注册商标权的行为，科仪成套公司要求上海精科公司承担相应侵权赔偿责任的主张不能成立。新世界科仪公司和时代科仪公司销售上海精科公司生产的标注有"上海精科"或"精科"文字商标的商品亦未侵犯科仪成套公司的注册商标权。因此，一审法院认定上海精科公司未侵犯科仪成套公司注册商标权并无不当，应予维持。

综上，科仪成套公司的上诉请求及理由，因无事实和法律依据，不能成

---

① 对应 2013 年 8 月新修订的《商标法》第五十七条第（一）、（二）、（三）项。

立。一审判决认定事实清楚、适用法律正确、审判程序合法。依照《中华人民共和国民事诉讼法》第一百五十三条第一款第（一）项①的规定，判决：驳回上诉，维持原判。二审案件受理费 150 元，由成都科析仪器成套有限公司承担。

【法官评述】

　　随着我国高科技、高技术含量产品日益增多，个别企业将他人知名企业名称抢注为自己商标，试图混淆相关公众对商品来源的认识，具有攀附他人知名企业及注册商标商誉的主观恶意。本案即是一个比较典型的案例。原告拥有合法的注册商标专用权，被告拥有合法的企业名称使用权，法院在综合考虑案件全部事实的基础上，认定被告合理使用其企业名称简称的行为，在原告注册商标申请注册日之前已经具有识别商品来源和市场经营主体的作用，不会使相关公众产生误认或混淆，因此驳回了在主观上具有攀附被告商誉故意的原告要求认定被告侵犯其注册商标专用权的主张，有效维护了公平竞争的市场秩序。

　　　　　　　　　　编写人：四川省高级人民法院知识产权审判庭　李锐

---

　　① 对应 2012 年 8 月新修订的《民事诉讼法》第一百七十条第一款第（一）项。

（四）不正当竞争纠纷案件及其他

35

天津中国青年旅行社诉天津国青国际旅行社擅自使用他人企业名称纠纷案

——阅读提示：在互联网竞价排名中使用他人的企业名称或简称作为关键词，是否构成不正当竞争？

【裁判要旨】

企业长期普遍对外使用的、具有一定市场知名度、并为相关公众所熟知、已实际具有商号作用的企业名称的简称，应视为企业名称予以保护。擅自将他人的企业名称或简称作为互联网竞价排名关键词，利用他人的知名度和商誉，使公众产生混淆误认，达到宣传推广自己的目的，属于不正当竞争行为，应当予以禁止。

【案号】

一审：天津市第二中级人民法院（2011）二中民三知初字第 135 号
二审：天津市高级人民法院（2012）津高民三终字第 3 号

【案情与裁判】

原告（二审被上诉人）：天津中国青年旅行社

被告（二审上诉人）：天津国青国际旅行社有限公司

起诉与答辩

原告天津中国青年旅行社因与被告天津国青国际旅行社有限公司擅自使

用他人企业名称纠纷，于 2011 年 8 月 10 日向天津市第二中级人民法院提起诉讼。

原告天津中国青年旅行社诉称，被告在其 www.lechuyou.com 和 022.ctsgz.cn 网站页面、网站源代码，以及搜索引擎中非法使用原告企业全称及简称"天津青旅"，属于恶意使用原告享有合法权益的名称，容易使相关公众产生误认，给原告造成重大经济损失。被告的行为违反我国《反不正当竞争法》的相关规定，构成对原告的不正当竞争，故提起诉讼，请求判令被告立即停止不正当竞争行为、公开向原告赔礼道歉，赔偿原告经济损失 10 万元，并承担诉讼费用。

被告天津国青国际旅行社有限公司辩称：1. 原告指控的两个网站并非被告拥有，被告也没有实施不正当竞争行为；2. "天津青旅"并不由原告享有；3. 原告主张的损失没有事实和法律依据。请求驳回原告的诉讼请求。

法院审理查明

天津中国青年旅行社 1986 年 11 月 1 日成立，是从事国内及出入境旅游业务的国有企业，直属于共青团天津市委员会。共青团天津市委员会出具证明称，"天津青旅"是天津中国青年旅行社的企业简称。2007 年，《今晚报》等媒体在报道天津中国青年旅行社承办的活动中就已经开始以"天津青旅"的简称指代天津中国青年旅行社。天津中国青年旅行社亦在给客户的报价单、与客户签订的旅游合同、与其他同行业经营者合作文件、发票等资料、承办的若干届"盛世婚典"活动以及经营场所各门店招牌上等日常经营活动中使用"天津青旅"作为企业的简称。

天津国青国际旅行社有限公司是 2010 年 7 月 6 日成立，从事国内旅游及入境旅游接待等业务的有限责任公司。2010 年底，天津中国青年旅行社发现通过 Google 搜索引擎分别搜索"天津中国青年旅行社"或"天津青旅"，在搜索结果的第一名并标注赞助商链接的位置，分别显示"天津中国青年旅行社网上营业厅 www.lechuyou.com 天津国青网上在线营业厅，是您理想选择 出行提供优质、贴心、舒心的服务"或"天津青旅网上营业厅 www.lechuyou.com 天津国青网上在线营业厅，是您理想选择 出行提供优质、贴心、舒心的服务"，点击链接后进入网页是标称天津国青国际旅行社乐出游网的网站，网页顶端出现"天津国青国际旅行社 – 青年旅行社青旅/天津国旅/三源电力/金龙旅行社/大亚旅行社 – 最新报价"字样，网页内容为天津国青国际旅行社有限公司旅游业务信息及报价，标称网站版权所有：乐出游网－天津国青/北京捷达假期；并标明了天津国青国际旅行社有限公司的联系电话 400－611－5253 和经营地址。同时，天津中国青年旅行社通过百度搜索引擎搜索"天津青旅"，在搜索结果的第一名并标注推广链接的位置，显示"欢迎光临天津青旅重合同守信誉单位，汇集国内出境经典旅游线路，100% 出团，天津青旅 400－611－5253"，022. ctsgz. cn 点击链接后进入网页仍然是上述标称天津国青国际旅行社乐出游网的网站。天津中国青年旅行社针对发现的上述情形通过天津市北方公证处进行了三次证据保全公证，支出公证费 2700 元。此后，天津中国青年旅行社向法院提起诉讼。

一审判理和结果

天津市第二中级人民法院认为：《最高人民法院关于审理不正当竞争民事案件应用法律若干问题的解释》第六条第一款规定，企业登记主管机关依法登记注册的企业名称，以及在中国境内进行商业使用的外国（地区）企业名称，应当认定为《中华人民共和国反不正当竞争法》第五条第（三）项规定的"企业名称"。具有一定的市场知名度、为相关公众所知悉的企业名称中的字号，可以认定为《中华人民共和国反不正当竞争法》第五条第（三）项规定的"企业名称"。"天津中国青年旅行社"是原告的企业名称，原告享有企业名称权，依法应受到法律保护。

原告自 1986 年即开始经营境内外旅游业务，经过多年的经营宣传，已为相关公众所知悉，并具有相应的市场知名度。"天津青旅"是原告 2007 年时就已在日常经营活动中普遍使用的企业简称，相关报道和客户亦以"天津青旅"指代原告企业，该企业简称已为相关公众所认可，并在相关公众中建立起与原告企业的稳定的关联关系，已产生识别经营主体的商业标识意义，他人在后擅自使用该企业简称，足以使特定区域内的相关公众发生市场主体的混淆，故"天津青旅"应视为原告的企业名称，进行法律保护。

被告虽否认通过 Google 和百度搜索引擎键入"天津中国青年旅行社"或"天津青旅"搜索所得的原告企业名称的赞助商链接或推广链接系其所为，但点击链接后均是进入被告企业的业务宣传网站，且链接描述中亦将被告乐出游网站及被告业务电话与原告企业相对应，使相关公众对原、被告之间产生市场经营主体的混淆，上述事实足以认定系被告所为，被告通过在相关搜索引擎中设置与原告企业名称有关的关键词以及在网站源代码中使用原告企业名称等手段，使相关公众在搜索"天津中国青年旅行社"和"天津青旅"关键词时，直接显示被告的网站链接，从而进入被告的网站联系旅游业务，主观上具有使相关公众产生误认的故意，客观上不恰当地利用了原告的企业信誉，损害了原告的合法权益，该行为违反我国《反不正当竞争法》第五条第（三）项的规定，构成不正当竞争，根据我国《民法通则》第一百二十条规定，应承担停止侵害、赔礼道歉、赔偿损失的法律责任。至于被告在网站网页顶端显示的青年旅行社青旅，并非原告企业名称的保护范围，不构成对原告不正当竞争行为。

关于赔礼道歉的范围和方式，应以采取网络载体形式、不超过被告实施不正当竞争行为所造成的影响范围为限，原告要求在《今晚报》上公开赔礼道歉，范围过广，不予支持。关于损失赔偿数额的问题，因双方对此均未提供证据，导致本案原告的损失与被告侵权所获利益均难以计算，故考虑原、被告双方的经营范围、行业利润、被告的侵权情节等因素，以及原告支出的公证保全费用予以酌情确定。

天津市第二中级人民法院依照《中华人民共和国民法通则》第一百二十条，《中华人民共和国反不正当竞争法》第五条第（三）项、第二十条之规定，判决：

一、被告天津国青国际旅行社有限公司立即停止侵害行为；

二、被告天津国青国际旅行社有限公司于本判决生效之日起三十日内，在其公司网站上发布致歉声明持续 15 天（该声明须经法院审核，逾期不执行，法院将公布判决主要内容，费用由被告天津国青国际旅行社有限公司承担）；

三、被告天津国青国际旅行社有限公司赔偿原告天津中国青年旅行社经济损失人民币 30000 元；

四、驳回原告天津中国青年旅行社的其他诉讼请求。

二审判理和结果

天津国青国际旅行社有限公司不服一审判决，向天津市高级人民法院提起上诉。

天津市高级人民法院认为：被上诉人天津中国青年旅行社于 1986 年开始经营境内、外旅游业务，其企业名称及"天津青旅"的企业简称经过多年的经营、使用和宣传，已享有较高知名度。"天津青旅"作为企业简称，已与天津中国青年旅行社之间建立起稳定的关联关系，具有识别经营主体的商业标识意义。对于具有一定市场知名度，并为相关公众所熟知、已实际具有商号作用的企业名称的简称，应视为企业名称。因此，应将"天津青旅"视为企业名称与"天津中国青年旅行社"共同加以保护。

未经天津中国青年旅行社的许可，涉诉网站及其推广链接与赞助商链接中擅自使用"天津中国青年旅行社"及"天津青旅"，足以使相关公众在网络搜索、查询中产生混淆误认，损害了天津中国青年旅行社的合法权益，该擅自使用行为依照《中华人民共和国反不正当竞争法》第五条第（三）项的规定构成不正当竞争行为，应予制止，并承担相应的民事责任。

上诉人天津国青国际旅行社有限公司虽否认开办了涉诉侵权网站，并否认实施了在推广链接与赞助商链接中使用"天津中国青年旅行社"、"天津青旅"的行为，但点击链接后均是进入"天津国青"网站，该网站的页面上标有国青国际旅行社标识，宣传内容、地址、电话、《企业法人营业执照》、《税务登记证》、《开户许可证》、《旅行社业务经营许可证》等，上述信息均与上诉人真实信息一致，由此可以认定，涉诉网站是上诉人的业务宣传网站，上诉人直接参与了该网站的设立，并提供了相关信息。

上诉人天津国青国际旅行社有限公司作为与被上诉人天津中国青年旅行社同业的竞争者，其在明知被上诉人企业名称及简称享有较高知名度的情况下，仍擅自使用被上诉人企业名称及简称的行为，明显有借他人之名为自己谋取不当利益的意图，主观恶意明显，故其在承担停止侵权责任的同时，应承担消除影响的民事责任。

一审法院在被上诉人的损失与上诉人侵权所获利益均难以计算的情况下，综合考虑双方的经营范围、行业利润及侵权情节等因素，酌情确定的赔偿额并无不当，应予维持。

综上，一审判决认定事实清楚，适用法律正确，上诉人的上诉请求及理由不能成立。二审法院对原判决主文中停止侵害行为的表述予以调整。天津市高级人民法院依照《中华人民共和国民事诉讼法》第一百五十三条第一款第（一）项①的规定，判决：

一、维持天津市第二中级人民法院（2011）二中民三知初字第 135 号民

---

① 对应 2012 年 8 月新修订的《民事诉讼法》第一百七十条第一款第（一）项。

事判决第二、三、四项及案件受理费部分；

二、变更天津市第二中级人民法院（2011）二中民三知初字第 135 号民事判决第一项"被告天津国青国际旅行社有限公司立即停止侵害行为"为："被告天津国青国际旅行社有限公司立即停止使用'天津中国青年旅行社'、'天津青旅'字样及作为天津国青国际旅行社有限公司网站的搜索链接关键词"；

三、驳回天津国青国际旅行社有限公司的其他上诉请求。

【法官评述】

本案是一起擅自使用他人企业名称的不正当竞争纠纷案件。与一般不正当竞争纠纷相比，本案的特殊之处在于，被告擅自使用他人企业名称的行为与互联网搜索引擎服务的结合。

搜索引擎是一种互联网检索定位服务，计算机程序通过对互联网上的网页不断进行访问和抓取，建立数据库并保存于搜索引擎服务器。当网络用户在搜索框中输入关键词后，搜索引擎将抓取的包含该关键词的网页，按照预先设定的规则排列出来，得到搜索结果。

网络用户检索关键词，会出现两类搜索结果。一类是普通搜索结果，其排列方式是按照搜索引擎预先设定的规则，根据搜索结果页面包含的关键词数量、相关性、页面点击量等因素进行排列。根据搜索引擎的工作原理，普通搜索结果的页面必然包含关键词，并且排名越靠前的网页，其与关键词的相关性就越高。另一类是以竞价排名的方式显示的搜索结果。所谓竞价排名，是搜索引擎服务商提供的一种按效果付费的网络推广方式。推广用户与搜索引擎服务商签订推广合同，由推广用户自主选择一定的关键词，并为每个关键词设定单价。对于同一关键词，设定单价越高的推广用户，其搜索结果的排名越靠前。搜索引擎服务商根据因特网用户点击投放的推广链接次数进行计费。

搜索引擎服务的根本目的是为方便用户尽可能快速、准确地检索到相关信息。搜索引擎服务商也从提高检索效率、提升用户体验的角度出发，进行人工智能化、人性化的程序设计。普通搜索结果是按照相关性原则进行排列。因此，一般来说，排名越靠前的网页，往往是用户最想找到的、最准确的信息。而竞价排名搜索结果的排列方式与推广用户对关键词的出价高低直接相关。根据竞价排名的运作规则，推广用户可以自主选择决定用哪些关键词进行网站推广。无论推广用户的网站内容与关键词是否有关以及关联性大小、页面点击量高低等，只要其与搜索引擎服务商签约，对关键词出价，其想要推广的网站信息就会被搜索引擎依关键词寻找，并出现在搜索结果最上端显著位置且带有浅色背景的区域中。

在互联网发展初期，并不存在竞价排名的方式。普通搜索结果的排列方式是相对客观的，即任何网页出现在搜索结果中的排名位置，都遵循搜索引擎预先设定的算法规则。在不修改既定算法的前提下，人工无法干预排名结果。竞价排名这种商业推广模式的出现，打破了相关性排名的规则。搜索引擎服务商为达到商业推广的目的，往往将竞价排名搜索结果置于普通搜索结果之前，或其他较为明显的页面位置。这实际上是利用了网络用户对搜索结果自然排名的使用习惯——网络用户倾向于首先点击排名靠前的网页链接。因此，竞价排名是一种人工干预的商业推广模式，具有一定的广告推介性质。

本案中，被告在百度和谷歌网站上均投放了竞价排名广告，其投放的推广信息为"天津中国青年旅行社网上营业厅 www.lechuyou.com 天津国青网上在线营业厅，是您理想选择 出行提供优质、贴心、舒心的服务"或"天津青旅网上营业厅 www.lechuyou.com 天津国青网上在线营业厅，是您理想选择 出行提供优质、贴心、舒心的服务"。被告的推广信息不仅包含原告的企业名称和简称，而且自称是"天津中国青年旅行社网上营业厅"及"天津青旅网上营业厅"。被告将"天津中国青年旅行社"以及"天津青旅"设定为推广链接关键词，当网络用户在搜索框中检索"天津中国青年旅行社"、"天津青旅"时，被告网站的推广信息就会出现在搜索结果页面顶部的"推广链接"位置。被告上述行为的结果是，当网络用户想要检索与原告天津中国青年旅行社相关的信息时，无论输入全称还是简称，首先出现在搜索结果页面中的就是被告的推广信息，网络用户自然会点击进入被告网站。

原、被告均为提供旅游服务的企业。原告成立于1986年，在其经营地域范围内享有较高的知名度和较好的商誉。被告成立于2010年，与"天津中国青年旅行社"无任何关联。被告通过竞价排名推广链接的方式，将原本要检索原告信息的网络用户引导到被告网站，使网络用户对于被告与原告之间的关系产生混淆误认，其利用原告在旅游服务行业内的知名度和商誉，为自己谋取不当利益的主观故意十分明显。虽然在被告推广链接指向的网站页面上，并未使用原告的企业名称或简称，但搜索链接作为进入网站的重要指示标志及入口，对网站的产品、服务等内容起到重要的宣传、提示和推介作用。被告在网上自称"天津中国青年旅行社网上营业厅"及"天津青旅网上营业厅"，足以使相关公众产生混淆误认。即使网络用户进入被告网站后发现并非是想要检索的原告网站，但被告同为旅游企业，极可能使网络用户产生既然进入就不妨浏览的想法，从而最终选择被告网站中介绍的产品，放弃了最初搜索的目的网站。对于这种依靠网络用户的初始混淆抢夺本应属于原告的潜在客户的行为，应认定其构成对原告的不正当竞争，被告的行为属于擅自使用他人企业名称的不正当竞争行为，应予禁止。

编写人：天津市高级人民法院知识产权审判庭　李华　张博雅

36

天津市泥人张世家绘塑老作坊、张宇
诉陈毅谦、宁夏雅观收藏文化研究所、北京
天盈九州网络技术有限公司擅自使用他人
企业名称及虚假宣传纠纷案

——阅读提示：如何认定用民间艺术领域"传人"称谓的使用是否构成虚假宣传？"传人"身份是否可以在个案中加以认定？

【裁判要旨】

由于民间艺术领域中"传人"的界定、"传人"身份的确定、"传人"称谓的使用等问题，目前尚无专门的法律法规等加以规范，且此类案件多涉及复杂的历史因素，故审理时应注意分清艺术问题和法律问题，围绕当事人的诉讼请求和各项主张，并依据相关法律及司法解释的规定，在综合考虑历史和现实的基础上，公正合理地予以裁判。

对于因民间艺术领域"传人"称谓的使用而引发的不正当竞争纠纷，当事人在介绍作者身份时使用民间艺术领域"××传人"称谓，是对作者所从事的艺术流派、传承及其在相关领域获得认可的一种描述，如果有相应的事实基础，且不足以引人误解，则不构成虚假宣传行为。至于有关传人身份的确定，并非当事人的诉讼请求，也不宜在个案中加以认定。

【案号】

一审：天津市第二中级人民法院（2011）二中民三知初字第150号
二审：天津市高级人民法院（2012）津高民三终字第0016号

【案情与裁判】

原告（二审上诉人）：天津市泥人张世家绘塑老作坊（简称泥人张世家）

原告（二审上诉人）：张宇

被告（二审被上诉人）：陈毅谦

被告（二审被上诉人）：宁夏雅观收藏文化研究所（简称雅观研究所）

被告（二审被上诉人）：北京天盈九州网络技术有限公司（简称天盈九州公司）

起诉与答辩

2011 年 8 月 24 日，原告泥人张世家、张宇向天津市第二中级人民法院提起诉讼，称张宇系"泥人张"彩塑的创始人张明山的第六代孙，现任泥人张世家经理职务。被告陈毅谦与张宇家族没有任何血缘和姻缘关系。原告发现自 2010 年开始，被告陈毅谦在杂志、网站等媒体上公开宣扬自己是"泥人张第六代传人"，侵犯了原告对"泥人张"名称的专有名称权和企业名称权，构成不正当竞争，故提起诉讼。请求：1. 判令陈毅谦停止使用"泥人张第六代传人"名义进行虚假宣传和不正当竞争；2. 判令天盈九州公司在其所经营凤凰网上删除涉案侵权文章并赔礼道歉；3. 判令雅观研究所销毁涉案侵权杂志的存货并赔礼道歉；4. 判令陈毅谦在《今晚报》上刊登声明向原告赔礼道歉；5. 判令被告赔偿原告经济损失 30 万元，精神损失 1 万元。

被告陈毅谦辩称，陈毅谦确系泥人张第六代传人，对外使用的是真实姓名，其未将"泥人张"作为艺术品名称、企业名称、商标使用，不存在不正当竞争行为，请求驳回原告诉讼请求。

被告雅观研究所辩称，陈毅谦师系泥人张第六代传人，故其刊登内容并无不当；其与原告不存在商业竞争关系，亦未使用引人误解的方式进行虚假宣传，故请求驳回原告诉请。

被告天盈九州公司辩称，原告主张泥人张是其专有名称权没有事实依据，其主办的凤凰网进行报道前进行了相应的核实，且其与原告经营范围不同，与原告不存在竞争关系，故请求驳回原告的诉讼请求。

一审审理查明

张宇系泥人张彩塑艺术创始人张明山的第六代孙，从事泥彩塑创作，

2000 年 12 月，张宇投资成立个人独资企业泥人张世家，主要经营泥彩塑工艺品等。1995 年，张宇曾作为泥人张张氏家族成员之一，与其父张乃英等张明山第五代孙，张镅、张镇等张明山第四代孙共同起诉天津泥人张彩塑工作室等，要求确认"泥人张"为张明山的专有艺名。

陈毅谦原名陈锡平，十多岁开始师从天津泥人张彩塑工作室逯彤、杨志忠学习泥彩塑，系二人亲传弟子，后就职于天津泥人张彩塑工作室，先后荣获"民间工艺美术家"、"天津市工艺美术大师"等荣誉称号，其作品也曾多次荣获奖项。

2010 年 9 月，雅观研究所主办的《收藏界》杂志出版了《陈毅谦彩塑》一书，该书中由阎正点评陈毅谦作品一文中，提及此作品乃天津泥人张第六代传人陈毅谦所塑虚云大师像。2011 年《收藏界》第 2 期介绍当期经典人物陈毅谦，其中有"他就是年仅 37 岁的国家首批非遗项目'泥人张'第六代传人、天津高级工艺美术师陈毅谦"的文字表述。该期刊载高玉涛等撰写的文章中，介绍陈毅谦时称其系"泥人张"第六代传人。该期杂志中另附有一彩色图片夹页，推广陈毅谦创作文、武、正三财神铜彩塑作品时使用"泥人张"第六代传人的称谓并留有预定电话。

2011 年 1 月 17 日，天盈九州公司开办的凤凰网天津站文化大视野栏目曾刊发网络文章，标题为："泥人张"第六代传人陈毅谦作客凤凰城市会客厅，内容含有陈毅谦刊登于《收藏界》杂志的相关文章。

另，1993 年，天津市文化局曾举办"纪念张明山诞生一百六十周年'泥人张'彩塑艺术座谈会"，会后形成了天津文化史料第四辑—《纪念泥人张创始人张明山诞生一百六十周年专辑》，其中部分文章提及，在党和政府的关怀下，第四代传人张铭主持了天津彩塑工作，并且培养起包括张乃英、逯彤、杨志忠等第五代传人。

一审判理和结果

天津市第二中级人民法院一审认为，虽然泥人张世家、张宇分别以企业名称权和姓名权作为权利依据提起诉讼，但本案实质是传人身份之争，即宣称陈毅谦为"泥人张第六代传人"是否虚假的争议。

"传人"一词，辞海定义为道德学问等能传于后世的人。就一门民间艺术而言，应理解为不但技艺得到真传，而且从前辈那里继承了艺术气质，获得了神韵。"泥人张"彩塑艺术的形成有其特定的历史渊源，艺术传承方式已不单纯依赖于张氏家族成员，天津泥人张彩塑工作室亦是该彩塑艺术的传承单位。按照民间艺术传承有序的传承方式，作为"泥人张"第五代逯彤、杨志忠的亲传得意弟子，陈毅谦应具备"泥人张第六代传人"的身份。

雅观研究所及天盈九州公司所属的凤凰网在对陈毅谦的宣传文稿中称陈毅谦是"泥人张第六代传人"，仅是对陈毅谦身份的描述，用以表明陈毅谦的艺术成就，并非我国《反不正当竞争法》规定的商业性使用，相关公众对于陈毅谦创作的作品与有权使用"泥人张"的单位和个人的作品不会因此产生混淆。综上，原告关于被告侵犯其企业名称权、姓名权并存在虚假宣传的不正当竞争的主张，缺乏事实和法律依据。

据此，天津市第二中级人民法院依据《中华人民共和国反不正当竞争法》第五条第（三）项、第九条的规定，判决：驳回天津市泥人张世家绘塑老作坊、张宇的诉讼请求。

上诉与答辩

一审判决后，泥人张世家、张宇不服，向天津市高级人民法院提起上诉，请求撤销一审判决，依法改判支持其诉讼请求。主要理由：1. 本案争议的实质应当是被上诉人擅自使用"泥人张"是否侵犯了泥人张世家的企业名称权及是否构成虚假宣传。陈毅谦作品本应署名为天津泥人张彩塑工作室，但其在各种宣传中擅自使用"泥人张第六代传人"的称谓，是为了攀附"泥人张"的声誉，误导公众，构成不正当竞争。2. 一审判决认定陈毅谦为泥人张第六代传人，并由此认定不构成侵权缺乏逻辑依据和事实依据。对于如何确认民间艺术传人身份，一审法院并未论证。3.《收藏界》杂志采用夹页对陈毅谦作品的预定宣传单进行商品宣传，构成商业性使用，一审认定为艺术角度使用是错误的。

陈毅谦、雅观研究所、天盈九州公司二审均答辩称，一审判决认定事实清楚，适用法律正确，应当依法维持。

二审审理查明

二审另查明，天津市范围内，企业或机构名称中包含"泥人张"的分别是：经批准于 1958 年成立、1974 年更名、1983 年恢复名称的天津市泥人张彩塑工作室，2000 年张宇投资成立的泥人张世家老作坊，以及案外人天津市泥人张塑古斋。

二审判理和结果

天津市高级人民法院二审认为，本案属于不正当竞争民事纠纷。二审期间，上诉人明确表示放弃对姓名权的主张，故本案案由应确定为擅自使用他人企业名称及虚假宣传纠纷。

一、关于被上诉人对"泥人张"的使用方式及性质

根据已查明事实，被上诉人陈毅谦、雅观研究所、天盈九州公司并未将"泥人张"作为商标、商品名称及企业名称或服务标记等商业标识单独进行使用，而是在有关陈毅谦及其作品的文章、访谈和宣传中，介绍陈毅谦身份时，将陈毅谦的姓名与"泥人张第六代传人"这一称谓同时使用。由于历史因素，"泥人张"一词本身具有多种含义和用途，其在不同语境下亦承载着不同的民事权益。就本案而言，"泥人张第六代传人"这一称谓中的"泥人张"，应从特定彩塑技艺或艺术流派的角度理解，而非理解为上诉人所主张的专有名称或专有权。

从被上诉人的具体使用情形看，其使用"泥人张第六代传人"称谓均是对陈毅谦身份的描述，试图表明陈毅谦在"泥人张"彩塑领域的艺术成就。作为工艺美术从业者的陈毅谦，同时也可以是文艺市场的主体，而且《收藏界》杂志本身具有向相关公众宣传、推介有收藏价值商品的功能，结合载有陈毅谦作品的预定宣传单等证据，可以认定被上诉人对"泥人张第六代传人"的使用，具有商业性使用的因素，一审判决对此的认定有失妥当。

二、关于被上诉人使用"泥人张第六代传人"是否构成擅自使用泥人张世家企业名称的不正当竞争行为

本案中，上诉人泥人张世家认为其对"泥人张"享有专有权，并据此主张被上诉人使用"泥人张"的行为侵犯了其企业名称权，构成不正当竞争。对此本院认为，混淆是制止仿冒类不正当竞争行为的重要法律基础。本案中，被上诉人只是在介绍陈毅谦身份时使用了"泥人张第六代传人"的称谓，并不具有"搭他人商业成果便车"的主观恶意，亦不足以造成相关公众的混淆、误认。故被上诉人的使用行为未侵害泥人张世家的企业名称权，不构成对泥人张世家的不正当竞争。

三、关于被上诉人使用"泥人张第六代传人"是否构成虚假宣传的不正当竞争行为

"传人"一词并非规范的法律概念，社会生活中对"传人"亦存在不同

的理解和认识。因此，无论上诉人主张陈益谦不具有"泥人张第六代传人"的身份，还是被上诉人主张陈益谦确系"泥人张第六代传人"，均不会对"泥人张"作为商标、商品名称或企业名称等民事权益被相关权利人所享有、使用时的合法权益产生影响。至于被上诉人是否构成反不正当竞争法意义上的虚假宣传，应综合考虑以下因素：

第一，被上诉人在介绍、宣传陈毅谦及其作品时使用"泥人张第六代传人"的称谓是否具有事实基础。

从历史角度看，"泥人张"彩塑艺术的形成、发展，不仅有着特殊的历史背景，而且是以有别于其他民间艺术的独特方式传承至今。根据已生效判决、地方史志类图书及专业学科类图书等记载的"泥人张"彩塑艺术的渊源及发展历程可以看出，天津泥人张彩塑工作室培养出来的包括一些非张氏泥人张彩塑艺术传人等，已得到艺术美术界和张氏家族泥人张传人的认可。从现实角度看，陈毅谦师从泥人张第五代传人逯彤、杨志忠学习泥彩塑多年，曾获得"民间工艺美术家"、"天津市工艺美术大师"等称号，其作品也曾先后荣获诸多奖项。

综合考虑历史和现实因素，被上诉人在介绍、宣传陈毅谦及其作品时使用"泥人张第六代传人"，确有相关的客观事实基础。

第二，被上诉人使用"泥人张第六代传人陈毅谦"是否具有攀附上诉人泥人张世家和上诉人张宇的故意。如前所述，通过自身努力，陈益谦本人及其彩塑作品在相关艺术领域已享有较高知名度。被上诉人在介绍陈毅谦身份时使用"泥人张第六代传人"这一称谓，是对陈毅谦所从事彩塑艺术的流派、传承及其在相关领域获认可的一种描述。这种称谓也符合社会生活中人们对某一艺术领域具有相当成就人员的一种惯常称呼。从主观上看，被上诉人没有攀附上诉人泥人张世家、张宇的故意，亦没有冒充张氏家族泥人张传人的主观意图。

第三，被上诉人的使用行为是否会导致相关公众的混淆、误认。被上诉人使用"泥人张第六代传人"这一称谓，主要是为介绍陈毅谦的身份，而且是与其个人姓名同时使用，根据日常生活经验及被宣传对象陈毅谦的实际情况，不会导致相关公众对商品的来源产生与上诉人泥人张世家、张宇有关联的误解，也不足以导致市场混淆，影响公平竞争和市场秩序。

综上，被上诉人使用"泥人张第六代传人"，不构成《中华人民共和国反不正当竞争法》第九条所禁止的虚假宣传的不正当竞争行为。

据此，天津市高级人民法院依照《中华人民共和国民事诉讼法》第一百五十三条第一款第（一）项①的规定，判决驳回上诉，维持原判。

【法官评述】

本案系因民间艺术领域"传人"称谓的使用而引发的不正当竞争纠纷。对于被认定为非物质文化遗产的民间艺术而言，"传人"与"传承人"具有相通的含义，民间艺术的传人也就是非物质文化遗产的传承人，其中符合法定条件的，可以被认定为代表性传承人。

本案所涉独具"津味文化"特色的"泥人张"彩塑艺术，已被列入国家和天津市非物质文化遗产名录，但由于种种原因其代表性传承人尚未确定，对于"传人"的界定、"传人"称谓的使用限制等问题，无法从现有法律法规中找到答案。本案一、二审判决的结果虽然一致，但审理思路及驳回理由却不尽相同，由此也给我们带来了进一步的思考。

一、审判思路的合理确定

对于以不正当竞争为由提起诉讼的本案，一审法院认为，案件所涉为"泥人张"称谓的使用争议，实质是传人身份之争，在此基础之上，从"传人"的定义出发，通过对"泥人张"彩塑艺术的特定历史渊源及特殊传承方式、陈益谦的师承关系及艺术成就等方面的分析，认定陈毅谦应具备"泥人张第六代传人"的身份，进而认定陈益谦等使用"泥人张"，是从其具有较高"泥人张"彩塑艺术成就的艺术角度使用，并非商业性使用，相关公众不会产生混淆。基于此，一审判决驳回原告诉讼请求。一审判决后，泥人张世家、张宇提起上诉，其中特别对一审判决关于民间艺术传人身份的确认提出异议并表示了担忧。

本案系因"泥人张"传人称谓的使用而引发的不正当竞争纠纷，二审法院认为，由于"传人"或"传承人"一词并非规范的法律概念，社会生活中对其亦存在不同的理解和认识，对于传人称谓的使用是否构成对相关权利人利益的侵害，审理时应注意分清艺术问题和法律问题，围绕当事人的诉讼请求和各项主张，并依据相关法律规定，在综合考虑历史和现实的基础上予以裁判，至于有关传人身份的确定，并非当事人的诉讼请求，也

---

① 对应 2012 年 8 月新修订的《民事诉讼法》第一百七十条第一款第（一）项。

不宜在个案中加以认定。由于二审法院没有对归属艺术领域且尚无法律规范的"传人"及其认定，以及陈毅谦是否属于"泥人张第六代传人"等问题以判决的形式加以明确，而是围绕当事人的诉请，依据相关法律及案件事实，对涉案"传人"称谓的使用作出相应法律评价，更利于实现法律效果与社会效果的统一。

二、案件引发的深层次思考

透过本案即可看出，虽然"传人"不是法律概念，对其认定目前也不宜以判决的方式作出，但如果"泥人张"的代表性传承人能够确定，那么"传人"的问题就迎刃而解了。作为非物质文化遗产的"泥人张"彩塑艺术，虽几经周折方得以传承至今，但由于种种原因，该项技艺的代表性传承人一直没有确定，其间也纷争不断，这是我们所不期望看到的局面。

民间艺术进入市场，作为传统民间艺术的从业者，同时也就成为了文艺市场的主体，同样应当遵守公平有序的竞争规则。回到本案，即便"泥人张"技艺尚未确定代表性传承人，而被告对"传人"称谓的使用也并不能排除商业性使用的因素，但在尊重历史、尊重现实，弘扬传统文化、注重利益平衡的前提下，从反不正当竞争法的角度来审视，这种使用并不违法。当然，如果对"传人"称谓的使用，是出于攀附"传承人"身份所承载的声誉而有意制造混淆，且不具备一定事实基础，则仍会受反不正当竞争法的规制。

编写人：天津市高级人民法院知识产权审判庭　刘震岩

37

岳彤宇诉周立波网络域名权属、侵权纠纷案

——阅读提示：名人姓名中的财产权益应当如何进行保护？应该在多大范围内进行保护？

【裁判要旨】

近年来，名人姓名因为其背后隐含的巨大商业利益而频频成为被抢注的对象，本案即属将名人姓名拼音抢注为域名的典型案件。在司法实践对名人姓名的保护仍不统一的情况下，本案采取反不正当竞争法的路径，认定抢注名人姓名的行为构成擅自使用他人姓名的不正当竞争行为。

名人姓名的保护范围，不仅可以包括本名，还可以包括其他可以与自然人产生识别性的姓名拼音等。

在抢注名人姓名愈演愈烈的当下，本案对名人姓名保护标准和保护路径的探索，不仅可以为今后此类案件的裁判提供思路和借鉴，而且可以有效遏制各种抢注名人姓名的行为，具有良好的法律效果和社会效果。

【案号】

一审：上海市第二中级人民法院（2011）沪二中民五（知）初字第171号

二审：上海市高级人民法院（2011）沪高民三（知）终字第55号

【案情与裁判】

原告（二审上诉人）：岳彤宇

被告（二审被上诉人）：周立波

起诉与答辩

2011年12月16日，原告岳彤宇向上海市第二中级人民法院提起诉讼，

原告岳彤宇诉称，亚洲域名中心裁决将 zhoulibo.com 域名（以下简称涉案域名）转移给被告周立波的决定不符合相关法律的规定。首先，被告周立波既未取得"周立波 zhoulibo 及图"的注册商标专用权，又与"zhoulibo"之间不存在一一对应关系，且被告周立波在原告岳彤宇注册涉案域名之前并未知名，故被告周立波对"zhoulibo"并不享有权利；其次，原告岳彤宇注册、使用涉案域名是为宣传、介绍中国当代作家周立波。故原告岳彤宇对涉案域名的使用不会导致公众将涉案域名指向的网站与被告周立波相混淆；再次，原告岳彤宇注册涉案域名后，建立了宣传、介绍中国当代作家周立波的网站，故原告岳彤宇对涉案域名享有合法权益；最后，原告岳彤宇建立宣传、介绍中国当代作家周立波网站的行为，足以表明原告岳彤宇对涉案域名的注册、使用没有主观恶意。综上，原告岳彤宇请求法院判令：1. 原告岳彤宇注册、使用涉案域名的行为不具有恶意，不侵犯被告周立波的合法权益；2. 涉案域名不应转移给被告周立波，应由原告岳彤宇注册、使用。

被告周立波辩称：1. 被告周立波一直使用其姓名周立波进行大量的商业演出，使其姓名周立波及其拼音"zhoulibo"享有极高的知名度。故被告周立波对其姓名"周立波"及其拼音"zhoulibo"享有的合法权益应受法律保护；2. 被告周立波的姓名及其拼音"zhoulibo"享有极高的知名度，涉案域名的主要部分"zhoulibo"与被告周立波姓名的拼音完全相同，已足以使相关公众产生涉案域名与被告周立波相关联的误认。而原告岳彤宇将涉案域名和被告周立波相关联，使相关公众产生涉案域名与被告周立波相关联的误认；3. 原告岳彤宇并未证明其确系为宣传、介绍中国当代作家周立波而注册、使用涉案域名，故原告岳彤宇注册、使用涉案域名没有合法理由；4. 原告岳彤宇不仅将涉案域名与被告周立波相关联，还以要约高价出售的方式转让涉案域名。原告岳彤宇注册、使用涉案域名显然具有恶意。故被告周立波请求本院驳回原告岳彤宇的诉讼请求。

法院审理查明

2007 年 10 月 7 日，岳彤宇以 Hong Yishen 的名义通过域名注册商 GoDaddy.com, Inc.（以下简称涉案域名注册商）注册了 zhoulibo.com 域名（以下简称涉案域名）。

2011 年 5 月 10 日，zhoulibo.com 网站上显示要约出售涉案域名的信息，其中有："我们认为海派清口表演者周立波先生与其他愿意购买及使用此域名的人士相比，可能具有更高的知名度，并且我们也很喜欢他的表演，我们很乐意这个域名可以由周先生来购买和使用"、"如果询价者确实有意购买此域名，请您先慎重考虑您的预算是否达到以人民币十万元为单位，以免无谓浪费您的宝贵时间"、"周立波 zhoulibo. com 本域名诚意转让出售中，期待有识者联系"等表述。上述信息中并附有易介网（EJEE. com）的相关链接，所链接的网页显示"一口价：zhoulibo. com"、"卖方定价为人民币 10 万元"等信息。上海市静安区公证处就上述事实出具（2011）沪静证经字第 1899 号公证书。

2011 年 9 月 29 日，海派清口创始人、著名滑稽演员周立波以其对拼音"zhoulibo"享有合法民事权益，涉案域名的核心部分"zhoulibo"与周立波姓名的拼音形式完全相同，且岳彤宇对涉案域名既不享有合法权益，又高价转让涉案域名，其注册、使用涉案域名具有明显恶意等为由，向亚洲域名中心提出投诉，要求将涉案域名转移给周立波所有。

2011 年 12 月 7 日，亚洲域名中心以涉案域名的主要部分"zhoulibo"与被告周立波姓名的拼音完全一致，足以造成相关消费者混淆，岳彤宇对涉案域名不享有合法权益，且岳彤宇注册、使用涉案域名具有明显恶意为由，作出行政专家组裁决（案件编号：CN‐1100503），裁决将涉案域名转移给周立波。

一审判理和结果

上海市第二中级人民法院认为，被告周立波对其姓名"周立波"及其拼音"zhoulibo"享有禁止他人擅自使用或禁止他人以不正当手段从事市场交易等经营活动的合法权益。原告岳彤宇对涉案域名或其主要部分既不享有合法权益，又无注册、使用涉案域名的正当理由。且原告岳彤宇在明知涉案域名的主要部分"zhoulibo"与被告周立波的姓名"周立波"相近似，与被告周立波姓名的拼音"zhoulibo"相同，已足以使相关公众产生涉案域名与被告周立波相关联的误认的情况下，擅自将涉案域名与被告周立波相关联，并以人民币 10 万元高价要约出售的方式转让涉案域名，以期获得不正当利益。故原告岳彤宇注册、使用涉案域名具有明显恶意，其注册、使用涉案域名的行为属于擅自使用他人姓名，足以造成相关公众误认的不正当竞争行为，故涉案域名应由被告周立波注册、使用，法院遂驳回原告岳彤宇的诉讼请求

二审情况

一审判决作出后，原告岳彤宇不服提起上诉，上海市高级人民法院判决驳回上诉，维持原判。

【法官评述】

对于擅自将名人姓名进行商业化利用的行为应当如何进行规制，司法实践中并没有形成统一的认识和裁判方法。本案即属于典型的将知名艺人周立波的姓名拼音抢注为域名的案件，在确认名人姓名中蕴含的财产权益应当受到保护的前提下，本案的裁判依据反不正当竞争法有关保护姓名权的规定，采用混淆标准，认定涉案域名的使用极有可能会造成相关公众误认为与周立波相关，因此涉案域名应归周立波所有。无论是法律适用，还是裁判标准都可以为今后此类案件的审理提供有益借鉴和参考。

一、姓名功能的扩张与所承载利益的二元化

姓名是自然人借以相互识别的文字符号系统的总称，是自然人特定化的社会标志。[①] 在社会经济关系比较简单的时期，姓名在人与人社会交往中主要发挥的是区别功能，即将不同的自然人相互区别开来，一方面有利于国家进行各种管理；一方面也方便自然人相互开展各种经济社会活动。此外，姓名还可能具有指示家庭或者宗族关系的功能。通过姓名中的姓氏，人们可以大致判断某些自然人之间是否具有亲属关系。不论是区别自然人的功能，还是指示家庭或宗族关系的功能，姓名都是自然人彰显自身主体存在的符号标志，主要承载的是自然人的人格利益或者身份利益。为此，在传统民法理论关于财产权和人身权二元划分的体系下，自然人享有的姓名权自然被划归到人身权范畴下，是民事主体享有的一项重要人格权。

然而，随着社会经济，特别是广告传媒的发展，"有价值的不是信息，而是人们的注意力"，由此发端，学界及舆论界开始出现了"注意力经济"、"眼球经济"、"注意力经济时代"，注意力作为一种稀缺资源，在市场经济中的作用日益凸显。[②] 而名人大都在各自的行业取得了突出的成绩，

---

① 王利明：《人格权法》，法律出版社 1997 年版，第 86 页。

② 吴新华："人格商品化的法律规制"，载《中国知识产权报》2007 年 8 月 17 日版。

在社会公众中拥有良好的口碑和形象。在注意力经济的背景下，"在广告中使用名人肖像和姓名的现象越来越多。自然人特别是名人的姓名、肖像等标表型人格权有助于提高商品的知名度，增强商品的号召力，形成巨大的明星效应。"① 为此，自然人特别是名人的姓名的功能不再仅仅是将不同的自然人区别开，而是成为商品促销的重要题材，具备了广告促销的功能。姓名广告功能的实现，实质上是商家将姓名所承载的名人的声誉转移到相关的商业领域，使消费者在看到名人姓名后会产生商品与名人良好形象的联想，进而达到广告促销的目的。

在这一过程中，姓名所蕴含的巨大经济价值已成为不争的事实。因此，伴随姓名功能的扩张，姓名所承载的利益也不仅仅是一元的人身利益，而是可以同时包含人身利益和财产利益。这种人格权所承载利益的二元化亦已取得国外理论及司法实践的认可。法国司法实务界对人格权的普遍观点是："它们具有一项纯粹的道德内涵以及一项财产内涵。因此，为了特别的商业利用，要求权利人所做的同意就可以换得金钱。"② 德国联邦最高法院作出的"Marlene Dietrich"判决明确承认姓名、肖像等人格标志具有应受法律保护的专属于人格权权利人的经济价值，并构建出人格权的财产成分来调整和保护此种经济利益。③ 美国则通过公开权来保护人格权中的经济利益。

二、姓名中财产权益的保护条件与保护范围

与商标实行全国注册不同，法律并没有禁止自然人取得相同或相似的姓名，因此，重名现象较为普遍。具体的姓名上是否具有值得保护的财产权益，在多个重名的自然人之间，谁应当享有姓名上的财产权益，不无疑问。例如，本案中，名字为"周立波"的并不是只有作为艺人的本案被告，还有原告所称的作家，可能还有其他人，那么究竟谁应享有相关的财产权益？这将直接影响姓名上财产权益的归属。对此，大多数人坚持知名

---

① 赵宾、李林启、张艳：《人格权商品化法律问题研究》，知识产权出版社2009年版，第131页。

② Michael Henry, International Privacy, Publicity & Personality Laws, Butterworths, 2001, p. 154.

③ 陈龙江："德国民法对姓名上利益的保护及其借鉴"，载《法商研究》2008年第3期。

度的观点。例如，部分学者将姓名上的财产权益称为形象权或公开形象权，并认为公开形象权是一种名人的权利，属于在各个领域、各种层次和范围上，以各种方式为公众所熟知的杰出人物。① 也有观点认为，知名人物或公众人物本身并非法律术语，界定非常困难，在实践中也不可能对是否为名人划出清晰的界限，而且"正如每个人都享有隐私权一样，每个人也天生享有人格标识的商业利用权。在这方面，名人与非名人并没有本质的区别。"②

诚然，具有商品促销功能，能够吸引消费者眼球的，大都是在某一行业、某一领域具有知名度的人物姓名。在此种意义上，知名度标准具有一定的合理性，但该标准并没有抓住姓名中财产权益之所以受到保护的本质，可能会给人造成人与人之间人格不平等的误解。而且，知名度是一个极具模糊性的概念，有高低之分，也有地域之别。如果同名的自然人都具有一定的知名度，如何区分财产权益的归属仍不无疑问。因此，我们认为姓名上的财产权益之所以受到保护，是由于特定的姓名基于权利人自身的努力、天赋、个性等因素而产生了识别性，使得相关领域不特定的公众一看到该姓名，就与特定的自然人联系起来，产生了对特定自然人的美好记忆或联想。知名度固然是使自然人的姓名从众多姓名中脱颖而出，产生识别性的重要因素，但也不排除某些不知名的人物姓名基于个性等因素也会产生识别性。对于姓名而言，公众必须能认识到被告所使用的姓名被用来指涉原告。只有获得识别性的姓名才可能存在值得保护的财产权益。

关于姓名中财产权益能在多大范围内得到保护，我们认为法律对姓名中财产权益的保护不应仅限于相同的姓名，或者笔名等，而应包括与姓名相似的名称，包括谐音、别名、拼音等等。否则，法律的保护很有可能会流于形式。因为现实生活中，很多侵权人往往不直接使用与他人姓名完全相同的名称，而是选择"锅得缸"、"泄停峰"等谐音，本案中，原告抢注的域名也是周立波的拼音"zhoulibo"。如果法律仅保护相同的姓名，上述行为都将得不到法律的制裁。当然这种保护范围也要受到识别性的限制，

---

① 薛虹："名人的'商标权'——公开形象权"，载《中华商标》1996 年第 3 期。

② 李明德：《美国知识产权法》，法律出版社 2003 年版，第 402 页。

只有与姓名相似的名称，能够使不特定公众识别出具体的自然人，这些相似的名称才可能承载相关自然人的声誉，才可能受到保护。因此，姓名上财产权益的保护范围也以识别性为限。本案中，与"zhoulibo"对应的不仅是周立波，还可能是周利博、周丽波等等；即使是周立波，也会有重名者，例如作为作家的周立波。但从社会公众的角度，由于作为艺人的周立波知名度较高，相关公众看到"zhoulibo"联想到的仅仅是作为艺人的周立波。而且原告岳彤宇在出售涉案域名的信息中，也故意将"zhoulibo"与海派清口表演者即被告周立波相联系。因此，相关的财产权益自然归作为艺人的周立波享有。

三、抢注名人姓名的司法规制路径

姓名中的财产权益应当如何进行保护，国内外都进行了丰富的理论研究和探讨，美国经过长期的探索和实践，创设了"公开权"制度来保护诸如姓名、肖像等人格形象中的财产权益。国内大多数观点主张现有法律规定无法有效地对姓名中的财产权益进行保护，应当通过"商品化权"或"形象权"来保护。上述做法或观点都不无道理，但其都是从应然的角度提出姓名中财产权益应当如何进行保护。但就司法审判而言，面对现实的抢注名人姓名的纠纷，我们应立足于现有的法律规定，去探寻最适合保护姓名中财产权益的路径。从现有的法律规定看，姓名中财产权益的保护主要包括侵权责任法和反不正当竞争法两种路径。

在侵权责任法路径下，按照我国《侵权责任法》第二条之规定，侵害民事权益，应当依照本法承担侵权责任。其中民事权益，包括生命权、健康权、姓名权、名誉权、所有权、著作权等人身、财产权益。因此，在抢注名人姓名纠纷中，权利人可以选择侵害姓名权，也可以选择侵害财产权益来保护自身合法权益。但就侵害姓名权而言，由于姓名权在现有法律体系下仍属于人身权范畴，在保护范围和保护力度方面都会有所限制。一方面，在保护范围方面，姓名权的保护范围一般仅限于自然人的本名，诸如姓名的谐音、拼音等都无法通过姓名权得到保护。另一方面，侵害姓名权的民事责任主要在于赔礼道歉，赔偿损失一般仅限于精神损害赔偿。就侵害财产权益而言，该方式虽然可以获得经济损害赔偿，但保护的范围仍然受到一定的限制，即一般仅限于本名，本案中的姓名拼音很难通过侵害财产权益获得保护。

在反不正当竞争法路径下，按照我国《反不正当竞争法》第五条第（三）项的规定，擅自使用他人的姓名，引人误认为是他人的商品，构成不正当竞争行为。《最高人民法院关于审理不正当竞争民事案件应用法律若干问题的解释》（以下简称《解释》）第六条第二款对此作了进一步的规定，在商品经营中使用的自然人的姓名，应当认定为《反不正当竞争法》第五条第（三）项规定的"姓名"。具有一定的市场知名度、为相关公众所知悉的自然人的笔名、艺名等，可以认定为《反不正当竞争法》第五条第（三）项规定的"姓名"。由此可见，反不正当竞争法对姓名中财产权益的保护具有较大的优势，即保护范围具有较大的弹性，不仅可以保护自然人的本名，还可以保护笔名、艺名等。而且根据《解释》的规定，只要具有一定市场知名度、为相关公众所知悉的名称都可以受到保护。本案中的周立波的拼音"zhoulibo"也可以纳入保护的范围。本案即按照反不正当竞争法的路径对名人姓名中的财产权益进行保护。

编写人：上海市第二中级人民法院知识产权审判庭　何渊　凌宗亮　姜广瑞

38

无锡市保城气瓶检验有限公司诉无锡华润车用气有限公司拒绝交易纠纷案

——阅读提示：如何认定垄断行为中的拒绝交易行为？如何区分拒绝交易行为与迟延交易行为？

【裁判要旨】

本案是江苏法院首例以判决形式终审审结的反垄断纠纷案件。人民法院在审理反垄断纠纷案件时，应准确把握《反垄断法》规制滥用市场支配地位的立法精神，分析被控行为有无产生排除或限制竞争的后果。通过对拒绝交易垄断行为的构成要件的分析，以准确认定被控行为系拒绝交易行为还是合同法意义上的延迟交易行为。不能将迟延交易认定为拒绝交易，否则凡是具有支配地位的企业未在购买者指定的时间及时交付商品或提供服务，即要承担《反垄断法》规定的民事责任，加重了当事人的法律义务和法律责任，背离了禁止垄断行为的立法精神。同时，通过正确认定企业在实施被控行为时的主观状态，有助于我们更加准确地认定企业在实施相关行为时是否具有垄断的故意。

【案号】

一审：江苏省无锡市中级人民法院（2011）锡知民初字第0031号

二审：江苏省高级人民法院（2012）苏知民终字第0004号

【案情与裁判】

原告（二审上诉人）：无锡市保城气瓶检验有限公司（简称保城公司）

被告（二审被上诉人）：无锡华润车用气有限公司（简称华润车用气公司）

起诉与答辩

保城公司诉称：其系从事车用压缩天然气气瓶检验、安装的企业。华润车用气公司系无锡地区唯一从事天然气汽车加气业务的企业。华润车用气公司利用其市场支配地位，排除市场竞争，拒绝为保城公司安装的天然气出租车办理 IC 加气卡，致使汽车无法正常加气，影响了保城公司的正常经营，损害了保城公司合法权益，依据我国《反垄断法》，构成垄断行为，请求判令：1. 确认华润车用气公司拒绝给保城公司安装的汽车加气的行为构成拒绝交易的垄断行为；2. 华润车用气公司赔偿因垄断行为给保城公司造成的损失 18000 元；3. 华润车用气公司为保城公司所安装的天然气汽车加气，履行交易义务。

华润车用气公司辩称：1. 加气卡是汽车车主办理的，保城公司不是加气卡办理的主体，并非交易相对方，不具有诉讼主体资格；2. 其在 2010 年 7 月、8 月期间并未收到保城公司提交的为诉称的两辆天然气改装车申请办理加气卡的资料，也从未以不正当理由拒绝办理加气卡，华润车用气公司在 2011 年 1 月才收到涉案两车的申请，已办理了加气卡；3. 华润车用气公司在 2010 年 8 月为保城公司在同时期改装的其他车辆办理了加气卡，不存在拒绝交易的行为；4. 在 2010 年 7－9 月间，由于实际供气能力无法满足社会需要，华润车用气公司限制了办卡数量，通过有计划的控制加气，来缓解加气难的问题；五、保城公司诉称的损失与华润车用气公司没有关系。故请求驳回保城公司的诉讼请求。

一审审理查明

保城公司成立于 2007 年 5 月 29 日，经营范围为车用压缩天然气气瓶的检验、销售、安装等。

华润车用气公司成立于 2005 年 1 月 7 日，经营范围为压缩天然气（瓶装）项目的投资建设和管理；压缩天然气（瓶装）项目的供应。其下设多家加气站作为其分支机构，许可经营项目均为压缩天然气（瓶装）的零售（供应）。华润车用气公司系无锡市区唯一一家提供天然气汽车加气业务的公司。

2010 年 7 月 22 日，保城公司对 361 号车进行了车用天然气瓶的安装，2010 年 8 月 13 日，该车通过江苏省特种设备安全监督检验研究院的检验，获得车用气瓶安装监督检验证书，并于 2010 年 8 月 16 日获得无锡质监局颁发的车用气瓶登记使用证。保城公司陈述称，其改装的汽车一般都由驾驶员委托其去华润车用气公司办理加气卡。保城公司于 2010 年 8 月 17 日赴太湖花园加气站为 361 号车办卡，去了三次都没有办到，理由是保城公司改装的汽车一律不给办理。该车的使用人茆春明出庭陈述称，上述改装手续完成后，其将材料交给保城公司，由其代为向华润车用气公司申请办理加气卡，但直至 2011 年 1 月 14 日才办到加气卡。

2010 年 7 月 7 日，保城公司对 197 号车进行了车用天然气瓶的安装，2010 年 8 月 13 日，该车通过江苏省特种设备安全监督检验研究院的检验，获得车用气瓶安装监督检验证书，并于 2010 年 8 月 16 日获得无锡质监局颁发的车用气瓶登记使用证。该车的使用人汪德生出庭陈述称，上述手续办理时该车的驾驶员是邵勇，邵勇在 2010 年 8 月拿到了华润车用气公司发放的加气卡。

2010 年 7 月 8 日，保城公司对 211 号车进行了车用天然气瓶的安装，2010 年 8 月 16 日该车获得无锡质监局颁发的车用气瓶登记使用证。该车的使用人何家斌出庭陈述称，该车于 2010 年 7 月在保城公司办理完安装手续后，由保城公司代其向华润车用气公司申请办理加气卡。根据管理控制系统显示，该车于 2010 年 8 月 20 日在华润车用气公司办了加气卡。

另查明，华润车用气公司管理控制系统显示，从 2010 年 8 月 16 日至 2010 年 9 月 20 日，该公司一共为六辆天然气汽车第一次办理加气卡，其中 583 号车于 2010 年 7 月 20 日安装了车用天然气瓶，2010 年 8 月 16 日取得车用气瓶登记使用证，2010 年 9 月 20 日办理了加气卡。

在庭审中，双方均确认，保城公司在 2010 年夏天时曾多次向有关部门投诉过华润车用气公司的总经理助理周小军，认为其存在经济问题。华润车用气公司则称经调查，其投诉的事实不存在。

一审判理和结果

一审法院认为：

首先，2010 年 5 - 7 月，华润车用气公司下属加气站实际处于超负荷运转状态，华润车用气公司根据该情况，从 2010 年 7 月起大幅减少了加气卡办理数量，直至 2010 年 12 月才逐步恢复。华润车用气公司作为车用天然气供应商，属于特殊行业，出于技术、安全等考虑，限制了加气卡办理数量，是其行使经营自主权的表现，不能因此当然得出其有拒绝交易，实施垄断行为的主观故意。

其次，保城公司的相关陈述与本案证据之间存在矛盾：1. 由保城公司改装的同时符合办卡条件的四辆车中，有三辆很快办到了卡，一辆未办到卡，保城公司对此的解释是其中一辆车是其代为申请办卡的，华润车用气公司对其提交的申请予以拒绝，而其他车辆是车主自己去办的，因而可以办到。该陈述本身与其之前的陈述相互矛盾：保城公司在庭审中述称，经其改装的车辆一般都由其代为申请办理加气卡，认为这是一种商业惯例。但后又称上述已办到卡的车并不是其代为办理的，前后陈述不一致。2. 保城公司认为华润车用气公司从 2010 年 8 月 20 日后直至 2011 年 1 月间始终拒绝为保城公司改装的车辆办卡。但根据查明的事实，华润车用气公司在 2010 年 9 月 20 日为保城公司改装的 583 号车办理了加气卡。而且华润车用气公司的办卡需以申请为基础，保城公司并未能举证其在该期间还代其他车辆提出过办卡申请。3. 保城公司还认为华润车用气公司拒绝为其改装的车辆办卡，导致其在 2010 年 8 月以后没有再改装过任何车辆。但根据保城公司自己提供的证据，其在 2010 年 10 月、11 月、12 月均有天然气汽车改装业务，该证据与其陈述相互矛盾。虽然保城公司在 2010 年 8 月以后的天然气汽车改装业务量与之前相比确实明显减少，但保城公司将原因归咎于华润车用气公司没有给 361 号车办卡，却不能合理解释为何会存在同时其 197 号车和 211 号车已正常办到卡的事实。

综上，一审法院作出如下判决：驳回保城公司的诉讼请求。

上诉与答辩

保城公司上诉称：1. 一审法院关于拒绝交易的认知错误。拒绝交易行为可以是一次、两次的拒绝行为。在本案中，上诉人起诉华润车用气公司，是因为华润车用气公司拒绝办理涉案两辆车的加气卡。一审法院却以华润车用气公司一段时间的行为为依据，驳回上诉人的诉请，显然属认知错误。2. 一审判决认定事实错误。首先，一审法院没有针对诉争车辆进行审理。诉争车辆系 361 号车和 076 号车，并非其他。一审法院却扩大到其他车辆，且对 076 号车未做任何认定。其次，华润车用气公司拒绝为上述两辆车办理加气卡，原因是上诉人投诉了其负责人，对此上诉人提供了录音资料予以证明，一审法院却不予认定。第三，华润车用气公司是否为其他车辆办理加气卡，与本案无关。

华润车用气公司请求驳回上诉，维持原判决。

二审审理查明

一审法院查明的事实属实，予以确认。另查明：保城公司诉称的拒绝交易行为指华润车用气公司没有为其改装的 361 号车、076 号车办理加气卡。二审庭审中，保城公司认可，华润车用气公司于 2011 年 1 月 4 日为 076 号车办理了加气卡。

二审判理和结果

江苏省高级人民法院认为：

所谓拒绝交易，又称拒绝供货，指具有市场支配地位的经营者拒绝向购买者出售商品（服务）。根据我国《反垄断法》的有关规定，拒绝交易行为必须同时符合下列构成要件：1. 企业具有市场支配地位。2. 实施了拒绝交易行为，即购买者不能从该企业获得相关商品或服务。3. 拒绝交易行为排除、限制了相关市场竞争。4. 拒绝交易无正当理由。纵观本案事实，不能认定华润车用气公司的涉案行为构成拒绝交易。

第一，涉案交易已经完成。双方当事人一致确认，华润车用气公司已经于 2011 年 1 月 4 日为涉案两辆车办理了加气卡。故保城公司指控华润车用气公司没有及时为涉案两辆汽车办理加气卡，构成拒绝交易，实际上系指华润车用气公司没有及时为其改装的两辆车办理加气卡。即使该行为确实存在，也只能认定华润车用气公司迟延交易，而迟延交易行为属于合同法规制的行为。

第二，华润车用气公司的行为没有产生排除或限制竞争的后果。本案中，华润车用气公司即使没有及时为保城公司办理涉案两辆车的加气卡，但结合在本案诉讼前后保城公司改装的汽车一直都在华润车用气公司办理到加气卡这一事实，可以认定华润车用气公司的涉案行为客观上没有也不可能导致汽车改装天然气这一市场上的竞争受到排除或限制。保城公司也没有提供证据证明其市场竞争力因此受到削弱。

第三，没有证据证明华润车用气公司主观上存在拒绝交易的故意。本案中，华润车用气公司是专营为汽车提供天然气服务的企业，保城公司则是主营为汽车安装天然气瓶等业务的企业，两者没有竞争关系。保城公司指控华润车用气公司拒绝交易，构成滥用市场支配地位，必须提供相关证据，证明其市场竞争力因此受到限制等影响，而保城公司并未能提供相关证据，且保城公司自己也主张，华润车用气公司拒绝为上述两辆车办理加气卡，原因是其投诉了华润车用气公司的负责人。如果该原因属实，则进一步证明华润车用气公司之所以在为保城公司办理加气卡时故意拖延，其目的也是针对保城公司的投诉行为。在保城公司没有提供证据证明其改装的其他汽车都难以在华润车用气公司办理加气卡的情况下，更加说明华润车用气公司不存在削弱保城公司的竞争力、从而排除或限制相关市场竞争的主观故意。

综上所述，如果将本案中的迟延交易认定为拒绝交易，则意味着凡是具有支配地位的企业未在购买者指定的时间及时交付商品或提供服务，即要承担《中华人民共和国反垄断法》规定的民事责任。显然，这种做法不当加重了当事人的法律义务和法律责任，背离了禁止垄断行为的立法精神。一审判决认定事实基本清楚，适用法律正确，应予维持。

江苏省高级人民法院判决：驳回上诉，维持原判决。

【法官评述】

在三大类垄断行为中，经营者滥用市场支配地位最为常见。但是，在我国司法实践中，指控滥用市场支配地位而提起的诉讼仍属难得一见。在本案及类似案件的审理中，下列几个问题必须正确认识和把握：

一、反垄断法的地位及立法目的

《反垄断法》与《反不正当竞争法》都是为了维护市场竞争秩序。反不正当竞争法在市场经济发育阶段就已产生，而反垄断法直到市场经济高度发达，少数企业拥有了左右市场的力量时，才应运而生。前者立足于打击过分而不当的竞争行为，后者立足于保护必要的竞争存在。从这个角度看，可以说前者处理的是微观的不当市场竞争行为，后者则是规制宏观的不当市场竞争行为。因此反垄断法又被称作"自由经济的宪法"，其立法目的是防止和打击排除、限制市场竞争的行为，保障市场拥有充分的竞争。这一地位决定了该法不会被经常适用，只有在某种行为确实导致某个市场竞争程度受到降低或限制时，《反垄断法》才会被动用。在本案中，华润车用气公司在无锡市车用气市场具有支配地位、其没有及时为保城公司改装的汽车办理加气卡，均是不争的事实，但仅此尚不足以认定其实施了垄断行为，关键还要看上述行为是否在客观上排除、限制了相关市场的竞争，是否属于反垄断法规制的对象。

二、垄断行为的构成要件

根据我国《反垄断法》的有关规定，拒绝交易行为必须同时符合下列构成要件：1. 企业具有市场支配地位。2. 实施了拒绝交易行为，即购买者不能从该企业获得相关商品或服务。3. 拒绝交易行为排除、限制了相关市场竞争。4. 拒绝交易无正当理由。本案中，保城公司依据反垄断法主张华润车用气公司没有及时为涉案两辆汽车办理加气卡，构成拒绝交易，并据此要求华润车用气公司赔偿其经济损失。而纵观本案事实，不能认定华润车用气公司的涉案行为构成拒绝交易，因为华润车用气公司只是未及时为涉案两辆汽车办理加气卡，而并非拒绝办理；更没有证据证明该迟延办理行为削弱了保城公司的竞争力，并进而导致汽车改装市场的竞争受到排除或限制。

三、具有市场支配地位企业在实施被控行为时的主观状态

我国《反垄断法》并未规定在认定垄断行为时必须考虑行为人的主观状态。但是，在具体案件中，正确认定企业在实施被控行为时的主观状态，有助于我们更准确地认定是否构成垄断行为。本案在这方面具有一定典型性。华润车用气公司与保城公司在经营领域没有竞争关系，华润车用气公司不及时为涉案两辆车办理加气卡，显然与谋求垄断利润无关。从保城公司自己也主张的华润车用气公司拒绝办理加气卡的原因来看，难以证明华润车用气公司存在削弱保城公司的竞争力，从而排除或限制相关市场竞争的主观故意，也难以证明其无正当理由拒绝交易，据此更不能认定涉案被控行为构成拒绝交易。

编写人：江苏省高级人民法院知识产权审判庭　王成龙

39

李袁燕诉山东亿家乐房产经纪咨询有限公司
特许经营加盟合同纠纷案

——阅读提示：特许经营人是否负有商圈保护合同义务？

【裁判要旨】

合同履行应当遵循诚实信用原则。特许经营合同的特许人提供经营资源给被特许人，应负有商圈保护义务。即，特许人自己或许可他人开展经营活动时，应合理避让被特许人必要的经营空间，不应威胁或影响到被特许人的正常经营活动。否则，特许人应承担相应责任。

【案号】

一审：山东省济南市中级人民法院（2011）济民三初字第 115 号
二审：山东省高级人民法院（2011）鲁民三终字第 233 号

【案情与裁判】

原告（二审被上诉人）：李袁燕

被告（二审上诉人）：山东亿家乐房产经纪咨询有限公司（简称亿家乐公司）

起诉与答辩

2011 年 4 月 11 日，李袁燕向山东省济南市中级人民法院起诉称，2010 年 10 月 30 日，其与亿家乐公司签订特许经营加盟合同一份，约定由李袁燕使用亿家乐公司的品牌名称为经营字号，成立济南市高新区鑫苑城市花园加盟分公司，加盟期限为两年，至 2012 年 10 月 30 日。合同生效后，李袁燕依约向亿家乐公司支付了加盟费，并开展了正常的经营活动。2011 年初，亿家乐公司在未经李袁燕同意的情况下，在同一小区又开设了一家直营分公司，该分公司距李袁燕的加盟分公司仅有百余米远的距离，且经营范围及门面装修与李袁燕的加盟分公司完全一样。亿家乐公司的行为严重损害了李袁燕的合法权益，干扰了李袁燕加盟分公司的正常经营活动，故请求判令：亿家乐公司撤销其开办的位于济南市高新区鑫苑城市花园直营分公司，并协助李袁燕办理加盟分公司的营业执照。

亿家乐公司辩称，双方签订的加盟合同并未对双方的经营行为、地点、区域作出约定，李袁燕作为亿家乐公司的普通品牌加盟商，无权限制亿家乐公司使用和许可他人使用该品牌的权利。此外，李袁燕要求亿家乐公司协助其办理加盟分公司营业执照的诉讼请求没有合同和法律依据。请求依法驳回李袁燕的诉讼请求。

法院审理查明

亿家乐公司于2004年3月9日注册成立，主要从事房屋中介服务和投资咨询。2010年10月30日，亿家乐公司与李袁燕签订，加盟合同一份。该合同的主要内容为，亿家乐公司同意李袁燕使用其品牌名称作为经营字号，并按照法律规定登记为亿家乐公司的高新鑫苑国际加盟公司。李袁燕作为高新鑫苑国际加盟公司的负责人，全面负责加盟公司的工作，并按照合同约定的事项开展业务。加盟公司必须以自己的名义进行经营，分公司的具体经营活动及经营中出现经济纠纷由李袁燕全部负责。李袁燕于2010年10月19日交纳加盟费14000元、保证金5000元。该合同未对加盟公司经营范围和营业执照的办理等事项作出约定。亿家乐公司济南工业南路分公司于2011年4月21日注册成立，营业场所为济南市高新区工业南路鑫苑国际城市花园2号楼131商铺，距李袁燕加盟店的经营地址大约200米。

另查明，亿家乐公司在签订合同前未书面告知李袁燕其现有和预计被许可人的数量、分布地域、授权范围、有无独立授权区域。李袁燕在开庭前未就营业执照的办理事项请求亿家乐公司协助。

一审判理和结果

济南市中级人民法院一审认为，本案双方当事人之间签订的特许经营加盟合同，是双方真实意思表示，具有法律效力。李袁燕已依约向亿家乐公司支付了两年的加盟费和保证金。依据合同约定，李袁燕取得使用亿家乐品牌名称作为经营字号从事经营活动的权利，其合法权利依法应予保护。根据特许经营加盟合同的性质，亿家乐公司在许可李袁燕使用其品牌名称作为经营字号进行经营活动的同时，也是对自身经营活动的一定限制，虽然合同双方未对经营范围作出约定，但是为了便于李袁燕实现合同目的，亿家乐公司应当给予李袁燕适当的经营空间。依照《中华人民共和国商业特许经营管理条例》的规定，亿家乐公司负有在订立合同之日前至少 30 日，以书面形式向李袁燕提供其现有和预计被许可人的数量、分布地域情况，在其提供的信息发生重大变化时及时通知李袁燕的义务。2011 年 4 月 21 日，亿家乐公司在合同有效期限内，未告知李袁燕的情况下，在同一小区、相距 200 米左右的范围内又开设了其济南工业南路分公司，违反了合同义务，妨碍了李袁燕的正常经营活动，依法应承担排除妨碍的民事责任。因责令亿家乐公司停止其济南工业南路分公司在现在经营场所的经营活动，即可达到李袁燕的诉讼目的，故李袁燕要求亿家乐公司撤销其济南工业南路分公司的诉讼请求显然不妥，原审法院不予支持。对于李袁燕要求协助其办理加盟分公司的营业执照的诉讼请求，因合同没有对该问题作出约定，李袁燕诉前亦没有向亿家乐公司提出过具体的协助请求，故不予支持。

综上，一审法院依照《中华人民共和国合同法》第六条、第一百零七条，《中华人民共和国商业特许经营管理条例》第二十一条、第二十二条第（八）项、第二十三条第二款之规定判决，一、山东亿家乐房产经纪咨询有限公司立即停止其济南工业南路分公司在现注册地址的经营活动；二、驳回李袁燕的其他诉讼请求。案件受理费 1000 元，由山东亿家乐房产经纪咨询有限公司负担。

上诉与答辩

亿家乐公司不服一审判决，提起上诉称：1. 一审法院认定事实错误。根据加盟合同，李袁燕加盟公司的性质为亿家乐公司的分公司，李袁燕作为分公司负责人无权对亿家乐公司提起诉讼；另，本案所涉纠纷为公司内部事宜，法院不应受理或应依据《公司法》处理。2. 一审法院适用法律错误。李袁燕在一审中诉请内容为"亿家乐公司撤销其开办的涉案分公司"，一审法院判决内容为"亿家乐公司停止涉案分公司在注册地址的经营活动"，与李袁燕诉请不一致，在李袁燕没有变更诉讼请求的情况下，一审法院不应随意作出判决。亿家乐公司有权允许李袁燕在其经营场所以亿家乐的名义进行经营，但亿家乐公司并没有放弃允许他人在鑫苑国际城市花园或其他地方用亿家乐字号进行经营的权利。在法律没有禁止性规定的情况下，亿家乐公司有权设立涉案分公司。且李袁燕在签订加盟合同后，是以济南万顺房产经纪咨询有限公司的名称进行经营的，并未使用亿家乐公司的名义。《中华人民共和国商业特许经营管理条例》为行政管理依据，亿家乐公司设立的分公司并未对李袁燕造成影响，一审法院判令亿家乐公司停止经营活动没有法律依据。请求二审法院撤销原审判决，发回重审或依法改判。

被上诉人李袁燕答辩称：1. 李袁燕与亿家乐公司签订加盟合同，目的是使用亿家乐字号进行经营，李袁燕有自己的营业执照即万顺房产经纪咨询有限公司，其加盟公司并非亿家乐分公司，本案不属于公司内部纠纷；2. 一审法院判令亿家乐公司停止其涉案分公司的经营活动，与李袁燕的诉讼请求并不矛盾；3.《中华人民共和国商业特许经营管理条例》可以作为民事判决依据，该条例关于许可人向被许可人披露信息的相关规定属于强制性规定。亿家乐公司成立涉案分公司，在事实上给李袁燕加盟公司的经营活动造成严重影响，二店相距太近造成客户混淆。请求二审法院驳回上诉，维持原判。

二审判理和结果

山东省高级人民法院认为，根据双方当事人的诉辩主张，本案的争议焦点有二点：一是本案应否认定为特许经营加盟合同关系；二是亿家乐公司是否违反了合同义务，原审法院判令其停止经营济南工业南路分公司是否适当。

一、关于本案法律关系问题，即本案是否为特许经营加盟合同关系

二审法院认为：《中华人民共和国商业特许经营管理条例》第三条规定："本条例所称商业特许经营（以下简称特许经营），是指拥有注册商标、企业标志、专利、专有技术等经营资源的企业（以下简称特许人），以合同形式将其拥有的经营资源许可其他经营者（以下简称被特许人）使用，被特许人按照合同约定在统一的经营模式下开展经营，并向特许人支付特许经营费用的经营活动。"本案中，双方当事人通过《加盟合同》约定，李袁燕加盟亿家乐公司，使用亿家乐品牌名称作为加盟公司经营字号，并向亿家乐公司缴纳加盟费用。该合同内容符合上述商业特许经营活动特征，本案《加盟合同》属于商业特许经营合同。亿家乐公司关于李袁燕加盟公司为其分公司的主张与事实不符，不能成立。本案不属于公司内部纠纷。一审法院认定本案为特许经营加盟合同关系合法适当。

二、关于亿家乐公司合同义务和责任承担问题

二审法院认为：根据《中华人民共和国合同法》第六条的规定，当事人行使权利、履行义务应当遵循诚实信用原则。根据商业特许经营活动的性质，特许人系有偿提供经营资源，其行为应满足被特许人投资经营的合理期盼。本案中，双方当事人约定李袁燕加盟亿家乐公司经营高新鑫苑国际加盟公司，该加盟公司经营地址明确，由此可以确定，李袁燕加盟亿家乐公司是以高新鑫苑国际没有亿家乐房产经纪咨询业务经营者为前提的。因此，虽然《加盟合同》对亿家乐公司的经营活动未作限制性约定，但在履行合同过程中，按照有利于实现合同目的的方式，亿家乐公司开展经营活动应当符合李袁燕加盟亿家乐公司的合理预期，也即亿家乐公司此后的经营行为不应威胁或影响到李袁燕投资加盟公司的正常经营活动。亿家乐公司作为特许人，在被特许人特定经营区域内开展自营业务，侵占了被特许人的经营空间，违反了诚实信用合同义务。本案中，亿家乐公司在李袁燕加盟公司同一小区经营直营分公司，二店相距仅 200 米左右，属在李袁燕加盟公司的特定经营区域内开展经营活动，亿家乐公司的上述行为已影响了李袁燕加盟公司的正常经营，违反了履行合同中应当遵循的诚信原则。亿家乐公司应采取相应的补救措施。一审法院根据李袁燕诉请的真意，判令亿家乐公司停止经营其直营分公司并无不当，应予维持。

综上，依照《中华人民共和国民事诉讼法》第一百五十三条第一款（一）项①之规定，二审法院判决驳回上诉，维持原判。二审案件受理费 1000 元，由上诉人山东亿家乐房产经纪咨询有限公司承担。

【法官评述】

本案涉及正确认定特许人商圈保护合同义务问题。在具体确认特许人商圈保护义务时，需要考虑以下三个方面的问题：

一、合同没有约定"独家代理权"，并不影响被特许人主张商圈保护权利。特许经营合同中，一般会对被特许人授权经营的地点作出约定，并且为平衡特许经营合同双方利益，在限制被特许人经营范围的同时，授予被特许人在授权经营范围内的独家代理权。所谓"独家代理权"，是指被特许人的

---

① 对应 2012 年 8 月新修订的《民事诉讼法》第一百七十条第一款第（一）项。

"独占特许经营权"，即被特许人在授权地域和时间内，享有使用特许人提供的经营资源的排他性权利。但现实生活中也存在大量合同仅约定被特许人经营地点的情形，即合同对被特许人是否享有"独家代理权"未作明确约定。在此情形下，被特许人主张商圈保护权利的，法院应根据合同的性质、目的和交易习惯对合同约定进行解释，明确双方的权利义务，特许人仅以合同没有明确约定为由，抗辩其不负有商圈保护义务的，不应予以支持。

二、合同履行应遵循诚实信用原则。特许经营是被特许人按照合同约定在统一的经营模式下开展经营，并向特许人支付特许经营费用的经营活动。根据特许经营加盟合同的性质及合同履行应遵循的诚实信用原则，合同中对于被特许人经营地点的约定应视为商圈保护条款，特许人对被特许人负有商圈保护义务。这也可以视为特许人的合同附随义务，即在特许经营合同中，特许人的合同附随义务包括自我限制开设自营店或授权其他第三人开设加盟店以避免与被特许人恶性竞争的义务。

三、特许人商圈保护义务应限于必要的范围内。关于商圈的划定，并没有固定的一成不变的范围。因合同没有对特许人的经营限制范围进行明确约定，故在发生争议时，人民法院应按照有利于实现合同目的的方式确认特许人是否违反了商圈保护义务。本案中，被特许人从事的特许经营行为是房屋中介服务，客户资源主要集中在其所处的小区周边，故特许人在同一小区开设直营店进行同业竞争，且二店相距仅200米左右，足以构成对被特许人实现合同目的的障碍。在此情形下，应认定特许人的行为违反了其应承担的商圈保护义务，被特许人应就其损害被特许人利益的行为承担相应的责任。

此外，本案还涉及对特许经营合同定性的问题。按照我国《商业特许经营管理条例》第三条的规定，特许经营合同的本质特征在于特许人将其拥有的经营资源许可被特许人使用，被特许人按照约定在统一的经营模式下开展经营，并向特许人支付特许经营费用的经营活动。据此，在认定合同是否属于特许经营合同时，应当依照合同约定的权利义务是否符合特许经营合同的基本特征进行判断。合同中约定一方以另一方的分公司名义进行注册并经营，不影响对合同性质的判断。

编写人：山东省高级人民法院知识产权审判庭　刘晓梅

40

美国通用能源公司诉华陆工程科技有限责任公司、山东华鲁恒升化工股份有限公司、西北化工研究院侵害商业秘密纠纷案

——阅读提示：证据保全后，权利人申请追加当事人参与诉讼能否支持？当事人是否可以聘请外国专家证人出庭作证？

【裁判要旨】

证据保全后，权利人发现其商业秘密被他人使用，可以申请追加当事人参与诉讼。

当事人可以聘请外国专家证人就技术问题出庭作证。

【案号】

一审：陕西省西安市中级人民法院（2008）西民四初字第 00419 号

【案情与裁判】

原告：美国通用能源公司（GE ENERGY USA，LLC）（简称通用公司）

被告：华陆工程科技有限责任公司（简称华陆科技公司）

被告：山东华鲁恒升化工股份有限公司（简称华鲁化工公司）

被告：西北化工研究院

起诉与答辩

原告通用公司诉称，Texaco Development Corporation 及其母公司 Texaco Inc.（简称美国德士古公司）开发了包含气化炉设计结构在内的气化技术，其中包括煤气化技术。2004 年通用公司自美国德士古公司及 Chevrontexaco

Worldwide Gasification Technology Inc. 购买了全部气化技术及相关业务。由此，通用公司成为业内所称德士古气化技术的所有人。之后，通用公司发现，华陆科技公司在为华鲁化工公司氮肥项目所涉煤气化工程提供工程设计等服务过程中，向该公司提供的煤气化设备的设计图纸等资料中包含通用公司拥有的商业秘密。通用公司认为，其拥有包括气化炉设计结构在内的上述煤气化技术及工艺等技术信息，该技术信息属于通用公司的商业秘密。华陆科技公司非法获取、披露、使用、允许他人使用通用公司商业秘密信息，构成对通用公司商业秘密的侵犯。根据《中华人民共和国反不正当竞争法》及《中华人民共和国民事诉讼法》的规定，通用公司于 2008 年 11 月 12 日提起诉讼，请求判令华陆科技公司立即停止侵权，包括停止使用通用公司商业秘密信息并销毁以任何载体形式保存的通用公司商业秘密信息。2009 年 2 月 4 日通用公司以华陆科技公司之行为给其造成重大损失为由，将诉讼请求变更为：确认华陆科技公司之行为构成侵害通用公司商业秘密；判令华陆科技公司立即停止侵权，包括停止使用通用公司商业秘密信息并销毁以任何载体形式保存的通用公司商业秘密信息；赔偿损失 290 万美元。2010 年 1 月 7 日、2011 年 6 月 12 日通用公司分别申请追加华鲁化工公司、西北化工研究院为本案共同被告，请求：1. 确认华陆科技公司、华鲁化工公司、西北化工研究院之行为构成侵害通用公司商业秘密；2. 判令华陆科技公司、华鲁化工公司、西北化工研究院立即停止侵权，包括停止使用通用公司商业秘密信息并销毁以任何载体形式保存的通用公司商业秘密信息；3. 判令华陆科技公司、华鲁化工公司、西北化工研究院承担连带责任，赔偿损失 290 万美元（根据中国人民银行 2009 年 2 月 4 日美元对人民币汇率中间价计算，为人民币 19820920 元）。

被告华陆科技公司辩称，通用公司诉请保护商业秘密的范围不清，主张不明确，应从程序上裁定驳回起诉；通用公司未提供证据，证明华陆科技公司为华鲁化工公司氮肥项目所作煤气化工程设计，与通用公司所称商业秘密之间的关系，也无证据证明华陆科技公司"非法获取、披露、使用、允许他人使用"其商业秘密的事实，请求从实体法上驳回其诉讼请求。

被告华鲁化工公司辩称，其不是本案适格主体，不应成为本案被告；通用公司无证据证明其商业秘密成立，也没有证据证明其侵权事实是明知或应知，应承担举证不利的后果。

被告西北化工研究院辩称，西北化工研究院煤气化技术历时 30 多年自主创新，采用湿法加压水煤浆气化技术路线，于 1983 年建成煤气化中试装置，1990 年通过长周期连续运行考核，1995 年开始完成了整套工艺开发，取得了实验室和中试成果，通过科技鉴定。西北化工研究院开发成功拥有自主知识产权、适合中国国情、先进适用的多原料浆气化技术（MCSG），开发经历了不同的研究阶段，最终实现了自主创新和集成创新的成功，是中国依靠自己力量，集中科研资源，在重大能源化工技术上联合攻关的成功范例。因中国在 1985 年之前没有知识产权保护制度，科技活动也缺乏实质产权保护意识，使西北化工研究院在基础研究和放大研究最活跃的阶段没有及时申请专利保护。西北化工研究院在水煤浆加压气化领域具有独立知识产权，煤气化技术的研发成功和工业应用，极大地推动了中国大型煤气化技术的发展，改变了大型煤气化技术长期以来受制于人的不利局面，西北化工研究院肩负着水煤浆气化技术国产化的重大使命，代表民族工业在水煤浆气化技术方面的最高成就。通用公司和之前的技术权利人美国德士古公司从未向西北化工研究院提供水煤浆气化技术的工艺包资料，双方之间也没有签订关于水煤浆气化技术的工艺包资料的保密协议，西北化工研究院没有采取不正当手段接触通用公司所主张的商业秘密。通用公司认为西北化工研究院侵犯其商业秘密没有依据，请求驳回通用公司的诉讼请求。

一审审理查明

美国德士古公司开发了包含气化炉设计结构在内的气化技术，其中包括煤气化技术（即将煤单独或与水一起，使用氧气或含氧气体进行氧化，生成包含一氧化碳和氢气等重要化工原料的合成气）。2004 年通用公司自美国德士古公司及 ChevronTexaco Worldwide Gasification Technology Inc. 购买了全部气化技术及相关业务，成为业内所称德士古气化技术的所有人，对该技术拥有商业秘密。华鲁化工公司投资建设的氮肥项目采用了煤气化技术。西北化工研究院为华鲁化工公司投资建设的氮肥项目向华鲁化工公司提供了包括诉争图纸在内的煤气化技术图纸等技术资料。华鲁化工公司将该等技术资料交于华陆科技公司。2008 年 11 月 12 日通用公司在起诉同时提出证据保全申请称，申请人发现华陆科技公司非法获取、持有，并非法向华鲁化工公司提供载有通用公司商业秘密信息的水煤浆气化技术图纸等资料。华陆科技公司系华鲁化工公司投资建设的山东德州氮肥项目的工程设计方，该项目水煤浆气化工程的核心技术及工艺，均系使用通用公司拥有的水煤浆气化技术及其图纸等,而该等技术系通用公司所有之商业秘密,通用公司从未向华陆科技公司或该项目提供任何技术使用许可。通用公司认为,华陆科技公司持有的载有通用公司商业秘密信息的技术图纸等材料系本案关键证据,而其现掌握于华陆科技公司,随时存在灭失之风险。根据《中华人民共和国民事诉讼法》之规定,提出证据保全申请,请求复制、扣押华陆科技公司持有的水煤浆气化技术相关的全套技术资料,包括与华鲁化工公司山东德州氮肥项目煤气化工程水煤浆气化技术有关的图纸及其设计依据。2008年11月17日陕西省西安市中级人民法院(简称西安中院)作出(2008)西民四初字第419号民事裁定:扣押、复制华陆科技公司持有的氮肥项目煤气化工程水煤浆气化技术有关的图纸及其设计依据等相关技术资料。2008年11月19日西安中院前往华陆科技公司送达证据保全裁定书,对相关问题进行调查,并实际保全了华陆科技公司为华鲁化工公司氮肥项目提供的气化炉燃烧室衬里图图纸一张。2010年1月7日西安中院根据通用公司申请追加华鲁化工公司为本案共同被告,并根据通用公司提出的证据保全申请,前往华鲁化工公司送达应诉通知书及证据保全裁定等相关诉讼材料。2011年6月12日通用公司向西安中院提出申请称,根据华陆科技公司及华鲁化工公司的陈述,其系根据西北化工研究院提供的技术资料,制作了载有通用公司水煤浆气化技术商业秘密的诉争图纸。通用公司从未向西北化工研究院提供与讼争图纸及有关技术信息,并向西北化工研究院作出任何技术使用许可或授权,更未许其向第三方披露并允许第三方使用通用公司该等商业秘密信息。由此,通用公司有理由相信,西北化工研究院以不正当手段获取了通用公司所有之水煤浆气化技术的技术资料等商业秘密,并未经通用公司许可,披露、使用或允许他人使用通用公司该等商业秘密信息。通用公司认为,西北化工研究院非法获取、披露、使用、允许他人使用通用公司商业秘密信息的行为,已与华陆科技公司、华鲁化工公司构成共同侵权,故申请追加西北化工研究院为本案共同被告。

一审判理和结果

本案在审理中,通用公司三次变更诉讼请求,先后申请法院前往山东省德州市、济南市、安徽省淮南市等地调取证据。因本案多次追加当事人参与诉讼,致本案多次组织当事人进行证据交换、开庭审理。诉讼期间,通用公司、华陆科技公司多次申请延期举证。基于通用公司、华陆科技公司、华鲁化工公司、西北化工研究院四方当事人均有调解解决纠纷的意向，并先后申请延长调解期限，西安中院考虑到本案的具体情况，为了达到法律效果与社会效果的统一，准许了当事人请求调解的申请。调解期间，西安中院多次询问本案调解进展情况，在各方当事人及西北化工研究院的母公司陕西延长石油（集团）有限责任公司（简称延长集团）的共同努力下，通用公司、华陆科技公司、华鲁化工公司、西北化工研究院经过多方协调、互谅互让，最终自愿达成以下协议：

一、本调解书生效后，西北化工研究院及其附属机构不得使用、向任何第三方许可包含通用公司拥有的煤气化技术（包括诉讼所涉及的商业秘密）。本条不限制西北化工研究院对多元料浆煤气化技术进行研发，或在延长集团所有或延长集团控股子公司所有的化工厂实践或使用西北化工研究院煤气化技术或提供西北化工研究院煤气化技术的专有设备和技术服务。

二、本调解书生效后，华陆科技公司停止使用并于本调解书生效后十日内向通用公司返还本案诉争的所有含有通用公司煤气化技术的文件及图纸。

三、通用公司、华陆科技公司、华鲁化工公司、西北化工研究院就本案再无其他争议。

四、本案案件受理费 141726 元，减半收取 70863 元，证据保全费 60 元，共计 70923 元，由通用公司、华陆科技公司、西北化工研究院各负担 23641 元。

【法官评述】

一、商业秘密的法律属性及证据保全

商业秘密是指不为公众所知悉、能为权利人带来经济利益、具有实用性并经权利人采取保密措施的技术和经营信息。《最高人民法院关于审理不正当竞争民事案件应用法律若干问题的解释》第九条对"不为公众所知悉"解释为"有关信息不为其所属领域的相关人员普遍知悉和容易获得。"商业秘密的价值性包含现实的和潜在的价值；保密性是权利人自己采取的保密措施。作为特殊的知识产权，商业秘密具有自身的权利属性，无需经过审批程序，权利人就能享有相关权利。即商业秘密是权利人通过自己的保护方式而存在的权利，不享有排他的独占权。不同的人可享有相同或近似的商业秘密，商业秘密未被公开，将持续存在；反之，权利随即丧失。

商业秘密案件的最大难点在于权利人取证困难。因此，申请证据保全是当事人获取证据的路径之一。《民事诉讼法》第八十一条规定："在证据可能灭失或者以后难以取得的情况下，当事人可以在诉讼过程中向人民法院申请保全证据，人民法院也可以主动采取保全措施。"由此说明，当事人在诉讼中，发现新的证据线索，可以向人民法院申请证据保全，但证据保全的前提是证据有灭失的可能性或者以后难以取得。需要强调的是采取证据保全措施，申请人应该提供相应的线索。本案中，当事人在发现华陆科技公司使用其商业秘密后，因无法取得证据，两次申请证据保全后，最终获得了华陆科技公司提供的技术图纸，并根据保全的结果两次追加当事人参与诉讼，也正是由于证据保全，权利人才得到被控侵权人直接侵权的证据，最终使本案得以调解处理。换言之，本案若未采取证据保全，权利人就无法得到侵权证据，案件也不可能调解解决。

二、外国专家证人可以出庭作证

专家证人制度是英美法系国家根据其对抗主义，或言当事人主义的诉讼模式发展出来的解决案件技术问题的方法制度。专家证人本质上仍是双方当事人向法庭提供的证人，其由双方当事人自己聘请，费用各自承担，专家证人同样须出庭并接受质询。申请专家证人出庭，对于维护当事人自身利益和法庭查明事实具有重要意义。具体到本案中，通用公司针对被控侵权人对其拥有商业秘密产生质疑，申请专家证人出庭作证。被控侵权人认为在中国境内诉讼不应由外国专家证人出庭。对此，法院最终对被控侵权人的主张未予采纳，即同意外国专家证人出庭对案件所涉的技术问题予以充分说明。这是因为根据《民事诉讼法》第五条的规定："外国人、无国籍人、外国企业和组织在人民法院起诉、应诉，同中华人民共和国公民、法人和其他组织有同等的诉讼权利义务。"《最高人民法院关于民事诉讼证据的若干规定》第六十一条规定："当事人可以向人民法院申请由一至二名具有专门知识的人员出庭就案件的专门性问题进行说明……审判人员和当事人可以对出庭的具有专门知识的人员进行询问。经人民法院准许，可以由当事人各自申请的具有专门知识的人员就有案件中的问题进行对质。"该规定表明：首先，申请专家证人出庭作证，是当事人的诉讼权利，而外国企业在中国起诉，同样享有申请专家证人出庭作证的诉讼权利。其次，外国专家证人出庭的目的是为了阐述案件所涉及的专门技术问题，如本案所涉及的商业秘密信息，被控侵权人提出属于所属技术领域的人的一般常识，被控侵权人的观点是否成立，专家证人可根据自己的专业知识进行充分说明，若当事人就此达成一致，则不必继续进行司法鉴定，从而节省司法资源。需要强调的是商业秘密案件涉及的专业技术问题一般较为复杂，由于法官的专业所限，需要有一个理解的过程。因此，若当事人申请专家证人出庭作证，建议在庭审前应就其专业技术要点出具书面专家意见，以便法庭理解，防止庭审笔录简略，无法反映专家证人的完整意见。

三、司法鉴定的范围应仅限于"事实问题"

司法鉴定应限于解决案件审理中的"事实问题"，不应涉及法律适用的判断，这是大陆法系国家司法鉴定的传统规则。对此我国学者及实践工作者普遍接受。知识产权案件中对于"事实问题"的界定，存在分歧，究其原因在于明确"司法鉴定仅限于事实问题"的同时，未对"事实问题"和"法律问题"清晰界定，导致实践中甚至将"是否构成商业秘密"、"是否侵权"等法律问题作为鉴定事项委托。众所周知，司法鉴定意见作为证据的一种形式，委托鉴定事项是法官基于查明案件事实的职责而需确定的某一具体事实，因此鉴定事项只能是案件的事实问题。"事实问题"与"法律问题"的划分标准为是否需经法律规范适用而确定事实，如无须适用法律规范可确认的事实为事实问题，须经法律规范的适用而确认的事实为法律问题。本案中，被控侵权人对原告是否拥有商业秘密产生质疑，因法律对判断某项信息是否构成商业秘密已有规定，对其构成要件也进行了解析，故法院不能将是否构成商业秘密作为委托鉴定的事项。也即"某项信息是否构成商业秘密"属于"法律问题"，而非"事实问题"。对于商业秘密构成要件是否属于可委托鉴定的"事实问题"，《最高人民法院关于审理不正当竞争民事案件应用法律若干问题的解释》对"不为公众所知悉"及具体表现类型进行了规定，即"某项信息是否不为公众所知悉"是"法律问题"。该司法解释列举的"为公众所知悉"的情形中，包括"该信息为其所属技术或者经济领域的人的一般常识或者行业惯例"，对于这一事实如何判断，法律未给出进一步的规定，由此该项事实成为可以委托鉴定的"事实问题"，而其上位的事项"是否属于商业秘密"属不可委托鉴定的"法律问题"。当然并非所有的"事实问题"都可以委托鉴定，只有法官依自身能力确实无法判断的"事实问题"，而该问题可借助科技或其他专业知识帮助法官理解的，才能进行委托。

　　值得关注的是本案法律关系涉及技术的许可方、使用方、工程设计方，相比于一般商业秘密侵权案件，被告主体多，通用公司通过证据保全及调查取证，发现最终的共同侵权人后两次增加诉讼当事人；案件不但证据繁多，而且形成于国外，涉及的专业技术问题复杂。案件审理后引起社会高度关注。为了促使本案全面和解，法院多次与各方当事人沟通，并首次采取了由当事人的主管上级出面协调与美方谈判的策略，各方达成全面和解，签署了《战略合作协议》，开始了新的合作。本案的处理结果实现了法律效果与社会效果的完美结合，再次表明中国知识产权司法保护之门的路径不仅是畅通无阻的，更是公正权威的。

　　　　　　　　　编写人：陕西省西安市中级人民法院知识产权审判庭　姚建军

41

甘肃省敦煌种业股份有限公司
诉张掖市丰玉鑫陇种子有限公司、
曹玉荣侵犯植物新品种权纠纷案

——阅读提示：被告张掖市丰玉鑫陇种子公司将资质证书借给他人构成侵权，是否承担连带赔偿责任？

【裁判要旨】

本案中，虽然涉案侵权地点的繁殖材料由曹玉荣具体生产，但丰玉鑫陇公司将其资质证书借给曹玉荣组织生产的行为，客观上为曹玉荣侵权提供了便利条件，丰玉鑫陇公司对于侵权行为的发生具有过错，依法应当与曹玉荣承担连带责任。

【案号】

一审：甘肃省张掖市中级人民法院（2012）张中民初字第 83 号

【案情与裁判】

原告：甘肃省敦煌种业股份有限公司（简称敦煌种业公司）

被告：张掖市丰玉鑫陇种子有限公司（简称丰玉鑫陇公司）

被告：曹玉荣

起诉与答辩

原告敦煌种业公司诉称：玉米新品种"吉祥 1 号"于 2011 年 1 月 1 日取得植物新品种权，品种权人：武威市农业科学研究所（现已更名为武威市农业科学研究院）、黄文龙（现已将品种权转让给武威市农业科学研究院），品种权号：CNA20070293.9。2011 年 12 月 16 日，原告敦煌种业公司与品种权人武威市农业科学研究院签署协议，品种权人将其拥有的生产、经营权有偿转让给原告敦煌种业公司。2012 年 1 月 1 日，品种权人向原告出具授权委托书，授权原告对国内他人未经许可擅自生产、经营"吉祥 1 号"的侵权行为单独以自己名义实施包括举证、调查取证、诉讼和非诉等在内的各种维权活动。2012 年 8 月，原告发现被告在甘州区三闸乡符家堡村生产"吉祥 1 号"杂交种。2012 年 9 月 21 日原告向法院起诉，认为被告未经品种权人许可，擅自生产、经营"吉祥 1 号"构成侵权，依法应当承担侵权责任，请求人民法院责令被告立即停止侵权，不得销售生产的"吉祥 1 号"杂交玉米种子；原告起诉时请求赔偿损失 10000 元，2012 年 10 月 18 日追加赔偿额为 500000元。

被告丰玉鑫陇公司未出庭参加诉讼，亦未提交书面答辩意见。

开庭前，被告曹玉荣要求参加本案诉讼，其理由为，被告丰玉鑫陇公司已将起诉材料给其看过，涉案地点的玉米种子是其借用丰玉鑫陇公司资质所制。经法庭释明，被告曹玉荣放弃举证期限，同意准时开庭。原告对此亦无异议，合议庭同意曹玉荣作为本案共同被告参加庭审。

一审审理查明

张掖市中级人民法院经审理查明，玉米新品种"吉祥 1 号"于 2011 年 1 月 1 日取得植物新品种权，品种权人：武威市农业科学研究所、黄文龙，品种权号：CNA20070293.9。2009 年 10 月 12 日，武威市机构编制委员会下发通知，将武威市农业科学研究所更名为武威市农业科学研究院，但该院并没有在农业部植物新品种保护办公室办理著录事项变更登记。2012 年 12 月 9日，武威市农业科学研究院与黄文龙签署"吉祥 1 号"玉米植物新品种权转让合同，双方约定品种权由武威市农业科学研究所（现更名为武威市农业科学研究院）和黄文龙共有，变更为武威市农业科学研究院一家所有。2011 年12 月 16 日，原告敦煌种业公司与武威市农业科学研究院签署玉米杂交种"吉祥 1 号"生产经营权转让合同，约定原告以独占实施许可的方式生产经营玉米杂交种"吉祥 1 号"，并特别许可"吉祥 1 号"玉米杂交种品种权保护和市场维权，对侵权行为按国家有关法律、法规提起诉讼。2012 年 1 月 1日，武威市农业科学研究院出具授权委托书，授权原告对国内他人未经许可擅自生产、经营"吉祥 1 号"的侵权行为单独以自己名义实施包括举报、调查取证、诉讼和非诉在内的各种维权活动。2012 年 9 月，原告在与他人诉讼中，发现被告丰玉鑫陇公司在甘州区乌江镇符家堡村生产"吉祥 1 号"，遂起诉法院，要求法院责令被告丰玉鑫陇公司不得销售生产的侵权种子并赔偿损失，在被告曹玉荣参与诉讼后，原告要求二被告承担连带赔偿责任。该院在向被告丰玉鑫陇公司送达各项诉讼手续的同时，曾以书面方式要求被告在指定期限内就是否鉴定作出答复，被告逾期未向该院作出答复，该院遂依原告申请，委托北京玉米种子检测中心就涉嫌侵权地提取的玉米果穗与农业部植物新品种保护办公室植物新品种保藏中心提取的"吉祥 1 号"杂交玉米种子是否属于同一品种进行真实性司法鉴定。该中心依据法定程序鉴定后，向该院出具 BJYJ201200101069 号检验报告一份，鉴定结论为："相同或极近似"。原告为此支付鉴定费用 4000 元。

一审判理和结果

该院认为，关于原告的主体资格是否适格的问题，应当解决两个问题，一是涉案繁殖材料"吉祥 1 号"的品种权人名称问题，二是武威市农业科学研究院是否可以授权他人提起维权诉讼。本案中，植物新品种权证书上记载的品种权人之一是"武威市农业科学研究所"，原告出具的证据显示，该所已经行政主管部门批准，正式更名为"武威市农业科学研究院"，但该院并没有在农业部植物新品种保护办公室办理著录事项变更登记，依法变更品种权人名称。对此，该院认为，变更行为属于行政主管部门的公示行为，是否公示变更并不影响当事人依法享有的民事权利，武威市机构编制委员会的文件可以证明武威市农业科学研究院对"吉祥 1 号"享有知识产权；知识产权属于民事权利，行政主管部门对知识产权著录事项的登记、变更、公示等行为仅仅是一种行政管理措施，当事人可以通过民事法律行为依法处分自己享有的知识产权。本案中，品种权人黄文龙自愿转让品种权，其行为没有违反法律规定，虽然武威市农业科学研究院与黄文龙没有在农业部植物新品种保护办公室办理著录事项变更登记，但并不妨碍黄文龙享有的品种权已依法转让的法律事实，武威市农业科学研究院享有本案涉案繁殖材料"吉祥 1 号"的品种权，依法可以转让自己的生产经营权，可以授权他人对未经品种权人许可的侵权行为提起诉讼，本案原告诉讼主体资格适格。

关于被告的生产行为是否构成侵权的问题，该院认为，涉案地块生产的繁殖材料经司法鉴定，与标准样品相比并未检测出差异，应当认定被告曹玉荣生产的繁殖材料落入授权繁殖材料"吉祥 1 号"的保护范围，被告曹玉荣实施了侵权行为。

关于被告丰玉鑫陇与被告曹玉荣是否承担侵权责任及责任承担方式的问题。该院认为，该院在证据保全时，已经通过现场询问符家堡村委会相关主管人员及制种技术人员的方式，了解到该村制种行为是以被告丰玉鑫陇公司法人主体资质进行的事实。庭审中被告曹玉荣对于自己借用被告丰玉鑫陇公司资质的事实也予以认可，上述证据可以相互印证。该院认为，虽然涉案侵权地点的繁殖材料由被告曹玉荣具体生产，但被告丰玉鑫陇公司将其资质借给被告曹玉荣组织生产的行为，客观上为被告曹玉荣侵权提供了便利条件，被告丰玉鑫陇公司对于侵权行为的发生具有过错，依法应当与被告曹玉荣承担连带责任。

关于损失赔偿额的问题，因原告损失和被告获利均难以计算，原告要求适用定额赔偿并无不当，该院依据《中华人民共和国民法通则》第一百三十四条、《最高人民法院关于审理侵犯植物新品种权纠纷案件具体应用法律问题的若干规定》第六条，结合本案实际情况，具体赔偿数额由该院综合考虑侵权的性质、期间、后果等因素确定为 500000 元。依据《中华人民共和国民法通则》第一百三十四条第一款（一）、（七）项、《中华人民共和国植物新品种保护条例》第六条、《最高人民法院关于审理侵犯植物新品种权纠纷案件具体应用法律问题的若干规定》第一条、第二条、第六条第一款、第三款之规定，缺席判决如下：

一、被告曹玉荣应立即停止侵权，不得销售生产的"吉祥1号"杂交玉米种子。

二、被告曹玉荣赔偿原告甘肃省敦煌种业股份有限公司损失 500000 元，被告张掖市丰玉鑫陇种子公司对此承担连带赔偿责任，本款项于判决生效后十五日内付清。

案件受理费 9300 元，鉴定费 4000 元，由被告曹玉荣承担。上述案件受理费、鉴定费由被告曹玉荣与本判决第二项判令的款项一并给付原告。

【法官评述】

一、种子产业的核心产业地位

"国以农为本，农以种为先"，种子产业是国家战略性、基础性的核心产业。党中央、国务院历来高度重视粮食安全和种子产业发展。去年以来，针对我国种子产业存在的突出问题，先后有 8 位党和国家领导人对种子产业发展作出过重要批示。今年 2 月 22 日温家宝总理主持国务院常务会议讨论通过了《关于加快推进现代农作物种业发展的意见》（简称《意见》）。《意见》提出到 2020 年，培育一批具有重大应用前景和自主知识产权的突破性优品种，建设一批标准化、规模化、集约化、机械化的优势种子生产基地，打造一批育种能力强、生产加工技术先进、市场营销网络健全、技术服务到位的现代农作物种业集团，全面提升我国农作物种业发展水平。

二、种子产业在甘肃省张掖市经济社会发展中的重要地位

甘肃省张掖市地处西北内陆，光照充足、灌溉便利、土壤肥沃，农作物种质资源丰富，农业发展水平相对较高，具备发展现代农作物种业的优势和条件。国务院《意见》的出台，为张掖市种子产业发展带来了千载难逢的历史机遇。张掖市强力推进"中国金张掖玉米制种基地"工程建设，加快"张掖玉米种子"地理证明商标申报进度，打造张掖种业品牌，促进张掖市由种业大市向种业强市的跨越。

甘肃省张掖市玉米制种产业自上世纪 60 年代起步，已经走过了 40 多年的发展历程，特别是近十几年来取得了突飞猛进的发展。目前，张掖已成为国内最具知名度和最具竞争力的制种基地之一，种子产业已发展成为全市产业化程度最高、联系农户最广，在农民收入中比重最大，经济效益最为显著的重要支柱产业。2010 年全市制种面积达到 92.8 万亩（实际 110 万亩），有 34 个乡镇、322 个村、10.12 万户农户参与种子生产，分别占全市乡镇、村、农户总数的 52.3%、47.4% 和 38.8%，参与种子生产的农户较十年前增加了 6 倍多。全年生产玉米种子 4.2 亿公斤，占全国大田玉米年用种量的 40% 以上。产值近 21 亿元，增加值超过 12 亿元。全市农民人均来自制种玉米的纯收入 1335 元，占全市农民人均纯收入 5575 元的 23.9%，主产区农民人均来自制种玉米的纯收入 2025 元，占主产区农民人均纯收入 5800 元的 35%。不仅如此，制种产业的发展还带动了草畜、劳务、包装、运输、加工、建筑等相关产业的快速发展。同时，在壮大农村集体经济、改善农村基础设施、增加地方财力、缓解用水矛盾等方面也发挥了重要作用，毫无疑问，玉米制种产业已成为推动全市经济社会快速发展和促进农民持续增收的重要支柱产业，在全市经济社会发展中具有举足

轻重的重要地位和作用。

三、目前甘肃省张掖市制种产业存在的问题

制种产业在连续多年的持续快速发展过程中也积累了一些不容忽视的突出问题，主要表现在：一是企业数量多，且大多数层次低，核心竞争力不强，全市 65 家玉米制种企业，大多数为代繁代制公司，科技实力强、经济实力强、市场开拓能力强、营销网络健全的育繁推一体化企业不到 1/3；二是基地运行机制不规范，由于企业多，落实基地竞争激烈，为了能够落到基地，大多数企业给农民承诺以亩保产值形式签订制种合同，导致农民有意减少投入、弱化管理、私留倒卖种子的现象比较普遍；三是种子管理体制不完善，机制不健全，尚未形成多部门联合执法的长效机制。产业规模大，管理队伍小，管理能力不适应产业持续快速健康发展的需要，致使无证生产、租借证照生产、侵权生产、抢购套购、抢撬基地等违法违规行为时有发生。个别比较严重的县区，一些不法分子在管理部门查处过程中，采取电话、手机短信恐吓的手段威胁执法人员，并纠集社会闲散人员围攻殴打执法人员，损毁执法车辆，哄抢依法扣押的种子。这些问题能否得到及时有效解决，事关张掖经济社会可持续发展和农民收入的持续稳定增加，事关张掖全国最佳玉米制种基地的声誉和张掖的对外形象，事关张掖玉米制种产业的生死存亡，事关全市农村社会和谐稳定和国家粮食安全的大局。在这个产业上，我们只能赢不能输，也输不起。如果张掖玉米制种产业重蹈东北玉米制种基地由兴盛到衰落的覆辙，我们在短期内找不到任何一个像玉米制种这样规模大、受益广、带动能力强、比较效益高的产业，张掖农业农村经济发展和农民收入有可能停滞不前，甚至发生倒退，后果不堪设想。

四、张掖市中级人民法院面对制种侵权案件的主要做法

张掖市作为制种大市，制种侵权案件也不断涌现。自 2007 年至 2012年，甘肃省张掖市中级人民法院（简称张掖中院）民三庭共办理侵犯植物新品种权纠纷案件 139 件，目前除两件未结外，其余 137 件已审结。其中调解 23 件、撤诉 91 件，判决 23 件。案件数量平均每年以 30% 的速度递增。因侵犯植物新品种权纠纷属新类型案件，能够参考的办案方式方法极少，张掖中院也是通过几年的切身办案经历，逐渐摸索出了符合张掖市玉米制种培育基地辖区特色的办案模式。张掖中院着重从诉讼保全、应诉手

续送达、样品鉴定、民事赔偿方式及数额的确定、结案方式五个方面切入，依法对侵犯植物新品种权纠纷类型案件进行处理，在办案中，始终坚守五个原则，一是诉讼保全采取审慎，二是诉讼手续依法送达，三是鉴定环节科学有序，四是责任赔偿标准合理，五是结案方式体现原则。具体措施是：

1. 该类案件涉及农村众多户农民的切身利益，处理不慎极有可能引发群体纠纷。张掖中院按照事先拟定的"法院主持、政府参与、当事人自愿"的调解思路，耐心细致地做好双方当事人的工作，终于促成当事人双方握手言和，实现了双赢效果，促进了当地制种行业发展，保护了制种农户利益。

2. 在办理中，经合议庭审查符合法律规定的案件，作出证据保全的民事裁定书，由张掖中院干警进行保全。丈量涉嫌侵权地块实地面积，提取封存涉嫌侵权物（待日后鉴定）；对涉嫌侵权物的提取封存环节进行照相，制作保全过程工作笔录，证据保全手续的送达，均进行同步录像；对涉嫌侵权物的封存、保管、送鉴，选定鉴定机构通过基因指纹图谱检测进行鉴定等，均由该庭设计的"诉讼权利告知书"一并送达双方当事人，以确保证据保全、鉴定工作的公开、公正和透明，也为案件顺利开庭做好了铺垫。

3. 关于赔偿损失的问题，在品种权侵权损害赔偿的归责原则上，适用过错责任原则，赔偿的数额和顺序按照先审查原告损失、后审查被告获利水平这一原则确定，在两者都无法查清的情况下适用 50 万元以内判赔标准。在侵权物做灭活处理或者转商处理的问题上，法律文书中支持原告的诉请，原告通过诉讼获得了补偿，被告通过判决承担了赔偿责任，依法平衡了原被告双方的利益，合情合理合法地作出了处理。

4. 本案在证据保全过程中不但和指控侵权地所在村的村干部进行核实取证，而且找到被告丰裕鑫隆公司住村的技术员固定证据，因此法院在第一时间掌握了原告指控侵权地是由谁在耕种，各村所种的是否是同一品系，大概制种面积的亩数是多少。此外，法院走访了耕种侵权地的农户，由农户配合法院提取玉米鲜穗，经送检北京玉米种子检测中心，确定被告在指控的侵权地确实耕种了原告受保护的玉米新品种"吉祥 1 号"。在确凿的证据面前，本案被告曹玉荣认可生产了原告玉米新品种"吉祥 1 号"，但认为其是借用被告丰裕鑫隆公司的资质，以被告丰裕鑫隆公司委托代理人身份和三闸乡付家堡村签订了合同。就被告丰裕鑫隆公司是否在本案中承担连带责任，合议庭形成了两种意见，少数人意见认为：承担连带责任必须要有明确的法律依据，在本案中仅有村主任和被告曹玉荣的陈述，而没有丰玉鑫陇种子有限公司与三闸镇付家堡村签订的委托制种合同，因此不能认定丰玉鑫陇种子有限公司与曹玉荣是共同侵权人。在本案中曹玉荣认可侵权事实，且有充分证据证实其侵权行为，因此，应由曹玉荣承担侵权责任。多数人意见认为：虽然涉案侵权地点的繁殖材料由被告曹玉荣具体生产，但被告丰玉鑫陇公司将其资质借给被告曹玉荣组织生产的行为，客观上为被告曹玉荣侵权提供了便利条件，被告丰玉鑫陇公司对于侵权行为的发生具有过错，依法应当与被告曹玉荣承担连带责任。被告曹玉荣意识到自己的行为属于侵犯植物新品种权的行为，理应承担停止侵权、赔偿损失的后果，故与原告积极协商，争取和解解决，但最终因赔偿数额达不成一致意见，本案以判决结案。

5. 本案中被告丰玉鑫陇公司经法院合法传唤，无故不到庭参加诉讼，自认为自己仅是给侵权人提供了合法植种的资质，被告曹玉荣以个人名义出来承担责任，与公司没有关系，但经和种子管理站沟通，得知现在90%以上有资质的种子公司在各地落实制种基地，都要到当地种子管理站进行备案，并且要交一定数额的管理费，但本案两被告既没有到种子管理站备案，也没有交管理费，应属非法制种，这样造成的不良后果是两被告的制种完全脱离了监管部门的管理，在收获季节随着种子市场行情的变化，要么发生盗种、套种、农户私留种的现象，要么种子公司遭遇市场不景气，无法按时兑付农民的制种款。本判决有利于警示所有的制种企业和农民遵守法律、诚实守信，营造全社会知法、学法、懂法、守法的良好氛围，保持张掖市制种产业持续健康发展，为国家粮食安全做出贡献。

编写人：甘肃省张掖市中级人民法院知识产权审判庭　安凤梅

IP

二、知识产权行政案件

（一）专利授权确权案件

42

河南省正龙食品有限公司诉国家知识产权局专利复审委员会、第三人陈朝晖专利权无效行政纠纷案

——阅读提示：商标申请权是否能够作为在先合法权利予以保护？其保护应当符合何种条件？

【裁判要旨】

商标申请权是指基于商标注册申请人的商标注册申请行为而产生并因该注册申请行为最终获得商标注册主管机关核准而受到保护的一种民事权利。对于最终获准注册的商标而言，商标申请权可以作为《专利法》第二十三条中的在先权利予以保护。

【案号】

一审：北京市第一中级人民法院（2010）一中知行初字第 1242 号

二审：北京市高级人民法院（2011）高行终字第 1733 号

【案情与裁判】

原告（二审被上诉人）：河南省正龙食品有限公司（简称正龙公司）

被告（二审上诉人）：国家知识产权局专利复审委员会（简称专利复审委员会）

第三人：陈朝晖

起诉与答辩

正龙公司不服专利复审委员会作出的第 14261 号决定，于法定期限内提起诉讼，其诉称：本专利与正龙公司在先授权的第 1506193 号注册商标相冲突，本专利不符合《中华人民共和国专利法》（简称《专利法》）第二十三条的规定，应被宣告无效，故第 14261 号决定认定错误，请求法院依法予以撤销。

专利复审委员会坚持其在第 14261 号决定中的意见，认为该决定认定事实及适用法律正确，程序合法，请求法院依法予以维持。

陈朝晖同意第 14261 号决定中的意见，认为该决定认定事实及适用法律正确，程序合法，请求法院依法予以维持。

一审审理查明

产品名称为"食品包装袋"的 00333252.7 号外观设计专利（即本专利，授权公告文本见下图）由陈朝晖于 2000 年 10 月 16 日向国家知识产权局提出申请，于 2001 年 5 月 2 日被授权公告。

本专利主视图　　　　**本专利后视图**

2009 年 8 月 4 日，正龙公司针对本专利向专利复审委员会提出无效宣告请求，其理由是本专利与其在先注册的第 1506193 号"白象"商标专用权相冲突，不符合修改前的《专利法》第二十三条的规定，并提交了相应证据，其中：

附件 1 为第 1506193 号"白象"商标注册证及注册商标转让证明。附件 8 是商标局第 755 期《初步审定商标公告》首页及第 617 页。由上述附件可以看出，该商标为"白象"文字商标（见下图），其申请日为 1997 年 12 月 12 日，初审公告日为 2000 年 10 月 14 日，核准注册日为 2001 年 1 月 14 日，注册商标专用权期限至 2011 年 1 月 13 日，核定使用商品为"方便面、挂面、豆沙、谷类制品、面粉、面条、豆粉"。2004 年 5 月 10 日，该注册商标专用权于转让给正龙公司。

第 1506193 号"白象"注册商标

附件 2 为河南省郑州市中级人民法院 2008 年 1 月 31 日作出的（2008）郑民三初字第 46 号民事判决书，附件 3 为河南省高级人民法院 2008 年 11 月 26 日作出的（2008）豫法民三终字第 37 号民事判决书。上述判决认定，该案被告四川白家食品有限公司（其法定代表人为本案第三人陈朝晖）于 2007 年在其生产的方便粉丝产品上使用"白家"标识，构成对正龙公司第 1506193 号"白象"注册商标专用权的侵犯。

附件 4 为国家工商行政管理总局商标局于 2006 年 10 月 12 日作出的商标驰字〔2006〕第 112 号《关于认定"白象"商标为驰名商标的批复》复印件，附件 5 为河南省著名商标证书复印件，附件 6 为河南知名商品证书复印件，附件 7 为本专利电子公开文本打印件。

2009 年 12 月 8 日，专利复审委员会作出第 14261 号决定。该决定认为：正龙公司以附件 1 至附件 4、附件 6、附件 8 的结合证明本专利与在先权利相冲突。上述附件中第 1506193 号"白象"商标的核准注册日为 2001 年 1 月 14 日，在本专利申请日之后。在判断该商标是否为在先取得的合法权利时，应以其核准注册日而非申请日作为判断基准，因此，附件 1 所述商标不属于《专利法》第二十三条规定的在先权利，正龙公司据此证明本专利与他人在先取得的合法权利相冲突的主张不能成立。综上，专利复审委员会决定：维持本专利权有效。

一审判理和结果

一审法院认为：本专利的申请日及授权日在 2009 年 10 月 1 日前，因此本案应适用修改前的《专利法》进行审理。本案中，正龙公司主张本专利与其在先的注册商标专用权构成冲突，故本专利不符合修改前的《专利法》第二十三条的规定。鉴于注册商标专用权属于修改前的《专利法》第二十三条规定的"合法权利"，而正龙公司的该商标亦已被核准注册，故正龙公司上述主张是否成立的关键在于正龙公司的该注册商标专用权相对于本专利是否属于"在先取得"的权利，以及本专利是否与该注册商标专用权相冲突。

1. 正龙公司该注册商标专用权相对于本专利而言是否属于"在先取得"的权利。在确定他人的合法权利相对于外观设计专利权而言是否属于"在先取得"的权利时，应以外观设计专利权的"授权公告日"，而非"专利申请日"作为判断在先权利的时间标准，即在专利"授权公告日"之前已合法产生的权利或权益构成外观设计专利权的在先权利。具体到本案，因本专利授权公告日为 2001 年 5 月 2 日，正龙公司主张的注册商标专用权的核准注册日为 2001 年 1 月 14 日，早于本专利授权公告日，因此，正龙公司享有该注册商标专用权产生的时间早于本专利，该注册商标专用权构成本专利的在先权利。第 14261 号决定中以本专利申请日作为认定在先权利的时间点，该做法有误。

2. 本专利与正龙公司在先的注册商标专用权是否构成权利冲突。因只有外观设计专利授权后的正常使用行为将会侵犯他人在先的注册商标专用权时，才可能产生该两种权利的冲突，故判断外观设计专利权是否与在先注册商标专用权产生冲突应依据《中华人民共和国商标法》（简称《商标法》）中有关侵犯注册商标专用权行为的相应规定予以判定。首先，由本专利附图可以看出，"白家"文字显著标识于产品左上方，因本专利名称为"食品包装袋"，而这一标示方式系包装袋上商标的常用标示方式，故相关公众通常会认为其指代的是该产品的商标，本专利中对于"白家"的使用属于商标意义上的使用行为。其次，将本专利中使用的"白家"标识与正龙公司的在先注册商标"白象"相比可以看出，二者在文字构成、排列方式及表达形式上均较为近似，故二者属于近似商标。再次，虽然本专利名称为"食品包装袋"，但这一产品在实践中通常会附着于某一特定产品，而不会直接向最终消费者销售。鉴于本专利明确且显著地标示有"酸辣粉丝"字样，故本专利最终使用的商品为"酸辣粉丝"。因这一商品与正龙公司在先注册商标核准使用的商品"方便面、挂面、面条"等在功能、用途及消费对象、销售渠道等方面均较为相近，故上述商品构成类似商品。综合考虑上述因素，本专利的使用会使相关公众误以为该产品来源于正龙公司，从而产生混淆误认，本专利的使用行为构成对正龙公司注册商标专用权的侵犯，据此，本专利与正龙公司在先的注册商标专用权相冲突，本专利不符合修改前的《专利法》第二十三条的规定，应被宣告无效。

一审法院依照《中华人民共和国行政诉讼法》第五十四条第（二）项之规定，判决：一、撤销专利复审委员会作出的第 14261 号决定；二、专利复审委员会重新作出无效宣告审查决定。

上诉与答辩

专利复审委员会不服一审判决提起上诉，请求撤销一审判决，维持第 14261 号决定。其理由为：1. 一审判决关于在确定他人的合法权利相对于外观设计专利权而言是否属于"在先取得"的权利时，应以外观设计专利权的"授权公告日"而非"专利申请日"作为判断在先权利的时间标准的观点是错误的。2. 根据《最高人民法院关于执行〈中华人民共和国行政诉讼法〉若干问题的解释》第五十六条的规定，被诉具体行政行为合法但存在合理性问题的，人民法院应当判决驳回原告的诉讼请求。一审判决撤销第 14261 号决定属于适用法律错误。3. 一审判决认定本专利与涉案注册商标专用权构成权利冲突，超出了本案的审理范围。第 14261 号决定仅对注册商标专用权相对于本专利权是否属于在先权利进行了审查，认为该注册商标专用权不属于在先权利，并据此维持本专利权有效；本专利权是否与商标专用权冲突并不属于第 14261 号决定的审查范围。

正龙公司服从一审判决结论，但答辩称：1. 专利复审委员会对《专利法》第二十三条的理解和适用是完全错误的。商标申请权是当然"在先取得的合法权利"。依照第 14261 号决定的理解，专利可以申请日确认其享有的在先申请权，而商标却只能以注册日确认其权利，商标的申请日无任何实质的权利，这是明显的不对等，是对法律的错误理解和错误适用。2. 第 14261 号决定的认定在实践中将会带来十分有害甚至恶劣的效果，给专事不正当竞争者以可乘之机。

陈朝晖服从一审判决。

二审审理查明

二审法院确认一审法院查明的事实，同时另查明：正龙公司向一审法院提交的行政起诉状载明，正龙公司因本专利的显要标识部分与其在先申请并已授权的商标相冲突，故向专利复审委员会提出无效宣告请求要求宣告本专利无效，并且，正龙公司进一步指出，"既然专利法有着申请权的概念，商标法也同样应有申请权的概念，商标申请人提交申请日也应视为一种合法取得的申请权利，在该商标授权后，其申请日即获得了实质意义的、具有法律效力的日期确认"，故本专利构成了《专利法》第二十三条所规定的情形，"对原告（正龙公司）所在先申请的商标权形成了侵权式冲突"，应宣告其无效。

二审判理和结果

二审法院认为：一审判决关于新旧法律选择适用的意见正确，本案应当适用修改前的《专利法》第二十三条的规定。修改前的《专利法》第二十三条规定："授予专利权的外观设计，应当同申请日以前在国内外出版物上公开发表过或者国内公开使用过的外观设计不相同和不相近似，并不得与他人在先取得的合法权利相冲突。"根据《专利法》的上述规定，确定某一外观设计是否与他人在先取得的合法权利相冲突，需要首先确定某一项权利相对于该外观设计是否属于"在先取得"的权利，而这就涉及时间点的确定问题。

从修改前的《专利法》的体系化规定看，修改前的《专利法》第四十二条规定："发明专利权的期限为二十年，实用新型专利权和外观设计专利权的期限为十年，均自申请日起计算。"即获得授权的外观设计专利权，其有效期是自其申请日起计算的十年，而非自授权公告日起算。从《专利法》条文演进过程来看，2008 年修改后的《专利法》第二十三条第三款规定："授予专利权的外观设计不得与他人在申请日以前已经取得的合法权利相冲突。"即修改后的《专利法》已将"在先取得"明确为"在申请日以前已经取得"。从现行的相关规定看，《专利审查指南 2010》第四部分第五章之 7 规定："一项外观设计专利权被认定与他人在申请日（有优先权的，指优先权日）之前已经取得的合法权利相冲突的，应当宣告该项外观设计专利权无效。"从修改前后《专利法》立法资料文献看，相关法律草案的起草机关对"在先取得"的时间起算点也均持"专利申请日"的观点。故应以"专利申请日"为"在先取得"的时间起算点，一审判决关于应以外观设计专利权的"授权公告日"而非"专利申请日"作为判断在先权利的时间标准的观点错误，本院予以纠正。具体就本案而言，由于本专利的申请日为 2000 年 10 月 16 日，故本专利是否违反了《专利法》第二十三条的规定，构成与他人在先取得的合法权利相冲突的情形，关键在于确定本专利是否与他人在 2000 年 10 月 16 日之前取得的合法权利相冲突。

根据本院查明的事实，正龙公司在本案中所主张的在先取得的合法权利重点在于其基于商标在先申请而享有的商标申请权。

作为《专利法》第二章"授予专利权的条件"中的法律条款，《专利法》第二十三条中关于授予专利权的外观设计"不得与他人在先取得的合法权利相冲突"的规定，旨在避免有可能被授予专利权的外观设计与他人在先取得的合法权利相冲突，维护民事权利和社会秩序的稳定。《中华人民共和国民法通则》第五条规定："公民、法人的合法的民事权益受法律保护，任何组织和个人不得侵犯。"《最高人民法院关于审理专利纠纷案件适用法律问题的若干规定》第十六条规定："专利法第二十三条所称的在先取得的合法权利包括：商标权、著作权、企业名称权、肖像权、知名商品特有包装或者装潢使用权等。"即现行法律、司法解释并未将《专利法》第二十三条中的"合法权利"限定为法律已明确规定的法定权利，而将其他法律上的合法权益排除在外。故《专利法》第二十三条中的"合法权利"包括依照法律法规享有并且在涉案专利申请日仍然有效的各种权利或者利益。

就注册商标申请方面的相关权益而言，《商标法》第二十九条①规定："两个或者两个以上的商标注册申请人，在同一种商品或者类似商品上，以相同或者近似的商标申请注册的，初步审定并公告申请在先的商标；同一天申请的，初步审定并公告使用在先的商标，驳回其他人的申请，不予公告。"《中华人民共和国商标评审规则》第八条规定："在商标评审期间，当事人有权依法处分自己的商标权和与商标评审有关的权利。在顾及社会公共利益、第三方权利的前提下，当事人之间可以自行以书面形式达成和解，商标评审委员会也可以进行调解。"即在"商标权"之外，还存在"与商标评审有关的权利"。结合《商标法》第二十九条的规定，注册商标申请方面的相关权益，或者说商标申请权，包含在"与商标评审有关的权利"之中，能够对注册商标申请人的商标申请注册行为产生实质影响并可以由注册商标申请人在法律允许的范围内自行处分，因而应当作为《专利法》第二十三条中的"合法权利"给予保护。

鉴于正龙公司在本案中主张的在先取得的合法权利的重点为其基于商标在先申请而享有的商标申请权，故审查本专利是否违反《专利法》第二十三

---

① 对应 2013 年 8 月新修订的《商标法》第三十一条。

条的规定，就应当对正龙公司主张的商标申请权是否早于本专利申请日进行
判断，并在此基础上对本专利是否与该商标申请权相冲突进行判断。而根据
本院已查明的事实可知，正龙公司涉案注册商标的申请日为 1997 年 12 月 12
日，早于本专利的申请日 2000 年 10 月 16 日，因此，正龙公司基于涉案注册
商标而享有的商标申请权构成《专利法》第二十三条规定的"在先取得的合
法权利"。本专利是否违反了《专利法》第二十三条的规定、是否与该在先
取得的合法权利相冲突，属于专利复审委员会应当审查的范围。但第 14261
号决定中将在先合法权利的审查范围仅仅局限于注册商标专用权，而未将商
标申请权纳入到在先合法权利的范围加以审查，遗漏了正龙公司复审申请的
重要内容，违反了《专利法》第四十六条关于"专利复审委员会对宣告专利
权无效的请求应当及时审查和作出决定，并通知请求人和专利权人"的规
定，故依法应予撤销，并应由专利复审委员会在重新作出审查决定时对本专
利与正龙公司在先享有的商标申请权是否冲突加以认定，人民法院在行政机
关未对此作出具体行政行为前不宜在本案行政诉讼中直接作出认定。

《最高人民法院关于执行〈中华人民共和国行政诉讼法〉若干问题的解
释》第五十六条第（二）项规定，被诉具体行政行为合法但存在合理性问题
的，人民法院应当判决驳回原告的诉讼请求。但本案中，专利复审委员会未
将正龙公司主张的注册商标申请权纳入到在先权利的审查范围，而是错误地
将在先取得的权利局限于注册商标专用权，违反了《专利法》第四十六条的
相关规定，故专利复审委员会关于一审判决违反上述司法解释规定的上诉理
由亦不能成立，本院不予支持。

在第 14261 号决定对本专利与涉案注册商标专用权是否构成权利冲突
未予认定的情况下，一审判决在行政诉讼中直接加以认定的做法确有不
妥，本院对此予以纠正。专利复审委员会的该项上诉理由成立，本院予以
支持。

综上，一审判决在事实认定和法律适用方面均存在错误，但判决结果正
确，本院在纠正一审判决相关错误的基础上，对其结论予以维持。专利复审
委员会的部分上诉理由成立，但其上诉请求缺乏事实和法律依据，故本院对
其上诉请求不予支持。

综上，二审法院依照《中华人民共和国行政诉讼法》第六十一条之规
定，判决：驳回上诉，维持原判。

【法官评述】

本案二审法院虽然维持了一审判决的裁判结果，但是，却就判断相关权利在先与否的时间点和商标申请权能否构成"在先权利"两个关键问题上提出了与一审法院完全不同的观点。其中，判断相关权利是否构成《专利法》第二十三条中的在先权利应当以专利申请日为基准的观点为理论界和司法实务界的通行观点，在此已无赘述之必要。本文仅就其中涉及的商标申请权能否以及在何种情况下才能构成"在先权利"谈一点自己的看法。

一、商标申请权的概念

有观点认为，"知识产权通常包括申请权、使用权和所有权三种基本的权利形态。"① "知识产权申请权，是指向特定的管理机关申请授予知识产权的权利，如专利申请权、注册商标申请权等，它是程序性权利，又是期待性权利。"② 但理论界和司法实务界，尤其是理论界对商标申请权及其概念鲜有论及③，这从一个侧面反映出商标申请权尚未得到充分认识和保护的现状。

笔者认为，商标申请权，或称商标注册申请权，是指基于商标注册申请人的商标注册申请行为而产生并因该注册申请行为最终获得商标注册主管机关核准而受到保护的一种民事权利。

二、商标申请权的性质

就性质而已，商标申请权应属民法上的期待权（right of expectation）。所谓期待权，是一种"'附条件之权利'，乃为保护将来可能取得的权利之期待，而被承认之现在的权利，此应与'附条件之将来的权利'（因条件成就而能取得之权利），相为区别。但通说将该二者混为一谈。"④ 就商标申请权而言，属于前述"附条件之权利"，即"为保护将来可能取得的权利之期待，而被承认之现在的权利"。从本质上说，商标申请权是"现在

---

① 薄燕娜：《股东出资形式法律制度研究》，法律出版社 2005 年版，第 148 页。

② 余靖、刘汉金："知识产权出资的若干问题"，载《人民司法》2010 年第 8 期。

③ 司法实务界对商标申请权问题已有初步的涉及。可参见：徐红妮、朱仕宏："商标注册申请权应得到司法保护"，载《人民司法》2008 年第 12 期；余靖、刘汉金："知识产权出资的若干问题"，载《人民司法》2010 年第 8 期。

④ 刘德宽：《民法总则》（增订四版），中国政法大学出版社 2006 年版，第 260 页，注释〔89〕。

的权利"而非"将来的权利"。因为，在申请人提出商标注册申请时，其商标是否获准注册有待于商标注册主管机关之审查判断，商标注册申请能否获得准许仍不可知，但此时相关法律法规，如《商标法》第二十九条①、《商标法实施条例》第十七条第二款②和《商标评审规则》第八条等，已对其给予保护，形成了现实存在的合法权益。此处，与商标申请权相对应的"将来可能取得的权利"，即为商标专用权；此处所称之"条件"③，即"附条件之权利"中之条件，是指商标注册申请获得商标主管机关之核准、商标获得注册并予公告，即商标注册申请人最终获得注册商标专用权这一不确定之事实。只有条件成就，即商标注册申请人最终获得注册商标专用权，商标申请权才得以存在，若条件不成就，商标申请权即不复存在。换言之，注册商标专用权的取得，使商标注册申请人溯及既往地获得了商标申请权的保护；反之，商标注册申请人则不能享用商标申请权。

商标申请权与其他民事权利并无本质的区别，权利人同样可以在法律的范围内自由处分之。对于商标申请权这类"附条件的权利"，刘德宽先生指出："附条件之权利（期待权）或义务，得比照条件成就而能取得之权利或负担之义务同样方法，作为处分、继承、保存（如上述预告登记）或担保（为附条件义务具保证人或提供担保）之标的。"④ 唯一需要注意的，就是要根据商标注册申请是否最终获得核准这一条件是否成就，来决定是否对商标申请权进行回溯性地保护，在其他方面商标申请权则与其他权利别无不同。

三、确认商标申请权之意义

笔者认为，确认商标申请权的意义，至少体现在两个层面：

（一）有利于更好地理解《商标法》中的相关规定和内在精神

根据《商标法》第二十九条的规定，我国的商标注册实行"申请在先

---

① 对应 2013 年 8 月新修订的《商标法》第三十一条。

② 《商标法实施条例》第十七条第二款规定："申请人转让其商标注册申请的，应当向商标局办理转让手续。"

③ "条件者，使法律行为效力之发生或消灭，决定将来客观上不确定事实之成否之法律行为的附款也。亦可将该事实本身称为条件。"刘德宽：《民法总则》（增订四版），中国政法大学出版社 2006 年版，第 247 页。

④ 刘德宽著：《民法总则》（增订四版），中国政法大学出版社 2006 年版，第 262 页。

基础上的使用在先"原则，即对于在相同或者类似商品上的相同或者近似商标的多个注册申请，通常情况下依据"申请在先"原则核准申请在先的注册申请，只有在同日申请注册的情形才依据"使用在先"原则核准使用在先的注册申请。其原因就在于商标注册申请行为使申请人获得了相应的商标申请权，正是出于对这种合法民事权益的保护，法律才对在后申请人的注册申请予以拒绝。当然，如果仅对单纯基于申请行为而获得的商标申请权给予绝对的保护，则有可能使在先长期使用并有一定影响、已形成稳定的市场秩序的未注册商标权利人的合法权益受到损害，与法律的公平正义理念不符，所以，《商标法》才在"申请在先"的基础上补充了特定情况下的"使用在先"原则。

结合商标注册审查的相关程序，商标局的初步审定程序和商标评审委员会的商标驳回复审程序，实际上就是由相关商标注册主管机关依据《商标法》的有关规定，审查商标注册申请人是否应当获得商标申请权。如果商标注册申请经过了商标局的初步审定或者经过商标驳回复审程序予以准许①，商标注册申请人则相应地获得了商标申请权，具有了排斥他人在相同或者类似商品上对相同或者近似商标提出在后注册申请的权利。

在商标异议或异议复审程序中，异议人享有的是提出异议的权利，这是一种程序性权利而非实体权利，被异议商标申请注册人享有的则是商标申请权，该商标申请权正是商标异议及异议复审程序中当事人诉争的对象。虽然从表面上看，异议人是对被异议商标的申请注册行为提出异议，认为该商标的注册行为将损害公共利益或损害特定民事主体的合法权益，要求商标注册主管机关对该商标注册申请不予核准；但如果暂时抛开维护法律秩序这一宏观因素不看，单从异议人与被异议人这一对相互对立的民事主体彼此之间的关系分析，异议人提出异议最直接的、首要的目的是要

---

① 在商标注册申请被商标局驳回而商标评审委员会经驳回复审程序后，决定撤销商标局相关决定准予申请商标注册的情况下，由商标评审委员会将该商标注册申请移交商标局办理相关手续。而此处所称的办理相关手续，是指办理初步审定公告的相关手续，而非直接办理注册公告手续。因为经商标评审委员会驳回复审决定准予注册的商标，与商标局直接初步审定并公告的商标一样，应当允许他人在法定期限内提出异议及后续的异议复审申请，商标评审委员会驳回复审决定中关于准许商标注册的决定并不具有免除《商标法》规定的法定异议期的效力。

确认商标注册申请人的注册行为违反相关法律规定，从而确认商标注册申请人基于在先的商标注册申请行为而享有的商标申请权无效。在此基础之上，才有可能保证异议人自身的合法权益或社会公共利益不因该商标注册申请行为而受到损害，也才能实现法律设立相关制度的初衷。没有商标申请权概念的存在，就不能很好地理解异议人与被异议人之间诉争的对象到底为何物。因为在异议程序或者异议复审程序中，注册商标专用权尚不存在，当事人争执的对象不可能是注册商标专用权，而只能是商标申请权这种"附条件的权利"。相应地，在商标争议程序中，由于商标注册人已经获得了注册商标专用权，当事人诉争的对象就变为了注册商标专用权。

（二）有利于澄清和深化对民事权益保护范围的认识

在实践中，存在一种认为只有法律明确规定的权利才受保护的错误观点。如在一起案件中，一方当事人就明确主张"权利来源于法律"①，认为法律没有明确规定的就不应当给予保护。但实际上，无论是我国的立法机关还是司法机关，都对应受法律保护的民事权益的范围持一种开放的态度。如全国人大常委会法制工作委员会民法室在对《侵权责任法》第二条②进行解释时，就明确指出："考虑到民事权益多种多样，立法中难以穷尽，而且随着社会、经济的发展，还会不断地有新的民事权益纳入到侵权责任法的保护范围，因此，侵权责任法没有将所有的民事权益都明确列举，但不代表这些民事权益就不属于侵权责任法的保护对象……法律明确规定某某权的当然属于权利，但法律没有明文规定某某权而又需要保护的，不一定就不是权利。而且，权利和利益本身是可以相互转换的，有些利益随着社会发展纠纷增多，法院通过判例将原来认定为利益的转而认定为权利，即将利益'权利化'……所以，侵权责任法没有进一步区分权利和利益，而是统一规定：'侵害民事权益，应当依照本法承担侵权责任。'"③ 在司法实

---

① 法国轩尼诗公司在北京市高级人民法院（2012）高行终字第 826 号案件中提交的《行政上诉状》。

② 《侵权责任法》第二条规定："侵害民事权益，应当依照本法承担侵权责任。本法所称民事权益，包括生命权、健康权、姓名权、名誉权、荣誉权、肖像权、隐私权、婚姻自主权、监护权、所有权、用益物权、担保物权、著作权、专利权、商标专用权、发现权、股权、继承权等人身、财产权益。"

③ 全国人大常委会法制工作委员会民法室编著：《中华人民共和国侵权责任法解读》，中国法制出版社 2010 年版，第 10 页。

践中，最高人民法院在申请再审人山西康宝生物制品股份有限公司与被申请人国家工商行政管理总局商标评审委员会、原审第三人北京九龙制药有限公司商标争议行政纠纷案中，就法律法规没有明确规定的药品商品名称权是否应受保护问题，指出："根据有关行政规章和行政规范性文件规定，国家对药品商品名称的使用实行相应的行政管理制度，但除依照其他法律取得的民事权利外，经药品行政管理部门批准使用的药品商品名称是否产生民事权益，尚取决于其实际使用情况，经实际使用并具有一定影响的药品商品名称，可作为民事权益受法律保护……该药品商品名称经在先使用并具有一定影响，可以产生民事权益，即合法的在先权利。"① 因此，对于包括知识产权在内的各类民事权益，只要符合法律的基本精神和公平正义的基本理念应当受到保护，就要积极主动地给予司法上的救济，不能因为法律条文上没有明确的、特别的规定，就不予确认和保护。在知识产权范围内，由于专利申请权在《专利法》② 中有明文规定，各方对于专利申请权的存在和保护通常没有异议；但由于《商标法》中没有相对应的规定，所以造成了否认商标申请权存在和应予保护的现象。本案对于商标申请权的确认和保护，进一步澄清了民事权益保护的范围，深化了人们对民事权益性质和本质的认识，无疑是有着积极意义的。

编写人：北京市高级人民法院知识产权审判庭　周波

---

① 最高人民法院（2010）知行字第 52 号驳回再审申请通知书。
② 《专利法》第十条第一款规定："专利申请权和专利权可以转让。"

43

YKK 株式会社诉国家知识产权局
专利复审委员会、第三人广州嘉绩拉链机械
有限公司专利权无效行政纠纷案

——阅读提示：在判断另一份对比文件中是否存在技术启示时，如何根据所述区别特征确定另一份对比文件中披露的相关技术手段？如何判断相关技术手段在对比文件中所起的作用是否与区别特征在本专利中为解决技术问题所起的作用相同？

【裁判要旨】

专利创造性判断是一个相对较为主观的过程，特别是判断是否存在技术启示。当用两篇以上对比文件组合判断本专利创造性时，应当根据所确定的区别技术特征准确界定另一份对比文件中的相关技术手段。如果所述区别特征为另一份对比文件中披露的相关技术手段，该技术手段在该对比文件中所起的作用与该区别特征在本专利中为解决所述技术问题所起的作用相同，即可认为现有技术提供了将最接近现有技术与其他现有技术结合起来的教导或者启示，使人相信本领域普通技术人员有理由、有机会想出要求保护的发明。

【案号】

一审：北京市第一中级人民法院（2011）一中知行初字第 1094 号

二审：北京市高级人民法院（2012）高行终字第 1088 号

【案情与裁判】

原告（二审被上诉人）：YKK 株式会社

被告（二审上诉人）：国家知识产权局专利复审委员会（简称专利复审委员会）

第三人：广州嘉绩拉链机械有限公司（简称嘉绩公司）

起诉与答辩

YKK 株式会社不服专利复审委员会作出的第 15524 号决定，于法定期限内提起诉讼，其诉称：1. 本专利权利要求 1 具有创造性。证据 4、5 所要解决的技术问题与本专利权利要求 1 不同，而且都没有公开"辊子支撑部件绕其中心被可旋转地支撑，并且沿垂直于连接第七和第八辊的辊轴中心的直线的方向而由推压装置弹性地推压"。各个证据之间也不存在结合的技术启示。2. 证据 6 没有公开权利要求 4 的附加技术特征，也没有与证据 4、5 结合的技术启示。3. 在引用的权利要求不具有创造性的前提下，不坚持权利要求 5 的创造性。4. 权利要求 6 限定的驱动方式完成了需要同步给进的技术问题，具有预料不到的技术效果，不属于公知常识。综上，请求法院撤销第 15524 号决定，并判令被告重新作出决定。

专利复审委员会坚持其在第 15524 号决定中的意见，认为该决定认定事实及适用法律正确，程序合法，请求法院依法予以维持。

嘉绩公司同意第 15524 号决定中的意见，认为该决定认定事实及适用法律正确，程序合法，请求法院依法予以维持。

一审审理查明

本专利系名称为"在拉链牙链带中用于啮合元件金属线性材料的进给单元"的发明专利，其专利号为 200610059425.5，申请日为 2006 年 3 月 2 日，优先权日为 2005 年 3 月 2 日，授权公告日为 2009 年 12 月 9 日，专利权人为 YKK 株式会社。本专利权利要求为："1. 一种用于具有不规则形状断面的啮合元件金属线性材料的进给单元，可适用于拉链牙链带的连续制造装置，该进给单元包括：第七和第八辊，它们可旋转地支撑在位于啮合元件金属线性材料上游侧的固定位置；以及第九和第十辊，它们分别与相应的第七和第八辊相对置，并且由可移动的辊子支撑部件的两端可旋转地支撑，其特征在于，辊子支撑部件绕其中心被可旋转地支撑，并且沿垂直于连接第七和第八辊的辊轴中心的直线的方向而由推压装置弹性地推压。2. 根据权利要求 1 的用于啮合元件金属线性材料的进给单元，其特征在于，还包括释放和接触装置，用于使第九和第十辊连同辊子支撑部件一起相对于第七和第八辊释放和接触。"

2010 年 6 月 17 日，嘉绩公司以本专利不符合 2000 年修订的《中华人民共和国专利法》（简称《专利法》）第二十二条第二款、第二十六条第四款等为由，请求专利复审委员会宣告本专利权全部无效，在其提交的证据中：

证据 4 为日本昭 57－57506 号发明专利说明书，其公开日为 1982 年 4 月 6 日。其中公开了一种横截面大致呈 Y 形等的不规则形状的链牙用线材切断链牙、以一定间隔装入链带、制造拉链用带子的拉链用链牙的成型植入装置，其中链牙用异型线材通过线材供给辊和导向辊间歇地供给，线材供给辊和导向辊处于异型材料的上游。

证据 5 为日本平 2－86012 号实用新型专利说明书，其公开日为 1990 年 7 月 6 日。其中公开了一种线状构件进给装置，该进给装置包括本体，其安装有第 1 滚柱；摆动臂，其安装有第 2 滚柱，且一端绞接在所述本体上，以使所述第 2 滚柱与第 1 滚柱自如地接触、分离；夹持装置，其通过施力装置（弹簧）对所述摆臂进行旋转施力以使所述第 1 滚柱及第 2 滚柱相互对接，而在解除夹持状态下，允许摆动臂旋转。其第 1 实施例中旋转驱动轴的前端固定有第 1 滚柱及第 1 齿轮，通过驱动电动机的驱动，第 1 滚柱经旋转驱动轴而旋转，同时第 2 滚柱经第 1 及第 2 齿轮而旋转，电线得到进给。其第 2 实施例中第 1 滚柱 152a、152b 和第 2 滚柱 156a、156b 二个二个的安装；两旋转驱动轴 151a、151b 上固定有第一滚柱 152a、152b，旋转驱动轴 151a 与驱动电动机连接，且两旋转驱动轴 151a、151b 之间设有动力传递装置，通过驱动上述驱动电动机，从而两旋转驱动轴 151a、151b 分别旋转，第 1 滚柱 152a、152b 分别向同方向旋转；摆动拨叉 154 上具有托架 154a，第 2 滚柱 156a、156b 安装在托架 154a 上，在摆动拨叉 154 的另一端安装有拉伸弹簧 160，在拉伸弹簧 160 的另一端安装有吊环 161，并且在本体 150 上设有与吊环相匹配的夹头 162；在工作状态时，使摆动拨叉 154 绕其一端 155 逆时针方向旋转，将吊环 161 钩挂在夹头 162 上，由此，电线 163 被第 1 及第 2 滚柱 152a、152b、156a、156b 夹入；通过吊环 161 与夹头 162 的配合与释放，实现了摆动拨叉以及其上第 2 滚柱 156a、156b 相对于第 1 滚柱 152a、152b 的释放和接触。

证据 5 说明书还载明，采用权利要求 1（技术方案 1）所述的线状构件进给装置，由于在一端被绞接于本体的摆动臂上绞接着第 2 滚柱，当对保持装置的保持予以解除后，可使摆动臂自由旋转，因此，可获得如下第 1 效果：通过使摆动臂旋转，以使第 2 滚柱较大地脱离第 1 滚柱，从而电线之类的线状构件的安装作业变得容易进行。采用权利要求 2（技术方案 2）所述的线状构件进给装置，由于在摆动臂上安装有多个第 2 滚柱，因此，除了上述第 1 效果外，可获得如下的第 2 效果：通过使摆动臂旋转，可一次性地进行使多个第 2 滚柱分别脱离多个第 1 滚柱的作业。

证据 6 为日本昭 63 – 57452 号发明专利说明书，其公开日为 1988 年 3 月 12 日。其中公开了一种片材进给装置，其中包括具有 V 形杠杆形状的夹紧辊保持架。

2010 年 11 月 2 日，专利复审委员会作出第 15524 号决定，认为：

1. 关于权利要求 1。本专利权利要求 1 与证据 4 之间的区别技术特征为：权利要求 1 中包括两对进给辊子（第七和第八辊、第九和第十辊）；权利要求 1 中的一对辊子由可移动的辊子支撑部件的两端可旋转地支撑，其中辊子支撑部件绕其中心被可旋转地支撑，并且沿垂直于连接第七和第八辊的辊轴中心的直线的方向而由推压装置弹性地推压。上述区别技术特征在本专利权利要求 1 中所起到的作用是，保持四辊之间的压力平衡，减小所供给线材的扭曲，防止线材从辊子之间滑出。证据 5 公开了一种线状构件进给装置，通过比较可知，本专利权利要求 1 与证据 4 之间的区别技术特征中，除"辊子支撑部件绕其中心可被旋转地支撑"之外的技术特征均被证据 5 所公开。虽然，证据 5 中并未有明确地文字记载"其中辊子支撑部件绕其中心被可旋转地支撑"的技术特征，但是，根据本专利的工作原理可以推知，在本专利的金属线性材料进给的过程中，为了保持进给过程的稳定，其辊子支撑部件也是不会旋转的。也就是说，从"保持四辊之间的压力平衡，减小所供给线材的扭曲，防止线材从辊子之间滑出"的意义上讲，证据 5 中公开的辊子支撑部件（即摆动臂）与本专利权利要求 1 中的辊子支撑部件并无实质上的不同。另外，本专利权利要求 1 中之所以采用"辊子支撑部件绕其中心被可旋转地支撑"，是为了方便辊子支撑部件以及安装于其上的第九辊和第十辊的释放。在证据 5 中，摆动拨叉（即辊子支撑部件）绕其一端被可旋转地支撑，同样也能够实现安装方便摆动拨叉以及安装于其上的滚柱释放的目的。因此，证据 5 所公开的内容与本专利权利要求 1 中所要求保护的"辊子支撑部件绕其中心被可旋转地支撑"的技术特征的区别仅在于辊子支撑部件旋转结构的不同，而辊子支撑部件可旋转部位的不同属于所属技术领域的常用设计，并且，本专利权利要求 1 中采用上述区别技术特征也未获得预料不到的效果。基于上述分析，在证据 4、5 所公开内容的基础上获得本专利权利要求 1 所要求保护的技术方案，对所属技术领域的技术人员来说是显而易见的，权利要求 1 所要求保护的技术方案不具备突出的实质性特点和显著的进步，因而不具备《专利法》第二十二条第三款规定的创造性。

2. 关于权利要求 2。在证据 5 的第 2 实施例中通过所述吊环与夹头的配合与释放，实现了摆动臂以及摆动臂上第 2 滚柱相对于第 1 滚柱的释放和接触。因此，在证据 4、5 所公开内容的基础上获得本专利权利要求 2 所要求保护的技术方案，对所属技术领域的技术人员来说是显而易见的，权利要求 2 所要求保护的技术方案不具备突出的实质性特点和显著的进步，不具备创造性。

其他权利要求也不具备创造性。

据此，专利复审委员会宣告本专利权全部无效。

一审判理和结果

一审法院认为：将本专利权利要求 1 与证据 4 公开的技术方案进行比较，区别特征为：本专利权利要求 1 中包括两对辊子（第七和第八辊、第九和第十辊），其中一对辊子由可移动的辊子支撑部件的两端可旋转地支撑，辊子支撑部件绕其中心被可旋转地支撑，并且沿垂直于连接第七和第八辊的辊轴中心的直线的方向而由推压装置弹性地推压。该区别特征是为了保持第七和第八辊与第九和第十辊间的压力平衡，减小所供给线性材料的扭曲，防止线材从辊子之间滑出。证据 5 中的两对第 1 滚柱和第 2 滚柱相当于本专利权利要求 1 中的两对辊子（第七和第八辊、第九和第十辊）。证据 5 中的一对第 2 滚柱在摆动拨叉上的托架两端可旋转地支撑，且摆动拨叉可绕其一端逆时针旋转，相当于本专利权利要求 1 中一对辊子由可移动的辊子支撑部件的两端可旋转地支撑。证据 5 中的摆动拨叉通过其一端安装的拉伸弹簧能够弹性地被推压，且推压方向与连接一对第 1 滚柱的中心的直线方向垂直，相当于本专利权利要求 1 中的辊子支撑部件沿垂直于连接第七和第八辊的辊轴中心的直线的方向而由推压装置弹性地推压。虽然证据 5 中的摆动拨叉是可以绕其一端可旋转地支撑，而本专利权利要求 1 中的辊子支撑部件是绕其中心被可旋转地支撑，但证据 5 中通过摆动拨叉绕其一端可旋转地支撑，同样能够实现摆动拨叉及安装其上的滚柱的释放的技术效果，因此证据5中的摆动拨叉与本专利权利要求1中的辊子支撑部件都可以实现旋转，实现的技术效果也相同，仅旋转的部位和结构不同，而上述旋转的部位和结构均是本领域的惯常设计，在证据5的启示下，选择辊子支撑部件绕其中心被可旋转地支撑的方式是本领域技术人员容易想到并实现的。因此，证据5公开了本专利权利要求1相对于证据4的区别特征。本领域技术人员在证据4的基础上结合证据5得到本专利权利要求1的技术方案是显而易见的。本专利权利要求1不具备突出的实质性特点和显著的进步，不具有创造性。在本专利权利要求1不具备创造性的基础上，权利要求2－6也不具备突出的实质性特点和显著的进步，不具有创造性。

一审法院依照《中华人民共和国行政诉讼法》第五十四条第（一）项之规定，判决：维持专利复审委员会作出的第15524号决定。

上诉与答辩

YKK株式会社不服原审判决，提起上诉。其理由为：1. 原审判决及第15524号决定对"辊子支撑部件绕其中心被可旋转地支撑"这一技术特征的解释是错误的，根据本专利说明书，该技术特征的真实含义是：在进给时，辊子支撑部件必须可旋转；在释放时，辊子支撑部件则不需要旋转。证据5并未公开该技术特征，因此，本专利权利要求1具有创造性。2. 证据5所公开的辊子支撑部件与本专利中的辊子支撑部件相比，在手段、功能、效果上均有实质性区别，不能用来否定本专利权利要求1的创造性。

专利复审委员会、嘉绩公司服从原审判决。

二审审理查明

二审法院确认一审法院查明的事实。

二审判理和结果

二审法院认为：本案的焦点问题在于证据4和5的组合是否足以破坏本专利权利要求1的创造性。

将本专利权利要求1与证据4公开的技术方案进行比较，证据4中的线材供给辊和导向辊相当于本专利权利要求1中的金属线性材料的进给单元。本专利权利要求1和证据4相比的区别特征为：本专利权利要求1中包括两对辊子（第七和第八辊、第九和第十辊），其中一对辊子由可移动的辊子支撑部件的两端可旋转地支撑，辊子支撑部件绕其中心被可旋转地支撑，并且沿垂直于连接第七和第八辊的辊轴中心的直线的方向而由推压装置弹性地推压。该区别特征是为了保持第七和第八辊与第九和第十辊间的压力平衡，减小所供给线性材料的扭曲，防止线材从辊子之间滑出。

由证据 5 公开的技术方案可见，证据 5 的发明目的是为了方便在两对第 1 滚柱和第 2 滚柱之间安装电线，将铰接在托架 154a 上的两个第 2 滚柱安装在摆动拨叉 154 上，因此，只要使摆动拨叉 154 旋转，就可使两个第 2 滚柱分别同时脱离两个第 1 滚柱，从而能够比较方便的安装电线。由此可见，证据 5 中摆动拨叉 154 的作用是使两对第 1 滚柱和第 2 滚柱保持接触或释放脱离的作用，两个第 2 滚柱在释放时围绕着摆动拨叉的一端 155 旋转，拉伸弹簧 160 的作用也是将摆动拨叉 154 上的吊环 161 钩挂在夹头 162 上，从而保持两对第 1 滚柱和第 2 滚柱的接触工作状态。

如上所述，本专利权利要求 1 中上述区别技术特征的作用是为了保持第七和第八辊与第九和第十辊间的压力平衡，减小所供给线性材料的扭曲，防止线材从辊子之间滑出。为实现上述发明目的，在正常状态下，基于"辊子支撑部件沿垂直于连接第七和第八辊的辊轴中心的直线的方向而由推压装置弹性地推压"这一技术特征的作用，辊子支撑部件被推压装置（即压缩弹簧 61b）沿垂直于连接第七和第八辊的辊轴中心的直线的方向，弹性地推向第七和第八辊，从而使得"第九和第十辊 45，46 通过不规则形状的金属线性材料 W 均等地压在第七和第八辊 43，44 上"；另一方面，在线性材料以轻微的扭曲状态进给的情况下，线性材料的扭曲部位将会对第九和第十辊施加一个与其原来承受的弹性推压力相反的反作用力，并使其向与推压方向相反的方向——即离开第七和第八辊的方向移动，以利于修正金属线性材料的扭曲状态。

在线性材料以轻微扭曲状态从下往上进给的过程中，当发生在下部的扭曲部位进给到位于进给单元下方的第八和第十辊之间的夹持点时，其将会向可移动的第十辊施加一个反作用力，该反作用力克服第十辊所承受的弹性推压力而使其向离开第八辊的方向移动，这种移动可能会削弱第八和第十辊原来所形成的对线性材料的有效夹持状态，并使线性材料滑出。由于本专利采用"用来支撑第九和第十辊的辊子支撑部件绕其中心被可旋转地支撑"这一技术特征，线性材料扭曲部位所施加的反作用力将会通过第十辊而作用于辊子支撑部件的一端，并推动辊子支撑部件绕其中心旋转，从而避免使辊子支撑部件的另一端所支撑的第九辊，也与第十辊一样做同方向、等距离的移动，这样，第九辊就可以继续保持其对线性材料的原有正常夹持状态。即在此情形中，尽管第十辊向离开第八辊的方向，做削弱该两辊之间的原有夹持状态的移动，而第九辊却通过辊子支撑部件的旋转，而继续保持其对线性材料的有效夹持。

根据上述分析，证据5中虽然也具有两对辊子以及摆动拨叉、托架，但是，这些部件的连接关系、所实现的功能、效果均与本专利权利要求1中区别技术特征不同。因此，证据5没有给出为了保持第七和第八辊与第九和第十辊间的压力平衡，减小所供给线性材料的扭曲，防止线材从辊子之间滑出而设置上述区别技术特征的技术启示。证据4和5的组合不足以破坏本专利权利要求1的创造性。原审判决及第15524号决定关于证据5公开了本专利权利要求1相对于证据4的区别特征的认定错误。

本专利权利要求2的附加技术特征包括释放和接触装置，用于使第九和第十辊连同辊子支撑部件一起相对于第七和第八辊释放和接触。该附加技术特征所实现的功能与证据5中通过吊环与夹头的配合与释放，实现摆动拨叉以及其上两个第2滚柱相对于两个第1滚柱的释放和接触的功能是相同的。此外，证据5中为了实现发明目的，既可以使用一组辊柱，也可以使用两组或两组以上的辊柱，而本专利权利要求1中只能使用两组辊柱。这从另一方面说明了证据5中的诸多部件的功能仅仅是释放和接触装置，并不能实现本专利权利要求1中保持两对辊列之间的压力平衡，减小所供给线性材料的扭曲，防止线材从辊子之间滑出的发明目的。YKK株式会社关于原审判决及第15524号决定对"辊子支撑部件绕其中心被可旋转地支撑"这一技术特征的解释错误以及证据5不能用来否定本专利权利要求1的创造性的上诉主张成立，本院予以支持。

鉴于第15524号决定就区别技术特征与证据5相应技术特征的结构、功能、实现的效果事实认定错误，导致错误地评述了本专利权利要求1的创造性，进而影响到其他权利要求创造性的评述，原审判决予以维持不当，本院对原审判决及第15524号决定均予以撤销，专利复审委员会应当在正确认定事实的基础上重新作出无效宣告请求审查决定。

综上，二审法院依照《中华人民共和国行政诉讼法》第六十一条第（三）项、《最高人民法院关于执行〈中华人民共和国行政诉讼法〉若干问题的解释》第七十条之规定，判决：一、撤销原审判决；二、撤销专利复审委员会作出的第 15524 号决定；三、专利复审委员会就本专利重新作出无效宣告请求审查决定。

【法官评述】

在以创造性为无效理由的专利确权行政案件中，用两篇以上的对比文件组合来宣布专利无效是常见的情形。在这种情形下，必然涉及区别技术特征的认定以及现有技术中是否给出将上述区别特征应用到该最接近的现有技术以解决其存在的技术问题（即发明实际解决的技术问题）的启示的认定问题。一般情况下，对区别技术特征的认定争议不大。但是，如何根据所述区别特征确定另一份对比文件中披露的相关技术手段以及如何判断相关技术手段在对比文件中所起的作用是否与区别特征在本专利中为解决技术问题所起的作用相同，往往是认定是否存在技术启示中的关键问题。

一、发明创造性判断的基本方法

根据《专利法》第二十二条第三款的规定，审查发明是否具备创造性，应当审查发明是否具有突出的实质性特点，同时还应当审查发明是否具有显著的进步。判断发明是否具有突出的实质性特点，就是要判断对本领域的技术人员来说，要求保护的发明相对于现有技术是否显而易见。如果要求保护的发明相对于现有技术是显而易见的，则不具有突出的实质性特点；反之，如果对比的结果表明要求保护的发明相对于现有技术是非显而易见的，则具有突出的实质性特点。判断要求保护的发明相对于现有技术是否显而易见，通常可按照所谓的"三步法"进行：

步骤 1：确定最接近的现有技术，即现有技术中与本专利最密切相关的一项技术方案，该技术方案通常是与本专利相同或者相近的技术领域，并包含最多的与权利要求所记载的技术特征相同的技术特征。

步骤 2：确定本专利的区别技术特征，并由此确定本专利实际解决的技术问题。这要求判断者首先确定本专利不同于最接近现有技术的技术特征，也就是所谓的"区别技术特征"，然后根据采用区别技术特征所产生的效果确定本专利实际解决了何种技术问题。

步骤 3：从最接近的现有技术和发明实际解决的技术问题出发，判断要求保护的发明对本领域的技术人员来说是否显而易见。判断过程中，要确定的是现有技术整体上是否存在某种技术启示，即现有技术中是否给出将上述区别特征应用到该最接近的现有技术以解决其存在的技术问题（即发明实际解决的技术问题）的启示，这种启示会使本领域的技术人员在面对所述技术问题时，有动机改进该最接近的现有技术并获得要求保护的发明。如果现有技术存在这种技术启示，则发明是显而易见的，不具有突出的实质性特点。根据《审查指南》的相关规定，如果所述区别特征为另一份对比文件中披露的相关技术手段，该技术手段在该对比文件中所起的作用与该区别特征在本专利中所解决的技术问题所起的作用相同，则认为现有技术中存在上述技术启示。

在上述判断过程中，容易产生争议的是步骤3，即判断现有技术整体上是否存在技术启示，这是一个主观性较强的过程，具体而言，需要确定另一份对比文件是否披露了与区别技术特征相同的所谓"相关技术特征"，进而能否认定该"相关技术手段"在该对比文件中所起的作用与该区别特征在本专利中所解决的技术问题所起的作用相同。

二、相关技术手段的确定

在使用两篇以上对比文件评价本专利创造性过程中，找出区别技术特征后，需要在其他对比文件中寻找该区别技术特征。通常情况下，在寻找过程中可能会出现几种情况[①]：

1. 另一份对比文件公开的特征与该区别技术特征相同，而且各自的作用也相同

一般而言，如果另一份对比文件公开的特征与该区别技术特征相同，而且各自的作用也相同，通常认为其具有结合启示，即本领域技术人员会将现有技术中公开的该技术特征应用到最接近的现有技术中，从而得到本专利所述的技术方案。这是绝大多数组合破坏本专利创造性的典型情况。但也有一些特殊情况，例如现有技术中给出了相反的教导，或现有技术中公开的该技术特征应用到最接近的现有技术时存在技术障碍，此时，本领域技术人员不会想到将该技术特征应用到最接近的现有技术中以获得本专利的技术方案。

---

① 刘汉承、周亚沛："试析创造性判断中本领域技术人员的能动性"，载《〈专利法〉第22条——创造性理论与实践》，知识产权出版社2012年版，第105页。

2. 另一份对比文件公开的特征与该区别技术特征不同，但各自的作用相同

在这种情况下，通常认为不存在技术启示，原因在于，由于技术特征不同，本领域技术人员一般不会想到要将其与最接近的对比文件结合以解决技术问题。但是，也有例外，例如，虽然现有技术公开的技术特征与区别技术特征不同，但二者各自所起的作用相同，并且两者在申请日前属于等同特征，或者是惯用手段的替换。在这种情况下，就需要再结合一个公知常识。例如，在另一个案件中①，权利要求 1 与对比文件 1 之间的区别技术特征在于 LED 封装部任意一角上设置有缺角，用于区分正负脚。对比文件 2 公开了一种发光二极管，其在 LED 封装部任意一角上设置一小孔作为标记区分发光二极管正、负引脚。分析对比文件 2 可知，其也公开了一种区分发光二极管正、负引脚的结构，但是该结构为小孔，不同于权利要求 1 中的缺角。对于本领域技术人员而言，无论小孔还是缺角，都是用来区分发光二极管的正、负引脚，即它们的结构不同，但作用相同。对于本领域技术人员而言，切角、凿槽等技术手段都是本领域技术人员通过公知的变化对打孔这种技术手段的改型。如果在授权程序中，审查员可以依职权主动引入这个公知常识，从而将改型后的结构应用于对比文件 1 中以获得权利要求 1 的技术方案，其效果是可以预期的，可以认定现有技术是存在技术启示的。

3. 另一份对比文件公开的特征与该区别技术特征相同，但各自的作用不同

在这种情况下，是否具有技术启示的焦点集中在区别技术特征所起的作用。例如②，对比文件 1 公开了一种辉光放电启动器，权利要求 1 与其的区别仅在于：至少导电体闯过的那部分壁由含至少 5%（重量）BaO 的玻璃制成。对比文件 2 与权利要求 1 技术领域相近，公开了一种用于电灯玻璃部件的玻璃组合物，并公开了玻璃组合物含有 7%－11% 的 BaO（重量）。

---

① 刘汉承、周亚沛："试析创造性判断中本领域技术人员的能动性"，载《〈专利法〉第 22 条——创造性理论与实践》，知识产权出版社 2012 年版，第 107 页。

② 刘汉承、周亚沛："试析创造性判断中本领域技术人员的能动性"，载《〈专利法〉第 22 条——创造性理论与实践》，知识产权出版社 2012 年版，第 107 页。

显然，权利要求 1 中区别技术特征可以缩短启动器的点火时间，而对比文件 2 中，"玻璃组合物含有 7% – 11% 的 BaO（重量）"的目的是为了在玻璃不含铅的情况下，提高玻璃的电阻数值，同时降低玻璃的软化温度，以使玻璃能够达到含铅玻璃的电阻和软化温度的属性。即虽然区别技术特征已经被对比文件 2 公开，但区别技术特征在权利要求 1 和对比文件中的作用并不相同，对比文件 1、2 之间并没有结合启示。

事实上，只要区别技术特征在专利技术方案和对比文件 2 中所起的作用不同，基本可以直接判定对比文件 1、2 的组合不能破坏本专利的创造性。

编写人：北京市高级人民法院知识产权审判庭　焦彦

44

赢创德固赛有限责任公司诉中华人民共和国国家知识产权局专利复审委员会发明专利申请驳回复审行政纠纷案

——阅读提示：专利复审委员会在复审程序中是否可以超出驳回决定所依据的理由和证据的范围进行审理？复审程序中的"明显实质性缺陷的审查"应当如何界定？

【裁判要旨】

专利复审委员会在复审程序中应当根据案件的具体情况，以避免审级损失、遵循当事人请求为其审查的基本原则，以依职权审查为例外，不应任意地超出驳回决定所依据的事实及理由进行审查，并且对"明显实质性缺陷的审查"适用应当严格进行限定，从而保障专利申请人的合法权益，确保复审程序的基本属性。

【案号】

一审：北京市第一中级人民法院（2011）一中知行初字第 2876 号

二审：北京市高级人民法院（2012）高行终字第 1486 号

【案情与裁判】

原告（二审被上诉人）：赢创德固赛有限责任公司（简称德固赛公司）

被告（二审上诉人）：国家知识产权局专利复审委员会（简称专利复审委员会）

起诉与答辩

德固赛公司于 2011 年 9 月 7 日向北京市第一中级人民法院提起诉讼称：

第 30895 号专利复审请求审查决定（简称第 30895 号决定）显然已认定驳回决定所针对的文本的修改并没有超出原始说明书和权利要求书所记载的范围，据此专利复审委员会应当撤销驳回决定，返回原审查部门继续审查，但专利复审委员会却以新的有关创造性的反对意见维持了驳回决定。德固赛公司认为这种做法是不对的，违反了《审查指南（2006 版）》（简称《审查指南》）中的相关规定，且在复审阶段提出有关创造性的反对意见，导致其不可能有足够的时间和机会进行争辩。因此，第 30895 号决定存在程序错误。

专利复审委员会辩称：《审查指南》中规定，在复审程序中一般仅针对驳回决定所依据的理由和证据进行审查，该规定并不意味着在任何情况下都只能针对驳回决定的理由进行审查。本案中，在对驳回决定的理由即 2000 年修正的《中华人民共和国专利法》（简称《专利法》）第三十三条进行审查并认为驳回决定的理由不成立后，考察了在驳回决定作出之前已告知过德固赛公司的其他理由，即第一次审查意见通知书中指出的《专利法》第二十二条第二款的理由，并发现修改后的权利要求虽然由于修改克服了新颖性问题，但明显还存在不符合《专利法》第二十二条第三款规定的创造性的问题。为了节约当事人的时间，避免案件在实审程序和复审程序二者之间来回振荡，我委使用了与一通相同的证据（对比文件 1）就与新颖性问题密切相关的创造性问题发出复审通知书并作出复审决定，这种做法未与《审查指南》的规定相违背，并无不当。并且，本案在实审阶段发出第一次审查意见通知书时就已经把对比文件 1 寄送给了德固赛公司，德固赛公司早已清楚对比文件 1 的内容，并在答复第一次审查意见通知书时就对本申请相对于对比文件 1 的新颖性和创造性问题发表了意见，根本不存在时间不够的问题。

一审审理查明

本申请是申请日为 2004 年 5 月 13 日、名称为"表面改性的沉淀二氧化硅"的发明专利申请，申请人为德古萨公司，后变更为德固赛公司，公开日为 2005 年 4 月 27 日，优先权日为 2003 年 5 月 14 日和 2004 年 3 月 12 日。

本申请的申请公开文本包括 30 项权利要求。2007 年 3 月 9 日，国家知识产权局专利局实质审查部门发出第一次审查意见通知书，指出本申请权利要求 1－11 相对于对比文件 1 不具有新颖性；权利要求 14 不符合《专利法》第二十六条第四款的规定；权利要求 15、18、21 不符合 2002 年修改的《中华人民共和国专利法实施细则》（简称《专利法实施细则》）第二十条第一款①的规定；权利要求 14 不符合《专利法实施细则》第二十一条第二款②的规定。2007 年 8 月 24 日，德古萨公司针对第一次审查意见通知书提交了意见陈述书和修改后的权利要求 1 - 31 项。2009 年 6 月 26 日，国家知识产权局专利局实质审查部门发出第二次审查意见通知书，指出修改后的权利要求 1 - 31 超出了原始提交的说明书和权利要求书所记载的范围，不符合《专利法》第三十三条的规定。2009 年 9 月 11 日，德古萨公司针对第二次审查意见通知书提交了意见陈述书和权利要求书第 6 页的替换页（该替换仅涉及权利要求 26 - 27 项）。

2009 年 12 月 4 日，国家知识产权局原审查部门发出驳回决定，驳回了本申请，其理由是：权利要求 1 - 31 不符合《专利法》第三十三条的规定。

德古萨公司对上述驳回决定不服，于 2010 年 3 月 18 日向专利复审委员会提出了复审请求，同时修改了权利要求书，删除了驳回决定所针对的权利要求 1 - 13，适应性地修改了权利要求 14 - 31 的编号。

经形式审查合格，专利复审委员会于 2010 年 5 月 11 日依法受理了该复审请求，并将其转送至原审查部门进行前置审查。原审查部门在前置审查意见书中坚持驳回决定。

2010 年 11 月 22 日，专利复审委员会向德古萨公司发出的复审通知书中指出：权利要求 1 相对于对比文件 1 不具备创造性，权利要求 2 - 13 亦不具备创造性。

德固赛公司于 2011 年 1 月 6 日提交了意见陈述书，未修改申请文件。

2011 年 3 月 15 日，专利复审委员会作出第 30895 号决定，认定：

一、关于审查文本

德固赛公司在提出复审请求时提交了权利要求书的替换页，经审查，德固赛公司对权利要求书的修改符合《专利法》第三十三条和《专利法实施细则》第六十条第一款③的有关规定。本复审决定以德固赛公司于 2010 年 3 月 18 日提交的权利要求书第 1 - 18 项，2004 年 5 月 13 日提交的说明书第 1 - 18

---

① 对应 2010 年 2 月新修订的《专利法实施细则》第十九条第一款。
② 对应 2010 年 2 月新修订的《专利法实施细则》第二十条第二款。
③ 对应 2010 年 2 月新修订的《专利法实施细则》第六十一条第一款。

页、说明书附图第1页和说明书摘要为基础作出。

二、关于《专利法》第二十二条第三款

在对比文件1的基础上结合本领域公知常识得到权利要求1所要求保护的技术方案，对所属领域的技术人员来说是显而易见的，权利要求1所要求保护的技术方案不具备突出的实质性特点，不具备《专利法》第二十二条第三款规定的创造性。

基于上述理由，专利复审委员会决定维持国家知识产权局于2009年12月4日针对本申请作出的驳回决定。

一审判理和结果

一审法院认为：驳回决定指出本申请权利要求1–31不符合《专利法》第三十三条的规定。在复审程序中德固赛公司修改了本申请的权利要求书，第30895号决定认定其对权利要求书的修改符合《专利法》第三十三条和《专利法实施细则》第六十条第一款的有关规定，但第30895号决定以修改后的权利要求1不具备创造性为由，维持了驳回决定。专利复审委员会认为复审决定可以对驳回决定未指出的明显实质性缺陷进行评述并维持驳回决定，第30895号决定的作出即属于这种情况。《审查指南》第一部分第一章第1节所规定的发明专利申请文件的明显实质性缺陷审查的情况，以及其第一部分第一章第7节中列举的"明显实质性缺陷的审查"所包括条款，均未明确包括《专利法》第二十二条第三款有关创造性的内容。虽然上述规定均属于针对发明专利申请的初步审查，但根据《专利法实施细则》第五十三条①的规定，在相关"明显实质性缺陷审查"的规定中并不包括审查创造性问题，故专利复审委员会认为在审查驳回决定是否合法时，主动审查本申请是否具备创造性的问题属于"明显实质性缺陷"没有法律依据，不应予以支持。

虽然专利复审委员会可以对所审查的案件依职权进行审查，而不受当事人提出的理由、证据的限制，但并不意味着其对案件进行审查不受法律、法规及规章规定的约束。作为专利复审案件，专利复审委员会是基于德固赛公司的请求对驳回决定进行审查，专利复审委员会适用依职权原则，引入新理

---

① 对应2010年2月新修订的《专利法实施细则》第五十三条。

由进行评审缺乏法律依据，不予支持。

因此，专利复审委员会作出第 30895 号决定程序违法，依法应予撤销。

一审法院依照《中华人民共和国行政诉讼法》第五十四条第（二）项第 2 目之规定，判决：一、撤销专利复审委员会于 2011 年 3 月 15 日作出的第 30895 号决定；二、专利复审委员会就本申请重新作出复审决定。

上诉与答辩

专利复审委员会不服，提起上诉，请求撤销一审判决，维持第 30895 号决定。其上诉理由为：第一，《审查指南》中并未对"明显实质性缺陷"作出明确定义，并且其第一部分第一章的规定只是对"明显实质性缺陷"的列举而非穷尽列举；同时《审查指南》第一部分第一章的规定均是对发明专利申请的初步审查，并不涉及《专利法》第二十二条第三款的问题；而且《审查指南》并未规定"明显实质性性缺陷"不包括创造性问题，故一审判决相关认定缺乏依据。第二，《审查指南》第四部分第二章第 4.1 节对复审程序中合议组的审查范围进行了规定，并未禁止对驳回理由之外的理由进行审查，本案符合"依职权审查原则"。第三，本案的处理方式能够节约当事人的时间，避免案件在实审程序和复审程序之间来回振荡。

德固赛公司服从一审判决。

二审审理查明

二审法院与一审法院查明的事实相同。

二审判理和结果

二审法院认为：虽然一审判决试图对"明显实质性缺陷的审查"范围进行界定，但是其所引述《审查指南》第一部分第一章第 1 节和第 7 节的内容均系以初步审查为基础的"明显实质性缺陷的审查"的规定，而本案所涉及的系在实质性审查阶段不服驳回决定而产生的复审程序，应当以在实质性审查阶段的"明显实质性缺陷的审查"进行界定，一审判决将发明专利初步审查与实质审查中的"明显实质性缺陷的审查"范围进行等同界定缺乏依据，专利复审委员会此部分上诉请求具有事实及法律依据，予以采纳。

本案中，专利复审委员会直接引入创造性问题不应属于"明显实质性缺陷"的范畴。同时，专利复审委员会关于节约当事人时间、避免案件在实审程序和复审程序之间来回振荡的上诉主张，亦不能作为其作出第 30895 号决定具有合法性的依据。因此，一审判决认定第 30895 号决定程序违法，并予以纠正并无不当。

《审查指南》第四部分第一章第 2.4 节中规定，专利复审委员会可以对所审查的案件依职权进行审查，而不受当事人提出的理由、证据的限制，但这并不意味着专利复审委员会对案件依职权进行审查的范围不受任何限制。根据本案的上述认定，专利复审委员会在第 30895 号决定中引入新理由显然不属于其可以适用依职权原则的范围，故专利复审委员会此部分上诉理由缺乏法律依据，不予采纳。

综上，一审判决虽然部分认定不当，但其判决结果正确。二审法院依照《中华人民共和国行政诉讼法》第六十一条第（一）项之规定，判决：驳回上诉，维持原判。

【法官评述】

一、专利复审委员会在复审程序中是否可以超出驳回决定所依据的理由和证据的范围进行审理

根据《专利法》第四十一条第一款的规定，国务院专利行政部门设立专利复审委员会。专利申请人对国务院专利行政部门驳回申请的决定不服的，可以自收到通知之日起三个月内，向专利复审委员会请求复审。专利复审委员会复审后，作出决定，并通知专利申请人。《专利法实施细则》第六十二条第一款①规定，专利复审委员会进行复审后，认为复审请求不符合专利法和实施细则有关规定的，应当通知复审请求人，要求其在指定期限内陈述意见。期满未答复的，该复审请求视为撤回；经陈述意见或者进行修改后，专利复审委员会认为仍不符合专利法和实施细则有关规定的，应当作出维持原驳回决定的复审决定。第六十二条第二款②规定，专利复审委员会进行复审后，认为原驳回决定不符合专利法和实施细则有关规定的，或者认为经过修改的专利申请文件消除了原驳回决定指出的缺陷的，应当撤销原驳回决定，由原审查部门继续进行审查程序。

---

① 对应 2010 年 2 月新修订的《专利法实施细则》第六十三条第一款。
② 对应 2010 年 2 月新修订的《专利法实施细则》第六十三条第二款。

根据前述法律、法规的规定，复审程序系因专利申请人对驳回决定不服而启动的行政救济程序，即基于专利申请人提出而启动，专利复审委员会以驳回决定合法性为其基本审查范围。在复审程序中，专利复审委员会一般应仅针对驳回决定所依据的理由和证据进行审查，而不能超出驳回决定所依据的理由和证据范围之外进行审查；但是，为了提高授权专利的质量，提升行政效率，节约成本，避免不合理地延长审查程序，专利复审委员会可以在特定情况下依职权对驳回决定未提及的明显实质性缺陷等进行相应审查。因此，复审程序中专利复审委员会以驳回决定所依据的事实和理由为其审查的基本范围，以依职权引入新的理由进行审查为其例外情形。这样才能有效保障行政相对方即专利申请人的合法权益。同时，根据专利法和实施细则对专利文本修改的相关规定，专利申请人可能因专利复审委员会审查范围的不当扩大，导致其丧失通过修改专利文本克服申请文本中缺陷的机会，从而直接损害专利申请人的合法权利。《审查指南》第四部分第二章第4.1节规定：在复审程序中，合议组一般仅针对驳回决定所依据的理由和证据进行审查。除驳回决定所依据的理由和证据外，合议组发现审查文本中存在下列缺陷的，可以对与之相关的理由及其证据进行审查，并且经审查认定后，应当依据该理由及其证据作出维持驳回决定的审查决定：（1）足以用在驳回决定作出前已告知过申请人的其他理由及其证据予以驳回的缺陷。（2）驳回决定未指出的明显实质性缺陷或者与驳回决定所指出的缺陷性质相同的缺陷。前述规定即是对专利复审委员会在复审程序中引入依职权审查原则的具体限定。

《审查指南》是专利复审委员会在复审程序中应当遵循的部门规章。因此在复审程序中，专利复审委员会一般应当针对驳回决定的理由及证据进行审查，对驳回决定不符合专利法和实施细则有关规定的，或者认为经过修改的专利申请文件消除了原驳回决定指出的缺陷的，则应当撤销原驳回决定，但当存在前述《审查指南》所规定的两种情形时，专利复审委员会可以在告知专利申请人并给予其陈述意见机会的前提下，超出驳回决定所依据的理由和证据而作出维持驳回决定的审查决定。

二、在复审程序中的"明显实质性缺陷的审查"应当如何界定

《审查指南》中未明确规定"明显实质性缺陷的审查"的适用范围，但是由于其作为专利复审委员会在复审程序中可以进行依职权原则超出驳

回决定所依据的理由和证据范围进行审查的例外情形，故有必要对"明显实质性缺陷的审查"进行相应界定。由于复审程序系基于专利申请人对驳回决定不服而启动，同时在发明专利申请过程中，国务院专利行政部门对发明专利申请将进行初步审查和实质审查，而在前述两个审查阶段均可能出现由于发明专利申请不符合相关法律、法规规定而予以驳回的情形，专利申请人亦可以因不服驳回决定而申请复审，因此"明显实质性缺陷的审查"具体的适用范围必然会因驳回决定审查范围的不同而产生差异。

在发明专利申请中设定初步审查，主要是因为发明专利申请在进行实质审查过程中周期相对较长，如果在实质审查结束后再行公布发明专利申请的内容，可能会造成对同一领域、同一技术问题的重复研究、投资与申请的机率增大，不利于经济整体的发展，也不能有效发挥专利制度的作用，因此需要在授予发明专利之前公布发明专利申请内容。由此，发明专利申请初步审查主要是对其申请文件形式是否符合《专利法》及《专利法实施细则》、所提交的其他与发明专利申请有关的文件形式、是否履行相关缴费义务等进行审查，原则上并不涉及实质问题的审查。另一方面，发明专利申请的实质性审查是在初步审查的基础上，对发明专利申请文件进行更为深入和全面的审查，特别是就申请保护的发明进行现有技术检索，并审查要求保护的发明是否具备新颖性、创造性和实用性等，最终决定是否授予专利权。正是基于初步审查与实质审查本身的审查范围、方式、内容的差异，其所对应的复审程序也必然存在区别，由此基于上述不同所涉及的"明显实质性缺陷的审查"范围也必然存在差异。

发明专利申请实质审查中应当予以驳回的情形由《专利法实施细则》第五十三条进行了规定，但是专利复审委员会在复审程序中不能简单以上述规定为依据而随意对"明显实质性缺陷的审查"范围进行界定；而应当依据个案的具体情况，以避免审级损失、遵循当事人请求为其基本原则，以依职权审查为例外，对"明显实质性缺陷的审查"适用进行严格限定，从而保障专利申请人的合法权益，确保复审程序的基本属性。

上述案件中，由于涉案驳回决定系针对本申请权利要求 1－31 不符合《专利法》第三十三条和《专利法实施细则》第六十条第一款的有关规定所作出，德固赛公司不服提出复审请求，其进行修改后的本申请权利要求书系针对驳回决定提出的缺陷所完成，专利复审委员会在第 30895 号决定中根据《专利法》第二十二条第三款的创造性进行评述，该理由并非专利复审委员会在审查驳回决定时所必然涉及的事由；同时在本案中对于创造性的认定并非属于以本领域技术人员的知识水平无需深入调查证实即可得出的事由，因此专利复审委员会在本案中直接引入创造性问题不应属于"明显实质性缺陷"的范畴。

编写人：北京市高级人民法院知识产权审判庭　陶钧

（二）商标授权确权案件

45

同济大学诉国家工商行政管理总局商标评审委员会、第三人华中科技大学同济医学院附属同济医院商标争议行政纠纷案

> ——阅读提示：驰名商标所有人自诉争商标注册之日起 5 年后提出撤销申请的，是否应当予以准许？关于恶意注册商标应当如何进行认定？

【裁判要旨】

在商标撤销案件中，在申请撤销主体所持有的未注册商标已经达到驰名的情况下，由于特定历史时期、历史环境、历史原因，使争议商标注册人申请注册具有合理事由，并不存在主观恶意，那么驰名商标所有人超出 5 年法定期限申请撤销该争议商标的，人民法院对其撤销注册商标的申请不予支持。

【案号】

一审：北京市第一中级人民法院（2010）一中知行初字第 781 号

二审：北京市高级人民法院（2012）高行终字第 703 号

【案情与裁判】

原告（二审上诉人）：同济大学

被告（二审被上诉人）：国家工商行政管理总局商标评审委员会（简称商标评审委员会）

第三人：华中科技大学同济医学院附属同济医院（简称同济医院）

起诉与答辩

同济大学向北京市第一中级人民法院提起诉讼称：1. 第 1241983 号"同济"商标（简称争议商标）的注册属于对同济大学"同济"这一驰名商标的恶意注册行为，因此，依据《中华人民共和国商标法》（简称《商标法》）第四十一条第二款①的规定，争议期限应不受五年限制，争议商标应予撤销。同济大学自建校起一直持续使用"同济"名称，从全国范围内看，社会公众在说到"同济"时，均是将其指向同济大学。争议商标的原注册人同济医科大学以及第三人对"同济"的知名度未作出任何贡献。同济医科大学在明知"同济"指向的是同济大学的情况下，却申请注册了争议商标，不正当地防碍了同济大学使用"同济"标志，这一行为即便不属于直接借用"同济"未注册驰名商标的声誉，亦属于有违诚实信用原则的行为，损害了同济大学与"同济"这一标志之间的紧密联系。这一行为显然应属于《商标法》第四十一条第二款规定的"恶意"行为。商标评审委员会认为争议商标的注册不具有恶意，该认定有误。2. 争议商标的注册违反了《商标法》第四十一条第一款②有关不得"以欺骗手段或者其他不正当手段取得注册"的规定。据此，请求法院对（2009）第 21211 号《关于第 1241983 号"同济"商标争议裁定书》（简称第 21211 号裁定）予以撤销。

商标评审委员会辩称：第 21211 号裁定认定事实清楚，适用法律正确，程序合法，请求法院依法予以维持。

同济医院述称：第 21211 号裁定认定事实清楚，适用法律正确，程序合法，请求法院依法予以维持。

一审审理查明

1997 年 11 月 28 日，同济医科大学向商标局提出第 1241983 号"同济"商标（即争议商标，见下图）的注册申请，经审查，该商标于 1999 年 1 月 21 日被核准注册，核定使用在第 41 类学校（教育），函授课程，培训、教育信息、教育、讲课、书籍出版、教育考核、组织和安排会议、组织和安排学术讨论会服务上。后经核准转让至同济医院名下。经续展注册，争议商标专

---

① 对应 2013 年 8 月新修订的《商标法》第四十五条第一款。

② 对应 2013 年 8 月新修订的《商标法》第四十四条第一款。

用权期限至 2019 年 1 月 20 日。

争议商标

2004 年 3 月 11 日，同济大学针对争议商标向商标评审委员会提出商标争议裁定申请，请求撤销争议商标，其主要理由为：同济大学历史悠久，是国家重点大学，"同济"两字是归同济大学所有的驰名商标，争议商标原所有人同济医科大学是同济大学的二级学院，同济医院是上海同济大学医学院与武汉大学医学院合并组成，使用"同济"两字的时间很短，后同济医院几经合并，现在同济医院与同济大学已没有任何联系。"同济"的知名度和经济价值主要源于同济大学，由于同济医院与同济大学之间的历史渊源，人们经常将其混淆在一起，同济医院在不从事教育行业的情况下，在第 41 类教育类服务上注册"同济"商标，显然属于恶意抢注。根据《商标法》第十三条①、第三十一条②和第四十一条第一款的规定，请求撤销争议商标注册。

同济大学提交了早于争议商标申请日自行制作的同济杰出人才情况以及国家领导人及社会名流的题词、有关争议商标的媒体报道佐证争议商标注册人的恶意，"之所以一年多后才将此消息公之于众，同济医院有关负责人称，主要是牵扯到与上海同济大学的关系，需要较长的时间协调"。

同济医院答辩的主要理由为：1. 同济医院是一所综合性教学医院，该医院始建于 1900 年，原名同济医院。同济医院是"同济"商标的合法拥有人，同济大学在争议商标申请公告期内无异议，在争议商标生效之日起五年内也无任何异议，可视为对同济医院是争议商标合法拥有人的一种认可。2. 同济医院在历史上最早使用"同济"商标，是该商标的真正拥有人。3. 同济大学的"同济"商标并不是驰名商标。4. 争议商标并非是复制、摹仿或翻译他人商标，更非恶意抢注。争议商标最初由同济医科大学注册，同济医科大学与同济医院均从事医学教育，且具有悠久的教学历史。5. 争议商标在相关群体中广为知晓并享有较高声誉，国内外驰名。综上，请求维持争议商标注册并

---

① 对应 2013 年 8 月新修订的《商标法》第十三条。

② 对应 2013 年 8 月新修订的《商标法》第三十二条。

认定同济医院的"同济"商标为驰名商标。

同济医院为证明其有权使用"同济"名称,提交了《关于同济医院迁汉合约》以及卫生部 1953 年 7 月 3 日关于原同济医学院之教学医院上海同济医院迁移汉口市的意见。

另查,上述证据中所称的"同济医学院"为争议商标原注册人同济医科大学的前身,其原隶属于同济大学。1955 年更名为武汉医学院。1985 年经卫生部批准,武汉医学院更名为同济医科大学。

2009 年 8 月 10 日,商标评审委员会作出第 21211 号裁定,认定:

第一,《商标法》第四十一条第二款规定,已经注册的商标,违反该法第十三条规定的,自商标注册之日起五年内,商标所有人或者利害关系人可以请求商标评审委员会裁定撤销该注册商标,对恶意注册的,驰名商标所有人不受五年的时间限制。本案中,争议商标的注册日为 1999 年 1 月 21 日,同济大学于 2004 年 3 月 11 日对争议商标提出撤销申请,已超出前述的五年时间。故同济大学除应当举证证明在争议商标提出注册申请前"同济"在学校(教育)服务上已达到驰名商标的知名程度外,还应举证证明争议商标的注册系出于恶意。就同济大学的知名度,同济大学提交了学校规模、学术活动、学校影响、知名度调查等证据。上述证据显示同济大学拥有较长历史,"同济"在学校(教育)服务上具有较高知名度。但是,双方当事人对相关历史的追述和在案证据亦显示,"同济"二字最早源于德国医生创办于 1900 年的"同济医院",后在此基础上 1907 年创办"上海德文医学堂",1908 年改名为"同济德文医学堂",1912 年增设工科,改名"同济医工学堂",1927 年改名为"国立同济大学"。1950 - 1951 年同济大学医学院及附属同济医院整体迁往武汉,与武汉大学医学院合并,命名为"中南同济医学院",由中南军政委员会卫生部主管。1955 年更名为武汉医学院。1985 年经卫生部批准,武汉医学院更名为同济医科大学(争议商标原注册人)。由此可见,争议商标原注册人同济医科大学使用"同济"名称具有历史承袭关系。虽然如同济大学所称同济医科大学在 1955 年到 1985 年之间有 30 年时间未使用"同济"名称,但其已于 1985 年在卫生部批准后恢复使用"同济"名称,并在医学教育领域中获得了一系列重大科学成就,在此情况下,其在相关的教育等服务上进行商标注册,难谓其出于借用同济大学较高声誉的恶意。同济大学关于现注册人同济医院不具有教育部认可的办学主体资格,无法从事教育工作的理由,因不属于争议商标申请是否具有恶意的判定依据,商标评审委员会不予评述。同济大学仅凭其提交的关于"同济"成为注册商标的报道中称"之所以一年多后才将此消息公之于众，同济医院有关负责人称，主要是牵扯到与上海同济大学的关系，需要较长的时间协调"，尚不足以证明争议商标注册人注册争议商标具有恶意。综上，同济大学以争议商标违反《商标法》第十三条第一款规定为由要求撤销争议商标的请求商标评审委员会不予支持。

第二，《商标法》第四十一条第二款规定，已经注册的商标，违反该法第三十一条规定的，自商标注册之日起五年内，商标所有人或者利害关系人可以请求商标评审委员会裁定撤销该注册商标。如上所述，同济大学对争议商标提出撤销申请已超出五年时间，故同济大学以争议商标违反《商标法》第三十一条规定为由要求撤销争议商标的请求商标评审委员会不予支持。

综上，同济大学所提撤销理由不成立。依据《商标法》第四十三条，商标评审委员会裁定如下：争议商标予以维持。

一审判理和结果

一审法院认为：由查明的事实可知，同济医科大学作为高等院校，其在"学校（教育）"等服务上将其学校名称中的字号部分注册成为争议商标，具有合理理由，因此同济大学认为争议商标的注册具有恶意，因而本案所涉争议申请不受五年争议期限限制的主张缺乏依据，不予支持。

一审法院依照《中华人民共和国行政诉讼法》第五十四条第（一）项之规定，判决：维持商标评审委员会作出的第21211号裁定。

上诉与答辩

同济大学不服一审判决，提起上诉，请求撤销一审判决及第21211号裁定，由商标评审委员会重新作出裁定。其上诉理由是：1. 根据我国相关公众的认知习惯，"同济"从全国范围看，通常会想到同济大学，而不是同济医科大学，故在明知"同济"构成同济大学未注册驰名商标的情况下，争议商标的注册行为不当，存在明显"恶意"，违背诚信及社会公德；2. 争议商标属于恶意抢注同济大学未注册的驰名商标，意图在相关公众中将已形成对"同济"的认知据为己有，造成相关公众混淆的情形，本质是扰乱市场经济秩序，不利于公众利益，已经构成了《商标法》第四十一条第一款的规定。

商标评审委员会、同济医院服从一审判决。

二审审理查明

二审法院与一审法院查明的事实相同。

二审判理和结果

二审法院认为：《商标法》第四十一条第二款规定，已经注册的商标，违反本法第十三条、第十五条①、第十六条②、第三十一条规定的，自商标注册之日起五年内，商标所有人或者利害关系人可以请求商标评审委员会裁定撤销该注册商标。对恶意注册的，驰名商标所有人不受五年的时间限制。根据涉案的证据，虽能证明同济大学的校名"同济"具有很高知名度，但争议商标的原注册人同济医科大学与同济大学在历史上具有一定关联关系，即使同济医科大学自迁汉后改名为武汉医学院并与同济大学相脱离，但其在 1985 年经过卫生部批准已再行启用"同济"作为其校名。此种情况下，作为高等院校，同济医科大学在"学校（教育）"等服务上将其学校名称中的字号部分注册成为争议商标，符合客观常理，具有合理理由。虽然同济大学主张，在相关报道中有同济医院有关负责人针对争议商标确有"主要是牵扯到与上海同济大学的关系，需要较长的时间协调"这一表述，此内容仅系对事实的陈述，与争议商标的注册是否存在恶意缺乏关联性，不能证明同济大学的相关主张，故同济大学关于适用《商标法》第四十一条第二款撤销争议商标注册的主张缺乏事实及法律依据，不予支持。

二审法院依照《中华人民共和国行政诉讼法》第六十一条第（一）项之规定，判决：驳回上诉，维持原判。

【法官评述】

根据《商标法》第四十一条第二款的规定，已经注册的商标，违反该法第十三条、第十五条、第十六条、第三十一条规定的，自商标注册之日起五年内，商标所有人或者利害关系人可以请求商标评审委员会裁定撤销该注册商标。对恶意注册的，驰名商标所有人不受五年的时间限制。因此，在注册商标撤销程序中，基于相对事由申请撤销注册商标的，一般应

---

① 对应 2013 年 8 月新修订的《商标法》第十五条。
② 对应 2013 年 8 月新修订的《商标法》第十六条。

在法定的期限内进行申请，即自诉争商标注册之日起五年内提出；但是上述法律也进行了但书性的条款规定，即构成恶意注册的，驰名商标所有人不受五年的时间限制。

由于上述法律中所规定的情形，均是对特定主体私权的侵害，并不涉及对社会公共利益或公共秩序的损害，因此从损害的结果上采取"不告不理"的请求模式，并且为了不致使注册商标长期处于一种效力不稳定的状态之下，进而设定了五年的撤销期间。同时，因为商标在经济流通领域作为标识商品来源的标志，企业会对其投入大量的人力、物力、财力进行维护及宣传，特别是对于注册时间较长的商标，企业基于信赖利益将会花费大量心血，为了保持其相对的稳定性，《商标法》对撤销的相对事由限定了前述时限，否则将不利于企业的长足发展与商标的延续、稳定。

综上，申请人在超过五年后提起争议商标撤销程序属于例外情形，其不仅应当证明所引证商标在争议商标申请日前已经达到驰名，而且应当证明争议商标的注册存在恶意。关于驰名的认定标准在司法实践中基本具有统一的认识，而关于是否存在恶意，可以从以下几方面进行考量：（1）争议商标申请人与引证商标所有人是否存在商业关系；（2）争议商标申请人与引证商标所有人所处地域以及经营范围是否具有同一性；（3）争议商标申请人是否在申请日前已经知悉引证商标的相关情况；（4）争议商标申请人在获准注册后是否存在牟取不正当利益的情形，并且从其实际使用中存在故意通过不正当手段，误导宣传，利用引证商标的在先商誉进行经营的情形。

上述案件中，由于争议商标的原注册人同济医科大学与同济大学在历史上存在关联关系，而且同济医科大学在1985年经过卫生部批准后，已再行启用"同济"作为其校名，因此同济医科大学作为高等院校，其在"学校（教育）"等服务上将其学校名称中的字号部分注册成为争议商标，符合客观常理，具有合理理由。同济大学撤销注册申请已经超过争议商标申请日五年后才提出，超出了法定的期限，因此同济大学的请求缺乏法律依据，不应予以准许。

编写人：北京市高级人民法院知识产权审判庭　陶钧

46

深圳市李金记食品有限公司诉国家
工商行政管理总局商标评审委员会、第三人
李锦记有限公司商标异议复审行政纠纷案

——阅读提示：被异议商标申请注册后使用行为是否正当？被异议商标延续在先已注册商标的条件是什么？被异议商标与引证商标已构成使用在相同或类似产品上的近似商标，其使用能否获得商标法的支持？

【裁判要旨】

《商标法》关于商品类似、商标近似均以是否容易导致混淆误认为判断标准，判断的时间点通常是被异议商标申请日；因此判断是否足以导致混淆通常不应当考虑被异议商标在申请日后经过使用产生知名度的情况。在被异议商标与引证商标构成使用在相同或者类似商品上的近似商标的情况下，其使用属于违反《商标法》相关规定，在引证商标权利人已提出明确主张的情况下，一般不因持续使用时间长而获得正当性。只有在极其特殊的情况下，才应当考虑被异议商标在其申请日后的使用和知名度，依据客观上已经区别开来的市场实际情况准许其注册。

商标注册人对其注册的不同商标享有各自独立的商标专用权，先后注册的商标之间并不当然具有延伸关系。在先商标注册后并未使用并产生相应的商业信誉，同一注册人提出在后商标申请注册前，他人在相同或者类似商品上注册与在后商标相同或者近似的商标并持续使用产生一定知名度，此时在后商标申请人依据其在先注册商标主张存在延伸关系的，不应获得支持。

【案号】

一审：北京市第一中级人民法院（2012）一中知行初字第 327 号

二审：北京市高级人民法院（2012）高行终字第 1283 号

【案情与裁判】

原告（二审上诉人）：深圳市李金记食品有限公司（简称李金记公司）

被告（二审被上诉人）：国家工商行政管理总局商标评审委员会（简称商标评审委员会）

第三人：李锦记有限公司（简称李锦记公司）

起诉与答辩

1994 年 7 月 29 日，李锦记公司提出第 871102 号"李錦記 LEE KUM KEE 及图"商标（简称引证商标）的注册申请，并于 1996 年 9 月 14 日获准注册，核定使用商品为第 30 类的酱油、调味品等商品上。专用期限经续展至 2016 年 9 月 13 日。

2003 年 8 月 15 日，李金记公司提出第 3676671 号"李金記"商标（简称被异议商标）的注册申请，指定使用商品为第 30 类的酱油、调味品等商品上。

被异议商标经初步审定公告后，李锦记公司提出了异议申请。国家工商行政管理总局商标局（简称商标局）于 2009 年 12 月 16 日作出（2009）商标异字第 23163 号《"李金记"商标异议裁定书》（简称第 23163 号裁定），裁定：被异议商标予以核准注册。

李锦记公司不服，向商标评审委员会申请复审。

2011 年 9 月 21 日，商标评审委员会作出商评字〔2011〕第 21821 号《关于第 3676671 号"李金记"商标异议复审裁定书》（简称第 21821 号裁定），对被异议商标不予核准注册。

李金记公司不服，于 2012 年 2 月 21 日向北京市第一中级人民法院提起诉讼称：1. 被异议商标与引证商标不构成近似；2. 被异议商标为李金记公司第 303559 号"李金记及图"商标（简称第 303559 号商标）的延伸注册。3. 被异议商标已使用多年，获得了诸多荣誉，不会造成消费者的混淆误认。请求人民法院撤销第 21821 号裁定。

商标评审委员会辩称：第 21821 号裁定依据充分，认定事实清楚，适用法律正确，符合法律程序，请求人民法院予以维持。

李锦记公司称：同意第 21821 号裁定的认定，请求维持该裁定。

一审审理查明

李锦记公司向商标评审委员会提出异议复审申请的主要理由是：1. 被异议商标与引证商标近似，两商标指定使用的商品构成同一种或类似商品，被异议商标申请注册侵犯了李锦记公司的商标专用权。2. 被异议商标是对李锦记公司驰名商标的抄袭和复制，容易误导公众，李金记公司的行为具有主观恶意，有违诚实信用原则。3. 被异议商标侵犯了李锦记公司的商号权。综上，依据《中华人民共和国商标法》第十条第一款第（八）项、第二十八条①、第三十一条②及《中华人民共和国民法通则》第四条的规定，请求对被异议商标不予核准注册。

商标评审委员会在第 21821 号裁定中认为：

被异议商标与引证商标在文字构成和组合形式上具有近似特征，两商标使用在酱油等同一种或类似商品上时，易使消费者对商品的来源产生混淆误认，已构成相同或类似商品上的近似商标。商标评审依据个案审查原则，其他商标获准注册的事实不能成为本案被异议商标获准注册的当然理由。李锦记公司提供的在案证据不能证明引证商标在被异议商标申请注册之日前已在中国大陆地区达到驰名程度，亦不能证明李锦记公司商号在被异议商标申请注册日前已在中国大陆地区具有一定的知名度，不能证明被异议商标的注册和使用将会对李锦记公司的商号权构成损害。因此，被异议商标未违反《中华人民共和国商标法》第十三条第二款③的规定和第三十一条有关不得侵犯他人在先权利的规定。

被异议商标本身不致产生有害于社会主义道德风尚或者其他不良社会影响的效果，即并未违反《中华人民共和国商标法》第十条第一款第（八）项的规定。

李锦记公司依据《中华人民共和国民法通则》有关条款所提的复审理由

---

① 对应 2013 年 8 月新修订的《商标法》第三十条。
② 对应 2013 年 8 月新修订的《商标法》第三十二条。
③ 对应 2013 年 8 月新修订的《商标法》第十三条第三款。

己体现在《商标法》具体规定之中，对该项理由不再评述。

综上，商标评审委员会依据《中华人民共和国商标法》第二十八条、第三十三条①、第三十四条②的规定，裁定：被异议商标不予核准注册。

另查，第303559号商标由宝安县坪山联侨果子厂于1987年4月1日提出注册申请，于1987年11月20日获准注册，核定使用商品为第30类的酱、蚝油，专用期限经续展至2017年11月19日。2001年5月28日，该商标经核准转让至李金记公司名下。

一审判理和结果

被异议商标为"李金记"文字商标，引证商标由"李锦記"及图组成，其显著识别部分为"李锦記"。被异议商标与引证商标显著识别部分仅一字之差，且呼叫相近，二者共存于相同或类似商品上，易使相关公众对商品的来源产生误认或者认为其来源与引证商标的商品有特定的联系，故被异议商标与引证商标构成近似。商标评审委员会认定被异议商标与引证商标构成使用在相同或类似商品上的近似商标并无不当，应予支持。李金记公司的诉讼理由缺乏事实和法律依据，不予支持。

关于李金记公司主张被异议商标为其第303559号商标延伸注册的问题。商标一旦获准注册，即获得了商标专用权及商标禁用权两项权能。商标专用权是指商标注册人在核定使用的商品或服务上使用其注册商标的权利。而商标禁用权是指商标注册人禁止他人在相同或类似商品或服务上使用与其注册商标相同或近似标志的权利。一般情况下，注册商标禁用权的权利范围大于注册商标专用权的权利范围。由于历史或其他客观原因，现实中存在一定数量的相同或类似商品上的近似商标客观并存的现象。上述并存的商标禁用权之间必然存在冲突，而商标的基本功能在于区分商品或服务的来源，防止市场混淆，因此，当诉争商标落入上述并存商标的禁用权或专用权范围时，上述并存的商标权利人均不得单纯地依据其在先商标主张诉争商标获准注册。被异议商标与引证商标已构成使用在相同或类似商品上的近似商标，因此，李金记公司主张依据其在先的第303559号商标，被异议商标可获准注册的理由缺乏法律依据，不予支持。

---

① 对应2013年8月新修订的《商标法》第三十五条。
② 对应2013年8月新修订的《商标法》第三十六条。

李金记公司用于证明被异议商标使用的证据尚不足以证明被异议商标通过使用已形成稳定市场秩序。故李金记公司主张被异议商标经过长期使用，不会与引证商标相混淆的理由，缺乏事实依据，不予支持。

综上，北京市第一中级人民法院依照《中华人民共和国行政诉讼法》第五十四条第（一）项的规定，判决：维持商标评审委员会作出的第 21821 号裁定。

上诉与答辩

李金记公司不服一审判决，向北京市高级人民法院提起上诉，请求撤销一审判决和商标评审委员会第 21821 号裁定，改判商标评审委员会就被异议商标重新作出异议复审裁定。其主要上诉理由是：1. 被异议商标和引证商标在外观、呼叫上存在明显差异，不构成近似商标，一审判决认定两商标近似存在错误。2. 被异议商标是对李金记公司此前已经核准注册的第 303559 号商标的延伸注册，一审判决关于第 303559 号商标不能成为被异议商标注册理由的认定缺乏依据。3. 李金记公司在一审诉讼中提供的证据已经能够证明"李金記"商标与引证商标在市场上长期共存，形成了稳定的市场秩序，不会导致社会公众的混淆、误认，一审判决对此认定依据不足且与事实不符。

商标评审委员会和李锦记公司服从一审判决。

二审判理和结果

被异议商标为"李金記"，引证商标为"李錦記"，两者仅相差一个字，呼叫基本相同，虽外观有所差异，但共同使用在各自指定使用的酱油等调味品上，容易导致相关公众误认为使用两商标的商品提供者之间存在特定联系，故商标评审委员会和一审法院认定两商标构成使用在相同或者类似商品上的近似商标并无不当，应予维持。李金记公司关于两商标不近似的上诉理由，缺乏依据，不予支持。

在被异议商标与引证商标构成使用在相同或者类似商品上的近似商标的情况下，被异议商标的使用行为属于违反《中华人民共和国商标法》相关规定的行为，原则上此种行为在引证商标权利人已提出明确主张的情况下，不因持续时间长而获得正当性。李金记公司所提供的使用证据不足以证明被异议商标通过使用已经产生与引证商标相区分的客观情况，并形成稳定市场秩序，故李金记公司关于被异议商标经过长期使用不会与引证商标相混淆等上诉理由，缺乏依据，不予支持。

商标注册人对其注册的不同商标享有各自独立的商标专用权，先后注册的商标之间并不当然具有延伸关系。同一商标注册人在后申请注册的商标是否是其在先注册商标的延伸，关键在于在先注册商标是否经过使用获得一定知名度，从而导致相关公众将在后申请注册的相同或者近似商标与其在先注册商标联系在一起并认为使用两商标的商品均来自该商标注册人或与其存在特定联系。在先商标注册后并未使用并产生相应的商业信誉，在后商标申请注册前，他人在相同或者类似商品上注册与在后商标相同或者近似的商标并持续使用产生一定知名度，此时在后商标申请人依据其在先注册商标主张存在延伸关系的，不应获得支持。

第303559号商标的注册时间虽然早于引证商标申请注册时间，但李金记公司并未提供该商标在引证商标申请注册前使用并获得一定知名度的任何证据，李金记公司受让该商标的时间也晚于引证商标的核准注册时间，其所提被异议商标是对第303559号商标的延伸注册的上诉理由，缺乏事实和法律依据，不予支持。

综上，依照《中华人民共和国行政诉讼法》第六十一条第（一）项之规定，二审法院判决：驳回上诉，维持原判。

【法官评述】

申请注册的商标不得同他人在先申请或已经核准注册的商标构成使用在同一种商品或者类似商品上的近似商标，是商标注册审查的基本规则，具体体现在《商标法》第二十八条、第二十九条①、第四十一条第三款②，《商标法实施条例》第二十九条③等规定中。上述规定的商品类似、商标近似以是否容易导致混淆误认为判断标准。

商标的基本功能是区分商品或服务的来源。商标法上的混淆误认就是破坏商标的这种区别功能，即足以使相关公众误认为商品提供者相同或者存在特定联系。这种混淆误认并不限于实际发生，只要有足够大的使消费者产生混淆误认的可能性即可。《最高人民法院关于审理商标授权确权行政案件若干问题的意见》中对商品类似和商标近似中的"足以导致混淆误

---

① 对应2013年8月新修订的《商标法》第三十一条。
② 对应2013年8月新修订的《商标法》第四十五条。
③ 本条已在2014年4月新修订的《商标法实施条例》中已删除。

认"的标准加以明确,其中第十五条规定判断商品或者服务是否类似时,要判断"是否容易使相关公众认为商品或者服务是同一主体提供的,或者其提供者之间存在特定联系";第十六条规定认定商标是否近似"以是否容易导致混淆作为判断标准"。在判断是否容易造成混淆时,通常并不考虑在后商标使用人对其商标的使用情况及相应的知名度,这是因为判断在后商标能否获得注册,考虑的是该商标申请注册日之前的事实,该商标申请注册后的使用情况并非判断混淆误认的要素。

关于如何确定混淆的时间点的问题。如前所述,判断足以导致混淆或不可能混淆的时间点是在后商标申请注册日,只是在确有必要的情况下才会考虑之后的使用和实际区分的情况,即使是对之后的使用和实际区分情况进行考虑时,也要求在后的商标使用或注册不能具有恶意,而且这种"情形必须是特殊的,需要有特殊的和正当的理由,不能成为随意使用的托辞。"奚晓明大法官指出:"实现经营者之间的包容性发展……应当限于极其特殊的例外情况,通常属于因复杂历史因素导致的共存,或者其他因客观因素导致的善意共存。"

也就是说,以在后商标申请注册日来判断前后申请注册的两个商标是否足以导致混淆误认是商标近似、商品类似判断中应当坚持的基本原则,此时不应当考虑在后商标申请注册日之后的商标使用情况及相应的知名度。正因为如此,在本案中,二审判决明确指出,在被异议商标与引证商标构成使用在相同或者类似商品上的近似商标的情况下,被异议商标的使用行为属于违反《商标法》相关规定的行为,原则上此种行为在引证商标权利人已提出明确主张的情况下,不因持续时间长而获得正当性。

《最高人民法院关于审理商标授权确权行政案件若干问题的意见》第一条所要求的"使用时间较长、已经建立较高市场声誉和形成相关公众群体"等考量因素,只是在极其特殊的情形下才可能适用。比如,在 1978 年改革开放前后,原参加公私合营的不同主体又重新启用之前使用的同一字号或商标并各自形成相应的市场声誉和地位的,如果发生争议时市场上已经能够区分,则不宜再撤销在后商标的注册。此时,如果相关商标均具有较高知名度或者其共存是特殊条件下形成的,应根据两者的实际使用状况、使用历史、相关公众的认知状态和使用者的主观状态等因素综合判定,在已经形成实际区分的客观市场格局的情况下,不应认定存在混淆的可能，以免将商标权变成限制竞争，甚至制造垄断的工具。

最后，对于不同商标之间是否具有延伸关系，我们认为，商标注册人对其注册的不同商标享有各自独立的商标专用权，先后注册的商标之间并不当然具有延伸关系。在先商标注册后并未使用并产生相应的商业信誉，同一注册人提出在后商标申请注册前，他人在相同或者类似商品上注册与在后商标相同或者近似的商标并持续使用产生一定知名度，此时在后商标申请人依据其在先注册商标主张存在延伸关系的，不应获得支持。

编写人：北京市高级人民法院知识产权审判庭　钟鸣

三、知识产权刑事案件

47

伍迪兵、李玉峰等侵犯商业秘密、侵犯著作权案

——阅读提示：泄露网络游戏源代码、编译并运营网络私服游戏、受让经营网络游戏私服网站等行为分别应如何定性？商业秘密权利人的损失数额如何计算？

【裁判要旨】

商业秘密权利单位的雇员违反与单位的保密协议约定，向他人泄露作为本单位商业秘密的网络游戏源代码，给单位造成重大经济损失的，应根据《刑法》第二百一十九条第一款第（三）项、第二款、第四款之规定，按侵犯商业秘密罪论处。未经著作权人许可，将非法获取的他人网络游戏源代码编译成网络私服游戏软件并运营以营利，或受让经营网络游戏私服网站的，均应根据《刑法》第二百一十七条第一项之规定，按侵犯著作权罪论处。商业秘密权利人损失数额难以计算的，可根据侵权人在侵权期间因侵犯商业秘密的违法所得认定。

【案号】

一审：北京市海淀区人民法院（2012）刑初字第 3240 号
二审：北京市第一中级人民法院（2012）刑终字第 5321 号

【案情与裁判】

公诉机关：北京市海淀区人民检察院

被告人：伍迪兵、李玉峰、孙笑天、宋明阳、袁江力、熊志成

指控与辩护

北京市海淀区人民检察院于 2012 年 9 月 14 日向北京市海淀区人民法院

提起公诉指控：2010 年，被告人伍迪兵担任珠海金山软件有限公司高级开发经理期间，违反其与公司签订的保密合同约定，将该公司享有著作权的《剑侠世界》网络游戏（该款网络游戏的出版商为北京金山数字娱乐科技有限公司，注册地为本市海淀区小营西路 33 号）软件的源代码向被告人李玉峰披露。2011 年 6 月至 10 月间，被告人李玉峰伙同孙笑天、宋明阳利用非法获得的游戏软件的源代码，私自架设服务器，经营游戏《情缘剑侠》，注册会员达 1 万余人，非法经营额为人民币 110 余万元。2011 年 10 月，被告人孙笑天、宋明阳二人将《情缘剑侠》私服游戏以人民币 58 万元的价格销售给被告人袁江力、熊志成、袁志刚（另案处理）、袁柳兵（另案处理）四人。2011 年 11 月至 2012 年 2 月间，被告人袁江力、熊志成伙同袁志刚、袁柳兵（均另案处理）继续运营购得的《情缘剑侠》私服游戏，注册会员达 4 万余人，非法经营额为人民币 40 余万元。经鉴定，从《情缘剑侠》私服游戏提取的代码同金山公司《剑侠世界》游戏的相应代码内容完全一致。2012 年 1 月 11 日，公安机关将被告人孙笑天抓获。当天公安机关在被告人孙笑天的带领下前往被告人宋明阳的住处，将被告人宋明阳抓获。同年 1 月 14 日，公安机关将被告人李玉峰抓获。同年 2 月 24 日，公安机关将被告人袁江力、熊志成抓获。同年 2 月 29 日，公安机关将被告人伍迪兵抓获归案。案发后，被告人孙笑天已赔偿北京金山数字娱乐科技有限公司人民币 50 万元。被告人宋明阳退赔人民币 6 万元，现已扣押在案；另有赃款人民币 11 万余元已冻结在案。

针对上述指控，公诉机关提供了相关的证据材料，认为被告人伍迪兵的行为已构成侵犯商业秘密罪；被告人李玉峰、孙笑天、宋明阳、袁江力、熊志成的行为已构成侵犯著作权罪，提请本院对上述被告人依法惩处。

被害单位北京金山数字娱乐科技有限公司及其委托代理人对检察院指控的事实与罪名没有提出异议。

被告人伍迪兵对检察院指控的事实与罪名没有提出异议。辩护人张革飞提出的辩护意见为，被告人伍迪兵主观恶性较小；且其系初犯、偶犯，认罪态度较好，希望法庭对其从轻处罚。

被告人李玉峰对检察院指控的事实与罪名没有提出异议。辩护人张晓彬提出辩护意见为：1. 被告人李玉峰在共同犯罪中所起作用较小，分得赃款较少，应认定为从犯；2. 被告人李玉峰系初犯、偶犯，认罪、悔罪态度较好；3. 被告人李玉峰具有退赃表现，提请法庭对其从轻或减轻处罚。

被告人孙笑天对检察院指控的事实与罪名没有提出异议。辩护人王天槐提出辩护意见为被告人孙笑天认罪态度较好，有立功表现，并积极退赃，提请法庭对其减轻处罚，并适用缓刑。

被告人宋明阳对检察院指控的事实与罪名没有提出异议。辩护人提出辩护意见为：1. 被告人宋明阳认罪态度较好，能够如实供述事实；2. 被告人宋明阳当庭认罪，能够充分认识自己的罪行；3. 被告人宋明阳是初犯、偶犯，无前科；4. 被告人宋明阳及其家属赔偿了被害单位损失六万元，希望法庭对其从轻处罚。

被告人袁江力对检察院指控的事实与罪名没有提出异议。其辩护人胡功群提出辩护意见为：1. 被告人袁江力的行为应当认定为销售侵权复制品犯罪，不构成侵犯著作权罪；2. 公诉机关指控注册会员达4万余人的证据不够充分；3. 被告人袁江力与熊志成、袁志刚及袁柳兵四人不能构成共同作案，不属于共同犯罪；4. 被告人袁江力的犯罪行为不构成"情节特别严重"；5. 被告人袁江力主观恶性较小、认罪态度较好，是初犯、偶犯，希望法庭对其从轻处罚。

被告人熊志成对检察院指控的事实与罪名没有提出异议。

一审审理查明

一审法院经审理查明：被告人伍迪兵在2010年担任珠海金山软件有限公司高级开发经理期间，为换取被告人李玉峰手中的其他游戏引擎，违反其与公司签订的保密合同约定，擅自将该公司享有著作权的网络游戏《剑侠世界》（该款网络游戏软件的著作权人系成都金山互动娱乐科技有限公司、珠海金山软件股份有限公司；出版商为北京金山数字娱乐科技有限公司，注册地为本市海淀区小营西路33号）的程序源代码通过QQ邮箱发送给被告人李玉峰。2011年6月至10月间，被告人李玉峰通过他人将上述非法获取的游戏软件源代码编译成游戏《情缘剑侠》服务器终端程序，后伙同被告人孙笑天、宋明阳租用国外服务器运行该游戏，私自架设服务器（简称"私服"）、制作并开设网站经营网络游戏《情缘剑侠》，招揽客户注册登陆该私服游戏网站成为玩家或会员，后利用游戏中的充值项目，借助第三方交易平台收取客户的充值费以营利。经鉴定，《情缘剑侠》游戏程序的代码文件与金山公司合法所有并运营的《剑侠世界》游戏程序的代码文件内容完全一致。期间，被告人李玉峰负责服务器的架设及游戏的程序，被告人孙笑天负责制作网站、服务器的租用，被告人宋明阳负责与充值平台沟通、游戏的脚本修改。该私服游戏注册会员达 1 万余人，非法经营额人民币 110 余万元。2011 年 10 月，被告人孙笑天、宋明阳二人将《情缘剑侠》游戏程序及私服游戏网站平台，以人民币 58 万元的价格整体转让给被告人袁江力、熊志成、袁志刚（另案处理）、袁柳兵（另案处理）四人。其中，由被告人宋明阳负责将该私服游戏全部程序文件复制转交给被告人袁江力，并传授操控、运营、维护该私服网站的方法及流程。2011 年 11 月至 2012 年 2 月间，被告人袁江力、熊志成伙同袁志刚、袁柳兵（均另案处理）继续租用国外服务器运行《情缘剑侠》游戏，经营维护该私服游戏网站，招揽并继续发展游戏玩家及会员，利用游戏中的充值项目，借助第三方交易平台收取客户的充值费以营利。期间，该私服游戏网站的注册会员达 4 万余人，非法经营额为人民币 40 余万元。2012 年 1 月 11 日，公安机关将被告人孙笑天抓获；当天，公安机关在被告人孙笑天的带领下前往被告人宋明阳的住处，将被告人宋明阳抓获；同年 1 月 14 日，公安机关根据查获的涉案银行账户信息锁定被告人李玉峰后将其抓获；同年 2 月 24 日，公安机关将被告人袁江力、熊志成抓获；同年 2 月 29 日，公安机关将被告人伍迪兵抓获归案。案发后，被告人孙笑天在其家属协助下已退赔北京金山数字娱乐科技有限公司人民币 50 万元。被告人宋明阳在其家属协助下退缴违法所得人民币 6 万元，现扣押在案；另公安机关依法冻结被告人李玉峰银行账户内违法所得人民币 113213.58 元，现亦冻结在案。

一审判理和结果

一审法院认为，被告人伍迪兵为获取他人手中的游戏引擎程序，违反约定及违反权利人有关保守商业秘密的要求，将其掌握的计算机源代码程序用于交换，给权利人造成重大损失，其行为已构成侵犯商业秘密罪，应予惩处；被告人李玉峰、孙笑天、宋明阳、袁江力、熊志成以营利为目的，未经计算机软件著作权人许可，复制其计算机软件，并在私自架设的服务器上运行，获取巨额利润，情节特别严重，其行为已构成侵犯著作权罪，应予惩处。北京市海淀区人民检察院指控被告人伍迪兵犯有侵犯商业秘密罪，被告人李玉峰、孙笑天、宋明阳、袁江力、熊志成犯有侵犯著作权罪的事实清楚、证据确凿，指控罪名成立。关于被告人袁江力的辩护人提出被告人袁江力的行为应认定为销售侵权复制品犯罪，不构成侵犯著作权罪的辩护意见，法庭认为，在案证据显示，被告人袁江力、熊志成从被告人孙笑天、宋明阳处购得《情缘剑侠》私服游戏，后继续经营和维护该私服游戏网站，招揽和发展玩家登陆该私服游戏，收取客户充值费的行为，实质上仍是以营利为目的，通过互联网向公众提供属于权利人的网络游戏服务，系未经该游戏的正版软件《剑侠世界》著作权人许可而擅自复制发行，其行为完全符合侵犯著作权罪的犯罪构成。故对于该辩护意见，本院不予采信。被告人袁江力、熊志成与袁志刚等人实施侵犯著作权犯罪的经营数额高达40余万元，私服游戏网站注册会员达4万余人，根据相关司法解释，应认定具有其他特别严重情节；在犯罪中，虽然各被告人分工不同，但均共谋实施犯罪，且相互协作、配合，应认定为共同犯罪。辩护人提出其不构成共犯以及其犯罪情节不属于特别严重的相关辩护意见，本院不予支持。被告人李玉峰不仅与被告人孙笑天、宋明阳合谋实施犯罪，且其将非法获取的涉案源代码编译成盗版软件程序，为其他三人顺利架设和运营私服游戏网站提供了核心基础和前提，在整个侵犯著作权的共同犯罪中地位与作用至关重要，不宜认定为从犯。故对于辩护人认为其系从犯的辩护意见，本院亦不予采信。鉴于本案六名被告人到案后及在庭审过程中均能如实供认自己的罪行，认罪态度较好；且本案部分违法所得已起获并冻结在案；被告人孙笑天到案后协助公安机关抓捕同案犯，具有立功表现，并在家属配合下积极赔偿了被害单位50万元的经济损失，取得被害单位的谅解；被告人宋明阳在其家属协助下主动退缴了部分违法所得，本院对该六人根据各自情节依法从轻处罚。辩护人的相关辩护意见，本院酌予采纳。但考虑到被告人李玉峰蓄意将涉案程序源代码编译为私服游戏软件，对整个侵犯著作权犯罪活动起着源头性影响，作用较大，本院在量刑时亦酌予体现。本案冻结及扣押在案的赃款及其孳息，系本案部分被告人的违法犯罪所得，应依法予以没收。

综上，一审法院依据对被告人伍迪兵依照《刑法》第二百一十九条第一款第一项、第三款、第四款，第六十七条第三款、第五十三条、第六十四条；对被告人李玉峰、孙笑天、宋明阳、袁江力、熊志成依照《刑法》第二百一十七条第一项、第二十五条第一款、第六十七条第三款、第六十八条、第五十三条、第六十四条之规定，判决如下：一、被告人伍迪兵犯侵犯商业秘密罪，判处有期徒刑二年，罚金人民币二十万元；二、被告人李玉峰犯侵犯著作权罪，判处有期徒刑五年六个月，罚金人民币一百万元；三、被告人宋明阳犯侵犯著作权罪，判处有期徒刑四年六个月，罚金人民币九十万元；

四、被告人孙笑天犯侵犯著作权罪,判处有期徒刑三年,罚金人民币三十万元;五、被告人袁江力犯侵犯著作权罪,判处有期徒刑三年,罚金人民币三十万元;六、被告人熊志成犯侵犯著作权罪,判处有期徒刑三年,罚金人民币三十万元;七、在案冻结及扣押赃款人民币十七万三千二百一十三元五角八分及其孳息一并予以没收,上缴国库。

上诉与答辩

一审宣判后,被告人李玉峰、孙笑天不服一审判决,认为量刑过重提出上诉。

二审判理和结果

二审审理期间,上诉人李玉峰、孙笑天均申请撤回上诉。二审法院认定李玉峰、孙笑天撤回上诉的申请符合法律规定,裁定准许其二人撤回上诉。

【法官评述】

本案系北京地区侦破及办理的首例网络私服游戏侵权犯罪案件。本案被侵权主体是金山集团知名企业,被侵权的《情缘剑侠》游戏属于热门网络游戏,注册会员及玩家人数众多,社会影响面较广。同时,该案作为侵犯知识产权犯罪案件,在犯罪领域、手段、情节及社会影响诸多方面均具有较强代表性,也存在一些司法难点问题。主要集中体现在以下三方面:

一、被害单位内部职员擅自向他人提供公司游戏软件源代码的行为定性,以及其给单位造成的经济损失认定

对伍迪兵的行为定性,有过三种意见。第一种意见认为伍迪兵违反保密协议约定,泄露本单位商业秘密,被他人利用后给本单位造成重大经济损失,构成侵犯商业秘密罪;第二种意见认为伍迪兵明知自己掌握的源代码是本单位游戏软件的"母程序",可能会被他人利用后编译出盗版游戏软件,仍复制后通过网络向他人提供,以交换获取其他物的形式获利,其行为应构成侵犯著作权罪;第三种意见认为伍迪兵的行为虽然侵犯了本单位的商业秘密,但其单位因此遭受的经济损失无法计算,无法证明其给单位造成了重大的经济损失,故其行为不构成犯罪。

我们采纳的是第一种意见。理由如下:

首先，我们应明确，伍迪兵掌握的游戏源代码系本单位的商业秘密，而不是可以直接运行使用的游戏软件作品。所谓"源代码"是指用源语言编制的计算机程序。源代码是掌握并编制出游戏软件的核心信息和密令。一旦被公开，软件的核心技术即泄露，从而会失去应有的商业价值。对于依靠游戏软件营利的单位而言，源代码更是影响其生存与发展的关键性技术信息，一般都会采取一定的保密措施，属于商业秘密。而游戏软件是通过源代码编译出来的可以直接运行的程序，属于可以对外公开的计算机软件作品，公众可以通过公开渠道获得。本案中，伍迪兵向李玉峰提供的网络游戏源代码，属于金山公司核心技术信息，外界公众难以知悉，并被采取了员工保密协议等保护措施，具备商业秘密的全部特征，是商业秘密，而不是游戏软件。因此，在犯罪对象方面，其行为不符合侵犯著作权犯罪的特征。

其次，不宜认定伍迪兵具有营利的目的。根据相关司法解释的规定，侵犯著作权犯罪中的"以营利为目的"是指通过销售、直接或间接收取各种费用等方式利用他人作品牟利的情形。伍迪兵只是为了研发其他游戏程序，用手中掌握的源代码换取他人手中的游戏引擎。对其个人而言，虽实现了一定的个人意图，但也只是一般的以物换物，不属于刑法意义上的营利目的。而且，在案证据难以证实其与交换对方具有架设运营网络私服游戏的共同犯意，即不能证明伍迪兵知道交换对方被告人李玉峰获取源代码的真实意图，也不能证明其与其他被告人有过共谋。因此，其行为不应认定为侵犯著作权罪。

再次，商业秘密权利人损失数额难以计算的，可以根据案件具体情况综合认定。"给权利人造成重大损失"是侵犯商业秘密罪的必要构成要件，是指权利人因商业秘密被侵害而实际已经发生损失和必然遭受的损失。但因商业秘密属于无形资产，其商业价值评估具有很强专业性和多样性，权利人的经济损失除了现实利益外，还有可能包括部分合理的可预期利益，甚至还包括市场地位或竞争力削减、客户流失等隐性利益，权利人的实际损失往往很难精确计算。而《刑法》及司法解释均未对如何计算侵犯商业秘密犯罪中的损失问题作出规定。司法实践中，一般参鉴《反不正当竞争法》等其他法律规定中的赔偿标准进行确定。对于实际损失数额难以计算的，大多根据侵权人在侵权期间因侵权所获的利润认定。由于刑事犯罪较之民事侵权有其特殊性，在权利人的损失数额和侵权人所得的实际利润均难以查实时，还需要法官根据案件的具体情况，结合立法精神作出综合认定。本案中，由于涉案的网络游戏玩家众多且具有很大不确定性，各玩家参与游戏的程度也不一，该游戏可带给权利人的现实及可预期收益难以计算和评估，权利人金山公司的实际损失难以计算。但是，伍迪兵泄露游戏源代码，被李玉峰等人利用架设运营私服网站以获利的情况是可以查实的。可以将李玉峰等人运营私服网站的非法经营数额、转让所得等违法所得数额综合认定。伍迪兵给权利人造成的损失数额已达百余万元，远远超过 50 万元，符合造成重大损失的情形，应当以侵犯商业秘密罪论处。

二、利用非法获取的游戏源代码编译并运营网络私服游戏的行为认定

对于李玉峰等人利用非法获取的游戏源代码编译出网络私服游戏程序，并通过域外服务器架设私服游戏网站运营的行为，应认定为侵犯商业秘密罪，还是侵犯著作权罪，也有过争议。

我们认为李玉峰、孙笑天、宋明阳实施的上述行为应认定构成侵犯著作权罪。李玉峰等人利用从伍迪兵处非法获取的游戏源代码编译出私服游戏软件，以及事后转让网站时把源代码也一并转移给袁江力、熊志成的行为，虽然具有侵犯他人商业秘密的性质，但他们是为了经营私服游戏网站，主要侵犯的是权利人对游戏软件享有的著作权。因为计算机程序包括源程序和目标程序，目标程序即游戏软件是通过网络向公众公开的。李玉峰等人虽然是通过源代码编译出目标游戏程序，但其对他人享有著作权的目标程序并未做实质性修改，而是通过反编译手段复现他人的程序作品。经鉴定，二者同一。因此，应认定为未经著作权人许可，复制他人作品，并通过私服网站传播的行为。非法获取、使用游戏源代码只是其实现上述目的必经手段。即，侵犯商业秘密只是其侵犯著作权犯罪的手段行为。故根据牵连犯"择一重处"原则，李玉峰等人的行为应当以侵犯著作权罪论处，并在量刑时，酌情考虑和体现李玉峰在非法获取并利用他人商业秘密编译出私服游戏软件等行为中的重要地位和作用。

三、受让经营网络游戏私服网站的行为认定

被告人袁江力的辩护人认为，因为涉案的私服游戏网站是李玉峰、孙笑天等人事先架设运营好的，袁江力等人只是整体受让该网站，而对私服游戏的编译、网站架设及运营等情况事前均不知情，也并未参与复制他人游戏软件作品等行为，故其行为只构成销售侵权复制品罪，不构成侵犯著作权罪。

我们认为，侵犯著作权罪与销售侵权复制品罪在客观方面的一个重要区别在于，行为人实施的是"复制发行"行为，还是单纯的"销售"行为。本案中，袁江力、熊志成等人表面上只是接手了他们已经建立经营好的一个网站，并继续经营。但实际上，其实施的不是单纯的销售行为。因为，网络游戏不同于普通商品，游戏网站也不等同于普通商铺店面。网络游戏需要多个程序软件配合运行，包括客户终端程序和服务器程序，程序重复使用、互动、更新是其运行基础和条件。游戏网站是通过招揽和发展玩家登陆游戏，收取相关费用以运行，通过信息网络向玩家提供游戏作品是其基本运营形式，并需要经常更新维护。因此，受让并继续经营私服游戏网站，不同于单纯的销售盗版软件，而具有擅自复制发行的行为特征，应以侵犯著作权罪论处。故对于该辩护意见，不应支持。

编写人：北京市海淀区人民法院刑事审判第二庭　覃波

48

胡君良假冒注册商标、销售假冒注册商标的商品案

——阅读提示：假冒注册商标罪中，未附着或未全部附着注册商标的产品（包括半成品及原材料）是否应计入非法经营数额？侵权产品尚未销售如何确定非法经营数额？

【裁判要旨】

用于制造侵权商品的原材料、半成品，若有确实、充分证据证明即将假冒他人注册商标，应计入非法经营数额；在侵权产品尚未销售、也无标价的情况下，应考量侵权产品与被侵权产品之间价格的差异性，从而慎用被侵权产品的市场中间价格计算侵权产品的价值。

【案号】

一审：江苏省无锡市宜兴市人民法院（2012）宜知刑初字第 9 号

【案情与裁判】

公诉机关：江苏省无锡市宜兴市人民检察院

被告人：胡君良

指控与辩护

公诉机关指控：2011 年 11 月中下旬，被告人胡君良在未得到中国贵州茅台酒厂有限责任公司（简称茅台酒厂）许可的情况下，伙同他人私自生产假冒茅台酒厂的注册商标为"飞天""贵州茅台"白酒，犯假冒注册商标罪；2011 年 9 月至 10 月期间，被告人胡君良在明知他人销售给其的贵州茅台酒系假冒的情况下，仍予以收购并伺机销售，犯销售假冒注册商标的商品罪，故于 2012 年 3 月 27 日向法院提起公诉。

被告人胡君良及其辩护人对公诉机关指控的犯罪事实无异议，但提出以下辩护意见：1. 在查获时绝大部分酒尚未附着或未全部附着假冒的注册商标，该部分产品金额不应计入非法经营额；2. 侵权产品不可能以正品价格销售；且价格鉴定是以 2011 年 12 月 9 日作为价格鉴证基准日，该日期临近春节，正是茅台酒价格飞涨之时，以该价格确定非法经营数额及销售金额并不合理。

一审审理查明

宜兴市人民法院审理查明：茅台酒厂是"贵州茅台"文字商标及"飞天"图形商标的商标持有人。

2011 年 11 月中下旬，被告人胡君良从贵州人杨加利（另案处理）处购买了 7200 套假冒茅台酒厂 53 度注册商标为"飞天""贵州茅台"的商标、酒瓶、包装盒，由杨加利提供制假人员，被告人胡君良提供散装白酒，采取向无商标标识的仿茅台酒式样的空瓶中灌装散装白酒的方式，在酒瓶上加盖、加贴、加系印有"飞天"、"贵州茅台"字样的瓶盖、商标纸及飘带，并装入印有上述注册商标的包装盒及包装箱中，生产假冒"飞天""贵州茅台"酒。现场查获已经包装完毕的假冒飞天茅台酒 161 箱、已附着商标仅缺外包装的酒 392 瓶、已灌装未附着商标标识的酒 1232 瓶、散装空瓶 5660 瓶、散装白酒塑料桶装 55 桶、假冒商标标识 6400 套等。该批假冒白酒均未销售。

2011 年 9 月至 10 月期间，被告人胡君良在明知他人销售给其的 120 瓶（规格为 53 度 500 毫升）和 360 瓶（规格为 43 度 500 毫升）贵州茅台酒系假冒的情况下，仍予以收购并伺机销售。2011 年 12 月 7 日，宜兴市公安局查获该批假冒注册商标"飞天""贵州茅台"酒，而致销售未遂。

经宜兴市价格认证中心价格鉴证：在价格鉴证基准日（2011 年 12 月 9 日），53 度 500 毫升"飞天""贵州茅台"酒的市场中间价格为人民币 1988 元/瓶，43 度 500 毫升"飞天""贵州茅台"酒的市场中间价格为人民币 998 元/瓶。

一审判理和结果

法院认为，"飞天""贵州茅台"注册商标依法经我国商标局核准注册，受法律保护。被告人胡君良伙同他人未经注册商标所有人的许可，在同一种商品上使用与其注册商标相同的商标，非法经营数额达人民币 17295600 元，情节特别严重，该行为已经构成假冒注册商标罪，且属共同犯罪，应予惩处；被告人胡君良还销售明知是假冒注册商标的商品，货值金额达人民币597840 元，数额巨大，应予惩处。公诉机关的指控事实清楚，证据确实、充分，罪名成立，应予采纳。被告人胡君良应以假冒注册商标罪、销售假冒注册商标的商品罪二罪数罪并罚。被告人胡君良在实施假冒注册商标的犯罪过程中，因意志以外的原因导致未能全部生产完毕，系犯罪未遂，对该部分犯罪可以比照既遂犯从轻处罚或减轻处罚；被告人胡君良在实施销售假冒注册商标的商品犯罪过程中，因意志以外的原因导致销售未遂，对该部分犯罪也可以比照既遂犯从轻处罚或减轻处罚。且被告人胡君良对假冒注册商标罪成立自首，可以从轻或者减轻处罚。综合上述情节，本院决定对被告人胡君良假冒注册商标罪从轻处罚，对销售假冒注册商标的商品罪减轻处罚。据此，依照《中华人民共和国刑法》第二十三条、第二十五条、第六十四条、第六十七条第一款、第六十九条、第二百一十三条、第二百一十四条，《最高人民法院、最高人民检察院关于办理侵犯知识产权刑事案件具体应用法律若干问题的解释》第一条第二款第一项、第二条第二款、第十二条第一款、第十三条第二款，《最高人民法院、最高人民检察院关于办理侵犯知识产权刑事案件具体应用法律若干问题的解释（二）》第四条之规定，判决如下：被告人胡君良犯假冒注册商标罪，判处有期徒刑四年，并处罚金人民币二百万元；犯销售假冒注册商标的商品罪，判处有期徒刑二年，并处罚金三十万元；决定执行刑期五年，并处罚金二百三十万元。扣押在案的涉案物品，予以没收，上缴国库。宣判后，被告人未上诉，公诉机关亦未抗诉，现判决已发生法律效力。

【法官评述】

一、未附着或未全部附着注册商标的产品（包括半成品和原材料）是否应计入非法经营数额

根据《最高人民法院、最高人民检察院、公安部关于办理侵犯知识产权刑事案件具体应用法律若干问题的意见》（简称《意见》）第七条规定："在计算制造、储存、运输和未销售的假冒注册商标侵权产品价值时，对于已经制作完成但尚未附着（含加贴）或者尚未全部附着（含加贴）假冒注册商标标识的产品，如果有确实、充分证据证明该产品将假冒他人注册

商标，其价值计入非法经营数额。"在审理中，对于现场查获的已经包装好的假冒白酒，以及已经灌装封口（制作完毕）但未加贴假冒注册商标的假冒产品应计入商标侵权的非法经营数额，意见较为一致，但对大量散装白酒及部分仅完成灌装，未封口的物品（尚未制作完成）是否应计入非法经营数额，存在不同意见：一种意见认为，根据《意见》的规定，计入非法经营数额的应为"已经制作完成"的产品，散装白酒以及仅完成灌装，未封口的白酒显然尚未"制作完成"，而属于用于制造侵权商品的半成品和原材料，故其价值不应计入商标侵权的非法经营额中。另一种意见认为，用于制造侵权商品的原材料本身就是侵权物品，应计入非法经营数额，本案应以查明的假冒注册商标的标识套数来确定非法经营数额。

法院采纳了第二种意见。理由如下：

1. 我国刑法和相关司法解释并未规定"侵权产品"只包括制作完毕的成品，不应对其进行缩小解释。根据《最高人民法院、最高人民检察院关于办理侵犯知识产权刑事案件具体应用法律若干问题的解释》（简称《解释》）第十二条："本解释所称'非法经营数额'，是指行为人在实施侵犯知识产权行为过程中，制造、储存、运输、销售侵权产品的价值。"可见，非法经营数额是指行为人在实施相关侵犯知识产权犯罪中所涉及的侵权产品的总数额，理应包括侵权行为被迫终止时尚未制作完毕的半成品及投入制作的原材料。在《关于侵权商品有关问题的批复》（工商标字〔2003〕第99号）中亦认为《商标法》第五十三条①中所述的"侵权商品"包括侵犯他人商标专用权的商标标识和现场查封的仅用于制造侵权商品的原辅料，也进一步佐证了本院的观点。

2. 《意见》第七条规定的立法本意是为了打击实践中大量存在的产品与假冒注册商标标识分离的情况，比如将产品与商标标识分开运输、将未附着商标标识的产品与假冒注册商标标识分开储存等情形。但如果拘泥于该规定中的"已经制作完毕"，仅以工序制作的不同终止阶段来确定是否计入非法经营数额，势必会使大多数因被及时查处而未来得及制假完毕的不法分子逃避法律的制裁，违反该条款的立法本意。

3. 本案中，通过被告人胡君良与杨加利的银行账户往来、查获现场照

① 对应 2013 年 8 月新修订的《商标法》第六十条。

片及被告人胡君良的供述等一系列证据均能确实、充分地表明被告人主观上有制造侵权产品的故意；结合被告人在被查处前的行为特征，若非公安机关及时查处，被告人制造假冒茅台酒的行为应一直处于继续状态：在现场查获的散装白酒、空瓶等原材料，其作用只会是用作造酒，而非饮用；所购买的 7200 套假冒注册商标的标识，会全部用于加贴商标。因此，未附着或未全部附着注册商标的产品（包括半成品和原材料）应计入非法经营数额。由于本案中只是由于被告人胡君良主观意志以外的原因导致犯罪未能得逞，故对于该部分犯罪被告人胡君良成立犯罪未遂，可以比照既遂犯从轻或减轻处罚。

二、本案的非法经营数额如何确定

本案中，无论是制造的还是待售的侵权白酒，被告人均未售出，也没有标价，法院最终采纳了价格鉴定的结论，按照被侵权产品的市场中间价格计算侵权产品的价值。理由是：

1. 根据《解释》之规定，在确定侵权产品的价值时，如已经销售，则按照实际销售的价格计算；如尚未销售，则按照标价或者已经查清的侵权产品的实际销售平均价格计算；如侵权产品没有标价或者无法查清其实际销售价格的，按照被侵权产品的市场中间价格计算。三种计算方法不是任选的，而是递进式的。本案中，在穷尽上述计算方法后仍无法确定侵权产品的价值时，按照被侵权产品的市场中间价格计算侵权产品的价值具有相应的法律依据。

2. 从被告人的供述来看，该批假冒白酒的原料均来自于茅台镇的正规小品牌酒厂，成本较高，如果流入市场的话，其售价应与勾兑的普通假冒白酒有所区别；该批假冒白酒的外包装仿真度很高，消费者很可能"不知假而买假"，因此在价格上更可能接近或等同于真品价格，更容易挤占茅台酒权利人的市场份额。鉴于此，通过慎重衡量侵权产品与正品之间的差异性，法院以"被侵权产品的市场中间价格"来计算侵权产品的价值，更能客观反映侵权行为造成的社会危害后果，体现罪刑相适应的原则。

3. 价格鉴定报告以 2011 年 12 月 9 日即案发之日作为价格鉴证基准日，该日期临近春节，茅台酒的价格有所上涨，有观点认为以该时段的价格来确定价格鉴证基准日并不合理。但根据《最高人民法院、最高人民检察院、公安部、国家计委关于统一赃物估价工作的通知》规定，价格事务所应当参照被告人作案当时、当地的同类物品的价格进行估价；况且，被告人其在供述中多次陈述准备在年底集中销售假冒的茅台酒，结合酒类市场年底需求量大、价格上涨的规律，可以确定若未被及时查获，被告人的犯罪行为及犯罪结果将延续至年底。鉴于上述因素，法院认为，价格鉴定报告将案发之时作为价格鉴定基准日具有事实和法律依据，依法予以采纳。

编写人：江苏省无锡市宜兴市人民法院知识产权审判庭　盛熹

49

陈建良假冒注册商标罪案

——阅读提示：假冒注册商标罪的已销售商品的数量和价格如何认定？非法经营数额应如何认定？

【裁判要旨】

本案判决对于"非法经营数额"的认定具有典型意义。对于已经被销售出去的假冒注册商标的产品如何认定其数量和价格，本就是个实践难题。本案判决通过对被告人同案犯的生产销售记录本并结合其他证据的认证，来认定其销售数量，同时按照被侵权产品的市场中间价格来计算其非法经营数额，依法认定了被告人的非法经营数额，以此定罪量刑。

【案号】

一审：福建省福州市鼓楼区人民法院（2012）鼓刑初字第 399 号

【案情与裁判】

公诉机关：福建省福州市鼓楼区人民检察院

被告人：陈建良

指控与辩护

公诉机关指控，2007 年 5 月至 12 月间，被告人陈建良购买"尖庄"、"金六福"等白酒，在福州市仓山区城门镇胪雷村东升茶厂内，指使栾承域（另案处理）指挥工人进行灌装、贴标，以次充好生产假"五粮液"白酒，后由被告人陈建良销售至福州市的酒店、酒楼等消费场所。经查明：自 2007 年 10 月至 12 月间，被告人陈建良共计销售假"五粮液"白酒共计 4624 件。2007 年 12 月 10 日，公安人员在福州市仓山区城门镇胪雷村东升茶厂内当场查扣假"五粮液"白酒 280 余件和生产假酒的原料、设备等。经宜宾五粮液股份有限公司鉴定：所扣押的"五粮液"白酒属假冒"五粮液"注册商标产品。经福州市价格认证中心鉴定：自 2007 年 10 月至 12 月间，已销售的假"五粮液"白酒金额为人民币 9850200 元，所扣押的假"五粮液"白酒价值人民币 596270 元。2011 年 8 月 18 日，被告人陈建良被公安人员抓获。公诉机关认为，被告人陈建良伙同他人未经注册商标所有人许可，在同一种商品上使用与其注册商标相同的商标，非法经营额达人民币 10446470 元，情节特别严重，其行为触犯了《中华人民共和国刑法》第二百一十三条、第二十五条第一款之规定，犯罪事实清楚，证据确实、充分，应以假冒注册商标罪追究其刑事责任。被告人陈建良曾因犯罪被判处有期徒刑，在刑罚执行完毕后的五年以内再犯应当判处有期徒刑以上刑罚之罪，依据《中华人民共和国刑法》第六十五条第一款之规定，系累犯，应当从重处罚。被告人陈建良在缓刑考验期限内犯新罪，根据《中华人民共和国刑法》第七十七条第一款、第六十九条之规定，应当撤销缓刑，并实行数罪并罚。请法院依法予以惩处。

庭审中，被告人对公诉机关指控的罪名无异议，但对指控的销售数量与金额有异议，被告人认为销售金额未达 900 万元之多。

辩护人提出的辩护意见是：1. 对被告人构成假冒注册商标罪不持异议；2. 对起诉书中指控被告人自 2007 年 10 月至 12 月期间，销售假冒"五粮液"共计 4624 件，销售金额共计 900 余万元的事实有异议。该部分指控事实不清、证据不足；3. 被告人陈建良认罪态度较好，且具有极强的悔罪表现。从被告人陈建良归案后，在侦查机关的供述至刚刚的庭审过程，其都能如实、主动交代自己及同案人的犯罪事实，其虽然对起诉书认定的销售金额持有异议，这也仅是因为其实施犯罪与入案时间间隔较长导致。因此，希望法院能对被告人陈建良认罪、悔罪态度好的情节予以认定，并对其从轻处罚。

一审审理查明

福州市鼓楼区人民法院经公开审理查明：2007 年 5 月至 12 月间，被告人陈建良购买"尖庄"、"金六福"、"长三角"等白酒，在租住的福州市仓山区城门镇胪雷村东升茶厂内，指使栾承域（已另案处理）指挥工人进行灌装、贴标，以次充好生产假冒注册商标的"五粮液"酒，后由被告人陈建良予以销售。其中 2007 年 10 月至 12 月期间，被告人陈建良共计销售假冒"五粮液"白酒共计 4624 件（每件 6 瓶）。2007 年 12 月 10 日，福州市公安局仓山分局查获上述窝点，并当场查扣假冒"五粮液"白酒 280 余件和生产假酒的原料、设备工具及记账本等。经"五粮液"注册商标所有人宜宾五粮液股份有限公司鉴定：所扣押的"五粮液"白酒属假冒"五粮液"注册商标产品。经福州市价格认证中心鉴定：自 2007 年 10 月至 12 月间，被告人已销售的假冒"五粮液"白酒 4624 件金额为人民币 9850200 元；所扣押的假冒"五粮液"白酒价值人民币 596270 元。2011 年 8 月 18 日，被告人陈建良被公安人员抓获。

另查明，2001 年 8 月 1 日被告人因犯抢劫罪被福建省罗源县人民法院判处有期徒刑二年，2003 年 5 月 27 日刑满释放。2005 年 12 月 30 日因犯假冒注册商标罪被福州市仓山区人民法院判处有期徒刑一年，缓刑二年，并处罚金人民币 8000 元。期间，被告人因该案于 2003 年 5 月 26 日被刑事拘留，同年 6 月 30 日释放。

又查明，同案犯栾承域于 2008 年 9 月 18 日被福州市仓山区人民法院判处有期徒刑十个月，并处罚金 10000 元【见（2008）仓刑初字第 333 号刑事判决书】。

一审判理和结果

鼓楼区人民法院依照《中华人民共和国刑法》第二百一十三条、第六十五条第一款、第七十七条第一款、第六十九条、第五十二条，《最高人民法院、最高人民检察院关于办理侵犯知识产权刑事案件具体应用法律若干问题的解释》第一条第二款、第十二条、第十三条第一款，《最高人民法院、最高人民检察院关于办理侵犯知识产权刑事案件具体应用法律若干问题的解释（二）》第四条之规定，并经本院审判委员会研究决定，判决如下：

一、撤销福州市仓山区人民法院（2005）仓刑初字第 362 号判决第一项被告人陈建良犯假冒注册商标罪，判处有期徒刑一年，缓刑二年，并处罚金人民币 8000 元的缓刑部分；

二、被告人陈建良犯假冒注册商标罪，判处有期徒刑六年八个月，并处罚金 5300000 元，与前罪判决的有期徒刑一年，并处罚金 8000 元并罚，决定执行有期徒刑七年六个月，并处罚金 5308000 元。

（刑期从判决执行之日起计算。判决执行以前先行羁押的，羁押一日折抵刑期一日，即自 2011 年 8 月 18 日起至 2019 年 1 月 12 日止。罚金已缴纳 10000 元，其余部分限于判决生效之日起三十日内向本院缴足。）

【法官评述】

针对被告人辩解及辩护人的辩护意见，本院对案件事实及争议问题分析评判如下：

一、关于本案已销售部分数量的认定

被告人对公安机关当场查扣的假冒"五粮液"白酒280余件的数量不持异议，本院予以确认。但被告人及辩护人对已销售部分数量的认定有异议，本院认为：1. 公安机关从上述制假窝点现场查扣的"登记本"、"销售记录本"业经同案犯栾承域辨认无误，系栾承域受被告人指使组织生产管理期间对假酒的生产、销售、进出货、日常开支情况所做的记录。该系列记录本应属于证明力较高的物证。记录本上对销售情况的记录与栾承域在侦查阶段的多份笔录中的供述基本一致。其中：2007年10月销量39℃的582件、52℃的1349件；11月份销量39℃的486件、52℃的1437件；12月份39℃的85件、52℃的685件。对于2007年5月份到2007年9月的销售情况，栾承域供述该部分的记录本已被被告人陈建良销毁。2. 被告人陈建良在侦查阶段多次供述（2011年8月19日2份笔录）"刚开始的几个月销量不是很多，大概几百。从9月份开始到年底，销量就一个月比一个月好。2007年后面几个月的时间每个月平均的销量大概在1000件左右。生产和销量的数量已经是差不多。除了被查扣的以外就是我销售出去的。这样下来总共大概有5-6千件……"该部分的供述与同案犯栾承域以上的供述及记录本上的记录能相互印证。3. 栾承域供述其记录的目的是为了与被告人陈建良结算其本人的抽成及工人的工资。其中工人的工资系按件计算。陈建良亦供述栾承域的工资是基本工资加每件的抽成。而作为证人的上述被雇工人均证实其工资由栾承域发放，按件计算，陈建良平时并不在工厂。由此可证实栾承域在组织生产管理期间，为了便于与陈建良结算自己与工人的工资而对产量、销量进行了记录，也印证了栾承域对产量、销量进行记录的必要性。故对于陈建良的"没有叫栾承域记录做账"的辩称，不能予以采信。从以上几个方面，法院认为，公诉机关提供的证据已形成证据锁链，对陈建良在2007年10月至12月已销售部分的数量可予以认定。

二、对于涉案金额的认定问题

被告人及其辩护人对涉案金额的评估结论有异议。对于榕价认扣

（2012）644 号价格鉴定结论所依据的标准问题，法院认为，根据《最高人民法院、最高人民检察院关于办理侵犯知识产权刑事案件具体应用法律若干问题的解释》第十二条规定，已销售的侵权产品的价值，按照实际销售的价格计算。无法查清实际销售价格的，按照被侵权产品的市场中间价格计算。本案中，在侦查阶段及 2 次庭审过程中，公安机关及本院均多次讯问被告人，假酒销售渠道，但被告人的回答均是"时间久了记不清了"以及"都是和酒楼的采购联系，电话记不清了"，导致无法查清实际销售价格。福州市价格认证中心按照市场中间价格计算非法经营数额符合法律规定。在庭审过程中，榕价认扣（2012）644 号鉴定结论书已作为证据交给被告人质证，被告人虽表示异议但并未申请重新评估。法院依法对该评估结论进行了审查，该评估机构、评估人员均具备相关的资格，评估程序合法，故该结论可予以采信，即被告人已销售部分的涉案金额为 9850200 元，当场查扣未销售部分的涉案金额为 596270 元，以上共计 1446470 元。

综上，鼓楼区人民法院认为，被告人陈建良未经注册商标所有人许可，在同一种商品上使用与其注册商标相同的商标，非法经营数额达千万余元人民币，情节特别严重，其行为已构成假冒注册商标罪，犯罪事实清楚，证据确实、充分。公诉机关指控的罪名成立，应当以假冒注册商标罪追究其刑事责任。被告人曾因犯罪被判处有期徒刑，在刑罚执行完毕后的五年内再犯应当判处有期徒刑以上刑罚之罪，系累犯，应当从重处罚。被告人于 2005 年 12 月 30 日因犯假冒注册商标罪被福州市仓山区人民法院判处有期徒刑一年，缓刑二年，在缓刑考验期内又犯新罪，应当撤销缓刑，予以数罪并罚。

本案为非法经营数额特别巨大、社会危害性特别严重的典型的假冒注册商标罪案件。本案被告人涉及假冒注册商标为中国驰名的白酒类"五粮液"商标，不仅侵害商标权利人的经济利益，更重要的是事关食品安全和人民群众生命健康。同时，被告人的非法经营数额达千万元之巨，属于"情节特别严重"，此种犯罪行为本就属于《刑法》第二百三十一条规定的假冒注册商标罪中应予严厉打击的对象，也是社会关注度特别高的案件。本案判决对于"非法经营数额"的认定具有典型意义。对于已经被销售出去的假冒注册商标的产品如何认定其数量和价格，本就是个实践难题。本案判决通过对被告人同案犯的生产销售记录本并结合其他证据的认证，来认定其销售数量，同时按照被侵权产品的市场中间价格来计算其非法经营数额，依法认定了被告人的非法经营数额，以此定罪量刑，并对被告人在缓刑考验期内又犯新罪以及累犯的几种法定情形一并处理，沉重打击了此种严重侵犯知识产权的犯罪行为，具有很好的审判指导意义，并取得了很好的社会效果，充分体现了法院对知识产权司法保护的力度。

编写人：福建省福州市鼓楼区人民法院知识产权审判庭　林跃男

50

燕某非法架设、运营网络游戏私服牟利侵犯著作权罪案

——阅读提示：行为人未经游戏软件著作权人许可，非法下载网络游戏软件源程序后，私自架设并运营该网络游戏服务器牟利的行为应当如何进行刑法规制？

【裁判要旨】

本案合理地界定了私自架设、运营网络游戏私服牟利行为的犯罪定性问题。被告人燕某未经游戏软件著作权人许可，非法下载"弹弹堂游戏软件"源程序后私自架设并运营该网络游戏服务器牟利的行为是复制发行计算机软件的行为，构成侵犯著作权罪。

【案号】

一审：广东省深圳市南山区人民法院（2012）深南法知刑初字第 15 号

二审：广东省深圳市中级人民法院（2012）深中法知刑终字第 35 号

【案情与裁判】

公诉机关：广东省深圳市南山区人民检察院

被告人（上诉人）：燕某

公诉与答辩

2012 年 6 月 21 日，深圳市南山区人民检察院指控被告人燕某侵犯著作权罪，向深圳市南山区人民法院提起公诉。被告人燕某对公诉机关指控的犯罪事实无异议，并当庭表示认罪。

一审审理查明

"弹弹堂"游戏的著作权人是深圳第七大道科技有限公司。2011年10月至2012年1月，被告人燕某通过修改在网上下载的深圳第七大道科技有限公司的"弹弹堂"游戏源代码，调整了该款游戏的难易程度以及降低游戏道具价格后，以"52弹弹堂"、"霸气弹弹堂"和"11弹弹堂"为游戏名分别发布在域名为 www.52175.info、www.87ddt.com 和 www.11ddt.com 的服务器上进行运营。

经鉴定，提取的被告人燕某电脑里的"弹弹堂"游戏服务器端中的程序 Bussiness.dll、Game.Base.dll、Game.Logic.dll、Game.Server.dll 和 Road.Service.exe 与深圳第七大道科技有限公司提供的相应程序具有同源性，相似率在99%以上。

2012年1月9日，公安机关在陕西省西安市将被告人燕某抓获。庭审中，被告人燕某认可公诉机关指控的其获取非法利益人民币146401元。

一审判理和结果

广东省深圳市南山人民法院认为被告人燕某无视国家法律，以营利为目的，未经深圳第七大道科技有限公司的许可，复制发行其享有著作权的计算机软件"弹弹堂"游戏，经公诉机关和被告人燕某共同确认，非法经营数额达人民币146401元，其行为已构成侵犯著作权罪，属情节严重。公诉机关指控的犯罪事实清楚，证据确实、充分，指控的罪名成立。判决：被告人燕某犯侵犯著作权罪，判处有期徒刑一年六个月，并处罚金人民币8万元。

上诉与答辩

宣判后，燕某提起上诉，认为原审法院认定非法经营数额不实及鉴定结论作为定罪依据有误，故原审判决量刑过重，请求二审法院撤销原审判决，依法予以改判。

二审判理和结果

深圳市中级人民法院认为：上诉人燕某以营利为目的，未经深圳第七大道科技有限公司的许可，通过信息网络传播他人享有著作权的计算机软件"弹弹堂"游戏，非法经营数额超过五万元，其行为已构成侵犯著作权罪。

对于上诉人燕某提出的上诉意见，深圳市中级人民法院裁判如下：

上诉人燕某认为原审判决认定的非法经营数额不实的问题。公安部门统计收取非法经营收入的工商银行卡收支记录，2011 年 10 月 3 日至 2012 年 1 月 10 日的收入共计人民币 146401.96 元。根据燕某在公安和在原审庭审中的供述，据以认定非法经营收入的工商银行卡内自 2011 年 10 月以后的收入金额全部系非法经营"弹弹堂"游戏获利所得，没有其他收入来源。虽然燕某本人估算的非法经营收入与银行卡内实际收入不一致，但燕某本人估算的非法经营收入没有证据证明。因此原审法院采用 2011 年 10 月 3 日至 2012 年 1 月 10 日燕某的该工商银行卡的收入作为计算非法经营数额的依据，符合实际情况。故上诉人燕某的该项上诉意见，本院不予采纳。

鉴定结论证明从燕某电脑里提取的"弹弹堂"游戏服务器端中的程序 Bussiness. dll、Game. Base. dll、Game. Logic. dll、Game. Server. dll 和 Road. Service. exe 与被害人提供的相应程序具有同源性，相似率在 99% 以上。燕某认为如果其下载的程序为被害人第七大道公司所有，那么与第七大道公司所提供的程序对比应该是完全相同而不应该是相似率在 99% 以上。根据燕某的供述，其通过网络下载"弹弹堂"游戏源代码后对游戏内容进行了修改，调整了该款游戏的难易程度并降低游戏道具价格。因此，燕某实际对被害人的游戏源代码进行了局部修改，但没有对游戏数据文件进行实质性改动，故鉴定结论认为两者相似率为 99% 符合事实。因此，燕某认为定罪证据有误的上诉意见，本院不予采纳。

上诉人燕某未经"弹弹堂"游戏软件著作权人的许可，通过互联网传播"弹弹堂"游戏并收取费用的事实已由证人证言、被告人本人的供述以及鉴定结论等证据证明，故上诉人认为其下载游戏的目的仅为本人学习和研究使用的上诉意见完全有悖于事实。至于上诉人燕某认为其有检举揭发他人违法犯罪的情况，并未得到事实查证。故上诉人该项上诉意见，本院不予采纳。

《最高人民法院、最高人民检察院、公安部关于办理侵犯知识产权刑事案件适用法律若干问题的意见》第十三条规定，以营利为目的，未经著作权人许可，通过信息网络向公众传播他人计算机软件，非法经营数额在五万元以上的，属于《中华人民共和国刑法》第二百一十七条规定的"其他严重情节"，因此原审量刑并无不妥。

综上，原判认定事实清楚，证据确实充分，定罪准确，量刑适当，审判程序合法。深圳是中级人民法院裁定驳回上诉，维持原判。

【法官评述】

本案是典型的通过网络"私服"非法谋取利益的行为。"私服"（private server）是指未经网络游戏软件著作权人许可，通过非法途径获得网络游戏软件的服务器端程序源代码，修改软件源代码并制作出与原网络游戏源代码实质性相似的游戏软件，并私自架设、运营网络游戏服务器的行为。"私服"行为与游戏"外挂"行为不同，"外挂"是他人通过修改网络游戏软件程序的部分数据制作而成的作弊程序。游戏软件用户利用"外挂"软件，破坏正版游戏软件的设计、结构或数据以增加游戏玩家客户端功能。

对于"私服"犯罪行为的定性，学界和实务界的讨论较多，讨论的焦点在于：对于"私服"行为究竟应该认定侵犯著作权罪，还是非法经营罪。我们认为，一般情况下，对私服行为宜认定为构成侵犯著作权罪，理由如下：

一、"私服"是复制发行计算机软件的行为，构成侵犯著作权罪

网络游戏程序属于可以由计算机等具有信息处理能力的装置执行的代码化序列的计算机软件。

私服行为人通过非法途径获得网络游戏软件服务器端程序的源代码，行为人虽然会调整程序的一些边缘部分以迎合游戏玩家的需要，但其游戏软件的源程序与其所依托的正版软件源程序是实质性相似的。私服行为人对其经营的游戏软件并未真正做出独创性的贡献。游戏玩家通过私服行为人提供的登录器开始游戏，而登陆器是正版网络游戏服务器端程序的复制件的重要组成部分，显然，"私服"行为人将他人享有著作权的软件公布在互联网上并谋取不正当利益，属于复制发行行为，符合《刑法》第二百一十七条第一项规定的侵犯著作权罪的构成要件。本案被告人燕某的行为即表现为通过互联网非法获取"弹弹堂"游戏软件服务端源程序后，稍微降低游戏难度，在未实质性变更原"弹弹堂"游戏软件源程序和增添任何独创性的实质内容的情况下，私自租赁服务器并发布在其租赁的服务器上供玩家收费游戏，非法获利数额较大，已构成侵犯著作权罪。

二、"私服"行为能否被认定为非法经营罪

2003 年 12 月 18 日，五部委联合颁布《关于对"私服"、"外挂"专

项治理的通知》认定"私服"和"外挂"行为属于非法互联网出版活动，确认"私服"、"外挂"是非法互联网出版物。"私服"行为人在主体上没有经相关部门审批，不具备经营网络游戏资质，违反法律和相关行政法规，在设立及经营程序上违法，成为网络游戏产业发展中的巨大障碍。因此，也曾有学者认为非法架设、运营"私服"的行为符合《刑法》第二百二十五条第（三）项的规定，应当以非法经营罪处罚。

但 1998 年《最高人民法院关于审理非法出版物刑事案件具体应用法律若干问题的解释》第二条规定，个人违法所得数额在五万元以上，属于"违法所得数额较大"。只要个人以营利为目的，违法所得数额在五万元以上、属于《刑法》第二百一十七条所列侵犯著作权行为之一的，符合侵犯著作权罪的犯罪构成要件，应当认定为侵犯著作权罪。第十一条规定，违反国家规定，出版、印刷、复制、发行本解释第一条至第十条规定以外的其他严重危害社会秩序和扰乱市场秩序的非法出版物，情节严重的，依照《刑法》第二百二十五条第（三）项的规定，以非法经营罪定罪处罚。该解释第十一条对于涉及到非法出版物的犯罪行为，已经明确将侵犯著作权罪与非法经营罪的犯罪构成要件进行了区别。至此，不同于对"外挂"行为的定罪，"私服"行为一般应当以侵犯著作权罪而不宜以非法经营罪定罪量刑成为共识。

编写人：广东省深圳市中级人民法院知识产权审判庭　蒋筱熙